U0537227

# 图书馆、情报与
# 文献学研究的新视野(6)

## 中国社会科学情报学会2012年学术年会论文集

New Horizons in Library & Information Science Research No. 6

中国社会科学情报学会/编

中国书籍出版社
China Book Press

# 序　言

　　中国社会科学情报学会 2012 年学术年会于 2012 年 9 月 10—15 日在安徽合肥召开，主题是"知识、服务、创新——社会主义文化大繁荣大发展背景下社科情报事业及学科发展：机遇与挑战"。本次大会由安徽省委党校承办，来自社科院、党校、军队院校、高校和新闻系统的 120 多人参加了会议。这次年会第一次邀请获奖论文作者到会做论文宣讲。学会希望通过征文活动为会员单位的专家学者特别是青年人提供经验交流和成果交流的平台。会议还邀请超星数字图书馆和福建两岸信息技术有限公司的专家到会作了演讲，使文献信息服务机构和信息技术产品开发机构有了一次直接的对话机会，丰富了会议内容。

　　本次年会征集到的论文达 140 多篇，比 2011 年 80 多篇增加了将近一倍。论文数量的显著增加反映出各个会员单位在理论研究和实践探索方面日趋活跃，也反映出学会活动的号召力、吸引力、凝聚力正在不断提高，从某种意义上说，这也许可视为整个哲学社会科学事业繁荣发展的一个侧面。

　　自 2007 年开始，学会努力克服经费不足的困难，将每年学术年会征集的论文结集出版，现在即将出版的是第六卷。几年来的实践表明，学会当初的这一决定是非常正确的，在鼓励会员单位开展学术研究方面起到了积极的促进作用，得到了会员单位的普遍认可。许多会员单位高度重视学会的征文活动，认真组织本单位人员撰写论文。征文的总体数量一直呈现上升趋势，与此同时，其质量也在稳步提高。作为一个学术社团，能够坚持每年为会员单位出版一本文集，这一点在 2011 年国家民政部组织的"全国性学术类社团评估"中也得到了评审专家的一致好评。

　　中国社会科学情报学会五大系统的会员单位大体可分为两类，一是从事图书馆学情报学人才培养的教学机构，二是从事文献信息服务的实际工作部门。两类机构任务不同，工作的特点和研究的着眼点也有所差异。前者注重图书馆学情报学理论前沿的研究，后者则更多侧重于文献服务工作的实践探索。在我们编辑的年会论文集里也突出反映了学会的这一特殊性。正是基于学会的这一特性，我们希望论文集能够成为理论研究与实践探索相互结合、相互借鉴、相互促进的一个交流平台。

本论文集的第一卷是 2006 年学术年会暨学会成立 20 周年学术研讨会征文。学会理事长、中国社会科学院学部委员黄长著先生在为第一卷论文集撰写的序言里曾经殷切地希望，学会"要以成立 20 周年为契机和新的起点，在学术引导、人员培训、热点问题研讨等方面做出新的贡献"。在其后的几次征文评奖活动中，学会注重学术引导，不断提高学术征文的质量和水平。首先，学会学术委员会密切关注本学科领域的热点问题，制定年度征文指南，引导会员单位围绕影响本学科发展的重大理论和实践问题开展研究。其次，注重学术规范，对论文的内容和格式，特别是引文的标注都提出了明确的要求，使征文在标准化、规范化方面有了明显的改进。第三，在学风建设上采取切实可行的措施，防止学术不端行为的发生。从 2011 年起，本着对学会负责，对作者负责的态度，学会秘书处对每次收到的论文都委托学会学报编辑部进行重复率检测，对重复率较高的论文退给作者进行修改，规范引文的使用。对没有按照要求进行修改的论文则不予录用。第四，精心组织，认真把关。秘书处黄丽婷、魏进、黄亦斌等同志认真做好征文组织、稿件初审和论文集的编辑加工工作。通过以上做法，征文的数量不但未减少，反而逐年增加，内容更加充实，质量不断提高，行文格式越来越规范，既体现了会员单位的大局意识和对学风建设的重视，也充分体现了学会在引领学术规范，培养良好学风方面发挥的积极作用。

随着社会主义文化的大繁荣大发展，特别是国家哲学社会科学创新工程的实施，图书情报事业迎来了千载难逢的发展机遇。学会将继续积极开展各种学术活动，尤其要继续办好每年的学术年会和征文活动，倡导理论创新和实践创新，提高文集质量。我们一定要树立精品意识，提高文集编辑出版质量，为推进我国图书情报事业的健康发展做出我们应有的贡献。

2012 年学术年会得到了中央党校图书馆、安徽省委党校领导的大力支持；学术征文活动和本论文集的出版过程中，黄长著理事长亲自指导，学术委员会委员认真审读，秘书处的同志积极组织；中国书籍出版社为论文集的出版提供了一贯的、无私的支持，在此一并表示衷心谢意。

秘书长：刘振喜

2013 年 8 月 19 日

# 目　录

## 301　第二部分　资源建设与组织

## 605 第四部分 图书馆服务

## 801　第五部分　人才建设

# 第一部分

## 理论研究

# 国家社会科学基金论文产出研究
## ——基于 CHSSCD 计量分析*

周　霞**　姜晓辉***　任全娥****　郝若杨*****　余　倩******
（中国社会科学院文献计量与科学评价中心　北京　100732）

**摘　要**　本文以中国社会科学院自主研发的"中国人文社会科学引文数据库"（Chinese Humanities and Social Sciences Citation Database，简称 CHSSCD）为统计源，利用文献计量方法，对 1999—2009 年国家社会科学基金资助论文的产出数量、学科分布及其在核心期刊发表的比例等进行统计分析，从基金论文这一侧面揭示国家社科基金在我国整个哲学社会科学资助体系中所处的地位、资助绩效、资助特点和学科发展战略取向，反映国家社科基金对我国哲学社会科学发展的导向作用。统计结果表明，国家社科基金投入—产出效益显著，以其论文类成果数量规模大、覆盖学科面全、在各学科基金排名位次领先、核心期刊论文比值高而显示出较高的整体质量水平和广泛的学术影响力。其资助领域与学科建设与社会发展需要联系密切，非常重视基础研究、综合性问题和交叉学科研究。国家社会科学基金在我国哲学社会科学资助体系中具有领头雁地位，与其他重要基金相互补充，共同推动哲学社会科学各领域的繁荣发展。此外，统计结果还显示，其课题在立项两年后进入以论文为阶段性成果或最终成果的发表高

---

\*　［基金项目］　2012 年度中国社会科学院重点课题"我国社会科学基金论文产出与影响力统计分析报告（1999—2009 年）"（YZDB2012 - 13）阶段性成果。

\*\*　周霞，女，1963 年生，中国社会科学院文献计量与科学评价中心，副研究馆员。
\*\*\*　姜晓辉，男，1952 年生，中国社会科学院文献计量与科学评价中心，研究馆员。
\*\*\*\*　任全娥，女，1972 年生，中国社会科学院文献计量与科学评价中心，副研究馆员。
\*\*\*\*\*　郝若扬，女，1980 年生，中国社会科学院文献计量与科学评价中心，馆员。
\*\*\*\*\*\*　余倩，女，1982 年生，中国社会科学院文献计量与科学评价中心，助理馆员。

峰阶段。这一特点和规律将为选择和确定国家社科基金项目结项和成果评价的适宜时段提供参考依据。

**关键词** 国家社会科学基金 基金论文 文献计量

自改革开放以来，我国哲学社会科学研究在提供政府咨询服务、促进国家经济社会健康发展、解决发展过程中遇到的问题等方面，发挥着越来越重要的作用。党和国家对哲学社会科学研究高度重视，对哲学社会科学研究的实际投入不断增加，仅国家社会科学基金资助总额就从 1991 年的 1300 万元，上升至 2012 年的 12 亿元，增长了 91 倍之多。国家社会科学基金（以下简称国家社科基金）作为我国目前唯一的国家级社会科学科研基金，自 1986 年设立以来，主要资助中国现代化建设中具有重大实践意义和理论价值的研究课题和对科学发展具有重要意义的研究课题，扶持和加强新兴学科、边缘学科和交叉学科的建设，支持具有重大科学价值的历史文化遗产的抢救和整理工作，在资助项目的数量、项目产出的质量以及影响力方面，在学科理论与应用研究方面，都发挥着主导和推动作用。在国家社科基金的资助下，我国社会科学研究成果丰硕，特别是作为科研基金资助项目产出的重要组成部分和成果体现，学术期刊上的基金论文无论在数量上还是在质量上，都有很大的增长和提高。

为了客观揭示国家社科基金在我国整个哲学社会科学资助体系中所处的地位，从基金论文这一侧面分析国家社科基金的资助绩效、学科发展战略取向、资助特点和资助规律，课题组以中国社会科学院自主研发的"中国人文社会科学引文数据库"（Chinese Humanities and Social Sciences Citation Database，简称 CHSSCD）为统计源，利用文献计量方法，对 1999 年—2009 年国家社科基金论文的产出数量、学科分布及其在核心期刊发表的比例等进行统计分析，客观地反映国家社科基金对我国哲学社会科学发展的导向作用。

# 1 统计源与数据处理

本文的基金论文数据来源于 CHSSCD。CHSSCD 收录了 1999 年以来我国哲学社会科学领域有代表性的 720 种学术期刊，引文数据量达 800 多万条。这些来源期刊是通过科学方法严格筛选出的各学科主流期刊。该库的基金数据经过比较细致的规范化整理，大量不统一的、不规范的基金名称都已进行了校勘和规范化处理，因此，CHSSCD 作为统计源，具有代表性和可靠性。本文所统计的国家社科基金资助的论文，主要包括国家社科基金年度项目、重大项目、西部项目和后期资助项目的论文成果。有关国家社科基金的资助金额和立项数据均来自全国哲学社会科学规划办公室官网。

关于学科分类问题，本文以《中国图书馆分类法（第四版）》（简称《中图法》）的学科分类为基础，将基金论文数据按 27 个学科门类归属，这 27 个学科大部分与国家社科基金设置的学科吻合，统计时，国家社科基金设置的应用经济和经济理论两类合并对应《中图法》的经济学类；外国文学和中国文学合并对应《中图法》的文学类；国际问题研究类和党史、党建类合并对应《中图法》的政治学类；民族问题研究是综合性学科，涉及多学科包含民族学。

## 2　国家社科基金资助金额与论文产出的增长情况分析

1999—2009 年间，国家社科基金论文产出量达 331 562 篇，占全部社科基金论文总量的 14.06%（见表 1），在人文社科期刊论文近万种基金和资助来源中，位居榜首。国家社科基金与排名其后的国家自然科学基金、教育部人文社会科学规划基金共同成为社科领域论文产出量超万篇的三大资助来源，遥遥领先于国内其他基金。

表 1　三大资助来源论文产出量与占比

| 位次 | 基金机构 | 发文量 | 占全部基金论文比例 |
| --- | --- | --- | --- |
| 1 | 国家社会科学基金 | 33 562 | 14.06% |
| 2 | 国家自然科学基金 | 30 144 | 12.63% |
| 3 | 教育部人文社会科学规划基金 | 13 658 | 5.72% |

将国家社科基金论文产出量的增长与资助经费的增长相比较，从图 1 可以看出，经费投入与论文产出增长趋势呈正相关关系。

从投入来看，国家社科基金资助金额从 1999 年的 3800 万元增加到 2009 年的 3.84 亿元，增长了 9.1 倍。基金经费增长整体呈曲线上升趋势，从 2002 年开始，经费投入每隔三四年便有大幅度增长，上升到一个新台阶；2002 年、2005 年和 2009 年经费增长率明显高于其前三年的增长率。从产出来看，国家社科基金论文产出量呈连续上升趋势，2004 年是国家社科基金论文产出进入高增长阶段的转折点，2004—2009 年国家社科基金论文产出量占 11 年间论文产出总量的 91%。

国家社科基金资助与论文产出量增长趋势图

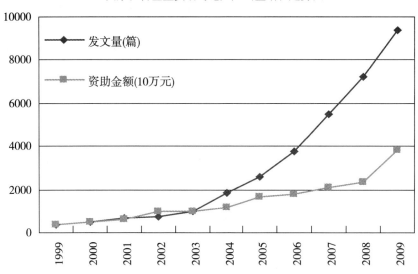

**图1　国家社科基金资助与论文产出增长趋势对照图**

　　从增长倍数比较，国家社科基金论文年产出量增长倍数不仅高于同期年度资助金额的增长倍数，而且高于同期全部基金论文年产出量的增长倍数。国家社科基金论文年产出量从 1999 年的 343 篇，增加到 2009 年的 9406 篇，增长了 26.42 倍，而全部基金论文年产出量 1999 年为 2754 篇，2009 年为 63 208 篇，增长约 22 倍。

　　统计发现，每次国家社科基金经费投入大幅提高之后的两年间，其基金论文产出量都会明显增加。以经费增幅最大的 2002 年、2005 年为例，2002 年经费投入比 2001 年增长 66%，两年后即 2004 年的基金论文量比 2003 年度增长 81.13%；2005 年经费比前一年同期增长 39.17%，两年后即 2007 年基金论文量年增长率达到 45.86%。这一方面说明，课题在立项两年后进入了以论文为阶段性成果或最终成果的发表高峰阶段，另一方面，也说明基金资助力度的增大对科研论文产出、社会科学的繁荣发展起到了有效的推动作用，充分显示出国家社科基金良好的投入—产出效益。可以预见，由于 2009 年经费又一次大幅提高，2011 年的基金论文产出量也将有一个新的飞跃。

# 3　国家社科基金论文产出的学科分布及特点分析

通过基金的学科发文量指标和学科领域基金排名位次分析，一方面可以反映国家社科基金资助的重点学科，另一方面也能从一个侧面反映基金的资助绩效和学科影响力。国家社会科学基金资助范围全面，覆盖了哲学社会科学 25 个学科领域（国家社科基金于 2009 年正式增设管理学科后，资助学科达到 26 个）。本文参照《中国图书馆分类法》将全部基金论文分为 27 个学科类目进行统计。据统计，自 2004 年以来，国家社科基金不仅各资助学科论文产出持续增长，在各基金论文量排名中位于前列，而且论文内容涉及的主题日益广泛，保持着学科发展的领军地位。

表 2 列出了国家社科基金各学科论文量、学科内基金排名位次、年均增长率，并标注其优势学科。

表 2　国家社科基金论文的学科分布及其在各基金排名位次（1999—2009 年）

| 序号 | 学　科 | 论文量（篇） | 社科基金位次 | 年均增长率 |
|---|---|---|---|---|
| 1 | 经济学 ☆ | 12 794 | 2 | 38% |
| 2 | 政治学 ☆★ | 3463 | 1 | 55% |
| 3 | 法学 ☆★ | 2221 | 1 | 69% |
| 4 | 文学 ☆★ | 2111 | 1 | 49% |
| 5 | 哲学 ☆★ | 1661 | 1 | 44% |
| 6 | 语言学 ☆ | 1341 | 1 | 41% |
| 7 | 历史学 ☆ | 1278 | 1 | 35% |
| 8 | 图书馆、情报与文献学 ☆★ | 1275 | 1 | 33% |
| 9 | 体育学 ☆ | 1209 | 1 | 37% |
| 10 | 社会学 ☆★ | 932 | 1 | 42% |
| 11 | 教育学 ☆ | 750 | 3 | 66% |
| 12 | 其他学科（科技） | 652 | 2 | 1301% |
| 13 | 新闻学与传播学 ☆★ | 536 | 1 | 56% |
| 14 | 马克思主义 ☆★ | 453 | 1 | 46% |
| 15 | 文化学 ★ | 415 | 1 | 94% |
| 16 | 心理学 | 363 | 4 | 79% |

续表

| 序号 | 学　科 | 论文量（篇） | 社科基金位次 | 年均增长率 |
|---|---|---|---|---|
| 17 | 管理学（含科学学、人才学） | 324 | 2 | 67% |
| 18 | 环境科学 | 292 | 2 | 83% |
| 19 | 考古学 ☆ | 279 | 1 | 71% |
| 20 | 艺术学 ☆ | 240 | 1 | 92% |
| 21 | 宗教学 ☆ | 234 | 1 | 74% |
| 22 | 人口学 ☆ | 216 | 1 | 54% |
| 23 | 民族学 ☆★ | 185 | 1 | 93% |
| 24 | 人文地理学 | 69 | 2 | 54% |
| 25 | 其他学科（人文社科） | 54 | 1 | 14% |
| 26 | 统计学 ☆★ | 49 | 1 | 33% |
| 27 | 军事学 ☆ | 34 | 1 | 14% |

注：资助学科标识符号为"☆"，指国家社科基金立项的学科。

优势学科标识符号为"★"，指学科发文量遥遥领先于其他各基金发文量的学科。

从表 2 可以看到，基金论文量的学科分布大致呈现 3 个等级：论文量超过万篇的有 1 个学科，即经济学，其论文量占总量的 38%；论文量达到千位数规模的有 8 个学科，即政治学、法学、文学、哲学、语言学、历史学、图书馆、情报与文献学以及体育学，其论文量占总量的 43%；论文量在百位数和十位数之间的学科有 18 个，其论文量约占总量的 18%。

根据全国各基金论文量分学科统计和排名，国家社会科学基金论文产出篇数有 20 个学科位居第一，其余 7 个学科也名列各基金的前列，如经济学、管理学、其它学科（科技）领域、人文地理、环境科学这几个学科排名第二，教育学位居第三，心理学位居第四。

根据 1999—2009 年国家社科基金各学科年度论文产出总量变化情况的统计，各学科的发文总量变化有共同之处，也各有其特点。各学科的论文产出总量基本呈增长趋势，但增长的基数与幅度不尽相同。

1999—2009 年的基金论文，基本上反映了我国"九五"规划至"十一五"规划开局前两年立项的基金论文情况。在这三个"五年规划"期间，国家社科规划办根据学科发展战略需求，在各学科资助项目数量和各类项目资助额度方面做了多次调整，这无疑对基金论文产出有直接影响。

国家社科基金各学科发文量的年度变化与这些年资助项目数量的变化有一定的关系。资助项目数量多的学科，其基金论文量规模也相对大。2000—2009 年项目数量增幅最大的前 10 个学科依次为：法学、图书馆情报与文献学、政治、统计学、新闻学、语言学、民族问题研究、文学（含中国文学、外国文学）、社会学，而这些学科的论文产出量提高幅度也较大。法学是国家社科基金重点发展的学科，资助项目数量增长很快，2009 年该学科资助项目数量比 2000 年增长了 630.43%，增长幅度在国家社科基金各学科中居首位。与项目增长速度相对应，法学论文产出量也快速增长，年论文量由 2000 年的 9 篇增长至 2009 年的 684 篇，增长了近 48 倍。2004—2008 年论文年增长率都保持 43% 以上。

资助力度持续增长的多数学科，已成为国家社科基金具有较大发展优势、较强科研产出的重点学科。国家社科基金经济学论文产出量最多，超过万篇，约占该基金全部论文量的 38%；除经济学外，在 9 个学科领域的论文产出量均超过千篇。在政治学、法学、文学、哲学、马克思主义等 12 个学科领域，其发文量遥遥领先于排名其后的各基金。同时，一些研究基础相对薄弱、前几年基金论文基数较小的学科，以及国家改革开放与政治经济社会发展迫切需要深入研究的领域，在获得国家社科基金增加经费投入后，其基金论文也呈现高增长势头。如统计学、民族问题研究和宗教学等 16 个学科，自 2004 年资助经费增长后，6 年间论文量占 11 年总论文量的比例高达 90% 以上，跃居学科内各基金论文量排行榜的第一名。

统计结果说明，国家社科基金有力地推动了人文社会科学各学科的迅速发展，使其成为优势学科或后发优势学科。这些学科领域的研究主题关乎国家发展经济、推进政治改革、建立和谐社会、健全法制的重大问题，国家社科基金对这些学科的资助和管理，通过基金论文的大量发表与传播而显现实效。

我们在统计中发现，2007—2009 年间，在社科与科技交叉领域、综合性问题研究领域包括环境问题、医疗卫生问题等方面的研究，国家社科基金论文产出量呈跳跃式增长，近 3 年的论文产出量占同领域 11 年论文总量的 95%。这一现象说明，今后关于跨学科研究、综合性问题研究将日益增多，成为社科与科技界共同关注的领域，也是国家社科基金将来的重要资助方向。国家社科基金将根据社会发展和科学发展的需要，在未来的资助战略中加大新兴学科、边缘学科和交叉学科的资助力度。

## 4 国家社科基金论文产出的"核心期刊比例"分析

一般来讲，期刊的质量和影响力与其所刊发论文的质量与影响力是互为因果的，高质量文章发表在高质量的期刊，高质量期刊选用高质量文章。那些被引用频次高、影响因子高的核心期刊是经过多年编审和刊发高质量学术论文而百炼成名的学术期刊，自然有较大学术影响力。因此，核心期刊发表的文章从整体水平看，具有较高的学术水准，整体质量高于普通学术期刊，以基金论文在核心期刊发表的比例作为反映整体基金论文质量和水平的指标之一，有一定的科学合理性。

国内人文社科期刊评价体系中，被公认较有权威性和影响力的三大核心期刊评价体系分别是：北京大学图书馆的"中文核心期刊"、南京大学中国社会科学研究评价中心的"中文社会科学引文索引（CSSCI）来源期刊"、中国社会科学院文献计量与科学评价研究中心的"中国人文社会科学核心期刊"。其中，中国社会科学院文献信息中心的"中国人文社会科学核心期刊"的评选标准较为严格，入选期刊的数量少而精。

这里的"核心论文比"是指发表在中国社科院核心期刊上的国家社科基金论文数量占全部国家社科基金论文总数的比例，"三刊核心论文比"是指在上述三大评价体系共同认定的核心期刊上发表的国家社科基金论文数量占全部国家社科基金论文总数的比例。

统计发现，在核心期刊发表的国家社科基金论文在各年度均达到较高比例："核心论文比"最高年度达到73.59%，年均值为66.15%；"三刊核心论文比"最高年度达到67.96%，最低年度为58.58%，年均值为60.53%。从各学科分布看，国家社科基金绝大多数学科的"核心论文比"都比较高，半数学科的"核心论文比"超过60%；有12个学科的"三刊论文比"超过60%，多数学科超过55%。具体如图4所示。

可见，国家社科基金论文在各年度、各学科的"核心期刊论文比"与"三刊核心论文比"均表现出较好的整体质量水平和学术影响力。

## 5 结论

综上所述，国家社科基金投入—产出效益显著，以其论文类成果数量规模大、覆盖学科面全、在各学科基金排名位次领先、核心期刊论文比值高而显示出较高的整体质量水平和广泛的学术影响力。其资助领域与学科建设与社会发展需要联系密切，非常重视基础研究、综合性问题和交叉学科研究。统计结果表明，国家社会科学基金在我国哲学社会科学资助体系

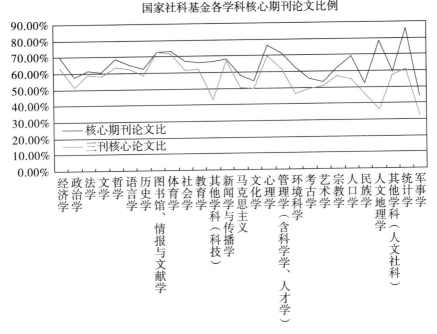

图2　国家社科基金各学科核心期刊论文比例

中具有领头雁地位，在培育和加强各学科研究实力、培养大批国家急需的科研人才、推动科研繁荣发展、组织研究和解决国家面临的重大现实问题中发挥了强有力的引领和示范作用。国家社科基金与其他重要基金相互补充，共同推动哲学社会科学各领域的繁荣发展。

此外，国家社科基金资助金额与论文产出量的年度增长率对照结果显示，其课题在立项两年后进入了以论文为阶段性成果或最终成果的发表高峰阶段。这一特点和规律将为选择和确定国家社科基金项目结项和成果评价的适宜时段提供参考依据。

诚然，全面合理地衡量基金投入—产出效益、基金论文整体质量水平和影响力，还需要综合考虑各方面的指标如被引用率、被摘转率等。另外，人文社会科学基金资助的成果类型多样，期刊论文只是其中一种形式。因此，在基金绩效评价和基金论文评价中，应客观看待和使用基金论文统计指标和统计结果。同时，基金资助信息的规范化、基金资助管理的信息化和公开化，也是促进文献计量方法在绩效评价等方面的应用、提高统计数据质量的基础和保障。这些都有待于基金管理部门、科研管理部门、期刊编辑部门、论文作者和文献计量研究机构等各方的共同努力。

## 参考文献

［1］祝晓风，李春艳．十问国家社科基金——全国社科规划办主任张国祚
访谈录［N］．中国社会科学院报，2008 - 10 - 09.

［2］全国哲学社会科学规划办公室．国家社会科学基金来源和增长情况
［EB/OL］［2011 - 05 - 08］．http：//cpc. people. com. cn/GB/219457/
219536/219537/14577987. html.

［3］全国哲学社会科学规划办公室．国家社会科学基金资助一般项目对照
表［N］．中国社会科学报，2009 - 12 - 22（4）.

［4］韦莉莉．中国社会科学资助与评价［J］．社会科学管理与评论，
2010，（3），30—37.

［5］姜晓辉主编．中国人文社会科学核心期刊要览（2008 年版）［Z］．北
京：社会科学文献出版社，2009，2.

［6］任全娥．"以刊评文"是"以文评刊"结果［N］．中国社会科学报，
2011 - 11 - 10（14）.

# 对网络环境下叙词表
# 相关关系构建背景的思考

袁　旭[*]

（中国科学技术信息研究所　北京　100038）

**摘　要**　本章首先描述传统叙词表中相关关系的构建，然后探讨叙词表相关关系构建环境的变化，由传统的手工编制到网络环境下的半自动和自动构建；结合实例，从相关关系的广度揭示、深度揭示和相关关系与等级关系、等同关系的协调三个方面论述网络环境对相关关系构建的影响；最后，从网络环境下用户信息需求的四个特点，到网络环境下叙词表相关关系构建的三点原则，再到面向标引和检索两方面的应用构建叙词表相关关系，即基于用户信息需求构建叙词表相关关系。

**关键词**　网络环境　叙词表　相关关系　相关关系构建

叙词表是信息组织的重要工具。叙词间词间关系研究是叙词表构建的重要方面。叙词间词间关系主要有等级关系和相关关系两种，本文主要侧重于相关关系的研究。

## 1　叙词表相关关系的定义和类型

### 1.1　叙词表相关关系的定义

国际标准《Information and documentation—Thesauri and interoperability with other vocabularies—Part 1：Thesauri for information retrieval（ISO 25964 – 1）》认为"相关关系指概念间除等级关系外语义或概念相关的词间关系"，用"RT（Related Term）"标识。

《文献主题标引规则》指出"相关词指不具有上位词与下位词关系的其他两个关联概念的主题词，它在主题词表中表现为参项"。

相关关系的认定通常采取排除方式，即在词间关系里，排除叙词之间

---

＊　袁旭，男，1987 年生，中国科学技术信息研究所，硕士研究生。

的等级关系和叙词与非叙词之间的等同关系，其他在语义或概念上具有较强的关联关系。相关关系可以为标引和检索提供参考，从而增加标引和检索的途径、提升标引和检索的广度。

## 1.2 叙词表相关关系的类型

《汉语叙词表编制规则 GB/T 13190－1991》在 5.4 节中对相关关系进行了说明。认为相关关系必须是对应指引，用"C"作指引符号。在叙词表内可根据需要在下列概念之间建立相关关系：相互渗透的学科概念之间（如"信息论"与"决策论"、"控制论"、"信息系统"和"系统理论"）、过程类似的概念之间（如"资本集中"与"资本积累"）、原理类似的事物概念之间（如"集装箱起重机"与"集装箱跨车"）、对立概念之间（如"民主"与"集中"）、形式与内容的概念之间（如"寒潮"与"冷气团"）、因果关系概念之间（如"海啸"与"地震"）、事物与其研究手段及方法的概念之间（如"温度测量"与"热电偶"）、数量与质量的概念之间（如"生产定额"与"质量标准"）、事物整体与其部分的概念之间（如"旅客机"与"登机梯"和"客舱"）、事物与其构成材料的概念之间（如"染料"与"着色剂"）。

戴维民在其主编的《信息组织》中将相关关系划分为 11 类：没有建立等级关系的事物整体与部分的叙词之间，交叉概念的叙词之间，对立概念的叙词之间，并列概念的叙词之间，因果概念的叙词之间，近义叙词之间，事物（学科、理论）与其应用的叙词之间，原理、方法、工艺等与相应设备、工具的叙词之间，事物与其性质、成分、过程等叙词之间，学科、理论与研究对象的叙词之间，事物、事件、学科、理论与相关人物的叙词之间。

## 2 叙词表相关关系构建环境的变化及其对相关关系构建的影响

长期以来，人们在纸本环境下探讨和构建叙词表相关关系，在理论和实践层面都有了一定程度的积淀。随着信息技术的发展，叙词表相关关系从传统环境进入到网络环境，这将为相关关系的构建带来诸多影响。

### 2.1 传统叙词表中相关关系的构建

所谓传统环境是指在没有数字编表技术和电子编表平台的情况下，近乎纯手工地研究和构建相关关系时所处的环境。在这里要区分出相关关系的使用和构建，因为早在1960年美国武装部队技术情报局（ASTIA）就已经编成用于电子计算机文献检索的叙词表，虽然此时的计算机化程度很低，而相关关系的自动化构建始自1971年美国学者Salton首先利用计算机构建叙词表，并应用到信息检索的实验中。所以相关关系的传统环境从时间划分是从1959年美国杜邦公司编制的第一部用于情报检索的叙词表到1971年。

在传统环境下编制词表，编表专家只能依靠其常识和所掌握的学科知识判别明显具有相关关系的候选语词之间的相关关系，而限于技术手段，对于隐含的、不易察觉而又对检索者具有提示意义的语词间的相关关系则很难被揭示出来，即使可以被揭示，数量也不够充足，这样会导致那些可以提供有益提示的检索途径不能被检索者使用，从而降低了叙词表的效用和价值。

## 2.2　叙词表相关关系构建环境的变化

叙词表相关关系构建环境的变化，是指从传统环境到网络环境，即从纯手工的环境到有机器参与的环境。网络环境根据其发展程度又可大致分为半自动构建和自动构建两个阶段。

叙词表相关关系的半自动构建环境始自1971年，到1983年美国情报学家Salton和McGill从工程文献库中自动抽词编成叙词表。在半自动化的环境下，计算机开始加入到相关关系的发现和构建中来，即实现机器辅助编表。机器的参与一定程度上减轻了编表专家的工作量，但是由于当时智能技术和数据库技术的落后，计算机参与编表较多地停留在词汇收集上。

从1983年开始叙词表进入自动构建阶段，从理论和实践上进行了大量研究和试验，探索自动构建叙词表的多种途径。采用统计学和语言学相结合的方法，从语料库中自动提取概念并识别概念间的相关关系。相比之前词表编制方法，这向自动化编制词表的目标又前进了一步，实现了计算机对词汇之间的相关关系的基本识别。

但是，由于相关关系自身的复杂性以及相关技术不够成熟，也有学者对全自动构建相关关系的实现持怀疑态度。Salton就曾表示自动构建叙词表的效率令人怀疑，建议使用半自动的方法。

## 2.3　网络环境对相关关系构建的影响

叙词表相关关系构建环境从传统环境到网络环境，从手工方式到半自动化和自动化方式，对相关关系的揭示广度、揭示深度以及相关关系与等级关系、等同关系的协调上都产生了影响，下面结合实例"混凝土"及其相关关系论述这些影响。

表1 "混凝土"在部分叙词表中的相关关系（整理前）

| 叙词表及其出版年 | 相关关系 |
|---|---|
| 《兵器科学技术叙词表》（1995） | "建筑材料" |
| 《航天科学技术叙词表》（1995） | "建筑材料" |
| 《国防科学技术叙词表》（1991） | "建筑材料" |
| 《石油主题词表》（1994） | "水泥浆" |
| 《物理学汉语主题词表》（1994） | "压力容器"、"水泥（建筑材料）" |
| 《建设汉语叙词表》（1992） | "密实度"、"龄期" |
| 《交通汉语主题词表》（2007） | "密实度"、"龄期"、"骨料" |
| 《汉语主题词表》（1980） | "砂率"、"水灰比" |
| 《中国分类主题词表》（2005） | "砂率"、"水灰比"、"水泥浆" |
| 《地质学汉语叙词表》（2010） | "建筑材料"、"地下水侵蚀性"、"重力坝" |
| 《标准文献主题词表》（1988） | "集料"、"水泥与混凝土技术"、"混凝土拌合料"、"混凝土外加剂"、"养护" |
| 《能源科学技术叙词表》（1990） | "混凝土方块"、"混凝土—塑料复合材料"、"水泥"、"砂浆"、"砂" |
| 《核科学技术叙词表》（2006） | "混凝土块"、"混凝土—塑料复合材料"、"水泥"、"砂浆"、"砂"、"屏蔽材料"、"铺筑材料" |

表1中各个叙词表的编制或修订年限虽然从1980—2010年，跨度为30年，基本上处于网络环境中。但是国内对汉语叙词表自动构建的相关研究刚刚起步，国内编表技术的发展较之国外相对滞后、尚未实现妥善对接，所以表中相关关系基本上都是手工构建出来的。需要对表中语词进行整理：删除表中不适宜作为叙词的语词"水泥与混凝土技术"和"混凝土–塑料复合材料"；规范语词"水泥（建筑材料）"为"水泥"；归并同义词"骨料"、"集料"为"骨料"，"混凝土方块"、"混凝土块"为"混凝土方块"；删去"混凝土"的上位类"建筑材料"和"铺筑材料"；删去弱相关词"屏蔽材料"。经整理后得到传统环境下"混凝土"的相关词16个：

"水泥浆"、"压力容器"、"水泥"、"密实度"、"龄期"、"骨料"、"砂率"、"水灰比"、"地下水侵蚀性"、"重力坝"、"混凝土拌合料"、"混凝土外加剂"、"养护"、"混凝土方块"、"砂浆"和"砂"。

在万方数据库中使用 TF-IDF 方法获得的"混凝土"相关词[①]（经整理后）有 19 个：

"裂缝"、"耐久性"、"粉煤灰"、"温度应力"、"钢筋"、"配合比"、"水泥"、"预应力"、"桥梁"、"外加剂"、"抗压强度"、"聚丙烯纤维"、"钢纤维"、"养护"、"路面"、"收缩"、"碳化"、"冬季施工"和"氯离子"。

对照"1.2.3 叙词表相关关系的类型"中的相关关系分类表，分别对以上 16 和 19 个相关词进行归类，处理结果如表 2：

**表 2　传统环境下 16 个相关词和网络环境下 19 个相关词的归类表**

| 小类 | 相关词 | 相关词 |
|---|---|---|
| 产品—原料或材料关系 | "水泥浆"、"水泥"、"骨料"、"混凝土拌合料"、"砂浆"、"砂" | "粉煤灰"、"钢筋"、"水泥"、"聚丙烯纤维"、"钢纤维"、"氯离子" |
| 事物—属性关系 | | "耐久性"、"温度应力" |
| 事物—计量关系 | "密实度"、"龄期"、"砂率"、"水灰比" | "配合比"、"抗压强度" |
| 主体—行为关系 | | "收缩" |
| 事物—故障 | | "裂缝" |
| 事物—应用关系；过程—工具关系 | "压力容器"、"重力坝" | "桥梁"、"路面" |
| 形式—内容关系 | "混凝土方块" | |
| 促进或节制关系 | "地下水侵蚀性"、"养护"、"混凝土外加剂" | "养护"、"预应力"、"冬季施工"、"外加剂" |
| 行为—对象或目标关系 | "碳化" | |

（1）相关关系的广度揭示

所谓相关关系的广度揭示，就是说相关关系的揭示在量上面是否较为全面，是不是人们惯常能够想到的相关关系叙词表都予以揭示了。从表中可以看到，网络环境下"混凝土"的相关关系从传统环境下的 16 个发展到 19 个，类别从 5 种扩充到 8 种，可见相关关系揭示的广度有所扩展。

（2）相关关系的深度揭示

所谓相关关系的深度揭示，就是说在语义上揭示较有深度的概念，一

---

① 未经整理的相关词由中国科学技术信息研究所吴雯娜确定。

般情况下信息用户不容易想到这些概念，但是它们往往对检索起到意想不到的效果。比如网络环境下"混凝土"的相关关系"事物—故障"类"裂缝"，百度百科定义为"混凝土硬化过程中，由于混凝土脱水，引起收缩，或者受温度高低的温差影响，引起胀缩不均匀而产生的裂缝"。此外，比如"事物—属性关系"类中的"耐久性"和"温度应力"，"主体—行为关系"类"收缩"，"促进或节制关系"类中的"预应力"和"冬季施工"，和"行为—对象或目标关系"类"碳化"等。

（3）相关关系与等级关系、等同关系的协调

相关关系的构建不能孤立于词间关系的构建当中，而是要考虑到与等级关系和等同关系的协调。从传统环境到网络环境，由于大规模词汇发现和语义计算技术的应用，使得相关关系在与等级关系和等同关系的区分上更加省力，较大程度地节省了人力劳动。在传统环境下，需要将每个语词在三种关系面前重复做鉴别，不同的编表人员由于其学科背景或知识储备等原因可能会将同一语词做不同的处理，即使同一编表人员也可能在不同时间给出不同的鉴别结果。而在网络环境下，不管是半自动还是自动环境下，语词除了来源于既有知识组织体系，还可以来自数据库，这是叙词的来源保障，然后通过计算技术和关联规则来度量叙词间的关系，从而为人工判别提供参考。如果计算技术和关联规则的智能化程度足够高，那么度量结果则可以作为词间关系协调的依据，甚至可以半自动或全自动地识别词间关系。

## 3　基于用户信息需求构建叙词表相关关系

相关关系构建要适应环境的变化，同时也要考虑到用户的信息需求，遵循一些原则，面向应用来构建相关关系，提升相关关系的构建效果。

### 3.1　网络环境下用户的信息需求

网络环境下用户的信息需求具有以下一些特点：

（1）要求更细的知识颗粒度。随着分支学科和交叉学科的发展，学科领域呈现出不断细化的趋势，同时用户的信息需求也随之变得细腻，粗枝大叶、模棱两可的信息和信息服务已经不能满足用户的信息需求，取而代之的是与用户的研究方向或兴趣点相匹配的信息服务。

（2）多途径获取。用户信息需求的多途径获取特点源于其信息需求的全面性。在网络环境下，信息量大，信息获取的途径多样化，从单一渠道未必能够获得准确的、充足的信息，这要求用户尽可能地综合多途径的信

息源来满足自身系统化的信息需求。

（3）信息需求的推介性。所谓推介性就是用户需要足够多的较为精准的信息以供选择，这一点呼应用户对细颗粒度知识的需求以及多途径获取的特点。一般来说，特定的知识服务系统的信息量有限，为了弥补容量的不足，可以设置推荐来引导用户获取其他知识服务系统的信息。

（4）自然语言化。在网络环境下，大量信息是用自然语言形式存储的，这也与用户多用自然语言检索的习惯相适应。用户用自然语言进行检索，一方面比较省力，怎么想的就怎么输入；另一方面也是由其自身的学科背景和知识结构所决定，这些导致对受控语言的陌生。

### 3.2　网络环境下叙词表相关关系构建的原则

网络环境下叙词表相关关系的构建效果如何，论文认为可以从以下三个方面加以分析和检验：第一，是否遵循了叙词表固有机制，即叙词表的等级和水平编制机理；第二，是否遵循了文献保证原则，即是否促进和保证了文献可检；第三，是否遵循了用户保证原则，即是否确保了用户的检索需求得到满足。

（1）遵循叙词表的固有机制，就是要使词表中叙词间的等级关系、等同关系和相关关系有条不紊、并行不悖，保证构建的相关关系既不扰乱表中健壮的等级关系和等同关系，也能丰富这两种关系，通过人工比对和筛选控制，可以起到不错的效果。这一点看上去不是从用户的信息需求出发的，但是这一点恰恰是保障用户信息需求得以实现的关键。只有当叙词表词间关系得以协调，用户才能在稳健的知识组织体系中去完成信息工作。

（2）遵循文献保证原则，是要求叙词表中的叙词及其词间关系皆有出处，而不是凭空产生。身边现存的文献都是用户信息需求及其实现留下的痕迹，是可资利用的宝贵资源。构建相关关系，一方面要从词表等知识组织体系中提取，这些相关关系本来就遵循了一定的学科发展规律；另一方面要从海量检索数据库中提取相关关系，这些是对网络资源进行了一定程度组织的结果。

（3）遵循用户保证原则，直接将用户的信息需求放到相关关系构建的突出位置。对用户的考虑，一般来说，满足了文献保证原则也就保证了用户的检索需求，对文献揭示得越细腻，用户的需求也就满足得越到位；同时结合专家和用户推荐，可以实现用户有深度、有广度的信息需求。但当用户的信息需求超越了文献保障的范围时，就是叙词表进行维护和修订的时候，这是用户信息需求推动叙词表构建的表现。

### 3.3　面向应用构建叙词表相关关系

基于用户的信息需求构建相关关系，就是要将构建的落脚点放在面向应用上。叙词表相关关系的应用大体上分为标引和检索。

（1）面向标引构建叙词表相关关系

标引指标记和指引，即通过标记指引人们方便、快捷地找到所需要的信息。确切地说，是通过对文献的分析，选用确切的检索标识（如类号、标题词、叙词等），用以反映文献内容的过程。标引可以按照使用检索语言的类型分为分类标引和主题标引。叙词表相关关系的效用则反映在主题标引上。而衡量主题标引质量的指标一般采用穷举度与一致性。标引穷举度指标引时是否将文献所讨论的全部主题都反映了出来；标引一致性指不同标引人员或同一标引人员在不同时期对同一主题文献标引时，对其主题归属判定的一致程度。

在对文献进行主题标引时，一般只在文献主题使用自然语言表达的情形下用等同关系进行主题标引，而等级关系则更少用到，因为上位类过于宽泛，往往超越了文献的主题范围，下位类过于狭窄，往往不能覆盖文献的主题范围。此时，构建恰当的相关关系则可以较好地满足主题标引的穷举度的要求，以图书《图书馆学概论》为例，对其进行主题标引时，除了"图书馆学"和"概论"外，还可以有"图书馆学"的一些相关词，如"图书馆"、"图书馆事业"、"图书馆管理"和"图书馆现代化"等。构建得当的相关关系在确保主题标引穷举度的同时，还能为标引人员提供标引参考框架，这对主题标引的一致性也有很大意义。在网络环境下构建的相关关系还将对自动标引产生更加深远的影响，从而解放标引人员的脑力劳动、提升主题标引的质量。

（2）面向检索构建叙词表相关关系

检索指从文献资料、网络信息等信息集合中查找到自己需要的信息或资料的过程。在网络环境下进行检索的方式主要有目录浏览和使用搜索引擎。目录浏览检索指用户可以根据自己的需要点击目录，深入下一层子目录，从而找到自己需要的信息；使用搜索引擎检索指用户向搜索引擎提交自己的需求，搜索引擎经过筛选匹配，将与检索提问相关性高的大量结果返回给用户。但不管是目录浏览检索还是使用搜索引擎检索，都必须建立在知识组织体系（如叙词表）对文献进行主题标引的基础之上。

从文献检索的角度看，结合衡量主题标引质量的指标，相关关系的穷举度高，则有利于查全率的提高，使得用户感兴趣的信息都能得以获取；

相关关系的一致性强，则有利于查准率的提高，使得用户查找的信息准确率高。此外，结合叙词表相关关系构建环境的变化及网络环境下用户信息需求的特点，相关关系在广度揭示的同时，要提升相关关系的揭示深度，从而实现用户的深度检索。在网络环境构建的叙词表相关关系可以进一步地服务于智能检索和语义查询，提升用户认识事物及其与周边事物关系的能力。一些新的词间关系展示方法（如可视化技术）的应用可以使用户在使用相关关系检索时获得耳目一新的体验。

## 4　结语

伴随着传统环境到网络环境的变化，信息用户的信息需求发生着相应变化，呈现出新的特点。叙词表相关关系结合用户信息需求的变化，从传统环境的手工构建到网络环境的半自动和自动构建。这种半自动和自动构建在难度提升的同时，也更大程度上满足了用户的信息需求，在网络环境下从标引和检索两个方面发挥着叙词表相关关系更大的信息组织的功用。

**参考文献**

[1] ISO 25964 – 1, Information and documentation—Thesauri and interoperability with other vocabularies—Part 1：Thesauri for information retrieval [S]. Swizterland，2011.

[2] GB/T 3860 – 2009，中华人民共和国国家标准文献主题标引规则 [S]. 北京：中国标准出版社，2010.

[3] GB/T 13190 – 1991，汉语叙词表编制规则 [S]. 北京：中国标准出版社，1992.

[4] 戴维民. 信息组织（第二版）[M]. 北京：高等教育出版社，2009：131，132.

[5] 百度百科. 叙词表 [EB/OL]. [2012 – 06 – 13]. http：//baike. baidu. com/view/554473. htm.

[6] SALTON G. Experiments in automatic thesaurus construction for information retrieval [C]. C. V. Freiman, J. E. Griffith, Jack L. Rosenfeld. Information Processing 71：Proceedings of IFIP Congress 71：Applications. North-Holland，1972，TA – 2：43—49.

[7] 马张华，侯汉清，薛春香. 文献分类法主题法导论（修订版）[M]. 北京图书馆出版社，2009：99.

［8］杜慧平, 仲云云. 自然语言叙词表自动构建研究［M］. 南京: 东南
大学出版社, 2009: 19, 81.

［9］杜慧平, 何琳, 侯汉清. 基于聚类分析的自然语言叙词表的自动构建
［J］. 国家图书馆学刊, 2007 (3): 44—49.

［10］FALOUSOS CHRISTOS, OARDDOUGLAS. A survey of information re-
trieval and filtering methods ［J/OL］. Technical Report CS-TR-3514,
［2012 – 06 – 24］. http: //citeseer. ist. psu. edu/faloutsos96survey. html.

［11］百度百科. 裂缝［EB/OL］. ［2012 – 07 – 10］. http: //baike. baidu.
com/view/653272. htm.

［12］百度百科. 标引［EB/OL］. ［2012 – 06 – 22］. http: //baike. baidu.
com/view/405921. htm.

［13］百度百科. 检索［EB/OL］. ［2012 – 06 – 22］. http: //baike. baidu.
com/view/677662. htm.

# 网络情报监测中的关键词
# 提取方法研究

罗繁明*　　杨海深**

（广东省社会科学院信息中心 广州 510610）

**摘　要**　为克服传统词频—逆向文本频率（*TFIDF*）关键词提取精度低下的缺点，提出一种基于多级统计特征的关键词提取（*TFIDF-SK*）算法。该算法采用词语 *TfDf* 指标的离散系数公式来剔除噪音词，接着构建基于词偏度、词语位置权重信息和词频—逆向文本频率的评估函数来度量关键词的重要性。实验结果表明该算法优于传统方法，在网络情报监测中具有广泛的应用价值。

**关键词**　关键词提取　噪声词过滤　词偏度　情报监测

## 引言

　　人类社会已经步入网络全球化时代，东西文化及意识形态通过互联网的相互渗透，正悄然无声地跨越国界，颠覆性地或渗透性地影响着传统的国家治理向网络社会治理变革。据中国互联网信息中心（*CNNIC*）发布的《第 29 次中国互联网络发展状况统计报告》显示：截至 2011 年 12 月底，中国网民数量突破 5 亿，互联网普及率达到 38.3%，中国网页数量达到866 亿个。成指数级增长的用户和网页使得网络成为信息的集散地、舆论的放大器、科研情报产生地。伴随着中国经济社会转型，各阶层的矛盾会充分地展现在网络上，国家和地方政府如何有效地利用海量的网络信息资源，尽早发现热点话题和突发事件，合理引导社会舆论走向，成为政府决策情报研究的重要议题。面对激烈的市场竞争，企业如何通过网络获取竞争对手的信息，进行市场预警、策略制定来取得竞争力优势成为企业竞争

---

\*　罗繁明，男，1955 年生，广东省社会科学院信息中心，主任、研究员。

\*\*　杨海深，男，1982 年生，广东省社会科学院信息中心，实习研究员。

情报研究的重要议题。同时，势成为企业竞争情报研究的重要议题。同时，科研人员如何在纷繁复杂的网络信息中提取研究价值点成为研究情报的重要议题。关键词是网络环境下政府决策情报、企业竞争情报和研究情报监测的重要线索，对情报发现往往起着决定性的作用。于是，关键词提取方法的研究是情报学中的理论研究前沿，并朝着交叉科学的态势发展。

## 1 相关研究现状与问题

一般而言，关键词是从论文的题名、摘要和正文中选取出来的，是对表述论文的主要内容有实质意义的词汇，是为了满足文献标引或者检索工作而从论文中选取出来的词或词组。本文限定关键词的含义是能够表示网页主要内容的相关词语。关键词提取从单个网页或者一个网页集（语料库）中，通过对核心词语的统计和语义分析选择一个合适的、能够完全表达主题内容的特征项集的过程。由于关键词是表示网页主题意义的最基本单位，所以在自动摘要、信息检索、文本聚类、自动问答、话题跟踪等自然语言处理和中文信息处理领域大部分都要先进行关键词提取，而且关键词提取对于情报监测和跟踪也有着重要的线索价值，促使情报工作从不确定性到确定性转变。

国内外对于关键词提取方法的研究主要分为以下几类：

（1）基于语义的方法在词典的帮助下，通过词法与句法分析进行自动分词、词性标注，使计算机能够理解多种信息片段、词汇间的语义关系，进而通过复杂计算来获得关键词。王立霞、淮晓永在《基于语义的中文文本关键词提取算法》一文中提出一种 SKE 算法，该算法运用词语语义相似度构建一个词语语义的相似性网络，再结合社会网络理论，使用居间密度词语语义的关键度，最后将词语语义关键度和词语的统计特征值加权来获得关键词。

（2）基于机器学习的方法 通过对大量训练语料库进行训练，获得各项系统参数和模型，再将模型应用于测试语料库来检验关键词提取效果。在训练集上，把关键词提取看作是有监督的分类问题。常用的模型有：支持向量机、朴素贝叶斯、最大熵、决策树等。

（3）基于复杂网络的方法 根据候选特征词之间的关系按照既定规则，构建一个复杂网络或者加权复杂网络模型，计算节点权重系数和介数来表示节点综合值，综合值大的即为关键词。这个方法的计算量往往过大，对于海量文档或者网页效率就成了问题。

（4）基于统计的方法 通过词语的统计信息来提取关键词，最常用的

是 *TFIDF* 指标和 *N-gram* 方法，这类方法只需统计相关词语词频和使用过滤技巧，缺点在于提取精度不高。李静月、李培峰、朱巧明在《一种改进的 TFIDF 网页关键词提取方法》一文中提出一种改进的 *TFIDF* 网页关键词提取方法，结合网页内容的结构和词语词性特征，对经典 *TFIDF* 公式进行改进，构建一个候选特征词的综合评价公式来提取关键词。

以上四类方法，本质上区别在于从自然语言理解、机器学习、复杂网络和统计等不同领域和角度来处理关键词提取问题。本文提出的关键词提取算法是属于统计方法的范畴，是对传统 *TFIDF* 方法的较大改进。它首先采用词语 *TfDf* 指标的离散系数的办法来过滤网页文本的噪声词，然后对产生的候选关键词分析其词共现概率分布的偏度，再结合 *TFIDF* 和候选关键词出现的位置信息构建关键词提取新的评价函数 *TFIDF-SK*，最后对函数值排序后即实现关键词提取。

## 2　关键词提取方法构造

### 2.1　现代中文词语特征及自动分词

现代中文句子是词语和单字的组合，句子主干部分是由名词、动词、形容词、代词、量词等实词构成，而介词、连词、助词等虚词没有实在意义，一般不能充当句子主要成分。所以在进行中文关键词提取时应当剔除虚词和单字。

中文不像英文那样，词与词之间有天然的分隔符，单个字就可以作为一个关键词。中文词汇大多是由两个或两个以上的汉字组成的，并且句子是连续书写的，这就要求在对中文文本进行自动分析前，先将整句切割成小的词汇单元，即中文分词。中文分词是自然语言处理的热点和难点，目前已有比较成熟的分词系统，如中国科学院的 *ICTCLAS* 系统、*CRF* 中文分词系统和盘古分词等。这些分词系统均能自动标注词性，为自动过滤虚词和停用词提供了可能性。

### 2.2　网页文本的结构特征及词语统计特征

*Web* 页面大部分是以 *HTML* 的形式编写的，有着较为严格的结构。*HTML* 是用于描述网页文档的一种标记语言，通过成对的标记符号来标记要显示的网页中的各个部分，如 < *table* > 标签定义 *HTML* 表格，< *title* > 元素可定义文档的标题，< *p* > 标签定义段落。通过对 *Web* 页面 *HTML* 文档的分析，网页文本内容的标题通常是由 < *title* > 标记的，网页文本的主要

内容是由多个 $<p>$ 标记。所以我们可以从 Web 页面中自动提取网页文本，并能够辨别文本内容的标题和段落。

下面定义本文用到的词语统计特征：

定义 1　词语 $W_i$ 在文本 $D_j$ 中的词频 $TF_{ij}$ 定义为：

$$TF_{ij} = \frac{n_{ij}}{\sum_k n_{kj}} \tag{1}$$

其中，$n_{ij}$ 是词语 $W_i$ 在文本 $D_j$ 中出现的次数；$\sum_k n_{kj}$ 是文本中所有词语出现次数的和。一般来说，词频 $TF_{ij}$ 越大，词语 $W_i$ 在文本 $D_j$ 中越可能是关键词。

定义 2　词语 $W_i$ 在文本集合 $DS$ 中的逆向文本频率 $IDF$ 定义为：

$$IDF_i = 1n \frac{|DS|}{|\{d: W_i \in d, \in DS\}|} \tag{2}$$

其中 $|DS|$ 是文本集合中文本总数，$|\{d: W_i \in d, \in DS\}|$ 是 $DS$ 中包含 $W_i$ 的文本数。逆向文本频率（Inverse Document Frequency，$IDF$）是一个词语普遍重要性的度量。一般来说，包含词语 $W_i$ 的文本数越少，则 $IDF_i$ 越大，表示该词语具有比较好的类别区分能力。

定义 3　词语 $W_i$ 在文本 $D_j$ 中的词频—逆向文本频率 $TFIDF_{ij}$ 定义为：

$$TFIDF_{ij} = TF_{ij} \times IDF_i \tag{3}$$

词频—逆向文本频率 $TFIDF$ 的主要思想是：如果某个词语在一篇文本中出现的频率 $TF$ 高，并且在其他文本中很少出现，则认为该词语有很好的代表能力，可以选为候选关键词。

对于 Web 文本而言，词语在不同的标记符号中对于文本内容的反映程度不同，也就是说，词语出现的位置信息对于关键词提取比较重要，所以应对处于文本不同位置的词语赋予不同的系数权重。如果词语在标题和摘要中出现，那么它的位置权重显然要高于段首和段尾，更高于其他位置，具体权重分配按公式（4）。

定义 4　词语 $W_i$ 在文本 $D_j$ 中出现的位置权重 $Pos_{ij}$ 定义为：

$$Pos_{ij} = \begin{cases} 1 & W_i \text{ 在文本 } D_j \text{ 标题和摘要中出现} \\ 0.5 & W_i \text{ 在文本 } D_j \text{ 段首和段尾中出现} \\ 0.2 & W_i \text{ 在文本 } D_j \text{ 其它位置出现} \end{cases} \tag{4}$$

## 2.3　词语过滤

在过滤掉停用词和虚词之后，文本集中依然存在大量的噪声词。噪声词一般是与文本主题相关性不大的词，例如"中国"、"南方网"、"人民"等。一般认为，文本中出现频率很高，同时文本集合中出现频率也很高的词为噪声词。本文提出一种词频与文本频率乘积的离散系数的办法来自动过滤噪声词。

定义 5　词语 $W_i$ 在文本集合 $DS$ 中的文本频率 $DF_i$ 定义为：

$$DF_i = \frac{|\{d: \ W_i \in d, d \in DS\}|}{|DS|} \tag{5}$$

其中，分子和分母的含义同定义 2。

定义 6　词语 $W_i$ 在文本集合 $DS$ 中的离散系数 $CV_i$ 定义为：

$$CV_i = \frac{SD_i(TfDf_{ij})}{AVE_i(TfDf_{ij})} \tag{6}$$

其中 $TfDf_{ij} = TF_{ij} \times DF_i$，$SD_i$（·）表示对下表 $j$ 取标准差，$AVE_i$（·）表示对下表 $j$ 取平均值。

由于文本内容的长短不一，噪声词在文本集合中出现的频率差异较大。实践表明，用公式（6）计算的词语离散系数能够克服文本内容长度对于噪声词剔除的影响。离散系数综合反映了词语在整个文本集中的波动程度。词语的离散系数越小，说明该词在文本集出现的稳定性越好，则该词是噪声词的概率越大；反之，该词就不认为是噪声词。

## 2.4　词共现概率分布及偏度

随着信息通讯技术的发展，词共现分析成为数字图书馆文献计量分析方法之一，其思想来源于文献计量学的引文耦合与共被引概念，即当两个某一学科领域的关键词在同一篇文献中出现的频率越大，表明这两个词之间的某种内在关系越密切。通过构建关键词共现矩阵和使用多元统计方法来进行期刊评价和学科结构分析。本文提出的词共现概率分布是基于单个句子上的共现频率而言的。

一个文本通常是由多个句子组成，句子之间一般是通过句号、问好、感叹号来分割的。如果两个词在一个句子中出现，就认为它们共现一次，这里不考虑语法和词序。

用 $IF$ 来表示候选关键词的集合，$N$ 来表示候选关键词的个数，则候选关键词共现矩阵 $N \times N$ 就可以通过任意两个候选关键词在单个文本或者文本集合出现的频数作为元素构成。例如有五个候选关键词 $a$、$b$、$c$、$d$、$e$，在单个文本或者文本集合中出现的频数如表 1 所示，则表 1 中数字代表两个词之间的共现频数，阴影部分就是其词共现矩阵，显然它是一个对角矩阵，其自身词共现频数用"－"表示，候选关键词 $a$ 的词共现概率分布就为 $\{x_{a1},x_{a2},x_{a3},x_{a4}\} = \{30/93,26/93,19/93,18/93\}$。

表 1　词共现矩阵

| | $a$ | $b$ | $c$ | $d$ | $e$ | 合计 |
|---|---|---|---|---|---|---|
| $a$ | － | 30 | 26 | 19 | 18 | 93 |
| $b$ | 30 | － | 5 | 50 | 6 | 154 |
| $c$ | 26 | 5 | － | 4 | 23 | 93 |
| $d$ | 19 | 50 | 4 | － | 3 | 89 |
| $e$ | 18 | 6 | 23 | 3 | － | 89 |

为了估计词共现概率分布的偏斜度，我们引入偏度概念。偏度是统计数据分布偏斜方向和程度的度量，是统计数据分布非对称程度的数字特征。

定义 7　词语 $W_i$ 在单个文本或者文本集合中的词共现概率分布的偏度 $SK_i$ 定义为：

$$SK_i = \frac{(N-1)\sum_j (x_{ij} - \overline{x}_i)^3}{(N-2)(N-3)SD} \quad (N \geq 4) \tag{7}$$

其中，$x_{ij}$ 表示候选关键词 $i$ 和 $j$ 的词共现频率；$\overline{x}_i$ 和 $SD_i$ 分别表示词语 $W_i$ 的词共现概率分布的平均值和标准差。

由公式（7），我们可以算出候选关键词 $a$、$b$、$c$、$d$、$e$ 的偏度分别为 0.377、0.690、0.051、1.412、0.147，可见词语 $d$ 的偏度最大，最可能是关键词。经验表明，如果一个词的偏度越大，该词在整个文本集合中出现的分布状况越不均匀，越有可能是关键词，反之就不是关键词。用词共现概率分布的偏度恰如其分地抓住了关键词在文本中的分布规律，进而使用此规律来指引关键词的提取，这是本文的重要发现，将对于构造关键词提取的评价函数有重要意义。

## 2.5　中文关键词提取流程图及算法

综合公式（3）、（4）和（7），本文提出评价关键词在单个文本或者文本集合中的重要性度量函数如公式（8）所示。它综合了词语的位置信息、词语统计特征的词频—逆向文本频率信息和词语共现概率分布信息，对于关键词重要性的度量做了较为全面评估，词语的 *TFIDF-SK* 函数值越大，该词越重要，越有可能是关键词。

定义8　词语 $W_i$ 在单个文本 $D$ 或者文本集合 $DS$ 中的重要性度量函数 $TFIDF$-$SK$ 值定义为：

$$TFIDF\text{-}SF_i = \alpha \sum\nolimits_j (Pos_{ij} \times TFIDF_{ij}) + \beta SK_i \qquad (8)$$

其中 $Pos_{ij}$ 是由公式（4）定义的位置权重信息；$TFIDF_{ij}$ 是由公式（3）定义的词频—文本逆向频率；$SK_i$ 是由公式（7）定义的偏度；$\alpha$ 和 $\beta$ 是可修正参数。

本文首先采用词语 $TfDf$ 指标的离散系数的办法来过滤网页文本的噪声词，然后分析候选关键词共现概率分布的偏度，再加上 $TFIDF$ 和候选关键词的位置信息构建关键词提取的 $TFIDF$-$SK$ 算法，以函数 $TFIDF$-$SK$ 值作为关键词重要性的度量。$TFIDF$-$SK$ 算法的系统流程图如图1所示，主要由三个模块构成：文本预处理模块、词语统计特征计算模块、关键词重要性度量模块。

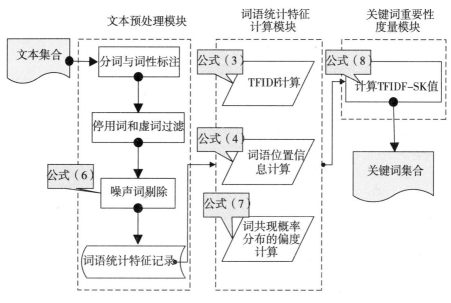

**图1　*TFIDF-SK* 算法流程图**

$TFIDF$-$SK$ 算法首先对输入的文本集合进行预处理，预处理模块中重要的一个环节是噪声词的剔除和词语统计特征记录；然后进入到词语统计特征计算模块，该模块负责计算 $TFIDF$ 值、词语位置信息权重和偏度；再接着进入关键词重要性度量模块，负责计算 $TFIDF$-$SK$ 的值；最后根据关键词重要性度量的大小输出关键词。

　　*TFIDF-SK* 算法的详细处理过程如下：

---

［Keywords，Importance］ = TFIDF-SK（D，Num）

---

输入：*D* 表示网页文本集合；*Num* 表示要提取的关键词个数。

输出：*Keywords* 表示提取的关键词集合，*Importance* 表示关键词的重要性度量值。

　　（1）对输入的文本 *D* 进行分词和词性标注，得到所有词语列表及词性 *CanWords*；

　　（2）剔除 *CanWords* 中的停用词和虚词，得到词语集合 $W_1$，并统计各词语频率和文本频率；

　　（3）使用公式（6）计算，剔除词语的离散系数小于给定阈值（ < = 0.05）的词语，得到词语集合 $W_2$；

　　（4）统计词语集合 $W_2$ 的词频、逆向文本频率、词语出现的位置，构建 $W_2$ 的词共现矩阵；

　　（5）对 $W_2$ 中的每个词语：

　　　　（ⅰ）使用公式（3）计算词语的 *TFIDF* 值；

　　　　（ⅱ）使用公式（4）计算词语的位置权重值；

　　　　（ⅲ）使用公式（7）计算词语的偏度值；

　　（6）确定系数 $\alpha$ 和 $\beta$；对 $W_2$ 中的每个词语，使用公式（8）计算关键词重要性度量 *TFIDF-SK* 值。

　　（7）按 *TFIDF-SK* 值的大小降序排列，输出 *Num* 个关键词 Keywords 和重要度 Importance。

---

# 3　实验结果与分析

## 3.1　评价标准

　　目前，关键词提取的质量和评价标准在国内外尚未有统一的评价方法，一方面是网页文本是非结构化数据，另一方面文本数据的选择带有较大的主观性。本文使用一种常用关键词提取的评价方法，该方法把计算机自动抽取的结果与人工标注的结果进行对比，使用准确率 *P* 和召回率 *R* 来评估 *TFIDF-SK* 的效能，它们的定义如下：

$$P = \frac{|A \cap H|}{|A|} \qquad (9)$$

$$R = \frac{|A \cap H|}{|H|} \qquad (10)$$

其中，$P$ 反映了关键词提取算法 $TFIDF\text{-}SK$ 的提取的准确性；$R$ 反映了关键词提取算法 $TFIDF\text{-}SK$ 的发现能力；$A$ 表示本算法提取的关键词集合；$H$ 表示人工标注的关键词集合，$|A \cap H|$ 表示集合 $A$ 和 $H$ 的交集个数；$|A|$ 和 $|H|$ 分别表示两个集合元素的个数。

### 3.2 实验结果分析

本文从互联网上以"儿童节"为主题使用网络爬虫软件爬取 300 篇左右的文本内容作为测试算法的文本库。手工标注关键词的文本有 200 篇，其中 100 篇用于判断 $TFIDF\text{-}SK$ 算法中的 $\alpha$ 和 $\beta$ 系数，这里使用线性回归的办法，算出 $\alpha = 0.687$，$\beta = 0.313$；另外 100 篇用于判断 $TFIDF\text{-}SK$ 算法的准确率 $P$ 和召回率 $R$。一般来说，一篇文本的关键词在 4 到 8 之间，本文为了对比效果，选用关键词的数目 $Num$ 分别为 5、6 和 7，并与传统关键词提取算法 $TFIDF$ 做了对比。实验结果如下表 2 所示。

表 2　实验结果对比

| 关键词数目 $Num$ | | 5 | 6 | 7 |
|---|---|---|---|---|
| 传统 $TFIDF$ 算法 | $P$ | 0.554 | 0.521 | 0.492 |
| | $R$ | 0.342 | 0.417 | 0.516 |
| $TFIDF\text{-}SK$ 算法 | $P$ | 0.633 | 0.615 | 0.568 |
| | $R$ | 0.387 | 0.454 | 0.642 |

从表 2 可以看出，与传统关键词提取 $TFIDF$ 方法相比，$TFIDF\text{-}SK$ 算法无论是在准确率，还是在召回率均有显著的提升。此外 $TFIDF\text{-}SK$ 算法还提取到了传统方法所没有提取到的关键词，诸如"楼市"、"搭车"等关键词，进一步分析得知诸如"楼市在儿童节加大营销"、"成年人'搭车'过儿童节"的相关话题存在，说明 $TFIDF\text{-}SK$ 算法提取到的关键词可以进一步为进行相关热点话题发现，甚至是情报监测提供很好的线索。

## 4　关键词提取的应用价值

关键词提取是网络中热点话题发现和网络情报监测的基础性工作，一个质量好的关键词可以直击热点话题的核心，成为情报监测的重要线索，提升政府决策情报、企业竞争情报和研究情报发现的能力。

下面从这三个方面来看关键词自动提取的应用价值。

首先从决策情报监测中最常用的网络舆情监测来看，网络舆情是人们关于现实社会中各种现象、某些焦点问题所表达的态度、言论、意见和情绪等在网络虚拟空间中的表现总和，主要通过网络新闻媒体、论坛、博客和微博的形式加以集散和传播。查看网络舆情监测系统使用文档可知，几乎所有的网络舆情监测系统均有设置关键词提取功能，而关键词提取也成为网络舆情监测系统中首要的且重要的一个环节。网络舆论的源头来自一系列现实生活中的事件，事件可以进一步分解为话题，话题又是由关键词组成。相关研究表明：两个关键词可以表示一个话题，三个关键词可以确定一个话题。可见，在网络环境下迅速找到合适的关键词来发现话题，进一步确立事件的源头，对于舆情监测是非常重要的一个过程。政府相关部门应加强网络舆情的源头进行及时监测，采取有效措施来化解网上舆论危机，对于构建和谐社会有其重要的现实意义。

其次从企业竞争情报的监测来看，企业竞争情报监测内容包括对内和对外两部分，对内监测内容主要是企业在社会中的形象、企业文化的社会认同度等企业舆情状况；对外监测内容主要是企业经营动向、经营收入、战略动向、市场运营状况等。竞争情报已经成为网络环境下企业核心竞争力之一，目前市场上也有专门用于企业情报监测的系统，对外情报监测多建有丰富的关键词目录，而对内企业舆情监测内容有较大的不确定性，需要专门对网络中信息进行关键词自动提取来确定舆论导向。

最后从研究情报，特别是社会科学研究情报监测来看，传统的文献情报分析可以部分满足科研人员了解某一领域的现状和发展趋势的需要，科研人员只需按照学科分类来进行文献检索和分析。而对于非文献型情报，其内容已不限于某一科学领域的情报，同时涉及到经济、政治、文化及社会等方面的综合情报，关键词提取将对该类型情报收集、鉴别筛选提供可行性的线索和素材。

综上，关键词提取技术对于支撑决策情报、竞争情报和研究情报监测具有重要的应用价值，而本文提出的关键词提取新方法是该领域的探索和尝试，其提取精度、效率还有待在情报监测系统中检验。

## 5　结论

本文提出了一种基于多级统计特征的关键词提取算法，该算法处理的对象是网络页面资源，处理的过程包括网页内容转换、分词、噪声词剔除、候选词的重要性度量等，处理的结果是产生表示网络页面主题的关键词。实验结果证实了该算法的有效性，表明该算法对于关键词提取研究和应用具有一定的参考价值。

　　本文最后论述了关键词提取在网络情报监测中的应用价值。综合网络信息主题的关键词集合，可以揭示网络情报的总体内容特征，表征各类网络情报的特点和内在关系，演化网络情报的发展方向和趋势，体现情报发现中的不确定性到确定性的转变。所以关键词提取技术为网络情报监测发挥重要作用，但需要指出的是，单纯从关键词来判断网络情报的全部内容还有较大的局限性。

　　下一步的研究方向是如何将本文提出的关键词算法应用到情报监测系统中去，通过算法修正来进一步提升关键词提取的精度，进一步体现关键词提取技术在网络情报监测和发现中的作用。

## 参考文献

［1］中国互联网信息中心. 第29次中国互联网络发展状况统计报告［R］. 北京，2012年1月.

［2］王立霞，淮晓永. 基于语义的中文文本关键词提取算法［J］. 计算机工程，2012，38（1）：1—4.

［3］李静月，李培峰，朱巧明. 一种改进的 TFIDF 网页关键词提取方法［J］. 计算机应用与软件，2011，28（5）：25—27.

［4］程肖，陆蓓，谌志群. 热点主题词提取方法研究［J］. 现代图书情报技术，2010（10）：43—48.

［5］Yan Yang, Liang He , Meng Qiu. Exploration and Improvement in Keyword Extraction for News Based on TFIDF［J］. Energy Procedia，13（2011）：3551—3556.

［6］闫利平，陶卫江等. 政府网络舆情监测分析及预警［J］. 现代情报，2011年4月，31（4）：46—47.

# "信息"词源新探

许　亮\*　赵　玥\*\*

（北京建筑工程学院图书馆 北京 100044；

《理论视野》杂志社　北京　100091）

**摘　要**　欲辨章学术，须考镜源流。文章从文献考据学角度，对"信息"一词的词源重新考证。通过对"信息"一词在我国古典文献中出处的考察，对学术界目前普遍流行的五种观点——西晋陈寿《三国志》说、南北朝之梁朝说、唐代崔备说、唐代鱼玄机说、南唐李中说进行了辨析，指出这五种说法中包含的不同程度的误解之处，提出"信息"一词最早出自唐代王晙于公元715年所作《请移突厥降人于南中安置疏》这一论点。

**关键词**　信息　词源　王晙

当今，人类社会已进入信息时代，信息无处不在，无时不有。人们对"信息"的研究也随着信息化进程的加快而掀起了新一轮热潮，出现了诸如信息科学、信息哲学、信息资源管理学等一系列新兴学科。不同的学者从不同的研究角度出发，对"信息"这一概念的源流及内涵进行了不同的解读，为信息科学及其相关学科的发展提供了坚实的基础。

通过对历史文献的研究，笔者发现当今学术界对"信息"的词源问题主要有以下五种代表性观点：西晋陈寿《三国志》说、南北朝之梁朝说、唐代崔备说、唐代鱼玄机说、南唐李中说。文章从文献考据学的角度，对"信息"一词的起源作了新的考察和分析，以便纠正当前相关学术成果中关于"信息"词源的误解，促进当下信息科学及相关学科的发展。

## 1　西晋陈寿《三国志》说辨析

这一观点的主要代表人物有郑开琪和司有和。郑开琪在1989年发表的

---

\*　许亮，男，1983年生，北京建筑工程学院图书馆，馆员。

\*\*　赵玥，女，1983年生，《理论视野》杂志社，编辑、记者。

论文《关于信息的定义及其分类》（以下简称"郑文"）中，提出："'信息'一词是我国汉语的固有词汇，并非外来语。在我国古代的诗词歌赋、小说野史中早已有人使用，只是用于'消息，音信'之意，并没有赋予信息以严格的科学定义。如西晋《三国志》中记载：'诸葛恪围合肥新城，城中遣士刘整出围传消息。王子俭期曰：正数欲来，信息甚大。'句中'信息'即指'消息'之意。"司有和在 2002 年出版的著作《信息管理学》（以下简称"司文"）中，指出："'信息'一词，在汉语中古已有之。据考证，最早见于《三国志》：'诸葛恪围合肥新城，城中遣士刘整出围传消息。王子俭期曰：正数欲来，信息甚大。'《三国志》的作者陈寿是西晋史学家，生于公元 233 年，卒于公元 297 年。就是说信息一词最早出现于公元 3 世纪。"

郑文和司文中所引的那段话前半句"诸葛恪围合肥新城，城中遣士刘整出围传消息"是《三国志》中的原文；而"王子俭期曰：正数欲来，信息甚大"则并非出自《三国志》。《三国志·卷四·魏书四·三少帝纪第四》的原文如下：

六年春二月己丑，镇东将军毌丘俭上言："昔诸葛恪围合肥新城，城中遣士刘整出围传消息，为贼所得，考问所传……终无他辞。"

从《三国志》的原文中，我们只发现了"昔诸葛恪围合肥新城，城中遣士刘整出围传消息"这句话，而未找到"王子俭期曰：正数欲来，信息甚大"的相关记载。通过查阅其他古籍，我们发现"王子俭期曰：正数欲来，信息甚大"这句话出自清代王之春的《椒生笔记》。王之春（公元 1842—?），字椒生，清泉人，曾任山西巡抚等，著有《椒生笔记》等。在《四库全书·清代笔记·椒生随笔·卷八》中，王之春在解释"消息、信息"时说：

消息、信息同义，皆俗语也。诸葛恪围合肥新城，城中遣士刘整出围传消息。见《三国志》。王子真期曰："正叔欲来，信息甚大。"嵩前隐者董五经谓明道曰："先生欲来，信息甚大。"见《二程外书》。

王之春《椒生随笔·卷八》中"正叔欲来，信息甚大"的引文，则出自北宋程颢、程颐所著《二程外书·卷十二》，原文如下：

王子真（俫期）来洛中，居于刘寿臣园亭中。……是日，伊川来，款语终日，盖初未尝夙告也。刘诘之。子真曰："正叔欲来，信息甚大。"又嵩山前有董五经，隐者也，伊川闻其名，谓其为穷经之士，特往造焉。董平日未尝出庵，是日不值。还至中途，遇一老人负茶果以归，且曰："君非程先生乎？"伊川异之。曰："先生欲来，信息甚大，某特入城置少茶果，将以奉待也。"

上文中所提到的"伊川"、"正叔"皆指程颐。程颐（公元 1033—
1107 年），字正叔，北宋洛阳伊川人，人称"伊川先生"，北宋著名的理
学家。上文中那段话主要讲述程颐去拜访王子真、董五经的故事，由于程
颐在当地很有名气，所以他要拜访王子真、董五经的消息便不胫而走，传
播开来，早早地传到了王、董二人那里，所以才说"正叔/先生欲来，信
息甚大"。清人王之春在引述《二程外书》中的话来解释"信息"词源及
含义时，引用的原文是"正叔欲来，信息甚大"，而郑文和司文在引述时
却把"正叔"误引为"正数"，把"王子真"误引为"王子俭期"，所以才
得出"信息"一词最早出自西晋陈寿《三国志》的结论。这是一种误读和
误解，犯了严重的引证错误，也误导了后来的许多研究者和读者。

## 2 南北朝之梁朝说辨析

这一观点的主要代表人物是王英玮，他在《"信息"一词源流考》
（以下简称"王文"）中指出："'信息'一词的辞源，当不晚于南北朝时
期的梁朝，即公元 502—557 年。经过查找，我们在清代学者严可均编纂的
《全梁文·卷五十二》中发现了'信息'一词的记录。原文为：'玲珑绮
构，无风自响，不拂而净，耽耽肃肃，信息心之胜地。'"

王文所引的那段话，最早出自唐代欧阳询（公元 557—641 年）所编
《艺文类聚·卷七十七·内典下》，原文如下：

梁王僧孺中寺碑曰：夫玉律追天，故躔次之期不变；缇室候景，则发
敛之气罔踰。……无风自响，不拂而净。耽耽肃肃，信息心之胜地；穆穆
悁悁，固忘想之嘉所。

清代严可均辑《全梁文·卷五十二》也记载了这段话，原文如下：

赫然霞立，信以填金可垺，引绳斯拟，写妙金楼，……无风自响，不
拂而净，耽耽肃肃，信息心之胜地，穆穆悁悁，固忘想之嘉所。

《艺文类聚·卷七十七·内典下》和《全梁文·卷五十二》所记载的
"信息心之胜地"的断句都应该是"信/息心/之/胜地"，这样正好与下句
"固/忘想/之/嘉所"相对仗。"信息心之胜地"中的"信息"并非是一个
词，"息心"才是一个词。"信"在这里指确实，"息"在这里指休息、平
息。"息心"是佛教用语，指消除妄想执着心，心无杂念，后来引申为排除
俗念的干扰，使内心平静。所以，"信息心之胜地"的正确读法应是"信/息
心/之/胜地"，意思是"确实是使内心清净的好地方"。这里并未真正出现消
息意义上的"信息"一词，而只是"信"和"息心"两个词的连用。

## 3　唐代崔备说辨析

这一观点的主要代表人物是吕建新和李晋瑞。他们在《"信息"的源流发展及内涵详考》（以下简称"吕文"）中指出："目前有据可查的、最早使用'信息'一词的文献当为崔备《清溪路中寄诸公》中的'别来无信息，可谓井瓶沉'。"

崔备，生卒年不详，唐许州（今河南许昌）人，唐德宗建中二年（公元781年）进士及第，唐宪宗元和六年（公元811年）任礼部员外郎，终工部郎中。清代彭定求等编《全唐诗》收其诗6首。崔备在其所撰《清溪路中寄诸公》诗中提到了"信息"一词，原文如下：

偏郡隔云岑，回溪路更深。少留攀桂树，长渴望梅林。野笋资公膳，山花慰客心。别来无信息，可谓井瓶沉。

通过检索《全唐诗》得知，唐代诗人中使用"信息"一词的还有马戴、杜牧、许浑、陆龟蒙、唐彦谦等。按照生活年代来讲，崔备、马戴略早，杜牧、许浑、陆龟蒙、唐彦谦等稍晚，但都生活于中晚唐。在这六位诗人中，崔备是最早使用"信息"一词的。但是，崔备并不是中国历史上最早使用"信息"一词的，这一点在第六节中予以说明。

## 4　唐代鱼玄机说辨析

这一观点的主要代表人物是周宏仁。他在其著作《信息化论》（以下简称"周文"）中指出："'信息'这个词的使用，在中国至少可以追溯到唐朝时期。唐武宗（公元814—846年）时期的著名女诗人鱼玄机（公元842—868年）就曾经在诗《闺怨》中写道：……春来秋去相思在，秋去春来信息稀。……可见信息一词的使用并不是现在才有的，在我国至少已有1200年的历史。"

据《唐诗百科大辞典》记载，鱼玄机（约公元844—871年），女，唐长安（今陕西西安）人，字幼薇，唐懿宗咸通初嫁于李亿为妾，咸通七年（公元867年）出家于长安咸宜观，为女道士，并改名为鱼玄机。《全唐诗》存其诗50多首。鱼玄机的《闺怨》诗原文如下：

蘼芜盈手泣斜晖，闻道邻家夫婿归。别日南鸿才北去，今朝北雁又南飞。春来秋去相思在，秋去春来信息稀。扃闭朱门人不到，砧声何事透罗帏。

生活于晚唐的女诗人鱼玄机（约公元844—871年）使用"信息"一词，比崔备、马戴等诗人要晚。所以，鱼玄机并不是唐代诗人中最早使用"信息"一词的。

## 5 南唐李中说辨析

这一观点是学术界最为流行的观点，也是许多学者在文章和著作中普遍认同的一种观点，1983 版《辞源》是这一观点的最早提出者。1983 年版《辞源》认为，"信息"一词出自唐李中《暮春怀故人》诗中的"梦断美人沉信息，目穿长路倚楼台"。我国著名信息学家钟义信教授也持这一观点，他在其著作《社会动力学与信息化理论》（以下简称"钟文"）一书说："作者本人曾经考证，在我国浩瀚的历史文献中，信息一词最早见于唐代诗人李中《暮春怀故人》的诗句'梦断美人沉信息，目穿长路倚楼台'。"国内学者之所以都认为"信息"一词出自唐代诗人李中，但是，《辞源》在对某些字词的溯源和考证方面也存在一些纰漏。对"信息"的词源考证，《辞源》的观点就不够严谨。首先，李中不是中国历史上最早使用"信息"一词的，这一点在本文第六节中予以说明。其次，《辞源》对李中的生平的记载也不够准确。《辞源》和钟文等都认为，李中是唐代诗人，这种观点是错误的。据《全唐诗·卷 737》记载，李中（约 920—974 年）是五代时期的南唐诗人，而并非唐代诗人。唐代的历史是从公元 618 年到公元 907 年，南唐的历史则是从公元 937 年到公元 975 年，二者是不同的朝代。

## 6 "信息"词源新探

"信息"一词最早出现在哪里呢？笔者通过对《四库全书》、《古今图书集成》等古籍的检索发现，"信息"一词最早出自唐玄宗开元年间王晙所作《请移突厥降人于南中安置疏》。根据《旧唐书·卷九十三》对王晙生平的记载，王晙是沧州景城人，于唐中宗景龙末（即公元 710 年左右）担任朔方军副大总管，于唐玄宗开元十一年（即公元 723 年）担任朔方军节度使。王晙卒于开元二十年，即公元 732 年。后晋刘昫等撰《旧唐书·卷九十三》、宋代王钦若等编《册府元龟·卷三百六十六》、清代董诰等编《全唐文·卷二百九十八》中都有记载了王晙于公元 715 年所撰写并且奏呈给唐玄宗的《请移突厥降人于南中安置疏》，原文如下：

王晙，沧州景城人，徙家于洛阳。……开元二年（公元 714 年），吐蕃精甲十万寇临洮军，晙率所部二千人卷甲倍程，与临洮两军合势以拒之。……明年（公元 715 年），突厥默啜为九姓所杀，其下酋长多款塞投降，……晙上疏曰：突厥时属乱离，所以款塞降附。其与部落，非有仇嫌，情异北风，理固明矣，养成其衅，虽悔何追。……臣料其中颇有三策。若盛陈兵马，散令分配，内获精兵之实，外袪黠虏之谋，暂劳永安，此上策也。若多屯士卒，广为备拟，亭障之地，蕃、汉相参，费甚人劳，此下策也。若置之朔塞，任之来往，通传信息，结成祸胎，此无策也。（《旧唐书·卷九十三·列传第四十三·娄师德王孝杰唐休璟张仁愿薛讷王晙》）

这段话的意思是说，开元二年即公元 714 年，吐蕃十万大军进攻临洮。王晙率领自己部下两千多人，与临洮的唐朝驻军共同抗敌，打退了来犯之敌。第二年即公元 715 年，突厥的首领默啜被人所杀，其手下的许多酋长都投降了唐朝。胜利归朝之后，王晙上呈给唐玄宗著名的《请移突厥降人于南中安置疏》，对如何安置投降唐朝的突厥人提出了自己的三点策略：第一条策略是在南中之地安置他们，让他们在当地生活安家，充足兵源。第二条策略是在河曲等地屯兵防守。第三条策略是任由突厥降人在朔方一带活动，这样一来，他们可能会与突厥旧部通传军事信息，埋下里应外合、一同谋反的祸根。

# 7　结语

通过对历史文献的考察和对目前观点的考证，笔者认为，据目前可以查考的文献而言，"信息"一词的最早词源，既不是西晋时期的陈寿、南北朝之梁朝，也不是唐代崔备、鱼玄机，更不是南唐李中，而是出现在唐玄宗开元三年（公元 715 年）王晙所作《请移突厥降人于南中安置疏》。

## 参考文献

[1] 许亮.《辞源》"信息"词条勘误 [J]. 博览群书，2011 (12)：113.

[2] 郑开琪. 关于信息的定义及其分类 [J]. 上海社会科学院学术季刊，1989 (8)：i14.

[3] 司有和. 信息管理学 [M]. 重庆：重庆出版社，2001：1.

[4] 王英玮. "信息"一词源流考 [J]. 档案学研究，2004 (4)：45.

[5] 吕建新，李晋瑞. "信息"的源流发展及内涵详考 [J]. 图书情报工作，2009 (8)：48.

[6] 周宏仁. 信息化论 [M]. 北京：人民出版社，2008：1—2.

[7] 辞源（修订本）[M]. 北京：商务印书馆，1983：231.

[8] 钟义信. 社会动力学与信息化理论 [M]. 广州：广东教育出版社，2007：58.

# 2000—2010 年国外中国问题研究文献计量分析及思考

殷　红[*]

（上海国际问题研究院图书馆　上海　200233）

**摘　要**　本文通过对 2000—2010 年国外中国问题研究文献计量分析，在确立逐年文献分布、引文分布、核心期刊、主题分布的基础上，引证了国外中国问题研究的现状与趋势，并为创建立国外中国问题研究文献体系和形成国家决策参考咨询服务文献体系提出建议。

**关键词**　国外　中国问题研究　文献计量分析

## 1　文献研究与统计分析

中国问题的研究，从广义上来说，上可以追溯到七百多年前，马可·波罗的东方之旅。在 16 世纪末到 20 世纪初，东方文明高度发达，众多学者、传教士、商人纷纷涌向神秘的东方探秘，特别是当时富足的中国，从而开辟了欧洲的新时代。与此同时，通过东西方的交流，逐步形成了以汉学和中国学为代表的早期中国问题研究；当下聚焦到中国近百年的社会变迁，国际社会以各种心态描述中国、评价中国，特别是中国近 30 多年改革开放以来，"中国的崛起"让世界更加关注中国问题的研究。

国外的专家学者致力于研究中国，作为中国学者专注于研究国际上国际问题研究和国际关系研究机构，也需要掌握国外中国问题研究的现状和趋势，要知晓国外学者对中国政治、社会、经济、对外关系的研究情况，这样才能知己知彼，拓宽研究思路，开启创新研究。笔者长期从事国际问题研究的图书情报服务工作，能够了解一线研究工作的需要。此文作为中国问题研究咨询课题立项前的文献调研的部分成果，开展相关文献计量统计分析，为建立图书情报文献网站和创建中国问题研究文献体系作铺垫。

## 2　文献统计与分析架构

---

[*]　殷红，上海国际问题研究院图书馆，馆员。

## 2.1　数据库的比较与确定

本文的文献研究对象为中国问题研究，运用比较研究方法来确定数据库和选取研究工具。笔者将美国科学信息研究所创建的社会科学引文索引（Social Sciences Citation Index，SSCI）数据库和国内的中国期刊全文数据库（CNKI）进行实证对比。检索表明，运用 SSCI 检索相对精准，而使用 CNKI，无关数据所占比例接近 20%。例如，选取 CNKI 检索，检索项 = "关键词"；检索词 = "中国问题研究"；时间范围 = "2000—2010"；匹配项 = "精确"：选择 "跨库检索"。共获得 123 条数据，竟有 22 条是无关数据。考虑到国内学者论述的中国问题研究，涉及到本国政治、历史、社会、经济、文化等诸多方面，不只限于检索 "中国问题研究" 这个主题，故而本文确定以 SSCI 数据库作为文献计量分析的研究工具。此外，由于网络文献其信息类型繁多，且长期处于庞杂无序的状态，无法考证其真实性，因此不在选用范围之内。

## 2.2　统计项目设定

### 2.2.1　论文统计

1）年度论文发表数量统计：主要是指对从数据库检索到的年度论文发表数量进行统计。

2）论文引文量统计：主要是指对从数据库检索到的论文被引用次数进行统计。

3）论文研究内容统计：主要是指对从数据库检索到的论文研究内容进行统计。

4）期刊出版地和类型统计：主要是指对从数据库检索到的论文所发表期刊的出版地和类型进行统计。

### 2.2.2　著者统计

1）著者发文数量统计：主要是指对从数据库检索到的论文著者发文量进行统计。

2）著者国籍和地区统计：主要是指对从数据库检索到的论文著者国籍和地区进行统计。

## 3 统计结果与分析

### 3.1 国外中国问题研究文献统计

运用美国科学信息研究所创建的社会科学引文索引（Social Sciences Citation Index）数据库进行检索。主题项＝中国（China），标题项＝中国（China），精炼依据包括：学科类别＝国际关系（INTERNATIONAL RELA-TIONS），文献类型项＝论文（ARTICLE），入库时间＝（2000—2010）。共搜索了 133 条数据，剔除 3 条无关数据，共 130 条数据。

#### 3.1.1 年度发表论文数量统计

表 1 2000—2010 年发表论文数量分布

| 年 份 | 发表数量（篇） | 所占百分比（%） |
| --- | --- | --- |
| 2000 年 | 9 | 6.9 |
| 2001 年 | 9 | 6.9 |
| 2002 年 | 15 | 11.5 |
| 2003 年 | 12 | 9.2 |
| 2004 年 | 14 | 10.7 |
| 2005 年 | 23 | 17.6 |
| 2006 年 | 19 | 14.6 |
| 2007 年 | 11 | 8.4 |
| 2008 年 | 11 | 8.4 |
| 2009 年 | 4 | 3.0 |
| 2010 年 | 3 | 2.3 |
| 总 计 | 130 | 100 |

通过年度发表论文数量分布统计，如表 1 所示，2002 年开始论文数量呈现出递增态势，2005 年出现了高潮，能够看出国外中国问题研究 10 年来的基本趋势和发展速度。

### 3.1.2 论文引文量统计

**表 2　论文引文量统计**

| 年　　份 | 被引用次数（次） | 所占百分比（％） |
|---|---|---|
| 2000 年 | 3 | 0.2 |
| 2001 年 | 11 | 0.8 |
| 2002 年 | 33 | 2.4 |
| 2003 年 | 41 | 2.9 |
| 2004 年 | 52 | 3.8 |
| 2005 年 | 108 | 7.9 |
| 2006 年 | 129 | 9.4 |
| 2007 年 | 157 | 11.4 |
| 2008 年 | 233 | 17 |
| 2009 年 | 307 | 22.4 |
| 2010 年 | 293 | 21.4 |
| 总　计 | 1367 | 100 |

通过对论文引文量的统计，能够了解论文的被专注度和本学科活跃度。如表 2 所示，从 2001 年至今论文被引用量逐年增长，2005 年和 2009年都达到了新高，引文量居高不下。显示出国外中国问题研究目前处于活动期，正如科学活动中所称的"马太效应"，藉以对著名的专家学者加以聚焦与跟踪。

综合表 1 和表 2 来看，国外中国问题研究在 10 年间出现了多次高潮。2001 年和 2002 年论文数量递增迅速，是由于震惊世界的"9·11"事件的影响，促使大国关系发生了不同程度的变化，中国在国际事务中的影响逐渐增强。2005 年也是一个增长点，当时中国等发展中大国家经济持续增长，中国的国际地位不断上升。2008 年北京奥运会的成功举行，极大提升了中国的国际形象和世界对于中国的关注度，也促使 2008 年和 2009 年论文数量攀跃新高。由此可见，国外中国问题研究的方向始终是伴随着不同历史事件发生变化，对这些特定年代背景的了解，有助于进一步深化中国问题的研究。

### 3.1.3 刊载2篇以上论文期刊统计

表3 刊载2篇以上论文期刊统计

| 期刊名称 | 论文数量（篇） | 百分比（%） |
|---|---|---|
| 《外交事务》 | 15 | 13.5 |
| 《世界经济》 | 15 | 13.5 |
| 《国际安全》 | 12 | 10.0 |
| 《华盛顿季刊》 | 9 | 8.1 |
| 《太平洋评论》 | 6 | 5.4 |
| 《世界政治》 | 5 | 4.5 |
| 《共产主义与后共产主义研究》 | 5 | 4.5 |
| 《生存》 | 5 | 4.5 |
| 《国际发展比较世界》 | 4 | 3.6 |
| 《问题与研究英文月刊》 | 4 | 3.6 |
| 《选择》 | 4 | 3.6 |
| 《国际事务》 | 3 | 2.7 |
| 《世界经济评论》 | 3 | 2.7 |
| 《国际研究季刊》 | 3 | 2.7 |
| 《澳大利亚国际事务期刊》 | 3 | 2.7 |
| 《新兴市场金融和贸易》 | 3 | 2.7 |
| 《现代史》 | 2 | 1.8 |
| 《安全研究》 | 2 | 1.8 |
| 《国际组织》 | 2 | 1.8 |
| 《国际研究评论》 | 2 | 1.8 |
| 《欧洲国际关系杂志》 | 2 | 1.8 |
| 《日本与国际经济杂志》 | 2 | 1.8 |
| 合 计 | 111 | 100 |

如表3所示，在名列三甲的期刊中，《外交事务》和《世界经济》发文量最高，其次是《国际安全》，第三是《华盛顿季刊》，除了《世界经

济》是英国出版物，其他都属于美国出版物。说明美国出版物在本学科认同度高，是中国问题研究核心期刊的代表。

### 3.1.4　期刊出版地和类别统计

**表 4　期刊出版地和类别列表**

| 期刊名称 | 出版地 | 类别 |
| --- | --- | --- |
| 《世界经济评论》 | 德国 | 经济 |
| 《外交事务》 | 美国 | 政治经济 |
| 《国际安全》 | 美国 | 政治 |
| 《华盛顿季刊》 | 美国 | 政治经济 |
| 《世界政治》 | 美国 | 经济 |
| 《国际发展比较世界》 | 美国 | 政治经济 |
| 《现代史》 | 美国 | 政治经济 |
| 《国际组织》 | 美国 | 政治经济 |
| 《消除冲突杂志》 | 美国 | 政治 |
| 《海事与商业杂志》 | 美国 | 经济 |
| 《全球治理》 | 美国 | 政治经济 |
| 《日本与国际经济杂志》 | 美国 | 经济 |
| 《新兴市场金融和贸易》 | 美国 | 经济 |
| 《问题与研究英文月刊》 | 中国台湾 | 政治经济 |
| 《世界经济》 | 英国 | 经济 |
| 《太平洋评论》 | 英国 | 政治经济 |
| 《共产主义与后共产主义研究》 | 英国 | 政治经济 |
| 《生存》 | 英国 | 政治 |
| 《选择》 | 英国 | 政治 |
| 《国际事务》 | 英国 | 政治经济 |
| 《国际研究季刊》 | 英国 | 政治经济 |
| 《安全研究》 | 英国 | 政治 |
| 《国际研究评论》 | 英国 | 政治 |
| 《国际政治经济学评论》 | 英国 | 政治经济 |

续表

| 期刊名称 | 出版地 | 类别 |
|---|---|---|
| 《欧洲国际关系杂志》 | 英国 | 政治 |
| 《新政治经济学》 | 英国 | 政治经济 |
| 《国际贸易杂志》 | 英国 | 经济 |
| 《亚太国际关系》 | 英国 | 政治 |
| 《中国国际法杂志》 | 英国 | 政治 |
| 《国际相互影响》 | 英国 | 政治经济 |
| 《海洋开发与国际法》 | 英国 | 政治经济 |
| 《共同市场研究杂志》 | 英国 | 政治经济 |
| 《澳大利亚国际事务期刊》 | 澳大利亚 | 政治 |

如表 4 所示，英国出版的期刊占有 18 种，美国占有 12 种，德国占有 1 种，澳大利亚占有 1 种，中国台湾占有 1 种。在列表中，政治经济类期刊有 16 种，政治类期刊有 10 种，经济类期刊有 7 种。可见，现在的国外中国问题研究不仅研究政治方面，同时越来越多地将政治与经济两个领域相互结合，加以互动研究。

### 3.1.5 论文研究内容统计

表 5 论文研究内容统计

| 类别 | 主题分类 | 篇数（篇） | 合计（篇） |
|---|---|---|---|
| 政治类 | 中国的崛起 | 16 | 79 |
| | 全球一体化 | 2 | |
| | 中国政治社会文化治理 | 29 | |
| | 领土冲突 | 3 | |
| | 中外外交关系 | 29 | |
| 经济类 | 外商投资 | 9 | 43 |
| | WTO | 3 | |
| | 金融贸易 | 23 | |
| | 中外经济贸易关系 | 8 | |

| 类别 | 主题分类 | 篇数（篇） | 合计（篇） |
|---|---|---|---|
| 其　他 | 中国军事 | 4 | 8 |
| | 能源、环境 | 4 | |
| 合　　计 | | | 130 |

如表 5 所示，论文的研究内容主要是以政治类为主，且集中在中国政治社会治理、中外外交关系和中国崛起方面，经济类集中在金融贸易领域。显示了目前的国外专家学者比较关注中国政治、经济、外交方面的研究。

### 3.1.6　政治类论文作者发文量统计

表 6　政治类论文作者发文量统计

| 发表篇数（篇） | 作者数量（人） | 所占百分比（%） |
|---|---|---|
| 1 | 80 | 96.3 |
| 2 | 1 | 1.2 |
| 3 | 1 | 1.2 |
| 4 | 1 | 1.2 |
| 合计 | 83 | 100 |

如表 6 所示，政治类作者发表论文中发表 1 篇有 80 人，发表 4 篇、3 篇、2 篇各只有 1 人。说明在本学科知名的专家学者尚屈指可数，更多的还在培养之中。

### 3.1.7　主要国家和地区作者国籍统计

表 7　主要国家和地区作者国籍统计

| 国　别 | 作者数量（人） | 所占百分比（%） |
|---|---|---|
| 美国 | 43 | 79.6 |
| 英国 | 5 | 9.2 |
| 加拿大 | 1 | 1.8 |
| 澳大利亚 | 1 | 1.8 |
| 瑞典 | 1 | 1.8 |
| 中国香港 | 2 | 3.7 |
| 中国 | 1 | 1.8 |
| 总计 | 54 | 100 |

如表 7 所示，美国的学者有 43 人，居于绝对优势地位。中国大陆和中

国香港也有 3 名学者，表明国内外中国问题研究学者之间的交流尚处于起步阶段，还有待进一步加强。

## 4. 思考与建议

本文通过对以上文献的计量统计与分析，基本对 2000—2010 年国外中国问题研究文献的现状、未来发展趋势都有所了解，对此提出一些自己的思考与建议。

### 4.1　创建国外中国问题研究文献体系

国外学者对中国问题研究起源于汉学和中国学研究，随着中国的崛起，特别是 2008 年美国爆发金融危机并蔓延到全球，中国的经济经受住了考验。在此大背景下，中国问题研究已经脱胎于以中国文化、哲学、历史、语言为重点的汉学和中国学研究，更多地聚焦于中国现实问题的研究。在我国图书馆情报界，国家图书馆先后在 2007 年成立"中国学研究中心"，2009 年启动海外中国学研究中心网站，从而确立了中国问题研究文献保障和研究工作的重要地位，为中国问题研究文献体系建立拉开了序幕，所以建立一个中国问题研究文献体系势在必行。

#### 4.1.1　既要保证一定藏书量，更要保证文献资料的质量

作为建立国外中国问题研究文献体系的基础，文献资料的保质保量至关重要。

##### 4.1.1.1　要重视文献资料的收藏

文献资料收藏必须要具有一定的规模，文献越多信息就越全，研究的成果也就越客观越有意义。同时还要确保文献收藏的质量，要注意收藏的文献具备学术价值和现实价值并存，只有高质量的文献资料才能保证高水平的学术研究。建议以国家图书馆为龙头，将涉及中国问题研究的图书情报者组织起来，开展有计划、有选择、有分工、有重点、有系统的基础文献资料的建设，这样有利于国外中国问题研究文献体系的建设。

##### 4.1.1.2　科学界定国外中国问题研究文献资料的采编范围和方法

必须全面了解各国中国问题研究专家学者、研究机构、出版机构以及出版物等权威信息资料，掌控国外中国问题文献资料的核心来源，这些文献的权威性和学术地位决定了文献资料本身的质量和研究价值。所以在采编文献时，要有的放矢地参考专家学者、研究机构、文献出版等信息，运用科学的研究方法、客观广博的视角来收集文献资料，是保证文献质量的有效方法。本文建议成立中国问题研究的核心文献库，为中国问题研究文

献系统基本建设打下坚实的基础。

### 4.1.2　形成国家决策参考咨询服务的文献体系

近年来，中国问题的研究发展迅速，离不开各国政府的重视与资助，中国问题的研究已不是纯粹的学术研究，而更具有现实的意义。尽管国外中国问题研究对于中国综合国力的增强以及国际地位的提升没有直接的联系，但是它对中国的发展和提升中国的国际地位具有借鉴作用。在国外的专家学者中，也不乏具有从政背景的人士，如美国的李侃如和柯庆生、法国的巍柳南等，他们的学术成果对本国的国家决策起到了重要的作用。

由于中国问题研究在不同历史时期千变万化，因而要不断地追踪和发掘研究热点，为相关部门提供专业性参考咨询和信息服务。要充分利用图书馆的优势，对国家决策文献进行专题采集、编目和管理，提供文献的查阅和利用。借助各个研究机构和专家学者的力量，加深对文献的综合研究和专业研究，为国家对策性参考咨询和信息提供专业服务，协助国家决策的制定，逐步建立国家决策参考咨询服务的文献体系。

## 4.2　促进中外交流，完善中国期刊全文数据库建设

随着中国问题研究范围不断扩大，内容不断细化，对本学科研究也提出了更高的要求。现阶段从事中国问题研究的中外学者多数来自大学、研究所、智库等各种机构，他们的研究立场、意识形态、学科方向和学术背景各异，而且他们大多都各自为政，学者之间、国与国之间缺乏深入的交流和合作。故建议设立一个学术组织或机构，整合现有的资源，并提供一个公共信息平台，促进中外学者互通互融，协调发展，从不同角度进行中国问题的研究，促进多元化的学术文献产生，为建立中国问题研究文献体系提供丰富且高质量的文献源。

中国期刊全文数据库系综合性的数据库，其建库经验丰富，享有声誉。不过笔者在使用过程中发现，由于目前还未建立权威的中国问题研究数据库，因此本学科的文献查询主要是通过综合性数据库，但是综合性数据库所涉及到的国外中国问题研究文献，其覆盖面较局限，不能全面地反映当前中国问题研究领域的学术成果。因此，实际检索的"噪声"不少，影响到文献检索的查全率和查准率。建议完善中国期刊全文数据库建设，建立具有代表性的中国问题研究数据库。

## 5　结语

本文通过对 2000—2010 年国外中国问题文献计量分析，提出了一些思

考和建议。国外中国问题研究文献是一个新兴的文献种类，在许多方面还不健全，需要"人、财、物"三管齐下，促进中国问题研究文献体系的建设。人是指人才，从事本领域的图书情报人员，必须要拥有图书情报专业知识、中国问题研究基本常识以及文献信息网络信息技术的整体素质。财是指经费，可以通过政府拨款或企业赞助等方式，为建立文献体系提供强有力的经费支撑。物是指文献，它是建立文献体系之本，必须做好文献收集、编目管理、参考咨询等文献基础工作。不过，如何科学地进行文献体系建设，如何建立有自身特色的文献数据库，如何培养图书情报专业人员，是一个艰巨的任务，是值得长期探讨的问题。

## 参考文献

[1] 朱政惠. 日益受到关注的海外中国学研究——当代中国史学趋势研究之五 [J]. 华东师范大学（哲学社会科学版），1995（6）.

[2] 张西平. 近年来国内对海外中国学翻译、研究述评 [J]. 国家图书馆学刊，1992（1）.

[3] 何培忠. 当代国外中国学研究 [M]. 北京：商务印书馆，2006.

[4] 计翔翔. 十七世纪中期汉学著作研究 [M]. 上海：上海古籍出版社，2002.

[5] 朱政惠. 美国中国学史研究：海外中国学探索的理论与实践 [M]. 上海：上海古籍出版社，2004.

[6] 王岩. 我国学科馆员研究的文献统计分析 [J]. 现代情报，2007（5）.

[7] 刘杉. 2010 年西方当代中国研究的热点回顾 [J]. 中国社会科学报，第 151 期.

[8] [法] 戴仁. 法国当代中国学 [M]. 北京：中国社会科学出版社，1998.

[9] 汝信，赵士林. 中国学术年鉴（人文社会科学版）[M]. 北京：中国社会科学出版社，2005.

[10] [德] 托马斯·沙尔平. 作为社会科学的中国研究：历史与展望 [J]. 国外社会科学，2004（2）.

# 从两阶段图书馆学关键词统计对比分析看图书馆学研究的发展变化

赵润旗<sup>*</sup>

（北京联合大学图书馆　北京　100101）

**摘　要**　图书馆学研究对象随科技的发展而发生变化。本文以图书馆学热点关键词为检索对象，通过中国知网（CNKI）对这些关键词分两个不同阶段进行统计，运用文献计量学的词频分析方法对其分析，揭示不同阶段图书馆学的研究热点，从而发现图书馆学发展的内在规律，发展方向，为今后图书馆学的研究提供参考依据。

**关键词**　图书情报学　图书馆学　对比分析　关键词　词频分析法文献计量学

社会发展的不同时期，图书馆学研究会呈现出不同的热点，它的研究会随着社会的发展而变化，具有阶段性。对不同阶段、不同时期图书馆学的研究对象进行统计、分析，可以更加直观地看到不同时期图书馆学的研究特点，了解图书馆学在不同阶段的内在发展规律，从而把握图书馆学未来研究的发展脉络。关键词是表达文献主题概念的自然语言词汇，其能够反映所属文献研究成果的核心内容，某学科领域研究文献不同阶段关键词的变化，是该学科研究发展趋势的直接反映，通过分析不同阶段某学科关键词的变化，可以全面把握该学科发展的动态过程、特点和规律。本文以李文兰、杨祖国的《从关键词变化看中国图书馆学研究主题的发展》为1993—2002年间图书馆学研究的特点为依据，依时代特征对他们所选的关键词进行筛选和增加，通过中国知网（CNKI）对2008—2012年间所选的关于图书馆学研究的关键词进行重心统计，运用文献计量学的词频分析方法，对这两个不同阶段图书馆学研究的发展和变化进行分析，以总结和昭示今后图书馆学研究的发展趋势。本文分成两个不同的阶段进行统计，是

---

\*　赵润旗，男，1962年生，北京联合大学图书馆，馆员。

为了更直观地了解不同阶段图书馆学的研究特点。

# 1　1993—2002 年的图书馆学研究特点

下面是李文兰、杨祖国对 1993—2003 近十年间，各年度关于图书馆学研究所涉及的 43 个不同的概念，出现词频较高的 20 个关键词进行的统计。统计见下表（本文为了便于研究对他们的统计表做了新的排列）。

| 1993 年 3209 篇 | | 1994 年 3537 篇 | | 1995 年 4555 篇 | | 1996 年 5322 篇 | | 1997 年 5118 篇 | |
|---|---|---|---|---|---|---|---|---|---|
| 关健词 | 次数 | 关健词 | 次数 | 关健词 | 次数 | 关健词 | 次数 | 关健词 | 次数 |
| 院校图书馆 | 424 | 院校图书馆 | 590 | 院校图书馆 | 826 | 院校图书馆 | 935 | 院校图书馆 | 856 |
| 图书馆 | 332 | 图书馆 | 363 | 图书馆 | 402 | 图书馆 | 333 | 图书馆 | 462 |
| 图书馆工作 | 269 | 图书馆工作 | 383 | 图书馆工作 | 626 | 图书馆工作 | 971 | 图书馆工作 | 673 |
| 读者工作 | 232 | 读者工作 | 269 | 读者工作 | 340 | 读者工作 | 395 | 读者工作 | 392 |
| 中国 | 185 | 中国 | 253 | 中国 | 328 | 中国 | 486 | 中国 | 439 |
| 图书馆事业 | 170 | 图书馆事业 | 296 | 图书馆事业 | 498 | 图书馆事业 | 654 | 图书馆事业 | 400 |
| 图书馆管理 | 168 | 图书馆管理 | 175 | 图书馆管理 | 349 | 图书馆管理 | 430 | 图书馆管理 | 532 |
| 图书馆学 | 158 | 图书馆学 | 143 | 图书馆学 | 116 | 图书馆学 | 152 | 计算机应用 | 159 |
| 藏书建设 | 140 | 藏书建设 | 163 | 藏书建设 | 183 | 藏书建设 | 213 | 藏书建设 | 195 |
| 公共图书馆 | 127 | 公共图书馆 | 149 | 公共图书馆 | 176 | 公共图书馆 | 155 | 公共图书馆 | 177 |
| 中图法 | 117 | 图书采购 | 94 | 立献计量学 | 139 | 立献计量学 | 1 99 | 立献计量学 | 155 |
| 期刊管理 | 97 | 期刊管理 | 128 | 期刊昔理 | 156 | 期刊管理 | 179 | 期刊管理 | 151 |
| 期刊工作 | 96 | 期刊工作 | 122 | 期刊工作 | 159 | 期刊工作 | 176 | 期刊工作 | 150 |
| 情报检索 | 94 | 信息服务 | 113 | 信息服务 | 246 | 信息服务 | 434 | 信息服务 | 330 |
| 期刊 | 83 | 期刊 | 82 | 立献资源 | 102 | 立献资源 | 155 | 高校图书馆 | 172 |

续表

| 1993 年 3209 篇 | | 1994 年 3537 篇 | | 1995 年 4555 篇 | | 1996 年 5322 篇 | | 1997 年 5118 篇 | |
|---|---|---|---|---|---|---|---|---|---|
| 关健词 | 次数 | 关健词 | 次数 | 关健词 | 次数 | 关健词 | 次数 | 关健词 | 次数 |
| 图书馆员 | 79 | 图书馆自动化 | 97 | 图书馆自动化 | 197 | 图书馆自动化 | 382 | 图书馆自动化 | 370 |
| 图书分类法 | 76 | 高校图书馆 | 93 | 图书馆员 | 194 | 图书馆员 | 253 | 图书馆员 | 282 |
| 市场经济 | 75 | 市场经济 | 197 | 市场经济 | 189 | 医学图书馆 | 187 | 医学图书馆 | 158 |
| 计算机应用 | 74 | 高校 | 92 | 高校 | 145 | 图书分类法 | 141 | 图书分类法 | 125 |

| 1998 年 5023 篇 | | 1999 主 4654 篇 | | 2000 年 8365 篇 | | 2001 年 8914 篇 | | 2002 年 10 728 篇 | |
|---|---|---|---|---|---|---|---|---|---|
| 关健词 | 次数 | 关健词 | 次数 | 关健词 | 次数 | 关健词 | 次数 | 关健词 | 次数 |
| 院校图书馆 | 178 | 中图法 | 82 | 中图法 | 99 | 中图法 | 139 | 数据库建设 | 235 |
| 图书馆 | 1029 | 图书馆 | 1031 | 图书馆 | 2150 | 图书馆 | 2278 | 图书馆 | 2575 |
| 图书馆工作 | 182 | 图书馆工作 | 150 | 医院国书馆 | 160 | 网络化 | 176 | 网络信息资源 | 191 |
| 读者工作 | 239 | 读者工作 | 118 | 读者工作 | 183 | 读者工作 | 318 | 读者工作 | 425 |
| 中国 | 421 | 中国 | 360 | 中国 | 449 | 中国 | 428 | 中国 | 456 |
| 国书馆事业 | 150 | 图书馆事业 | 111 | 数字图书馆 | 246 | 数字图书馆 | 569 | 数字图书馆 | 848 |
| 图书馆管理 | 212 | 图书馆管理 | 179 | 图书馆管理 | 339 | 图书馆管理 | 311 | 国书馆管理 | 351 |
| 图书馆学 | 123 | 图书馆学 | 108 | 图书馆学 | 170 | 信息资源 | 229 | 信息资源 | 272 |
| 藏书建设 | 149 | 藏书建设 | 79 | 网络环境 | 317 | 网络环境 | 523 | 网络环境 | 757 |
| 公共图书馆 | 153 | 公共图书馆 | 149 | 公共图书馆 | 256 | 公共图书馆 | 282 | 公共图书馆 | 294 |
| 资源共享 | 97 | 资源共享 | 93 | 资源共享 | 210 | 资源共享 | 258 | 资源共享 | 305 |
| 文献检索 | 82 | 读者服务 | 108 | 读者服务 | 261 | 读者服务 | 319 | 读者服务 | 465 |
| 期刊 | 155 | 期刊 | 179 | 继续教育 | 165 | 继续靴育 | 190 | 继续教育 | 195 |
| 信息服务 | 199 | 信息服务 | 186 | 信息服务 | 420 | 信息服务 | 642 | 信息服务 | 762 |
| 高校图书馆 | 635 | 高校图书馆 | 735 | 高校图书馆 | 1218 | 高校图书馆 | 1322 | 高校图书馆 | 1699 |

续表

| 1998 年 5023 篇 | | 1999 主 4654 篇 | | 2000 年 8365 篇 | | 2001 年 8914 篇 | | 2002 年 10 728 篇 | |
| --- | --- | --- | --- | --- | --- | --- | --- | --- | --- |
| 关键词 | 次数 | 关键词 | 次数 | 关键词 | 次数 | 关键词 | 次数 | 关键词 | 次数 |
| 图书馆自动化 | 214 | 图书馆自动化 | 139 | 图书馆工作 | 184 | 馆员素质 | 204 | 馆员素质 | 254 |
| 图书馆员 | 178 | 图书馆员 | 161 | 图书馆员 | 405 | 图书馆员 | 472 | 图书馆员 | 544 |
| 医院图书馆 | 120 | 知识经济 | 185 | 知识经济 | 341 | 知识经济 | 276 | 知识经济 | 228 |
| 文献资源 | 73 | 信息资源 | 84 | 素质教育 | 176 | 素质靴育 | 210 | 素质教育 | 211 |
| 美国 | 69 | 21 世纪 | 85 | 21 世纪 | 258 | 21 世纪 | 232 | 资源共享 | 124 |
| 高校 | 129 | 高校 | 108 | 高校 | 266 | 高校 | 139 | 高校 | 246 |

从上面的关键词历年统计表看出，正如他们文中分析的，十年间关键词为"图书馆"的词频一直处于图书馆学研究的前 10 位，后几年达到高点，1998 年后几乎成为图书馆学研究最热门的词汇。而词频为"图书馆学""图书馆工作"和"图书馆事业"关键词的文献研究在 1998 年左右达到高峰后逐年降低，"院校图书馆"及"高校图书馆"的研究却一直逐年上升，居高不下，关键词为"公共图书馆"、"医院图书馆"、"美国"、"高校"、"中国"等文献的研究这期间保持较平稳的上升趋势。在图书馆具体工作方面，如，"藏书建设"、"读者工作"、"期刊管理"及"情报检索"等方面的研究较平稳，平均每年仅有 200 多篇研究文献出现。关于"信息服务"方面的研究文献在 2000 年左右有一个爆发式的发展，从 1994 年的 113 篇到达 02 年的 762 篇，增长显著。在图书馆事业方面，如，"图书馆管理"、"图书馆员"、"图书馆事业"等方面的文章都保持稳中有增的事态，至于图书馆自动化方面，如，"网络"、"数字图书馆"、"云计算"、"个性化服务"、"学科馆员"等方面关键词的文献他们没做统计。下面是我对 1998—2002 年这 5 年间，通过中国知网（CNKI）22 个数据库对上面的关键词进行的补充统计。统计如下图：

| 关键词 | 1998 年 | 1999 年 | 2000 年 | 2001 年 | 2002 年 |
| --- | --- | --- | --- | --- | --- |
| | 记录条数 | 记录条数 | 记录条数 | 记录条数 | 记录条数 |
| 数字图书馆 | 191 | 3911 | 793 | 1512 | 2242 |
| 网络 | 2261 | 33 011 | 4601 | 5579 | 6635 |

续表

| | 1998 年 | 1999 年 | 2000 年 | 2001 年 | 2002 年 |
|---|---|---|---|---|---|
| 信息服务 | 1264 | 1616 | 2229 | 2321 | 2742 |
| 数据库 | 3020 | 3590 | 4188 | 4828 | 5722 |
| Web2.0 | 0 | 0 | 0 | 0 | 0 |
| 知识管理 | 163 | 510 | 770 | 1056 | 1242 |
| 信息资源 | 1413 | 1707 | 2116 | 2490 | 2971 |
| 搜索引擎 | 206 | 441 | 870 | 964 | 989 |
| 网络环境 | 195 | 322 | 536 | 9211 | 1214 |
| 信息检索 | 159 | 209 | 293 | 418 | 419 |
| 云计算 | 0 | 0 | 0 | 0 | 0 |
| 学科馆员 | 1 | 0 | 1 | 2 | 7 |
| 个性化服务 | 0 | 0 | 2 | 5 | 12 |
| 云图书馆 | 0 | 0 | 0 | 0 | 0 |

　　通过统计表看出，五年间，关键词为"数字图书馆"、"网络"、"信息服务"、"数据库"、"知识管理"、"信息资源"及"搜索引擎"、"网络环境"、"信息检索"等的研究文献每年都稳步增加，几乎历年都有上千篇关于这类关键词的研究文献出现，但总的来看，关键词为"数字图书馆"和"网络"的研究文献增长较突出，如，关于数字图书馆的文献 1998 年仅为 191 篇，到了 2002 年就达到了 2242 篇，而关于网络的研究文献 2002 年竟达到 6635 篇。对"Web2.0"、"云计算"、"云图书馆"、"学科馆员"和"个性化服务"的统计方法是分别以它们为关键词，并包含"图书馆"所进行的高级检索。从统计结果看出，关键词为"Web2.0"、"云计算"、"云图书馆"的文献在这一阶段检索为零，原因是 Web2.0 技术概念是 2004 年左右才被提出，2007 年左右其范畴内的许多思想和技术得到了广泛传播和应用，才成为新一代互联网发展、网络信息交流与信息资源管理等领域的研究热点，同样，云计算技术出现较晚，至于云计算技术在图书馆的应用，即"云图书馆"这一概念大概在 2010 年左右才在图书馆界出现。而关于关键词为"学科馆员"和"个性化服务"的研究文献，统计结果看，这段时间也出现的很少，只有在 2000 年到 2002 年的三年间，分别出现了 7 篇和 12 篇，统计结果说明，2001 年左右，关于图书馆开展"学科

馆员"和"个性化读者服务"的内容已引起了图书馆界的关注，并提上了图书馆界的研究日程。下面是对 2007—2012 这 5 年间通过中国知网（CNKI）22 个数据库对上面的关键词进行筛选和补充进行的统计。

## 2  2007—2012 年的图书馆学研究特点

本统计对上面的关键词依时代特点进行了筛选和补充，去掉了如"院校图书馆"、"图书馆"、"中国"、"图书馆工作"、"藏书建设"、"期刊"、"美国"、"高校"、"中图法"、"21 世纪"、"医院图书馆"、"图书分类法"、"期刊管理"及"期刊工作"等，增加了如"数字图书馆"、"网络"、"信息服务"、"数据库"、"知识管理"、"信息资源"、"搜索引擎"、"网络环境"、"资源共享"、"信息检索"、"云计算"、"学科馆员"、"个性化服务"、"云图书馆"、"Web2.0"等关键词。统计如下表：

| 关键词 | 2007 年 记录条数 | 2008 年 记录条数 | 2009 年 记录条数 | 2010 年 记录条数 | 2011 年 记录条数 | 2012 年 记录条数 |
|---|---|---|---|---|---|---|
| 图书馆事业 | 1230 | 1168 | 1182 | 1035 | 899 | 245 |
| 图书馆管理 | 748 | 751 | 675 | 763 | 674 | 165 |
| 图书馆学 | 568 | 571 | 549 | 529 | 516 | 166 |
| 公共图书馆 | 2196 | 2383 | 2656 | 2491 | 2592 | 809 |
| 情报检索 | 36 | 39 | 51 | 57 | 44 | 16 |
| 读者工作 | 169 | 162 | 134 | 120 | 77 | 18 |
| 图书馆员 | 2281 | 2188 | 2283 | 2118 | 1907 | 491 |
| 数学图书馆 | 1934 | 1927 | 2206 | 2020 | 1909 | 572 |
| 网络 | 10 711 | 11 006 | 10 823 | 9518 | 7272 | 2761 |
| 信息服务 | 4291 | 4484 | 5315 | 4413 | 3248 | 1068 |
| 数据库 | 9982 | 10 231 | 9846 | 9519 | 8465 | 2584 |
| Web2.0 | 14 | 24 | 34 | 46 | 36 | 13 |
| 知识管理 | 1955 | 2067 | 1990 | 1954 | 1530 | 438 |
| 信息资源 | 3956 | 4110 | 4399 | 3797 | 3187 | 905 |
| 搜索引擎 | 2928 | 3304 | 3517 | 3211 | 2605 | 587 |
| 网络环境 | 2278 | 2159 | 2283 | 2194 | 1884 | 587 |

续表

|  | 2007 年 | 2008 年 | 2009 年 | 2010 年 | 2011 年 | 2012 年 |
|---|---|---|---|---|---|---|
| 资源共享 | 2583 | 3259 | 4576 | 4140 | 2567 | 672 |
| 信息检索 | 791 | 826 | 830 | 926 | 771 | 156 |
| 云计算 | 0 | 0 | 4 | 50 | 58 | 26 |
| 学科馆员 | 68 | 60 | 91 | 84 | 64 | 33 |
| 个性化服务 | 110 | 148 | 181 | 179 | 144 | 41 |
| 云图书馆 | 1 | 0 | 0 | 5 | 8 | 1 |

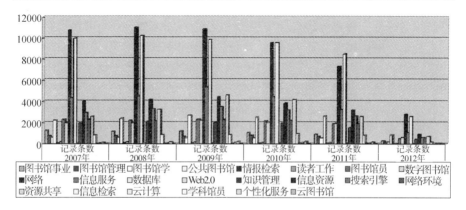

通过这个统计表和柱型图看出，关键词为"图书馆事业"、"图书馆管理"、"图书馆学"、"公共图书馆"、"情报检索"、"读者工作"及"图书馆员"等的研究文献，这几年，每年几乎都保持平稳或稳中有降，如关于"图书馆事业"的文献，2007 年为 1230 篇，到 2011 年仅为 899 篇，四年间每年平均以 7% 左右的速度下降，2012 年因统计不全，忽略不记。关键词为"网络"的文献 2007—2009 年间每年都达到 1 万篇以上，后逐年减少，2011 年为 7272 篇，其下降速度较慢。而"信息服务"、"数据库"、"知识管理"、"信息资源"及"搜索引擎"、"网络环境"、"信息检索"等研究文献通过上表看出，同样有这种规律，稳中有降，但下降速度较缓和。从关键词为"图书馆管理"、"图书馆学"、"情报检索"及"读者工作"的统计看，其研究文献，这一阶段，历年都没有超过上千篇的，尤其是关于情报检索方面的研究文献，在统计的 5 年中没有超过年 100 篇的现象出现。这时期图书馆学研究最显著的特点是，关于关键词为"云计算"、"云图书馆"、"Web 2.0"的研究文献开始涌现，如，研究文献中关于关键

词为"云计算"的文献从 2009 年出现时的 4 篇到 2010 年的 50 篇和 2011 年达到 58 篇，几乎每年平均以 280% 左右的速度增加，而关键词为"云图书馆"的研究文献 2011 年也达到了 8 篇，同时，关于 Web 2.0 技术在图书馆应用的文章几年间也出现了 150 篇左右。同样，关于图书馆读者"个性化服务"和"学科馆员"服务的文章也大量出现，五年间关于"学科馆员"的研究文章共出现 367 篇，关于读者"个性化服务"的研究文章共出现 762 篇。显然，这段时间，图书馆学研究出现了明显的时代特征。

## 3　两个不同阶段关于图书馆学研究特点比较

从两个阶段分别统计分析看出，前一阶段既 1993—2002 年十年间，图书馆学基本处于图书馆理论和使用方面等的研究，如，"图书馆"的词频一直处于当时图书馆学研究的前 10 位，"图书馆工作"和"图书馆事业"包括，如，"藏书建设"、"读者工作"、"期刊管理"及"情报检索"等方面的研究是这一时代的主要研究对象，这时，关于读者信息服务方面的研究热度居高不下，在进入频次最高的前 10 位图书馆基础工作的关键词中，几乎都是围绕为读者提供服务方面进行的，这期间，了解读者心理，分析读者阅读倾向，提供符合读者需求的服务是图书馆员追求的目标。另外，关于图书馆改革模式与发展方向，如何改变传统的服务机制等也成了图书馆界谈论的热点话题，如，数字图书馆的研究迅猛发展，关键词为"网络"的文献快速增加，短短几年间，关于"数字图书馆"和"网络"的发文年平均分别达到 1 千余篇和 5—6 千余篇左右，从上表看出，2001—2002 年两年间，国内图书情报领域在"数字图书馆"和"网络"方面的研究热点包括"信息资源"、网络环境下的"信息检索"与"搜索引擎"、"知识管理"与"信息管理"及网络环境下的"读者服务"等方面的研究都有了快速发展，显然，此时计算机、电子技术和计算机网络的快速发展给图书馆学和情报学领域带来了重大的冲击，信息数字化及网络信息资源的组织与开发，网络环境的检索技术，搜索引擎的研究等和"网络"有关的研究受到了图书馆界的青睐。此时，在数字图书馆的研究方面，纷繁复杂，从背景介绍、定义辨析、馆藏建设、服务拓展到数字图书馆的经济、法律等等方面都有了大的发展，这一时期，对于数字图书馆的发展方向、数字图书馆建设原则、数字图书馆发展道路和宏观决策、数字图书馆关键技术的研究都进入了前所未有高潮，如，孙志等人写的《关于数字图书馆与图书馆数字化建设的冷思考》及彭斐章的《数字时代我国图书馆发展值得思考的问题》等文章对图书馆数字在建设、发展、规范等各个不同方面进行了具体论述。

第二阶段即 2007—2012 年这一段时间，通过统计表看出，这期间，图书馆学基本理论和使用等方面的研究走向平稳，关键词为"图书馆管理"、"图书馆学"及"情报检索""读者工作"等方面的研究文章比较相对较少，几乎都在年百篇左右。而图书馆学研究在数字图书馆及图书馆网络化方面的研究在更深入进行，较第一阶段，在"数字图书馆"和"网络"化等方面的研究文章又有大量增加，年均发文几乎都达到了 1 万多篇以上，在关键词为"信息服务"、"知识管理"、"信息资源"、"搜索引擎"及"信息检索"、"数字图书馆"、"网络"等方面的研究文献同样也有较大增加，年增幅几乎都能达到 20% 左右，说明，这期间，图书馆学在数字图书馆的研究方面方兴未艾。同时，这一时期，图书馆学研究另一个最显著的特征是，关键词为"云图书馆"、"云计算技术"、"Web 2.0"在图书馆学研究领域的出现，文献数量虽然较少，但逐年增加，有代表性的文章，如，邱晓辉的《网络"云"技术下的图书馆》、张建平等的《云计算影响下的图书馆》及郝智红的《云计算技术在数字图书馆中的应用初探》等。另外，在关键词为"学科馆员"和"读者个性化服务"的研究方面，文献数量较第一阶段即 1998—2002 年有质的变化，虽然总体数量不多，但历年数量保持平稳增加。

## 4　总结

从上面两个不同阶段的统计分析看出，图书馆学研究随科技的进步发生了明显变化，图书馆学的研究热点虽然在不同的时间段内保持了相对的连续性和特殊性，但具有明显的时代特征。前一阶段既 1993—2002 年十年间，图书馆学基本处于图书馆使用方面等的研究，象国内的信息资源研究、信息服务研究，国外的信息检索研究、知识管理研究及图书馆理论方面的研究等等，此时，数字图书馆及网络技术在图书馆中的应用等研究处于兴起和大发展阶段。后一阶段既 2017—2012 年六年间，图书馆学研究内容较前一时期有一定的继承性，但同时又不断地深化和扩展，这段时间，国内图书馆普遍实现了自动化管理，"图书馆自动化"趋于成熟，图书馆自动化不再是图书馆界的热门话题，代之而兴起的是，如"云图书馆"、"云计算"、"Web 2.0"、"学科馆员"、"个性化读者服务"等新的图书馆学研究特征，且在这一新的热点研究领域，逐步受到国内学者的极大关注，并在文本挖掘领域取得了初步的研究成果，但从发文量上看，该领域的研究还需进一步的加强。从发展趋势上分析，以这几个关键词为主题研究的内容，将是今后数年图书馆学研究的热点所在。随着科技的发展，可穿戴计算机技术的实现和普及，未来图书馆学研究热点可能还将兴起新的变革。

## 参考文献

[1] 李文兰，杨祖国．从关键词的变化看中国图书馆学研究主题的发展 [J]．图书情报工作，2004，48（12）：115—118．

[2] 孙志，贾晓斌．关于数字图书馆与图书馆数字化建设的冷思考 [J]．图书情报工作，2002（4）：11—14，58．

[3] 彭斐章．数字时代我国图书馆发展值得思考的问题 [J]．图书馆论坛，2002，22（5）：3—5．

[4] 褚金涛．近五年来国外图书馆学情报学研究成果的文献计量分析 [J]．图书情报知识，2006（5）：65—68．

[5] 肖明，李国俊，杨楠．基于词频分析的国内情报学研究热点（1998—2007）[J]．情报杂志，2009（8）：21—25．

[6] 邱晓辉．网络"云"技术下的图书馆 [J]．信息技术 2010（2）：54—57．

[7] 张建平等．云计算影响下的图书馆 [J]．图书与档案 2010（31）：587—588．

[8] 郝智红．云计算技术在数字图书馆中的应用初探．农业图书情报学，2012，24（4）：131—134．

# 党校图书馆在学习型
# 政党建设中的三大任务

卢丽娜*

（中共山东省委党校图书馆　济南　250103）

**摘　要**　党校图书馆作为党对党员干部学习提供文献信息服务而进行的制度安排，不仅是将社会知识转化为个人知识的一种机制，更是建设马克思主义学习型政党的重要力量和有效载体，应充分发挥图书馆的职能和作用，努力承担起为建设学习型政党提供学习资源、搭建设学习平台和提升学习力三大任务。

**关键词**　学习型政党建设　党校图书馆　信息服务

党校图书馆作为党对党员干部学习提供文献信息服务而进行的制度安排，不仅是将社会知识转化为个人知识的一种机制，更是实施建设马克思主义学习型政党伟大战略任务的重要力量和有效载体，坚持用社会主义核心价值体系引领学习风尚，宣传普及马克思主义和中国特色社会主义理论体系，传播先进思想和优秀文化是党校图书馆义不容辞的政治责任，应充分发挥图书馆的职能和作用，承担起为建设学习型政党提供学习资源，搭建学习平台和提升学习力三大任务，为广大党员干部学习提供坚实的文献保障、有力的信息支撑和强大的智力支持。

## 1　为学习型政党建设提供学习资源

学习型政党建设要求党员干部要把学习当成一种习惯，一种信仰，一种生活方式，融入政治生命，作为终身追求。党员干部的学习，不仅需要自身的内在动力，更需要外在的文献信息资源作保障。党校图书馆系统完整地收藏党和国家的重要文献、马克思主义、列宁主义、毛泽东思想和邓小平理论等经典著作，以及马克思主义中国化的研究成果和理论创新的最

---

*　卢丽娜，女，1956年生，中共山东省委党校图书馆，馆长、研究馆员。

新成果，形成了具有党校特色的文献信息资源体系，这种资源禀赋也是党校图书馆在我国社会文献信息资源体系中的优势所在，是建设马克思主义学习型政党不可或缺的重要学习资源。

在建设马克思主义学习型政党进程中，党校图书馆应充分发挥文献信息聚散功能，进一步优化文献信息资源配置，更加注重以马克思主义经典著作为核心的特色文献资源建设与服务，积极引导党员干部通过学习和研究马克思主义经典著作，全面准确系统地掌握马克思主义理论体系，提高用马克思主义立场、观点、方法分析和解决中国特色社会主义现实问题的能力；更加注重马克思主义中国化研究成果和理论创新最新成果文献资源的建设与服务，积极引导党员干部学习和研究马克思主义中国化的最新理论成果，掌握中国特色社会主义理论体系，坚定中国特色社会主义信念和共产主义理想；更加注重反映时代特征和国际经济政治形势文献信息资源的建设与服务，帮助党员干部拓展世界眼光，培养战略思维，增强应对世界复杂局面的能力；更加注重社会主义核心价值体系文献信息资源的建设与服务，积极引导党员干部学习领会社会主义核心价值体系的重要内容，树立正确的世界观、人生观、价值观，在各种思想文化交流交融交锋中始终保持立场坚定、头脑清醒，带头弘扬以爱国主义为核心的民族精神和以改革创新为核心的时代精神，自觉践行社会主义荣辱观，培养高尚道德情操和健康生活情趣，保持昂扬奋发的精神状态。

## 2　为学习型政党建设搭建学习平台

全国几千万党员干部由于地区、行业、年龄和文化层次不同，学习状况也千差万别，但是他们都有着对学习自主性、便利性和多样化、个性化的要求。党校数字图书馆是适应时代发展和广大党员干部要求而建立的新的学习载体，是互联网上马克思主义和中国特色社会主义理论的重要学习宣传研究阵地，通过全方位、多功能、跨时空、个性化和智能化的知识与信息导航服务，为党员干部搭建起终身学习、自主学习、科学学习和创新学习的开放式学习新平台，以到身边、到桌面的零距离服务方式和模块化的学习内容，拓展个性化的学习空间，为他们获取知识、交流知识和创新知识创造条件，使学习便捷化、常态化，同时也使党校图书馆潜在的学习资源成为显性的学习资源，实现知识价值的最大化。

在建设马克思主义学习型政党进程中，党员干部的学习主要是创新性学习而非经验性学习，往往带有强烈的实践创新和知识创新指向，特别是研究探索中国特色社会主义伟大实践和中国特色社会主义理论体系完善发展过程中所面临的政治焦点问题、经济热点问题和工作难点问题。因此，党校数字图书馆要充分发挥知识导航功能，为党员干部的特定知识需求进行导航，提供知识信息需求分析、知识信息提取、知识信息序化和知识信息推送等面向主题的服务，揭示出所需主题知识的新的生长点，帮助党员干部发现和开拓知识创新点，使他们在最短的时间内获得可以直接利用的知识信息，协助他们完成实践创新和知识创新。在学习平台上既提供知识点提出的原生文献，以利于党员干部对该知识进行全面学习，整体把握；又提供专家学者对该知识点进行研究阐释的成果性资料，为党员干部总结归纳，掌握规律提供参考；还提供理论在实践中运用的成败范例，为党员干部启迪思路，使学习既有广度，又有深度，学与思相统一，并将创新性学习凝聚的智慧及时转化为开展工作的正确思路、推动落实的有效方法和解决问题的具体措施，达到学以立德、学以增智、学以资政和学以致用的目的。

## 3　为学习型政党建设提升学习力

　　建设马克思主义学习型政党的主要目的是要不断提高各级党员干部的学习力，以学习力提升决策力、创新力和竞争力。学习力是把知识资源转化为知识资本的能力，包括学习的动力、学习的毅力和学习的能力。党校图书馆除了为党员干部提供学习资源，搭建学习平台之外，更重要的是要充分发挥教育职能，通过各种培训方式帮助党员干部提升学习力。党员干部学习的过程也是信息的收集、加工、处理的过程，其信息能力的强弱直接影响着学习力的提升。因此，党校要根据不同党员干部学习群体和个体的特点及信息需求层次，采取讲座、网上演示、个别辅导等多种形式有针对性地开展信息能力培训，使党员干部具有敏锐的信息意识，善于捕捉和发现信息，掌握与社会信息化进程相适应的认知信息、获取信息、处理信息和创造信息的方法，能以最快的速度、简便的方法和有效的形式从纷繁复杂的信息中获取知识，提取精华，并将信息能力内化与时代发展相适应的思想意识、思维方式和行为习惯。

　　学习有路径，学习讲方法。掌握和运用科学的学习方法也是提升学习力的有效手段。要帮助党员干部养成勤于思考和善于分析的学习习惯，提高发现、分析、解决问题的能力。随着时代和社会的发展，独立式学习已难以解决大量的新情况新问题。党校图书馆要在提升党员干部集体智慧上发挥"孵化器"作用，通过举办沙龙等形式为党员干部提供集学习、交流、创意和展示为一体的空间，成为党员干部除家庭和工作单位之外的

"第三空间"，积极引导和组织他们由独立学习向团队学习转变，以研究式、互动式和体验式的学习方法，学习知识、研究问题、解决问题，最大限度地激发党员干部的创新潜能，使学有所获、学有所悟、学有所成，从而真正实现由阶段学习向终生学习转变，由被动学习向主动学习、创新学习和科学学习转变。使党员干部以超越自我，创造未来的学习力，焕发创造激情、激发创造活力，不断以新的认识、新的思路、新的举措开创事业的新局面，推动建设马克思主义学习型政党的进程。

## 参考文献

[1] 中共中央关于加强和改进新形势下党的建设若干重大问题的决定 [M]．北京：人民出版社，2009.

[2] 创建学习型社会理论体系——北京国际城市发展研究院关于学习型社会的突破性研究 [J]．领导决策信息，2003（28）：14—16.

[3] 张树青．学习力——学习型组织的真谛 [J]．中国培训，2004（05）：48，60.

[4] 祝宝钟．完善党内学习制度和改进学习方法问题研究 [J]．中共天津市委党校学报，2011（03）9—15.

[5] 刘丛．作为第三空间的公共图书馆社会价值分析 [J]．图书馆理论与实践，2012（05）.

# 对近十年图情领域国内外阅读研究文献的关键词知识图谱分析

乔　欢* 　冯向梅**

（北京师范大学管理学院信息管理系　北京 100875）

**摘　要**　本文利用可视化软件 CitespaceII 将中国学术期刊网络出版总库中 2000—2012 年图情领域国内外有关阅读研究文献的关键词进行知识图谱分析。通过对国内外热点关键词的讨论和比较分析，找出我国目前阅读研究领域中的研究热点以及存在的不足，最后总结出对我国图情领域内阅读研究的启示。

**关键词**　CitespaceII　关键词　知识图谱

## 1　引言

一篇文章的关键词往往能代表该文章的核心内容，并且同时反应研究重点。因此本文用可视化软件 CitespaceII 对文献中的关键词进行知识图谱分析，以期直观、形象的总结出 2000—2012 年间我国和国外阅读领域研究热点和研究进展情况。

## 2　我国图情领域内阅读研究文献的图谱分析

在中国学术期刊网络出版总库中，以"阅读"为主题进行初步检索，以"时间为 2000—2012 年，来源期刊为核心期刊，学科领域为图书情报与数字图书馆"作限定条件进行精炼，最后共检索到 1351 篇文献（数据截止为 2012 – 4 – 17）。用可视化软件 CitespaceII 对这些文献的关键词进行图谱绘制，展示关键词变化过程和预测趋势。

图 1 表明，我国图情领域学者对阅读的研究整体形成以"读者服

---

\*　乔欢，女，北京师范大学管理学院信息管理系，硕士生导师、副教授。

\*\*　冯向梅，女，北京师范大学管理学院信息管理系，硕士研究生。

务"为中心的簇状结构，但不集中，呈发散状。这可能与汉语的丰富程度有关，往往不同的学者对同一研究对象所用的术语不同，如"国民阅读"与"全民阅读"、"大学生"与"学生"等，另外，"公共图书馆"、"高校图书馆"和"数字图书馆"作为服务的施动载体，都是位于"读者服务"的辐射线上。

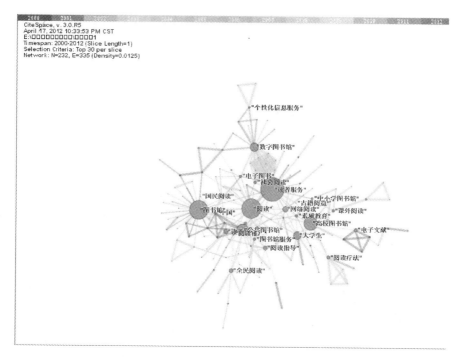

**图1　2000—2012 年我国图情领域文献阅读研究的关键词图谱**

从关键词时区变化图（图2）可以了解到，在 2000—2003 年，我国研究的主体对象为各种类型图书馆的电子文献建设方面，主要研究重点是高校图书馆和公共图书馆的信息资源建设；2002—2004 年间研究领域呈现研究主题多样化的特点，包含课外阅读、中小学图书馆、阅读指导、图书馆服务等，此时阅读疗法逐渐兴起并得到推广，开启了阅读对人的情感、认知、行为等方面影响的研究；2005—2008 年间，数字图书馆研究成为热门领域；2009 年以后，个性化信息服务的需求以及公共图书馆的服务改革进入人们的研究视野，尤其是社会阅读、全民阅读更加注重阅读的推广和普及，真正实现了图书馆"以人为本"的公益性质和人文关怀。

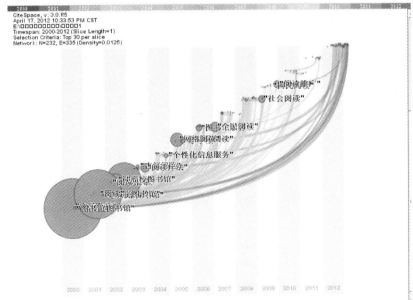

图2　2000—2012年我国图情领域文献阅读研究的关键词时区图

关键词频次图主要呈现以下3个特点（如图3）：1. 图书馆研究主体以公共图书馆和高校图书馆为主，研究对象主要为大学生，对其他读者群体鲜有涉及。2. 伴随着数字图书馆的兴起和新媒体时代的到来，网络阅读、PDA、手机阅读等屏幕阅读也逐渐成为研究热点。3. 在读者服务方面，阅读指导以及全民阅读和社会阅读的阅读推广成为读者所需。

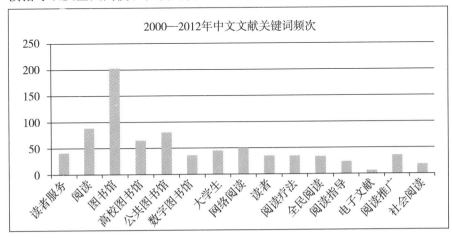

图3　2000—2012年我国图情领域文献阅读研究的关键词频次图

表1  2000—2012 年我国图情领域文献阅读研究的关键词（Top15）
（按中心度排列）

| 关键词 | 中心度 | 频次 | 年份 |
|---|---|---|---|
| 读者服务 | 0.32 | 41 | 2000 |
| 阅读 | 0.26 | 88 | 2001 |
| 图书馆 | 0.25 | 203 | 2000 |
| 高校图书馆 | 0.19 | 65 | 2002 |
| 公共图书馆 | 0.15 | 80 | 2000 |
| 数字图书馆 | 0.12 | 36 | 2001 |
| 大学生 | 0.10 | 45 | 2000 |
| 网络阅读 | 0.07 | 50 | 2005 |
| 读者 | 0.07 | 35 | 2002 |
| 阅读疗法 | 0.05 | 35 | 2003 |
| 全民阅读 | 0.05 | 33 | 2006 |
| 阅读指导 | 0.05 | 23 | 2002 |
| 电子文献 | 0.05 | 6 | 2000 |
| 阅读推广 | 0.04 | 36 | 2009 |
| 社会阅读 | 0.04 | 18 | 2008 |

# 3  我国图情领域内阅读研究文献的热点关键词探析：

## 3.1  读者服务

由表一知其中心度为0.32，它是以关键词为主题的可视化知识图谱的中心，也是图书馆服务核心理念，即要以用户需求为中心。我国在近十年来从多角度对读者服务工作进行了研究，研究成果颇丰，概括起来主要有以下四个角度。

### 3.1.1  新媒体下的读者服务研究

国内学者张金星将图书馆读者分为普通读者、学生读者、研究型读者以及特殊读者，并对这四种类型的读者对全媒阅读器的需求程度进行研究，结果表明学生读者是全媒阅读器的主要支持者，特殊读者是主要需求者，而研究型读者则是继续依赖图书馆，针对这个特点，图书馆应积极应对，制定产品准入标准，维护数字文献的版权，防止伤害读者时间的出现。陈素梅通过对国内外手机短信功能的应用以及手机移动图书馆的发展现状，论述了图书馆应与手机移动阅读企业积极联合的结果，即实现了实时阅读，开辟了一种全新阅读方式。曹明国探讨了大学图书馆读者在3G

技术时代的阅读特点，指出 3G 技术的兴起，对读者的阅读类型、阅读深度、阅读方式、阅读互动以及阅读内容等方面产生深刻的影响，图书馆应利用此便利条件，拓宽服务路径，包括信息定制服务、网络远程教育、移动定位服务以及可视交互式服务等内容。

### 3.1.2　不同类型图书馆的读者服务研究

张莉介绍了高职图书馆利用读者服务升级计划（即将读者进行等级、头衔设置）提高图书馆借阅量的成功经验，指出读者服务升级计划对学生阅读范围的引导和阅读兴趣的产生具有积极影响，是图书馆服务模式的创新，并期待更多的图书馆对读者服务升级计划开展探索和实践。李品庆针对我国高校图书馆读者阅读倾向，指出高校图书馆应根据读者阅读倾向进行文献采访、馆藏建设工作和阅读导读工作，例如，针对学生网络化的阅读倾向，应提供检索培训，并适当增加电子文献资源的数量。

### 3.1.3　针对不同类型群体的服务工作

谭静针对弱势群体的读者服务提出 4 点建议：1. 有针对性的进行文献信息资源建设，引导学习、阅读。2. 以图书馆服务为纽带，开展丰富多彩的问题活动，提供自我展示与提升的文化平台。3. 开设专题培训与自助培训，成为外来务工人员的文化交流中心和自助培训基地。4. 激发外来务工人员的参与意识，发挥其主动性和积极性。王妍利用广大少年儿童对动漫的喜爱，指出少儿图书馆的建设过程中可以发挥动漫文化的积极因素，为儿童营造积极健康的动漫文化氛围，并引导他们合理利用动漫文献，参加利用动漫文献开展的各种活动，这对于激活少年儿童的创新能力、促进其健康成长具有重要作用。邹桂香对女性阅读进行了研究，指出图书的价值与女性的心理、生活、命运以及生理等方面存在密切关联，女性的年龄、心理、生理和职业特点决定了女性阅读内容和阅读方式的差异，因此，为了更好的开展图书馆服务，促进和推广社会阅读，图书馆界应从服务的角度对女性阅读进行深入研究。

### 3.1.4　读者权利的维护

近年来，读者权利作为读者所应有的基本和最重要的权利，受到了图书馆界的重视。国内学者周广学对读者权利保护的进展与问题进行了探讨，指出尽管认识水平、图书馆实践以及相关法律制定方面已取得长足进步，但读者权利的行使限制问题仍然存在，且因特网使读者权利问题更为复杂和紧迫。黄俊贵认为图书馆服务中存在的最主要问题是忽视读者的阅读权利。图书馆作为提供阅读服务的社会文化服务机构应主要从文化意识、法制观念、监督机制、权限调控、职工素质等方面加强自我完善。

### 3.2　网络阅读

网络阅读的产生是伴随着网络文化和数字生活的兴起而发展的。网络文化主要是指以计算机网络为物质载体，以上网者为主题，以虚拟空间为主要传播领域，以数字化为基本技术手段。目前我国对网络阅读研究的对象群体主要以高校学生为主。

薛菲、张曼玲通过对北京地区高校大学生网络阅读的实证研究表明，高校大学生对待网络阅读的阅读方式、阅读目的、阅读标准、阅读优劣以及阅读效果的选择上趋于多元化，但网络阅读的环境氛围和规范管理上有待完善。朱咫渝用问卷调查法和访谈法对高校大学生进行关于网络超文本阅读的研究，研究表明超文本改变了传统印刷文本的线性阅读特性，使读者可以在多元路径中以个人意志自由航行于网络节点间，建构与创造出个性化的文本，但网络阅读的读者仍带有很深的传统阅读习惯，希望网络技术的便利性与传统阅读模式的结合。此观点同徐静的观点相吻合，即网络阅读和传统阅读是一种互补关系，图书馆传统阅读的优势依旧强劲。

### 3.3　阅读疗法

鉴于阅读疗法的原理，王波从多个角度对阅读活动进行了考察，认为与心理学和生理学联系紧密，阅读过程其实就是共鸣、净化、平衡、暗示以及领悟等各种复杂的心理活动，正是由这些活动起到了调节情绪、锻炼器官机能的作用。赵春辉在此基础上总结了阅读疗法研究的发展方向，即以阅读行为作为主线，把个相关学科的治疗史抽取出来，其异曲同工的部分便是阅读治疗的精髓和突破点。宫梅玲等对泰山医学院所开展的阅读治疗的实证研究成果进行报道，实现了媒介立体化、主体立体化和方法立体化的阅读疗法运作模式，并在此基础上开展了对阅读疗法立体化运作模式探究工作。

### 3.4　全民阅读与阅读推广

联合国教科文组织早在 20 世纪 70 年代，就提出了"走向阅读社会"的口号。图书馆作为社会文化服务的场所，具有丰富的馆藏，自产生之日起就承担着传播文化、传播知识的使命，因此，进行阅读推广工作是图书馆义不容辞的责任。佛山市联合图书馆于 2011 年 10 月 25 日推出了"二代身份证"免押金书刊借阅服务，目的是使全民阅读无障碍。王桂平对全民阅读的现状进行了调查，指出普遍存在阅读率下降、阅读条件受到限制、阅读功利性太强以及阅读缺乏深度等现象。金雪梅建议细分读者群，确定目标群体的社会需求以及阅读需求，将有助于全民阅读的推广。陈韶华针对图书馆该如何推进全民阅读，提出 3 点建议：1. 加大图书馆的宣传力度，提高社会认知度；2. 提供丰富资源，吸引读者阅读；3. 创新服务模式，做好导读工作。

## 4　国外图情领域内阅读研究文献的关键词图谱分析

国外阅读研究关键词图谱呈现出非常紧凑的簇状。结合图 4、5，以阅读为主题的关键词研究轨迹主要呈现为四个明显阶段：1. 2000—2003 年，文献研究以信息检索包括图书馆、用户的认知行为、系统设计、超文本等内容为中心；2. 2003—2006 年，伴随着数字图书馆发展和研究热潮，手机、PDA 等移动设备的兴起，电子书成为热门话题；3. 2008—2009 年，数字媒体的普及，用户对系统的易用性需求增加，技术支持是必要保障，对阅读内容的丰富度需求增加，各大图书馆对馆藏电子资源存贮量大幅度提高；4. 2009—2012 年，进一步研究用户利用图书馆的模式成为一个新的话题，这样不仅有利于图书馆更好的针对细分用户提供特定服务，而且对不同类型图书的采编以及调整馆藏结构有积极意义。目前国外在图情领域对阅读的研究主要集中于对用户行为和系统行为方面的研究，如图 6。

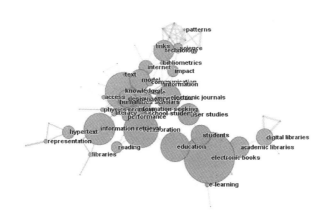

**图 4　2000—2012 年国外图情领域文献阅读研究的关键词图谱**

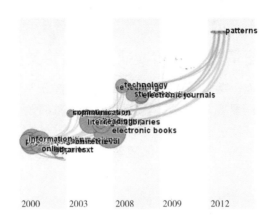

CiteSpace, v. 3.0.R5
April 18, 2012 11:58:23 AM CST
E:\□□□□□□□□□\□□□□□□□\4-15\mobile phone
Timespan: 2000-2012 (Slice Length=3)
Selection Criteria: Top 30 per slice
Network: N=102, E=168 (Density=0.0326)

图5　2000—2012 年国外图情领域文献用户研究的关键词时区图

表2　　国外图情领域阅读研究关键词统计表（Top15）
（按中心度排列）

| 关键词 | 中心度 | 频次 | 年份 |
| --- | --- | --- | --- |
| 电子书 | 0.31 | 22 | 2005 |
| 知识 | 0.23 | 18 | 2000 |
| 合作 | 0.22 | 4 | 2004 |
| 信息检索 | 0.19 | 13 | 2000 |
| 教育 | 0.18 | 11 | 2004 |
| 行为 | 0.17 | 29 | 2000 |
| 电子期刊 | 0.15 | 22 | 2007 |
| 技术 | 0.13 | 17 | 2006 |
| 模型 | 0.13 | 14 | 2000 |
| 用户研究 | 0.13 | 11 | 2007 |
| 学生 | 0.12 | 14 | 2007 |
| 高校图书馆 | 0.12 | 12 | 2004 |
| 设计 | 0.11 | 13 | 2000 |
| 数字图书馆 | 0.10 | 22 | 2004 |
| 互联网 | 0.09 | 34 | 2000 |

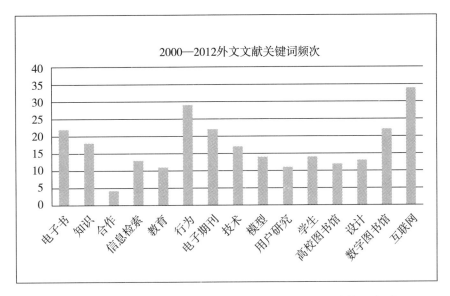

图 6　2000—2012 年国外图情领域文献阅读研究关键词频次图

## 5　国外图情领域内阅读研究文献的热点关键词探析

### 5.1　电子书

电子书是新媒体时代催生的产物，它的产生改变了人们的阅读方式和阅读内容。如图 5 所示，以电子书为中心，与它联系密切的关键词是 E-learning、高校图书馆、数字图书馆、学生以及教育等。

Jung-Yu Lai 阐述了影响用户使用电子书阅读的因素，表明系统的易用性、可兼容性以及媒体丰度都显著影响了用户对电子书的选择和接受度。Clark 在 2005 年针对用户对电子书的关注度、使用习惯、使用目的以及对电子书格式的满意度进行了调查，结果表明，多半以上校园用户会使用电子图书，但只是偶尔使用，使用的原因主要是电子书的便利性和文章内可以检索的特性，大部分人的阅读习惯只是读取其中的部分，普遍对电子书的格式感到满意，但超过 60% 的人还是喜欢打印版图书。作者还针对这种情况提出了自己的建议：1. 增加相关使用技能的培训；2. 教育图书馆员，提高馆员的素质和知识；3. 图书馆应注重自己电子书的商业营销；4. 每种类型图书的使用模式还需要深入研究。相似的结果还体现在 Letchumanan 等人对马来西亚布拉特大学数学系博士生和硕士生的电子书使用行为调查中，访问过程中的易用性和用户友好型的特点为用户舒服使用电子书提供了很好的平台，但缺乏在线可操作性、系统设计的缺陷以及不充足的电子书收藏等都是影响其使用和传播的因素，其中图书馆员、出版商以及用户界面设计者是最主要的影响因素，因此，加强高校、图书馆员、学生和电子书出版商之间的合作交流成为必然。

## 5.2　知识

图书馆作为知识的载体，贮藏知识、传播知识是它的使命。因此，由原来的文献传播上升到知识传播是对图书馆责任的认识深化。与知识研究密切相关的关键词为：知识管理、知识转移、知识网络以及知识共享等。

Garavelli 对知识转移的定义进行了总结，认为知识转移既是一种交流行为，即知识从一个地方、个人或所有者向另一个地方、个人或所有者的传送；也是一种转化行为，它在转移知识的过程中融入了用户利用知识和如何转移知识的知识，即进行了知识转化，还是一种认知过程，因为知识转移依赖于用户的认知特性，如经验、目标、信仰、期望、行为方式和价值观。Borgatti 认为知识网络是由创造、转移、吸收和应用知识的行为主体（企业、组织和机构等）在知识的传播与交流过程中彼此联结而形成的网络结构，属于一种社会网络，各行为主体构成了网络的节点，行为主体间的知识流动构成了网络中的线条。相对于等级森严的组织科层，网络在信息和观念的交流方面具有开放性，从而激励学习和创新；相对于市场，网络提供了基于长期信任及协作的氛围，从而促进知识共享，因此网络结构比其他形式的结构更有利于促进知识的创造和应用进程。

## 5.3　合作

在社会科学和自然科学的研究中，学术合作的增长已经成为一股显著的趋势，尤其是在图书馆和情报学领域，如今作者共合作已经成为一种模式被大家广泛研究，研究质量、生产力和经费是研究合作的主要的三方面内容。

Craig Finlay 通过向大学生发放问卷，对合作作者与单个作者之间的研究质量进行调查，研究指标分为内容覆盖率、对课堂讨论的无用性和满意度三方面，结果表明，合作作者比单个作者的文献更受欢迎，同时也为教育者和科学计量学家们提供了实证支持。Samuel Kai Wah Chu 对阅读能力的提高和阅读兴趣的培养进行了研究调查，通过问卷法和访谈法提出了一个有效的基于合作的探究性学习方式，结果表明这种合作式的学习方式能极大的提高小学生的阅读理解能力、阅读速度和掌握词汇的能力。

## 5.4 信息检索

如图4，与信息检索相关的关键词为：信息需求、信息寻求、模型、接口、超文本等。从以上的关键词可以看出，目前国外对信息检索方面的研究，主要是围绕着系统和人两方面，即集中于人的认知水平对检索的影响、对检索结果的评价以及需求的满足度和系统的设计。

Yunjie Xu 基于活动理论，构建了一个理解性的网络框架描述交互式的信息检索行为，并对此模型进行了实证论证，发现交互式的信息检索是一种有计划的行为，用户在与系统交互的过程中会改变信息需求和结果相关性的评价标准，但是这种变化以不同的速度动态变化。Carol 采用问卷调查的方法探讨了不同职业的人们的信息寻求和阅读方式，表明电子文献成为现在主要读物，随着文献资源的数字化，人们每天阅读文献的数量增加了，并阐述了电子期刊的发展和普及对人们阅读方式和阅读模式的影响。Hamid R. Jamali 对 Google 搜索引擎对心理学家和天文学家信息搜寻行为的影响进行调查，结果表明，Google 作为一种工具，最常用于固定问题的信息检索，随着科学家们对 Google 的依赖性增强，Google 更多的用于学术文献的查找。

# 6  国内外图情领域内阅读研究综合情况比较分析

通过对国内外图情领域阅读研究的热点关键词比较分析，无论是在研究内容还是在研究方向方面，我国与国外相比都存在一定的差距，突出表现在以下三个方面。

## 6.1  我国图情领域内研究侧重于宏观研究，而国外以研究用户为主

由表1可以看出，在我国，对公共图书馆和高校图书馆的研究一直是热度不减，且主要方面主要是设计图书馆自身的建设、服务模式的探讨以及图书馆履行职能等方面，主要是对固定传播载体的研究。国外侧重于人的行为研究，探讨影响用户使用行为的因素，通过对特定用户群的细分，调查细分人群的不同需求，以便更好的提供服务。

## 6.2  我国研究内容较为落后，国外研究内容以电子资源为主

随着数字化时代、新媒体时代的到来，国外阅读领域的研究更多偏向于电子书等电子资源的研究。如何解决好电子书与传统图书馆之间的关系，更好的满足读者的需求是图书馆亟待思考的问题。由图6所示，电子

期刊、数字图书馆、电子书的研究已经成为热门研究主题。我国的网络阅读尽管也有一定程度的普及，但相关研究涉及较少。

### 6.3　我国图情领域阅读研究研究对象单一，国外研究对象的多样化

我国以阅读为主题的研究对象群体多以大学生为主，主要是调查大学生的信息需求、阅读内容、阅读方式以及阅读目的，对其他职业群体少有涉及，国外虽也以学生调查为主，但对工程师、天文学家、心理学家、生物学家等职业群体也进行实证研究，这拓展了服务模型或研究结果的普遍适用性和科学性。

## 7　对我国图情领域阅读研究的启示

### 7.1　加快新领域的接收和研究步伐

全媒体时代下，用户的阅读方式和阅读内容发生了巨大的改变，电子资源的建设成为人们话题，如何实现电子资源与新媒体的结合，以满足用户的迫切需求是我们最为关心的问题。

### 7.2　拓展研究方向，完善图书馆的服务体系

在坚持自己特色的全民阅读、阅读推广活动的开展的基础上，更多的将精力放在细分用户需求的调查上，还应提高图书馆自身的宣传力度，探索出属于自己的公益化营销模式。

### 7.3　努力推进、推广研究群体的多样化

研究对象选择的多元化、丰富化，使研究结果具有普遍性和更强的说服力，从而能尽快使研究成果变化生产力。

## 8　结语

热点关键词知识图谱的绘制展现了国内外图情领域内阅读研究的关键词变化过程和发展趋势，这也从另一方面映射了国内外阅读领域研究主题的变化和发展。通过对国内外关键词比较分析，可以发现我国在图情领域中阅读研究面临的问题和不足，有助于推动我国阅读领域研究的进一步发展。

## 参考文献

[1] 张金星．论全媒阅读器对图书馆读者服务工作的影响［J］．情报资料工作，2010（4）：102—103．

[2] 陈素梅．手机图书馆开辟移动阅读的新时代［J］．图书馆建设，2007（5）：83—86．

[3] 曹明国．基于3G技术的大学图书馆读者服务［J］．图书馆工作与研究，2011（11）：121—123．

[4] 张莉．如何提高高职图书馆的借阅量：读者服务升级计划的实践与启示［J］．大学图书馆学报，2010（2）：41—44．

[5] 李品庆．我国高校图书馆读者阅读倾向研究综述［J］．图书情报工作，2011（2）：56—59．

[6] 谭静．关注弱势群体——联合图书馆的外来工服务［V］．图书馆建设，2008（8）：8—13．

[7] 王妍．利用动漫文献为少年儿童读者服务［J］．图书馆工作与研究，2009（10）：105—106．

[8] 邹桂香．图书馆服务中的女性阅读研究［J］．图书与情报，2010（2）：14—17．

[9] 周广学．读者权利保护的进展与问题［J］．图书馆建设，2002（5）：61—63．

[10] 黄俊贵．关于读者阅读利益问题的思考［J］．图书馆，2003（2）：1—5．

[11] 邱茂炜．图书馆网络阅读服务与形式研究［J］．图书馆工作与研究，2009（11）：97—99．

[12] 薛菲，张曼玲．北京地区高校大学生网络阅读的实证研究［J］．图书与情报，2011（1）：99—103．

[13] 朱咫渝．网络超文本阅读研究—基于大学生网络阅读行为的调查分析［J］．图书馆工作与研究，2011（10）：116—119．

[14] 徐静．网络阅读环境下图书馆读者流失的回引力［J］．图书馆理论与实践，2010（8）：17—19．

[15] 王波，傅新．阅读疗法原理［J］．图书馆，2003（3）：1—12．

[16] 赵春辉．探求阅读疗法的流程与精髓［J］．图书与情报，2008（5）：140—142．

[17] 宫梅玲，楚存坤等．阅读疗法立体化运作模式探究［J］．大学图书

馆学报，2011（5）：84—88.

[18] 王桂平. "全民阅读"的拓展与公共图书馆的导读使命 [J] . 图书馆杂志，2010（1）：94—96.

[19] 金雪梅. 潜在读者与公共图书馆营销—从社会需求和全民阅读调查结果谈起 [J] . 图书馆杂志，2008（11）：29—34.

[20] 陈韶华. 图书馆如何接近全民阅读. 图书馆理论与实践 [J]，2010（1）：78—79.

[21] Jung-Yu Lai, Chih-Yen Chang（2011）. User attitudes toward dedicated e-book readers for reading：The effects of convenience, compatibility and media richness [J] . Online Information Review, 35（4）：558—580.

[22] Levine-Clark, Michael（2006）. Electronic Book Usage：A Survey at the University of Denver [J] . Libraries and the Academy, 6（3）：285—299.

[23] Malathi Letchumanan, Rohani Ahmad Tarmizi（2011）. E-book utilization among mathematics students of University Putra Malaysia（UPM）[J] . Library Hi Tech, 29（1）：109—121.

[24] Garavelli A C, Gorgoglione M, Scozzi B（2002）. Managing knowledge-transfer by knowledge technologies [J] . Technovation, 22（5）：269—279.

[25] Borgatti S. P, Mehra A. , Brass D. J. , Labianca G（2009）. Network analysis in the social sciences [J] . Science, 323（5916）：892—895.

[26] S. Craig Finlay, Chaoqun Ni, Cassidy R. Sugimoto（2012）. New methods for an old debate：Utilizing reader response to investigate the relationship between collaboration and quality in academic journal articles [J] . Library & Information Science Research, 34：131—137.

[27] Samuel Kai Wah Chu, Shek Kam Tse, Elizabeth Ka Yee Loh, Ken Chow（2011）. Collaborative inquiry project-based learning：Effects on reading ability and interests [J] . Library & Information Science Research, 33：236—243.

[28] Yunjie Xu, Chengliang Liu（2007）. The Dynamics of Interactive Information Retrieval, Part II：An Empirical Study From the Activity Theory Perspective [J] . Journal of the American Society For Information Science and Technology, 58（7）：987—998.

[29] Carol Tenopir, Donald W. King, Sheri Edwards, Lei Wu（2009）, E-

lectronic journals and changes in scholarly article seeking and reading patterns ［J］. Aslib Proceedings, 61（1）: 5—32.

［30］ Hamid R. Jamali, Saeid Asadi（2010）. Google and the scholar: the role of Google in scientists information-seeking behavior ［J］. Online Information Review, 34（2）: 282—294.

# 高校图书馆与校园文化建设研究进展

王丽英*

（北京师范大学　北京　100875）

**摘　要**　本文通过对高校图书馆和校园文化建设相关文献的梳理，归纳了二十几年来这个命题三方面的研究成果：校园文化内涵、高校图书馆和校园文化建设的关系、高校图书馆参与校园文化建设的途径。结合实际，在文献回顾的基础上对高校图书馆和校园文化建设的研究进行了反思和展望，对未来研究方向提出三点建议：改变观念，积极融入；增加合作，增强互动；加强管理，充分整合。

**关键词**　高校图书馆　校园文化　关系

## 1　引言

自 1986 年 4 月上海交通大学第 12 届学代会上提出"校园文化"这个概念至 1990 年 4 月全国首次校园文化研讨会在北京召开，校园文化逐渐发展成一个研究热点，研究的主要内容包括校园文化的内涵、功能、建设措施和存在的问题等。随着校园文化建设实践的深入和校园文化研究的深入，人们逐渐认识到应该把高校图书馆纳入到校园文化建设主体中来，随之关于高校图书馆和校园文化建设方面的论文逐渐增多。在中国知网"学术文献总库"中，检索"题名"中同时包含"图书馆"和"校园文化"的论文，粗略得到 511 条数据，在知网提供的"分组词按文献篇数倒序排序"这一栏的结果中可以看到"图书情报与数字图书馆"领域中约有 486 条，发表年度从最早的 1990 年至最近的 2012 年，文献数量在 2009 年达到高峰。作者有选择地阅读了几十篇相关文献，发现关于高校图书馆和校园文化这一命题的文章呈现如下特点：

---

*　王丽英，女，1985 年生，北京师范大学管理学院信息管理系，硕士研究生。

从题目上来看，可以分为两种，一种是论高校图书馆和校园文化建设，一种是高校图书馆在校园文化建设中的作用或者高校图书馆对校园文化建设的影响；从研究方法上来看，主要是文献调研，少部分的案例研究；从研究内容来看，一种主要是论述高校图书馆和校园文化的关系，尤其是高校图书馆在校园文化建设中的地位和作用，一种是主要论述高校图书馆如何参与校园文化建设。

本论文着重在文献回顾的基础上，总结出目前高校图书馆和校园文化建设这一命题下的研究成果，并在此基础上对未来高校图书馆和校园文化建设这方面的研究进行展望。因此，作者接下来将对这一命题下的研究成果进行梳理。

## 2　文献回顾

高校图书馆和校园文化建设，这一命题下包含如下几个关键的问题：校园文化的内涵和建设意义；高校图书馆和校园文化建设的关系；高校图书馆如何参与校园文化建设。下面也从以上三个方面来归纳这一命题下的研究成果。

### 2.1　校园文化的内涵和意义

校园文化，顾名思义是文化在校园这个特殊环境中的具体表现。寿韬指出"由于文化概念的广泛性，对校园文化存在众多不同的理解"，认为校园文化是"立体的、开放的、丰富多彩的……应该按照校园文化要素间的内在逻辑关系，从不同的视角加以考察，并最终立体地把握校园文化"，并给出自己的理解，即"校园文化按其质态可以分为观念文化、制度文化、物质文化和行为文化；按其主体形态分为干部文化、教师文化和学生文化；按其时间形态可以分为传统文化和现代文化；按其职能形态分为决策管理文化、教学学术文化和生活娱乐文化"。

李树芳、张宏岗认为大学校园文化是大学校园精神以及培养这种精神所需要的文化环境的总和，它包括环境文化、制度文化、行为文化和精神文化等，集中表现为一种共同的行为准则、价值观念和道德规范。

郭琳认为校园文化是生长发展在学校教育环境中的一种文化现象，反映了高校师生在价值取向、思维方式和行为规范上有别于其他社会群体，具有大学校园特色的团体意识和精神氛围，并进一步把校园文化从外表到内容分为四个层次：物质文化、行为文化、制度文化和精神文化。

李晓兰提出"校园文化是以广大师生为主体、以校园为空间，以课外文体活动为依托，以信仰、道德、人生价值为主要内容的文化活动"，并给出了校园文化的三个层次：物质层次、精神层次和管理层次。

作者比较认可的是史洁等人在参考众多定义的基础上提出的"校园文化是以校园为空间，以学生、教师为参与主体，以精神文化为核心的物质文化、制度文化、行为文化相统一的具有时代特征的一种群体文化"这一概念。

为了让人对校园文化这个抽象而复杂的概念有一目了然的认识，研究者们也对校园文化的层次结构进行了探析。从20世纪90年代比较常见的物质文化、制度文化和精神文化三个结构层次逐渐发展为广为接受的"物质文化、行为文化、制度文化和精神文化"的四结构层次论。总的来讲，研究者对校园文化的认识是基本全面而准确的，对校园文化层次结构的研究也有利于校园文化的进一步建设。

## 2.2　高校图书馆和校园文化建设的关系

教育部2002年的《普通高等学校图书馆规程（修订）》明确规定，"高校图书馆是学校的文献信息中心，是为学校教学和科学研究服务的学术性机构，是学校信息化和社会信息化的重要基地"，充分体现了高校图书馆在学校的重要地位，也注定了它在校园文化建设中具有不可替代的优势。李明指出"高校图书馆是校园教育机构，是课堂的延伸，是校园文化活动的重要场所，是文化学术信息的前沿阵地，为校园文化建设提供智力支持和物质保障"。王应宽等人这样剖析高校图书馆和校园文化的关系，"弘扬先进文化是高校图书馆的历史使命，丰富的馆藏是大学生继承和发扬传统文化和世界先进文化的有力保障，图书馆的文化氛围使之成为校园先进文化中心，高校图书馆是建设社会主义精神文明的重要阵地，图书馆是全面推进素质教育的重要场所"。陈雁鸣认为"图书馆发挥信息资源优势，拓展教育半径，深化服务层次，优化了学校学术氛围，对和谐校园文化的发展，对学校良好风气的形成有十分重要的意义"。

总的来讲，高校图书馆是一个储存文明、传播文化的圣地，与校园文化建设有共通的目的，即都是为了学生的全面健康发展，因此二者有解不开的渊源，所以主管校园文化建设的部门应该充分意识到图书馆在校园文化建设方面的巨大的潜力和威力，借助高校图书馆的资源优势和服务创造更利于人才发现、培养和成才的校园环境。

## 2.3　高校图书馆如何参与校园文化建设

在作者所掌握的文献中提到的高校图书馆参与校园文化建设主要体现

在以下这些方面：馆舍、馆藏、设备和技术、馆员的优质服务、科学管理、制度、文化氛围等。其中受研究者关注比较多的是馆舍、馆藏、制度、馆员的优质服务，下面重点对这四个方面的成果进行介绍。

图书馆的建筑，通常是一所学校的重要景观，是校园物质文化的重要组成部分。很多文献从图书馆的位置、建筑风格和建筑布局三个方面来论述这一点。如李晓兰在《高校图书馆在校园文化建设中的功能》一文中，形容图书馆为一块晶莹透明的奇石，认为其展现了高校的形象和品格，为师生营造了一个绿荫环抱、宽敞明亮、富有文化气息的环境，为学生尽情吸收知识、陶冶情操创造了良好的条件。

馆藏，是图书馆最核心、最基本的资源，是图书馆服务于校园文化建设的基础。馆藏方面主要有两个问题：馆藏建设和馆藏流通。馆藏建设要考虑学校办学特色和办学重点、学科性和学术性，结合自身任务和读者需求，有层次有重点地构建合理的馆藏体系并且要不断地丰富馆藏、优化馆藏。馆藏流通，主要是通过馆员对馆藏的揭示、推介来加速馆藏的利用，提高馆藏的利用率，发挥馆藏价值。

制度。制度文化是校园文化的一个重要方面。制度方面的研究主要包括图书馆制定各项规章制度的出发点、制度的作用、制度的内容、制度应具有的特点等等。周肇光在《高校图书馆的校园文化引领功能与社会责任》一文中指出高校图书馆应当形成制度合理、纪律严明、管理科学、行为规范的制度文化，并认为图书馆制度的内容主要涉及图书馆馆纪、馆规，日常行为规范、部门岗位职责、工作业务流程、奖惩制度等。卢笑明在《论高校图书馆与校园文化建设》一文中指出，图书馆制度文化在充分展示学校的办学理念的同时还应该表现尊重知识、尊重科学以及思想学术开放的态度等图书馆的价值观念。图书馆要根据各自岗位的服务性质、目标，根据图书馆馆藏、设备、服务环境等的不同特点，制定相应的规章制度和管理方法，使图书馆更好地符合图书馆开放性、共享性等要求。李晓兰在《高校图书馆在校园文化建设中的功能》一文中这样论述图书馆制度的作用，"规章制度是图书馆各项工作和活动得以正常开展、规范运行的保证"，并认为图书馆制定各项规章制度的出发点"必须以便利读者利用图书馆为出发点，注意把重点读者的需求和一般读者的需求结合起来，把读者的目前需求与长远需求结合起来，把限制个别读者的不良行为与方便大多数读者的行为结合起来，保证他们得到优质高效的服务"。

高校图书馆的文化气氛，与馆舍、馆藏、馆员、设备、制度等联系紧密，是所有这些因素的共同作用形成的。图书馆良好的文化气氛，有助于吸引用户，引导用户，激励用户，留住用户，使他们心灵得到净化，知识得到丰富，能力得到提到，素质得到全面发展。卢笑明在《论高校图书馆与校园文化建设》一文中就指出，图书馆是大学生校园生活的重要组成部分，是大学生学习文化知识、交流思想的重要场所，其安静的环境和良好的秩序有助于培养大学生的良好功德，建立人与人之间的相互尊重和相互理解。

馆员的优质服务。文献中涉及的服务形式主要有：入学教育、开设信息检索课程、阅读导读、组织和参与文化活动、支持社团活动、信息服务、学术讲座等等。图书馆的优质服务有赖于图书馆的科学管理，有赖于图书馆的制度建设，需要馆员的工作热情和工作能力。卢笑明指出在信息时代，图书馆的规模和馆藏已不能成为图书馆引以为荣的唯一资本，提高文献利用率，优化配置资源，提供优质信息服务才是图书馆未来发展的趋势。为了实现图书馆从传统功能向利用功能的转变，需要馆员在自身知识、技能和经验的基础上，利用图书馆的馆藏资源和设备技术，拓展和深化图书馆的教育和服务职能。

## 3　研究展望

高校图书馆和校园文化建设的研究自二十世纪九十年代开始已有二十几个年头，这方面的研究成果丰硕，值得高校图书馆和学校管理层借鉴。令人有一些遗憾的是，作者发现这方面的研究存在重复建设问题，而随着网络时代的发展高校图书馆和校园文化建设出现了一些新的互动，而研究者还未加以关注。为了进一步丰富高校图书馆和校园文化建设的研究成果，促使更多更新的成果出现，作者对未来高校图书馆和校园文化的研究有如下展望。

### 3.1　改变观念，积极融入

校园文化建设历来被当成是学校学生工作管理部门的事情，而高校图书馆大多延续旧的经营模式，借助馆藏开展服务，虽然服务的形式和手段都有所创新，但还是过于局限了自身功能的发挥。图书馆需要转变观念，积极参与校园文化建设的原因如下：随着信息技术的发展，信息技术越来越多地影响着图书馆的工作流程，作为图书馆之前的核心业务之一的编目工作也逐渐被技术冲到了边缘，图书馆的核心价值之一"借助馆藏服务用户"这一功能也因为用户获取信息的渠道更多逐渐弱化。可以说图书馆未来的业务重点面临转型，即图书馆必须思考未来的重点业务是什么，是在现有服务的程度上深化还是开展新的服务，图书馆需要寻求机会，突破原有的工作类型，寻找进一步发展的广阔空间。而对于高校管理层来讲，校园文化建设从来都是不可忽视的，目前校园文化建设流于形式化，兼面临很多社会问题的不良影响，也需要打开一片新的天地。校园文化建设方面，高校图书馆无疑有得天独厚的资源，如果管理层能转变以往单靠学生工作部门来进行校园文化建设的局面，寻求多方合作，尤其是与图书馆的合作；而同时高校图书馆能把握这个机会，认识到参与校园文化建设能为自身发展带来的巨大空间和长远利益，应该能成就共赢之举。

因此，未来高校图书馆和校园文化建设的一个研究重点是：结合实践，探索高校图书馆和校园文化建设的关系，以及在新的环境条件下高校图书馆如何积极参与校园文化建设。

### 3.2 增加合作，增强互动

高校图书馆的用户绝大部分都是高校的学生，而高校绝大多数学生也是高校图书馆的用户，可以说高校图书馆占有很多用户资源。用户可能是出于很多目的使用图书馆，比如借阅、阅览、自习室、听讲座等等，无论是出于什么目的，用户与图书馆发生联系，如果图书馆能敏感地把握这个联系，给用户提供更周到、便捷、切合用户需求的服务，不怕留不住用户。只要能吸引更多的用户，向更多的用户提供价值，校园文化建设的成就就会更多一分。开发和保留用户的关键在于图书馆怎么与用户互动。靠单个馆员之力显然是不够的，所以有必要在图书馆成立专门的小组，在该小组领导下专门成立一个学生志愿服务组织，借助这个组织，图书馆可以有精力有能力更多地把握学生需求，更积极地组织和参与学生活动，拉近图书馆和用户的关系，获得更多的用户资源，从而在校园文化建设中发挥更大的影响力。

从这一方面来讲，研究者要关注现实中高校图书馆和用户的互动，研究其互动的目的、互动的形式、互动的效果等等，通过研究发现高校图书馆参与校园文化建设的新途径和新方法。

### 3.3 加强管理，充分整合

目前高校图书馆的馆员在学历、知识、能力等方面都已经有了很大的改善，而且馆员的自我实现的需要也更加强烈，而高校图书馆是文化事业单位，馆员的职业发展空间有限、薪资的增加也是如此，如果想通过职位的升迁或增加薪资来体现馆员价值显然在这个体制内是不现实的。为了充分发挥馆员的工作热情和工作能力，创造更大的价值，图书馆一方面可以通过内部管理的优化，在图书馆内部实施一定的引导和控制，尽量保证内部公平合理；另一方面图书馆要坚持"走出去"的战略方针，积极与学生团体、学校管理部门和社会上相关的社会文化团体合作，用学生团体组织充实自己的服务队伍，与学校管理部门统一战线，荣辱与共，引进社会上有益于学生成长成才全面发展的优质资源，拓宽学生视野，增长学生见识，丰富学生生活。放眼当今社会，一个人或一个机构最大的能力不是别的，正是资源整合能力，谁有能力整合更多的资源，谁就占据了制胜的制高点。

　　管理，作为整合资源的一个手段将发挥越来越大的作用，研究者对于高校图书馆和校园文化建设方面的研究也要关注管理思想、管理手段在这一领域的应用，在分析各自需求基础上，从管理的角度出发，探索二者的关系和互动的形式。

　　作为一名图书馆学的学生，我热切盼望图书馆有更广阔的发展空间，图书馆的未来即是我们的未来，图书馆的发展是我们的骄傲，希望研究者多关注高校图书馆和校园文化建设实践中出现的新问题、新情况，及时探讨并积极解决问题，推动实践和研究的共同发展。

## 参考文献

［1］寿韬. 高校校园文化的层次结构及特征初探［J］. 华东师范大学学报（哲学社会科学版），2003，35（05）：58—62，123.

［2］李树芳，张宏岗. 大学校园文化建设存在的问题及对策思考［J］. 陕西教育学院学报，2006，22（01）：90—93.

［3］郭琳. 高校图书馆与 21 世纪校园文化建设［J］. 晋图学刊，2004，（04）：18—20.

［4］李晓兰. 高校图书馆在校园文化建设中的功能［J］. 青海师范大学学报（哲学社会科学版），2006，（05）：155—156.

［5］史洁. 校园文化的内涵及其结构［J］. 中国高教研究，2005，（05）：84—85.

［6］李明. 浅析高校图书馆与校园文化的关系［J］. 贵州师范学院学报，2010，26（07）：41—42.

［7］王应宽，王锦贵，王波. 高校图书馆在营造校园先进文化方面的作用研究［J］. 大学图书情报学刊，2006，24（04）：3—6.

［8］陈雁鸣．论高校图书馆与和谐校园文化的构建［J］．赤峰学院学报
　　（自然科学版），2009，25（06）：144—145.

［9］周肇光．高校图书馆的校园文化引领功能与社会责任［J］．大学图书
　　馆学报，2011，（06）：60—65.

［10］卢笑明．论高校图书馆与校园文化建设［J］．大学图书情报学刊，
　　　2006，（03）：38—39＋68.

# 国家文化建设中的网络
# 用户信息行为探讨

陈　翀*

（南开大学商学院信息资源管理系　天津　30071）

**摘　要**　本文针对国家文化建设中网络用户信息行为不易监管的特征，对网络用户信息行为进行研究分析，提出了在当前构建和谐社会的背景下，规范网络用户信息行为的一些对策措施。

**关键词**　国家文化建设　网络用户　信息行为　对策措施

## 1　引言

　　党的"十七大"报告指出，当今时代，文化越来越成为民族凝聚力和创造力的重要源泉，越来越成为综合国力竞争的重要因素，丰富精神文化生活越来越成为我国人民的热切愿望。要坚持社会主义先进文化前进方向，兴起社会主义文化建设新高潮，激发全民族文化创造活力，提高国家文化软实力，使人民基本文化权益得到更好保障，使社会文化生活更加丰富多彩，使人民精神风貌更加昂扬向上。当今世界正处在大发展、大变革、大调整时期，文化在综合国力竞争中的地位和作用更加凸显，维护国家文化安全任务更加艰巨，增强国家文化软实力、中华文化国际影响力要求更加紧迫。

　　互联网的迅猛发展正深刻地改变人们的生产及生活方式，对社会政治、经济及文化生活亦产生了广泛而深远的影响。具体表现为人们的日常工作及生活已不能脱离网络。根据中国互联网络信息中心（CNNIC）在京发布《第30次中国互联网络发展状况统计报告》显示，截至2012年6月底，中国网民数量达到5.38亿，互联网普及率为39.9%。网站数量为250万个。手机网民规模达到3.88亿，手机首次超越台式电脑成为第一大上网

---

*　陈翀，男，1984生，南开大学商学院信息资源管理系，博士生。

终端。

与此同时，互联网在高速发展中所产生的问题随之而来，由于网络用户信息行为不易监管等特征，各种分歧和挑战日益聚集，对我们的社会生态，文化生态产生越来越大的冲击。党的"十七大"报告明确指出，要加强网络文化建设和管理，营造良好网络环境。当前在构建和谐社会，发展中国特色社会主义文化软实力大背景下，如何规范引导网络用户信息行为，培育网络用户的行为理性，是值得我们探讨的问题。

## 2　网络用户信息行为分析

### 2.1　网络用户信息行为概述

网络用户，简单的说就是网络的使用者。网络用户俗称网名，本文采用 CNNIC 对网名的定义，即过去半年内使用过互联网的 6 周岁及以上中国居民。网络用户是网络信息服务机构的服务对象，"十七大"报告提出的加强网络文化建设和管理，营造良好的网络环境离不开网络信息服务机构的支持与配合，对网络用户信息行为进行分析，有利于网络信息服务机构根据不同用户的信息能力、需求及使用习惯，优化网络资源配置，提高信息服务的质量与效率。本文所指网络用户的主体是个人。

网络用户信息行为是指网络用户通过自身信息能力、信息需求及使用习惯，利用网络工具在网络（信息）空间中进行的信息查询、选择、利用、交流及发布等的活动。根据网络用户产生信息需求到信息利用等一系列过程，可将网络用户信息行为进行以下划分。

#### 2.1.1　网络用户信息需求行为

信息需要是人们产生信息行为的前提。人们在日常生活及工作中遇到某些问题，感觉缺少信息时便产生了信息需求，信息需求同时又是信息行为产生的根本动力。胡昌平将用户的信息需求表达为四种，分别为：获取信息的需求、发布信息的需要、信息交流的需要和咨询信息的需求。

#### 2.1.2　网络用户信息查询行为

信息查询行为是由信息需求引发的。信息查寻行为是个体为了满足其意识到的信息需求而采取的一系列外在的获取信息的活动，网络信息查寻行为则是指用户利用网络进行的信息查寻行为。根据 CNNIC 最新报告统计，网络用户信息获取方式中，搜索引擎用户规模达到 4.29 亿，在网民中的渗透率达到 79.7%，搜索引擎作为互联网的基础应用，已成为网民在互联网中获取信息的重要工具。

### 2.1.3 网络用户信息交流行为

信息交流是社会活动中借助于某种符号系统，利用某种传递通道而实现的信息发送者和信息接受者之间的传输和交换行为。网络信交流行为是指网络用户通过网络，互相在线发布数字化形式的信息进行沟通的信息行为。随着微博、社交网站等社交媒体的盛行，网民可以通过更多的渠道进行信息交流，另外，随着智能手机的普及，更多的网名可以利用碎片化的时间，且不受场地限制地进行实时在线的信息交流。

### 2.1.4 网络用户信息选择行为

所谓信息选择，是对大量的原始信息以及经过加工的信息材料进行筛选和判别，选取所需要的内容，内化入自己知识结构的信息行为。网络在提供给用户丰富信息资源的同时，也给用户带来如何选择有效信息的负担。由于信息过量及冗余的存在，网络用户不得不花费大量时间及精力来进行信息选择活动。网络用户信息选择行为可以以独立的行为方式出现，如用户离线后对已经下载的信息进行选择，但有时并非一种独立行为，而是贯穿于信息查寻与交流等行为之中。

## 2.2 网络用户信息行为影响因素分析

### 2.2.1 信息意识与知识结构

信息意识的强弱决定着人们提高信息获取能力及获取信息质量的高低，表现为人们的信息敏感度、判断及消化吸收能力。而网络用户知识结构的差异决定着利用网络进行信息行为的不同，表现为不同知识结构的人充当的社会角度不同，信息需求表现也不同，如软件测试人员关注软件开发技术前沿信息，畜牧场技术员关注饲料喂养方面的信息。

### 2.2.2 信息素养与信息环境

信息素养的强弱决定着人们有效利用正确的方式获取有效的信息。具有良好信息素养的人能有效运用信息工具，合理利用方式方法准确定位所需信息。信息超载使得人们不得不面临大量的信息而不知所措，信息贫乏使得人们对网络产生失望情绪以致降低进行信息查询的兴趣。可用的信息数量是决定用户信息行为的主要因素。目前，国内网络数据库的建设工作进展较快，但网络数据库整体数量仍然不足，缺乏高质量、数据完备的大型数据库，大多还是收费的商业数据库令网络用户望而却步。这些因素直接影响到国内大多数网络用户对实用信息的需求，导致大量潜在信息需求难以显化。当然，简单易用的系统和服务，以及合理的网速和费用也会影响用户的网络信息行为。

# 3　规范国家文化建设中的网络用户信息行为措施

在当前全球信息化、网络化不断深入发展的浪潮中，人们的工作与生活已越来越离不开网络。以网络为核心的现代信息技术的迅猛发展和互联网应用的普及不可避免地改变了用户获取和利用信息的方式，使用户行为发生了巨大变化。网络所具有的传播、交互、娱乐等功能，使网络成为人们更加便捷的获取信息的重要来源；同时网络新技术的应用，使互联网成为人们表达民意的重要场所，人们在网络上畅所欲言，相互讨论时事及社会热点问题；网络的娱乐功能，使互联网成为人们娱乐的重要场所，人们利用网络登陆社交网站，写博文、发微博，尽情娱乐，互联网俨然成为人们的精神家园。由此，网络文化日益占据着主流社会文化的地位，综合国力的竞争在某种程度上就表现为网络文化的竞争，网络文化竞争的重要性在国家间的综合国力之间的竞争表现日益凸显。在当前国家文化建设的大环境中，如何正确规范、引导网络用户的信息行为，使之朝向增强网络文化软实力，又通过网络文化软实力的建设加速推动我国文化软实力的全面、高效和科学发展。

## 3.1　加强互联网法律法规建设，构建和谐网络环境

在当前信息时代的历史背景下，网络与人们的日常生活联系越来越紧密，网络社会具有虚拟性特征，现实中人们往往将现实中存在的问题带入网络社会中去，从而产生一系列的网络信息行为，一系列网络信息行为的背后所展现的是网络参与者整体素质的高低，导致了网络社会中所反应的种种不和谐的现象。网络社会中一些违法现象正是反映了网络用户法律意识的淡薄以及社会道德素质的扭曲。"加强网络法制建设，加快形成法律规范、行政监管、行业自律、技术保障、公众监督、社会教育相结合的互联网管理体系。"这是党中央加强网络文化建设和管理的重大决策部署。

目前，相比网络的飞速发展，我国的网络法制建设相对滞后，并且在执行中对某些违法违规行为的处罚缺乏法律依据和可操作性，从而为网络犯罪和侵犯隐私行为留下了法律漏洞。因此要积极推进网络法制建设，虽然我国制定颁布了一系列的网络法律法规，并且在实践中发挥了重要作用，但现有的法律法规还不完善，与目前的网络管理工作实际不适应，政府及监管部门应加强互联网法规建设，对现有网络法规进一步细化，增强可操作性，严格规范网络文化传播秩序，高度重视社交网络和及时通讯工具等网络新媒介的规范引导，坚持积极利用与加强管理并重。严厉打击利

用互联网的犯罪行为，有法必依，违法必究，遏制有害信息、腐朽文化的传播，通过内容审查，内容监管等制度，净化网络文化内容，积极推进与社会主义和谐社会相适应的和谐网络建设，使网络成为传播社会主义先进文化的新渠道。维护网民在网络社会中的权利，使网络法律法规的建设得到广大网民的支持和拥护。

### 3.2　正确引导网络用户信息行为，　培育用户信息行为理性

党中央高度重视互联网络建设，互联网在我国取得了飞速的发展给我国的政治、经济、文化带来了巨大的影响，一方面促进了经济增长方式转变与产业结构调整；另一方面提高了政府的社会管理和公共服务能力，成为我国社会主义先进文化发展的重要载体。同时，互联网有效的加强了党和政府与人民群众的交流沟通，使我国的对外交流合作进一步加强。

作为自由、虚拟空间的互联网，人们通过掌握一定的信息能力，借助一定的信息工具及网络客观环境，便能自由进行网络信息行为，畅所欲言，各抒己见，舞文弄墨，口诛笔伐。例如，每年的两会期间，相关议题在网络上得到全社会的关注，大家纷纷通过网络参政议政，更加关注现实、关注民生。事物总是具有两面性，互联网在繁荣发展的同时也充斥着大量的虚假、欺诈及不良信息。作为网络信息行为的主体网络用户，一旦受到非法思想的影响，就会做出对非法的信息行为，从而产生虚假、欺诈及不良信息，而信息素养较弱的人们很容易被这些非法信息所蒙蔽，少数别有用心的人更是利用网络恶意炒作社会热点问题，蛊惑群众，煽动民心，造成群体性事件以达到其不可告人的目的。当然，我们应该注意到，从目前我国网名年龄结构及网名学历结构上来看，年轻人占主导，文化程度较高，大多拥有高中以上文化学历。这些网民群体受过良好教育，在面对当前激烈的社会竞争现实时，会感到无能为力，在缺乏有效的正式表达渠道时，易通过网络信息交流产生怨恨，就某些问题而产生群体激烈的共鸣。为此，我们要坚持信息透明原则，保持信息交流渠道的畅通。只有及时、公开、透明地提供权威信息，才能真正扼制住谣言的散播，才能争取工作的主动。公开、快速、畅通的信息渠道是引导网络舆论的重要法宝。同时要树立权威信息源，及时公布准确信息，根据一般经验，危机事件发生后，一般2到3个小时就会出现在网上，6个小时后会在各大网站论坛上转载，24小时后达到顶峰。现代社会是一个信息高度发达的社会，网上的信息更是浩如烟海。面对各种各样的信息，网民往往无所适从，难以鉴别真伪。政府是社会各界中最大的信息资源占有者，各级党组织和政府掌

握着大量的社会、经济、文化信息，以及全部的政策和法律信息。要树立信息源权威，针对网络中刚刚出现的网络谣言苗头，准确、及时、详细地在网上公布所掌握的信息，抑制网络谣言的影响和泛滥，正确引导网络用户信息行为，确保公众掌握信息的客观性真实性，从而促进网络用户的信息行为理性。

## 3.3  加强社会主义核心价值观教育，培养特色鲜明的网络文化

要以社会主义核心价值体系为指导，按照党中央关于发展社会主义先进文化的要求，积极开展文明网络的宣传教育活动，加强网络社会道德建设。当社会上出现不和谐的敏感事件时，要加强主流价值观引导，让社会主义核心价值观发出最强音。近些年来，随着网络民意的自由表达，一方面，政府通过这方面的信息交流渠道获取了建设性的信息，另一方面，网络用户的信息交流有可能触犯了现行的法律法规，越过了言论适度自由的边界，对他人的隐私和自由造成危害。如"人肉搜索"等网络暴力事件，给当事人和网络空间带来了负面的影响，人们的个人信息可以随意在网络上售卖，公民的个人隐私遭到了极大地侵犯。政府部门要积极行动起来，认真落实个人隐私保护，让人们有安全感。同时还要加强与网民的沟通交流，提高引导网络舆论的能力和水平。

同时，我们应以社会主义核心价值观为指导，大力鼓励创作网络文化产品，培养特色鲜明的网络文化产品，具体就是把博大精深的中华文化融入网络文化产品的创作中，创作出人民群众喜闻乐见的、具有民族特色的、爱国主义精神的网络文化产品。通过这些特色鲜明的网络文化产品使人们在娱乐的同时提升了自身的文化内涵。要以社会主义核心价值观为指导，大力培育具有社会责任感、经营规范的网络文化公关龙头企业，树立行业标杆，引领行业发展。着手对网络公关文化公司采取一定措施，比如：加强对网站的管理，要求网站、博客、搜索引擎严格按照相关规定，并建议逐步实现实名制，防止同一用户注册不同身份恶意炒作；明确一些重点监管对象，加强预警；开展网站人员备案工作，等等。网络文化公司行业协会要切实履行职责，不能形同虚设；网络文化公司行业内部要互相监督和约束，提高行业的整体水平。

## 3.4  指引网络媒体传播主流价值观，发挥网络用户积极能动性

当前，一些网站为了追求利益最大化，利用不正当竞争的手段追求网

民的访问量从而获取经济利益。对网站上网民的信息交流产生的信息不进行审核，任由网民随意发布，导致一些负面舆论和不良信息在网络上肆意流传。为此，网络媒体应积极响应党中央的号召，依法文明办网，传播社会主义主流意识形态和价值观念，营造维护社会稳定的良好舆论氛围，坚持正确的舆论导向，维护网络社会和谐。在社会突发及热点事件传播上，成为社会和谐的助力，成为国民健康精神的塑造者和社会健康文化的弘扬者。

作为网络信息行为主体的网民，要发挥自己的积极性与能动性，网络用户既是信息的发布者，又是信息的传播者、接受者，承担着多面的角色。作为主体要提高自身的信息素养及信息意识，善于辨别真伪，反对庸俗化，坚决抵制网络不良信息，共同营造和谐网络环境。同时，网络用户要发挥主体能动性，积极参与到网络文化的建设中，将个人的智慧融入到国家文化软实力建设中去，为社会主义文化建设添砖加瓦。

## 参考文献

［1］胡锦涛在党的十七大上的报告［EB/OL］．［2012－7－08］．http：//news. xinhuanet. com/newscenter/2007－10/24/content_ 6938568_ 6. htm.

［2］中共十六届六次会议公报［EB/OL］．［2012－7－08］．http：//news. xinhuanet. com/politics/2011－10/18/c_ 111105580. htm.

［3］CNNIC发布《第30次中国互联网络发展状况调查统计报告》［EB/OL］．［2012－7－08］．http：//www. cnnic. net. cn/dtygg/dtgg/201207/t20120719_ 32230. html.

［4］王京山．网络用户研究论纲［J］．图书情报工作，2002（9）：44—47.

［5］胡昌平．论网络化环境下的用户信息需求［J］．情报科学，1998（1）：18—23.

［6］沙勇忠，任立肖．网络用户信息查寻行为研究述评［J］．图书情报工作，2005（1）：128—132.

［7］党跃武．信息交流及其基本模式初探［J］．情报科学，2000（2）：117—120.

［8］邓小昭．因特网用户信息需求与满足研究［D］．武汉：武汉大学，2002.

［9］任立肖．网络用户信息行为计量研究［D］．兰州：兰州大学，2006.

［10］王槐深. 网络环境下图书馆用户信息需求与满足的对策研究. 河南图书馆学刊, 2001（2）: 37—43.

［11］如何加强网络法制建设等［EB/OL］.［2012 - 7 - 08］. http: // news. enorth. com. cn/system/2011/12/11/008293499. shtml.

［12］邢国伟. 重视网络文化软实力创建网络和谐［J］. 学理论, 2011（33）: 132—133.

［13］姜胜洪. 我国网络舆情的现状及其引导［J］. 广西社会科学, 2009（1）: 1—4.

# 河北社会科学学术会议影响
# 因素的灰色关联分析

金红勤*　张　瑜**　王丽英***

（河北省社会科学院　石家庄　050051）

**摘　要**　文章运用灰色关联分析方法对2005—2010年河北社会科学重要学术会议的发展进程进行系统分析，探讨影响河北省社会科学学术会议召开的主要因素以及各因素相对于学术会议召开的关联程度，以期能为科研管理部门提供数据参考。

**关键词**　河北 社会科学学术会议　影响因素　关联分析

学术会议是一种重要而特殊的科研活动。学术会议作为衡量一个地区学术研究水平的重要参考指标，与当地的学术研究状况存在着密切的联系，学术研究是学术会议召开的基础，同时学术会议又能促进学术研究的进一步发展。因此，加强学术会议研究，对于研究科研活动机制和学术交流机制，均有重要意义。

## 1　2005—2010 年河北社会科学学术会议数量分布

进入新世纪以来，社会科学领域内各种学术会议的频繁召开。本文中所涉及的河北社会科学学术会议是在2005—2010年间由河北省各部门作为主办单位组织举办的省级及以上的有关社会科学领域的学术会议，包括学术年会、国际学术会议、学术报告会、学术座谈、小组学术讨论会与专题讨论会、学术论坛与学术讨论会、学术讲座与学术研修会等多种形式。年度分布见表1。从表1中可以看出，2005—2008年一直呈上升趋势，到2008年达到顶峰，2008年召开了51次社会科学学术会议，占总数的27.4%，；而在2009年又到最低点，只有6个，占总数的3%。出现这种

---

\*　金红勤，河北省社会科学院。

\*\*　张瑜，河北省社会科学院。

\*\*\*　王丽英，河北省社会科学院。

现象是因为 2008 年是改革开放 30 周年，社会科学各个学科领域相继召开纪念改革开放 30 周年的学术研讨会，围绕着改革开放 30 年我国在各行各业所取得的成就进行了总结和探讨，这也是当年学术研究的热点和焦点。2009 年出现了调整期，但从长远来看，仍将呈上升趋势。

表 1　2005—2010 年河北社会科学重要学术会议数量分布

| 年度 | 2005 | 2006 | 2007 | 2008 | 2009 | 2010 |
|------|------|------|------|------|------|------|
| 召开次数 | 25 | 28 | 43 | 51 | 6 | 17 |

## 2　影响学术会议召开的因素的选取及其分析

### 2.1　影响因素的选取

学术会议作为一种学术交流的形式，是学术研究的产物，受到投入经费和人员的影响。本文根据研究的需要，从经济发展、社会发展、生活质量、人口素质等方面选取原始指标，将河北社会科学重要学术会议召开的次数与河北经济之间的关系通过函数式（1）表现出来：

$Y = F$（a，b，c，d，e，f，g，h，i，j）（1）

在（1）式中，Y 为召开的次数；a 为选取普通高校数；b 为每万人拥有当年大学生毕业生数；c 为大专以上文化程度人口比重；d 为科学研究、技术服务部门专业技术人员数；e 为教育部门专业技术人员数；f 为科学研究、技术行业法人单位数；g 为教育行业法人单位数；h 为地区生产总值；i 为人均地区生产总值；j 为研究与发展经费支出。

### 2.2　选取影响因素分析

地区国内生产总值（GDP）是衡量一个国家或地区经济发展水平的重要指标之一，也是社会上层建筑发展的主要推动力。社会发展的必然产物，也应属于社会上层建筑事业范畴之列。因此，学术会议的召开必须以经济为基础，必须符合经济基础的基本理论。社会经济发展水平的提高，科研经费投入的不断增长，对改变影响学术会议召开的各种因素和推动学术研究的不断发展起着举足轻重的基础性作用。

人均 GDP 的高低可以直接反映出居民的生活质量、消费结构及购买能力等。人均 GDP 越高，人们参与可能性就越大。

同样，普通高校数越多；每万人拥有当年大学生毕业生数越多；大专以上文化程度人口比重越高；科学研究、技术服务部门专业技术人员数越多；教育部门专业技术人员数越多；为科学研究、技术行业法人单位数越多；教育行业法人单位数越多，人们参与可能性也就越大，研究人员或准研究人员的规模也将越来越大，从而进一步推动整个社会科学研究事业的发展壮大。

通过上述对影响主要因素进行分析表明，本文所选择的各项指标都具有代表性意义，能全面反映河北省社会科学的整体发展状况，而且这些指标都从不同角度作用于学术会议的召开，具有实际研究价值。

# 3　河北社会科学重要学术会议与各主要经济指标的灰色关联度分析

## 3.1　灰色关联分析的原理及步骤

灰色关联度分析（Grey Reational Analysis）是灰色系统分析方法其中的一种。意图透过一定的方法，去寻求系统中各子系统（或因素）之间的数值关系。灰色关联度分析的意义是指在系统发展过程中，如果两个因素变化的态势是一致的，即同步变化程度较高，则可以认为两者关联较大；反之，则两者关联度较小。

灰色系统关联分析的具体计算步骤如下：

（1）选择一个参考数列：$x_0 = \{x_0(1), x_0(2), \ldots X_0(n)\}$，关联分析数列记为 $Xi = \{x_i(1), x_i(2), \ldots X_i(n)\}$，$i = 1, 2, \ldots n$。

（2）对参考数列和比较数列进行无量纲化处理

对于一个参考数据列 $x_0$，比较数列 $x_i$ 可用下述关系表示各比较曲线与参考曲线在各点的差：

$$|x_0(k) - x_i(k)|$$

（3）求参考数列与比较数列的灰色关联系数 ξ（Xi）

所谓关联程度，实质上是曲线间几何形状的差别程度。因此曲线间差值大小，可作为关联程度的衡量尺度。对于一个参考数列 X0 有若干个比较数列 X1，X2，…，Xn，各比较数列与参考数列在各个时刻（即曲线中的各点）的关联系数 ξ（Xi）可由下列公式算出：

$$\xi_i(k) = \frac{\min\min|x_0(k) - x_i(k)| + \xi\max\max|x_0(k) - x_i(k)|}{|x_0(k) - x_i(k)| + \xi\max\max|x_0(k) - x_i(k)|},$$

其中 ζ 为分辨系数，$0 < \zeta < 1$。$\max\max|x_0(k) - x_i(k)|$ 是第二级最小差，记为 $\Delta\min$。$\min\min|x_0(k) - x_i(k)|$ 是两级最大差，记为 $\Delta\max$。$|x_0(k) - x_i(k)|$ 为各比较数列 Xi 曲线上的每一个点与参考

数列 X0 曲线上的每一个点的绝对差值。记为 Δoi（k）。所以关联系数 ξ（Xi）也可简化如下列公式：

$$\xi_{0i} = \frac{\Delta(\min) + \rho\Delta(\max)}{\Delta_{0i}(k) + \rho\Delta(\max)}$$

（4）求关联度 ri

因为关联系数是比较数列与参考数列在各个时刻（即曲线中的各点）的关联程度值，所以它的数不止一个，而信息过于分散不便于进行整体性比较。因此有必要将各个时刻（即曲线中的各点）的关联系数集中为一个值，即求其平均值，作为比较数列与参考数列间关联程度的数量表示，关联度 ri 公式如下：

$$r_i = \frac{1}{N}\sum_{k=1}^{N}\xi_t(k)$$

（5）排关联序因素间的关联程度，主要是用关联度的大小次序描述，而不仅是关联度的大小。

将 m 个子序列对同一母序列的关联度按大小顺序排列起来，便组成了关联序，记为 {x}，它反映了对于母序列来说各子序列的"优劣"关系。若 r0i > r0j，则称 {xi} 对于同一母序列 {x0} 优于 {xj}，记为 {xi} > {xj}；若 r0i 表 1 代表旗县参考数列、比较数列特征值。当 r 大于 0.6 时表示被比较序列与目标序列关联度较大，且 r 越大，影响程度越大。

## 4　对数据的灰色关联分析

### 4.1　数据来源

影响因素中各个指标数据来源于《河北经济年鉴》2006—2011 年，如表 2 所示：

表 2　2005—2010 年河北社会科学学术会议召开次数及各指标值

| 影响因素＼年度 | 2005 年 | 2006 年 | 2007 年 | 2008 年 | 2009 年 | 2010 年 |
|---|---|---|---|---|---|---|
| 学术会议召开次数 | 25 | 28 | 43 | 51 | 6 | 17 |
| 普通高校数 | 86 | 88 | 88 | 87 | 109 | 99 |
| 每万人拥有当年大学生毕业生数 | 25 | 30.2 | 34.8 | 38.2 | 38.8 | 42.5 |
| 大专以上文化程度人口比重（％） | 4.7 | 4.5 | 4.67 | 4.79 | 5 | |

续表

| 年度<br>影响因素 | 2005 年 | 2006 年 | 2007 年 | 2008 年 | 2009 年 | 2010 年 |
|---|---|---|---|---|---|---|
| 科研，技术服务部门专业技术人员数 | 14 834 | 14 232 | 14 307 | 13 559 | 14 399 | 14 870 |
| 教育部门专业技术人员有数 | 700 685 | 725 699 | 723 885 | 733 382 | 729 790 | 665 785 |
| 科学研究、技术法人单位数 | 2860 | 3165 | 3359 | 4140 | 4971 | 5434 |
| 教育行业法人单位数 | 17 620 | 17 487 | 17 463 | 18 885 | 19 029 | 19 005 |
| 地区生产总值（亿元） | 10 012.11 | 11 467.6 | 13 607.32 | 16 011.97 | 17 235.48 | 20 394.26 |
| 人均地区生产总值（元） | 14 659 | 16 682 | 19 662 | 22 986 | 24 581 | 28 668 |
| 研究与发展经费支出（亿元） | 59.32 | 77.2 | 90.76 | 107.68 | 134.84 | 155.45 |

## 4.2 进行关联分析

### 4.2.1 确定参考序列和比较数列

以河北社会科学学术会议召开次数为参考序列（x0）；比较数列为，普通高校数（x1）；每万人拥有当年大学生毕业生数（x2）；大专以上文化程度人口比重（x3）；科学研究、技术服务部门专业技术人员数（x4）；教育部门专业技术人员数（x5）；科学研究、技术行业法人单位数（x6）；教育行业法人单位数（x7）；地区生产总值（x8）；人均地区生产总值（x9）；研究与发展经费支出（x10）。

### 4.2.2 对原始数列进行无量纲化处理

由于由于原始数据量纲不统一，需要对原始数据进行无量纲处理。本文采取初值法。以普通高校数为例，即将该指标原始数列中各年的值除以2005 年该指标的值，其他指标的处理方法类似。处理后的数据见表 3。

表3 无量纲处理后数据

| 年度<br>指标 | 2005 | 2006 | 2007 | 2008 | 2009 | 2010 |
|---|---|---|---|---|---|---|
| X0 | 1.000 | 1.120 | 1.720 | 2.040 | 0.240 | 0.680 |
| X1 | 1.000 | 1.023 | 1.023 | 1.012 | 1.267 | 1.151 |
| X2 | 1.000 | 1.208 | 1.392 | 1.528 | 1.552 | 1.700 |
| X3 | 1.000 | 0.957 | 0.994 | 1.019 | 1.064 | 0.000 |
| X4 | 1.000 | 0.959 | 0.964 | 0.914 | 0.971 | 1.002 |
| X5 | 1.000 | 1.036 | 1.033 | 1.047 | 1.042 | 0.950 |
| X6 | 1.000 | 1.107 | 1.174 | 1.448 | 1.738 | 1.900 |
| X7 | 1.000 | 0.992 | 0.991 | 1.072 | 1.080 | 1.079 |
| X8 | 1.000 | 1.145 | 1.359 | 1.599 | 1.721 | 2.037 |
| X9 | 1.000 | 1.138 | 1.341 | 1.568 | 1.677 | 1.956 |
| X10 | 1.000 | 1.301 | 1.530 | 1.815 | 2.273 | 2.621 |

从表3中可以清晰地看出,六年中,在影响因素中增长幅度最快的是研究与发展经费支出($x10$),2010年是2005年的2.621倍,每年平均增长了32.46%;其次是地区生产总值($x8$),2010年是2005年的2.037倍,每年平均增长20.07%;增长幅度最小的是教育部门专业技术人员数($x5$),六年基本上持平;其他部分指标也有不同程度的增加。

### 4.2.3 计算差序列以及极差

将 X0 分别与 X1…X10 相减,并取绝对值。数据如下(表4):

表4 差序列数据

| 年度<br>差式 | 2005 | 2006 | 2007 | 2008 | 2009 | 2010 |
|---|---|---|---|---|---|---|
| \| X1 − X0 \| | 0.000 | 0.097 | 0.697 | 1.028 | 1.027 | 0.471 |
| \| X2 − X0 \| | 0.000 | 0.088 | 0.328 | 0.512 | 1.312 | 1.020 |
| \| X3 − X0 \| | 0.000 | 0.163 | 0.726 | 1.021 | 0.824 | 0.680 |
| \| X4 − X0 \| | 0.000 | 0.161 | 0.756 | 1.126 | 0.731 | 0.322 |
| \| X5 − X0 \| | 0.000 | 0.084 | 0.687 | 0.993 | 0.802 | 0.270 |
| \| X6 − X0 \| | 0.000 | 0.013 | 0.546 | 0.592 | 1.498 | 1.220 |
| \| X7 − X0 \| | 0.000 | 0.128 | 0.729 | 0.968 | 0.840 | 0.399 |
| \| X8 − X0 \| | 0.000 | 0.025 | 0.361 | 0.441 | 1.481 | 1.357 |
| \| X9 − X0 \| | 0.000 | 0.018 | 0.379 | 0.472 | 1.437 | 1.276 |
| \| X10 − X0 \| | 0.000 | 0.181 | 0.190 | 0.225 | 2.033 | 1.941 |

从表4可以看出，极差最大值：2.033，极差最小值：0.000

#### 4.2.4　计算关联系数和关联度

根据表4数据可以计算各关联系数。计算方法为：

$\xi i(k) = \rho \times 2.033/(|x0(k) - xi(k)| + \rho \times 2.033)$，其中 $\rho$ 为分辨系数。分辨系数的作用在于凸现关联系数之间大小的区别，通常取值为 0—1 之间，经过多次试验，本文取分辨系数 $\rho$ 为 0.5。

经过计算后，得到关联系数见下表5：

表5　各年度关联系数

| 年度<br>关联系数 | 2005 | 2006 | 2007 | 2008 | 2009 | 2010 |
|---|---|---|---|---|---|---|
| ξ1 | 1.000 | 0.913 | 0.593 | 0.497 | 0.497 | 0.683 |
| ξ2 | 1.000 | 0.920 | 0.756 | 0.665 | 0.437 | 0.499 |
| ξ3 | 1.000 | 0.862 | 0.583 | 0.499 | 0.552 | 0.599 |
| ξ4 | 1.000 | 0.864 | 0.574 | 0.474 | 0.582 | 0.759 |
| ξ5 | 1.000 | 0.923 | 0.597 | 0.506 | 0.559 | 0.790 |
| ξ6 | 1.000 | 0.987 | 0.651 | 0.632 | 0.404 | 0.455 |
| ξ7 | 1.000 | 0.889 | 0.582 | 0.512 | 0.548 | 0.718 |
| ξ8 | 1.000 | 0.976 | 0.738 | 0.698 | 0.407 | 0.428 |
| ξ9 | 1.000 | 0.983 | 0.729 | 0.683 | 0.414 | 0.443 |
| ξ10 | 1.000 | 0.849 | 0.843 | 0.819 | 0.333 | 0.344 |

将各年度的关联系数取算术平均值，得到召开次数与影响因素的关联度。见表6：

表6　召开次数与影响因素之间的灰色关联度

| 关联度 | r1 | r2 | r3 | r4 | r5 | r6 | r7 | r8 | r9 | r10 |
|---|---|---|---|---|---|---|---|---|---|---|
| 召开次数 | 0.697 | 0.713 | 0.683 | 0.709 | 0.729 | 0.688 | 0.708 | 0.708 | 0.709 | 0.698 |

从表6可以看出，关联度排列依次是：

r5 > r2 > r4 = r9 > r7 = r8 > r10 > r1 > r6 > r3。

# 5　结论与建议

## 5.1　结论

从上述结果可以看出，10 个关联度值均大于 0.6，这表明，10 个因素均与召开次数有较强的关联性，对河北省社会科学学术会议的召开都有一定的正相关关系，并起到积极促进的作用。

其中，影响力最大的是教育部门专业技术人员数，其次是每万人拥有当年大学生毕业生数；科学研究、技术服务部门专业技术人员数与人均地区生产总值的影响力并列排在第三位；教育行业法人单位数和地区生产总值并列排在第五位；其他依次为研究与发展经费支出、普通高校数、科学研究、技术行业法人单位数、大专以上文化程度人口比重。

## 5.2　建议

### 5.2.1　创造良好环境，鼓励更多的人从事社会科学研究事业

从上述关联度可以看出，从事教育部门以及科学研究、技术服务部门的专业技术人员数对学术会议召开影响最大，但从表 3 中看出，在过去的几年中，从事教育部门以及科学研究、技术服务部门的专业技术人员数增长幅度变化不大。因此，河北省在未来时间里应注意创造好的外部环境，如通过政策支持来吸引人才、留住人才，鼓励更多的人从事社会科学研究事业。

### 5.2.2　重视学术会议的情报价值，加大支持力度

一般而言，经济发达的国家或地区，其用于 R&D 的支出相对较大，进行学术交流的机会相对较多。近年来河北省 GDP 总量稳步增长，2010年更是突破 2 万亿大关。R&D 的费用支出，呈递增趋势。相比 2005 年，2006—2010 年分别是 2005 年的 130%、153%、181%、227%、262%。经济的快速发展、科学研究及发展费用支出的大幅增长，对河北社会科学研究事业发展的影响作用是不言而喻。

从上述关联分析得知，科学研究与发展费用支出，对社会科学学术会议的召开影响较之人员投入略低，因此，要想更多地进行社会科学学术交流，在科学研究与发展费用支出增长的同时，也要增加学术会议经费，这样，也才能更好地促进社会科学学术交流，推动社会科学研究事业的发展和壮大。

总之，社会科学研究作为促进一个地区经济文化发展的重要因素之

一，应该得到大力支持与发展，学术会议作为学术研究的的指标具有重要意义。文章分析了河北社会科学学术会议的发展现状，运用灰色关联分析法，分析了影响河北社会科学学术会议召开的因素，并提出相关建议，对河北社会科学研究的事业繁荣具有一定的参考借鉴意义。

## 参考文献

［1］灰色关联分析法［EB/OL］．［2012－07－10］．http：//baike. baidu. com/view/4039168. htm.

［2］徐国祥. 统计预测和决策［M］．上海：上海财经大学出版社，2005：202—2i5.

［3］李冰. 科技投入与河北省经济增长的灰色关联度分析［J］．统计与管理，2010，（1）：61—62.

［4］刘军，王筠. 高校图书馆期刊订购质量的灰色关联度分析［J］．现代情报，2011，31（8）：119—121.

# 基于马克思社会发展
# 理论的信息概念演化

景　璟*

（南开大学商学院信息资源管理系　天津　300071）

**摘　要**　从马克思主义社会发展理论的角度研究了信息概念演化的历史过程，分析发现信息概念的演化受到社会发展一般规律的制约，指出促进信息概念演化的主要因素，提出信息概念的构建要遵循以人为本、尊重现实和与时俱进等几项原则，并提出要用运动的眼光看待信息概念的演化。

**关键词**　信息概念　演化　马克思　社会发展理论

## 1　引言

兴起于上世纪五六十年代的现代计算技术和互联网技术带给人们的是一场习惯上被称为"信息革命"的巨大变革，如果说"信息"一词三十年前还只是跳跃于少数互联网精英灵感中的神秘词汇的话，那么如今人们已经是淹没于无所不在的"信息"汇成的汪洋大海里了。人们享受信息化所带来的巨大便利的同时，同样也会感受到信息时代对人们脑海中传统概念的冲击与颠覆。甚至于就连"信息"本身，也引起了人们的重新审视与思考："信息"原本是什么？它是如何演变成我们现在看到的样子的？"信息"的概念应当如何界定？

我国情报学界不会忘记上世纪九十年代关于"情报"与"信息"的争论。1992年9月，国家科委做出将科技界已经使用了几十年的"情报"一词改为"信息"的决定。一时间引发了情报学界围绕"情报"和"信息"关系的大讨论。尽管大讨论的结果促使国家仍然保留了"情报"说的正统地位，然而来自国内外"信息"说支持者的争议却一直没有平息。出现这

---

\*　景璟，女，1984年生，南开大学信息资源管理系，情报学博士研究生。

种局面的根本原因在于混淆了"情报"和"信息"的概念。

信息是人类实践活动的产物，是人类社会性的体现，和人类社会一同产生。人类的实践活动是建立在一定的社会协作关系的基础上的，而交流则是协作的根本保证，信息则是人类交流的内容和载体。可见，人类意识中的信息是社会化的产物，随着人类社会的产生而产生，发展而发展。因此信息概念的演化发展也不可避免地受到社会发展的一般规律的制约。马克思社会发展理论是马克思对于社会发展普遍规律的总结，不仅可以解决人类社会的发展问题，而且能够揭示人类社会发展进程中诸多概念发展演变的一般规律。本文试从马克思社会发展理论的角度研究信息概念的演化，以期能够揭示信息概念的本源，并对信息概念的演化规律进行探讨。

## 2　马克思社会发展理论角度的信息及其特征的演化

### 2.1　原始时期人类的信息活动

诚如前文所言，信息产生于人类诞生之初。原始时期人类活动范围较为有限，人们的生产实践仅限于采集、狩猎等较为初级的活动，社会结构是以血缘为纽带的家庭氏族为单位的有限组织形式，社会实践相对简单，这一时期人类实践的主要对象是自然环境，主要的信息量产生于人类与自然之间。人们在生产的过程中能够获取来自自然的信息，例如某一区域可采集的果实的多寡、质量，可供狩猎的动物的种群信息等等。人们将采集自自然环境的信息与族人共享，实现了信息的交流。氏族首领通过对这些信息的收集与分析，制定出本氏族的集体生产计划，对信息进行处理。氏族成员根据氏族首领制定的计划进行采集和狩猎，将人类的实践信息反馈回大自然，完成一次信息的传递。年长的族人将生产过程中总结的经验教授给后代，完成了信息在时间跨度上的纵向传播。由于原始社会人类的社会交流是有限的，不同氏族的成员间几乎没有信息交流，这使得人类信息跨地域的横向传播受到制约。而由于人类还未掌握有效的记录手段，信息的记录多数时候只能依赖记忆，这造成了信息通过时间维度纵向传播的不可靠性——记忆信息会随着时间跨度的增大而失真，并且会随着保存记忆的人类个体的死亡而消失。因此原始人类的信息概念仅仅是人类对自然界的认知与总结。这一时期的信息存在易失真，信息链结构简单，传播过程短促的特点。

### 2.2　文明时代的信息概念

文字的出现是人类社会发展中的大事，不仅意味着人类进入了更为辉煌的文明时代，更重要的是人类的信息活动首次具备了可靠的传播载体。书信的出现使得人们的信息交流真正突破了地域的限制，而书籍的出现更意味人们的信息可以跨越时间。记录不仅开始了人类积累信息的时代，而且能够使信息的传播更加有序化、系统化。赵裕琮认为，系统化的信息就是知识。人类获取信息的主要来源从自然界转移到人文领域。由于在记录信息方面具有极高的可靠性，书籍很快占据人类信息生活的最高阵地，学校和图书馆开始出现，交流和阅读成为人们获取信息的主要手段。人们一度将信息的概念等同于知识。这一时期信息的特征在于：信息被作为人类财富的一种而不断积累，信息量持续增加；旧有信息因为存在于记录而不断被后人学习、批判、推翻和重建，信息的可靠性不断提高。信息的传播依然受到载体物理位移（位置和速率）的限制，因此这一时期人类的信息活动特别强调时间和地点；由于这一时期阶级已经产生，信息的生产权和发布权掌握在少数统治阶级手中，信息的传播遵循一种自上而下的方式，信息活动更多地体现统治阶级的统治利益，社会信息不对等的现象开始出现。

## 2.3　信息化时代的信息概念变革

迄今为止，阶级社会是人类经历的最长时代。根据马克思社会发展理论的阐述，我们知道阶级社会结构的主要特征是社会阶层的塔状分布，这种社会结构所产生的弊端不是本文所讨论的内容，然而就人类的信息交流需求而言，统治阶级借由这种社会结构实施的信息管制措施实实在在侵害了社会成员的信息权，彻底阻断了人类迈向信息社会的步伐。在第二次科技革命的推动下，人类社会爆发了民主革命，社会权利的分配由集权走向民主。社会结构的扁平化发展赋予人们信息交流自由的权利，为信息化时代的到来奠定了政治基础。现代通信技术的兴起将人类信息活动带入了电子时代，以广播、电视、电话和电报等手段，人类信息活动彻底突破了时间和地点的限制。然而基于以上手段的点对点和点对多点的信息传播拓扑依然无法满足民主社会人们对于公民话语权的追求。真正的信息革命开端于互联网的时代。交互式网络进一步扁平化了人类的信息交流方式，这种多点对多点、多媒体的新式通信手段在技术层面彻底实现了人类信息交流的无障碍化。通过实时通信，用户可以享受声、像多维度即时通信所带来的便捷，而微博的普及则首次使普通人具备了面向全社会的信息发布权。电子信息一时间成为人们脑海中信息的新概念，对于一般的现代人而言，信息化通常指的就是互联网化。

# 3　促进信息概念演化的主要因素

## 3.1　信息概念的建立立足于人类的信息需求

信息是人类意识对客观世界的反映。黄志诚认为信息是主体感官受到的来自外界及自身内部的刺激所蕴含的关于事物运动状态和方式的意义。人类是感知信息的主体。人类通过实践活动能够将人类意识中的信息反馈回客观环境。人类又是信息的制造者。人类是信息活动的实际实施者，信息活动作为人类实践的一种，同样体现了人类的意志和需要。如前文而言，原始时代人们从自然界获取信息是基于生存需要；文明时代人们从文字中获取信息是学习和发展的需要；信息化时代则反映了民主化的人类社会谋求信息自由的权利意识。同样，信息概念也是人类意识的产物，体现着不同社会阶段人们对信息的需求。

## 3.2　人类实践活动是推动信息概念演化的根本动因

马克思认为任何事物的发展演化都是遵循一定客观规律的自然过程，"既不能跳过也不能用法令取消自然的发展阶段"。根据马克思社会发展理论，社会发展的根本动力是生产力的发展，即人类实践的发展。信息概念作为一种社会化的产物，其演化自然离不开人类实践活动的推动。人类实践推动信息概念的演化主要通过两个方面：一是通过对社会生产关系的改变来转变社会结构和人们的交流方式；另一方面是创造更加先进的信息活动手段，从技术层面改变人们的信息观。原始社会生产力低下，人类以氏族公社为单位开展实践活动，由于没有可靠的信息传播手段，人类的信息活动多是依靠口耳相传。文明时代人类社会成员开始出现分化，基于阶级等级制度的社会结构形成，人类实践带有社会分工特色，专业的知识开始出现和积累，信息即是知识成为共识，而文字和书籍则为信息概念的知识化演变提供了必要的信息工具。现代人类实践以社会化大生产为主要特征，社会成员平等地参与到社会生产的各个环节中，同时也享有向社会表达自身意愿与看法的权利，社会的这种扁平化结构要求人类的信息活动必须也是扁平的，互联网革命则恰恰顺应了这一趋势。

## 3.3　人类社会结构的组织形式的演进是影响信息概念演化的重要因素

张云飞认为应当将社会发展看成是一个源于社会结构的变迁而促使社会形态更替的过程。在社会发展的历程中，人们感受最深，印象最直观的就是社会结构的变化。因为社会结构的变革往往直接改变着人们的日常生活方式，包括人类的交流方式。原始时期氏族化的人类社会结构可以看作是以氏族首领为核心的同心圆结构，信息被外围开展生产的氏族成员收集，汇集到氏族首领，氏族首领将处理过的信息发布到氏族成员以指导生产，氏族成员通过生产实践的方式再将信息反馈回自然界。文明时代信息自上而下近乎单向的流通则反映了维护社会等级结构的需要。信息化时代信息交流的扁平化则体现了削除了集权的民主社会结构下公民对于话语权的要求。

## 4　建立符合国情的中国特色信息概念观

### 4.1　信息概念的建立要体现以人为本的原则

谢梅红认为社会的发展是为了人，人本身的发展构成社会发展的主体内容，并认为人的发展中重要的一点就是个人社会关系的高度丰富，即个人越来越多地参与各领域、各层次的社会交往，使个人逐步摆脱了个体的、地域的和民族的狭隘性。人类信息概念的演进是人类自身发展的一种外现，显示了处于人文社会中的人类自身表达的需求。人类全面发展的最终目标是实现人与环境的和谐共处，这里的环境包括人类的信息环境。保证人类个体的信息渠道畅通，建立沟通良好的社会信息环境应当作为我们构建和谐社会的重要指标。因此我们构建当代信息概念应当充分体现人类社会性与个体意识的和谐统一。人的发展需要经历不同的阶段，社会化大生产背景下的社会分工也将大大异化社会成员个体意识中的信息观，这使得每个人的信息需求是不同的，因此信息概念的构建应当是坚持以人为本原则的多元化过程。

### 4.2　信息概念的建立要体现尊重现实的原则

马克思认为正确的人类意识必须能够真实地反映客观环境，信息概念作为人类意识的产物，也应当忠实于客观现实。马克思认为："人们自己创造自己的历史，但是他们并不是随心所欲地创造，并不是在他们自己选定的条件下创造，而是在直接碰到的、既定的、从过去承继下来的条件下创造。"信息概念的演化是遵循其发展规律的客观过程，即信息概念的演化必须和人类实践的发展相适应。原始时期面向自然的信息概念、文明时期知识化的信息概念，乃至现代社会的互联网环境下的信息概念都是人类实践发展到一定阶段的必然结果。当前我国人民最伟大的实践活动是建设有中国特色的社会主义事业。因此现阶段信息概念的建立应当体现社会主义信息化社会的特征，又要反映我国当前的国情。社会主义社会是典型的民主社会，相对于资本主义社会具有先进性，任何先进的信息理念都可以纳入社会主义化的信息概念。我国正处于社会主义初期阶段，地区发展不平衡，因此要杜绝信息概念的一元化，应当建立多层次的信息概念，以适应不同地区、不同人群的信息活动规律。

### 4.3　信息概念的建立要体现与时俱进的原则

张雪魁认为人类社会进步的真实图景既是一个自然历史过程，又是一个创造性的开放过程。马克思向来重视人的主观能动性在社会发展中的作用，反对在变革的时期固步自封。我们要代表先进生产力发展的方向，首先要走在理念创新的前列。凡是一切代表先进的事物都可以大胆接受。当前信息化社会已经发展到了相当的程度，而清晰统一的信息概念却仍没有建立。市场环境下，由于信息能够产生巨大的经济效益而具有了资源性。信息产业巨大的发展潜力催生了一种新的职业——信息服务业，信息在这里又成为了一种服务。其实我们所看到的信息概念正处于一个加速演化变革时期，新的、先进的信息理念层出不穷，我们要想在这场以信息为主导的革命中立于不败之地，就必须始终走在信息理念发展的最前端，与时俱进地推动信息概念不断发展前进。

## 5　结论

马克思主义哲学认为：任何事物都是处于绝对的运动中的。信息概念作为人类的一种意识，从产生的一刻起就处于不断的演化之中。信息概念是社会化的产物，是社会交流的需要，这使得信息概念的演化必然受到社会发展一般规律的制约。从马克思社会发展理论所提倡的运动观点来看，我们正处在一个动态的、发展的年代。唯一不变的是变化。我们无谓去追求刻板的信息概念定位，而应当用运动变化的眼光看待信息概念的演化，坚持以人为本、尊重现实、与时俱进的原则，赋予信息概念以时代特色，努力构建代表世界先进信息理念发展方向的信息概念。

**参考文献**

[1] 王知津，栗莉. 信息、知识、情报——再认识［J］. 情报科学，2001，19（7）：673—676.

[2] 赵裕琮. 科技情报学［M］. 北京：机械工业出版社，1991：12.

［3］黄志诚．信息、知识与情报［J］．情报杂志，1996，15（3）：21—22，28．

［4］马克思，恩格斯．马克思恩格斯选集：第2卷［M］．北京：人民出版社，1972：207．

［5］张云飞．马克思社会发展理论的结构向度［J］．中国人民大学学报，2000（6）：68—74．

［6］谢梅红．人的全面发展：科学发展观的最终目标——关于马克思社会发展理论的思考［J］．濮阳职业技术学院学报，2005，18（2）：3—5．

［7］马克思，恩格斯．马克思恩格斯选集：第1卷［M］．北京：人民出版社，1972：603．

［8］张雪魁．社会进步与社会秩序的重建——从马克思的社会发展理论看中国模式的生成逻辑［J］．社会科学，2011（12）：19—27．

# 基于知识管理的学习型
# 政党网络学习模式的构建

张柏英*

（中共吉林省委党校图书馆　长春　130012）

**摘　要**　创建基于知识管理的网络学习模式是学习型政党建设的新尝试。本文从学习型政党网络学习模式创建的时代参照、技术环境、需求分析、基础模型、系统设计等方面，对学习型政党网络学习模式构建问题展开探索研究，设计了一个学习型政党网络模式学习的系统模型，开发了一套学习型政党建设的专属网站，旨在推动学习型政党建设又好又快发展。

**关键词**　学习型政党建设　数字化学习　知识管理　网站开发

## 1　引言

建设马克思主义学习型政党是党的十七届四中全会提出的一项意义重大、影响深远的战略任务，也是一个内涵深刻、参与广泛的时代命题。那么，在信息时代我们应该如何利用前沿的学习型组织理论、知识管理理论，以及现代的网络信息技术、数字化学习技术，把学习型政党建设扎实有效地开展起来呢？

## 2　学习型政党网络学习模式创建的时代参照

人类社会正以前所未有的加速度从工业时代迈向信息时代。进入新世纪后，面对五彩缤纷的新世界、纷繁复杂的新事物和急剧膨胀的新知识，人们出现了空前的不适应，"知识恐慌"和"本领危机"成为不可忽视的社会现象，如何提高公民、组织和社会的学习力、创造力和发展力，业已成为社会普遍关注并亟待解决的热点问题。

---

\*　张柏英，男，1954 生，中共吉林省委党校图书馆，馆长、教授。
　　（注：本文是参与国家社科基金"十二五"规划课题《信息技术促进区域教育均衡发展的实证研究》（BCA110020）课题研究的中期原创成果）。

信息时代不仅对人类社会提出了新的挑战，同时也使像我们中国共产党这样的执政党面临着严峻考验。只有通过扎实有效的学习型组织建设，才能不断提高党的组织智慧和执政能力，实现经济社会又好又快发展。可以说，建设学习型政党是新时期、新情况、新任务对党的建设提出的新命题，是我们党面临的重大而紧迫的战略任务。

学习是个人、组织和社会持续健康发展的源动力。学习不仅仅是获得知识的重要手段，更是提高智慧的主要途径。面临新形势新任务，应对新机遇新挑战，站在新起点新高度，任何个人、组织和社会都将面临严峻考验，而应对挑战的最好办法，就是要发自内心地、如饥似渴地、持之以恒地学习。只有通过长期、主动、自觉、持续的学习，才能不断获取前进的动力，才能顺利解决生存和发展过程中遇到的问题，实现新的生活愿景和发展目标。

近年来随着知识数量膨胀、价值激增以及人们对知识认识的深化，产生了知识管理这门新学科。知识管理是指对知识、知识创新和知识应用进行规划管理的活动。知识管理是通过技术平台达到知识共享的过程，是组织行为主体针对内外部知识资源客体，展开一系列的有关知识获取及价值挖掘的行为及活动，其目的是有效推进组织内知识资源的积累、创新与增值，进而推进组织整体战略目标的实现。

## 3 学习型政党网络学习模式创建的技术环境

飞速延伸的网络和川流不息的信息将人类社会载入了信息时代。网络用简单的方式把公民、组织和社会紧密联系起来，使城市乡村不再闭塞，天南海北不再遥远。网络最杰出的贡献是实时快速传播信息和多方互动交流信息，网络最神圣的使命是充分共享知识和加速创新知识。网络是普适性的学习平台，是今天和未来人类学习的重要场所。

现代高速信息网络蕴含着极其丰富的计算资源、存储资源和应用资源。没有现代网络信息技术的支持，任何形式的学习都将是低效率的。通过网络信息技术、数字化技术搭建的网络学习技术平台，运用技术手段达到充分共享及运用知识的目标，有利于学习型组织针对内外部知识资源展开一系列的广泛获取及价值挖掘的活动，以便更有效地推进组织内知识资源的积累、创新与增值。

数字化学习（E-learning）是一种基于数字化学习资源和现代通讯手段的学习模式和过程，是当下和未来学习的发展趋势。信息时代的学习与以多媒体和网络技术为核心的信息技术的发展密切相关。信息技术以数字化为支柱，应用到教学过程后，引起了学习环境、学习资源、学习方式等一同向数字化方向发展，形成数字化的学习环境、数字化的学习资源和数字化的学习方式。数字化学习不仅适用于各类教育机构，同样也适用于各种学习型组织。

知识力、学习力和创造力和谐有序形成的合力，可谓支撑信息时代经济社会发展的核心动力——发展力。通过对知识经济时代知识的战略特征的考量和对学习型组织建设现状的研究，我们可以得出这样的结论：学习型组织建设是现代组织发展的客观要求；个人和组织的学习实践活动是实现科学发展的重要途径；数字化学习是学习型组织的主要学习方式；开发基于知识管理的专属网站是搞好马克思主义学习型政党建设的关键。

## 4　学习型政党网络学习模式创建的需求分析

要在中国共产党这样一个庞大的组织群中进行有效的组织学习和管理，建设一个基于网络的、环境友好的、资源丰富的、开放互动的数字化学习环境是当务之急。学习型政党建设专属网站就是专门为学习型政党建设开发的，从技术环境到管理程序特别是资源开发都适合马克思主义学习型政党建设需要的专题网站。

学习型政党的学习是以组织形式实现的，而信息时代的组织学习一般采用数字化学习模式。数字化组织学习是对传统组织学习的重大变革。传统的组织学习存在着空间狭小、资源单调、方式呆板、管理不便等弊端。而数字化组织学习可以全方位地解决这些问题。数字化组织学习能通过多媒体方式为学习者提供丰富多彩的学习内容；通过网络公共学习平台为学习者提供灵活便利的研究讨论空间；通过网络对学习过程进行实时管理和考核评估，使组织学习能够扎实有效地开展起来。

基于知识管理的学习型政党网络学习模式创建的关键问题是探索一套科学合理的整体解决方案。问题研究要以党的建设科学化理论为指导，构建一个符合时代要求的、长效化的、普适性的学习型政党建设模型，在该模型指导下可分阶次呈树状构建与全国370多万个基层党组织间密切联系的网络环境和专属网站，支持党组织和党员不受时空限制在开放的学习平台上进行有效的学习，支持基于知识管理的网络知识资源和本地知识资源的开发与维护，支持实时进行学习动员和学习效果评估的应用系统。

## 5　学习型政党网络学习模式创建的基础模型

为了把学习型政党建设不断引向深入，目前专属网站在操作层面需重点解决三个问题：一是在方式上建立起符合时代特征的网络学习环境；二是在内容上建立起基于知识管理的专属数字化学习资源系统；三是在组织上建立起职责明晰的网络组织管理体系。那么，如何建立一个既简洁适用又先进高效的，并能面向全国各级党组织的数字化学习的学习系统呢？根据学习型政党建设的需要和当前科学技术发展的可能，结合多年数字校园开发研究和实践，我们设计了学习型政党专属网站的系统模型。

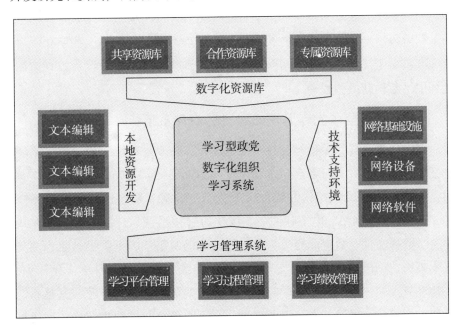

**图1　学习型政党网络学习模式创建的基础模型**

## 5.1　学习型政党专属网站建设的环境系统

技术支持系统是建设专属网站的基础工程。系统包括基础网络环境、网络学习管理系统、数字化学习资源库系统、本地数字化学习资源开发工具等几个方面。其中基础网络环境和本地数字化学习资源开发工具是软硬件集成建设项目，可根据不同级别的组织进行不同规模的配置；学习管理系统主要是软件开发项目，需要通过深入的调查研究和周密的系统分析才能开发成功；资源管理系统由于众多学习者复杂多样的学习要求，以及随着知识的增加、智能水平的提高和不断变化的需要，要求建设多个海量数字化学习资源库，这是个长期艰巨的任务，是系统开发的重点和难点。

## 5.2　学习型政党专属网站建设的管理系统

成功的基于知识管理的网络数字化学习应用，在技术方面需要规划并建设一套可升级、模块化、有弹性的学习管理系统，并能以学习管理系统为核心，集成各种可应用于学习的其他技术手段，实现知识的自动检索、聚集、收割、推送等功能。不同层次的组织以及组织发展到不同阶段，对学习管理系统的需求是不同的，学习的组织者可以根据数字化学习成熟度的不同阶段制定适合组织当前状况的学习管理系统应用策略。数字化学习管理系统由于技术和设计等问题不可能一步到位尽善尽美，但可以在应用过程中不断地升级和完善。

## 5.3　学习型政党专属网站建设的资源系统

数字化学习资源是指经过数字化处理，可在多媒体计算机上或网络环境下运行的、可供学习者自主或合作学习的，且可以实现共享的多媒体材料。按其呈现方式不同，大致可以分为数字视频、数字音频、多媒体软件、CD-ROM、网站、电子邮件、在线学习管理系统、计算机模拟、在线讨论、数据文件、数据库等等。学习型政党的组织学习更需要马克思主义基本理论、中国特色社会主义理论、党的路线方针政策、科学文化知识、法律和管理知识，以及专题学习课件等在内的数字化学习资源，这是我们搞好学习型政党建设的专属资源建设，必须由各级党校图书馆与各类机构图书馆一道，辅以知识管理和内容管理专用软件，下大功夫尽全力把专属资源建设工作搞好。

# 6　学习型政党网络学习模式创建的系统设计

学习型政党建设专属网站是服务于基层组织和党员的网上学习平台。系统采用前后台两个模块结构设计，整个系统采用流行的 B/S 结构（IE 浏览器/服务器），ASP.NET 架构开发，数据库采用 SQL2005 数据库，系统安全、健壮、先进。客户端不需要额外安装软件，一切操作均基于 WEB 浏览器，实现网上学习、网上交流、在线点播、信息发布，是党员组织生活、学习交流并走向信息化的重要组成部分。由于各单位开发力量不同，对于开发难度较大的模块，可以考虑系统引进或合作开发等方式完成。

## 6.1　学习型政党建设专属网站的结构设计

我们目前开发的"学习型党组织建设网"整体上分为前台和后台两个主要部分。网站前台包括活动简报、党建动态、理论研究、网上书屋、知识文库、党史博览、时代先锋、党员风采、视频点播、党员论坛等内容，网站后台包括网站管理、知识管理、栏目管理、信息发布、内容管理、信息审核、评论管理、用户管理、密码管理等内容，详见下图。

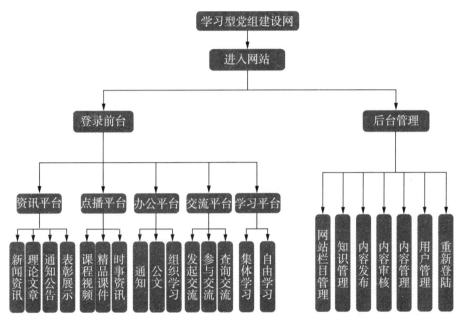

**图2　学习型政党建设专属网站的结构框图**

## 6.2　学习型政党建设专属网站的前台页面

网站的前台页面包括标题区域、重要栏目导航、公告板、近期要闻、图片新闻、用户登录、站内搜索、活动简报、党员风采、网上书屋、党建动态、视频点播、学习型党组织、理论研究、时代先锋、快速导航、党史博览、党员论坛等栏目。

## 6.3　学习型政党建设专属网站的后台管理

网站后台包括网站管理、知识管理、栏目管理、信息发布、内容管理、信息审核、评论管理、用户管理、密码管理等内容。

**图3 学习型政党建设专属网站的前台页面**

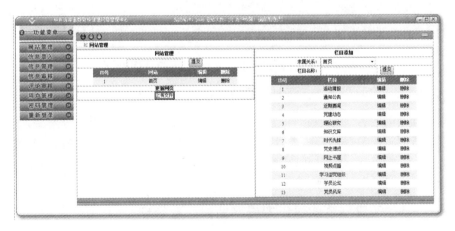

**图4 学习型政党建设专属网站的后台页面**

## 7　结语

21 世纪初是人类社会从工业时代全面过渡到信息时代的社会转型期，而学习是适应时代变迁的必然要求。在社会加快走向现代化的今天，人类对主客观世界的认识能力在不断增强，社会的组织水平在不断提高，世界的文明程度在不断进步，面对这样的复杂局面，中国共产党要更好地肩负起时代赋予我们的神圣使命，就必须开展卓有成效的学习。擅长学习是信息时代个人、组织和社会实现持续发展的首要能力。相信学习型政党专属网站的成功开发和广泛应用，必定会推动学习型政党建设取得突破性进展，党组织的学习效果和组织智慧将明显提高，党的执政能力、社会管理能力和党的建设科学化水平将得到进一步提高，全面建设小康社会的目标一定能顺利实现。

**参考文献**

[1] 习近平. 积极推进马克思主义学习型政党建设. 新华网，2009.11.

[2] 刘云山. 把建设马克思主义学习型政党作为重大而紧迫的战略任务抓紧抓好 [J]. 党建，2009.10.

[3] 程东元，等. AECT 新定义的特色与启示 [A]. 刘雍潜. 信息技术环境构建与教学应用 [C]. 北京：中央广播电视大学出版社，2009.

[4] 李克东，等. 企业数字化学习的理论与实践研究 [J]. 中国电化教育，2008 (1).

[5] 刘佳，等. 数字化学习问题研究 [J]. 农业网络信息，2008 (12).

[6] 乔春芳等. 交互式多媒体教学与管理系统的综合运用 [J].《中国电化教育》，2006 (1).

[7] 白云娟，等. 云学习：云计算激发的学习理念 [J]. 中国电化教育，2011 (8).

[8] 马利强. 局域网内网站建设及访问 [J]. 中国电子商务，2010 (4).

[9] [美] 葛洛蒂，[中] 张国治. 数字化世界 [M]. 北京：电子工业出版社，1999.

[10] Khan, B. H. (2001). A framework for Web-based Learning. In B. H. Khan (Ed.), Web-based training. Englewood Cliffs：Educational Technology Publications.

[11] The Power of Digital Learning: Integrating Digital Content, The CEO Forum on Education and Technology, June 2000.

[12] Astleitner, Hermann; Leutner, Detlev. Learning strategies for unstructured hypermedia-a framework for theory, research, and practice [J]. Journal of Educational Computing Research. Vol 13 (4), 1995.

# 近 10 年来国际情报
# 学研究热点分析
## ——基于 CiteSpaceII

包 凌*

（中国社会科学院图书馆 北京 100732）

**摘 要** 以社会科学引文索引（SSCI）数据库中收录的国际情报学领域具有高影响因子的 12 种期刊在 2002—2011 年 10 年间刊载的论文及其引文为研究对象，以 CiteSpace II 为工具进行文献共引聚类，得到高被引文献和突现引文。对关键词进行共引聚类得到关键词聚类类团及高频词、突现关键词。采用文献内容分析法、文献计量的方法对高被引文献、突现引文以及突现关键词、高频词进行分析，辨别和讨论国际情报学领域 10 年来的研究热点及发展轨迹，这对国内开展有效的图情工作也具有指导意义。

**关键词** 情报学　聚类分析　CiteSpaceII

## 1　前言

情报学是一门不断发展的学科，其发展现状是学界关注的重点内容之一。国内的邱均平、郭春侠、苏娜、肖明、赵勇等学者对国外情报学领域的研究进行了分析，这些研究是我们了解国际情报学领域研究现状的重要来源。本文通过文献计量和可视化的方法对近 10 年国际情报学领域研究热点及发展轨迹进行分析，有助于了解国外该学科领域的发展状况和研究热点，也可以帮助研究者立足现状，开展情报学领域具体的实践工作。

---

\*　包凌，女，1980 年生，中国社会科学院图书馆，馆员。

## 2 研究方法、数据来源和处理工具

### 2.1 研究方法

研究前沿是在一段时间内，有内在联系、数量相对较多的一组论文所研究的科学问题或专题。某个领域的研究前沿是由科学家积极引用的文章所体现的。普赖斯认为，某个研究前沿大概由40—50篇最近发表的文章组成。迄今为止，对研究前沿至少有3种不同的认识形态：一是共被引文献聚类；二是共被引文献聚类和所有引用这个聚类的文章；三是引用共群文章的文献聚类。本文利用CiteSpaceII软件，对国际情报学领域2002—2011年间发表文献进行共引分析，以引文作为分析节点，找出引用率高和突现率高的文献，这些文献具有典型代表性，对于确定情报学各分支领域的研究内容有重要意义。

另一方面，关键词出现在文献的篇名、摘要和正文中，是文章核心内容的浓缩和提炼。词频分析法是利用能够解释或表达文献核心内容的关键词在某一研究领域文献中出现的频次高低以及关键词共现情况来确定该领域研究前沿的热点问题和发展动向的文献计量方法，即如果某一关键词在其所在领域的文献中反复出现，则可反映出该关键词所表现的研究主题是该领域的研究热点。本文利用CiteSpaceII对关键词进行共词分析，生成关键词共现网络，清晰地展现出关键词的聚类关系，同时统计出高频关键词，并采用膨胀词探测技术找出突现率高的关键词，以此来解释情报学领域的研究热点。

本文采用定量和定性相结合的方式，探索2002—2011年间国际情报学的研究状况和研究热点，为该学科专业人员和科研管理人员决策提供参考。

### 2.2 数据来源——SCI

笔者从国外期刊中选择了JCR（Social Science Edition 2010）中Information Science & Library Science学科中影响因子大于2的期刊12种。虽然这种数据选择方法可能会忽略一些研究主题，但由于所选择的期刊都是在国际上具有高影响力的期刊，因此可以在一定程度上反映国际情报学领域的主流研究。

表 1　分析数据期刊来源列表

| 序号 | ISSN | 刊名全称 | 总被引量 | 影响因子 | 记录数 |
|---|---|---|---|---|---|
| 1 | 0276 – 7783 | MIS QUARTERLY | 7419 | 5.041 | 273 |
| 2 | 1047 – 7047 | INFORMATION SYSTEMS RE-SEARCH | 3517 | 3.358 | 269 |
| 3 | 1751 – 1577 | JOURNAL OF INFORMATRICS | 397 | 3.119 | 217 |
| 4 | 1067 – 5027 | JOURNAL OF THE AMERICAN MED-ICAL INFORMATICS ASSOCIATION | 3619 | 3.088 | 875 |
| 5 | 0268 – 3962 | JOURNAL OF INFORMATION TECH-NOLOGY | 1083 | 2.907 | 229 |
| 6 | 0963 – 8687 | JOURNAL OF STRATEGIC INFORMATION SYSTEMS | 910 | 2.9 | 146 |
| 7 | 0742 – 1222 | JOURNAL OF MANAGEMENT IN-FORMATION SYSTEMS | 3080 | 2.662 | 365 |
| 8 | 0378 – 7206 | INFORMATION & MANAGEMENT | 3273 | 2.627 | 576 |
| 9 | 1536 – 9323 | JOURNAL OF THE ASSOCIATION FOR INFORMATION SYSTEMS | 579 | 2.217 | 166 |
| 10 | 1350 – 1917 | INFORMATION SYSTEMS JOURNAL | 695 | 2.184 | 175 |
| 11 | 1532 – 2882 | JOURNAL OF THE AMERICAN SOCIETY FOR INFORMATION SCIENCE ANDTECHNOLOGY | 4202 | 2.137 | 1503 |
| 12 | 0066 – 4200 | ANNUAL REVIEW OF INFORMATION SCIENCE AND TECHNOLOGY | 428 | 2 | 1728 |

以汤森路透公司出品的 SSCI 为数据源。数据单元主要包括文献的作者（Authors）、题目（Title）、摘要（Abstract）、系索词（Descriptors，即标引文献主题的单元词或词组）、Identifiers（增补关键词）和文献的引文（包括被引时间、出版时间）等。数据的检索策略是"IS = 期刊 ISSN 号，并用 OR 连接，文献类型 = Article，数据库 = SSCI"。检索的论文时间段为

2002—2011 年。以 download＊.txt 为文件名，选择带参考文献的全著录格式下载，获得 6522 条记录，采集数据时间为 2012 年 4 月 15 日。

### 2.3　处理工具——CiteSpace II

本研究使用的工具是 CiteSpace II，它是美国德雷克塞尔（Drexel）大学信息科学技术学院的陈超美（Chaomei Chen）博士基于引文分析理论开发的 JAVA 软件。该软件集信息可视化方法、文献计量方法和数据挖掘算法为一体，从引文数据中提取有关信息并进行共引网络分析和可视化的一种工具，其绘制图谱、建立节点之间关联的依据是"共引"与"引文"。CiteSpace II 是从科学文献中识别并显示科学发展新趋势和新动态的一种通用方法的最新研究进展。

CiteSpace II 一般使用步骤为：①确定一个研究领域；②收集文献全记录数据、导入数据；③选择时间参数、时区分隔；④谐调阈值、确定算法；⑤显示可视化图谱、获取引文；⑥研读引文、分析结论。

## 3　数据处理和结果

### 3.1　文献共被引网络图谱

利用 CiteSpace II 软件对数据进行处理前要先创建一个新的项目，同时制定两条存储路径：一条是数据存储路径，用于文献数据（即从 SSCI 下载的数据）的存储；另一条是项目存储路径，用于存储 CiteSpace II 运行过程中所保存的图谱和输出文件。设定选项，在控制面板中，选择时间为"2002—2011"，时间分区为每 2 年一分区，Node Types（网络节点）选择"Cited Reference"，Source（来源）选择"title、abstract、description、identifiers"，调节阈值，Pruning（算法）选择"Patherfinder、Pruning sliced networks、Pruning the merged network"，生成最小树合并共被引网络。通过软件处理，可以得出各时间片段的节点数和链接数，再经过可视化后得到文献共被引网络图谱。

图谱中不同大小圆环表示不同频次（freq），不同颜色表示不同的年份。在文献共被引网络图谱界面的主菜单上选择"export——network summary table"输出高引频文献，笔者在表 2 中列出被引频次最高的 15 篇文献，反映了 10 年来情报学研究关注最多的问题。

### 表 2　被引频次最高的前 15 篇文献

| 文献编号 | 被引频次 | 作者 | 出版年 | 来源 | 题名 |
|---|---|---|---|---|---|
| 文献 1 | 231 | DAVIS FD | 1989 | MIS QUART, V13，P319 | Perceived usefulness, perceived ease of use, and user acceptance of information technology |
| 文献 2 | 204 | FORNELL C | 1981 | J MARKETING RES, V18，P39 | Evaluating structural equation models with unobservable variables and measurement error |
| 文献 3 | 149 | DAVIS FD | 1989 | MANAGE SCI, V35，P982 | User acceptance of computer technology：a comparison of two theoretical models |
| 文献 4 | 138 | Venkatesh V | 2003 | MIS QUART, V27，P425 | User acceptance of information technology：Toward a unified view |
| 文献 5 | 130 | NUNNALLYJC | 1978 | PSYCHOMETRIC THEORY, V，P | Psychometric theory |
| 文献 6 | 127 | Venkatesh V | 2000 | MANAGE SCI, V46，P186 | A theoretical extension of the technology acceptance model：Four longitudinal field studies |
| 文献 7 | 120 | DELONE WH | 1992 | INFORMATION SYSTEMS, V3，P60 | Information systems success：The quest for the dependent variable |
| 文献 8 | 117 | ROGERS EM | 1995 | DIFFUSION INNOVATION, V，P | Diffusion Innovation |
| 文献 9 | 117 | MOORE GC | 1991 | INFORMATION SYSTEMS, V2，P192 | Development of an instrument to measure the perceptions of adopting an information technology innovation |
| 文献 10 | 114 | EISENHARDTKM | 1989 | ACAD MANAGE REV, V14，P532 | Building theories from case study research |
| 文献 11 | 112 | HIRSCH JE | 2005 | P NATL ACAD SCI USA, V102，P16569 | An index to quantify an individual's scientific research output |

续表

| 文献编号 | 被引频次 | 作者 | 出版年 | 来源 | 题名 |
|---|---|---|---|---|---|
| 文献 12 | 112 | FISHBEIN M | 1975 | BELIEF ATTITUDE INTE, V, P | Belief, attitude, intention and behaviour: An introduction to theory and research |
| 文献 13 | 109 | TAYLOR S | 1995 | INFORM SYST RES, V6, P144 | Understanding information technology usage: A test of competing models |
| 文献 14 | 102 | MILES MB | 1994 | QUALITATIVE DATA ANA, V, P | Qualitative data analysis: An expanded sourcebook |
| 文献 15 | 100 | AJZEN I | 1991 | ORGAN BEHAV HUM DEC, V50, P179 | The theory of planned behavior |

CiteSpace II 采用了 Kleinberg 的突变检测算法，可以用于检测一个学科内研究兴趣的突然增长。通过突变检测算法，一个新的研究前沿即使还没有吸引足够的引文，也能在大图中被显示出来，图谱中最外层的紫色圈突出显示关键节点（spotlight），表示突现（高中心度）文献。在文献共被引网络图谱界面中的菜单栏选择"spotlight"，得到突出显示关键节点文献。选择"view——citation burst history——references"，可以获得近 10 年最受关注的突现引文。表 3 按突现强度由强到弱的顺序列出了突现强度较高的 16 篇文献，这些文献在总被引频次上虽然不高，但在起始年和结束年这个时间段有一个引用高峰，具有较强的中心性，显示其在该时间段受关注的程度。

表 3　突现引文

| Doc code 文献编号 | References 被引文献作者、出版时间及出处 | Year 出版年 | Strength 强度 | Begin 起始年 | End 结束年 |
|---|---|---|---|---|---|
| 文献 16 | PAVLOU PA, 2004, INFORM SYST RES, V15, P37, DOI | 2004 | 3.7247 | 2008 | 2008 |
| 文献 17 | HAIR J, 1998, MULTIVARIATE DATA AN, V, P | 1998 | 3.4847 | 2008 | 2008 |

续表

| Doc code 文献编号 | References 被引文献作者、出版时间及出处 | Year 出版年 | Strength 强度 | Begin 起始年 | End 结束年 |
|---|---|---|---|---|---|
| 文献 18 | HOFSTEDE GH, 1980, CULTURES CONSEQUENCE, V, P | 1980 | 3.246 | 2008 | 2008 |
| 文献 19 | CHIN WW, 1998, MODERN METHODS BUSIN, P295, P | 1998 | 3.521 | 2009 | 2009 |
| 文献 20 | KEIL M, 2000, MIS QUART, V24, P299 | 2000 | 2.6819 | 2009 | 2009 |
| 文献 21 | NUNNALLY JC, 1994, PSYCHOMETRIC THEORY, V, P | 1994 | 2.5002 | 2009 | 2009 |
| 文献 22 | TAYLOR S, 1995, INFORM SYST RES, V6, P144 | 1995 | 2.4721 | 2009 | 2009 |
| 文献 23 | DIMAGGIO PJ, 1983, AM SOCIOL REV, V48, P147 | 1983 | 1.6148 | 2009 | 2009 |
| 文献 24 | SAMBAMURTHY V, 2003, MIS QUART, V27, P237 | 2003 | 4.3547 | 2010 | 2011 |
| 文献 25 | ALONSO S, 2009, J INFORMETR, V3, P273, DOI | 2009 | 2.7518 | 2010 | 2011 |
| 文献 26 | WASSERMAN S, 1994, SOCIAL NETWORK ANAL, V, P | 1994 | 2.639 | 2010 | 2011 |
| 文献 27 | GEFEN D, 2005, COMMUNICATIONS ASS I, V16, P91 | 2005 | 2.4606 | 2010 | 2011 |
| 文献 28 | MELVILLE N, 2004, MIS QUART, V28, P283 | 2004 | 1.9598 | 2010 | 2011 |
| 文献 29 | TEECE DJ, 1997, STRATEGIC MANAGE J, V18, P509 | 1997 | 1.9445 | 2010 | 2011 |
| 文献 30 | BORNMANN L, 2008, J AM SOC INF SCI TEC, V59, P830, DOI | 2008 | 1.9098 | 2010 | 2011 |
| 文献 31 | EGGHE L, 2006, SCIENTOMETRICS, V69, P131, DOI | 2006 | 1.7296 | 2010 | 2011 |

注：笔者对表 2、表 3 中的文献按顺序标注了文献编号

## 3.2　关键词共引网络图谱

在 CiteSpace II 的控制面板上，时间选择"2002—2011"，时间分区设为每 2 年一分区，Node Types（网络节点）选择"keyword"，source（来源）选择"title、abstract、description、identifiers"，Pruning（算法）选择"Patherfinder"，调节阈值，运行程序。在可视化控制面板，点击"cluster"，聚类标识来源选择"label clusters with indexing terms"，聚类算法选择"Log Likelihood Ratio（对数然似性算法）"，形成了较为显著的 11 个类团（见图 1），每个类团以"#"字开头标出类号和标识名，表 4 详细列出这 11 个类团的标识。

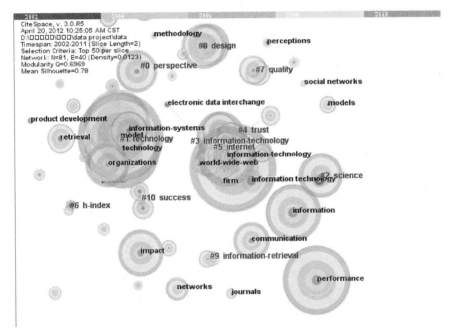

图 1　2002—2011 关键词共引网络图谱

表 4　关键词共引聚类表

| Cluster ID 类团号 | Lable 类团标识 |
| --- | --- |
| #0 | perspective；information-systems research；user； |
| #1 | technology；model；organizations； |
| #2 | science；indicators；paper； |

| Cluster ID 类团号 | Lable 类团标识 |
| --- | --- |
| #3 | information-technology；systems；performance； |
| #4 | trust；electronic commerce；e-commerce； |
| #5 | internet；innovation；behavior； |
| #6 | h-index；hirsch index；citation analysis； |
| #7 | quality；care；electronic prescribing behavior； |
| #8 | design；knowledge；search； |
| #9 | information-retrieval；relevance；is discipline； |
| #10 | success；satisfaction；information overload； |

## 3.3　突现词

利用 CiteSpace II 提供的膨胀词探测技术和算法，软件可以从大量的关键词 \ 主题词中探测到频次变化率高的词，即突现词（burst terms）。Citespace II 中提供的突变检测算法，不管文章被引用多少次，都能够从中识别出突然涌现的专业术语。因此，各年份涌现出的研究前沿术语并不是那些词频最高的关键词，而是突现值较高的词，需说明的是本文未列出高频关键词词频表，但会在分析列举中列出词频大小。在关键词共被引网络图谱界面的菜单栏选择"spotlight"，选择"view——citation burst history——Keyword"，可以得到探测出来的研究前沿术语（见表 5），这些词按涌现的年代列出，揭示了近 10 年来情报学领域各个阶段的研究前沿和研究热点。

表 5　2002—2011 年间涌现的研究前沿术语及词频

| 术语（词频） | 术语（词频） | 术语（词频） | 术语（词频） |
| --- | --- | --- | --- |
| 2002 年<br>information technology 信息技术（114） | 2003 年<br>knowledge management 知识管理（87） | 2006 年<br>online 在线（75） | 2009 年<br>institutional theory 制度理论（19） |

续表

| 术语（词频） | 术语（词频） | 术语（词频） | 术语（词频） |
| --- | --- | --- | --- |
| world-wide-web 万维网（74） | group support systems 组织支持系统（22） | perceived ease 易于理解（45） | |
| Trust 信用制度（150） | firm 企业（75） | intrinsic motivation 内在动机（32） | |
| computer 计算机（26） | Issues（48） | | 2010 年 |
| management 管理（322） | competitive advantage 竞争优势（13） | | social networks analysis 社会网络分析（30） |
| decision-support 决策支持（27） | Support 支持（52） | 2007 年 Scientists 科学家（32） | |
| Involvement（34） | user satisfaction 用户满意度（30） | Journals 期刊（51） | information-systems research 信息系统研究（35） |
| Ease（32） | methodology 方法学（31） | | |
| hospitalized-patients 医疗系统（27） | electronic mail 电子邮件（22） | 2008 年 h-index h 指数（53） | |
| business 商业（69） | | ranking 排名（33） | 2011 年 centrality 中心性（20） |
| Retrieval 检索（144） | 2005 年 electronic data interchange 电子数据交换（36） | hirsch-index h 指数（22） | product development 产品开发（35） |
| models model 模型（84） | | | |
| success 成功（93） electronic commerce-business 电子商务（98） perceptions 用户理解（46） | needs 需求（30） perceived usefulness 有用性理解（42） | Indicators 指标（64） consequences 结果（38） | |

注：2004 年没有涌现的研究前沿术语

# 4　国际情报学研究重点及热点分析

根据图 1 和表 4 可以看出，近 10 年来国际情报学研究的热点主题领域包括信息系统研究（#0、#3）、信息技术研究（#1）、科学计量学（#2、#6）、电子商务（#4）、互联网及用户行为研究（#5、#10）、知识管理（#8、#7）、信息检索（#9、#10）。以下笔者将根据国际情报学各领域研究中涌现的前沿术语（见表 5）、高频关键词、高频引文（表 2）和突现引文（表 3）分析近 10 年来国际情报学的研究热点、发展脉络。

## 4.1　信息系统与信息技术研究

信息系统和信息技术研究是国际情报学研究最为重要的内容。信息系统是综合运用情报学和计算机知识，以逻辑整合的系统形式分析、解决实际问题，涉及到信息系统所应用的各行各业。而信息技术是用于管理和处理信息所采用的各种技术的总称。通过对关键词词频的统计，systerms \ systerm \ information-systems research（信息系统研究）和 information technology \ technology（信息技术）的词频最高，该领域涌现的前沿术语有 computer（计算机）、models \ model（模型）、electronic data interchange（电子数据交换）、electronic mail（电子邮件）、product development（产品开发）、group support systems（组织支持系统）等。

近 10 年来，信息系统和信息技术的研究一直是情报学研究的重要内容，但随着新技术的演进，研究内容亦发生了变迁。起初的研究内容主要是信息系统的模型；随后转移至知识管理系统、决策支持系统等应用研究；到 2008—2009 年，随着技术的发展，关于先进的信息技术如模糊集理论方法应用于信息系统的设计成为研究热点；而 2010—2011 年，开源软件、信息产品开发，以及信息系统和信息技术的用户接受模型研究则成为热点。

信息系统和信息技术领域近 10 年来引用到的重要文献有文献 7、2 和 19（见表 2、3）。1992 年，Delone 发表论文，结合实践分析研究了影响信息系统是否成功的因素及评价指标。2003 年，Delone 发表另一篇文献 "The DeLone and McLean Model of Information Systems Success：a Ten-Year Update" 综述了十年来有关信息系统研究的重要文献，这些文献主要是针对 DeLone and McLean 原始模型的应用、验证、质疑、建议和改进，Delone 在文中对该模型提出了几个改进建议。Chin1998 年发表文献论述了系统结构方程模型内的偏最小二乘法。

## 4.2　科学计量学

科学计量学研究是情报学领域一个重要分支，拥有 *Scientometrics* 等国际知名的核心期刊。关键词有 scientists（科学家）、science（科学，词频217）、journals（期刊）、h-index \ hirsch-index（h 指数）、indicators（指标）、social network analysis（社会网络分析）、impact（影响，词频226）、citation analysis（引文分析，词频48）。

在科学计量学研究领域，h 指数及其相关改进指数的研究成为近几年非常受关注的一个研究热点。首先，Hirsch 在 2005 年发表名为 "An Index to Quantify an Individual's Scientific Research Output" 的文章（文献11），提出 h 指数能够反映一个人的学术成就，受到了国内外学者们的广泛关注，这篇文献的突现率为 19.9，是所有引文突现值最高的文献。紧接着 Egghe 在 2006 年发表的 "Theory and Practice of the G-index"（文献31）指出 h 指数的衍生指数 g 指数，弥补了 h 指数不能很好反映高被引论文的缺陷。Alonso 于 2009 年发表的 "H-index：A Review Focused in Its Variants, Computution and Standardization for different for Different Scientific Fields"（文献25）对 h 指数进行了综述研究，分析 h 指数的优劣，针对不同科学领域的评价，阐述 h 指数的各种变体、计算方法和标准化等，提高 h 指数的应用性。

从高引文文献突现年代和该领域突现关键词的分布年代可以看出，2007 年以后，科学计量学研究重点集中在科学生产和研究绩效的评价，特别是关于期刊、科学家的评价成为科学计量学领域非常受关注的一个研究热点；2008 年以后关于 h 指数的研究和应用成为热点；而 2010 年以后，社会网络分析作为新的方法论和研究范式，在科学计量学领域的应用成为最新的研究前沿和热点，社会网络分析方法已经被证明可以成功地研究涉及大范围内社群网络结构的分析问题，例如科学合作网络和互联网中网站链接的分析与计算并形成可视化网络图谱。

## 4.3　互联网、电子商务及用户行为研究

情报学的本质之一是一门关于人的信息行为的学科，这是它与其他信息类学科之间最重要的区别。这一领域的关键词有 world-wide-web（万维网）、internet（互联网，词频242）、online（在线）、trust（信用制度）、e-business \ e-commerce \ electronic commerce（电子商务）、user perceptions \

technology acceptance model（用户理解＼技术接受模型，词频 93）、behavior（行为，词频 177）、social network analysis（社会网络分析）等。

从 2002 年开始，随着互联网的发展，用户对网上信息资源的需求分析、用户行为的分析与挖掘、用户体验设计、用户满意度以及不同用户而对信息系统的评价是这个领域重要的研究内容，而用户的技术接受行为是近年该领域的研究热点。

信息技术的快速发展，虽然能够改善组织的生产效率，但前提是它们必须首先被组织的人员所接受。研究用户对技术的接受行为被认为是信息系统研究走向成熟的标志之一。特别是在网络环境下，网络用户的行为、电子商务中用户对信息技术和信息系统的接受模型成为学者们关注的焦点，也有很多的理论模型。其中最有代表性的是理性行为理论、计划行为理论和技术接受模型。一些重要的论述用户技术接受理论和技术接受模型的文献在这一时期被大量引用。文献 1 和文献 3 中，Davis 综述了被用户接受的信息技术总体情况，文献 3 实证对比了 8 种著名模型及其扩展应用，并提出一种整合这 8 种模型特点的独特模型并加以验证。这一新模型整合了技术采纳模型、计划行为理论、PC 应用模型、创新扩散理论以及认知理论。文献 12 中，Fishbein 和 Aizen 在理性行为理论的基础上综合考虑了信息系统中影响用户行为的各种可控和不可控的因素。文献 4 和文献 6 中，Venkatesh 探讨了个体用户对信息技术的接受和采纳。文献 8 中，Rogers 提出创新推广的最佳途径是将信息技术和人际传播结合起来加以应用，信息技术能够有效地提供相关的知识和信息，但在说服人们接受和使用创新方面，人际交流则显得更为直接、有效。电子商务的研究内容也集中在隐私保护和技术接受模型等方面。文献 16 中，Pavlou 提出了在电子商务交易中，如何降低风险，建立信任机制。文献 27 中，Gefen 将用户信任度与用户接受模型结合，开展用户网上购物行为的的研究。这一领域的重要文献还有文献 5、文献 9、文献 13、文献 15。

## 4.4 知识管理

知识管理研究领域，主要的关键词有 management（管理）、knowledge management（知识管理）、knowledge（知识，词频 207）、decision support（决策支持）、competitive advantage（竞争优势）、intrinsic motivation（内在动机）、resource-based view（基于资源的观点，词频 43）、innovation（创新，词频 147）、group support systems（组织支持系统）、institutional theory

（制度理论）、firm（企业）、hospitalized-patients（医疗系统）、information
（信息）、methodology（方法）、social network analysis（社会网络分析）。其
中，firm、hospitalized-patients 等关键词表明了知识管理的应用领域。企业
的应用领域涉及企业文化、制度理论、企业创新、企业核心竞争力以及决
策支持等；医学领域的应用，包括了临床决策支持系统及办公自动化等。
methomelody 等关键词表明知识管理的研究方法；decision support、group
support systems 等关键词表明近年对知识管理技术及知识管理系统的研究探
讨，热点集中在基于语义和语用层次的信息技术和信息系统的研究。

从研究术语涌现的年代和文献引用突现年代可以看出，知识管理在
2002—2003 年研究内容有知识管理系统、决策支持系统、医疗管理系统
等。2004 年则集中在竞争优势等方面的研究，其中重要的被引文献有文献
10。文中 Eisenhardt 指出决定决策速度的 5 个变量，其中两个非常重要的
因素是决策前所能获取的信息的量、决策中可供选择方案的数量，以此来
强化企业的竞争优势。从 2006 年开始，知识管理研究中"人"的因素越
来越受到重视。人们开始认识到，在不断变化的内外大环境下，只有重视
人的内在动机，不断挖掘人的潜在价值，组织才能够获得竞争优势。而到
2009 年，组织的管理机制、管理制度等成为知识管理的研究热点，突现引
文有 Diaggio 发表的 *The Iron Cage Revisited：Institutional Isomorphism and Col-
lective Rationality in Organizational Fields*（文献 23）。文章指出组织内的 3 种
制度性驱动力，即强制性的（coercive）、规范性的（normative）和模仿性
的（mimetic）驱动力，促使企业与企业之间在组织形式或商业模式方面的
趋同（isomorphism），以该文为基础的情报学研究主要集中在企业知识管
理和战略管理。2010 年以后的研究热点则包括了组织内的在线交流和知识
共享、应用本体构建知识管理的系统模型、应用社会网络分析方法对知识
创新、知识交流的模式与策略进行分析与解释。

## 4.5 信息检索

信息检索作为情报学领域传统的研究内容仍然受到极大的关注，主要
关键词有 retrieval \ search（词频 54）\ seeking（词频 58）（检索）、infor-
mation seeking \ information retrieval（信息查询）、user satisfaction（用户满意
度）、relevence（相关度）、ranking（排序）、models \ model（模型）、
world-wide-web（万维网）、index（索引，词频 27）、context（文本，词频
54）、classification（分类，词频 47）。

从 2002 年开始，信息检索领域的内容就集中在网络信息检索与信息查找、文本分析、特征抽取、聚类和分类、检索结果的相关性排序等。随着技术的不断演进，对信息检索技术的研究文献拓展到搜索引擎技术、基于内容检索技术以及通过改进算法提高查准率和查全率。具体有 genetic algorithm（遗传算法）、intelligent information retrieval（智能检索）、image retrieval（图像检索）、data mining（数据挖掘）、cross language information retrieval（跨语言信息检索）、fuzzy sets（模糊集）、natural language processing（自然语言处理）及 visual search（可视化检索）等技术。其中本体的构造及其在信息检索领域中的应用是近期研究热点，包括了本体在自然语言语义和跨语言信息检索方面的应用和本体在网络搜索和专门领域信息检索中的应用。

## 5　结论

本文选取了国际情报学领域 12 种高影响力期刊在 2002—2011 年间刊载的论文及其引文为研究样本，借助于 CiteSpace II 软件对高被引文献和高频词进行统计和聚类可视化，对 10 年来情报学领域的研究现状、热点和前沿进行了相关分析，并得出以下结论：

信息系统和信息技术仍是情报学领域最重要的内容，经过 10 年的发展，它的研究内容已经从单纯的技术和系统研发转向信息技术和系统的应用以及用户对技术地吸收和理解。在科学计量学领域，2007 年以来，面向期刊和科学家的评价成为研究热点；2008 年以后，研究 h 指数的文献具有非常高的中心性，代表了当前情报学研究领域的前沿。互联网带给人们的影响日益深刻，电子商务蓬勃发展，驱使情报学领域的研究人员将目光转向互联网环境下的用户行为分析。知识管理领域也更多地加入"人"的因素，从制度、创新、决策等角度进行研究，而不再拘泥于单纯的知识管理系统地研发。信息检索领域依然是情报学领域的基础研究内容，但是引入了更多先进的信息技术和方法。社会网络分析作为新的方法论和研究范式，在科学计量学、互联网用户分析、知识管理、信息检索等多个领域得到应用，成为国际情报学领域的一个热点内容。

## 参考文献

[1] 邱均平，温芳芳. 近五年来国外图书馆学情报学论文的计量研究

[J]．中国图书馆学报，2011（3）：51—60.

[2] 郭春侠，叶继元．基于共词分析的国外图书情报学研究热点［J］．图书情报工作，2011（20）：19—22.

[3] 苏娜，王传青，周金龙．2000—2009 年国内外图书情报领域研究热点比较分析［J］．图书情报工作，2012（2）：27—34.

[4] 肖明，李国俊．国外情报学研究前沿可视化分析：基于 JASIS&T（2000—2009）的引文耦合分析［J］．图书情报工作网刊，2011（2）：1—5.

[5] 赵勇，杀勇忠．当代情报学研究的知识图谱：基于 ACA 的分析［J］．图书馆论坛，2008（6）：63—69.

[6] 陈超美．Citespace Ⅱ：科学文献中新趋势与新动态的识别与可视化［J］．情报学报，2009（6）：401—421.

[7] 邱均平，温芳芳．近五年来图书情报学研究热点与前沿的可视化分析——基于 13 种高影响力外文源刊的计量研究［J］．中国图书馆学报，2011（3）：51—60.

[8] 陈超美．Citespace Ⅱ：科学文献中新趋势与新动态的识别与可视化［J］．情报学报，2009（6）：401—421.

[9] 鲁耀斌，徐红梅．技术接受模型及其相关理论的比较研究［J］．科学进步与对策，2005（10）：176—178.

[10] 王涓．2000—2007 年国际情报学研究重点分析［J］．情报杂志，2009（3）：46—49.

[11] 熊峰．知识管理研究文献评述［J］．经济天地，2005（5）：74.

[12] 邱均平，王菲菲．基于文献计量的国内外社会网络分析研究比较［J］．情报资料工作，2011（1）：33—37.

[13] 苍宏宇，谭宗颖．国内外信息检索特点热点分析——基于 Z-Score 标准化的词频［J］．图书馆建设，2009（1）：93—98.

# 论图书馆在地域文<br>化建设中的新使命

杜小荣[*]

（陕西省委党校图书馆　西安　710061）

**摘　要**　在新形势下，图书馆必须从"建设社会主义文化强国"全局的新高度，正确把握地域文化建设的内涵，结合时代发展的新要求，拓展为地域文化建设服务的新思路，按照文化建设的发展规律，发挥图书馆的优势，进行服务创新。

**关键词**　文化建设　地域文化　图书馆　服务创新

党的十七届六中全会号召要"培养高度的文化自觉和文化自信，提高全民族文化素质，增强国家文化软实力，弘扬中华文化，努力建设社会主义文化强国"。党中央的号召给我们指明了文化建设的目标与方向，也给地域文化建设提出了新的要求。地域文化是民族文化的重要组成部分。在建设有中国特色的社会主义文化体系的过程中，必须高度重视地域文化的建设。图书馆在为地域文化建设服务时，要从"建设社会主义文化强国"全局的新高度认识其重要意义，以高度的政治责任感和历史使命感，认真履行好为地域文化建设服务的光荣使命。

## 1　地域文化建设的新视角

图书馆为地域文化建设服务，必须对地域文化建设的重要性、地域文化建设的内涵以及新时期地域文化建设的新特点有一个全面正确的认识，以全新的视角来审视和把握地域文化建设在现代社会中的重要意义与价值。

地域文化滋养孕育着一个地域的深厚文化底蕴，奠定了这一地域厚重的文化根基。一个像华夏民族这样幅员辽阔、历史悠久的民族，其本体文

---

\*　杜小荣，女，1963 年生，中共陕西省委党校图书馆，副研究馆员。

化的起源与发展，必然有丰富多元的要素、漫长的积淀过程和多种多样的形成渠道。各个不同地域的人们在不同历史阶段都为华夏民族文明大系的形成做出了各自的贡献。人民群众是历史的创造者，人民群众丰富的社会实践是文化产生的不尽源泉。可是，广大人民群众总是生活在一定的地域范围内，因此，任何文化都带有一定的地域性特点。

地域文化是生活在特定地理范围内的人群，在特定地理环境下所创造、传承下来的具有个性特色的物质文化与精神文化的总和。地域文化与当地群众的行为习惯、生活习俗以至思维方式息息相关，具有鲜明的地域特点、相对的稳定性和广泛而深厚的群众基础。从某种意义上说，正是各个不同地域所创造的优秀文化的相互影响、相互融合，并且随着时代的发展而不断创新，才不断凝聚成一个民族的文化大系。今天，我们必须从"建设社会主义文化强国"全局的新高度认识地域文化建设的意义，充分挖掘各地区优秀的文化传统，并适应时代要求进行文化创新，为中华民族文化宝库增添新的元素。

作为图书馆工作者，我们必须清醒地认识到图书馆在地域文化建设中的新使命。要深刻理解党中央关于文化建设地位作用的重要思想，牢固树立高度的文化自觉和文化自信，坚定崇高的文化信念和文化追求，把改革创新精神贯穿地域文化建设的全过程，确保地域文化建设工程为实现"建设社会主义文化强国"的伟大目标服务，为地方经济社会发展服务，推动地方经济"软实力"的大提升。

## 2 以"大文化"的新视野全面把握地域文化建设的内涵

### 2.1 图书馆为地域文化建设服务必须全面理解地域文化建设的内涵

对于地域文化的认识，要注意克服两个局限性：一是正确认识地域文化和整个民族文化的关系，二是正确认识狭义文化和广义文化的关系。具体地说，既要从中华民族社会主义物质文明和精神文明建设全局的高度来认识中华文化的本质内涵，以"大文化"的新视野和新思维来引领地域文化建设；又要将人们的各种具体实践活动提升到创建人类文化与文明的高度，树立地域文化服务于中华民族文化建设的文化自觉。

从学术角度说，对地域文化的研究不应仅限于考古或历史学领域，从实践角度说，地域文化的建设也不能仅限于文学、音乐、绘画、书法、戏剧、民间工艺等传统的文化艺术领域。地域文化，覆盖一个地区经济社会生活的各个方面，并且是一个区域的精神内核和一种凝聚力。它在塑造本地区人群的素质的同时，也在塑造着当地社会的人文精神形象，从而对本地的社会经济带来全面而深刻的影响。挖掘地域文化的内涵，以文化引领和支撑新的经济增长点，提升地区的综合竞争力，是地域文化建设的基本使命。图书馆只有全面把握地域文化建设的内涵，才能在自己的工作中为地域文化建设提供全方位、多类型、多层次的服务。

## 2.2　坚持地域文化建设中的差异性和创新性特色才能体现出地域文化的真正意义与价值

地域文化建设的意义与价值，在于不同地域之间的文化差异。当前，随着全球经济一体化社会的到来，各地区的经济建设、文化建设步伐日益加快。然而，这在一定程度上影响和压抑了文化的地域性和民族性，破坏了人类文化的多样性和地域文化的独特的个性风格。国内以及全世界范围内，都出现了文化趋同的现象，使得地域文化的个性风格变得日益模糊，缺乏特色。在经济利益的驱动下，一些地方建设项目在没有与其相配合的文化底蕴的基础上简单地模仿一些所谓的新时尚。当地的历史文化传统、人文特色日趋淡化。因此，应该重新审视和科学把握地域文化的本质。必须立足于本土，立足于中华民族优秀文化传统，立足于鲜明的地方特色，明确本地区地域文化建设的定位与目标。图书馆只有紧密围绕当地的历史文化传统和地方优势，弘扬地方特色，才能为地域文化建设提供针对性强的、切实有效的服务，体现出地域文化的真正意义与价值。

## 3　结合时代发展的新要求拓展图书馆为地域文化建设服务的新思路

地域文化来源于广大人民群众的生动实践，代代相承而又与时俱进，紧密联系而又不断发展。改革开放三十多年来，我国的经济建设取得了突飞猛进的发展，人们的观念发生了深刻的变化，新事物层出不穷，涌现出不少新的文化现象，创造了人类文明建设的新记录。地域文化建设也反映出新时期鲜明的时代特点。图书馆必须根据时代发展的新要求，结合文化建设自身特点与规律，拓展视野，转变观念，放开思路，给地域文化建设注入新的生机与活力。

### 3.1　立足全局，拓宽为地域文化建设服务的领域

图书馆除过挖掘当地传统文化中一些具体的文化史料，应更多地从宏

观的、内在的、哲学的层面把握该地区的文化特点，体现当代地域文化建设中核心价值观的鲜明时代特色，把人民群众在生产领域、社会领域的各种实践活动提高到创造人类文化的层面来认识。无论是对当地历史上发生的各种文化现象，还是当代正在发生的丰富多彩的文化实践；无论是对传统的文化艺术领域，还是对社会政治、经济、科技及群众生活等各个领域中出现的新鲜事物，都要从文化的角度来进行考察，纳入到地域文化建设的应有之义中来，为其提供文献信息服务保障。

### 3.2　面向实际，加强为地域文化建设服务的针对性

在新的历史条件下，各地方政府在经济建设过程中，都十分注重地域文化建设与产业的结合，强调把文化优势转化为经济优势。各级领导都努力拓展地域文化建设的新思路、新内容，给经济建设注入更多的文化内涵，开发具有地域文化特色的产品，打造有地方特色的文化品牌，促进地方经济的发展。不少企业在激烈的市场竞争中越来越重视打文化牌，宣传自己的企业精神、企业文化；旅游业将丰富的地域文化纳入到传统的风景旅游中，宣扬旅游文化；餐饮业在倡导饮食文化；有的则从民俗文化的角度挖掘开发其经济价值。甚至像农业、林业、养殖业、制造业也都从地域特色的角度挖掘其源远流长的历史文化渊源。这些都表明了在新的历史条件下当代人们对民族优秀传统文化的新觉醒。图书馆应根据各行各业"打文化牌"的需要，为他们提供当地的历史文化背景资料，挖掘文化主题，让传统文化的优势转化为现实的经济价值。

### 3.3　与时俱时，提高为地域文化建设服务的层次

近几年来，一些地区的地域文化建设向更为宏观、更高层次的方向发展，着手提炼和宣传区域精神、城市精神。如北京精神、深圳精神、陕西精神等。区域精神是当地人民群众长期实践、创造和传承的核心价值观与社会伦理道德体系的结晶，是一个地方在历史发展过程中逐步积累、不断丰富的文化内核和思想精华。提炼和践行区域精神，是提高文化自觉、增强文化自信、推动文化繁荣和经济社会发展的重要动力。区域精神的提炼和宣传，可以增强民族凝聚力和向心力，提升区域形象和影响力。将区域精神内化于心、外践于行，可以在各项事业发展中发挥极其重要的引领和驱动作用，也是地域文化建设深化发展的重要体现。图书馆应将区域精神的提炼和宣传作为自身工作的重要任务之一，不仅要为此项工作挖掘、提供历史文献资料，而且可以利用自身的优势，通过组织专题讲座、图片展

览、专题图书陈列、视频演示、建立相关的数据库等丰富多样的形式宣传、展示区域精神，反映当地群众践行区域精神的生动风貌，将图书馆为地域文化建设服务提升到更高的层次。

# 4 面向地域文化建设的图书馆服务创新

图书馆是资料收集中心和知识传播中心，具有保存人类文化遗产、开展社会教育、传递知识信息、开发智力资源等方面的社会职能。在新形势下，图书馆充分发挥自己的优势，传承和弘扬地域文化，是其发挥社会职能的重要体现，也为图书馆履行保存和传承人类文化遗产这一社会职责、实现自身的社会价值提供了更大的活动空间。图书馆人必须树立强烈的责任感和使命感，自觉地为地域文化建设服务，大胆创新，努力实践，开拓地域文化建设的新局面。其具体做法可从以下几个方面着手。

## 4.1 履行图书馆的基本职责与服务地方政府的中心任务相结合

图书馆的基本社会职能是收集、整理、保存、传播文献并提供利用。在新形势下，图书馆除过做好日常的文献服务工作外，要从建设社会主义文化强国的大局着眼，了解掌握地方文化建设发展规划，按照地方政府文化建设的发展目标与具体工作部署，制定自己为地方文化建设服务的计划。可系统收集各个领域、各种类型的地方文化资料，重点加强特色地方文献资源建设，使图书馆成为地域文化文献资源中心，为地域文化建设提供文献保障。可整合本馆的人才资源，并聘请政府部门的有关领导、科研院所及高等院校的专家学者，从事地域文化建设的深入研究，使自己成为地域文化研究中心，为地域文化建设提供理论支撑与决策参考。可依据不同阶段地方文化建设的重点，确定自己的重点服务对象和服务内容，为地方政府及有关企业策划与经济发展相结合的文化建设项目，还可以收集当地从事地域文化研究的学术团体和专家学者的资料，建立地域文化研究专家人才数据库，向社会推荐宣传，使自己成为地域文化建设的服务中心。在这些方面，许多图书馆都迈出了成功的步伐。如：西安市在楼观台建立了老子文化园区，陕西省图书馆协助该园区系统收集道教书籍，建立了规模可观的道教专题书库，既为该园区增添了一道靓丽的风景，提高了该园区的文化品位，同时也为社会相关人士研究中国道教和老子文化集中提供了文献资料，取得了良好的社会影响。身处孔子家乡的山东曲阜师范大学图书馆系统收集有关孔子研究的文献资料，建成了特色专藏，配合学校学科建设，建成了山东省重点学科，既在该学科领域科学研究和人才培养方面具有很强的竞争力和生命力，也促进了地域特色文化的发扬光大。西安市不少图书馆配合建设国际化大都市的宏伟规划，收集、整理古代长安作为十三朝帝都的城市建设、唐代长安的文化建设、丝绸之路与国际通商、文化交流等相关资料，并且着手开发西安市国际化大都市建设专题数据库，受到了政府部门的赞许，这些都体现了图书馆在地域文化发展宏观规划中的重要作用。

## 4.2 挖掘传统历史文献与收集、积累当代社会文化资料相结合

党的"十七大"报告提出要"开发利用民族文化丰富资源，加强对各民族文化的挖掘和保护"。生活在某一区域的人们在创造、传承地域文化的过程中形成了大量的文化资源，有的是口耳相传，有的是文字记载。加强对它们的保护，是图书馆工作者应尽的社会责任。一般说来，图书馆对文献型的历史资料总是比较重视，而对当代正在发生的实践活动的资料往往关注不够。地域文化要有长久的生命力，要一代代传承下去，必须不断创新。图书馆一方面要收集一切有关的历史文献资料，包括文字资料、图片资料、实物资料。同时，更应注意收集地方特色文化在当代传承与创新的资料，特别要重点收集、挖掘申报和入选世界非物质文化遗产名录相关项目的资料。要通过加强与当代传承人的联系，使相关资料能够妥善保存，成为宝贵的文化遗产。

更为重要的是，必须关注地域文化的时代特色。地域文化发展的基础在继承，关键在创新。在改革开放的新形势下，各个地区的人民群众在建设自身地域文化的进程中，有大量的创新，给地域文化赋予了丰富多彩的新内容。其中不少是当地历史中所不曾拥有的，如现在不少城市都设置了高新技术开发区、经济开发区等，出现了特有的新型文化现象。新出现的极为普遍的网络文化、休闲文化、小区文化、旅游文化等，都为各地的地域文化增添了新的内容与形式。又如：西安古城现在建成了不少的大型会展中心，影响遍及国内外，经常举办各种贸易洽谈会、展销会、博览会等，形成了颇具规模的会展经济，成为西部中心城市特有的城市文化现象。但是，这些新的文化元素往往没有引起人们的关注，对其信息资料未能进行系统的收集、整理、积累。图书馆如能对这些已经发生和正在发生的文化新元素进行收集，丰富地域文化的内涵，这对当代乃至今后地域文化的走向都具有深远的历史影响。

## 4.3 收集整理保存和宣传利用相结合

图书馆不仅仅要成为地方文献最为集中的收藏中心，还应最大限度地

盘活资源，让丰富的地方文献得到充分的利用。为此，必须加强地域文化资料的宣传工作。图书馆可组织编写系统的地方文献联合书目，全面介绍、推介与当地历史文化发展相关的图书典籍，注明当地各图书馆的馆藏分布情况，方便读者利用。对于那些有较高历史价值和鲜明地方特色的文献，可举办地方文献专题书展或制成视频资料进行宣传。可在自建的网站上开设地方文化建设专栏，对当地的历史沿革、物产分布、历史名人、重要历史事件、名优产品、重要景观、民风民俗、民间工艺进行分门别类的介绍。也可围绕地方建设的重点项目举办专题展览，开展系列宣传活动。通过这些方式，把图书馆建设成为地域文化的宣传展示中心，使广大群众对当地的悠久的历史文化传统及特色文化品牌加深了解，扩大影响，促进开发利用。

### 4.4　立足本馆、本地优势与建立跨部门、跨区域合作相结合

地域文化建设是涉及面很广的一个系统工程。首先，图书馆在本区域内必须重视与社会各界的联系，除过与党和政府的宣传部门、规划部门、文化部门的沟通外，在具体工作中要加强与文化馆、博物馆、档案馆及相关社会文化团体之间的协作，完整收集整理这些优秀的民间文化的原生态，形成文化遗产保护与开发利用的联盟，实现地域文化建设体系创新。如：图书馆可以和当地作协联合建设"地方作家、作品专题数据库"，和经济管理部门合作建设"地方名优特品牌产品特色数据库"，和文化管理部门合作建立该地区"非物质文化遗产特色数据库"。

其次，必须注意到地域文化的形成与传播，与目前行政区的划分与管理是既有联系也有区别的。同一地域的文化现象很可能横跨不同的行政区域或同一区域的不同行业领域。因此，需要打破行政区域与行业部门的界限，从地域文化自然产生的实际过程来挖掘、梳理其历史脉络，进行跨地区、跨部门的综合开发与利用。这就要求图书馆加强区域文化合作，走共同开发共享之路。如陕西省在当前的经济建设中涉及的"西部大开发"、"关中——天水经济带"、"西咸一体化"、"新丝绸之路"等都属于跨区域的建设。其地域文化也有着密切的联系和各自的优势。这些区域的地域文化建设都面临着相互整合共同开发的课题。图书馆必须突破行政区域的限制，主动加强合作，联合开发该地域的历史文化，实现该区域文化的共同繁荣。

## 参考文献

［1］刘德龙. 关于地域文化研究的几个问题［J］. 山东理工大学学报：社会科学版，2010（1）.

［2］段昌华. 地方高校图书馆为地域文化建设服务的思考［J］. 图书馆理论与实践，2007，（4）.

［3］高亚莉. 开发地方特色文献资源，促进地方经济发展［J］. 咸阳师范学院学报，2008，（4）.

［4］吴力武. 地域环境与特色文库建设刍议［J］. 情报资料工作，2008，（2）.

［5］钟东，冯吉. 论基于岭南文化的广东地方古籍开发与利用［J］. 图书馆论坛，2007，（5）.

［6］杜琳. 关于图书馆为区域文化建设服务的几点思考［J］. 社科纵横，2008，（4）.

［7］李骞. 传承地域文化 助推名城建设［J］. 图书馆学刊，2011，（6）.

［8］梁澄清. 地域文化的构建以及公共图书馆的角色意识［J］. 当代图书馆，2005，（3）.

［9］龚文静. 地域文化资料的开发与地域经济发展的互动［J］. 贵图学刊，2004，（3）.

［10］王雪璐. 区域高校图书馆服务地方经济建设深度开发研究［J］. 现代情报，2008，（9）.

［11］方向红. 图书馆如何为地域文化建设服务［J］. 图书馆研究与工作，2005，（101）.

# 面向公共服务的电子政务体系构建与对策
## ——基于顶层设计的视域

朱锐勋<sup>*</sup>

（中共云南省委党校信息中心　昆明　650111）

**摘　要**　《国家电子政务"十二五"规划》提出把以人为本和构建和谐社会作为电子政务发展的出发点和落脚点，全面推进电子政务顶层设计。以公众为导向，构建面向公共服务的电子政务体系是构建服务型政府的发展方向，文章分析了当前国内外面向公共服务的电子政务研究现状，从基于顶层设计的理念出发，围绕公共服务的服务对象、服务窗口、服务内容、服务环境和服务改进等服务周期，提出面向公共服务的电子政务体系结构并针对我国电子政务发展的现状提出了六个方面的对策与措施。

**关键词**　顶层设计　公共服务　电子政务　体系

经过 20 余年的建设与实践，我国政府信息化与电子政务建设取得了长足的发展。以政务服务中心建设为突破口，为政府社会管理提供全面、便捷、有效的公共服务是电子政务建设的出发点和落脚点。电子政务环境下的公共服务已成为政府公共管理关注的焦点。"十二五"期间电子政务发展面临新的环境和要求，正处于转变发展方式，深化应用和突出成效的关键转型期。电子政务研究深度和广度不断延伸，从以技术为核心转移到以管理为核心；从政府自身为主的电子政务研究转移到面向公共服务的电子政务研究。

---

\* 朱锐勋，男，1976 年生，中共云南省委党校信息中心，副主任、副教授。

# 1 国内外面向公共服务的电子政务发展研究进展

## 1.1 国内外电子政务公共服务的研究现状

电子政务研究是实践性很强的学科。从电子政务公共服务发展历程上看，美国等发达国家电子政务研究与其建设实践密切相关。其电子政务研究划分为两个主要阶段。第一阶段（20世纪70年代—80年代末期）：政府内部管理信息系统的建设。技术因素被集成到政府的核心功能中。从注重电子政务在公共部门使用的效果研究，逐渐转为电子政务在公共管理部门具体应用的研究；第二阶段（20世纪90年代初期至今）：面向公共服务的电子政务研究。强调电子政务的本质特征是基于互联网应用的政务活动。一是为改善公共管理和公共服务的职能，流程再造与电子政务创新并举；二是网络与信息技术对公共服务的作用研究；三是政府门户网站服务能力绩效评价方法和体系研究；四是面向公共服务的电子政务效果研究。

从电子政务公共服务应用整合上看，西方公共管理学者认为电子政务已经演化到了网页（web page）背后的政府系统整合阶段。政府系统整合经历了垂直整合、水平整合和全面整合三个阶段。在电子政务系统全面整合阶段，政府的信息和公共服务已经完成了垂直整合和水平整合，公众、企业和社会组织通过统一的电子政务门户网站获取政府信息和服务，政府向社会所承诺的制度或行政改革已经全面利用了电子政务所具备的潜力。

从电子政务公共服务价值驱动分析上，程万高（2008）对欧美电子政务发展归纳为三个方面：（1）政府组织应当以公众、企业、社会组织和公务人员的需求为核心来进行公共服务改革。（2）满足公众需求的共享服务方式来提高整个系统的效率并为公众提供完整的服务。（3）强有力的领导与组织架构是实现电子政务目标的保障。

在国内，以电子政务为载体的公共管理创新实践远远超越了相关的理论研究。尤其以中办、国办印发的两个具有里程碑意义的重要文件（《关于我国电子政务建设指导意见》（中办发［2002］17号）、《关于推进国家电子政务网络建设的意见》（中办发［2006］18号），以行政文件的形式对我国电子政务的建设与发展指出了明确的方向目标、政策方针和行动计划。2008年5月1日《中华人民共和国政府信息公开条例》的实施亦从立法的高度明确了政府电子政务的服务对象和职责要求。这一系列的政策和举措，为电子政务研究提供了具体的目标、方向指引，相关研究成果日益丰富。

刘家真（2007）认为电子政务高投入、低回报的最主要原因是政府服务体系与网络服务不相匹配。提出新一轮的电子政务战略应体现统一指导、协同工作，在以服务为导向、跨部门整合资源的政府服务框架下，建立政府服务共享体系，为公众提供优质的网络服务，提出电子政务要实现以服务为导向，低投入、高共享与高回报的建设。

孙宇（2010）总结了构建面向公共服务的电子政务体系的八个方面的核心要素——网络和信息安全、公民隐私、国家安全、政府门户网站的可接入性、数据采集和可获取性、公共服务的优先顺序、数字鸿沟和数字不平等、公众的电子政务意识和信心。认为面向公共服务的电子政务是电子政务发展的方向，政府信息公开、政民互动和在线办事是支撑服务体系的"三位一体"，认为面向公共服务的电子政务将确立行政管理体制改革的实验模型。

顾平安（2008）针对政府管理和公共服务流程由"管理驱动型"向"服务驱动型"的转变过程中，围绕解决、理顺、优化政府管理职能和自身业务发展，提出未来我国电子政务建设将更加强调政府公共服务能力的提升。文章详细介绍了电子政务流程再造的基本内容，提出面向公共服务的电子政务流程再造是对政府传统管理方式的变革，强调以渐进的、逐步优化的方式推进政府流程再造策略。

吴昊等（2009）探讨了困扰我国电子政务公共服务发展的现实困境：在响应公众的实际需要上的需求困境；在服务主体和主管部门的责权利统一上的管理困境；在推动政务服务上法律不完善的法律困境。

## 1.2　国内外电子政务公共服务研究现状评述

党的"十七大"提出要"完善公共服务体系"、"推进基本公共服务均等化"，这就要求我们从理论上对电子政务发展进行全面、深入的研究。当前国内外面向公共服务的电子政务研究刚起步，既反映出各国电子政务的发展是紧紧跟随全球社会信息化、网络化发展的总趋势，也客观体现相关的理论成果还较为零散。现有研究主要从公共管理和行政改革角度分析电子政务，吸收、借鉴现代企业管理中诸如企业资源计划（ERP）、流程重组、增加组织的灵活性、客户关系管理（CRM）思想和方法研究政府的政务流程设置、组织机构设计、体制机制建设。虽然从不同角度揭示面向公共服务的电子政务研究的部分内容，但是这些成果较为零散，成果体系性不强，割裂地研究流程重组与再造、客户关系管理、新公共管理等理论在面向公共服务的电子政务建设中的应用，大多仍停留在概念性研究和经验性研究的层面。通过对已有的研究可以得出以下几个初步结论。

（1）电子政务研究是一门实践性很强的学科，面向公共服务的电子政务研究之目标体系是面向公共服务的电子政务研究的起点。需要在政策制定、规划设计、实施建设各个阶段做出理论分析和升华以指导和服务于电子政务发展和建设。

（2）面向公共服务的电子政务研究是一个综合的复杂系统，形成是一个涵盖社会、经济、政治、管理、文化等因素相互交融的有机整体，体系的架构需要从整体上进行统筹规划。

（3）电子政务发展目前处于从管制型政府向服务型政府的转型期，政府实践经济调节、市场监管、社会管理和公共服务基本职能时尤其需要充分吸收和借鉴现代公共管理思路和方法。

（4）以公众为导向的电子政务公共服务体系是构建服务型政府的发展方向，可以最大程度地保障公众的知情权、参与权、表达权和监督权的有效行使和具体实现。

## 2　基于顶层设计的面向公共服务电子政务体系的构建

《国家电子政务"十二五"规划》指出：必须坚持把以人为本和构建和谐社会作为电子政务发展的出发点和落脚点。全面推进电子政务顶层设计。顶层设计着眼于系统的主体架构和主要模式，为保证目标、计划、执行的经济性、协调性、有序推进和最终实现而进行统筹规划和管理创新。顶层设计理念强调总体设计整体的明确性和具体的可操作性，在实践过程中能够按图施工，避免各自为政造成工程或项目建设过程的混乱无序。从行政层级的角度分析，电子政务的演化路径留下了自上而下的轨迹，基本上均是从中央政府向地方政府延展。发达国家中央政府已经开始以垂直整合或水平整合方式进入全面的整合阶段。

面向公共服务的电子政务体系的顶层设计的基本思路就是要从政府战略管理的高度统筹改革和发展的全局，使得电子政务建设和发展按照预先制定的目标有序推进。过去各地电子政务发展往往是"摸着石头过河"，没有一个清晰的目标，也没有现成的操作经验，对发展中遇到的困难和问题，也没有一个准确的预测。只能按照先易后难而顺序推进。随着电子政务建设与实践朝着纵深发展，这种方式的弊端日益显现，迫切地需要加强统筹协调，从全局和更高的层次去规划和部署。需要从顶层设计的高度和角度把深化电子政务发展，提高公共服务水平的改革真正提升到制度、体制、机制建设的层面。

## 2.1　基于顶层设计的电子政务公共服务体系的设计原则

基于统筹规划、顶层设计的理念，构建面向公共服务的电子政务体系主要遵循以下几个方面的原则：

（1）统筹规划、迭代开发。坚持将科学发展观贯穿于电子政务发展的全过程。强调政府管理创新和行政体制改革与信息技术的深度融合，运用迭代开发思想，不断改进电子政务建设的需求与规模、质量与效益的平衡和同步发展。

（2）自顶向下、逐步求精。构建互联互通、高效服务的技术应用体系关键是运用顶层设计的理念，把顶层设计与底层参与有机的结合起来，自顶向下，逐步求精，找准面向公共服务电子政务体系的具体需求，厘清业务与服务边界和范围。

（3）公众导向、流程优化。在线公共服务的开发是由公众的需求而主导的。实际上，需求一直决定着在线公共服务的设计，面向公共服务的电子政务核心思路是服务导向，服务导向能够改进在线公共服务的供给和聚合，并调整公众的预期。

（4）深化应用、突出绩效。加大政务信息资源的开发，共享和政务管理与业务协同，突出建设集约化、应用平台化、服务整体化。引导公众的有序民主参与，引入各种绩效评估模式和方法开展形式多样的评估，提高电子政务的经济效益和社会效益。

## 2.2　基于顶层设计的电子政务公共服务体系

面向公共服务的电子政务建设与发展的目标是以公众为中心，以信息技术为依托，根据不同类型的服务对象，在合适的时间通过采用合适的渠道，通过以公众为中心的公共信息服务流程的重新组合和设计，形成一套完备的解决方案，从而提高公众的满意度，最终实现政府、企业、社会组织和公众，以及整个社会的利益最大化。面向公共服务的电子政务体系包括了电子政务门户网站集群、电子政务应用集群、电子政务支撑平台、电子政务绩效评估等4个子系统，分别对应于公共管理与公共服务的服务窗口、服务内容、服务环境和服务评价等政务活动，覆盖了电子政务公共服务的供给、执行、支持、评估和改进的整个服务（产品）的生命周期（如下图）。

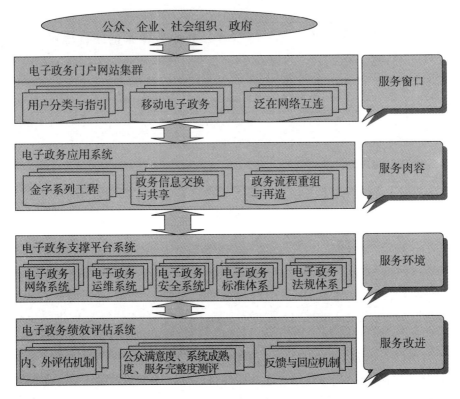

**图1 面向公共服务的电子政务体系结构（基于顶层设计的理念）**

（1）电子政务门户网站集群系统（服务窗口）。作为电子政务公共服务最重要的展现方式之一——政务门户集群，围绕信息公开、在线办理、互动交流三种基本使用需求提供直接的网络服务。面向公共服务的电子政务门户具备三个方面的新特征。一是差别化的用户分类和指引系统；二是基于 WAP 的移动电子政务系统；三是泛在网络互连集成系统，运用WEB2.0、流媒体、微博等社交网络提供各种形式的服务窗口。

（2）电子政务应用系统（服务内容）。电子政务应用系统是政府依法行政的执行过程和管理服务具体实践。包括金字系列工程应用系统，如金关、金税、金财、金农、金盾等政府职能业务应用系统；政务信息资源数据交换与共享系统，以宏观经济库、法人信息库、人口信息库和空间与地理库等基础数据应用为重点的信息资源共享工程；政务流程重组与再造，适时的调整建设服务型政府过程中的政务流程，以保证社会管理和公共服务职能的有效实现。体现以公众需求为导向，以公共服务的供给环节为关键基点，最大限度满足企业、公众、社会组织和政府自身的服务需要，提供便捷、高效、一体化的服务。

（3）电子政务支撑平台系统（服务环境）。从技术实现和技术保障层面分析，电子政务支撑平台系统提供公共服务的后台运行的环境和保障设施，主要有五个子系统（体系）组成。一是电子政务网络体系，提供内网、外网、专网的链路和管道；二是电子政务运维体系，保证各种应用和服务的 24 小时的不间断在线运行；三是电子政务安全系统，由安全技术、安全防范机制、安全服务和安全恢复组成，确保在线公共服务的完整性和有效性、公民信息和隐私保护；四是电子政务标准与目录指引系统，实现不同行业、不同产品、不同技术之间电子政务系统的交换、协同和共享；五是电子政务政策法规体系。在体制、机制和制度建设方面进行政策支持和法制规制，提供公平、正义的虚拟社会空间。

（4）电子政务绩效评估系统（服务改进）。开展电子政务绩效评估可以科学衡量和有效检验电子政务建设的实际效果，便于改进政务服务体系和业务流程，不断改善和增强政府为公众提供服务的能力和水平，提升社会管理能力和水平。电子政务绩效评估系统包括三个方面。一是电子政务内、外评估机制；二是公众满意度评价、系统成熟度评估和服务完整度测评；三是反馈机制、回应机制。

## 3　构建面向公共服务的电子政务体系的对策

互联网时代，政府公共服务处于更加突出的位置。电子政务不仅强调信息技术在执行公共服务上的先进性，更加强调电子政务手段在提供公共服务以及可能派生更好的公共服务方面所具有的卓著可能性和多功能性。构建面向公共服务的电子政务体系将拓宽政府决策的社会视域，拓展行政管理创新空间，推进服务型政府建设，完善政府在服务转型期的社会管理与公共服务体系基准。

（1）加强政府公共服务的顶层设计，统筹规划地区和行业电子政务体系。经过二十余年的发展，各地电子政务建设已经具备良好的基础条件，现在迫切需要在更高层面规划和制定电子政务纵深发展的体系结构，以统筹发展、形成合力。党的十七届五中全会和"十二五"规划建议反复强调"改革顶层设计"，《国家电子政务"十二五"规划》提出了一系列的目标要求，县级以上政务部门主要业务基本实现电子政务覆盖（覆盖率达 50%以上），社会管理和政务服务事项电子政务覆盖率达到 70%以上。电子政务网络互联互通率平均达到 85%以上。因此，政府公共服务的顶层设计体现到具体的政策制定与建设实践中。一是在指导方针上坚持转变电子政务发展方式，发挥应用成效，服务经济结构调整、改善民生、创新社会管理，使科学发展观贯穿电子政务发展全过程；二是内容提供上坚持统筹兼顾，突出重点，推进国家级全民健康保障、住房保障、社会保障、药品安全监管、食品安全监管、能源安全、安全生产监管、市场价格监管、金融监管、社会信用体系等 10 项重点工程建设；三是实现路径上解决体制机制性障碍和发展中的矛盾。大力提升政务与技术融合程度，改变以往统筹不足、政出多门、分散建设、低水平重复等现象，不断提高电子政务公共服务水平和政府信息资源开发利用能力。

（3）坚持政府电子政务公共服务的"客户导向"理念。树立以客户为中心的理念，推动政务服务的有效整合。政府在依法履行职能时要以客户为导向，提高服务质量，向客户提供多样化和个性化的产品和服务，增强政务的公开性和公众的参与度。客户导向的电子政务体系设计要充分研究和总结基于客户导向电子政务公共服务用户分组、多途径查询、公众互动、个性化服务、信息无障碍服务等构成要件，实现政府从单一门户到高效网站集群的转变，从技术孤岛到整体系统的转变，从内部处理到对外服务的转变。这当中一要加强外部客户特别是企业与公众的需求行为分析；二要注重外部客户的群体特征分析与个体差异性分析；三要重视内部客户的需求。

（3）强化基层政府职能完整性和责权利的统一，推动公共服务一体化。公共服务的实践历来按照行政层级和属地化原则进行管理。电子政务作为基层政府改革行政管理体制、构建公共服务体系的有效载体。基层政府电子政务应用直接面向公众的公共服务需求，以保证了公民的知情权、表达权、参与权和监督权为根本宗旨。因此，准确界定各级政府部门的行政权力，推行公共服务一体化既有利于澄清公共服务提供者的指向和公共服务的获取方式，也有效地遏制了过去在公共服务领域的"政出多门"和相互扯皮的现象。通过省、市、县、乡四级政府信息公开平台，将政务公开与公共服务延伸到基层，依托县级政府电子政务公共基础设施，开展民政、计生、劳动、教育、卫生、公安、农业等政务服务应用，在乡镇、街道、社区设立了便民服务中心和服务大厅，实现政府社会管理与社区公共服务一体化。为社会公众提供方便优质、多方式全方位的服务，提高基层服务水平，促进基本公共服务均等化。

（4）重组政务业务流程，建立适合公共服务的电子政务流程体系。由于政府提供公共产品的特殊性，政务流程的价值判断标准主要基于信息和服务的增值和行政效率。面向公共服务的政务流程可以看作是政府面对一个用户"订单"完成生产的过程。在构建面向公共服务的电子政务体系时按政府服务主题进行细致分类的方法进行政务流程再造。一是确定公共服务的优先顺序。不同的公共服务优先顺序直接影响公共服务效果，甚至成为政府部门拒绝提供公共服务的借口。对政务流程政务活动的参与者、活动的目标、活动的数量、活动持续的时间、结果等要素进行重新梳理和排序；二是规范政务业务流程。对流程的改进、流程的再组织、流程的再设计、流程的再定位、流程的再生等环节进行有效的控制；三是实现以数据响应为核心的政务协同，电子政务流程需要打破部门界限，实现跨部门的应用和对接，最终形成一体化的政务处理。基于顶层设计理念的自上而下的政务流程设计将理顺政府信息流转。

（5）促进政府、企业和社会组织的协作，完善电子政务有效合作服务的组织结构。政府作为公共服务的主要提供者，随着公共管理改革不断深入，政府部门内部提供公共服务的方式也发生了变化。政府大大缩小提供公共服务的范围，国有企业、事业单位提供公共服务也在改变。由于各方很难彼此协调，产生互动，政府常常被看成是随意型和缺乏回应型，企业被看成是开拓型和贪婪型，社会组织被看成是挑衅型和自我扩张型。所有这些都是因各方互不熟识而产生误解的结果。因此，特别是在经济转型国家，各方人员都应该本着协作精神通力合作，以便于分享思路，最大限度地使用好资源。公共服务的合作服务、市场化供给是未来的发展方向。促进有效合作服务的最重要结构是强政府、强企业搭配活力充沛的社会组织。除了在公共部门内部提供公共服务以外，通过政府和非盈利组织的合作来改善公共服务、政府与市场的合作模式，引入非盈利组织（比如协会、社团组织等），允许民间资本进入，就是用市场化的机制，借助市场化力量改善电子政务公共服务的有效供给。

（6）确立面向公共服务的电子政务绩效评估体系。互联网环境下政府执政能力的建设的要义在于以更好的公共服务实现最佳的监管绩效。发展面向公共服务的电子政务为行政管理体制改革提供了外部动力，奠定了服务型政府建设的技术基础和社会基础。将面向公共服务的电子政务绩效评估体系的研究纳入统一的体系框架下是今后电子政务发展过程中实现服务改进的主要的保障措施。然而，对电子政务建设与发展进行客观、公正、准确的评价时因各地的发展程度和发展水平不同，评估工作可以根据不同服务对象、范围，灵活采取多种形式。一是内外评估的结合；二是引入第三方进行公众满意度评价、系统成熟度评估和服务完整度测评；三是建立

和完善基于服务改进的电子政务公共服务的反馈机制、回应机制，将电子
政务绩效评估结果及时反馈到政府绩效考核中。

## 参考文献

［1］孙宝文，等．面向公共服务的国外电子政务研究述评［J］．国家行政
　　　学院学报，2012（1）．

［2］孙宇．构建面向公共服务的电子政务体系：理论逻辑和实践指向
　　　［J］，中国行政管理，2010（11）．

［3］程万高．面向公共服务的电子政务研究进展［J］．电子政务，2008
　　　（1）．

［4］孙宇．构建面向公共服务的电子政务体系：理论逻辑和实践指向
　　　［J］，中国行政管理，2010（11）．

［5］刘家真．统一指导，协同工作：新一轮的电子政务战略［J］．电子政
　　　务，2007（7）．

［6］孙宇．构建面向公共服务的电子政务体系：理论逻辑和实践指向
　　　［J］，中国行政管理，2010（11）．

［7］顾平安．面向公共服务的电子政务流程再造［J］．中国行政管理，
　　　2008（9）．

［8］吴昊，等．我国电子公共服务的困境分析与对策研究［J］（中国电子
　　　政务发展报告（2009））．北京：社会科学文献出版社，2009：
　　　142—154．

［9］Pieter Verdegem, Gino Verleye. User-centered E-Government in Practice：
　　　A Comprehensive Model for Measuring User Satisfaction. Government Infor-
　　　mation Quarterly, 2009, 26（3）.

［10］顾平安．面向公共服务的电子政务流程再造［J］．中国行政管理，
　　　2008（9）．

［11］艾伦·罗森伯姆．公共服务中的政府、企业与社会三方合作［J］．
　　　国家行政学院学报，2004（5）．

# 浅议图书馆人文精神建设的重要性

闵　芳*

（国防大学图书馆　北京　100091）

**摘　要**　本文从树立正确的图书馆价值观、创立和谐的图书馆氛围、塑造创新图书馆的形象等三个方面浅议了图书馆人文精神建设的重要性，指出了图书馆的精神灵魂即为"人文精神"。

**关键词**　人文精神　图书馆价值观　和谐图书馆氛围　图书馆文化

数字时代，图书馆有可能实现"无纸化"和"零距离"，乃至"无建筑"、"零藏书"的格局都将不会是梦想。无论它以何种形式存在，作为任何一个热爱图书馆的人来说，我们现今所做的一切还需归结到图书馆之所以存在于世的最初的目的和根本的精神，这就是从古至今一直倡导的图书馆精神中至高的"人文精神"。

## 1　注重人文精神的建设，确立正确的图书馆价值观

### 1.1　何为人文精神？

说起人文，不得不从文化谈起。毫无疑问，文化由人创造，只有相对于人而言，文化才有意义。人的历史是文化的历史，人的起源亦是人类文化的起源。人由猿进化至今，从远古的简单劳动到现代化的数字操作，从简单语言文字到复杂多样的语种艺术，这其中的发展其实就是一种文化的进步。文化是世界的，世界是文化的。文化世界是由精神文化、物质文化和行为文化三方面共同构成。在文化世界里人的精神和客观人的实践相互作用，相互影响，共同促进。精神的质是人的大脑，而人的大脑在生理上是依赖于自然的营养物而存在和发展的；人所触及的物质世界已不再是原生态的自然界了，它已被打上了人的烙印，成为人精神和行为的作用物和表现物；实践发端于人的大脑，作用于客观世界，同时实践还反作用于人

*　闵芳，女，1970年生，国防大学图书馆，馆员。

的精神，促进其对物质世界的进一步认知。因此，文化形成了社会运行的基本模式，形成了社会的价值取向。就图书馆文化而言，它也是社会发展到一定阶段遗留下来并不断发展而形成的一种自己固有的文化。人类文化是人类文明的具体化表现，也是文化对人类自身进化与发展的一种作用与影响力。图书馆作为一种特定的分工组织，是人类知识的聚散地，承担知识收集与传播的社会职责。其本身就是一种文化教育机构，被赋予了文化的含义。图书馆事业自身文化是一种以图书馆运行为核心，形成的系统性文化现象、行为和精神。图书馆工作本身是一种文化教育行为，书籍收藏、读者服务等以知识的收集与传播为中心展开的图书馆活动赋予了图书馆特定的文化内涵和气质。图书馆文化伴随着图书馆的发展，历经岁月凝结，成为具有图书馆独特气质的文化景观；这是一种文墨书香的气质，一种追求知识、崇尚真理的人生观和价值观。而人文精神即是图书馆文化的重要内涵及精髓。

笼统的说人文精神即是图书馆发展中国家的内在动力价值观的核心，反映了图书馆对人的现实存在的思考，对人的价值、人的尊严、人的生存意义和生存质量的关注，对真善美的自觉体验与永远追求。它体现了一个图书馆的风格、特色和存在的价值。只有既尊重人才，又重视创新精神，图书馆价值观才能正确形成且深入人心。

## 1.2 如何理解图书馆价值观

通俗来说，所谓图书馆价值观，就是以图书馆为主体的价值观，是图书馆人格化的产物，是图书馆内部员工及群体对图书馆工作和目标追求的总评与总看法。它为图书馆的生存和发展提供了基本方向和行动指南。没有价值观的图书馆文化是低层次的、短视的文化。图书馆精神文化的核心是图书馆价值观的构建。图书馆价值观对于建设和谐图书馆、发挥图书馆服务功能具有重要的助推作用。一个图书馆的价值目标如果出现偏颇，图书馆的发展就会受挫，只有在正确价值观的指导下，图书馆的发展才有保障。一旦图书馆文化价值观被人们所接受，就会产生强大的推动力，使图书馆成为一个战斗力极强的团体。可以说，图书馆文化价值观是图书馆产生强大凝聚力、创造力的根源，是图书馆生存的基础和成功、发展的动力源泉。因此，只有确立了高尚、积极的图书馆价值观，才能使馆员迸发出难以估量的积极性、创造性与主动精神，图书馆的人文精神才能更好地体现出来。党的"十七大"报告中提到了"软实力"这个词，它认为，要兴起社会主义文化建设新高潮，提高国家文化软实力，要建设社会主义核心价值体系与和谐文化，要弘扬中华文化，建设中华民族共有精神家园，要推进文化创新，增强文化发展活力等。软实力是相对于国内生产总值、城市基础设施等硬实力而言的，是指一个城市的文化、价值观念、社会制度等影响自身发展潜力和感召力的因素。1990 年，美国哈佛大学教授约瑟夫首先提出"软实力"的要领。"软实力"作为国家综合国力的重要组成部分，特指一个国家依靠政治制度的吸引力、文化价值的感召力和国民形象的亲和力等释放出来的无形影响力。它深刻地影响了人们对国际关系的看法。细想下来，如果将"软实力"这词用于图书馆，那么图书馆软实力的程度高低很大一部分决定于它的价值观取向。

## 1.3　用图书馆人文精神中"以人为本、服务至上"的理念指导图书馆价值观

人文精神在图书馆体现为"满足人的需求；实现人的价值；追求人的发展；体现人文关怀"。

现代图书馆文化就是从关心人、重视人、依靠人、凝聚人、服务人、发展人、培养人等角度出发，研究对人的综合管理。曾经有人说过："在现代社会，图书馆所缺少的不是技术，也不是资源，而是人文关怀。"是的，技术可以引进，资源可以积累，唯有人文关怀是不可以购买或移植的。没有任何一个公共图书馆能向读者提供所有他所需要的信息，任何图书馆的资源都是有限的，即使我们现在已经在使用数字图书馆或虚拟图书馆，所有资源都能依赖网络得以实现，但文化精神和健康人格的塑造都是生生不灭，历久常新的。因此，发扬人文精神是现代图书馆实现自身价值的需求，是现代职能和维持社会地位的必要手段。而"读者第一、服务至上、以人为本"又是人文精神最崇高的理念及图书馆服务宗旨。

本人在一篇文章中曾经看到过有一作者对"以人为本、服务至上"的理解，他站在人文精神的角度，以儒家文化的思想精髓，从字形式上、字义上对"读者第一、服务至上"赋予以新的意义。归结到最后就为"仁、义、礼、智、信、诚"。用"大爱"、用一颗真诚的心离开物欲，隔除烦恼，排除杂念，求达智慧。如果人们都具有古人的境界就不难理解为什么我们古代曾出现的许多名垂青史的藏书楼，它们的主人藏书动辄万卷以上，但藏书家对楼中藏书的情况十分清楚，他们对每一部书所收藏的不同版本都了如指掌，而对书的爱惜也视若生命。因为他们是真正尊重文化价值、真正爱书的人。若没有这份爱书、爱人之心，那么先进的技术也许可以将图书馆演变为信息超市，有内容而无灵魂。这里所指的灵魂既为"人

文精神"。

## 2　注重人文精神建设，创建和谐的图书馆氛围

前面提到了人文精神在图书馆具体体现为：满足人的需求；实现人的价值；追求人的发展，体现人文关怀。它通过个性化的服务内容；人性化的服务环境；多样化的服务方式以及专业化的服务人才来得以实现。既然一切都离不开人，人是和谐的创造者也是毁灭者，那么和谐图书馆的氛围也需要通过以下几方面得以和谐。

### 2.1　人与人之和谐

和谐的图书馆服务文化是一种人与人之间相互影响相互作用的互动行为。一是指图书馆内部的互动，馆员间彼此相互理解和信任，工作上相互支持和帮助，在图书馆里营造出一种人人心情舒畅的环境；二是图书馆与读者的互动，图书馆在人人享有平等利用权力的基础上，不分年龄、种族、性别、宗教信仰、国籍、语言或社会地位，向所有的读者提供服务，读者充分利用图书馆，参与、配合与支持图书馆工作，反馈信息、提供建议，宣传扩大图书馆的知名度、影响力，帮助图书馆扩充读者队伍提供资源使用率；三是读者间的互动，读者共同利用、支持图书馆，有一致的利益追求，在图书馆中组织研究、学习、联谊等团体，形成相互学习、相互促进的行为模式。由此可以看出，人与人之间的和谐可概括为"交际和谐"或"人态和谐"也就是人与人之间的人文关怀、发展方式和交往状态之和谐。馆员是连接图书馆与读者之间的桥梁和纽带，建立馆员与读者的和谐关系，对于促进图书馆事业发展至关重要。首先，图书馆要在全体馆员中树立以人为中心、读者至上的服务理念，以方便读者为出发点，以满足读者需求为己任，尊重读者、理解读者、关心读者，主动热情为读者服务。其次，设立良好的沟通渠道，拉近与读者的距离，方便读者随时反馈意见，及时解决问题，消除矛盾，把不和谐的因素降到最低。第三，树立以读者为中心，以需求为导向的服务理念，根据读者的需求开展多层次的信息服务。

### 2.2　人与自身之和谐

人与自身的和谐，可将其概括为"己和谐"，即"心态和谐"，也就是人与自身心理状态、生理状态及其身心状态的和谐。人是社会发展的主体，人与自身的和谐是社会发展的基本前提，个体的和谐就是要有和谐世

界观与方法论，以及和谐人生观和价值观，能合理处理个人与自然、社会的关系，能融入自然、社会，社会也要关爱个人，给个人充分自由的发展空间。没有每个人的自我和谐，就不会有社会和谐。作为一名图书馆的工作人员调整好自己的心态就显得尤为重要了，如今社会既商业又功利，很多场所及单位都充斥着金钱味，图书馆在当下这种环境中可能就显得另类了，有些人可能就会感到不平衡，产生一些想法，这些都可理解，但重要的是，如果你爱这份事业，你就急需调整好自己的心态，面对现实，以积极的态度去对待。其实只要有了好的心态，当你面对读者时才会有发自内心的微笑。

### 2.3　人与环境之和谐

人与环境之间不仅仅存在物质关系，而且存在精神关系。精神关系是人与环境之间所发生的思想联系和感情交流。马克思说过："人创造环境，同样环境也创造人。"和谐的阅读环境是形成良好阅读氛围，吸引读者的重要条件。图书馆创造和谐的人文阅读环境包括：在图书馆的环境布置与装饰上应符合美学原理，做到布置典雅清爽，布局设计大气，色彩搭配合理。走廊墙壁上适当装饰名人名言和书法绘画，过道上随季节变化放置花卉，使读者步入图书馆后立即被浓厚的文化气息、幽雅的陈设所感染，产生渴望知识的激情，心情舒畅地进行阅读；在室外环境上，如果有可能，在整洁美化的同时建造一些历史人物雕塑、说明性景物等人文景点，最大限度地揭示其内在的文化底蕴，体现出浓厚的人文精神和文化气息。想象一下，读者在阅读之时融入园林景色之中，清新的空气为读者提供充足的氧分，同时也使读者获得情绪的调剂和精神上的享受，这将是一幅多美的画卷啊。其实现在很多读者来图书馆里并不单纯只是寻找资源，图书馆安静、和谐、促人向上的氛围也是让他们置身于其中的主要原因。

## 3　注重人文精神建设，塑造创新进取的图书馆新形象

### 3.1　以人本管理为核心，建设人性化的图书馆

文化建设要以人为本，人本管理是以人为核心，以人为根本，充分调动人的积极性，实现以人为中心的管理。图书馆文化体现一个图书馆的风格、特色和价值观。以价值观为核心，以激励图书馆员自觉行为为目的，以"以人为本"的管理为特点，通过文化来引导，调控和凝聚人们的积极性和创造性。图书馆的第一使命就是要守护人类世代积累起来的文化资源和精神传

统，人类文明的任何进步都依赖于人类文化的积累。而图书馆收集、保存的文献信息资源是人类文化的物质形态，保障这些文献资源世代传递下去是图书馆必须守护的精神理念。图书馆传播知识信息，满足用户文献信息需求的精神理念是图书馆追求的理想和目的。要守护这种精神理念，就必须实行人本管理，依靠馆员，有齐抓共管、全方位育人的意识，将全体馆员凝聚在图书馆精神下，最大限度地发挥的主观性。目前，为什么许多馆在炫耀自己的馆藏十分丰富，管理系统如何现代化，设备如何先进的同时，却无法保证馆员提供一流的服务质量，其症结就在于图书馆管理理念没有"以人为本"，实行人本管理。我们每个人做什么事都会有一种精神和信念在支撑，一旦失去精神支柱，人们就会对工作和生活失去兴趣和信心。诚然，这种精神在图书馆环境中也就是所谓的图书馆精神。实行人本管理，强化图书馆精神的目的，就是要激励馆员们热爱图书馆工作，尽可能让每一个馆员在工作中产生成就感、自豪感。工作起来也肯定会激情洋溢，把激情转化为动力。那么建设人性化的图书馆也将不是一纸空谈。

## 3.2 以先进技术为依托，建设个性化的图书馆

随着社会的变革，以为用户进行知识和技术创新提供信息服务为主要职能、以知识传播和促进知识应用为是最终目的的图书馆应抓住机遇，凭借新技术的推动，接受知识经济的召唤，调整自身的行为模式，运用新技术，在浩翰的信息和各类不同用户之间充当信息中介，提供和分享资源，成为网络环境下的信息服务中心。飞速发展的信息技术在给人们带来巨大便利的同时，也制造着新的信息获取的不平等，作为向社会大众传播知识和文化的公益事业，图书馆的存在应为消除这种不平等发挥重要作用，图书馆仍要以"服务于人类文化素质"为己任。因此，在采用新技术，引进市场经济的竞争机制、效益观念的同时，图书馆还要经继续承担塑造人类精神文明的神圣职责，注重人文怀，更有效地以知识信息服务于社会，使技术发展有益于大众，有益于全人类，实现技术进步与人文关怀的有机融合。因此，只有注重人文精神建设，才能使图书馆的知识更好地为读者服务，才能针对每一位读者独特的信息需求提供有针对性的服务。在网络环境下，图书馆的个性化更多的体现于图书馆知识服务的个性化。以我馆为例，如果我们将知识服务系统与在线咨询服务二个系统有机结合起来，将图书馆的知识服务系统打造成百度知道网站那种模式，这样大家只需注册一下即可全部都参与到问题的回答中来。最后只需由管理员及专家从中选择出一个最佳答案，将问题及答案管理起来进行知识整合。这样，读者有

任何问题时只须"知道"一下，就会找到自己所需的信息进行参考。不仅避免了重复回答，方便了读者检索，提高了检索效率，而且大大减轻了工作人员的负担，促进了馆员之间学习业务知识的积极性，增强了团队协作精神。更重要的是大大降低了因咨询失误而造成的工作人员与读者之间的不必要矛盾。因此，个性化的图书馆不仅要以技术作依托，更关键的问题是怎样更好地服务于人。

### 3.3　以创新为目标，建设新型图书馆文化

图书馆文化是一种客观存在的文化现象，它是指图书馆在管理过程中形成的独具特色的思想意识、价值观念和行为方式。图书馆文化是一个有层次结构的理论体系，是以精神文化为核心，伴之以制度文化、物质文化而构成的整体。它所倡导的精神即为人文精神，人文精神也是图书馆文化的一种最高表现形式。图书馆文化是历史性和时代性的统一，它是经过一代又一代图书馆人长期积累、经历史沉淀的结晶，反映了图书馆发展的历史进程、科学技术的不断发展、社会信息需求的不断增长。

图书馆传统文化中蕴藏着非常优秀的文化精髓，文献的加工组织方法、藏书楼典籍珍藏的传承观念、辩章学术等思想都是支持图书馆发展的重要文化基础。但现如今浮躁的学风、狭窄的文化视野、浮浅的知识等都是有碍创新的文化积弊。究其原因，主要也是受我传统文化中一些消极因素的影响。因此，只有认真对图书馆传统文化进行深刻的反思，才能在传统文化的基础上构建创新型图书馆文化。特别是随着社会信息化程度的加深，知识经济和知识管理理念与实践的深入，建立在广泛显性知识共享基础上的图书馆文化必须进行全面、系统而彻底的变革，建立创新型图书馆文化。这也是实现图书馆显性知识与隐性知识交流与转化的重要软环境，是确保知识共享与转化的重要基础。建立创新型图书馆文化是知识管理对图书馆的必然要求，也是构建和谐与发展相统一的可持续发展图书馆的重要内容。

### 参考文献

[1] 刘传，陈界．图书馆知识管理理论与实践．
[2] 黑龙江大学图书馆．做好图书馆工作，促进和谐社会建设．图书馆学报．
[3] 马莎．高校图书馆文化建设与创新．人大报刊复印资料．
[4] 丰斌．人文文化：图书馆事业永葆蓬勃生机的精神动力．
[5] 李玲．发扬图书馆．构筑馆员与读者之间的桥梁．

# 试析图书情报事业在建构
# 国家文化软实力中的作用及挑战

王 霞*

（中国社会科学院图书馆 北京 100732）

**摘 要** 本文在分析文化软实力及其对于中国的重要意义的基础上，剖析了图书情报事业在建构国家文化软实力中的作用及面临的挑战。文章认为图书情报事业一方面作为国家文化事业的重要组成部分，在建构文化软实力方面能够发挥积极作用；另一方面，作为文化软实力的重要体现之一，建构国家软实力过程亦是图书情报事业发展的良好机遇。当然图书情报事业在这一进程中亦面临诸多挑战。

**关键词** 图书情报事业 文化软实力

近年来随着中国经济快速发展，中国国民生产总值已经位居世界第二。但是相比较物质方面取得的成就，精神领域的发展显得相对滞后。鉴于此，中央开始重视文化软实力的建设。中共十七大指出："文化越来越成为民族凝聚力和创造力的重要源泉、越来越成为综合国力竞争的重要因素，丰富精神文化生活越来越成为我国人民的热切愿望。要坚持社会主义先进文化前进方向，兴起社会主义文化建设新高潮，激发全民族文化创造活力，提高国家文化软实力，使人民基本文化权益得到更好保障，使社会文化生活更加丰富多彩，使人民精神风貌更加昂扬向上。"中共中央十七届六中全会提出要建设社会主义文化强国的目标。图书情报事业作为文化事业的重要组成部分，对于建构国家文化软实力方面有着得天独厚的优势，并将发挥着重要而积极的作用。

## 1 文化软实力及其重要意义

软实力是美国学者约瑟夫·奈（Josef Nye）于 1990 年提出的一个概

---

* 王霞，女，1978 年生，中国社会科学院图书馆，馆员。

念，并在学术界引起了广泛的关注。约瑟夫·奈指出，一个国家的综合国力既包括由经济、科技、军事实力等表现出来的"硬实力"，也包括以文化和意识形态吸引力体现出来的"软实力"。在信息化社会，软实力将发挥越来越重要的作用。约瑟夫认为软实力主要体现在三个资源：文化、政治价值观和外交政策。一些学者将软实力概括为文化、制度、价值观、意识形态等方面的影响力。

　　文化软实力是软实力的重要组成部分。文化是人类在长期实践中形成的价值理念、思维方式、行为习惯、制度规范、生活方式等反映的价值取向的总和，体现了人类改造自然和社会的价值标准、价值尺度和价值追求。约瑟夫·奈认为文化是为社会创造一系列价值观的总和，并将文化划分为两种类型：迎合社会精英口味的阳春白雪型文化和侧重大众娱乐的文化。文化作为软实力之所以重要，不仅仅因为文化是一个民族凝聚力和创造力的源泉，而且也因为文化往往构成同样体现"软实力"的政治价值观和外交政策的核心内容，例如胡锦涛总书记提出的和谐社会和和谐世界的理念，就因其本身包含的"和谐文化"的理念而体现文化软实力。

　　虽然越来越多的有识之士认识到了文化是一个国家凝聚力和创造力的源泉，成为一个国家综合国力的重要组成部分。但是文化并不会自动成为软实力，文化只有成为文化生产力才可能最终转化成文化软实力。在这方面我们可以从西方借鉴很多经验。西方国家最终都是通过制定文化政策，引导并建设强大而富有竞争力的文化产业来形成自己的文化软实力。建构文化软实力对于一个国家具有重要意义。

　　首先，文化软实力是一个民族凝聚力和创新力的源泉。民族凝聚力是文化软实力中最核心的东西。民族文化可以依附于语言和其他载体，形成一种社会文化环境，以协调、整合各行为主体的力量，从而形成和强化为一个民族或国家的向心力和凝聚力。民族凝聚力对于国家的稳定具有重要的意义。中国是一个文明古国，悠久的文化使得中国从来不缺乏文化认同。然而近年来高速发展的经济使得社会矛盾加剧。社会价值观在经济发展过程中被扭曲，甚至导致了精神和信仰危机。而文化的全球化使得外国文化乘虚而入，对中国的民族文化造成了极大的冲击。外国快餐文化、反映美国梦的美国大片以及放弃中国传统节日而欢度外国节日等等诸多现象无不表明中国民族文化的传承被弱化。西方强势文化已经对中国年青一代的心理层面产生影响。应对这种局面的重要措施之一是加强中国文化的创新力，提高国家文化软实力。而这其中，文化创新是文化的生命力，是提升文化软实力的重要举措。文化是民族生命力、民族凝聚力和创造力的重要源泉，具有引领社会、教育人民、凝聚人心的作用。文化凝聚力主要包含两个方面：指对内增强民族凝聚力和向心力，对外增强国家亲和力和影响力，是一个国家文化软实力的重要体现。国家文化软实力提升的过程，亦是整个民族文明素质提升的过程。文化的核心价值是丰富人的精神世界，提升人的精神境界。只有当文化资源内化为民众民众的文明素质，才能转化成为真正的国家文化软实力。

其次，建构文化软实力有利于增强国家的综合国力和竞争力。作为综合国力的组成部分的硬实力和软实力是相辅相成，不可或缺的。随着全球化时代的发展，一个国家的国际地位已经不可能完全通过武力或经济等硬实力开获得。而软实力则将发挥越来越重要的作用。文化软实力在某方面而言就是一个国家文化对其他国家的吸引力、感召力。建构文化软实力对于提高中国的综合国力和国际竞争力至关重要。硬实力是国家提升软实力的基础；反之，软实力亦能使硬实力的运用取得较好的功效。文化软实力对于确立一个国家在国际社会中的地位具有重要意义，其主要途径是通过文化的传播。文化的传播和辐射功能可以加强一国的硬实力。

第三，文化软实力为社会经济发展提供智力保障。科技是第一生产力，而科技知识的掌握者是人才。因此，人们才会认为21世纪是竞争人才的世纪。人们已经越来越认识到了教育对于经济发展的作用。教育发达的地区往往是人才聚集的地区，而人才是经济发展不可或缺的要素。美国等西方国家大力招徕发展中世界的高端人才为己所用。文化软实力的提升也意味着人们文化素养的提高，人们文化素养的提高对于一个国家的经济发展无疑具有积极的推动作用。一个国家能否持续发展，在一定程度上取决于国民的文化素质和科技素养。此外，文化软实力的提升有利于提高国民的素质和视野，树立正确的社会价值观，促进人的全面发展，为社会经济发展提供良好的智力保障。

图书情报事业作为文化产业的一个重要组成部分，是文化软实力的重要内容和体现。国家发展文化产业，并力图建设社会主义文化强国，对于图书情报事业自身发展而言是一个重大的机遇。

## 2　图书情报事业在建构文化软实力中的作用

一般在提及建构文化软实力时，人们可能会更多的关注大众传播所承担的角色。不可否认，大众传播在建构一个国家的文化软实力方面确实发挥着重要作用，比如好莱坞电影向全世界传播的美国文化以及所谓的"美国梦"，日剧和韩剧对于日本文化和韩国文化的推广。这无疑为上述国家作为现代文明国家的形象发挥着积极的作用。然而，大众传播并不是建构文化软实力的唯一途径。图书情报事业作为文化事业的重要组成部分，对于文化软实力的建构同样起着不可忽视的作用。

首先，图书情报事业收集、整理、保留了大量的优秀文化及文化遗产。图书情报事业对于优秀文化的收集整理包括两个方面的内容：对于外国文化的吸纳整理和对于本国传统文化的收集整理。对于国外优秀文化的吸纳整理，对于一个国家的文化进步具有重要意义。目前全球化已经成为世界潮流。在这种趋势下，只有站在世界的角度审视中华文化才能使中华文化站在一个更高的层次，并借鉴外来优秀文化，进而参与到世界文明进程中。对于国外先进文化的整理、吸纳有利于推动本民族文化的进步。中国是一个文明古国，有着五千年的文明史。中国传统文化博大精深，底蕴深厚，是我们民族的宝贵的精神财富，她也是我们文化软实力的重要来源。正如中共中央十七届六中全会决议所指出："文化是民族的血脉，是人民的精神家园。在我国五千多年文明发展历程中，各族人民紧密团结、自强不息，共同创造出源远流长、博大精深的中华文化，为中华民族发展壮大提供了强大精神力量，为人类文明进步作出了不可磨灭的重大贡献。"图书情报事业对于中国古代文献、书籍的收集与整理，保存了中国古代文化遗产，有利于我们传承、弘扬我们的悠久的文化。

其次，图书情报事业是提升人民群众文化素质的重要平台。个人文化素质的提高对于国家文化软实力构建的具有重要意义。个人是文化的重要载体，一个国家文化软实力的提升的前提是人民群众整体文化素质的提高。随着全球化日益发展，越来越多的中国人出国旅游、经商、定居、讲学。在与其他人群交流的过程中，作为文化载体的个人在展现国家文化软实力中将发挥越来越重要的作用。而图书情报事业对于文化、书籍的收集整理、对于人民群众文化素质的提高具有重要的作用。图书馆，尤其是公共图书馆，是大众科学传播的重要力量。根据《2003年中国公众科学素养调查》结果显示，中国公众科学技术知识和科技信息来源报纸、杂志和图书，所占的比例分别为69.5%、27.1%和16.2%。该调查结果显示，中国公众阅读的书刊报纸大部分来源于公共图书馆。由此可见，图书馆已成为提升人民群众的文化素养的重要平台。图书馆，特别是公共图书馆将为人民群众文化素质的提升发挥越来越重要的作用。一方面，人民群众文化素质的提高有利于国家社会文化繁荣，从而推动文化软实力的建构；另一方面，它也将为社会经济发展提供智力保障。最终实现软实力和硬实力的相互促进，相互发展。

第三，图书情报事业的发达是一个国家文化软实力提升的重要标志。图书情报事业的发展本身也是国家软实力的重要体现。发达国家的公共图书馆非常发达。他们比较重视公共图书馆在公众教育方面的积极功能。1852 年美国波士顿的公共图书馆就振聋发聩地提出"共和国前途取决于公民教育，而图书馆是教育过程中的重要因素"。美国的图书馆是免费向公众开放的，任何人都可以免费办借书证，而且一次借书的数量不限。此外，美式的经营理念与方式，着重于让图书馆成为向民众提供信息的公共机构。比如，图书馆经常举办短期的电脑技能培训、税务知识培训、新书介绍会、家庭故事会、学龄前儿童学话班以及各种讲座等，这些也都是免费的。在英国，58% 的人拥有借书证，荷兰除了拥有 1000 多所公共图书馆外，还有 90 多个流动图书馆。公共图书馆是国家图书馆系统的一环，由地方、省及国家图书馆机构紧密结合。公共图书馆有 450 万民众登记为会员，其中 47% 为 18 岁以下的儿童。全国有 30% 的人属于公共图书馆的用户，其中 20% 为成人、60—90% 为儿童。这其中很多读者不是会员，但一样可以使用图书馆的阅览室、开架图书及研究空间，提出咨询与参观展览等。从上述发达国家的经验来看，图书馆作为一个公共文化平台，不仅可以满足人民群众日益增长的精神文明需要，还可以为他们提升文化素质发挥重要的作用。

## 3　图书情报事业在建构文化软实力中所面临的挑战

综上所述，图书情报事业在建构文化软实力方面发挥着非常重要的作用。作为公共文化载体和传播机构，图书情报事业仍亦面临诸多挑战。

首先，图书情报事业面临从传统的理念向现代理念过渡的挑战。传统图书馆理念是用一种物化、过程化、机械化的眼光去认识图书馆，把图书馆文献化，把图书馆工作定义为对文献本身的收集、存储和传递，把文献保障系统理解成收集、组织、存储和物理地传递文献的场所或机构。这样，我们就把图书馆的工作内容和性质局限在固有信息载体的物理处理与传递上，把服务范围和能力水平局限在具体物化系统的资源范围和场所范围，不能满足用户复杂的文献需要，不能充分发挥自身的能力，又难以体现出有说服力的智力内涵和地位。美国学者杜威在 19 世纪末就赋予了公共图书馆"社会教化"的功能，将其定义为"社会教育机构"、"人民的大学"。因此，图书馆员像牧师、教师一样，向人们传播这知识和道德的福音，净化人们的心灵。图书馆应该从传统的"收藏"与借阅格局向提供知识型服务转型，向人文图书馆转型。

其次，图书馆面临资金投入不足以及资源分配差异的挑战。图书馆是承担公益文化的机构，其功能是保障公民有权利公平地获得知识和信息。其经费一般来源于政府拨款。目前我国很多图书馆均面临从传统图书馆向现代图书馆转型的过程中，经费严重不足。据统计，2008 年我国内地人均购书经费是 0.794 元，不足 8 毛钱；此外，在购书经费的投入上，全国绝大部分省份都没有达到平均水平。各地投入也很不均衡，上海的人均购书经费达到 7.612 元，而河南只有 0.158 元。我国公共图书馆的人均藏书量同样不容乐观。数据显示，2008 年，全国公共图书馆人均藏书量是 0.501 册。不仅数量少，各地图书馆的发展也极不平衡。上海人均藏书是 3.39 册，而最少的三个地方安徽、河南、西藏都只有 0.17 册。根据联合国发布的公共服务指南，公共图书馆馆藏应以每人 1.5—2.5 册为标准。上述数据显示，我国与国际标准还有很大差距。除了经费方面的投入不足，图书馆资源分配上也存在城乡差异、经济发达地区与不发达地区的差异。从上述统计数据已经显示了发达地区与不发达地区之间资源分配的差异。城乡差异则更加明显，图书馆资源从大城市到乡村呈现倒金字塔格局。大城市的图书馆资源相对集中、丰富，中小城市其次，而乡村再次。当然这与当前的经济发展格局是息息相关的。但是这种资源差异有必要受到重视，因为农民文化素养的提高与他们生活状况的改善是息息相关。

最后，图书情报事业面临人才短缺的挑战。图书情报事业从传统向现代转型的过程中，人才缺乏是一个比较普遍的问题。现代图书情报事业从传统借阅服务向知识服务转型的过程中，图书情报事业的工作人员承担的将不仅仅是传统日常工作，而是成为知识和用户之间的桥梁。我国的公共图书馆知识服务人员素养建设中，过于强调对个人专业知识的广博和精深的培养，却忽视了团队结构设置结构整体的复合化建设，许多人才长期从事单一重复的工作，个人特长得不到发挥。因此，在设置服务团队结构时，应当广泛吸收多专业多学科的人才加入，如信息技术人员、管理人员、营销人员等，建设一支结构合理的复合型知识服务团队。

## 4　结论

文化软实力是一个国家社会经济发展到了一个阶段的必然选择。随着中国社会经济的发展，人民的物质生活日益丰富，导致人们对于文化的需求也越来越多元和丰富。在建构文化软实力的过程中，各种因素将会合力推动文化软实力的提升。在这其中，中国已经提出了要培养文化自觉和文化自信来提高文化软实力。在建构文化软实力的过程中，作为公共文化载体和文化事业重要组成部分的图书情报事业将大有可为。一方面，图书情报事业作为具有教育功能的平台和机构，将在国家文化软实力的建设发挥重要的作用；另一方面，作为文化事业的一部分和文化软实力的重要内容，也将在国家文化软实力的建设过程中面临非常大的机遇。

在这种情况下，图书情报事业将迎来一个飞跃式的发展时期。这就要求图书情报事业能够抓住机遇，以人为本，转变理念，积极创新，在建构国家文化软实力的过程既发挥自己的公共文化载体的功能，又抓住其中的机遇发展和壮大自己。

## 参考文献

［1］高举中国特色社会主义伟大旗帜　为夺取全面建设小康社会新胜利而奋斗——在中国共产党十七次全国大会上的报告. 2007 年 10 月 15 日.

［2］［美］约瑟夫·奈. 软力量：世界政坛成功之道［M］. 吴晓辉，钱程译. 北京：东方出版社，2005.

［3］吴桂韩. 文化软实力基础问题与发展战略新探［J］. 天府新论，2011（2）.

［4］童世骏. 文化软实力［M］. 重庆：重庆出版社，2008.

［5］黄建军. 提升国家软实力的途径［J］. 光明日报，2012 - 6 - 19（11）.

［6］陈石明，欧祝平. 提升我国文化软实力：价值、条件和路径［J］. 中南林业科技大学学报（社会科学版）2011（5）.

［7］中共中央关于深化文化体制改革的决议. 中共中央十七届六中全会决议，2011 年 10 月 26 日.

［8］于凤英. 发展图书馆事业与国家软实力的提升［J］. 山东行政学院山东省管理干部学院院报，2009（6）.

［9］王春生. 论图书馆在提高国家软实力中的作用［J］. 图书馆园地，2008（8）.

［10］姚倩，何善祥. 中西图书馆事业比较浅析［J］. 图书馆界，1989（1）.

［11］发达国家和港台公共资源的使用［EB/OL］. http：//sh. sina. com. cn/news/s/2011-02-23/1236173700_ 2. html.

［12］刁建英. 关于传统图书馆和现代图书馆的思考［J］. 安阳师范学院学报，2003（1）.

［13］白薇. 公共图书馆精神——公共图书馆发展的灵魂［J］. 四川图书馆学报，2009（2）.

［14］张颖. 简述图书馆在提升国家文化软实力中的作为［J］. 图书馆工作与研究，2011（2）.

［15］张勇，周洪光. 公共图书馆知识服务功能初探［J］. 图书馆学研究，2011（12）.

# 图书馆文化责任的表现形式：
# 阅览室政务信息公开

邱晓辉* 高　震

（山东省济宁市图书馆　济宁　272037）

**摘　要**　通过引进当地市政府各部门机关签发的文件，开展政府政务信息公开活动，对阅览室工作开发利用地方文献资源，开辟了一条新路子。这是图书馆文化责任的一项重大内容，这也是政务透明，依法行政的新举措。具体论述了：政务信息公开的意义、政务信息公开的形式以及所取得的若干成效。

**关键词**　阅览室　文化责任　政务信息公开　公开的形式　若干成效

## 前言

2011年初，根据上级批示精神，我馆阅览室引进了市政府政务信息，即市直机关各部门所下发的诸多文件。这是贯彻执行加大行政透明度、增加公开开放尺寸原则，所进行的一项便民利政的新措施。是本地区知识产品的一次展示，除涉及到多敏感和秘密领域外，其余一切全部予以公开。全免费为读者提供开放查询服务，包括文教、经济、司法、劳动等部门的各种编号文献。有点儿类似于呈缴本制度的意思，但性质和内容绝不尽相同。在纸质文件公开的同时，网络上的政务信息也一并同步公开进行。图书馆肩负着全社会的文化传播和公民教育职能，简言之就是文化责任。阅览室在现阶段开展政府政务信息公开活动，必将有效地行使这项神圣使命。

## 1　政务信息公开的意义

国家有关条例规定：行政机关应当及时向国家档案馆、公共图书馆提

---

*　邱晓辉，男，1960年生，山东省济宁市图书馆期刊部，副研究馆员。

供主动公开的政府信息。

将政务信息公开纳入图书馆阅览室管理工作之中，是一个创举。政务信息，已经成为图书馆馆藏资源之一，关系到国计民生的行政文献，应该告之天下。

信息公开是一个新的阅览载体，对读者来说是新鲜事，对馆员来讲也是如此。它的意义是十分巨大的。作为为人民服务的行政机构，公开行政是最好的形式。政务公开是检验其透明度的有效方法之一。

政务信息公开，是地方文献的一种特殊形式，是科学发展观的实用体现，是为了方便全体社会公民、法人或者其他组织对政府机关属于应当主动公开或申请公开范围的政府信息进行的查询活动，是根据《中华人民共和国政府信息公开条件》应当向社会主动公开的所有政府信息。

建立社会评估政府行政能力的指标体系，是对图书馆的一大开发利用。其结果是否科学、精致、高速、有效、便捷，关键在于所选取的目标是否具备科学性和差异对比程式，是否具有普及性和可操控性。政务信息公开要贯彻所展示的文件数据的明确无误，容易使读者掌握的查看评判、量化比较能力，要有比较强的时效性和评价动向抗拒潜力。

政务信息这一地方文献，通过向读者展示，来实现其价值，也是阅览室开展地方文献服务的方式之一。

政务信息公开的范围主要有：1. 涉及公民、法人或者其他组织切身利益的；2. 需要社会公众广泛知晓或者参与的；3. 反映本行政机关机构设置、职能、办事程序等情况的。

政务信息公开的意义具体有五：

1. 满足了读者群众的知情权，能够了解最新的政府信息。政务信息是研究政府的决策、法规的重要依据，读者对这项活动给予了特别的关注。带有图书馆资源信息色彩的政务信息，与一般意义上的情报信息并无太大差别。但在几个环节上有本质的区别，这种区别主要表现在认同以及智能的参与程度上，比如对于文件的解释的权威性环节，及其法律效力等。

2. 为市民监督公务活动提供了线索。公平与效益，是制订文件的根本要求，当地市民对文件的合理与否最有发言权。所有文件的制订都是为了解决矛盾的，只有在二者得到很好兼顾的状态下，才能实现社会的全面健康发展。政府的决策合不合理，由谁来监督？最好的答案是要从几个方面来进行，从应用范围的角度评估是科学的，也是准确的。避免了单一的形式。政府的文献最终还是要应用在当地社会的各项建设中去，市民所作出的判断无疑是有说服力的。

3. 为政府及时反馈相关问题提出了依据，市政府各机关颁发的文件，对其所管辖的下属部门有着权威性的指导作用，其约束力具有法律效力。个体与整体及所有领域的反映，一并汇集到了对政府文献的态度程面上。这是局部即局域内的知识共享方式，和图书馆的馆藏流通方针殊途同归。

4. 还可为政府机关制订相关文件的规范化程序化起到促进作用，使之不断向文字标准化、系统精品化、风格经典化的方向靠拢。

政府政务信息的公开展示，是建设社会主义核心价值的体系所在，是法律性质的文献规定，在公开的环境中，吸收传统文化的精华和各方面不同意见，把民主、人权、公义、自由等要素放在首位，以包容的心态来贴近人民群众，在互补互助中不断更新修订，成长完善。

5. 信息公开制度，是一种政府法令营销的策略。站在管理学的角度看，政府文件是最好的社会营销载体，它牵涉到当地群众的方方面面，读者群众有资格来予以审核校正，以便去假存真，增强实用性。信息公开，要始终建立在公众所能够接受的模式之中。站在与国际接轨的角度上看，政务信息公开，对现代文官制度的建立，强化行政的有效程度，都有着更加深入和全面的解释能力。同时提高了图书馆阅览室的信息服务水平，增加了信息的内容含金量并提升了新时代的科技质量。

## 2　政务信息公开的形式

我们图书馆期刊阅览室，对这次政务信息无偿公开展示活动非常重视，在期刊摆放本已十分紧张的情况下，专门为此开辟了一个专栏，高标准地陈列市政府的政务信息文件。因实行的是开架阅览，所以无需目录导引，读者可直接手持阅读。文件放置在若干塑料文件夹内，存取方便。

阅览室还特别规定政务信息依申请公开，对市民、法人和其他各行业各种组织结构的实体，换言之，即中华人民共和国境内的所有自然人和群众团体开放。所有向本地政府部门申请的，依法公开各种相关的行政执行组织信息的渠道。各个市直部门依法申请，所提供的信息，在根据掌握该信息的实际状态进行下，不断补充增加充实。一律是原始文件，不对展示的信息进行再次予以加工统计、研究、分析或其他处理。

政务信息公开的文件，有原始文件为主，也有少量复印型的影印文件。

政务信息公开制度，丰富了阅览室的推荐功能，使阅览室的责任范围更为广泛。

政务信息公开的数据项主要解释意义为：

1. 政府政务信息索取号——读者、公民、法人代表和其它社会组织索取本地市政府公开信息的一组代码。

2. 信息名称——反映信息主要内容的标题。

3. 内容描述——信息内容简介。

4. 产生日期——信息的形成时间。

5. 公开类型——信息公开的类型（主动公开）

文件文字只是一些个信息符号，本身并无任何实质意义。只有当其表达的内容生成具体的物化产品时，才能产生转化为社会生产力。为了照顾读者阅读习惯，方便排检查询，我们综合考虑了文件排列的实用方法：

具体的公开、反馈、执行形式有：

1. 按部门分类排列文件大类。主要分为综合口、党群口、发展与改革委员会系统、政法口、宣传教育口、财政金融口、农业口、有关市属企业、城建系统和科技系统等。

2. 按文件序列号码排列次序。同一局委的文件，再按该文件的顺序编号予以排列。

有时同一单位的文件，又有更细的分类，比如市政府的文件，有的标有"济政办字〔2011〕31号"，有的则标有"济政办发〔2011〕15号"，还有"济政法字〔2011〕5号"和"济宁市人民政府法制办公室"（1）等等。这种情况，则采用汉语拼音字母的排列法对待，以方便检索。

再以农业及有关企业的排序为例：以市林业局、市农办、市农机局、市气象局、市畜牧局、市渔业局、市供水集团、市华润燃气公司、市热力公司、市商业集团和市物质集团等为序。

3. 标明读者反馈的留言薄。在每一文档最后，设置读者反馈意见栏，以备读者留言之用。图书馆内各类读者群体是政务信息公开的最直接受众，他们由社会各界的人士组成，来自各行各业，能够起到积极、有效的审核监督作用。他们知识水平高、鉴别能力强，最有发言权。他们的想法、意见和建议，应当说是有一定的见地的。阅览室有义务搜集此方面的材料，回复给市政府各部门机构，以便进一步改进政府机关工作，提高效率。

4. 图书馆应参照执行"行政机关依申请提供政府信息，除可以收取检索、复制、邮寄等成本费用外，不得收取其他费用。行政机关不得通过其他组织、个人以有偿服务方式提供政府信息"的相应规定。

## 3　政务信息公开的成效

民主，长期以来，一直是要靠注重实质性的参与才能实现的。改革开放以来的中国参与民主形式有了很大的变化，人民代表大会制度是最主要的，公民参政的权利得到了充分的保障和支持。而图书馆阅览室实现的政务信息公开直接阅览方式，则形成了自己的独有民主化进程特点和读者民主参与优势。

政务信息公开制度是自 2008 年 5 月 1 日起施行的，今年才在图书馆阅览室内陈列。国务院对此有专门的规定："行政机关违反本条例的规定，未建立健全政府信息发布保密审查机制的，由监察机关、上一级行政机关责令改正；情节严重的，对行政机关主要负责人依法给予处分。"政务信息公开，也是转变图书馆读者服务工作方式改革的内容之一，同时也是重建人与人之间即读者与馆员之间、公民与政府之间诚信关系的契机。

政务信息公开的成效主要有四条：

1. 为发扬社会主义民主，做出应有的贡献。政务信息公开，这种单层次的公开展示形式，方便实用，人人皆可阅读。带来了新的历史条件下的具有创造性的实践模式。通过对政府文献的阅读，排除了大范围的利己主义思想观念，进而体现出人与社会协调发展，以及个人自由和社会均等的全面发展的良好政策方针。政府信息公开，是一种批评职能的体现形式，这也是保护公民合法权益的行为。加速图书馆和读者之间的资源的共享和利用，拓展了图书馆信息服务的渠道和途径，缩小政府和市民间的"信息鸿沟"。为建设和谐社会作出应有的贡献，为图书馆的大众化、普及化起到了推动作用。

政务信息公开制度，为当地政府科学地规划资源建设与服务、深度介入科技信息项目的周期的研究、充分发掘利用现代化新技术的推广、重视面向知识服务的组织文化教育与能力深化建设，能够起到积极的辅助作用。

2. 政府信息公开制度，实际上是一个社会化的监督机制。必须要考虑其中的必要基本功要素。有了读者群众的监督，那些"谎话"、"水份"文件就从此没有了市场，那些脱离了实际的文献，也就能够被及时地发现了。那些略有不妥的文件也就能够通过多渠道被指出来，加以适当的修订了，或者说可以完全被剔除了。那些切合国情民情的法规文献，就能源源不断的制订出来了。一份份温暖人心的惠民政策也就能够落实到实处了。

3. 地方政府形象由此可以得到提升，研究制订法律法规的程序，减少了不必要的弯路。实行了政府政务公开以后，当地读者群众体现出了极大的热情，他们纷纷从政府信息的量的方面和质的文献来进行评估，对市政府文件的真实性、完整性和规范程度来进行全方位的考量，发布的是否及时，是否迅速，信息的衰减速度如何控制，是否具有价值，是否有所欠妥，在格式上、字体上是否便于理解、形成制式等等？

建立科学有效的政府行政运作机构，是现代社会的基本要求。政府文件是表现依法行政的主要形式。一旦实行公开制度的运行机制，必将建立起科学的政府文秘信息发布渠道，促进政府高效的办公体制。完善管理模式，保障了公民的合法知情权的同时，也即保障了政府部门的行政有效化。希望此方式能够长久地保此下去，不要半途而废、朝令夕改。

4. 公民、法人或者其他组织，包括图书馆读者，若认为行政机关不依法履行政府信息公开义务的，可以向上级行政机关、监察机关或者政府信息公开工作主管部门举报。

## 结束语

政务信息公开制度下的文件，都是最新的文献。它的时效性很强，更新较快。是个新生事物，许多读者还不太了解，我们图书馆阅览室应该加强宣传推广，加大喧染力度，使全社会都来监督政府的依法行政，检验政府的行政效率和是否违法。同时对政府机关的不断完善和发展有着引领和示范作用。读者朋友们对此予以了高度关注，有人兴奋的讲，我们平民百姓今天终于可以近距离的接近红头文件了。

阅览室在保证现有的阅览体制的前提下，开展政务信息公开工作，大有益处，对弘扬爱国主义、提倡参与国政、共商国是以及关心国家大事和地方政务，都是有着极大的帮助。达到社会各界共识的地方文件，才是最利国利民的有效文献。

鉴于政府政务信息已同时在网络上和期刊阅览室同时公开，读者可以双向选择阅读，但有很多人又从头至尾无从知晓这么一回事，对此，我们还在图书馆大门口最明显位置，设立了关于本地人民政府政务信息公开展示的广告形式的通知提示牌。以期读者朋友们广为了解，予以参与，欢迎到期刊阅览室查阅。

最后，本着节约和无纸化的新办公理念，本人强烈建议：是否把政务信息公开的方式，逐渐由现在的纸质文档方法，改变为全网络文档的结构？由读者完全在网上阅览，不论是在图书馆的电子阅览室，还是在其他任何一个能上网的地方。既快速高效又及时便捷，能够紧跟时代的潮流和形势，还能为国家节省大量的印刷材料。

图书馆的文化责任，有着各种各样的再现形式，政务信息展示，是一种崭新的探索模式，读者在图书馆接触的政务信息，必将拓宽其阅读视野，为有效阅览做出贡献。

## 参考文献

［1］程焕文，潘燕桃．信息资源共享［M］．北京：高等教育出版社，2004：14．

# 图书馆与非物质文化遗产的保护

梁东艳[*]

（鄂尔多斯市图书馆　内蒙古　017000）

**摘　要**　非物质文化遗产是人类文明的宝贵财富，保护非物质文化遗产，是保持民族文化的传承，增进民族团结、促进民族文化繁荣和维护社会稳定的重要文化基础。本文从非物质文化遗产的含义，简单介绍了我国的世界非物质文化遗产，以及抢救和保护非物质文化遗产的意义和紧迫性，并结合实际提出了图书馆在非物质文化遗产抢救保护工作中如何发挥作用。

**关键词**　非物质文化遗产　图书馆　保护

## 1　非物质文化遗产概述

### 1.1　非物质文化遗产的含义

根据 2003 年联合国教科文组织通过的《保护非物质文化遗产公约》中的定义，"非物质文化遗产"指被各群体、团体、有时为个人所视为其文化遗产的各种实践、表演、表现形式、知识体系和技能，及其有关的工具、实物、工艺品和文化场所，包括口头传统、传统表演艺术、民俗活动和礼仪与节庆、有关自然界和宇宙的民间传统知识和实践、传统手工艺技能等以及与上述传统文化表现形式相关的文化空间。

### 1.2　我国的世界非物质文化遗产介绍

我国的第一批世界非物质文化遗产是 2001 年成功申报的昆曲，昆曲是现存的中国最古老的剧种之一，起源于明代。昆曲的唱腔具有很强的艺术性，对中国近代的所有戏剧剧种，如川剧、京剧都有着巨大的影响。昆曲表演包括唱、念、做、打、舞等，这些内容亦是培训京剧演员的基本科

---

*　梁东艳，女，1984 年生，鄂尔多斯市图书馆，地方文献部副主任。

目。昆腔及其戏剧结构（旦、丑、生等角色）亦被其他剧种所借鉴。《牡丹亭》、《长生殿》成为传统的保留剧目。昆曲表演用锣鼓、弦索及笛、箫、笙、琵琶等管弦和打击乐器伴奏。昆曲的舞蹈动作主要分为两类，具有丰富的表现力。

第二批世界非物质文化遗产是 2003 年成功申报的古琴，在中国历史发展的长河中，古琴一直占据着一个重要地位，古琴在中国已有 3000 多年的历史，和中国的书画、诗歌以及文学一起成为中国传统文化的承载者。古琴是中国独奏乐器中最具代表性的一种。人们弹奏古琴往往不仅是为了演奏音乐，还和自娱自赏、冥思、个人修养以及挚友间的情感交流密不可分。古琴有七根弦，十三个徽，通过十种不同的拨弦方式，演奏者可以演奏出四个八度。古琴的演奏有三种基本技巧：散、按、泛。"散"是空弦发音，其声刚劲浑厚，常用于曲调中的骨干音；"泛"是以左手轻触徽位，发出轻盈虚飘的乐音（泛音），多弹奏华彩性曲调；"按"是左手按弦发音，移动按指可以改变有效弦长以达到改变音高的目的。同一个音高可以在不同弦、不同徽位用散、按、泛等不同方法奏出，音色富于变化。

第三批世界非物质文化遗产是 2005 年成功申报的新疆维吾尔木卡姆艺术和蒙古族长调民歌。2005 年 11 月 25 日，在联合国教科文组织宣布第三批"人类口头与非物质文化遗产代表作"名录中，我国政府申报的"中国新疆维吾尔木卡姆艺术"全票通过，成为"人类口头与非物质文化遗产代表作"。

第四批是在 2009 年的端午节、中国书法、中国篆刻、中国剪纸、中国雕版印刷技艺、中国传统木结构营造技艺、中国传统桑蚕丝织技艺、龙泉青瓷传统烧制技艺、妈祖信俗、南音、南京云锦织造技艺、宣纸传统制作技艺、侗族大歌、粤剧、格萨（斯）尔、热贡艺术、藏戏、玛纳斯、花儿、西安鼓乐、中国朝鲜族农乐舞、呼麦等 22 个项目入选"人类非物质文化遗产代表作名录"，羌年、黎族传统纺染织绣技艺、中国木拱桥传统营造技艺等 3 个项目入选"急需保护的非物质文化遗产名录"。

第五批是在 2010 年成功申报的中医针灸、京剧和 3 项急需保护的非物质文化遗产名录：维吾尔族的麦西来普、帆船水密舱壁制作、木版活字印刷术。

还有 2011 年成功申报的皮影戏。

## 2　抢救和保护非物质文化遗产的意义和紧迫性

2003 年联合国教科文组织签署了《非物质文化遗产公约》，中国于

2004 年加入。非物质文化遗产是一个与民族、国家紧密联系的概念，保护非物质文化遗产对我国文化发展具有重要的战略意义。在保护非物质文化遗产方面，我们坚持世界性和民族性立场的统一。保护非物质文化遗产有利于保护我国传统文化和民族文化的多样性，有利于促进我国的文化创新和发展先进文化，有利于促进我国和谐文化建设，有利于促进我国文化事业和文化产业的发展。

非物质文化遗产是不可再生的珍贵资源。随着经济全球化趋势和现代化进程的加快，我国的非物质文化遗产受到了严重威胁。一些依靠口传心授方式加以传承的文化遗产正在不断消失，许多传统技艺濒临消亡，许多地方保护意识淡薄，重申报、重开发、轻保护、轻管理的现象比较普遍，少数地区进行超负荷利用和过度旅游开发，对一些手工艺项目进行大量机械复制，使原生态的文化充满肤浅的时尚趣味，破坏了其固有的文化价值，损害了非物质文化遗产的原真性。因此，加强非物质文化遗产保护刻不容缓。地方各级人民政府和有关部门要从对国家和历史负责的高度，从维护国家文化安全的高度，充分认识保护非物质文化遗产的重要性，进一步增强责任感和紧迫感，对列入各级名录的非物质文化遗产代表作，采取命名、授予称号、表彰奖励、资助扶持等方式，鼓励代表作传承人（团体）进行传习活动，切实做好文化遗产保护工作。

## 3  图书馆在非物质文化遗产抢救保护工作中的作用

### 3.1  图书馆应积极参与到非物质文化遗产保护工作中

非物质文化遗产的保护工作有专门的保护中心，有多个部门共同合作，是一个系统型工作，图书馆从自身的条件来说，并不具备对非物质文化遗产的研究、鉴定、传承等方面的专业技术和能力，但是图书馆作为一个保存人类文化遗产的公共服务设施，也应该积极参与到非物质文化遗产的抢救保护中，以一个参与者的身份通过收集保存一些非物质文化遗产的文献资料，申报资料，开展一些讲座、展览、活动，建立专题数据库、专题网站，设立非物质文化遗产分馆、专题阅览室，举办非物质文化遗产摄影大赛、知识竞赛等措施来对非物质文化遗产进行有效的宣传，对非物质文化遗产的一些文献资料进行收集、保存，提高人们对非物质遗产保护的认识，增进人们对非物质文化遗产的了解，增强全社会的非物质文化遗产的保护意识和全民共同参与保护的良好氛围，推进我国非物质文化遗产的传承与保护。

### 3.2 国内图书馆在非物质文化遗产保护中的成果

国内各大图书馆通过各种各样的形式在非物质文化遗产的保护工作中积极的行动起来。如 2005 年，成都图书馆率先在全国提出了"非物质文化遗产数字博物馆"的概念，经过一年多的紧张建设，于 2006 年 4 月免费开放了"非物质文化遗产数字博物馆蜀风雅韵网站"。受到专家的一致好评，在第三届文化部"创新奖"评选中，从 128 个参评项目中脱颖而出一举夺奖。成都非遗数字博物馆是自文化部设立"创新奖"以来四川省唯一获奖的项目，也是西部地区公共图书馆唯一获奖的项目。该网站收集的批量图片和影音资料数字化容量达 500GB，川剧和蜀派古琴的音频、视频文件分别达 201 部和 154 部，是成都地区资源最全、信息量最大、专业化程度最高的非物质文化遗产资源中心，也是国内最早通过互联网展示和宣传非物质文化遗产保护工作的网络平台，其利用声、光、影、空间上的多维展现能力及全新数据存储方式，为本土民族民间文化资源走向世界开拓了新路。

2009 年 6 月，为了在"文化遗产日"更好地宣传展示非物质文化遗产，由全国文化共享工程上海分中心、上海市中心图书馆联合举办了"弘扬民族艺术，延续中华文脉——上海市公共图书馆非物质文化遗产保护成果展"活动。

2011 年，上海市中心图书馆以"非物质文化遗产保护"、"上海地方历史文化"为主题，依托上海图书馆的资源与技术优势建立的非物质文化遗产分馆开馆，"衣被天下——从乌泥泾棉纺织布到海派旗袍专题展"同时举行。上海市中心图书馆非物质文化遗产分馆是目前有藏书约 4000 册，为公众提供免费阅览、视听服务。

2012 年 1 月，杭州图书馆举办了新春非物质文化遗产展演，展演的项目有第一批成功申报世界非物质文化遗产的中国古琴，第四批申报成功世界非物质文化遗产的中国剪纸和篆刻，还有第一批列入杭州市非物质文化遗产名录的西湖天竺筷，活动形式主要以现场表演、讲解和互动为主。

2012 年 6 月 9 日，在第七个"文化遗产日"之际，由文化部主办、国家图书馆和中国非遗保护中心承办的"中国非物质文化遗产保护讲座周"、"中国非物质文化遗产典籍记忆系列展"在国家图书馆开幕。"中国非物质文化遗产典籍记忆系列展"包括"中国传拓技艺展"、"中国传统建筑营造技艺展"两个专题展览。传拓技艺，是用纸和墨及传拓工具将铸刻在器物上的文字或图案捶印下来的方法。"中国传拓技艺展"展示了具有代表性的拓本，讲述了传拓技艺的产生和发展历程。在国家级非遗名录中，有 22 项传统建筑营造技艺，涉及 19 个省（区）和汉、侗、黎、藏、苗、蒙古等十余个民族，"中国传统建筑营造技艺展"展示了与营造技艺有关的重要典籍文物。展览将持续至 7 月 8 日。

此外，还有各省市、各地区的图书馆开展的一些非物质文化遗产专栏、收藏关于非物质文化遗产的文献资料和申报资料等其他形式和方式很好的宣传和保护了地方非物质文化遗产。

综上所述，非物质文化遗产的保护工作是一个非常重要的问题，对一个国家的文化发展、社会和谐、精神生活等方面都有很重要的作用，因此，各大图书馆以及各部门一定要加大非物质文化遗产保护工作的力度，积极参与到非物质文化遗产保护工作中去。

## 参考文献

[1] 中国的世界非物质文化遗产介绍．［2012 – 7 – 15］．http：//wenku. baidu. com/view/f4f909e59b89680203d82567. html.

[2] 金路李祖华非物质文化遗产保护问题．［2012 – 05 – 17］．人民网．

[3] 叶艳萍．图书馆与非物质文化遗产保护的关系分析［J］．浙江高校图书情报工作，2009（5）．

[4] 张珏娟．成都非遗数字博物馆获文化部"创新奖"［N］．四川日报，2009 – 11 – 19.

[5] 朱伟芬．"非物质文化遗产保护成果展"在上海图书馆举行．［2009 – 6 – 18］．东方网．

[6] 上海图书馆非物质文化遗产分馆正式亮相．［2011 – 06 – 17］．http：// www. orgcc. com/article/2011/06/2011061711841. shtml.

[7] 杭州图书馆 2012 年"新春非物质文化遗产"展演活动预告．［2012 – 1 – 11］．杭州图书馆 http：//www. hzlib. net.

[8] 肖静芳．非遗保护讲座及遗产典籍展在国家图书馆举办［N］．中国民族报，2012 – 06 – 15.

# 图书馆与文化发展

高安宁\*

（中共陕西省委党校图书馆　西安　710061）

**摘　要**　1. 图书馆重在开发特色文化。2. 要搞地方特色文化培训。3. 把图书馆建设成一个学习文化环境。4. 图书馆是先进文化发源地。5. 图书馆为科技创新提供了土壤。6. 图书馆能净化社会文化环境。7. 加强图书馆内部人才培养，提高文化素质。

**关键词**　图书馆　文化　学习　人才

图书馆是文化发展的一个重要标志，一个地区文化发展水平高低，很重要的表现就在于图书馆的建设上。

1. 图书馆文化建设要重点建设特色文化。图书馆是收集图书文献资料的地方，图书文献资料的收集广泛，系统，有开发性，将对社会经济文化发展有重大影响。现今全国各地都在建图书馆，人们已经清醒地认识到，文化、图书、知识对经济社会发展地作用。在高科技时代，图书馆彼此联网，大量开发馆藏信息资源，电子图书的发展，扩大了信息交流的空间，为整个社会的文化经济发展做出了巨大贡献。正是因为高科技、信息化网络化的发展，使得图书馆建设中应该重点发挥地方特色，为地方特色文化经济发展服务。如果图书馆在馆藏文献建设中，不注意地方特色，特别是在数字化建设中不注意地方特色，就很有可能走重复建设的道路，会浪费大量的时间、金钱、人力、物力。图书馆在文化建设方面应该由全国统一规划，各地、各部门首先要建立自己的特色数据库，把地方特色文献收藏起来，为地方经济文化发展服务。最后，再由各地的地方特色数据库汇总于全国及中央，建立全国和中央统一的更大范围系统全面的数据库，来联网服务。这样，既可以把各地地方特色文化资源建设起来，同时又可以节约资源和人力、物力，又能很系统全面地汇集文化产品，是一举多得的好事情。因此，在图书馆文化建设上，要发挥地方特色文献的收集整理，可

---

\*　高安宁，男，1968 年生，中共陕西省委党校图书馆，副研究馆员。

以与政府地方经济发展，文化建设相联系，形成地方特色的资源，为国家经济，文化建设服务。如，延安建立经济文化数据库，可以发挥延安特有经济文化特色，同时与延安红色旅游、红色经济文化相联系，促进本地区经济文化发展。现在延安红色文化已吸引了中外不少人士到延安学习参观。因此图书馆文化特色建设，是对图书馆收藏的开发，又是对地方经济文化发展的补充和提高。

2. 图书馆文化建设要搞具有地方特色的文化培训，提高图书馆文化建设的能力。图书馆文化建设收集到的特色文化数据库，可以发挥现有图书馆工作人员的能力，组织专业人员编写文化建设方面的杂志、出版物，书籍，也可以从事文化特色研究的课题研究，为地方和国家经济文化发展出谋划策。图书馆已有的馆员研究馆员文化水平和学历比以前有所提高，独立或合作从事文化科学研究的能力已很强。图书馆要发挥这些优势，加强特色文化产品的开发和建设，如各地图书馆都有地方资料性刊物，有的搞地方文化研究，应该让各地图书馆都大力加强地方文化产品的研究开发，加强地方特色资料刊物的建设，促进特色文化的发展。同时还可以让研究馆员定期或不定期地举办地方特色文化讲座，吸引读者听地方文化内容，扩大地方文化开发和建设影响，也要开办地方文化图片艺术展览，扩大地方文化影响，为地方经济社会发展服务。图书馆文化建设上不应在图书馆外表如何有特色，搞外在形式如何特色，而应在图书馆的内部文化、内部的开发和应用上，使图书馆为地方经济文化发展服务。

3. 图书馆文化建设应该把图书馆建成一个学习型环境，学习型场所。我们社会提倡学习型社会建设，图书馆并不只是服务，图书馆更深刻深层次的是学习，要通过图书馆人长期不懈地努力学习，提高自己的文化素养，才能科学有效地整理文化资料产品，才能更好、更科学有效地为读者服务。就图书馆资料部门来说，如果不学习，就不能系统地掌握、汇编、撰写这方面的文章，自然不能更好地为读者服务。因此，也就不可能编撰好资料刊物和撰写出著作。因此，图书馆文化建设，应把图书馆人的学习加强起来，引导图书馆人努力学习，勤奋学习，学习自己喜好的专业，学习社会急需的专业，形成一种良好的学习氛围和习惯，并且把学习作为转化提高能力的一种方式，不断通过学习，提高素养，更好地为国家建设服务，这才是图书馆文化建设的深层次内涵，图书馆内部馆员们应该发挥出近水楼台先得月的优势，利用大量的文化资料加强学习，并产出学习产品。全国各地图书馆都应该这样，这才能提高图书馆文化建设能力，提高图书馆员素质，为地方经济文化服务。现阶段到图书馆去的人少了，网络上的人多了，图书馆人有更多的时间去研究经济文化知识，去深刻领会其内容，更好地开发出产品为读者服务。图书馆人应把精力放学习上，提高素养，搞出更多更好的文化产品，努力为读者服务。本身水平高，提供的产品质量就高，自然就能更好地为文化经济发展服务。

有为才有位，图书馆人通过长期努力学习，不断产出更多产品，有更多为社会服务的产品，自然就会受人尊敬，能吸引更多读者，更能有效地为社会服务。

4. 图书馆是先进文化、新思想观念的发源地。图书馆汇集了中外世界各地的文化知识，它是新思想、新文化的发源地。马克思写《资本论》就是在英国伦敦的图书馆长期研究的结果。我国五四运动和新文化运动的兴起就是在北大图书馆，李大钊、陈独秀、胡适等人发起的。一个新的思想文化、新思想的产生是不可能凭空产生的，它必须有足够的历史文献和历史资料，是文化产品的集聚地，这些产品为优秀人才新思想的诞生提供了场所。陈景润的哥德巴赫猜想的完成也需要大量的图书资料，也是在图书馆内完成的。无论是人文思想还是科技新思想的诞生，都是离不开图书馆资料的，因此，图书馆文化建设应发挥图书馆资料为新思想、新文化诞生而服务的功能。图书馆文化建设就要为新思想、新文化的产生而服务。图书馆人既要产生新思想、新文化，又要为众多新思想文化产品的产生搭建桥梁，努力为新文化思想建设服务。如今是知识经济学习型社会时代，新的思想、文化、新的科学技术产品日新月异，图书馆更应在为新文化、新思想、新科学技术的诞生做出巨大贡献。

5. 图书馆不仅是新思想新科技产生的发源地，图书馆还为文化科技创新提供了土壤。图书馆为人才的培养提供了场所。古人云："三日不读书，便觉面目可憎。"可见古人对学习和图书的认识。现代社会是一个学习型社会，知识不断增加，一个人为了成才，通过学校教育取得成功。许多人特别是大量的大学生是在大学图书馆取得成功的。钱学森在交大建校周年大会上就提出交大图书馆是他成功的摇篮。大学的图书馆是大学生人生起点更是他们成为高级人才的场所，大学生在图书馆中涉猎各种文化科学知识，钻研科技文化，为自己成才，为祖国贡献做出着重要贡献。许多有名的人士回忆自己成功时都离不开大学的图书馆。季羡林教授回忆自己在法国留学时，回忆了图书馆对他成功的贡献。因此，图书馆是一大批热爱学习的人才成功的摇篮。图书馆的设立还为大学生形成良好的生活习惯提供了场所，是一个优良的处所。新时代是一个学习型社会，一个人在一生中要不断努力学习，才能适应社会发展的需要。大学毕业以后，要再学习，图书馆为社会工作人员未入大学校门的有志人员也提供了自我成才的场所。图书馆的社会文化服务功能，就在于能为有志人才提供大量的图书资料，可以让优秀人才去领略其中美的思想意境科学文化精神，促使他们尽快早日成才。图书馆为整个社会人才素质的提高提供了场所，为整个社会人才素质的提高还提供了环境，为形成自学、学习型社会人才培养提供了基础。

6. 图书馆对文化建设的功能，还在于它能净化社会文化环境。如今人们有更多的自由闲暇的时间，自由闲暇时间的支配是一个重要问题，不少人沉迷于娱乐，如麻将、游戏之中，这种社会文化环境对一个民族一个国家的成长是有影响的。记得鸦片战争就是由英国人用鸦片来毒害中国人，使中国沦为半殖民地半封建的国家，而一种优良的文化生活环境能提高民族凝聚力和战斗力，为民族国家富强而做出更大贡献和努力。清政府八旗子弟为何在清末变成无能力的一支军队，就是八旗子弟文化氛围不好，整日纸醉金迷地享乐，缺少忧患意识，缺少奋进精神。而图书馆是提供社会优良文化习惯的场所，图书馆通过图书资料的传播，为民族奋斗学习精神提供了条件。图书馆的文化建设还在于它能直接为社会经济建设服务，特别是在现今农村地区的图书馆，它直接为农民的经济文化科学发展提供了良好的条件。这种文化建设能净化社会环境，还能够提供优良的经济效益。图书馆用科学优良的文化氛围如讲座、展览吸引、净化社会环境，振奋民族精神，增强了民族凝聚力，为社会发展做贡献。

7. 图书馆文化建设，要加强内部人才建设。图书馆是一个文化服务单位，内部人才素质将直接影响服务效果。过去图书馆是安排领导亲属、子女的场所，学历文化水平层次较低，使社会上许多人看不起图书馆。随着社会的发展，人们对图书馆的认识的改变，图书馆馆员们的文化素质将直接影响图书馆的工作状态。因为图书馆要举行讲座、培训，要请文化科技专家名人来宣讲。自己也要宣讲、讲解有关知识问题的专题，图书馆内要进行各种学科的科学研究，人类社会有多少个学科，图书馆就有多少个学科的研究工作人员。图书馆是一个博览全球文化的整体单位，因此，图书馆内人员不能再是一个安排一些低水平低文化的人员，而要选拔各学科优秀人才来图书馆工作，提高图书馆工作人员整体文化水平和水准，同时要不断对现有工作人员进行培训，教育提高文化科学水平。只有图书馆人员的水平提高了，才能更好地为社会主义文化建设服务，才能更好地促使社会经济文化建设发展。试想一个博士对某一个文化资料的收集和整理水平与一个高中毕业生能相比吗？因此，只有加强图书馆内人才培养工作，提高文化水平，才能更好的服务与读者，为文化建设服务。图书馆由于涉猎世界各种文化资源，因此只有加强图书馆内部人才建设，才能有效地整理、宣传、传播这些文化资源，引导人们正确的文化娱乐学习方向，为社会文化建设服务。

# 专业图书情报部门与
# 非物质文化遗产保护
## ——以黑龙江省社会科学院文献信息中心为例

刁乃莉*

（黑龙江省社会科学院文献信息中心  哈尔滨  150018）

**摘 要** 本文以黑龙江省社会科学院文献信息中心为例，探讨专业图书情报部门如何参与非物质文化遗产保护问题。文章从深化认识入手分析非物质文化遗产保护的紧迫性，主张图书情报部门要凭借自身优势有重点地参与此项工作，以收到最佳效果。文章强调了在非物质文化遗产保护工作中多方协调合作的重要性。

**关键词** 非物质文化遗产 保护 黑龙江 社科院 图书情报部门

2011 年 11 月 23 日，在巴厘岛举行的联合国教科文组织会议上，"赫哲族伊玛堪说唱"被列入"急需保护的非物质文化遗产名录"，成为中国第 7 个入选该名录的项目，也是黑龙江省首个入选该名录的项目。伊玛堪被誉为"北部亚洲原始语言艺术的活化石"，它以独特的艺术形式忠实而传神地记录了赫哲人的渔猎生活、风土人情和爱情故事。它与藏族的《格萨尔》、蒙古族的《江格尔》一样是赫哲族的英雄史诗，是中华民族文化传统的重要组成部分，也是全人类共同的文化遗产和精神财富。本文以黑龙江省社会科学院文献信息中心为例，探讨有别于公共图书馆或高校图书馆的专业图书情报部门如何参与非物质文化遗产保护的问题。

---

\* 刁乃莉，女，1963 年生，黑龙江省社会科学院文献信息中心，综合信息部主任、研究馆员。

# 1 深化认识，增强保护非物质文化遗产的使命感和紧迫感

## 1.1 保护非物质文化遗产，是世界各国普遍重视和顺应的时代潮流

当今世界综合国力的竞争愈演愈烈，这更加突显了文化的地位和作用。各国都高度重视发展本国文化，努力扩大本国文化在世界的影响力，文化作为一个国家的软实力，在世界范围已形成共识。随着我国国际地位的日益提高和经济发展方式的转变，面对激烈的综合国力的竞争，我们只有大力弘扬中华文化增强其国际影响力并切实形成与我国大国地位相衬的文化软实力，才能在综合国力竞争中立于不败之地。保护非物质文化遗产是发展中华文化的重要组成部分，顺应时代潮流，从实际出发，切实抓好非物质文化遗产的保护工作是我们必须面对的重大课题和使命。

## 1.2 保护非物质文化遗产，是贯彻落实党的十七届六中全会精神和国家"十二五"时期文化改革发展规划的重要内容

党的十七届六中全会通过了《中共中央关于深化文化体制改革推动社会主义文化大发展大繁荣若干重大问题的决定》，继而遵照党的十七届六中全会精神编制了《国家"十二五"时期文化改革发展规划纲要》。这充分反映了对当今世界各种思想文明观相互融合又相互碰撞的现实的清醒认识，对我国经济发展和人民生活水平提高之后人民对文化发展需求的充分理解，以及对人民文化呈现多元和多样化态势的充分关注。这也反映了在全面建设小康社会的关键时期和改革开放不断深化、经济发展方式转变的时候提出文化大发展大繁荣的问题，事关国家发展战略全局。保护非物质文化遗产是文化大发展大繁荣的重要组成部分，是贯彻落实《规划纲要》的重要内容。特别是《规划纲要》还提出了对濒危项目实施整体保护的具体措施要求。因此，对相关机构和部门来说，参与非物质文化遗产的保护工作是义不容辞的应尽义务。

## 1.3 非物质文化遗产的自身特点和普遍状况要求对其进行保护甚至抢救

比如伊玛堪这种非物质文化遗产，其传承人健在者所剩无几，而且其所属的赫哲族没有文字。在这种情况下，如果对其不进行保护甚至抢救，

伊玛堪就像不可再生资源一样永远地消失了，而且很难留下痕迹。这个问题在非物质文化遗产中具有普遍性。因此，对待非物质文化遗产的保护工作应该有紧迫感。

### 1.4　参与非物质文化遗产的保护工作是各类图书情报部门职责范围的内在要求

非物质文化遗产包含各种各样的形式和内容，但图书情报部门的性质、优势及特点决定了可以在这项工作中发挥如《规划纲要》所明确强调的独特的、不可替代的作用。因此，图书情报部门要有使命感，应该积极参与到非物质文化遗产保护的工作中去。

## 2　发挥优势，突出重点，使参与工作更有效果

非物质文化遗产的抢救保护工作，是一项庞大的系统工程，伊玛堪的抢救保护工作就是如此。这项工作需要众多部门、机构的协调配合。任何一个单独部门或机构都无法包打天下或越俎代庖。因此，相关部门、机构只有从各自部门或机构的性质和特点出发，充分发挥各自优势，才能把这项工作抓得富有成效。黑龙江省社会科学院文献信息中心只有从黑龙江省社会科学院的机构性质和职能出发，从其下属的作为图书与情报二位一体的文献信息中心本身的特点出发，发挥优势，突出重点，在开展抢救和保护伊玛堪工作中才能发挥好独特的、不可替代的作用。

### 2.1　独特的角色定位

2004 年，"根据《中共中央关于进一步繁荣发展哲学社会科学的意见》精神，地方社科院应该是地方党委和政府的思想库。根据这种定位，地方社科院应该把为地方党委和政府的决策服务作为自身科学研究的重要任务和主攻方向。为此，地方社科院的情报资料部门也应该把为地方党委和政府的决策服务作为重要任务和主攻方向。"这种独特的角色定位使得省委省政府领导对我院工作的支持十分便利，也让上级主管部门对我院工作的指导更为直接。去年底，依托黑龙江省社会科学院成立了黑龙江伊玛堪研究中心，省委宣传部领导出席揭牌仪式并讲话，对中心的任务和目标提出了明确要求，这使我们伊玛堪研究工作在得到上级领导的适时指示方面拥有得天独厚的优势。

### 2.2　"三贴近"的科研理念

近年来，黑龙江省社会科学院始终坚持"三贴近"原则，专家学者走

出书斋、深入基层、用丰富的社会实践认识世界、传承文明，丰富了"走基层、转作风、改文风"的内涵。他们不但推进了事业的又好又快发展，更是在服务全省经济社会发展大局上下工夫，使之真正成为了省委、省政府"用得上、信得过、靠得住、忘不了"的思想库和智囊团，从而走出一条适合自身特点的理论与实际相结合的创新之路。黑龙江省社会科学院正因为有着这样一种与众不同的科研理念，才真正迈开争创地方一流社科院的步伐。这是黑龙江省社会科学院承担并完成各项科研任务包括伊玛堪研究的一大优势。

### 2.3 良好的基础条件

黑龙江省社会科学院作为专门的综合性社会科学研究机构，拥有一支实力较强的科研队伍和11个门类比较齐全的研究所。300多人的科研人员中取得正副高级职称的科研人员近一半，青年科研人员普遍拥有硕士学位，取得博士学位者与日俱增。每年发表的论文数量在全国地方社科院中位居前列。11个研究所中有好几个研究所和更多学科领域与伊玛堪研究相关。特别是伊玛堪研究本身，多年来在我院已形成三代学者薪火相传，先后完成了《赫哲族文学》、《赫哲绝唱：中国伊玛堪》等赫哲族伊玛堪说唱研究学术专著5部，确立了赫哲族伊玛堪说唱研究在国内的领先地位。以上各方面又构成了黑龙江省社会科学院研究伊玛堪的一大优势。

### 2.4 较强的社科情报加工能力

院属文献信息中心，是上世纪九十年代中期由原院图书馆同院情报研究所合并而成，是一个图书情报一体化的机构。多年来的图书情报工作实践使得中心人员的专业素质和能力大幅提升，全中心近30人，一半以上具有正副图书情报系列专业技术职称，年轻人多为中级职称，新毕业的大学生也多为在职读硕士研究生。同时，中心人员普遍熟练掌握现代技术手段，在处理图书情报资料进行情报加工和数字化处理方面拥有优势。

### 2.5 较先进的现代技术设备

文献信息中心拥有一整套先进的现代化设备足以用来处理图书情报资料的整序加工、数字化处理、存储和安全妥善保存等。特别是随着黑龙江省社会科学院办公大楼明年竣工，文献信息中心在现代化设备的硬件配备方面会更上一个档次。届时，无论在规模还是在技术水平上都将发生更加喜人的巨大变化，从而使对非物质文化遗产伊玛堪原始资料的记录、整理、加工，以及数字化处理、存储工作更加规范和更加安全。这也是一个优势所在。

认清和充分发挥好以上优势，还要从黑龙江省社会科学院和所属文献信息中心的实际出发，突出重点，做好以下几方面工作，文献信息中心才能在非物质文化遗产伊玛堪的抢救保护中更好地发挥不可替代的作用。

### 2.5.1 紧紧围绕伊玛堪研究开展情报工作

黑龙江省社会科学院作为省级社会科学专门研究机构，在参与非物质文化遗产的保护工作中其工作重心在于推进和引领对非物质文化遗产保护的研究，努力成为这一领域研究工作的权威机构。这是这一机构的性质、特点和优势决定的。在这方面与同一级别的省级文化厅、省档案局以及省新闻出版局等部门在工作重心上是不同的。其所属文献信息中心只有紧紧围绕本院伊玛堪研究开展情报工作，才能有明确的工作方针、工作方向和工作重点，以及情报加工的明确针对性。伊玛堪研究是文献信息中心工作的基础和前提条件，同时伊玛堪的研究成果又是文献信息中心的工作对象。因此，伊玛堪研究水平和成效决定了伊玛堪情报工作的水平和成效，而伊玛堪情报工作的水平和成效也会影响伊玛堪研究工作本身。两者相辅相成，相互制约又相互促进。

### 2.5.2 突出重点，加速资料库建设

文献信息中心作为院属图书情报部门，现阶段的工作重点是加速资料库建设，这是开展伊玛堪研究的基础性工作，是加强伊玛堪研究工作的新起点。从1930年凌纯声博士调查松花江下游赫哲族伊玛堪算起，黑龙江伊玛堪研究已有八十二年历史。经过几代民间文学工作者的努力，伊玛堪研究不断深入，成果累累。半年来，文献信息中心已收集到研究伊玛堪和赫哲文化著作40余种，研究伊玛堪的论文百余篇，收集采录照片、歌手照片、著作封面照片百余张，另有一盘录像《赫哲绝唱》，为伊玛堪数据库建设奠定了基础。

### 2.5.3 重在加强情报分析研究

社会科学情报分析研究或称情报研究，是伴随20世纪科学发展而迅速发展起来的。其研究成果主要有综述和述评两种形式。综述是"就某一问题或某些问题，从一定时期内相当大量的专门选定的原始文献中摘取情报，利用这些情报对问题进行综合性描述。综述以其高度概括性、浓缩性、客观性以及论题明确性特点倍受科研人员青睐。述评是"分析性综述"，是"对原始文献中全部情报作出全面分析、有论证的评价，并就如何利用这项情报提出有根据的建议的综述"。综述重在对原始文献内容的概括和客观叙述，述评除对原始文献内容的客观综合叙述外，更重在评

论，两者均属研究性高级情报产品。围绕伊玛堪研究加强研究性高级情报研究应该是情报工作的重点。这是因为，一是伊玛堪研究已有八十多年的历史，对已有成果进行概括性总结分析，对进一步推进和深化伊玛堪研究很有必要；二是网络环境下初级情报产品已经不能满足情报用户需求；三是经过上世纪八十年代以来三十多年发展，文献信息中心作为图书情报部门队伍在不断壮大，水平在不断提高，有能力承担这类情报研究工作。

### 2.5.4　采用现代技术手段对伊玛堪各种形式的文献进行妥善安全的收藏

非物质文化遗产的一个共同特点是如不加以保护甚至抢救，就有可能完全消失且不留痕迹。因此，采用现代技术保护非物质文化遗产伊玛堪，使之永久存储在各类文献中，包括光盘、磁带、摄像、录音，使其声音、影像等原生态保持不变，这是非物质文化遗产保护的一个最终目标。采用现代技术手段就是为使这种存储收藏更加安全可靠。

### 2.5.5　建立完善相关规章制度、形成伊玛堪保护工作的长效机制

在参与保护非物质文化遗产过程中不断总结经验，摸索工作规律，逐步建立起切实可行的相关规章制度很有必要。制度是保障，可以防止因领导更迭，具体工作人员变动而造成这项工作的盲目变动或停歇。同时，在长期探索中逐渐形成这项保护工作的长效机制则更有利于这项工作的可持续开展，而且应该把这项工作纳入部门发展规划中，把非物质文化遗产保护作为长期工作真正落到实处。

## 3　进一步更新观念，从实际出发，探索组织协调多方合作机制

非物质文化遗产伊玛堪保护工作，是一个庞大的系统工程，它需要相关部门在统一指挥和部署下，通力合作、协调配合。只有这样，才能把这项工作抓好抓实抓出成效来。黑龙江省社会科学院作为伊玛堪研究实体，文献信息中心作为院属图书情报部门，在考虑自身工作的时候应该站得更高一点，视野更宽一些，看得更远一点。

### 3.1　思想要进一步解放，观念要更新

思想认识是行动的先导，抓好非物质文化遗产的保护工作，思想进一步解放是前提。伊玛堪研究已有八十多年历史，现有以黑龙江省文化厅为代表的抢救保护伊玛堪的专业机构以及不久前黑龙江省批复的"赫哲族文化生态保护试验区（省级）"田野基地，如何与上述两个机构实现圆满对接，是以黑龙江省社科院为依托的黑龙江伊玛堪研究中心值得认真思考的

问题。为此，要强化系统观念，在保护伊玛堪整体系统工程中发挥好伊玛堪研究的子系统的功能。要树立大局意识，从全局出发，思考和开展局部工作。要有创新思维，认清省社科院科研工作为省委省政府决策服务和为社会服务的一致性。

### 3.2　既要突出重点，也要兼顾一般

相对于整个伊玛堪保护工作而言，黑龙江省社科院承担的是伊玛堪研究任务，重点是进一步深入研究伊玛堪历史文化的原貌，努力获得新发现，形成新理论，准确还原伊玛堪的历史真实。在与其他伊玛堪保护机构对接时，黑龙江省社科院仍然是主要承担研究任务，但更应该兼顾研究伊玛堪对现实的影响和可利用的价值，探讨为黑龙江省现实的经济、社会和文化服务的方式和途径。

### 3.3　探索协调工作机制，为合作开展伊玛堪保护工作提供制度保障

马克思多次指出，协作会产生新的生产力，对于保护非物质文化遗产伊玛堪这样的系统工程而言，情况就是如此。只有开展多方合作，彼此密切配合，才能使参与方在充分发挥各自优势和独特作用的同时，更要使整个保护工作这一庞大系统工程收到最佳效果。因此，在多方合作中探讨组织协调规律并逐步形成有效的工作机制也是不容忽视的重要任务。

### 参考文献

［1］刁乃莉．对网络环境下社科情报服务的探讨［J］．情报资料工作，2007．（6）：93．

［2］朱伟光．善思者 行无疆——黑龙江省社会科学院"走转改"活动纪实［N］．光明日报，2012－5－17（1）．

［3］［苏］A. N. 米哈依洛夫，等．科学交流与情报学［M］．北京：科学技术文献出版社，1988．

# 图书情报机构在智库中的前端作用

吴育良*

（浙江省社会科学院图书馆　杭州　310025）

**摘　要**　文章从三个方面论述了作为智库信息资源提供者和管理者的图书情报机构如何在智库研究中发挥前端作用。第一部分，从文献的收集、资源门户网站的建设、智库研究成果的保存三个方面论述了图书情报机构是智库的信息基源。第二部分，从制定检索策略、确定研究策略和分析方法、信息的个性化定制与推送服务三个方面阐述图书情报机构是智库的信息服务平台。最后论文通过引用率这一指标探索图书情报机构所承担的智库报告的效果评价功能。

**关键词**　图书情报　智库　作用

智库，又称为思想库，其英文称为 Think Tank，是指由各学科专家组成，为决策者在处理经济、政治、文化、社会、军事、外交等各方面问题出谋划策，提供最佳思想、理论、方法和策略等的咨询研究机构。第二次世界大战以来，世界各国智库获得了较大发展。在西方，各种类型的智库，如美国的关闭兰德公司、胡佛研究院，以及英国的伦敦国际战略研究所、皇家国际事务研究所等，都在本国政治、经济、文化、军事等舞台上发挥着越来越重要的作用。进入 21 世纪以来，在新一轮经济高速增长和社会矛盾凸显的关键时期，中国的智库发展进一步得到了党和国家领导人的关注和重视。

智库的知识再生产过程要得以进行，离不开知识资源的支持。智库知识产生过程中，不但要占有和掌握全面而准确的信息资源，要采用有效的检索策略，而且还要利用科学的方法对数据和信息进行分析，才能保证研究结论的可靠性。作为智库信息资源提供者和管理者的图书情报机构，其不仅仅只是智库的信息基源，为智库学者提供资料的收集与管理服务，也作为智库的信息服务平台，参与智库知识的生产的全过程，为智库知识的

---

*　吴育良，男，1978 年生，硕士，研究方向为信息检索与咨询，发表论文数篇。

生产制定检索策略、研究策略以及为智库学者提供个性化的信息服务。智库知识产出后图书情报机构还需参与智库成果的管理工作，特别是承担智库报告的效果评价功能。

# 1 图书情报机构是智库的信息基源

要保证智库研究结论的可靠性和高效性，确保其数据资料完整、信息的可及性变得尤为重要。

## 1.1 文献资料的收集

文献资料采集是整个智库研究活动的前提和基础，能够得到准确而全面的信息是智库能否生存和发展的关键，也直接关系到智库成果的质量。20世纪中叶，美国对华政策的失败缘于其只有规模极小的汉学文献资料，且侧重于中国古代历史和文化，当代中国的文献资料缺失。这种状况造成美国智库及决策者在当代中国问题方面缺乏智慧，使得美国政府根本不可能制定出切合实际的远东政策。从20世纪初到第二次世界大战前，数届美国总统，包括罗斯福、塔夫脱和威尔逊的远东政策都无法取得最后的成功。

图书情报机构作为文献资料收集、整理、保存及传递的重要场所，是智库知识来源的重要途径，在智库研究中具有举足轻重的地位。国外的智库都十分重视图书馆建设。在这一方面比较有代表性的智库非胡佛研究所莫属，胡佛研究所（Hoover Institution）是胡佛战争、革命与和平研究所（The Hoover Institution on War, Revolution and Peace）的简称，其前是"胡佛战争图书馆"，目前拥有70多名图书馆和档案管理员，包括9个图书馆、160万册藏书、6万个微型胶卷和2.5万种期刊，共约4000万件的珍贵档案。英国的国防智库皇家三军联合研究所（RUSI）在业内之所以享有名气，正是因为其军史图书馆收藏着从18世纪到21世纪、从克里米亚战争到冷战时代不同时期的军事典籍。新加坡东南亚研究所（Institute of Southeast Asian Studies, ISEAS）图书馆在很多ISEAS的年度报告中更是被描述成"该所的智慧中心"、"该所的心脏"、"该所研究设施的核心"、"该所研究支撑的基石"。因为它馆藏了始于19世纪以来的50多万册有关社会科学方面的综合性研究资料，尤其是关于东南亚的，成为该地区独一无二区域图书馆和信息中心。

## 1.2 资源门户网站的建设

智库学者需对当前社会的政治、经济、社会、军事和外交领域等热点问题保持敏感，对政策制定者的需求作出及时的反应，智库学者研究覆盖的范围日益广泛，其所需占有的信息资源也需不断扩展。特别是随着计算机与网络技术的飞速发展，智库学者也越来越多的依赖网络获取信息。然而网络资源日益丰富，信息数量的爆炸式增长，一方面为智库学者获取大量信息提供了广阔的空间和极大的便利条件，但另一方面，也加剧了大量无效信息及垃圾信息的出现，造成信息领域内鱼龙混杂的混乱局面。在这种情况下，作为智库信息服务部门的图书情报机构应利用各种信息搜集和加工技术，将一些无序、有用的知识从浩如烟海的信息中提取出来，按学科主题或学术资源体系等对其进行搜集、分类、组织和有序整理，按照方便智库学者检索的原则，向智库学者提供有关资料的的分布情况，指引智库学者去查找和利用。正是顺应智库学者的这一需求，图书情报机构应根据智库学者研究方向有选择的建设资源门户，资源门户网站的建立，可以节省智库学者查找信息线索的时间，使智库学者能够很方便、较全面地了解和获得某一学科或主题的相关资料。

### 1.3　智库成果的保存

收集全球智库成果信息和数据，追踪智库发展动态及其未来趋势是近年来图书情报机构的新议题。据美国宾夕法尼亚大学 2009 年年初发布的《全球智库报告》显示，目前全球共有 5465 家智库，这些智库每年都要生产数以万计的研究成果，智库的成果包括：书籍、报告、论文、期刊等。如，兰德公司每年要发表 350—450 份研究报告以及大量的论文和专著，对外关系委员会主办的《外交》、卡内基国际和平基金会的《外交政策》、战略和国际研究中心的《华盛顿季刊》、布鲁金斯学会的《布鲁金斯评论》、兰德公司的《兰德评论》等在世界上影响极为广泛的定期出版物。这些智库成果本身就是很好的研究素材，含有大量宝贵的一手材料，能够帮助智库学者看到一般人难以看到的"真相"，是开展具体调研之前的重要文献依据。

美国的兰德公司图书馆收藏了 134 000 份报告。瑞典的斯德哥尔摩国际和平研究所图书馆收藏了大量报告、丛书、会议论文集和国际上的官方出版物在内的"灰色素材"。该馆还与世界上 400 多所研究所和机构有交流协议，这使得其收藏的部分资料是其独有的，在瑞典其他图书馆找不到。作为信息提供者与管理者的图书情报机构，应尽可能的收集全球智库成果的信息和数据，建立智库成果收藏机制，为智库研究者提供足够的智库成果信息。

## 2　图书情报机构是智库的信息服务平台

智库要生产和提供高质量的决策知识，就必须尊重科学，采取科学、规范的咨询研究方法和程序。

### 2.1　制定检索策略

智库项目确定之后，其主要任务就是资料和数据的搜集，图书情报机构应参与到这一过程，为智库项目制定检索策略。智库项目的检索策略，就是在分析智库项目问题的基础上，确定检索的数据库、检索的用词，并明确检索词之间的逻辑关系和查找步骤的科学安排。

检索过程的首要环节，就是要明确智库项目的课题需求，特别是潜在的、模糊的需求。图书情报机构要进行智库研究者需求分析，分析智库项目的目的，通常有几种类型：一是影响政策制定的智库项目，对这样的课题，应明确智库项目形成和发展的政治社会背景；二是学术型智库项目，对这样的课题，应分析其涉及学科范围和专业面。需求分析完成后图书情报部门就可以基本确定课题所涉及的主要学科范围、相关学科范围、交叉学科范围，并根据数据库的主题收录范围进行选择。此外，图书情报机构还需根据智库项目对文献的新颖程度要求，查全查准要求选择最专指的数据库。明确检索需求后，还需要对智库项目的具体内容作主题分析，这是正确选用检索词和逻辑算符的的关键，它将决定检索策略的质量并影响检索效果。主题分析就是对智库项目进行主题概念的分析，并用一定的概念词来表达这些主题内容，同时明确概念与概念之间的逻辑关系。主题分析要注意概念的表达要确切，要找出核心的概念组面，排除掉无关概念组面，特别是要找出隐含的重要概念，最后还需明确是逻辑"与"、逻辑"或"还是逻辑"非"的关系。所有这些完成后就可以编制检索表达式进行检索。

事实上，在构造检索策略过程中，要涉及到许多方面的知识与技能。诸如，对检索课题的明确程度，对检索课题的分析；对数据库及其系统特性和功能的掌握；编制逻辑检索式的技巧以及调整检索策略的方法等方面都会影响检索的整体效果。因此，制定检索策略是一种全面的知识与技能，也是一种经验。而图书情报机构的工作人员往往具备了这种技能和经验，通过他们一般可以获得比较好的检索效果。

### 2.2　确定研究策略和分析方法

智库知识的产生需要借助并使用科学的分析工具来制定研究策略。早在第二次世界大战前后，兰德公司的"兰德计划"就曾把"运筹学"应用于战事分析与战略制定，并首次提出运用了"系统分析"方法，取得了良好效果。图书情报机构工作人员接受过专业的信息分析教育，历经长期的信息分析实践，熟悉信息分析方法，具备信息分析、信息组织素质能力，可以快速将信息转化为知识、情报、谋略。图书情报机构工作人员运用其掌握的信息分析方法服务智库知识的生产过程表现为：一是定量、定性信息分析方法已经成为越来越重要的智库研究方法；二是信息分析中广泛采用的问卷、数据库检索等更为实证的数据搜集手段以获得第一手的数据；三是发现因果关系和验证理论假设的回归信息分析方法已出现中智库研究中；四是信息分析的比较研究方法被智库研究引用，用于对本国及他国的智库研究进行对比、分类与归纳。此外近年来，伴随着科技进步、经济发展所带来的各种社会问题的日益增多及其越渐复杂化，政策决策者所需要关注和解决的问题出现了一些新特点，其中的很多问题已不再拘泥于某一个或某向几个传统领域，其影响的范围和领域也往往会波及众多领域。图书情报机构工作人员顺应这一变化不断探索和创新新的智库研究方法，如，采用多学科手段来对智库加以综合研究以及"集成政策分析"。"集成政策分析"就是将智库研究中的一些具体方法，如问题结构法、监测法、评估法、预测法及推荐法等加以综合以提高其工作价值方法。

### 2.3　个性化定制与推送服务

随着社会信息化、数字化的不断前进，智库学者对图书情报机构信息诉求也发生了显著的变化，不再满足于简单的文献信息检索与提供，而是需要经过筛选与深加工的个性化信息。他们重视的不再是馆藏文献信息资源的规模而是对自己信息需求的满足程度，因而希望图书情报机构能够提供在一定历史条件下的信息内容、更个性化的信息获取方式、更深层次的信息服务和信息产品以及更高的信息服务效率，希望一步到位地、无缝地、个性化地获取所需信息。个性化信息服务的根本就是以用户为中心，以用户为中心要求作为智库信息提供者的图书情报机构的服务方向与措施是以智库学者的个性特征需求为牵引的，不仅要能根据智库学者提出的要求提供最贴切的信息服务，还要能通过分析智库学者特征和信息使用习惯等，主动收集智库学者可能感兴趣的信息，并以个性化方式显示给智库学者。

信息推送服务是指图书情报机构利用现代化的手段、跟踪和分析智库学者的信息需求，利用丰富的网络信息资源优势，通过多种途径收集信息，并对这些信息进行分析、整理后，采用推送技术主动将信息传递给智库学者。

## 3　图书情报机构承担智库报告的效果评价功能

智库从 20 世纪后半叶开始在政策制定中发挥的作用越来越重要，但如何衡量智库的作用和影响是十分困难的。因为智库多为应用对策研究，不可能象自然科学那样直接转化为生产力，更缺乏一套转化为生产力、体现其应用价值的制度安排。衡量智库成功与否不能可能象企业一样使用利润指标，而要看他们在多大程度上影响了公共观念和现行政策。国外的一此些学者，包括美国外交政策研究所的资深研究员迈克甘、加拿大著名学者布尔森等都对如何评价智库效果进行了积极的探索。2002 年埃布尔森发表了专著《智库能发挥作用吗？公共政策研究机构影响力之评估》一书。在这本著作中，埃尔森进行了研究方法上的创新，他通过观点被主要媒体的引用率和出席国会听证会的次数，定量也分析了不同智库（加拿大和美国）的政策影响力。埃布尔森为我们提供了一种全新的智库报告效果评价方法。引用率、被引频次、影响因子、他引率等原均是图书情报机构用以作为论文或期刊被使用或受重视程度的的评价指标。埃布尔森正是借鉴图书情报机构的评价指标创新性的作为智库报告影响力的评价指标。

这也为智库的图书情报机构参与智库报告的效果评价提供了可能，图书情报机构可以利用引用率统这一指标对智库的报告被媒体引用情况进行统计和排名，并加以分析用以评价智库报告的效果。

## 参考文献

[1] 李建军，崔树义. 世界各国智库研究 [M]. 北京：人民出版社，2010.

[2] Library & Archives [EB/OL]. [2012 - 06 - 15]. http://www.hoover.org/library-and-archives.

[3] 记者走进英国顶级军事智库 英美防务互动深度惊人 [EB/OL]. [2012 - 06 - 15]. http://news.xinhuanet.com/mil/2012-02/03/c_122653718.htm.

[4] 李轶海. 国际著名智库研究 [M]. 上海：上海社会科学院出版社，2010：292.

[5] 金芳等. 西方学者论智库 [M]. 上海：上海社会科学院出版社，2010：139.

[6] 朱旭峰."思想库"研究：西方研究综述 [J]. 国外社会科学，2007，(1)：60—69.

# 推动信息进化
## ——当代中国情报学的核心价值所在

肖 勇[*] 付广华

（华南师范大学经济与管理学院 广州 510006）

**摘 要** 中国情报学的核心价值体现为有效推进处于知识进化这一认知思维层面上的具体的"Information 的 Intelligence 化"或者说将前者纳入在内的更为广义的抽象的信息进化，这已经构成了中国情报学这一学科的安身立命所在。中国情报学要以此为基点来进行自身的学科定位以及相应的学科建设

**关键词** 信息进化 知识进化 核心价值 情报学 学科定位 学科建设 中国

## 1 关于"信息进化"

### 1.1 信息进化的哲学解读

"信息"至今很难有一个统一的定义。通常情况下，信息或是从认识论角度而被视作为存储在人类社会之中的对于客观世界之映像；或是从本体论角度而被视作为是对物质属性的反映。在哲学上，通常是将信息与物质、能量相互并列，并认为宇宙是由这三者所构成。

信息哲学界认为宇宙并存着物质与信息的双重进化，指出：作为信息载体的物质在形态演化的同时，也在进行相关信息的演化。演化/进化在信息层面上就是信息产生、耗散和积累的过程。信息的演化存在两种方向：向上的有序演化和向下的无序演化，即信息的进化和退化。其中信息进化表现为信息的凝结、重构和积累。虽然信息进化过程会伴随有小部分的信息耗散，但对于一个系统来说，其结构在这种类型的过程中所实现的主要是信息积累性的进化。在该进化过程中，信息在进化的品级上也是较

---

[*] 肖勇，男，华南师范大学经济与管理学院，副教授、硕士研究生导师。

高的,有序性得以增强。对此,信息哲学界特别强调:"宇宙的原始爆发、重元素的渐次形成、星系的形成和演化、生物的产生和进化、思维能力的产生和发展、人类社会的形成和发展,都是沿着信息积累和信息进化品级增高的有序化方向进行的。"

信息哲学界还认为:信息进化论不仅可以作为一种哲学概括,也可以作为一种系统演化学说;信息进化论的基础是信息运动变化基本规律,涉及信息守恒与转换规律、信息传播规律、信息效应规律和信息增强规律,而其核心是信息增强规律——微弱的有序(即只拥有微小物质量、能量的信息,因为太微弱而不能表现为明显的有序)同强大的无序(即虽然拥有强大的物质量、能量,但因缺乏信息而只能表现为无序)两者的结合,便可以产生两者各自都不具备的"明显的有序"这一东西,换言之,也就是说前者吸取了后者因而增强为强信息,表现为强大的有序,从而导致了有序的产生;信息作为运动的质,作为自然界固有的产生有序之能力,它仍然可以通过创造高层次的有序性(按信息增强规律)而使系统有序增长,即实现进化。

总之,我们将以上信息哲学界中的信息进化论主要观点归纳为两个方面,即(1)处在信息本身这一层面上的信息进化,这表现为面向有序的信息产生、耗散和积累,或者说是沿着有序化方向而进行的信息的凝结、重构和积累。前面所提及的"思维能力的产生和发展"即为此典型案例。(2)依照信息增强规律,信息与物质相结合,微弱的有序与强大的无序相结合,通过创造高层次的有序性,以信息进化来带动物质进化,从而使整个系统有序增长,即实现整个系统进化。前面所提及的诸如"星系的形成和演化、生物的产生和进化、人类社会的形成和发展"等即为此典型案例。

与上述信息哲学界所进行的信息进化研究密切相关的则是哲学界所从事的知识进化研究。英国的卡尔·波普尔专门进行了属于知识进化哲学范畴的有关知识增长之哲学研究,他指出,"科学知识增长并不是指观察的积累,而是指不断推翻一种科学理论、由另一种更好的或者更合乎要求的理论取而代之",而且"连续性增长是科学知识的理性特点和经验特点所必不可少的"。此外,波普尔还认为问题是推动知识增长的动力,即不断深刻的问题推动这知识的不断发展和进步。在卡尔·波普尔的知识增长研究基础之上,国内哲学界从事知识进化研究的学者何云峰更进一步地指出:知识的增长与人类认识过程是重合的,表现为质的增长和量的增长,其中,知识量的增长是指"一定历史阶段人类全部知识总容量的增加",

而知识质的增长则是指"一定历史阶段的人类知识相对以前的某一历史阶段在深度和知识真理度方面的提高"，此外，知识的增长只有与特定的历史阶段联系起来，即知识必须与具体的时空点相联系才有意义，等等。学者何云峰还特意强调了"知识的增长可以看成是人类认识水平的进步与发展"，而属于人类认知范畴或者说认知论范畴的知识的这种向上式的增长则可以视为知识的进化——"知识的进化和增长就是人类认识结果的进化和增长"、"知识的增长可以看成是人类认知水平的进步与发展。但衡量认识水平只能用认知和思维的结果作为参照系。这样，人类认识水平的进步与发展就具体化为知识的进化。从这个意义上讲，人类认识过程跟知识进化过程是重合的，即两者是同一个过程"。

从哲学角度来审视并对上述信息进化研究和知识进化研究两者进行对比，不难发现，从概念的内涵和外延角度看，信息进化涵盖知识进化——知识进化只是信息进化的一种特殊形式，这是因为，一方面，信息的范畴要大于知识范畴，信息遍布于无机世界和有机世界，而知识则是与人类社会中相关的认识相关的范畴；另一方面，处在人类认知范畴的知识进化仅仅只是从认知论角度出发来对于处在信息本身这一层面上的信息进化所做的一类具体解读或阐释罢了，哲学界所从事的知识进化研究并不涉及到信息进化论中的信息增强规律，即以信息进化来带动物质进化，从而实现整个系统进化这一方面。因此，强调人类认识实现创造性突破的知识进化哲学研究只是从属于信息进化哲学研究的一个特定子集罢了，或者换言之，知识进化哲学研究仅仅只是从认知论角度出发所进行的围绕着"思维能力的产生和发展"的这一类型信息进化哲学研究。

## 1.2 信息进化的管理学解读

信息概念的形成以及对信息的获取、传递和开发利用，在人类社会的进入文明时期以后就开始了。随着社会的发展，信息已经成为当今社会发展不可或缺的要素和社会资源，日益重要的无处不在的信息资源推动者人类社会逐渐从农业社会、工业社会步入进信息社会。在信息社会里，信息成为社会最重要的生产力要素之一，逐渐形成了以信息经济、知识经济为主导的经济形式。然而，日益引起人们重视的信息超载、信息噪音等问题在一定程度上降低了人们利用信息的效率。如何更高效的获取、组织和使用信息，即如何有效地管理信息，已经成为当今社会的一个重要话题和亟待优化、解决的问题。而解决这些问题则使得"信息管理"实践以及相应的信息管理学理论研究应运而生。

　　信息管理是通过有效实现管理活动系统中的信息之优化，从而最终达到更好地指导管理实践之目的。源自于信息管理实践的信息管理学理论研究的产生则是顺应现代社会信息化发展趋势的必然结果。信息管理学是由情报学与其它相关学科（如管理信息系统、新闻学、传播学、出版发行学等）以"信息"为基点而整合而来的。信息管理学与情报学两者存在联系，但又具有各自不同的学科内涵和研究侧重点，彼此均具有自身学科特色与方向，彼此也均具有学科的独立性；不能用信息管理学代替情报学，两者应并架齐驱，共同发展；信息管理学在广度上超过了情报学，而在深度上则逊于情报学。二者之间不是一种取代关系，而是一种衔接关系。信息管理学适用面更广，故更适合于作为一个本科专业来设置。情报学则更需要有相关学科的背景知识和信息管理的基本知识及技能，故较适合在研究生层次上来设置该专业。

　　而在信息管理实践和情报实践，以及相应的信息管理学理论研究和情报学理论研究中，则客观存在着一条"信息进化链"，简称"信息链"——"信息链"是由事实（Fact）、数据（Data）、信息（Information）、知识（Knowledge）、情报/智能（Intelligence）五个链环构成。五个链环，即信息存在的五种形式，构成了信息逐级系统进化的过程。这条"信息进化链"也被国内管理科学界称之为"知识进化"链条，或者被国内情报学界另称之为"信息资源转换"链条。

　　之所以会客观存在着这么一条"信息进化链（信息链）"，这是因为，信息的内涵和外延很广，大到在社会日常生活管理，小到信息管理实践和情报实践，均会客观存在信息的不同存在形式。而正是信息的不同存在形式导致了其包含的有序性、规律性等差别不一，其结果，其各存在形式的使用价值也就各有不同。具体说来，在此"信息进化链"中，（1）事实是人对客观环境中的对象的直接意识反映，其具有直观性；（2）数据是依据事实中所内含的联系、规律而对其进行的编码化、序列化、结构化等所得到的信息组织形式。数据已经对事实进行了简单的抽象化、精细化、有序化的处理。因此，本身没有语义内涵的数据，只有结合实际通过对数据背景和规则的解读才能获取信息；（3）信息是包含语法的数据等在信息媒介上的映射；（4）知识是对信息的加工、吸收、提取、评价的结果，是对事物运动状态和状态变化的规律的深层次反映；（5）情报/智能则是具备指导实践价值并能带来效益的知识。

　　从内涵和外延看，一方面，信息进化链上的以上各形态存在了包含关系——情报或智能属于知识范畴，是信息的一个子集，而数据又包含信息，这些信息形态又可以被视为具有某些特定属性的事实。除事实之外，每种信息形态所承载的信息除了继承了低一级的某些属性和内容之外，还具备更高级的属性（相对于低一级的信息形态而言）。另一方面，信息进化链中的各组成部分还存在着转化关系和层次关系。以事实形态存在的信息是信息的起点，事实经过一系列的人为加工阶段依次以数据、信息、知识、情报/智能的方式呈现出来。从事实到信息进化链末端的情报/智能，在信息形态的变化表象下，信息的内部逻辑、组成结构、内涵的丰富性等方面都在其前一阶段的基础上有了不同程度的变化和提升。这种向上方向的逐级转化过程即便构成了"信息进化"。

在"信息进化链"中，整个链条的下游（通常信息是以事实、数据等形式存在）可以视为信息的初级形态（这类信息具有直观、无序、冗余度大等特征）；整个链条的上游（通常以知识、情报等形式呈现）可视为信息的高级存在形式（这类信息具有抽象、简练、内部结构关系复杂但有规律性等特征）。以低级信息形式存在的事实、数据等，其自身的特性决定了其应用的局限性。通过对下游信息的筛选与过滤、对信息的整序、对信息的分析与抽象、知识挖掘等一系列相互关联的步骤，我们可以得到知识或情报/智能。这些以信息高级形式存在的情报/智能等，由于是根据信息内部的相关关系、规律通过人的抽象思维的加工、处理而来的，因而对信息管理实践和情报实践有巨大的指导作用。

总之，上述对不同形态的信息进行有目的管理，或者说，从事实、数据到知识、情报/智能这种带有方向性、目的性的信息转化过程也就构成了信息进化的管理学解读。该解读可以简而言之地直观表述为：在管理层面上，信息进化就是通过人的思维加工使信息的具体形态沿着从事实、数据、信息、知识到情报/智能这一路径而逐步地、逐级地进化。

## 1.3　以上两种信息进化解读的内在关联

哲学是对自然知识、社会知识、思维知识的概括和总结。从哲学角度对信息进化所做的解读，显然是一种高度的抽象性概括。这种总结性的解读自然在具体应用层次可以且必须被深化，只有这样才能更好的在实际应用中真正的指导并推动具体信息的进化。由此可以看出，从管理学角度对信息进化所作的解读正是对哲学的信息进化解读之深化和具体化。

至此，本文对于以上两种信息进化解读之内在关联所给予的答案是：哲学方面的解读是总领性的，而管理学方面的解读则是对前者的具体化。信息进化的哲学解读是从哲学高度指导着人们从事信息进化理论的研究；

管理学解读则正是在基于具体的管理实践环境而主动地让哲学解读适应于实际应用从而做到了贴近管理实践之深化。因此，相比起前者，后者在指导信息进化的实际工作之中更加地直接和有效。

## 2　信息进化与中国情报学两者的内在密切关联

宇宙也罢，人类社会也罢，均客观存在着信息进化，然而信息进化的具体实践离不开相关科学理论和方法的具体指导。从这个意义上说，由于情报研究活动是根据社会用户的特定需求，以现代化的信息技术和科学研究方法为主要手段，以信息搜集、筛选、分析和综合等系列化加工步骤为基本过程，通过最终形成新的、增值的情报产品来为不同层次的科学决策提供支持服务的一类社会化智能活动，因此，以情报研究活动这一情报实践中心环节为主要研究对象和研究内容的中国情报学，也就自然而然地与"信息进化"内在地存在着密切关系，可以说，以情报这种社会现象为逻辑起点的情报学理论研究的最主要作用就在于为人类社会的信息进化提供相应的方法、工具和理论支撑。

### 2.1　中国情报学研究的核心任务为"information 的 intelligence 化"

"情报（Intelligence）"最早起源于军事战争的需要，情报学的产生、形成与发展，既是情报实践的需要，也是情报实践高速发展的产物。以情报为逻辑起点的中国情报学就是面向各类情报实践，以信息资源或者说知识为对象，以信息资源内容开发利用为重点，通过广泛采用情报技术（Intelligence Technology）来产生、搜集、整理、检索、传递、分析、利用情报产品（Intelligence Product），从而有效支撑各类情报用户（Intelligence User）来实施有关决策。

情报学在我国正式地作为一门学科直接起始于新中国成立之后所大力发展的为科学决策服务的科技情报事业。国内较早从事科技情报实践的学者包昌火先生一直以来，依据自身的一线情报实践经验而不断地呼吁：中国情报学研究的基本任务是 Information 的 Intelligence 化，即将信息转化为用于科学决策的情报和谋略，而非知识的组织和传播，正是"Information 的 Intelligence 化"构成了中国情报学研究的核心问题。

中国情报学研究的核心任务为"information 的 intelligence 化"，这具体地说，就是特别强调了"数据、信息、知识与情报之间的相互转化关系"，特别强调了基于序化之上的"转化论"或者说"情报转化理论"在整个中国情报学研究当中的核心位置所在。

作为中国情报学研究核心任务的"information 的 intelligence 化"，简洁地阐述，就是指信息（information）和情报（intelligence）构成了中国情报学的两个核心概念，成为了情报学学科存在和发展的两大基石。但信息与情报之间既有联系又有区别。横跨于三大领域（物理、主观现实和客观知识领域）的信息是关于客观世界中各种事物属性和变化的反映，其可以帮助人们了解事物、消除不确定性。情报则是人类有目的对信息的解读、判断和分析，是人脑思维的产物。信息和情报的联系在于：信息是情报的"原材料"和载体，情报是激活和升华后的信息，或者说情报是信息的高级形式；人们获取信息的目的就是为了生产用于决策活动的情报和谋略，这种信息效果的最大化就是将信息转化为情报。随着社会的进步和发展，人们对信息尤其是情报的质和量方面的要求日益提高。情报学围绕着获取和利用更高价值的知识、情报的目标，对信息进行加工和组织促使信息产生质的转变，即 Intelligence 化。这个过程包含情报检索和情报分析两大部分。情报检索主要包括对信息的搜集、筛选和过滤、存储等步骤，这个是情报工作的基础和前提。情报分析则是对大量相关信息进行系统性的深层次分析研究，形成有助于问题解决的新形式信息的一类科学活动的统称。相比情报检索的本质是信息序化，情报分析的本质则就是信息转化，两者共同构成了我国情报学的两大基本任务，其中，前者是前提任务，后者才是核心任务。如果把信息看作是原料和起点的话，那么情报就是成果和落脚点，把两者串联起来的也就是情报分析和检索的过程。而这个信息转化过程的本质也就是实现信息的激活或者说基于对信息进行序化之上的"information 的 intelligence 化"。

## 2.2 "information 的 intelligence 化"属于信息进化范畴

"information 的 intelligence 化"最终是为了获取属于认知范畴的情报（Intelligence），这不仅符合具体的信息进化之管理学解读，更符合抽象的信息进化之哲学解读；不仅符合属于认知范畴的以推动认知的深化为己任的"知识进化"之哲学解读，更符合带有普遍意义的"信息进化"之哲学解读。本文将分别从哲学和管理学角度来分析为何"information 的 intelligence 化"属于信息进化范畴。

### 2.2.1 从哲学角度来分析

信息是物质的映射集合，它反映了客观实体对象的内容。对于人类而言，信息是人对于周围客观的认识。显然，由于个体以及环境等因素的差异，人们获取的信息的质量各不相同。其中，有些是正确的，有些是错误的；有些是对事物表象的认识，有些是对事物内部深层次规律的认识。因此，认识的深化成为更好地使用这些信息的必然要求。通常情况下，认识的深化表现为感性认识上升到理性认识，伴随着这一过程的是知识进化，或者说，由于认识中所包涵、所反映的信息之品质得以提升，因而也即实现了信息进化。

初始或原始信息，一般由于其有序性、内部各组成部分之间的关联性不高，因此，它所反映的认识深度不深。"information 的 intelligence 化"就是对反映事物表象的初始信息进行筛选、抽象、重构甚至推理，在此过程中信息内部的有序性、规律性增强，感性认识上升为理性认识，从而使得情报化了的信息对实践具有更强的指导能力。由此可见，information 在情报主体思维活动的作用下所实现的 intelligence 化之过程其实就是推动情报主体的认识由低层级的感性认识上升到了高层级的理性认识的这一认识进化或者说知识进化过程；同时，也其实就是情报主体认识中所包涵、所反映的信息之内部结构在情报主体逻辑思维的作用下发生了重构之信息本身的进化，这种信息本身的进化或者说这种信息重构过程通常表现为信息内部有序性的增强、相关联信息的逐渐激活，以及信息本身内容的更加丰富。

### 2.2.2 从管理学角度来分析

解决好如何有效管理信息，使信息更好服务于人类社会的发展是一个迫切且有实用价值的问题。信息的重要性使得人们不得不系统地考虑如何更加高效的获取、处理、应用信息，而信息的载体、存在形式、内部结构、规律的多样性却增加了人们获取信息的难度。从信息链角度看，包括事实、数据、信息、知识在内的 information 的各低级形态，向 Intelligence 方向转化的就是为了使人们更好的理解、使用信息。正是从这一角度出发，中国学界才会十分直观地及提出了"情报是激活了的知识"这一管理学色彩浓郁的定义。

从数据到信息，主要是建立数据之间的相关性，使数据有序化和结构化。这个过程是人们通过对数据的过滤、组织、归纳和综合，识别和发现数据背后的相关性和隐含意义，从而达到信息增值目的的过程。从信息到情报，主要是对信息进行抽象、积累以及有目的的重构。在信息链中，数据、信息、知识、情报之间存在一种递进包含关系，表现为数据包含事实、事实包含信息、信息包含知识、知识包含情报和智能。在实际情况中，由于信息链各个部分在结构形式等方面的差异以及相互包含的层级关系，它们向 Intelligence 方向转化的过程和方式有所不同，而且进化也存在着一定的层级关系。事实的 Intelligence 化一般要经过事实到数据、信息、知识的形态转变才能最终完成 Intelligence 化；而数据则需经过信息、知识的转变，信息需要经过知识的形态转变，知识则经过"激活"后得以直接地向 Intelligence 转化。所有的这些转化都是 information 的各低级形态沿着信息链的进化方向而向着 Intelligence 转化，从而最终实现了"Information 的 Intelligence 化"。

## 3 积极推动信息进化已经构成了中国情报学的核心价值所在

中国情报学研究的核心任务为属于信息进化范畴的"information 的 intelligence 化"，这内生地决定了积极推动信息进化已经构成了中国情报学的核心价值所在，它具体体现在两个方面，即（1）中国情报学理论研究及其实践必须要为情报主体不断获得新认知，从而有效辅助和支撑情报主体进行有关决策，这属于哲学意义之知识进化或者说处在信息本身这一层面上的哲学意义之信息进化；（2）中国情报学理论研究及其实践必须要推动情报主体所处的系统之进化，即依照信息增强规律，让情报主体所处的系统中的信息与物质实现有效相结合，让情报主体所处的系统中的微弱的有序与强大的无序实现有效相结合，通过创造高层次的有序性，以信息进化来带动物质进化，从而使情报主体所处的整个系统有序增长，即实现整个系统进化。这属于面向整个系统的更为广义的哲学意义之信息进化。

积极推动信息进化已经构成了中国情报学的核心价值所在这一观念的正式确立，一方面，能够让我们深入理解情报学自身的专长在于对信息和知识的深层次加工和分析——信息的情报化，而不是常规信息处理；同时，也能够让我们深入理解"情报的认知对抗本质"，以及为什么必须要"以运动的哲学观点建立情报学元理论"。另一方面，则能够让我们深入理解从情报学的视角看，积极推动 Information 的 Intelligence 化就可以推动信息进化，从而推动人类社会以及整个物质世界的发展，因为推动信息进化在很大程度上就是推动物质形态的向上演化乃至整个物质世界的前进和发展。这必然会让我们不再长期忽视情报主体所处的系统这一领域，尤其是不再长期忽视情报主体所处的"组织"这一情报学研究维度。

中国情报学研究始于 20 世纪 50 年代，从学科发展过程来看，先后经历了三个阶段，即从文献为研究对象，转向以信息为研究对象，而后又转移到以知识为研究对象。这种变更反映了在物质载体世界不断演化的背景下，情报学研究从物理层次的文献单元向着认识层次的知识单元之深化或者说演化发展，而这个过程本身就属于信息进化范畴。要值得一提的是，我国情报学的发展由于历史等因素，在很长一段时间内，脱离了其研究的学科范围和核心领域。情报学变成了仅仅提留在 Information 层面或者说信息链中的低级形态层面上的，用来从事简单信息的收集、加工、组织、整理之研究学科。中国情报学的未来发展必须要摆脱这种局面，回归到自身的核心领域——属于信息进化范畴的 "Information 的 Intelligence 化"，只有这样，中国情报学的学科地位才能得以提升，中国情报学的学科独立性才能得以确保，从而实现将中国情报学的理论方法更为高效地应用于人类社会的各个层次。

总之，中国情报学的核心价值正是体现在有效推进处于知识进化这一认知思维层面上的具体的 "Information 的 Intelligence 化" 或者说将前者纳入在内的更为广义的抽象的信息进化，这已经构成了中国情报学这一学科的安身立命所在。中国情报学要以此为基点来进行自身的学科定位以及相应的学科建设，这便是本文写作的最终要旨体现。

## 参考文献

[1] 邬焜. 信息哲学 [M]. 北京：商务印书馆，2005：204—207.

[2] 邬焜. 信息哲学问题论辩 [M]. 西安：西安交通大学出版社，2008：12.

[3] 沈骊天. 微弱的有序与强大的无序 [J]. 中国社会科学，1995 (5)：97—107.

[4] 沈骊天. 当代自然辩证法 [M]. 南京：南京大学出版社，1997：79—80，118—119，123.

[5] [英] 卡尔·波普尔. 猜想与反驳 [M]. 傅季重，等译. 上海：上海译文出版社，1986：308—309.

[6] 何云峰. 简单性原则：知识增长的道路 [M]. 北京：人民出版社，1989：129.

[7] 何云峰. 从普遍进化到知识进化——关于进化认识论的研究 [M]. 上海：上海教育出版社，2001：171，177.

[8] 宋恩梅. 情报学与信息管理学的比较分析 [J]. 图书情报知识，2002 (1)：18—22.

[9] 胡翠华. 试论情报学与信息管理的关系 [J]. 图书情报工作，2001

（12）：15—18.

[10] 赖茂生. 情报学的发展观 [J]. 图书情报知识，2000（4）：4.

[11] 梁战平. 情报学若干问题分析 [J]. 情报理论与实践，2003（3）.

[12] 朱祖平. 知识进化与知识创新机理研究 [J]. 研究与发展管理，2000（6）：16—19.

[13] 朱晓峰. 论信息资源转换 [J]. 情报科学，2006（3）：331—337.

[14] 包昌火. Intelligence 与我国的情报学研究 [J]. 情报理论与实践，1996（6）.

[15] 包昌火. 情报缺失的中国情报学 [J]. 情报学报，2007（1）.

[16] 包昌火. 这里的黎明静悄悄——再谈 Intelligence 与中国情报学 [J]. 图书情报工作，2009（7）.

[17] 包昌火. 让中国情报学回归本来面目 [J]. 情报杂志，2011（7）.

[18] 郑彦宁. 数据、信息、知识与情报转化关系的探讨 [J]. 情报理论与实践，2011（7）：1—4.

[19] 化柏林. 情报学三动力探析：序化论、转化论与融合论 [J]. 情报理论与实践，2009（11）：21—24.

[20] 化柏林. 情报转化理论 [J]. 情报理论与实践，2012（3-4）：1—4；7—10.

[21] 钱学森. 科技情报工作的科学技术（1983 年 7 月 2 日在国防科技情报工作会议上的讲话）[J]. 国防科技情报工作，1983（5）：3—12.

[22] 赵冰峰. 论情报的认知对抗本质 [J]. 情报杂志，2010（4）.

[23] 赵冰峰. 以运动的哲学观点建立情报学元理论 [J]. 情报杂志，2010（1）.

[24] 李国秋，吕斌. 组织：情报学研究中一个长期被忽视的维度——来自谢尔曼·肯特的启示 [J]. 图书情报知识，2012（2）：74—80.

# 网络世界中版权保护的
# 灰色地带：灰色版权

杨　凡*

（安徽省委党校图书馆　合肥　230022）

**摘　要**　本文使用归纳的方法来定义"灰色版权"。这就需要描述在哪些情况下能够最恰当的度量版权实际被保护程度的灰色地带，而不仅仅只是简单的黑或者白。通过两种方法，一个是归纳定义法，即一个例子接一个例子并且一层接一层来构建术语的涵义；第二个是基于"囚徒困境"游戏的精神的行为实验法。从而发现在灰色版权的例子中，决定灰度的因素不在于其法律地位，而是其执行使用权的经济价值。并在实验中，学生有机会获得参与到侵犯版权行为中的风险和选择的个人感知。通过以上分析把重点从合法性和不合法性的论题转移到了潜在侵权者和版权持有者准备采取行为的经济风险性问题上。

**关键词**　版权法　图书馆　行为　经济学

## 1　引言

据我所知，"灰色版权"这一术语在版权文献中并不存在，但它应该，而且也需要用来描述在哪些情况下能够最恰当的度量版权实际被保护程度下的灰色地带，而不仅仅只是简单的黑或者白。为了更精确地定义这个词，我打算应用归纳的方法，提供一些示例来说明看起来符合"灰色版权"的情况。

"灰色版权"这个术语有些类似于成熟的术语"灰色文献"，"灰色文献"涵盖了非常广泛的意义，在某种意义上是非官方或无法识别的出版物。这里所说的"灰色"与状态有关，而不是风险。"灰色版权"和"灰色文献"的重合部分肯定是不完整的，尽管未经许可使用"灰色文献"的

---

＊　杨凡，安徽省委党校图书馆，馆员。

可能的风险要比从一个标准的商业出版商处获得要小得多。

对于涉及版权和其他形式知识产权的经济问题的兴趣正在重燃，图书馆社区的论题主要集中在法律、社会和道德方面的问题。合法和不合法发挥着作用，但正如每个图书馆和信息中心主任所知，大量的金钱正岌岌可危。如果一个图书馆或者大学总是要为了在技术上有版权保护，但实际上似乎为未受保护的书籍支付费用或者弃之不管，那么可能的花费的风险会超过合理预期。出于一些非货币性的原因，避免风险也许是值得的，但这也是需要做出选择的。

这篇文章将分两个部分讨论"灰色版权"。第一部分将提出"灰色版权"的范例用以建立归纳定义的基础。第二部分将通过使用借鉴和基于行为心理学和经济学的方法，讨论可能的实验。

## 2　归纳定义

归纳定义是定义集合的一种方法，对于用归纳定义给出的集合，要证明其中所有的元都有某个性质，通常用归纳证明。

归纳定义的发展成熟并不是源自对一个术语应该代表什么的断言，而是源自实例，这些实例一层一层地建立起一个术语的含义。相比较与逻辑演绎或为了某一特别目的的凭空创造，归纳定义可能不太精确，但是他们提供了生长于现实使用情况中的丰富性和复杂性。

版权中的风险和不确定性的来源并不是唯一的。他们可能源自对法律的无知，或是源自一种对钻法律漏洞的诱惑。风险评估也可以依赖经济实力，或依赖于对侵权者或版权所有者的经济弱点的感知。目前广泛公认的情况是，大多数版权案件都是通过谈判达成和解而不是法院裁决。根据我在工作中的经验，事实确实如此，特别是 RIAA（美国唱片工业协会，以下简称 RIAA）指控学生的侵权行为的案件，并且在庭外和解中还包括了讨价还价的部分。下面的例子是从至少有一方对法律权利似乎很清楚的情况转变为法律的不确定性成为主要因素的情况。

### 2.1　学生下载音乐

一般来说，从法律观点来看，从没有执照、没有已支付许可的系统中下载音乐正是侵犯版权的最鲜明的例子。所有的作品几乎肯定都是有版权保护的，从 RIAA 和类似的版权所有机构的角度来看，这些都是很至关重要的。他们对这样的下载行为进行道德谴责，将其定义为"盗版"和"盗窃"。

从学生的角度来看，这一情况就显得模棱两可了，原因有两个。其中之一是，他们被抓到的风险似乎很低，更像是捡到有人丢在街上的钱，而不是入室抢劫。第二个是，下载歌曲进行预览似乎和在书店浏览一本书的一个章节后再决定买或不买基本上没有什么不同。对于许多学生而言，风险评估类似于汽车司机，他们经常比法律规定的限速要快5%—10%，甚至警察在场。因为高速公路上的所有人都是这么做的。

如果风险分析可以根据一个标准的经济模型进行计算，学生们会考虑被抓的货币成本（A），被抓到的几率（B），被下载作品的价值（C）。大致的来说，如果 $A \times B < C$，那么下载就值得冒这个风险。学生越不愿意冒险，就有越多的C超过 $A \times B$，从而使得下载更有吸引力。社会因素在风险分析中也发挥着作用，也许发挥的作用更大。学生周围的朋友经常在一些音乐网站上下载音乐，他们可能觉得没有什么。即使在当代高校活跃的版权信息运动思潮中，有些学生甚至不知道通过网络下载大多数音乐是侵权行为也是有可能的。在他们看来，这种情况似乎是处于看起来相对安全的灰色地带。这里的要点不在于他们以对灰色的理解为借口进行侵犯，而在于它解释了为什么这种形式的侵权仍然存在。

## 2.2　谷歌数字化

今天，全球共有29座大图书馆委托美国网络搜索公司谷歌（Google）将其全部或部分收藏数字化。哈佛、斯坦福、普林斯顿、康乃尔等美国名校的图书馆固然如此，欧洲的牛津（英国）、马德里（西班牙）、冈城（比利时）和洛桑（瑞士）亦未后人。最新加入的是法国里昂大学图书馆，该馆的50万本收藏将通过谷歌上线，开放查阅。这些被数字化的书籍中，显然包括仍然享有版权的书籍，一大批出版商便对他们眼中的这一明显的侵权行为提出了抗议。他们声称这是法律条文中的白纸黑字：他们拥有版权，谷歌制作了拷贝，因此谷歌侵权了。然而谷歌可不是贫穷和无知的学生。它有律师，并辩称其只显示了一个相关书籍的小片段，这是一个不能被简单忽略的申明。

谷歌拥有足够的经济资源对抗任何法院案件甚至最高法院案件。一个提出类似索赔要求的学生可能不会有足够的资源一直打官司。如果需要，谷歌也有足够的钱进行和解。一个和解未必代表承认犯罪，而允许谷歌能实现计划的一部分将有效地验证案件存在的灰色地带。

谷歌能够进行书籍数字化并使其能以代码方式获得的时间越长，它就会显得更为普通，经济影响也会越大。这并不一定会有利于（或有害于）

谷歌的案件，但在一些案件中，允许私人拷贝电视节目用以过后观看这一因素证明了这样一个事实：一部分人已经使用录音技术并将拒绝放弃它。

### 2.3　孤本版权

孤本是仅存一本的图书。也包括仅存一份的某书的某种碑刻的旧拓本和未刊刻的手稿等。现存世界最早的印刷品——我国唐代（公元868年）印刷的《金刚经》卷子，就是孤本。又如春风文艺出版社出版的明末清初小说《后水浒传》，就是以大连图书馆藏孤本整理刊印的珍中之珍，因其极其稀有而价高百倍。

一个孤本版权的法律地位确实存在当时版权没有更新并且现在其版权正处于消失状态的可能性。在理论上可以在版权局或（现在）在网上检查版权的更新，但这些更新记录依赖于一个旧式的卡片目录，从事过卡片目录工作的任何人都会记得这些卡片是多么脆弱、多么的容易丢失或错放。有价值的不是记录，而是版权所有者手中的更新证明。换句话说，没有找到更新记录并不能保证该作品的版权正在消失。它只是增加了这种可能性。

法律地位与孤本版权有关，但与版权所有人受执法困扰的准备状态关系更密切。许多出版商对于他们作为兼并的一部分或者收购获得的知识产权根本没有清晰和明确的记录。即使他们可以找到这个文件，出版合同可能包含将部分的权利返回给作者这样复杂的条款。这需要花费时间去寻找、阅读和理解这些合同，而这些付出看起来可能不值，如果从侵权赔偿中所获得潜在金额过于微不足道。对版权所有者而言，最经济明智的做法可能就是忽略请求许可，因为这一过程的花费会比获益要多，以及忽略小规模的侵权行为。

规模侵权及其获利强烈影响着孤本版权的灰色调。一般来说，如果尝试寻找版权所有人无果，那么一些小的侵权行为的法律诉讼的风险就越小，尤其是对于基于文本的材料。例如，目前一个孤本小说从1930年成为畅销书，那么维护其版权的经济价值就变得很有意义。一个不那么极端的例子给灰色调带来了一点亮光。一个类似的1930年代的小说，学校免费在互联网上发布，只有很少的专家会阅读，这就不值得再发送一封请求信将其撤下了。作者/版权持有人甚至可能会对这个作品能再次问世感到高兴。

### 2.4　死亡日期

不出名的作者的死亡日期是出了名的难找。美国是一个例外，当有作品的版权进入公共领域中总会有一个清楚的日期。在大多数国家，这一情况下的时间点往往是作者的死亡日期再加 50 年。没有死亡日期，只能猜测。我国《著作权法》第二十一条：公民的作品，其发表权、本法第十条第一款（五）项至第（十七）项规定的权利的保护期为作者终生及其死亡后五十年，截止于作者死亡后第五十年的 12 月 31 日；如果是合作作品，截止于最后死亡的作者死亡后第五十年的 12 月 31 日。一个 1860 年的著作的作者，在 20 岁写了一本书并且在 1940 年逝世，享年 100 岁。他可能有150 年的版权保护，该著作到了 2012 年的今天仍将受到保护。《伯尔尼公约》以来，各签字国承诺保护保护在其他国家的本国作品。1860 年的书理论上在中国也是受到保护的。

## 2.5　版权执行

在这些例子中"灰色版权"的决定因素不是它的法律地位，而是执行使用权的经济价值。版权所有者的理想是，那些想要使用他们作品的人应该承担所有时间和金钱上的费用，包括发现版权和每次使用对版权持有人的补偿。现实却几乎相反。发现侵权和执行权利的成本落在了版权所有者的身上，除了侵权者被现场捕获并被迫支付的情况。

遵守著作权法很大程度上取决于社会接受程度，正如针对超速的法律。当人们认为法律毫无意义就很难执行。当前我国各级版权管理部门通过各种途径正在对广大群众进行呼吁运动，这一运动是试图通过告知他们将被抓来说服潜在版权侵权人，来改变对遵守版权法态度松懈的群众，就像警察有时加强公路巡逻以阻止超速一样。如果前者与后者的效果一样，国家就可能停止这些为了微小效果的过度花费。

如上所述，国家在一定量的道德宣传上花费了巨大的努力，从根本上说，他们的目标是改变对风险的感知（B），所以，方程总是出现 $A \times B > C$，因为风险比例高。这使得实验中被试者的侵犯版权的风险意愿值得考虑。

# 3　实验方法

实验心理学使用许多角色扮演场景来了解人们在一些特殊的情况下如何表现。实验经济学创造了微观经济，使得行为可以在可控的环境中得以观察。图书馆科学，尽管名字中有"科学"一词，却并没有实验的传统或更可取的方法。图书馆管理员收集调查数据，并且最近已经开始采用人类学的观察法和分析法。有少数例外的实验是与专业无关的。本节描述了使用的囚徒困境场景的可能的实验。

### 3.1　囚徒困境

囚徒困境：两个被捕的囚徒之间的一种特殊博弈，说明为什么甚至在合作对双方都有利时，保持合作也是困难的。（源自曼昆《经济学原理》第五版，北京大学出版社）

### 3.2　囚徒困境的主旨

囚徒们虽然彼此合作，坚不吐实，可为全体带来最佳利益（无罪开释），但在资讯不明的情况下，因为出卖同伙可为自己带来利益（缩短刑期），也因为同伙把自己招出来可为他带来利益，因此彼此出卖虽违反最佳共同利益，反而是自己最大利益所在。但实际上，执法机构不可能设立如此情境来诱使所有囚徒招供，因为囚徒们必须考虑刑期以外之因素（出卖同伙会受到报复等），而无法完全以执法者所设立之利益（刑期）作考量。

### 3.3　经典的囚徒困境

1950 年，由就职于兰德公司的梅里尔·弗勒德（Merrill Flood）和梅尔文·德雷希尔（Melvin Dresher）拟定出相关困境的理论，后来由顾问艾伯特·塔克（Albert Tucker）以囚徒方式阐述，并命名为"囚徒困境"。经典的囚徒困境如下：

警方逮捕甲、乙两名嫌疑犯，但没有足够证据指控二人入罪。于是警方分开囚禁嫌疑犯，分别和二人见面，并向双方提供以下相同的选择：

若一人认罪并作证检控对方，而对方保持沉默，此人将即时获释，沉默者将判监 10 年。

若二人都保持沉默，则二人同样判监 1 年。

若二人都互相检举，则二人同样判监 8 年。

囚徒困境的场景可以运用在不同时期和更复杂的情况下。基本特征是选手之间缺乏交流，事实是每个人的最佳选择是分别决定（指责对方）会导致一个更糟糕的结果，如果两个能够达成了有效的共识，保持沉默则结果会好得多。

在实际的版权案例中，版权持有者和潜在侵权人本来就不存在沟通。美国唱片工业协会等组织造成的局面就是对侵权指控的结果只具有单边效果。虽然学生太穷没钱去法院是事实，但当个人版权所有人指控个人侵权行为时这一情况就和谐的多，或者当某出版商指控谷歌这样具有金融和法律资源的组织时亦是如此。律师和法院成本变得昂贵，发现潜在侵权行为所要耗费的时间和精力也要花钱。对版权所有人而言，一个更糟的风险是法院（如果侵权走上法庭）会推着这个假定的侵权或接受它是合理使用。然后不仅法院和诉讼的费用白费了，侵权行为还在继续。在某些情况下，版权所有人还可能会被迫支付指控的费用。而真正的风险是，相比较如果他们能在更早之前达成协议，那么权利人和潜在的侵权者的情况将因为陷入旷日持久的官司变得更糟。

## 3.4　版权侵犯游戏

本着囚徒困境精神的版权游戏将使用糖果，而不是真正的钱。糖果即使价值小也是有价值的东西，并在学生中非常流行。学生们可以得到并食用他们最后仍拥有的糖果。

有多个可能的侵权选手，一般团队最多三个学生，一个有两个或三个学生的团队代表版权所有人。潜在的侵权者的数量大大超过版权所有者是现实，。每个团队始于五个糖果。

选择会比标准的"囚徒困境"游戏中的要复杂，因为版权持有者和可能的侵权者在现实世界中的选项为更加多样化。任何的游戏必须稍微减少复杂性。在本例中和解的选项已经被排除。虽然和解是实力不均的双方常见的处理方式，更更常见的还是实力相当的双方在法庭上辩论。

潜在侵权者的团队有以下的选择（见表一和表二）：

**表 1　潜在侵权者在发现前的结果**

| 潜在侵权者在发现前的结果 | | 版权所有者容许 | 版权所有者发现 |
|---|---|---|---|
| | 没有侵权为许可支付费用 | 每队给一个糖果获得许可 | 每队给一个糖果获得许可 |
| | 侵权 | 什么都不用支付 | 见表 2 |

**表 2　潜在侵权者在被发现时的结果**

| 潜在侵权者在被发现时的结果 | | | 版权所有者发现 |
|---|---|---|---|
| | 没有辩护的侵权 | | 失去所有糖果 |
| | 有辩护的侵权 | | 去模拟法庭，由法庭裁决 |

为许可支付费用。他们选择不侵犯。在这种情况下，他们必须放弃一

个糖果给版权持有人用以支付许可。

侵权。他们选择侵权，没有成本，如果不被发现，但他们必须选择如何进行侵权。没有辩护的侵权。侵权人一旦被发现将失去一切。

有辩护的侵权。如果他们被发现，他们承担所有糖果用于模拟法庭案件审理中的风险。不同时期防备的性质也不相同。它可能是一个正当使用的辩护，或申明是一个寻找孤本版权的合理尝试，或法律条款和所有权不清楚的场合。他们的得失由法庭决定。

版权所有者团队有以下选择（见表三和表四）：

**表3　在侵权被发现前版权所有者队的结果**

| | | 没有侵权 | 侵权 |
|---|---|---|---|
| 在侵权被发现前版权所有者队的结果 | 容忍侵权 | 没有侵权的队得到一个糖果 | 无法从侵权队获得任何东西 |
| | 试图发现侵权 | 为了发现侵权支付一个糖果。每个没有侵权的对获得一个糖果 | 见表四 |

**表4　发现侵权时版权所有者队的结果**

| 发现侵权时版权所有者队的结果 | | 没有防备的侵权 | 有辩护的侵权 |
|---|---|---|---|
| | 发现侵权 | 从侵权队获得它们所有的糖果 | 上模拟法庭，由法庭裁决 |

容忍侵权。他们容忍侵权，并从没有侵权的队伍获得糖果。

试图发现侵权。发现侵权在现实世界中是要花钱的，因此如果选择这个选项版权所有者必须支付一个糖果。如果侵权者被发现且并不辩护，版权所有者可以获得侵权者所有的糖果。如果侵权人需要辩护，就在模拟法庭上进行争辩。他们获得或失去多少糖果由法庭决定。

实验可以运行多个阶段。每次实验之前，需要讨论可能的辩护，双方的论点需要陈述。一组由三个学生组成的团队作为模拟法庭的法官。不管是否有结果法官们获得两块糖果。

潜在侵权者团队如果选择选项1，总会有某个结果，但他们总要失去至少有一份糖果。如果侵权则没有任何损失，但如果被抓到就有可能失去一切。版权持有人通常会胜利，如果大多数团队同意不侵权，但也可能会失败，如果他们在法庭上处于下风。

### 3.5　可能的结果

像这样的游戏会有多个可能的结果，用相对较少的学生数量，其结果在一定程度上取决于个人的表现。对游戏最初的实验并不是为了要运用某个需要被考察的假设。相反，目的是：让学生搞清楚参与到侵权行为中的风险及选择；观察并记录他们的行为，以更好地了解为什么他们做出这样的选择。在这个意义上，它就像作为一个有这一系列复杂任务的团队在发挥作用。比赛之前和之后的简短的调查将被作为更进一步的信息用来理解为什么学生会如此反应，学生也将有机会参与到游戏和结果的讨论中。

从版权所有者队的角度来看理想的结果是，没有团队选择侵权，然后他们以一个糖果领先。对潜在侵权者队而言理想结果是，他们侵权和不被逮住。这样他们不需要付出什么也不会失去什么。游戏还有一个版本是运行多个回合，侵权的诱惑不断增加，因为越来越多的学生用糖果去购买许可。在多轮的版本中，潜在的侵权者，可以达到这样一个地步，他们没有什么可失去的。这也是现实。有些学生几乎没有什么钱和财产，因此他们风险的就会很小。一旦团队处于每个人一个糖果的状态时，可以添加一个潜在侵权者既不支付也不侵权的选项。

在国外的大多数大学，这种类型的试验中人类受试者的审查将是必要的，尤其是如果将被用于待发表的研究中。这种审查和许可，在中国大学中是不常见的。然而学生被要求参与到实验之前是征求他们同意的。他们应该明白游戏规则和可能产生的结果。没有学生会被迫参与，虽然大多数可能会发现参与到一个有吸引力的研究项目中是非常有吸引力的。

## 4　结论

本文的重点是强调实际的版权保护到何种程度会存在一定程度的灰度。这个灰度依赖于经济的风险因素以及法律，只要潜在侵权者愿意遵守法律。由于图书馆和图书馆管理员是出了名的奉公守法，使得这看起来可能无关紧要，但其实不然。图书馆可能不会面临像学生在网上下载音乐这种类型的风险，但他们在如何对待孤本版权或他们在建立电子甚至纸质储备时是存在诱惑的。图书馆的做法，为后者提供了一个先例，但甚至影印储备物品这一普遍做法是侵权意味着每一次的合理使用也是侵权。这实在是灰色影响下的一抹亮光，但灰色仍然。

最后，大多数人和大多数组织都要接受侵权的风险。可以尽可能地最小化或拒绝它，但风险仍然存在，如果人们能更好的了解它，就能做出更理性的选择。

## 参考文献

［1］杨年熙. 谷歌文化资产数字化带来的危险［N/OL］. 东方早报. ht-
　　　tp：//tech. sina. com. cn/i/2009-11-15/11023593446. shtml.

［2］维基百科. http：//zh. wikipedia. org/wiki/% E5% 9B% 9A% E5% BE%
　　　92% E5% 9B% B0% E5% A2% 83.

［3］曼昆. 经济学原理第五版［M］. 北京：北京大学出版社.

# 网络文化产业与图书馆
# 事业的协同发展探讨

杨　军*

（青海省社会科学院文献信息中心　西宁 810000）

**摘　要**　网络文化产业的发展，对图书馆的事业提出了新要求，并带来了新的挑战和契机。而图书馆事业的发展，为网络文化产业提供了文献资源和个性化服务，提升了网络文化的品牌效应，促进了网络文化产业的发展。本文从"网络文化产业发展与图书馆职能发挥的相关性"和"图书馆信息服务对网络文化产业建设的智力支撑作用"以及"网络文化产业信息服务对图书馆发展的助推作用"三方面探讨网络文化产业建设与图书馆事业发展之间的兼容与互补。

**关键词**　网络文化产业　图书馆　协同　探讨

网络文化产业是以网络技术为依托，以产业化的方式提供文化产品和服务的行业，近十几年来，网络文化产业作为信息时代的社会性产物，以其高度的融合性和极大的关联性，得到了全社会范围内的广泛应用，并迅速成为我国产业化发展的主导方向。图书馆是搜集、整理、收藏图书资料供人阅览、参考的机构，是文化需求的产物，也是一个公共性、职能性、服务性的社会工具，肩负着保存人类文化遗产、开发信息资源、参与社会教育等职能。人类社会是一个不断创新和不断发展进步的社会，而图书馆作为文献信息资源的聚集地，大众补充知识的供给站，整个社会对其最大的愿望和迫切需求便是发展、创新和与时俱进，在新的社会发展环境下，图书馆要可持续发展，就要不断地满足社会需求，不断地延伸新的服务和调整服务模式以及整合相关资源，才能保持旺盛的生命力来影响社会和肩负对社会的责任。在当今全社会号召通过合理促进网络文化产业发展来推动相关产业发展的时代，图书馆事业的发展与网络文化产业的建设高度结

---

*　杨军，青海省社会科学院文献信息中心。

合是时代和社会发展的需求。因此，要在创新信息服务的基础上把网络文化产业作为图书馆生命力延伸的一项重要内容来抓，不仅可以掀起图书馆事业发展新的篇章，而且也证明了在任何社会发展条件下，图书馆事业的发展对社会的全面发展有着不可忽视的助力作用。本文通过对"网络文化产业发展与图书馆职能发挥的相关性"、"图书馆信息服务对网络文化产业建设的智力支撑作用"和"网络文化产业信息服务对图书馆发展的助推作用"三方面剖析网络文化产业建设与图书馆事业发展之间的兼容与互补。

# 1　网络文化产业发展与图书馆职能发挥的相关性

现代图书馆在新的社会环境下，面对网络文化的冲击，必将提出图书馆谋求新发展的创新策略与措施，从而也促进了网络文化产业链条的延伸，在图书馆服务完善的同时实现了网络文化发展，这是社会经济在网络环境下发展到一定阶段的必然结果和人民群众的迫切要求。当今信息高度发达的社会，有着较高的经济发展水平、科学技术水平和教育水平，因此对知识和文献信息的服务水平也有着较高要求，要求图书馆服务职能主动延伸到各个需要信息服务的地方。这说明网络文化产业的发展与图书馆职能的发挥是相辅相成的，并且在二者相携并进的同时又推动了社会和经济的发展。网络文化产业发展与图书馆职能发挥的相关性主要表现在一下几个方面。

## 1.1　保护人类文化遗产方面

图书馆担负着保存人类文化典籍资料的责任，是保存各个民族文化财富的机构，并以文献资料为物质基础为社会大众提供信息服务，这是图书馆最基础的职能。发展网络文化产业，需要丰厚而优秀的人类文化资源作为产业的支撑，网络文化产业的发展需要加工、整理、引用各类图书馆所保存的人类文化资源，且在全新的载体上来延伸图书馆最基本的职能，让更多的人通过不同的形式来认识和保护人类文化遗产。

## 1.2　传递科学知识方面

图书馆收藏着大量的文献信息资源，其中包含了相当数量的科技文献资料，广泛地传递和利用这些文献资源为人类社会科学技术服务，是图书馆的重要职能之一。网络文化产业作为与高科技紧密结合的新兴文化产业，它以高科技为依托，是向社会公众提供文化产品和文化服务的综合体，不断发展的高新技术伴随着网络文化产业项目的开展以及促进产业链下游创意产品的产出，因此对于科学技术而言，网络文化产业既是科学技术的受益者，又担当着高新技术产品的实践开发者。

### 1.3　社会教育方面

图书馆进行社会教育，主要是引导和帮助社会大众自由地利用馆藏资源学习科学知识，并教育社会大众如何从各类载体上获取图书馆的文献资源。网络文化蕴藏着丰富的知识资源，具有迅速的传播方式和及时的参与性，是当今社会大众获取知识和各种信息的重要来源和渠道，因此网络文化产业的发展给图书馆的社会教育带来了更大发展的空间和吸引力。另外，在社会经济高度发展的环境下，不断加快图书馆和网络文化产业和谐发展，通过建立网络教育与实体教育为一体的教育体系，是进一步的提高社会大众的科学知识积累和网络文明素养最有效的手段。

### 1.4　丰富社会大众文化生活方面

文化的进步反映着社会的文明进步，文化的发展推动着人类的全面发展。图书馆承担着传承文化、繁荣文化、服务文化的历史责任，从宏观方面讲是服务于国家的政治、文化、经济的建设，从微观方面讲是服务于社会大众的工作、生活、娱乐等，是社会大众文化生活的中心，是人们享受社会经济发展、文明进步最直接也是最便利的窗口。网络文化产品日益丰富，如网络动漫、网络音乐、网络视频、网络游戏等产业的迅速发展和产业链的逐渐延长，不仅丰富了社会大众的精神生活。尤其是自党的十七大以来，各地致力于以"博大精深的中华文化"作为网络文化建设的重要源泉，积极推动优秀传统文化瑰宝和当代文化精品的数字化、网络化传播，推动网上图书馆、网上博物馆、网上展览馆、网上剧场建设，形成了丰富多彩的网络精神家园。

## 2　图书馆信息服务对网络文化产业建设的智力支撑作用

自 2011 年开始，我国开展了"国家数字图书馆"工程，首批实施了 15 个省级馆和 52 个市级馆的建立和推广工作，取得了可惜的成果，截止到今年 6 月，国家数字图书馆数字资源保有量已达 560TB。另外，除国家数字图书馆的建成外，各地区数字图书馆建设也蓬勃发展，目前全国已经建成 1 万多个文化信息资源共享中心和服务点，有 20 多个省规划和建设省级数字图书馆。数字时代，图书馆文献信息服务在手段、途径、深度及方式方法上都发生了变革，其中网络化信息服务的建设最为突出有效，为网络文化产业的建设提供了以下的智力支撑。

## 2.1 图书馆文化信息共享工程建设助力网络文化产业的发展空间

近年来，各地政府加大了文化信息共享工程建设的投入，并且随着信息终端的发展，通信企业也不断改善了通信网络的基础设施，从而缩小了区域之间的信息获取差异，为大众提供了低成本的信息获取服务。其中，在文化信息共享工程建设中，图书馆文化信息共享工程的建设得到了各地的大力支持和推广。图书馆文化信息共享工程充分利用现代网络技术手段，将各类文化信息资源精华以及现代社会文化信息资源，进行数字化加工、处理与整合。图书馆文化信息共享工程在不同水平的受教育群体中引入了信息获取的教育课程，把信息咨询教育和网络信息数字化完美的结合起来，提高了全社会的网络普及程度和信息获取能力，不仅降低了网络文化市场消费的门槛，而且拓宽了网络文化产品的消费市场。因此，图书馆文化信息共享工程的建设缩小了区域间的数字鸿沟，加快了区域信息化建设，拓宽了网络文化产品的消费领域，为网络文化产业发展提供了良好的发展条件，对网络文化产业发展起到了不可磨灭的助推作用。

## 2.2 图书馆地方特色数据库助力网络文化产品品牌的建设

网络文化产品的品牌是带动区域产业繁荣发展的重要力量，也是展现地域文化的重要窗口，是彰显一个地区、一个民族的品牌和名片，建设和开发区域性网络文化产品及品牌，必须要依托当地特有的文化资源。各地区图书馆是当地信息文化资源的精华，因此图书馆即为网络文化产品及品牌的聚集地和表达形式。近年来，各地图书馆纷纷建立了地方特色数据库，它以经济效应体现方式表达着文化资源的价值，当地方特殊数据库的经济效益表现最突出时，也是特色数据库利用价值的最大化体现。在数字时代，图书馆地方特色数据库便是地方特色数据库中提取出来的地域文化符号，它是发展优秀网络文化产业项目比不可少的来源，是充分提升地域文化知名度和品牌效益的支柱。图书馆地方特色数据库的建立，将传统文化的内容和符号与网络传播形式相互融合，孕育了网络文化精品的产生，并为网络文化产品提供了广阔的消费市场。

## 2.3 图书馆助力网络文化产业的人才储备

时代的发展和社会的进步，时刻要求图书馆文献信息服务不断革新和完善，而图书馆完善的核心和首要任务便是图书馆工作人员业务素质的提升。随着社会信息化进程的不断推移，图书馆工作人员也在不断更新，具备高新技术的信息服务人员逐渐充实到图书馆服务的各个岗位，不仅使得图书馆的活力和创新服务不断增强，而且使得图书馆从事网络文化产业项目的个性化服务越来越多。因此，信息时代促生了图书馆的网络化信息服务体系，它要求图书馆的各项服务依托于网络进行，为网络文化产业储备了专业性强的高档次信息服务人才。

另外，图书馆通以下几个特殊的职能，完善了网络文化产业的人才战略。第一，通过提供相关知识资源和社会教育，吸引和帮助社会零散人员，加入到网络文化产品的学习、研制和开发中。第二，通过利用现代图书馆工作人员的复合型学科优势，培养网络文化产品的基础开发人才。第三，通过图书馆文化信息共享网络，培训网络文化产业的营销和技术人才。

### 2.4　图书馆信息聚合为网络文化产业提供信息资源

近年来，图书馆文献信息服务的合作化越来越强，为了更好地服务不同语言、不同地区、不同专业、不同层次的用户，各地区图书馆实行了多馆参与合作的战略措施，使全国各地的图书馆陆续开发和采用了具备联机编目功能的文献资料数据库管理系统，与众多图书馆联合，实现文献资源的共建和共享。另外，为了在较短的时间内完成海量信息资源的加工和繁杂服务请求的处理，需要图书馆与其他信息处理企业、信息资源加工企业合作共同完成这项庞大的工程，各地区图书馆也实行了图书馆与企业合作的战略措施，使全国各地相关企业的信息实现二次聚合和资源的整合。这种多馆联合和馆企联合的战略措施，将一个实体形式的单一型图书馆信息服务演变成多馆和馆企联合的综合型服务形式，充分利用了图书馆的虚拟集群优势，不仅为网络文化产业提供了大量的信息资源，而且也提供了高效的信息服务环境。

## 3　网络文化产业信息服务对图书馆发展的助推作用

网络文化产业的发展，使信息服务的内容不断扩展，不仅包括互联网络上的海量数据资源，而且还包括图书馆的文献信息资源，使得网络文化产业信息服务不断渗透到图书馆信息服务之中，从而带动了图书馆信息服务的全方位提升，主要表现在以下方面。

### 3.1　服务需求的专业性增强

网络文化的繁荣，促使了社会信息网络普及程度不断提升，信息流通速度不断提高，社会分工不断细化，对图书馆的服务方式、工作手段、资源馆藏量、工作流程和效率带来了新的变革要求。因此，网络文化产业的发展，使图书馆信息服务需求的专业性增强，不仅要求图书馆在管理数字技术和基础资源的数字化变革，还对图书馆在对地方特色研究和重要学科领域的资源储藏量提出了更高的要求。

### 3.2　服务需求的地方特色化突出

网络文化产业的发展需要地方文化的滋养，因此各地方民族文化资源是区域网络文化产业发展的源泉。我国各民族在其历史发展过程中创造和发展了各地方具有民族特殊的区域性文化，这些优秀的民族文化和得天独厚的地域特色是无法复制的，它们为网络文化产业的发展提供了契机和优势资源。同时，区域网络文化产业发展也对当地的文化服务提出了较强的区域性要求，而图书馆作为地方文献资料最集中的机构，在提供区域性、特色性信息服务方面，有着最突出优势，更有着责无旁贷的义务和责任。因此，在网络文化产业的发展下，要求图书馆在力求满足多元化信息需求之外，更要结合自身的馆藏特色建立特色化的信息服务，图书馆信息服务走特色化与区域化道路是数字时代图书馆的必然选择。

### 3.3　服务对象的素质提升

就信息服务而言，图书馆是网络文化产业信息服务的主体，而网络文化产业项目是信息服务的客体。网络文化产业为图书馆引导出了大量的不同行业的信息服务对象，这些服务对象往往是各行业的专业技术人员，他们不仅有着深厚的专业知识，并且非常善于利用网络来查找、了解和学习各类相关资源，因此网络文化产业的发展，促使图书馆信息服务对象的素质不断升高。

### 3.4　服务的档次提升

同时，网络文化产业引导下的企业竞争，也对图书馆的信息服务提出了档次提升和深度加强的要求，使图书馆信息服务，不仅局限于简单的查找文献资料，还需要经过筛选和加工后的信息资源。因此，数字时代的图书馆信息服务除了提供常规的书目检索服务、参考咨询服务外，更需要提供深层次、高档次的信息服务。在此影响下，国家图书馆早在 2005 年就根据社会生活和信息服务对象中发生的变化，提出"竞争情报"的图书馆服务目标和管理体制，依托图书馆丰富的、高档次的信息资源，帮助企业实现其竞争目标，这标志着图书馆的信息服务将沿着深层次、高档次的方向前进。

综上所述，网络文化产业的发展，给图书馆信息服务提出了发展快、进步快、更新快的要求，为图书馆事业的发展带来了新的挑战和契机。而图书馆事业的发展，为网络文化产业提供了文献资源和个性化服务，提升了网络文化的品牌效应，促进了网络文化产业的发展。因此，在数字时代下，网络文化产业和图书馆事业不仅相互渗透、相互补充，更是相辅相成、协同发展的关系。在图书馆信息服务的智力支撑下，网络文化产业将如虎添翼、蒸蒸日上，而在网络文化产业发展的大前提下，图书馆事业具有更广阔的发展空间，必将顺应时代潮流，朝着更完善、更先进的方向发展。

## 参考文献

[1] 王辉．人文关怀：高校图书馆发展建设之价值取向［J］．科技广场，2011（06）：184—186.

[2] 高阿娜．网络文化产业期待振翅高飞［J］．中国新通信，2005（11）：64—65.

[3] 以图书馆网络文化培育和弘扬民族精神．第十届中国科协年会文化强省战略与科技支撑论坛．2008．中国河南郑州．

[4] 张凤琦．重庆市文化产业发展的障碍及成因分析．

[5] 陈秀莲，李莲玉．加强网络文化建设　增强图书馆社会教育职能［J］．当代图书馆，2003（04）：3—4.

[6] 华春雨．网络中国，海纳百川　党的十七大以来我国网络文化建设综述［J］．检察风云，2011（21）：18—19.

[7] 高媛．互联网成文化产业生力军．互联网天地，2010（09）：25—26.

[8] 陈蓉．网络文化产业研究［D］．武汉大学，2005.

# 西北少数民族文化信息生态系统的建构：现状与构想[*]

张晋平[**]

（甘肃省社会科学院　兰州　730070）

**摘　要**　文章通过对西北少数民族文化环境现状的阐述，以新的视角——信息生态系统，来审视西北少数民族文化的发展与保护。文章构想了西北民族文化信息生态环境的构建原则和构建范式，为实现西北民族文化信息资源的全要素、多层次保护给出了一个新的思路。

**关键词**　西北　少数民族文化　信息生态系统

生态学（Ecology），原本是研究生物与环境之间相互关系及其作用机理的生命科学。由于系统论、控制论和信息论等概念和方法的引入，借鉴生态学概念研究社会问题就具有了一定的理论价值。信息生态系统的的概念由英国生态学家坦斯利（A. G. Tansley）在1935年提出，其理论价值在于"系统"观点的提出，使研究视角从"局部"转向了"整体"。"信息生态"（infomation ecology）概念于20世纪80年代开始被一些西方学者所使用，20世纪90年代信息生态学开始作为一门独立的学科出现。从情报学角度看，"信息生态系统"就是用生态系统的视角去考察人与信息环境的关系。

## 1　西北少数民族文化信息生态系统构成

民族文化就是渗透在千百万人心中的价值观、道德观、审美观，而且转化为我们民族的生活方式、思维方式和行为方式，进而转化为一种推动

---

[*]　国家社科基金西部项目：《西北地区少数民族信息资源开发与阅读文化构建研究》（项目编号09XTQ002）部分内容。

[**]　张晋平，男，甘肃省社会科学院信息研究所，副研究员。

或阻碍历史前进的力量。西北民族在历史的积淀过程中，形成了多元化的宗教、多样化的文化、多民族的人口等，这些历史特征和现实存在，使得西北民族文化形成了自己的民族文化信息生态系统。

## 1.1　基础层：民族人口

西北地区民族众多，除汉族外，主要有回族、保安族、东乡族、撒拉族、土族、裕固族、维吾尔族、柯尔克孜族、哈萨克族、锡伯族、塔吉克族、乌孜别克族、塔塔尔族、俄罗斯族、蒙古族、满族、藏族、达翰尔族等 18 个少数民族组成，人口达 1221 万，占西北区总人口的 55.5%。维吾尔、哈萨克、东乡、柯尔克孜、塔吉克、乌孜别克、保安等民族的分布最广。

人口在 100 万以上的有回族、维吾尔族、哈萨克族；10 万以上的有东乡、土族、柯尔克孜族、锡伯族；1 万以上的有撒拉族、塔吉克族、乌孜别克族、俄罗斯族、保安族、裕固族；1 万以下的有塔塔尔族。这 14 个民族又相对集中于新疆为主的和以甘宁青为主的两大地区。新疆为主的少数民族主要有维吾尔族、柯尔克孜族、哈萨克族、锡伯族、塔吉克族、乌孜别克族、塔塔尔族、俄罗斯族。以甘宁青为主的少数民族主要有回族、保安族、东乡、撒拉族、土族、裕固族、藏族。

## 1.2　核心层：多元文化

西北民族文化是富有地域特色和民族特色的中华地域文化之一。这种文化是多源发生、多元并存、多维发展、多种文化类型并列的复合型文化，因此也是一种多元文化。

从各民族形成的时空看，西北少数民族文化是多元的，因为每个民族都有自己的独特文化，同时又存在着共同的文化特征，主要反映在文化基础（经济类型）和文化性质的共同性。从文化特征看，西北少数民族大都是全民分别信仰伊斯兰教和藏传佛教，这两种世界性的宗教渗透于西北少数民族多元文化的各个方面，因而呈现出多元文化中的共性（见下图）。

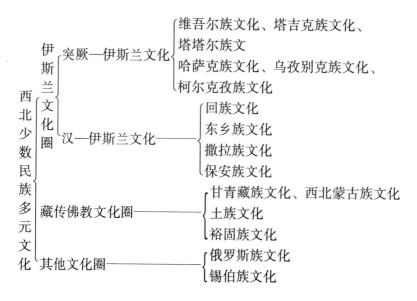

**图　西北少数民族多元文化圈示意图**

资料来源：周伟洲。西北少数民族多元文化与西部大开发【M】。北京：人民出版社，2009，12 (24)。

## 1.3　价值层：非物质文化

非物质文化是人的精神家园，代表着民族个性，是民族审美习惯的"活"的显现。由于它依托于人的传承，因此在增强民族凝聚力和国家的向心力都有着极为重要的意义。

国务院批准文化部于 2006 年、2008 年和 2011 年分别发布了三批国家级非物质文化遗产名录，三批项目中西北少数民族共有 128 项（包括共有项目），其中：第一批 38 项，第二批 61 项，第三批 29 项，体现了国家对西北少数民族文化的高度重视。同时，西北各省区紧随国家名录的发布而发布本省（区）文化遗产名录，第一批发布 257 项，其中：新疆 108 项、青海 33 项、宁夏 31 项和甘肃 85 项；第二批发布 267 项，其中：新疆 79 项、青海 69 项、宁夏 31 项和甘肃 88 项；第三批青海发布 48 项，甘肃发布 111 项目。这些项目除甘肃部分项目外，基本为少数民族项目。

## 1.4　制度层：语言与文字

语言文字是一个民族的重要特征之一，是联结一个民族的纽带。少数民族的语言不仅仅是一套符号系统，而且受到他们赖以生存的生活习俗、生活方式、行为方式、价值观念、思维方式、宗教信仰、民族心理和性格等的制约和影响。西北少数民族的语言文字多样，这是民族多样化的特征（见下表）。

**西北少数民族语言与文字**

| | 汉藏语系 | 藏缅语族 | 藏语 |
|---|---|---|---|
| 民族语言 | 阿尔泰语系 | 突厥语族 | 维吾尔语、哈萨克语、柯尔克孜语、撒拉语、乌孜别克语、塔塔尔语、裕固（尧乎尔）语 |
| | | 蒙古语族 | 蒙古语、东乡语、土族语、保安语、裕固（恩格尔）语 |
| | 印欧语系 | 斯拉夫语族 | 俄罗斯语 |
| | | 伊朗语族 | 塔吉克语 |
| 民族文字 | 拼音文字 | 印度字母体系 | 藏文 |
| | | 阿拉伯字母体系 | 老维吾尔文、老哈萨克文以及乌孜别克文、柯尔克孜文、塔塔尔文 |
| | | 回鹘文字母体系 | 蒙古文、"托忒蒙古文"、锡伯文 |
| | | 拉丁字母体系 | 新维吾尔文、新哈萨克文 |
| | | 斯拉夫字母体系 | 俄罗斯族的俄文 |

资料来源：《中国民族统计年鉴》（2010 年），中国统计出版社，2010，5（11）。

语言的保护是个难题，笔者 2011 年在甘肃临夏州调查时，文化局出版了一部《保安族语言词典》，用汉语拼音来标示保安语的发音，我试着拼了十几个词，无一正确，原因是民族语言的语调根本表现不出来，汉语拼音只能拼出的近似音。因此，语言是一个运用于交际活动之中的动态系统，在使用中发展、生成，如果不运用于社会交际，将很快被遗忘，一旦发生语言转用，母语的消失将会很快，语言记忆并不能长久保留，可能会随着一代人的消失而消失。如果我们对语言功能的弱化听之任之的话，语言的消失可能会更快。

## 1.5　认知层：民族文学

文学是文化的一种基本形式，文学可以是现代生活的再现，也可以是超越现实的憧憬；可以是时代的素描，也可以是超越时代的追求。

西北少数民族文学可分为历史文学和现代文学。西北地区自古以来，就是多民族聚居地区，也是世界三大文化：波斯文化（其中渗透着地中海文化）、印度文化和华夏文化交流、碰撞、融合的中间地带。在西北地区，回族、维吾尔族、哈萨克族、柯尔克孜族等民族的书面文学作品历史悠久，内容丰富，数量巨大，成果突出，其大体可分为历史文学和现代文学两个部分。现代文学发展则"展现了一个新的纪元，各民族的传统文化在长期的交流、碰撞、融汇的互动中，已经发生了变异"。西北民族文学的变迁具有民族性、地域性和时代性。

### 1.6　传播层：信息环境

西北少数民族众多，历史悠久，在长期的历史演进中由于特殊的生活方式及生存环境，形成了各自特有的价值取向、文化标准和宗教信仰。各民族的民族性格、思想意识、风俗习惯等在文化传承上，由于信息传播的方式、内容、系统、模式等方面差异，各保留有自己本民族文化的传统特质。进入 21 世纪的今天，传统的民族文化信息传承秩序面临着现代信息传播的巨大挑战，这种文化信息环境主要包括四个方面：①文献信息。包括公共图书馆、高校图书馆、档案馆、博物馆、文物部门以及文化馆（站）和农家书屋，这些机构藏有大量少数民族文献，是民族传统文献的基础，对民族文化传承具有极大价值；②广播电视信息。广播电视是大众最主要的传媒，并且已经成为了改造社会的一种全新的文化力量；③网络信息。互联网的出现，对西北少数民族文化的渗透性及影响巨大，彻底改变了西北民族文化信息的传统传播局面；④出版、演艺、寺庙及研究机构。

## 2　西北少数民族文化信息生态系统的建构

民族文化在西北社会发展中是不可缺少的部分。在"一体多元"（中华文化与少数民族文化）的文化格局中，文化是民族凝聚力和创造力的重要源泉，日益成为经济社会发展的重要支撑。随着信息技术在各个领域中的广泛渗透，文化信息化成为必然趋势，也使得文化生态环境与信息生态环境出现融合趋势。

### 2.1　民族文化环境与信息生态系统的耦合机制

在以工业文明为载体的现代文明冲击下，随着信息传播功能的多元化和信息环境的复杂化，民族文化信息生态系统已日益成为具有促进民族文化变迁因素。

由此可以把少数民族文化与信息生态系统的关系表述为四点：①从效果上看，民族文化信息主要针对信息用户—文化信息领域，文化信息生态系统嬗变为民族文化发展带来了新的发展机遇；②从技术影响看，信息技术的运用使得信息传播速度、传播范围、信息获取方式、信息存储手段等发生了巨大变化，影响着用户的信息获取和利用；③从交换关系看，少数民族文化信息和用户之间的是社会变迁中的信息交换影响下的有机系统，始终处在一个"均衡——失衡——再均衡"的过程；从理论建构看，借助信息生态系统观点来透视西北民族文化信息系统的建构，可以对当下复杂、多元信息环境中的民族文化保护给予新的认识，这无疑有着积极的启发意义和借鉴价值。

## 2.2 建构原则

西北民族文化信息生态系统的构建，是实现民族和谐的理论构想，是一个内涵丰富、任务艰巨而意义重大的系统工程，所展现的是一幅"民族发展、充满活力、安定有序、互利共生"的美好社会蓝图。因此，积极开放、合作发展和互利共生是该系统的建构原则，这一原则的实质就是文化生态和谐化与和谐生态化的信息逻辑互动。

2.2.1　**多元包容。**　西北地区文化多样、民族众多，各地经济与社会发展水平不一。在这一生态系统中，新疆、宁夏是民族自治区，而青海、甘肃也有大量的少数民族，每个民族都有自己的独特文化。同时，传统与现代性、主流文化与亚文化、强势与弱势、个体性与集体性、本土性与外来性，都体现在现实文化中。因此，在坚持核心价值体系的基础上，尊重文化的多样性，接纳不同的历史背景、文化、观点、信仰、风格与语言，以及不同的思维方式和社会习惯，是文化信息生态系统的内在要求。

2.2.2　**合作发展。**　保证一个开放、良性的信息生态系统是可持续发展的关键，"若转化出现问题，生态系统便会失去活力，走向衰落"，其中核心是合作，通过合作，各民族都会从中获得益处，这是文化信息生态系统的客观要求。由于有了现代信息技术的支持，信息手段越来越丰富，会使合作变的更加快捷和廉价。

2.2.3　**互利共生。**　各种民族文化样态，有吸纳也有排斥，有融合也有斗争，有渗透也有抵御，交流、交融、交锋不仅呈现出区域性，也呈现出全球性。因此，在建构文化信息生态系统中，不能简单压抑、消解或偏废某一文化，而应通过积极引导、协调、提升和规范，在差异性中求得沟通、理解、对话和融洽，进而共同发展，激发出民族的生命力、凝聚力和创造力，这是文化信息生态系统的本质要求。

## 2.3 建构范式

按照库恩的解释："范示"就是"公认的模型或模式"。"建构范示"就是形成一个普遍公认的发展模型或模式。

**2.3.1 发展机制上需要建立一个民族 "文化基因" 的信息生态系统。** 任何生态系统的运行，尤其是民族文化生态系统必须以独特的文化体系作为依据。一个完整的民族文化信息生态系统主要包括以下七个方面的内容：①文化的概念系统，即具有独特的概念系统。②文化的分类系统，即以传统的认知经验为依据的分类模式。③文化的命名系统，即以自己的方式对各类文化遗产进行命名。④文化的知识系统，概念、分类、命名的独特性，来自于知识体系的独特性。⑤文化的实践系统，民族文化遗产来自于民族的生产、生活方式，与广大人民生活实践有机结合在一起，是实践的产物，也称为"活态文化"。⑥文化传播系统，借助于传统和现代的传播方式传播民族文化。⑦文化的保护系统，任何文化遗产无不是特殊历史语境下特殊保护和传承的产物。

文化信息生态系统是一个社会共建体，它具有独创、融合和开放的价值体系，如，目前的非物质文化遗产审报、文化产业化就是其价值的体现，但仅有政府和企业是不够的，还必要有公共文化图书馆的参与、学术理论的研究和公众的广泛参与，才能形成"民族实践—政府倡导—企业开发—学者研究—信息传播—用户体验"的生态系统。

**2.3.2 保护手段上应积极借用数字化传播技术来 "激活" 民族文化。** 数字化技术是人类最先进的文字处理手段，信息传播作为民族文化的传承方式较之其他方式而言，更具有高新技术含量与较为强烈的现代感。受经济发展相对落后等因素影响，制约少数民族文化发展繁荣的问题还比较多，比如保护体系不完善、传播人群受限、市场占有率不高、保护与开发关系失衡、传统文化资源流失等。而通过建立西北民族文化数据库的建设，可以面向全球创建一个西北民族文化，包括语言、文学、音乐、艺术、建筑、服饰、技艺等网络传播平台，在这个平台上，任何一个计算机终端上的读者，都可以轻点鼠标而在瞬间获得所需的且被多角度解读的这些材料，这无疑将大大拉近西北民族与社会公众的距离，"激活"这些宝贵文化遗产所蕴涵的人类精神财富，有助于西北少数民族文化在数字化时代获得一个前所未有的发扬光大的机遇，进而提升西北民族文化的软实力。

## 3　结语

现代信息环境是当代文化传播的事实性基础，信息环境的改善，在启迪民智、培养道德、疏导人心、丰富生活、传承文化等方面有不可替代之作用，也对民族文化发展起着积极推动作用，但是，如果我们不去重视，则可能对民族文化起到消解作用。西北少数民族文化具有悠久的历史，新中国成立后，特别是改革开放以来，少数民族文化在党和国家领导人的亲切关怀下蓬勃发展，党的十七届六中全会指出，要"繁荣发展少数民族文化事业，开展少数民族特色文化保护工作"，把少数民族文化工作推向新的历史阶段。尊重、保护多样的文化形式是文化可持续发展的核心，以信息生态系统的视角去审视民族文化，可以为民族文化的发展和保护开启一个新的思路。

**参考文献**

[1] 韩子静. 信息生态系统初探 [J]. 图书情报工作，2008（2）：33—35.

[2] 沈敏特. 文化的力量在于影响人改变人 [N]. 新华日报，2012 – 7 – 04 – 03.

[3] 王远新. 中国民族语言学论纲 [M]. 北京：中央民族大学出版社，1994.

[4] 韦建国，吴孝成. 多元文化语境中的西北多民族文学 [M]. 中国社会科学出版社，2007.

[5] 阿斯买·尼亚孜，金玉萍. 新疆少数民族受众现状研究 [J]. 新疆大学学报（社科版），2004，4：76—79.

# 西部地区农村信息化建设现状调查与分析
## ——以遵义市为例

贺洪明\* 王 敏\*\* 许 卿\*\*\*

（中共贵州省委党校 贵阳550028；贵州警官职业学院 贵阳 550005）

**摘 要** 西部地区农村信息化建设现状调查与分析——以遵义市为例，旨在通过对遵义市农村信息化建设现状的调查与分析，总结经验、找准问题、提出建议，为加速西部地区农村信息化建设提供决策参考。

**关键词** 西部地区 农村信息化 基础实施建设

西部地区农业信息化建设起步较晚，农业产业化程度不高，农村发展滞后、农业基础脆弱、农民增收缓慢的问题比较突出，目前正处于传统农业向现代农业的转变时期。以遵义市农村信息化建设的调查为例，课题组成员赴遵义市所管辖的 14 个县、区（市），旨在通过对当地农村信息化基础实施建设现状的调查，去发现遵义市农村信息化基础实施建设已取得的成就，找准存在的问题，提出合理化政策建议，起到加快西部地区农村信息化基础实施建设的示范作用，以农业信息化带动农业产业化发展，为满足农民信息需求提供技术保障。

## 1 现状及成效

遵义市位处西部地区的长江上游，南临贵阳，北抵重庆，西接四川，总面积30 762 平方公里，耕地面积41.79 万公顷。辖14 个县、区（市），226 个乡镇，1742 个村民委员会；总人口759.05 万人，农村人口占总人口的79%；2010 年人均生产总值11 938 元，农民人均纯收入4305 元，绝对

---

\* 贺洪明，男，1958 年生，中共贵州省委党校图书馆，研究馆员。

\*\* 王敏，女，1968 年生，中共贵州省委党校编辑部，副编审。

\*\*\* 许卿，女，1963 年生，贵州警官职业学院图书馆，副研究馆员。

贫困人口从 1999 年的 104.58 万人下降到 2010 年的 62.5 万人，并全部纳入了低保。当前遵义市优化农业产业结构，以农业信息化带动农业产业化发展，探索一条具有山区特色的现代农业发展道路。遵义市不断加快推进农村信息化基础实施建设，全市的农村信息化基础设施建设取得了显著成效，为全面推进社会主义新农村信息化建设奠定了较好的基础。

## 1.1　乡镇综合文化站建设加快，成为保障农民文化权益的重要基础

加强乡镇综合文化站设施建设，是建设农村公共文化服务体系的重要内容，是巩固农村基层文化阵地，提高农民思想道德和科学文化素质的重要保障。遵义市截至 2010 年底全市已建成 184 个具有多功能活动厅、书刊阅览室、培训教室和信息资源共享服务室的乡镇综合文化站，覆盖了 77% 的乡镇。随着全市乡镇综合文化站建成使用，农村的文化生活正悄悄地发生改变。去年遵义县三岔镇综合文化站建成并投入使用，对于村民们来说，娱乐多了个好去处。过去村民们没有专门的文化娱乐活动场地，一有时间就聚在一起"斗地主"、搓麻将等，赌博成风，严重败坏了村规民风；有的村民闲着无事，热衷于求神拜佛，有了钱，就修庙建祠，让一些丑恶的现象污染了社会环境。今天，无论是唱歌、跳舞，还是上网看书、查资料，或是打球、下棋，文化站满足了村民的要求。不知不觉中，村民发现，自己的生活已经悄悄发生了变化。村民周建新感慨地告诉我们调研组的同志："以前没有娱乐文化场地，有时间就聚在一起打麻将或去求神拜佛。现在好了，文化站里面有书看、有网上，还可以唱歌跳舞，对我们来说，吸引力真的挺大的。"

## 1.2　各乡村建起了农家书屋，成为培育新型农民的主阵地

农家书屋是是政府统一规划、组织实施的新农村文化建设的基础工程，是为切实解决农民买书难、借书难、看书难问题，在行政村建立的、农民自己管理、自我服务的农民自助读书设施。截至 2011 年底遵义市在 1742 个行政村建起了"农家书屋"，覆盖率达 100%。农家书屋在帮助农民提高文化科技知识和致富等方面发挥了重要的作用。例如遵义县龙坪镇借助农家书屋这一平台开展农村妇女读书知识竞赛、安全知识竞赛等内容丰富、形式多样的读书活动，既丰富了农民群众业余文化生活，又提高了农民群众的科技水平。龙坝居民组的夏小东，2006 年养殖的肉牛，因为不懂科学养殖损失了近 5 万元。在村干部的带领下他走进了农家书屋，学到

了科学养殖技术，从 2007 年起对所养殖的肉牛为他每年带来了近 10 万元的收入。在物质生活条件日益改善的同时，夏小东开始注重看一些生活保健方面的图书。他感慨道，农家书屋建在村，"哑巴老师"天天在；大家只要肯学习，好多门路有钱赚。这是通过农家书屋培育出来的新型农民——夏小东的人生感悟。

## 1.3  广播电视村村通工程的实现，为乡村建设提供有力的文化支撑

自 1998 年以来，为解决我国部分农村地区收听收看不到广播电视的突出问题，国家发改委、财政部、广电总局共同组织实施了广播电视村村通工程。截止 2011 年底，遵义市全面完成"村村通""十一五"工程建设任务，在全市完成了 17 618 个 20 户以上已通电自然村广播电视"村村通"的建设任务，覆盖农户 37 773 户，覆盖人口约 1 386 426 人，在全市广播电视村村通工程覆盖率已达 95%，基本建成了以广播电视网络为支撑，村村通工程建设为重点，无线覆盖为补充的广播电视覆盖体系。遵义市广播电视村村通工程的实现，特别是对农村自然条件和经济条件落后、信息闭塞，广播电视的传播无疑打开了了解外界的窗口，传递新的思想观念和现代生活方式，让农民在潜移默化中接受教育和启迪。随着农村广播电视的深入普及，农民的消费需求将更加丰富和多样化，农民对于经济、科技的信息越来越渴求，为农民开启了致富新篇章。如凤冈县永安镇田坝村的村民们在广播电视节目信息的引导下，大力发展起茶叶产业，主推全村高标准发展有机茶叶 2 万多亩，2010 年人均纯收入突破了 5000 元。

## 1.4  贵州农经网在遵义市入村入户，广泛拓展农民致富渠道

贵州农经网是贵州省委、省政府于 2000 年为促进农业发展和农民增收，决定实施贵州农村信息化建设工程。贵州农经网不断丰富信息服务手段，采用互联网、声讯语音、手机短信、无线 LED 屏、数字电视、信息大篷车等信息传播手段，创新形成"五位一体"信息传播服务模式，有效地解决为农民信息服务"最后一公里"问题。目前，农经网基层信息站（点）辐射率在遵义市已达 86%。贵州农经网的创建极大地推动了信息技术在全市农村的普及与应用，引导农业结构调整，促进农产品销售，改变农民传统生产观念发挥着重要作用。农经网基层信息站（点）在遵义市具有典范性的是湄潭县核桃坝村多功能信息服务站。信息服务站整合了农经网、农村党员远程教育、农家书屋、文化信息资源共享等农村信息化工程

的资源，使农民可就近、集中获取互联网信息，接受远程教育培训，阅读书籍，观看数字电影、视频，呼叫各类专家咨询科、教、文、卫、法律等问题，农民工留守子女与外出亲人视频亲情对话等多项信息服务，同时也是基层气象信息传播、预警信息发布及气象灾情上报点，真正实现"一站多用"，使农民能够得到全方位的服务。贵州农经网"遵义市湄潭县核桃坝村多功能农民信息服务站"被"全国农村综合信息服务站和信息员考核评估工作组"评为"2010 年全国先进农村综合信息服务站"荣誉称号。

### 1.5　遵义市农委"四个建设"构建农业信息网络体系，成为促进农业增产农民增收重要手段

近年来，遵义市不断加快推进农业农村信息化建设，随着市农业委员会门户网站建设、农业信息平台建设、农委系统办公局域网建设，以及"三电合一"项目建设，为遵义市现代农业发展提供了强力支撑。遵义市农委的这"四个建设"构建成农业信息网络体系，成为促进农业增产农民增收的重要手段。一是遵义市农业委员会门户网站建设。该网站已成为农业系统相互交流，开展农业、农村市场信息服务，成为广大农民获得党政信息、农业知识、政策法规的主要载体。二是遵义市农业信息平台建设。建立了上联中国农业信息网、贵州农业信息网等涉农网站、下联各区（县、市）农业信息网站的遵义市农业信息网站——"遵义农业信息网"，完成遵义市农委相关栏目建设及信息报送工作。三是农委系统办公局域网建设。目前远程视频会议系统已开通使用，基本实现了系统内公文传输和无纸办公，提高了办公效益，为全市的农业信息体系建设打下良好的基础。四是"三电合一"项目建设。近年来，为加强农业信息服务，全市农业系统加大"三电合一"农业信息服务项目建设力度，努力探索建设市、县、乡（镇）、村，以及与省、农业部互联互通的农业信息服务网络。目前市级"三电合一"项目正在申报中；遵义市"12316"热线平台建成，并初步建立了"12316"信息服务专家库，信息服务专家与"12316"热线对接工作有待进一步完善。

## 2　问题及原因

从上述可以清楚地看到，遵义市在农村信息化基础设施建设方面已取得了显著成效，但是在实际应用中还存在不少问题，这些问题在西部地区农村仍然普遍存在，根据存在的问题进行了形成原因的分析。

## 2.1　乡镇领导干部对农业信息化重视不够，认识不到位

以西部地区来看，遵义市农村信息化基础设施建设是走在前面的，并取得了显著成效。但是，在遵义市还有多数乡镇领导干部仍然存在对农业信息化重视不够，认识不到位。产生的原因在于两个错误的认识：一是认为建立了自上而下的农业信息服务网站，信息服务体系建设就大功告成了。没有把信息化看作是实现农业现代化的关键、是解决"三农"问题的根本、是实现农业增产农民增收的重要支撑，同时不善于在市场经济条件下充分发挥市场信息对农业结构调整的引导作用。因此，一些乡镇领导干部在实际工作中既不懂农业科技也不了解互联网信息技术，缺乏主动性和创造性，根本没把农业信息化建设摆上议事日程，甚至强迫要求农民种这种那，对如何抓好农村信息工作心中无整体规划；二是认为，虽然信息化、互联网很重要，但现在实施起来还太早了些，起的作用不大，存在着等待观望的思想，从而造成本县本乡与农业信息化带动农业产业化发展的先进县、乡的差距越拉越大。

## 2.2　农民素质不高，信息化意识和利用信息的能力不强

目前遵义市农民的科学文化综合素质还不能适应农业信息化的要求。我们对习水县农村家庭劳动力文化程度和接受农业科技培训人员构成的比例进行了 100 份抽样问卷调查的结果是：不识字或识字很少的占 6%、小学文化程度的占 30%、初中文化程度的占 57%、高中文化程度的占 4%、中专文化程度的占 2%、大专及大专以上文化程度的占 1%；受过专业技能培训的农民仅占 8%，占 92% 的农民没有受过专业技能培训，尚未掌握现代生产技术。由于长期以来受传统的计划经济体制的束缚，已经习惯于按政府指令安排生产和经营，多数农民信息化意识薄弱，利用信息的自觉性不高，没有认识到信息也能够帮助创造财富，从而导致农业信息的利用率低下。造成农民信息化意识和利用信息的能力不强的主要原因是农民的素质不高，同时受基层领导干部对农业信息化重视不够、认识不到位有直接的影响。

## 2.3　农业产业化程度不高，难以形成正常的信息需求

农业产业化是农业信息化的基础，两者是相互依赖的。要使农业产业化经营在日益激烈的市场竞争中立于不败之地，必须充分发挥农业信息化手段的作用来增强农业生产经营能力、引导农业产业结构调整和升级、拓展农业产业化的活动空间、提高农业经营管理水平和农产品市场流通效率

等。但是，目前遵义市农业产业化存在着龙头企业数量少、规模小、实力弱，农产品加工业发展滞后，农业标准化生产水平低，名牌、优质、专用产品生产基地规模小，农民专业合作组织规模小，服务能力弱，带动能力差等问题，农民这种小规模经营形不成对农业信息的需求刺激，难以形成正常的信息需求。

### 2.4　乡镇政府农村信息公共管理与服务的职能缺位

遵义市在乡镇政府职能转变的问题上，由于受长期封建专制和人治传统思想的影响，"政府至上"的观念在绝大乡镇领导干部中根深蒂固，乡镇政府职能还没有从"人治型"向"法治型"转变，也没有真正从"管理型"向"服务型"转变，更没有从"直接型"向"间接型"转变。这些问题的存在主要表现在：一是政府职能越位。职能泛化，就像一个全能政府，管了大量不该管、管不了、管不好的事，该放的权不放，强制农民干这干那、干涉农民生产经营，随意替农民决策。我们在实地考察中发现就有这样的现象，有的乡镇领导干部只为了完成上级摊派的种植辣椒任务，不管农民愿不愿意，强行把农民已种出的玉米苗拔掉从新种上辣椒，农民怨气大。有的农民对我们说："不是我们不愿种辣椒，而是政府（所指乡镇）说话不兑现，去年对我们说'只要你们种上辣椒，到时我们会负责销售'，但去年种出的辣椒到现在都还没卖出去。"这充分说明政府在抓种植结构调整中搞硬性决策，无视市场规律，结果造成产品卖不出去，农民叫苦，政府尴尬。二是政府职能错位。政府在经济活动中扮演管理、经营等多重角色，有的替代中介组织和农民签订合同，造成了大量矛盾纠纷。三是政府职能缺位。主要表现在乡镇政府对农村科技、信息、文化、交通、卫生等基础建设和农村社会服务机构的支持不够，社会保障体系不健全，社会治安较差的现象大量存在。

### 2.5　农村专业信息服务技术人才的缺乏

农业信息化建设对专业人员素质的要求与其他信息行业有着明显的不同，农村信息服务人员不仅要熟悉农业专业技术知识，还要懂得计算机操作、网络应用知识，掌握市场经济运行规律，精通市场信息的收集、处理、发布的"复合型"人才。目前在遵义市文化素质相对较低的农村，既通晓一定的计算机知识，又具备农业技术的基层服务人员太少，适应不了新时期农业信息化工作的发展需要，农村这类复合型的人才十分匮乏，尤其是乡镇、村更为突出，即使有，也基本上是兼职人员，很难保证在信息服务上投入足够的精力。

## 3　政策建议

基于上述存在的问题，提出以下对策建议，为加速西部地区农村信息化建设提供决策参考。

### 3.1　充分发挥政府在农村信息化建设中的主导作用

目前在西部地区农村一项艰巨而复杂的系统工程——农村信息化建设。要促进农村信息化建设顺利快速地发展，就必须发挥政府的主导作用，同时带动社会各界的参与。首先为推进农业信息化建设提供思想认识保障——加大宣传力度。这就需要政府大力开展农业信息的知识教育和宣传，增强政府管理部门及生产经营者的信息意识和信息综合利用能力。其次，为加快农村信息化建设提供组织保障——强化组织引导。①构建强有力的领导组织体系。成立省信息化工作委员会来加强综合管理、统一标准、发挥整体优势，县乡二级要建立健全权威、高效运转的信息化领导小组和办事机构。②建立科学合理的工作制度。对信息采集、传输、加工、分析、交换、发布等各个环节都要建立相应的工作制度。第三，为加快西部农村信息化建设提供资金保障量——加大投入力度。①政府要有专项资金投入。要对农业信息化建设统筹规划，严格资金管理和项目管理，避免重复建设和资金浪费。②发挥市场机制的作用，积极引导民间投资。要制定政策，鼓励教育机构、科研机构、企业、外商创办农业信息公司和信息科技咨询、中介机构等。

### 3.2　提高乡镇领导干部的信息意识是带动农民利用好信息的关键

乡镇领导干部应充分认识到农村信息化在农村经济发展中的重要性和必要性，要认识到加强农村信息化建设是发展现代农业的必由之路。乡镇领导干部应首先树立信息意识，才能加强农村信息化建设的资金投入和政策引导及扶持力度来带动农民利用好信息，真正成为促进农业增产农民增收的目的。因此，特别是要加强对乡镇领导干部、村班干部和农业技术人员的信息技术培训，使他们既是农业信息专家又是农业技术专家，让他们在农村信息化过程中引导、帮助农民。同时还要加强对农民的培训，提高农民的科学文化素质，培养农民的现代信息意识。要大力指导农民提高信息识别、信息应用、信息收集和信息反馈的能力和意识。

### 3.3　转变乡镇政府职能与强化公共信息服务功能

首先是乡镇政府职能的转变。①从"人治型"向"法治型"转变。确保农村信息化建设工作在乡镇依法进行。②从"管理型"向"服务型"转变。职能转变的主要内容是向社会提供更多的公共产品和公共信息服务。③从"直接型"向"间接型"转变。对那些可以由市场、企业和民间办好的事情，政府部门要坚决"退位"。遵义县龙坪镇政府从实际出发，利用行业协会和社会中介组织，充分发挥其在市场经济中的组织协调作用，起到了较好的效果。

其次，加强乡镇政府的社会管理强化公共信息服务的功能。①树立起服务政府的新的行政管理理念。一是服务政府是"信用政府"，就是要树立诚实守信的新形象。二是服务政府是"有限政府"，就是要形成社会与政府的共同治理的结构。三是服务政府是"效率政府"。只有树立效率观念，才能使政府的作用得到充分的发挥。②真正把工作重心转移到公共信息服务的职能上来。改变以往乡镇政府只注重发展经济追求经济增长、忽视社会管理与公共信息服务的状况，切实将工作重心从直接抓招商引资、生产经营、催种催收等具体事务转到为农民和各类经济主体进行示范引导、提供公共信息服务上来，要培育和发展中介组织，从而形成以地方政府为主导的各种社会主体共同参与的农村公共服务新格局。

### 3.4　以农业信息化带动农业产业化发展

在西部地区要以农业信息化来带动农业产业化的加速发展，首先借助农业信息化这一重要手段来加快农业产业化发展。就是要通过对各类农业信息资源的开发利用来提高生产、经营、管理、决策的效率，降低各项农业生产经营成本，从而提高农业生产的产业化程度。其次，借助农业信息化这一根本要求来加快农业产业化发展。①农业信息化是农业产业化发展的自身要求。以农业信息化带动农业产业化发展的实质就是把生产者和大市场结合起来，实现农工贸一体化和产供销一体化。②农业信息化是农业产业化适应经济全球化的必然要求。通过农业信息化把农业产业融入到经济全球化的竞争中发展，开发网上贸易和电子商务直接建立农产品和农业服务贸易的快速交易通道。在推进信息化建设、以信息化手段推动农业产业化发展的过程中，需要各级政府、农业、信息、科技等相关部门以及全体社会成员的共同参与。

### 3.5 大力培养农村专业信息服务技术人才

农业信息化需要一大批既懂信息技术和现代农业技术，又善于经营现代信息产业的集"通才与专才"于一身的创造型、复合型人才，作为一名合格的农村专业信息服务技术人才至少应具备三个方面的知识结构：一是扎实的信息处理技术和应用能力；二是丰富的农业科学知识；三是较强的营销和管理知识。因此必须重视农村专业信息服务技术人才的培养和使用。首先加快农村信息化人才培养，是推进农村信息化建设的关键。加强农村专业信息服务人才培养要以学校教育为基础，在职培训为重点，鼓励各类专业人才掌握农村信息技术，培养农村信息化复合型人才；现阶段重点把各级涉农部门从事农村信息服务的人员作为骨干力量来通过集中培训、分级培训、以会代训、远程培训和开办信息技术培训班等方式来开展有效的培训。其次，加强对农村信息员队伍的培训。具体由各县农业局负责农村信息员培训、考核和日常管理工作。各县要结合自身的实际情况，对农村信息员的培训可采取农业广播学校现代远程培训、现场教学、集中培训等方式进行；对农村信息员考核认证工作实行动态管理与网络化注册管理相结合。

# 新媒体环境下的古籍阅读模式研究<sup>*</sup>

胡　石<sup>**</sup>　肖莉杰<sup>***</sup>

（吉林省社会科学院图书馆　长春　130033）

**摘　要**　新媒体是不可阻挡的时代大潮，如何运用新媒体活力、便捷、多样的技术平台开展古籍阅读服务，使全民阅读活动达到如期的效果。本文在对古籍阅读与新媒体阅读知识研究与了解的基础上，分析古籍阅读风气淡薄的原因，并就新媒体引入的可行性及创新性进行探析，从而进一步探讨与归纳新媒体在古籍阅读中的合理推广模式。

**关键词**　古籍阅读　阅读服务　新媒体

## 1　引言

近年来，国家大力提倡文化事业的发展，积极构建学习型、知识型社会，使得全民阅读蔚然成风。阅读渗透到社会经济、政治生活的方方面面，于此同时，阅读也暴漏出它时代性的缺陷：阅读心理浮躁、浅阅读盛行、畅销的、时尚的、流行的、网络的信息吸引了大量的受众，而那些蕴含着中华千年文化的古籍却很少人问津，造成这种现象的主要原因应归结于古籍的阅读与当今的阅读方式显得格格不入，新媒体阅读时代的到来不可阻挡，新媒体凭借其技术、运营、产品及服务等领域独有的媒体平台和架构优势，已成为大众生活尤其是阅读领域不可获取的工具，古籍阅读也应顺应知识、信息时代的发展，适当的应用新媒体开展古籍阅读服务，于此本人开展了此论题的探究。

---

\* 本文为吉林省社会科学院院课题项目"新媒体环境下的古籍阅读模式研究"成果之一。

\*\*　胡石，女，1986 年生，吉林省社会科学院图书馆古籍部。

\*\*\*　肖莉杰，女，1981 年生，吉林省社会科学院图书馆采编部。

## 2  论题研究现状

笔者采用文献调查的方式分析本论题的研究现状，把题目主题提炼出三个关键词：新媒体、古籍阅读和阅读模式，分别以这三个词为题名和主题作为检索词，年限设置在 2000—2012 年，检索了《中文期刊全文数据库》（CNKI），通过剔除重复和与研究内容无关的论文，经整理总结得下表：

| 关键词 | 新媒体 | 阅读模式 | 古籍阅读 | 古籍阅读模式 | 新媒体、阅读模式 | 新媒体、古籍阅读模式 |
|---|---|---|---|---|---|---|
| 论文篇数 | 7431 篇 | 1320 篇 | 26 篇 | 1 篇 | 1 篇 | 0 篇 |

通过以上的表格统计可看出，有关新媒体的研究一直是最近几年国内外关注的热点，大部分学者的文章已从最初论述的基础理论延展到新媒体在社会各领域中的应用研究，涉及艺术、经济、传播、文化、教育等方面，多数文章的发表时间集中在 2008 年到 2012 年间，且数量还有上升的势头。

对于阅读模式研究的文章也较多，多数从语言学的角度，尤其是英语教学领域入手展开对阅读过程的模式探析，有代表性的著作如学者何冰的《试论阅读模式与大学英语教学》、学者何星的《从阅读到写作—交互式阅读模式对英语语篇连贯写作方法的启示》、学者张怀建和黄建滨的《阅读模式》，且在众多的阅读模式中，比较有影响的归纳为：自下而上的阅读模式、自上而下的阅读模式及交互式阅读模式三种。

较之前两者，古籍阅读在全民阅读的热潮中很显冷清，相关研究的文章较少，论述的大都为有关古文字、典型古籍体例及阅读方法等方面的内容，学者王培峰、李继高的《大学生古籍阅读方法浅析论》较系统、明晰的指出了古籍阅读的门径。

"古籍阅读模式"与"新媒体、阅读模式"的文章都只有一篇，论述的仅为古籍阅读的重要性及新媒体时代下的免费阅读模式，并没有概括出典型的阅读模型；时代特色的"新媒体"与大众关注淡然的"古籍阅读"结合的文章笔者并没有检索到。古籍阅读是大众了解古典知识，接受民族文化洗礼的盛宴，应是全民阅读的重要领域，同时，随着新媒体时代的到来，古籍阅读更应顺应技术的发展，在新媒体的平台上开展多种服务方式，满足各读者的不同阅读需求，笔者试图在古籍阅读领域论述新媒体应用的具体问题，以期对相关理论有所探析。

# 3 新媒体视角下的古籍阅读创新探析

## 3.1 新媒体——信息再推广的利器

新媒体自 20 世纪 60 年代产生以来，便以其不可替代的优势在各领域迅速扩展，使得众多的信息以再包装再组织的形式向大众传播，符合时代需求的新媒体得到了广大用户的认可。新媒体环境下的阅读较之传统阅读，有很多时代性的特征：①新技术平台的支撑。建立在数字技术和网络技术基础上的新媒体在强大的技术力量的支撑下将触角伸及世界上的任意角落，完全突破传统媒体时间、空间的限制。②以人为本的传播理念。新媒体时代下的信息传播改变了过去用户被动接受的方式，以用户的需求为本，变用户为传播的主体，这种更符合时代需求的理念是新媒体传播的亮点。③信息形式的多样化与高度的交互性。多媒体信息的呈现形式从不同的感官和渠道带给用户更加新鲜深刻的感受，同时高度的交互性给用户以充分的思想交流与升华空间，这是新媒体体现时代特色的显著表征。④市场导向性。新媒体是市场经济时代的产物，其运营及产品服务方面借鉴了很多商业的创新模式，如各种旅游、购物等商业论坛的兴起在扩展、传播相关信息的同时还对不同的用户进行分众化与个性化处理，把有着共同兴趣、爱好的用户组成特色的网络社区，提供个性化的服务。⑤便捷性与低廉性。近乎于零费用的信息发布与获取是新媒体阅读不可或缺的特点。

## 3.2 古籍阅读风气淡薄因素分析

与全民阅读热火朝天的形势相比，古籍阅读的风气略显淡薄，其因素是多方面的，多与古籍阅读的特点密切相关，考虑到因素分析的全面系统性，笔者从古籍阅读流程入手来对其特点与风气淡薄的因素进行分析：

### 3.2.1 阅读需求强大

多数读者对古籍都是向往的，它是提高修养、开阔视野、增加对传统文化热爱的良剂，在平时的生活与工作中，大众都会遇到历史、文献等方面的信息关联问题，这样古籍阅读潜在需求的激发就不可避免。

### 3.2.2 获取困难

承载传统文化的典籍，是极其珍贵的，各收藏单位都千方百计的加以修复保护，几乎不会公开供读者翻阅；除了纸质原版的典籍外，网络也是读者获取古籍的途径，但当今的古籍数字化程度还很低，古籍数字化的内容也仅限于题名、作者等简单的项目，根本达不到供用户汲取知识的水平。

### 3.2.3　文化传播瓶颈

主观上部分读者的文化素养有限，对古籍内容的获取和再传播敏感性较低；客观上古籍缺乏有效的多样化的传播载体，多媒体时代的诞生，给信息的吸收和利用带来了新的深刻的变革，各种新媒体融合的趋势是古籍阅读得以重现生机的契机。

### 3.2.4　阅读难度大

古籍之字为繁体；古籍之文常一字多意或是古今异意；古籍之意常晦涩难懂，这就需要相关工具书的配套使用。

### 3.2.5　阅读交流、升华环节薄弱

阅读重在融汇、交流，方能吸收其精华所在，古籍阅读更是注重书籍内容、寓意的领会与吸收，为大众的生活甚至国家的治理提供良好的借鉴，这一环节是整个阅读领域一直忽视的关键所在，在古籍阅读中要尤其的注意。

## 3.3　新媒体引入分析

新媒体是信息时代需求的产物，它改变了阅读中信息传递与交流的质量和效率，从用户的角度出发开展服务，古籍阅读的显性及隐形需求的存在是新媒体引入的根基，新媒体信息的数字化能很好的解决古籍获取困难的问题，而其跨越时空性的特点又是其拓展传播的利器；同时应用新媒体多元化的信息优势，音图并茂的开展古籍阅读服务可帮助读者更便捷的理解其寓意，也在一定程度上增加了大众对古籍阅读的兴趣；新媒体时代是服务于读者的时代，其强大的交互性为读者间的交流沟通提供了广阔的空间，古籍阅读也并不只是泛泛的阅读文字，更需要有共同兴趣爱好的读者们思想的碰撞。新媒体的种种特性符合新时期古籍阅读应有的理念，有效地解决了古籍阅读所显露出来的问题，阅读内容、形式等的多元化，阅读群体的分众化，阅读受众的扁平化及阅读效率的竞争化都是新媒体给古籍阅读服务带来的优势与动力。可见，新媒体深入古籍阅读服务刻不容缓。

## 4　社区交流为主辅以特色化服务的古籍阅读模式

基于以上研究，笔者从新媒体应用的角度概括总结出古籍阅读的典型服务模式：社区交流为主辅以特色化服务的模式（见下图）。网络新媒体是古籍阅读服务的主要平台，移动与数字新媒体的无界化融合也是不可获

取的；网络媒体中的社区化阅读是古籍文化弘扬值得借鉴的形式，由小范围、局部的古籍阅读热潮扩展到社会大众对阅读古籍的普遍兴趣是符合文化传播规律的，同时带有共同阅读趋向的用户所组成的社区有着极大的阅读激情和不断融合新成员的欲望，利于古籍阅读在宏观上的统一化。

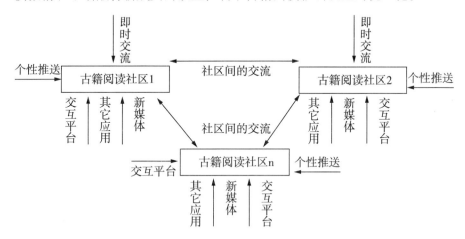

**图　社区交流为主辅以特色化服务的古籍阅读模式**

社区内古籍阅读服务应秉承新媒体以人为本，用户主动的理念，针对各个社区的阅读特点及兴趣情况开展针对性的特色化服务：即时交流、个性推送、交互平台、升华服务等新媒体功能的融合方式都是可引入并创新的内容。值得注意的是：各个古籍阅读社区之间并不是无交流，相互隔绝的状态，为了更好的趋于统一，达到更大范围的古籍阅读热潮，社区间的交流沟通，共同提升也是需要个性化媒体服务的支持的。

社区交流为主辅以特色化服务的模式是从新媒体的角度凝练出来的，笔者希望通过此模式的提出能找到新媒体时代下古籍阅读的规律，并以此指导古籍阅读，使得古籍阅读在新媒体的平台上大放异彩，古籍读者从中获得切实的便利。

## 5　结语

古籍阅读是全民阅读不可或缺的一部分，也是应大力提倡与推广的文化活动，从新媒体的角度研究古籍阅读，是充满时代活力的新媒体与大众默然对待的古籍阅读的有机结合，是时代"动"与文化"静"的相映生辉。古籍阅读定能在新媒体的平台上大放异彩，为全民阅读增添新的生机与动力。

## 参考文献

[1] 全国国民阅读调查述评 [2012 - 05 - 13]. http：//blog. sina. com. cn/ s/blog_ 513d40b20100dtai. html.

[2] 何冰. 试论阅读模式与大学英语教学 [J]. 文科教学研究，1999 (5)：85—87.

[3] 何星. 从阅读到写作——交互式阅读模式对英语语篇连贯写作方法的启示 [J]. 外语研究，2004 (6)：55—58.

[4] 张怀建，黄建滨. 阅读模式 [J]. 国外外语教学，1996 (4)：28—32.

[5] 王培峰，李继高. 大学生古籍阅读方法浅析论 [J]. 商洛学院学报，2008 (12)：70—75.

[6] 刘韶军. 古籍数字化与高校古籍整理研究 [A]. 第二届中国古籍数字化国际学术研讨会论文集 [C]，2009 年.

[7] 阅读模式 [2012 - 05 - 15]. http：//baike. baidu. com/ view/339017. htm.

[8] 邓香莲. 解析新媒体环境对阅读的影响 [J]. 媒体，2011 (5)：62—67.

[9] 文小明. web2.0 环境下的信息服务 [J]. 湘潭师范学院学报（社会科学版），2006 (11)：15—20.

# 信息社会化与社会信息化变迁给
# 社会文化带来的影响以及相关的
# 文献信息问题

黎　刚*

（黑龙江省社会科学院文献信息中心　哈尔滨　150018）

**摘　要**　新的时代要求新的文献信息状态与之相适应，在社会生活领域日益扩大、社会容纳内容日益丰富、社会各方面联系日益紧密的今天，信息社会化与社会信息化变迁给社会文化带来了深该的影响，同时也在文献信息工作中产生了新的问题。本文从社会文化不断变迁的前题下，简单探讨论相关的文献信息的一些理论问题。

**关键词**　信息社会化　社会信息化　文化　文献信息

社会文化是社会学研究的一个重要内容，是社会学的重要组成部分，尤其在物质文明迅速发展与高度发达的今天，社会文化作为人类精神存在方式而引起了学界的广泛关注。文献信息是社会文化一大载体，是社会文化的主要表达形式，更是使社会文化得以形成、稳定和传承的重要力量，文献信息是社会文化舞台上的生力军，文献信息工作对社会文化的影响是巨大而深远的，我们有必要在社会信息化的大潮中，在进行信息社会化的讨论中，结合社会文化的特点，探索出其间的联系与相互作用的路径。

## 1　信息社会化与社会信息化变迁给社会文化带来的影响

### 1.1　社会信息化对文化形成的重要推动，信息社会化使个人在社会文化形成中的作用空前加强。

我们都知道，文化具有超生理性，也就是说，文化不能天生，人类的

---

*　黎刚，男，1965 年生，黑龙江省社会科学院文献信息中心，副研究馆员。

文化都是人后天习得的，这就为信息社会化，并对人类思想、活动产生影响提供了可能。文化又有超个人性，所谓超个人性是指，个人虽有接受文化和创造文化的能力，但是形成文化的力量不在于个人，个人只有在与他人的互动中才需要文化，才接受文化，才影响文化。简单说，超个人性就是其广泛性、社会性，不是某个人力量可以创造的。但是，信息社会化似乎为个人提供了这种机会和力量。信息社会化就是信息从产生到流通，并逐渐进入社会、影响社会的过程，那么，只要经过有效的信息管理、加工、处理，就能够使相对个人化的信息推广到社会，影响社会，甚至逐渐形成一种文化。所以我们认为，个人对文化的形成起到了重要作用，这一作用与传统社会文化形成过程中的那种微小的推动作用要强得多。而且，在这种文化形成的过程中，社会信息化的推动作用是重要且主要的。

比如说网络语言的形成。在电子计算机诞生之初网络语言是不存在的，由于社会信息化的推进，年轻人越来越多地接触和利用电子计算机，开始有个别人尝试用已经约定俗成的语言、符号表达另外的非约定俗成的意思，从而具有了新奇意味。这时候这些只言片语是个人的，不具有社会性，但是由于借助了电子计算机这一信息手段，使它具有了社会化的可能，于是个人化的信息推向社会；同样由于电子计算机、网络技术的推进，这些个人化的信息被更多人谈论或者接受，并且逐渐自觉使用和融入，甚至参与创造，应该说个人信息社会化的过程在此得到了突进；紧接着，这些原本个人化的信息形成了网络中的一种普遍现象，引起了网络外人群的注意，并且有人开始着手研究，这从另一侧面又扩大了网络语言的影响，网络语言作为一种文化现象被社会所承认，甚至由此形成了网络语言研究的学科。从这一过程，我们可以看出两个问题：一是社会信息化使信息技术得以推广应用，对网络语言的形成起了决定作用；二是在信息技术手段的帮助下，个人在文化形成中的力量得到了加强，虽然同传统文化中一样，个人的作用在于萌发文化苗头和在推广中的一份力量，但是以往个人那细微而渺小的一点儿力量已经借助信息化手段得以大大加强，个人对于文化形成的重大作用变得异常突出。当然还有许多相似的例子，并不是与网络或者电子计算机等信息设备、技术直接融合的文化现象，它们的形成同样证实了此结论。但我们同时须认清，这一文化并不是个人（信息生产者）所创造的，其形成过程中，个人力量也是有限的，所起的作用也非决定性的，文化的超个人性特征并不因信息社会化而动摇。然而，无可否认的是，个人对社会文化形成的作用得到了空前的加强。

## 1.2  信息社会化对文化多样性的强势推进有重大关系。

当前文化多样性的社会特征已经是不争的事实，它已经成为影响多个领域局势和工作的因素之一，然而，文化的多样性究竟是如何形成的？更重要的是，文化多样性以当今这样的态势急速推进和强化，成为社会文化众多特性中最为明显和突出的一个，又是为什么？这与信息社会化是分不开的。文化多样性特征的形成与不同人群的生活环境、物质条件、历史发展等诸多方面都有关系，然而在影响文化多样性强势推进的众多因素中，信息社会化却是最为重要的。这与上一点个人对文化形成的作用的加强直接相关，这里就不作多余论述，只作简单推理。信息社会化一方面使信息技术推广应用，使人们的信息意识增强，对信息、信息技术、信息设备的掌握成为普遍现象；另一方面，信息社会化使多样的信息进入社会、影响社会，影响人们的思想、行动，可能萌生出各种各样新鲜的、不同于以前的思想观念或其他的策略等等。由于这两方面的作用，加上我们千米那所说的个人对文化形成有重要影响，所以，人们的各种新奇思想、行动就能够通过信息技术、设备推广，经过社会的过滤、选择、淘汰作用，其中一部分就得以存活并长久地影响社会，形成多种文化。所以，这些文化必然是多样的，文化多样性的特征必然获得一个强势推进的过程。

以上所论的文化，更严格地说应该是文化现象，是文化的表象，它们是否能够形成稳固的文化还有待社会和历史的进一步验证。但是，由于这些文化现象是形成文化的基础，是形成文化的前期阶段，反映和表现文化，而且在一定程度上说明文化，所以并不影响我们以上对文化和信息化的讨论。

## 1.3  信息社会化与社会信息化使文化的象征性有所减弱。

文化的象征性是说，一切具体的文化现象都是一定文化类型的反映或象征。因为文化具有这样的象征性，所以具体的事物或现象只是对于人类具有某种特殊意义的文化的反映或象征，而不能直接等同于某种文化。这里说文化象征性减弱，是指文化现象或具体事物对文化的代表性和反映特征降低了，反过来说就是某一文化现象或事物不一定代表某一文化、不一定象征某一文化类型的这种特点强化了。显然，这是与社会信息化、信息社会化直接相关的。信息社会化将全世界的文化信息传播、扩散，社会信息化使各种文化信息社会化，在世界范围内社会化，文化现象在世界范围内重置和创新，文化象征性有所减弱。就比如我们现在不能说吃肯德基、麦当劳，喝咖啡的就是西方人，不能说穿唐装的就是中国人一样，文化现象已经广泛地蔓延开，其对文化类型的象征性、标志性作用已不再那么明显。

这就是信息社会化与社会信息化给社会文化带来的影响和变化，这不仅是信息化的结果，也是信息化的表现，为整个社会带来的变革是深远的，同样为文献信息工作提出了新的课题。我们对社会信息化和信息社会化的分析、对社会文化的透视，都是要从中得出文献信息工作的思考，试图为我们的文献信息工作探索出有益因素和方法。下面我们简单透析社会文化如何为文献信息工作创造便利。

## 2　社会文化的改变带给文献信息工作的思考

文化现象是由社会的经济发展状况、社会形态的变化、社会群体的特点等多个方面决定的，同时文化又反作用于这些因素，反作用与社会生活的各个因素和各个方面，当然包括社会信息化，包括文献信息工作。

### 2.1　社会文化多样性特征的推进为文献信息工作的现代化变革带来新的契机。

社会信息化与信息社会化造成了文化多样性的推进，带来了各种各样新的文化现象，甚至萌生了新的文化类型，为社会带来了新的面貌，对传统文化造成冲击，为传统的思想观念、工作方法带来挑战。我们的社会要步入现代化，文献信息工作要实现现代化就有赖于这些新的文化对传统思想、传统文化的变革和改进。文化多样性正好承担了这一任务。它使社会的观念、思想发生了重大变化，人们的思路完全得以打开，思维得到极大的延伸和扩展，各种各样的方法、策略在人们的意识中产生并发生作用，并且借助信息化的潮流和信息手段得以推广，成为某些新的普遍的工作方法，发挥现代化的方法论的作用。简单说，就是文化多样性拓展了人们的思维，新的思想不断产生，为文献信息工作提供新的指导思想和工作策略，为文献信息工作的现代化变革提供帮助。这是其一。另一方面，由于文化多样性扩大了人们的文献信息需求，也从客观上刺激了文献信息工作现代化变革的推进。所以，文献信息工作的现代化变革就要抓好社会文化为文献信息工作带来的这些机遇和难得的资源，力求以最快的速度和最优的状态跟上社会信息化的脚步，适应社会信息化的要求。

### 2.2　文化积累和传递的方式为文献信息工作的现代化改革提供实践参考。

文献信息是文化的重要载体，文献信息的储存、流通是文化积累和传递的重要方式，但是我们走出单元素的文献信息工作，统观文化与文献信息息，我们就能够发掘出其中的相同与相通之处。

首先，文化的积累和传递具有历史继承性和选择性，它一方面不会割断与前代文化的联系，必然在前代文化发展的基础上继承发展，另一方面又在继承发展的同时选择淘汰掉部分不合时代的文化因素，有选择地继承发展。文献信息工作的现代化变革同样离不开这样的继承发展，离不开有选择地继承发展传统文献信息工作。比如传统文献信息工作"重藏轻用"的特点、"服务第一"的思想宗旨，并不是现代化所要完全摒弃的，对"藏"、"服务"的继承是文献信息工作现代化变革要重视的，决不能因对现代化的推崇而一味地反传统，这样只会造成文献信息工作现代化改革的不完善，造成文献信息工作在革新中的不同步和不平衡，不仅不能带来高效率的工作，而且影响文献信息工作的健康、持久发展。

其次，文化的积累和传递的载体和手段多样，尤其是人同时作为主体力量和载体，对文化积累和传递产生作用。人不仅对文化进行有意识的积累和传播，对文化进行整理，发挥主体力量，而且在相互交流和互动中自觉不自觉地应用文化、传递文化、积累文化，是文化积累和传递的载体。比如人的迁移和流动，它就是最初的最重要的文化传播媒体，而当今社会信息化的脚步急速前进，信息交流异常频繁，信息技术手段日新月异，所以交通通讯技术手段和大众传播媒介同样成为文化传播的重要方式和媒介。这些对文献信息工作实现现代化改革都具有重要的实践参考作用。尤其是人始终是各项工作的主要和主导资源，在文献信息工作中同样如此，其主体力量的发挥和应用问题是文献信息部门人力资源管理的问题，不是我们此处要重点说明的问题，不赘述。我们要从文化中借鉴的是，人作为文化载体和文化传播载体的问题。由于文献信息与文化之间的相似性和包含关系，我们同样可以认为，人是信息载体和信息传播载体，是我们文献信息工作可以作为客体而利用起来的，而不光是作为主体力量而被利用。这就是说，人既是文献信息工作的人力资源、智力资源，又是文献信息工作的基础资源——信息资源。这一工作最明显的体现为文献信息工作现代化变革的读者工作中。读者的资源性不只是体现为利用文献信息的主体、提供文献信息工作的广阔舞台和市场，不只是推动文献信息工作的动力，而且它本身就是信息资源，本身就是信息流通、传播的载体。不管是学识广博的读者，还是专业文化知识精深的读者，或者是普通文化水平的读者，都会承载着不同类型和不同价值的信息，文献信息部门要将这些信息和这些人利用起来。比如说，可以通过他们进行部门中文献信息资源的宣

传，进行文献信息内容的扩散，这是直接利用了他们作为信息传播载体的
资源性；同时，可以激发他们将自己承载的信息资源转化为更为稳定、普
遍的载体形式，再进行传播、流通，这是间接利用其作为信息载体的资源
性。这只是一个例子，读者工作的开展就是文献信息工作在现代化变革中
对人的另一资源特征的应用，总之，人作为信息载体和信息传播载体的应
用是文化的积累和传递为我们提供的重要借鉴。

再次，文化的积累和传递是通过多种渠道、多个角度，采用多种形态
进行的，这也是文献信息工作要实现现代化提升需要做的。众所周知，文
化的传递实际是通过各种各样的文化现象进行的，文化现象是大众直接接
触的，是具有较强感染力的，所以文化现象的传递和流转达到一定程度，
就会达到传递文化的效果。同样，文献信息的传播要采用多种形式、运用
多种手段，使文献信息具有更接近普通民众的样态，比如文献信息进社
区，采用多媒体"演说"文献信息等等，从多个方面将文献信息推广。这
也是文化传递所提供的经验。

第四，文化的直接采借和间接传播方式与文献信息部门的文献生产和
管理工作是吻合的。直接采借和间接传播是文化传播的两种方式。所谓直
接采借，就是把外来的文化元素或文化丛直接接纳过来。这与文献信息部
门收集文献信息资源、进行文献信息资源管理的原理是一致的。间接传播
是指，一种文化元素或文化丛传入另一个地方，引起那里的而你们的思考
和反应，从而激发他们创造出新的文化。间接传播是当前社会文化传播的
重要方式，与现代化的文献信息工作要求文献信息部门进行文献整合、重
组和创造的要求是一致的。在新的社会信息形势下，文献信息部门必须对
海量的文献信息进行筛选收集，在此基础上对他们进行整合、管理、创
造，创造出独有的二次文献、三次文献，才能实现文献信息部门在当前信
息舞台上的价值，才能提升文献信息部门的社会地位和信息地位，才能与
传统的文献信息工作相区别并在此基础上实现现代化升级。所以，文化的
两大传播方式与现代化的文献信息工作的部分要求是一致的，我们能够从
中得到启示和方法参考。

社会文化的变迁为文献信息工作创造的机遇和挑战，社会文化为文献
信息工作所提供的借鉴，以上恐怕只是九牛一毛，更多的内容和启示仍然
需要广大文献信息工作者不断探索，需要更多的交流和实践。

## 参考文献

[1] 靖继鹏，吴正荆. 信息社会学 [M]. 北京：科学出版社，2004.

[2] 吴先锋，吴伟．重庆信息经济的测度分析［J］．经济论坛，2006（21）．

[3] 吴先锋．吴伟，重庆信息经济影响的投入产出分析［J］．情报杂志，2006（12）．

[4] 赵长根．德国信息经济的现状和发展趋势［J］．科技经济透视，2001（8）．

[5] 胡婉婷．浅谈信息经济与图书馆的发展［J］．农业图书情报学刊，2005，3.

[6] 崔晓峰．谁是下个世纪的主人——信息经济与我们［J］．南风窗，1993，7.

[7] 韩敏．社会学基础［M］．北京：人民卫生出版社，2004.

# 训民正音及其文献研究

崔光弼[*]　史桂玲

（中国民族图书馆　北京　100031）

**摘　要**　"训民正音"是朝鲜民族所使用的民族文字的前身，它的创制及其发展具有重要的意义。本文阐述了训民正音创制的历史背景、创制及发展演变过程、有关训民正音的文献及其研究情况，力图全面阐释训民正音及其文献的产生、发展及其研究情况。

**关键词**　训民正音　创制　谚文文献　发展

## 1　训民正音的创制

"训民正音"（훈민정음，亦称"古代朝鲜文"）是15世纪朝鲜李朝世宗[①]创制的，朝鲜族现在使用的朝鲜文即由训民正音发展演变而来。

"朝鲜族"这个称谓，有广义和狭义（专指）的含义。朝鲜族（조선족，Chosen），又称朝鲜民族（조선민족）、韩民族（한민족）、韩族、高丽族等，是东亚主要民族之一。朝鲜族主要分布在朝鲜半岛、中国东北、俄罗斯远东地区及其他原苏联加盟共和国，其余散居美国、日本等世界各地。

中国朝鲜族是从17世纪以来由邻国朝鲜陆续迁来中国居住的移民及其后裔，其族源可追溯到见于先秦文献的濊貊族。他们所建立的古代国家——古朝鲜，始见于《管子》有关公元前7世纪历史的记录中。这种说法认为朝鲜族是由中国商周时代的东夷移民与原土著居民组成，此说有《史记》、《尚书大传》、《汉书》等史书关于箕子朝鲜的记载为佐证，朝鲜半岛的高丽、朝鲜两朝也常沿用中国史料以箕子为开化始祖。由于地缘和中

---

\*　崔光弼，中国民族图书馆，研究发展部主任、副研究馆员。

①　世宗，名李祹（1397—1450年），字元正。李氏朝鲜第四任国王。他在位期间是朝鲜王朝的鼎盛时期，他本人也成为朝鲜历史上最贤明的君主之一。主持创制"训民正音"。后世尊为"世宗大王"。

国与朝鲜半岛历史上的紧密关系，朝鲜族长期在中国东北地区或聚居或与其他民族杂居。据历史记载，19 世纪末，一批朝鲜族从朝鲜半岛迁入中国东北。特别是 1869 年朝鲜半岛北部遭受大灾荒之后，大批朝鲜人迁入延边等地。1910 年日韩合并，又有大批朝鲜族人迁入中国东北各地。①

## 1.1  训民正音的创制背景

在《训民正音》创制以前，朝鲜半岛长期使用汉字。据学者考证，朝鲜人接触汉字远在纪元以前。在 4 世纪末到 5 世纪初，汉文作为通用的书面语已在高句丽的贵族阶层中得到推广。《三国史记·高句丽 本纪六》记载："小兽林王二年（372 年）夏六月，秦王符坚遣使及浮屠顺道送佛像经文。王遣使回谢，以贡方物，立太学教育子弟。"从输入经文、设立太学、传授儒家经典来看，当时高句丽贵族阶层确已普遍使用汉文。414 年（高句丽长寿王二年）建立的广开土王碑②以及在我国吉林省辑安县发现的年代相仿的高句丽牟头娄塚志文进一步证实了这一点。百济、新罗采用汉文，时间当与高句丽相去不远。三国统一后，随着政治、经济、文化的发展，汉文更为盛行，来往信件、呈国王的奏折、外交公文、科举考试、史书典籍均用汉文。但汉字的性质决定了它不可能圆满地记录朝鲜语。朝鲜语汉字音与中国汉字音并未同步发展，二者的差异随着时间的推移越来越大，"俗音"、"误读"比比皆是，"大抵字音之讹，十居其八，不可胜言"（《雅言觉非》"契丹"条）。

为了解决这一问题，朝鲜族的先民试图借用汉字来记录朝鲜语，并制定出一种借用汉字来记录朝鲜语的特殊的"吏读文",③ 用于人名、地名及官称，后来用于文书契约。到了 10 世纪以后，吏读文虽然发展成为官方用文字，但它始终没有能够解决用汉字记写语言系属完全不同的朝鲜语所存在的种种不方便，"言文不一致"的矛盾日臻明显。

---

① 维基百科，"朝鲜族"条（http://zh. wikipedia. org/wiki/% E6% 9C% 9D% E9% AE% AE% E6% 97% 8F）。

② 1875 年在吉林省辑安发现的高句丽第 19 代王广开土王陵碑碑身四面共 44 行，用汉字隶书 180 多个。

③ 《中国大百科全书·语言文字卷》第 257 页，"吏读"条：吏读，又名吏札、吏吐、吏道。朝鲜文创制前借用汉字的音和义标记朝鲜语的一种特殊的文字形式。相传为新罗神文王（681—692 年）时期鸿儒薛聪所创。实际上在薛聪之前已有不少早期吏读碑文。薛聪的贡献是把历代吏读文献归纳整理，使这种文字形式更加系统和定型。

到了李氏朝鲜（1392—1910 年）时期，汉字音更趋混乱，使用的随意性进一步加剧了汉字音的乱像。吏读文初创时期，朝鲜语的虚词标记多采州汉字的音读，李朝后期则多采用训读，训读基本脱离了汉字的字音、字义规范，使汉字音远离标准而迁就习惯。汉字音的混乱，不仅给百姓的语言文字生活造成了巨大的困难，而且已经影响了朝廷对国民的教化。故世宗李裪在《训民正音》序文中指出："国之语言，异乎中国，与文字不相流通，故愚民有所欲言而终不得申其情者多矣。"郑麟趾在《训民正音·解例本》后序中对此作了进一步的发挥："盖外国（指中国以外的国家）之语有其声而无其字，假中国之字以通其用，是犹枘凿之鉏铻也，岂能达而无碍乎？要皆各随所处而安，不可强之使同也。吾东方礼乐文章，侔拟华夏，但方言俚语不与之同，学书者患其旨趣之难晓，治狱者病其曲折之难通。昔新罗薛聪始作吏读，官府民间至今行之，然皆假字而用，或涩或窒，非但鄙陋无稽而已。至于言语之间，则不能达其万一焉。"另一位集贤殿①学者申叔舟说："若不一大正之；则愈久愈甚，将有不可救之弊矣。"可以说，朝鲜民族从上层统治者到平民百姓都迫切需要一种能精确标记朝鲜语口语的本民族文字，以便在百姓中推广。

## 1.2　训民正音的创制

正是在这样的历史背景下，世宗力排众议，确定并加快了创制新文字的步伐。1433 年训民正音创制前夕，世宗曾召集大臣商议向中国派遣留学生事，当时他即强调："汉音有关事大，不可不虑。"翌年，又为司译院确定了"专尚汉音"的工作重点。

世宗在郑麟趾等集贤殿学者协助下，总结使用汉文及吏读文的经验，并利用当时已经取得的音韵学（尤其是汉字音韵）研究成果以及对梵文、回鹘文、八思巴文、女真文、日文等周围民族文字的研究所积累的有关表音文字的知识，创制了便于记写朝鲜语的表音文字"训民正音"。时为朝鲜李氏王朝的世宗二十五年（1443 年）阴历十二月，世宗二十八年（1446年）九月正式颁布推行。据《李朝实录·世宗实录》载："是月，上亲制谚文二十八字。其字仿古篆，分初、中、终声，合而然后成字，凡于文字及本国俚语皆可得而书。字虽简要，转换无穷，是谓训民正音。"

二十八年九月条载："是月，训民正音成。"

当时刊行的书名亦叫《训民正音》。文字名一般简称"正音字"、"正

---

①　集贤殿是李朝初期因袭高丽制度设置的研究古制度及编纂制述的机构。

音文"，还有"谚文"、"反切"等俗称。"训民正音"既指朝鲜文文字方案，也指朝鲜文本身。原有 28 个字母，① 其中包括 17 个初声字和 11 个中声字。朝鲜文系音位文字，同时具有音节文字的性质。一个音节可三分为"初声"、"中声"、"终声"，但书写必须以音节为单位组合成方块，初声在中声之上或在中声之左，终声在初、中声之下。

作为图书刊行的《训民正音》有两种不同的版本，其一为 1446 年颁布正音文字时所刊行，一般称"解例本"，其二为收录在喜方寺本《月印释谱》卷首的《世宗御制训民正音》，一般称"谚解本"或"注解本"。"解例本"刊行后，经历燕山君的"谚文禁乱"② 遂至失传，直至 1940 年 7 月才在朝鲜庆尚北道安东发现了李汉杰一家祖传的密藏"解例本"。

世宗对音韵学有很深的造诣，在酝酿创制朝鲜文的过程中他曾派成三问等人到中国辽东与黄瓒共同研讨音韵。据《东国文献备考》记载："明朝翰林学士黄瓒，时谪辽东，命三问等见瓒，质问音韵，凡往来辽东十三度。"这就为创制新文字奠定了良好的理论基础；同时，李朝设置司译院。司译院分汉语、蒙古语、日本语、女真语四学。研究这些语言，也为朝鲜文的创制提供了重要参考。

如果说中国的仓颉造字只是一种传说，那么朝鲜的世宗造字则是斑斑可考的史实。创制朝鲜文之举体现并展示了世宗的远见卓识，他的两个目的，即解决"言文不一"与"字音不正"，均通过谚文的创制而得以实现。为了提供"正音"的依据，世宗在创制训民正音的同时，又召集集贤殿的学者编写了《东国正韵》（1447）和《四声通考》（1455），并完成了《洪武正韵》的译训。

训民正音的创制在朝鲜文字发展史上是一个重要的里程碑，具有划时代的意义。首先它打破了汉字垄断的局面，达到了真正的言文一致；其次由于它简单易学，人民群众容易掌握，这就为全民族文化水平的提高，为科技文教事业的发展提供了极为有利的条件。不仅如此，由于有了统一的书面语，也就给语言的规范化和文学语言的形成与发展开辟了道路。

## 1.3　关于训民正音渊源的争论

在正音文的渊源研究方面，由于有关正音文字的原始文献"解例本"

---

① 16 世纪朝鲜语文学家崔世珍（？—1542 年）在所著《训蒙字会》里对正音文做了改进，改排了字母顺序，规定了字母名称。现行朝鲜文有 24 个字母。

② 燕山君（1477—1505 年），李朝第 10 代王，因施暴政，遂废，封燕山君。在位时曾于 1504 年下令禁止教习谚文，并焚烧谚文书籍。

《训民正音》长期失传，引起了许多争议，不少朝鲜文研究者提出过不同的见解。主要有如下 4 种：

1. 起源于古篆说。此说以李朝《世宗实录》（卷 102）所述"其字仿古篆"为依据，其代表人物有李朝后期学者李德懋（1741—1793 年）、加拿大学者盖尔（Gale，James Scartb，1863—1937 年）等人。李氏认为"训民正音初终声通用八字皆古篆之形也"。

2. 起源于梵字说。李朝学者成俔（1439—1504 年）认为正音字"字体依梵文为之"，接着李晬光在《芝峰类说》中进一步断言"谚书字样全仿梵字"。

3. 起源于八思巴字说。李朝学者李瀷（1681—1763 年）首先得出此结论。李朝音韵学家柳僖在《谚文志》中也认为"依蒙古字样、质问明学士黄瓒以制"。现代中国学者有照那斯图、宣德五等亦持此说。

4. 起源于象形说。此说认为正音文字是摹仿牙、舌、唇、齿、喉等发音器官在发音时的形状以及天、地、人三才的原理所创制。主要代表有申景浚、洪良浩（1724—1802 年）、姜玮、池锡永（1885—1935 年）等人。

此外，还有太极起源说，本国古代文字起源说，西藏文字起源说，契丹、女真文字起源说等。

发现《训民正音》解例本后，据其记载"正音二十八字，各象其形而制之。"于是正音字起源于象形几成定论。

## 2　正音文文献

高丽以佛教护国，李朝则以儒教立国。李氏朝鲜时期儒家思想达到鼎盛，被宣布为国家的正统思想，其儒化政治渗透在社会生活的各个方面。同时，朝鲜民族长期以来受汉文化影响，文化底蕴深厚，著书立说蔚然成风。训民正音创制颁布以后，形成汉文、吏读文和谚文并存的局面。尽管汉文的地位并没有实质性的改变，但亦有数量可观的谚文文献问世。特别是正音文创制后的半个世纪里，官方努力推广新文字，共刊印 40 多种 200 余卷正音文书籍，内容包括语言文字、文学、教育、宗教、政法、历史、医药、农耕等，流传至今者达百余种。历史上较有影响的正音文文献有：

1446 年颁布新文字时刊印的《训民正音》"解例本"，由李朝世宗李祹及郑麟趾等人作，木刻本。它在失传四个半世纪后于 1940 年在朝鲜安东发现。由"例义"、"解例"两个部分组成，全书除正音字母和举例单词外全用汉文叙述。"例义"部分由世宗自纂，主要叙述创制正音文字的宗旨以及有关新文字的规定和说明；"解例"的内容包括制字解、初声解，中声解、终声解、合字解、用字例以及郑麟趾的序文，该部分由郑麟趾、崔恒、朴澎年、申叔丹、成三问、李垲、李善老等集贤殿的学者以及敦宁府主薄姜希颜等人集体纂写。"解例本"是正音文研究中的最重要的文献。

俗称"谚解本"的《世宗御制训民正音》，实际就是《训民正音·例义》的正音文译文，见于1568年池叱方寺（现朝鲜庆尚北道半基喜方寺）刊印的《月印释谱》卷首。此外，还有两种单行本，其一为朴胜彬家传本，其二为日本宫内省图书寮所藏抄写本。一般认为"谚解本"成书于1448年以后，是研究当时朝鲜语及汉字音韵的宝贵资料，在"解例本"失传的400余年间，"谚解本"曾是研究训民正音的主要依据。

《龙飞御天歌》（10卷）是继解例本之后刊行的第一部正音文文献，也是研究元末明初我国东北地区历史，尤其是研究女真诸部历史的宝贵文献。该书是作为新文字的使用示范而撰写的，因而在朝鲜文字研究中具有重要的文献价值。采用长篇诗歌的形式叙述了李朝的建国事迹，共分125章，每章正音文诗后都附有汉文译诗和详细注释。该书初稿由权踶、郑麟趾、安止等人于1445年完成，再由崔恒、朴彭年、姜希颜等人奉世宗之命进行修改、补充和加注之后，于1447年10月正式刊行。《龙飞御天歌》的初刊本已失传，现存最古刊本是伽蓝本，只有一、二两卷。此外还有奎章阁所藏1592年以前的木板本、万历本（1612年刊行）、顺治本（1659年刊行）、乾隆本（1765年刊行）等。1937年10月到1938年6月，京城帝国大学文学部编《奎章阁丛书》第四、第五即上下两册影印万历本。

《东国正音》是由成三问、朴彭年等9名学者奉世宗之命编写，成书于1447年，共6卷6册。是最早的韵书，为整理和纠正汉字读音的转写规定了标准汉字音。此书以中国《广韵》、《集韵》、《洪武正韵》等为参考，共分26韵类91韵23字母。《东国正音》的体例是将字先按韵分类，韵同而字母不同的字均另行起排，同一字母的汉字据平、上、去、入排列，用谚文注音，没有释义。

《杜诗谚解》，卷首题为《分类杜工部诗》，李朝柳允谦（1420—?）等人将中国唐朝诗人杜甫的诗作用谚文翻译、注释的书，故称"谚解"。活字本，成书于1481年（成宗十二年），初刊本为25卷19册。《杜诗谚解》是正音文创制以后第一部诗歌类谚解，共1467首诗。不仅规模宏大，而且对古代朝鲜文的研究提供了重要的史料。

《训蒙字会》，用朝鲜文注释的儿童用汉字字书，由李朝崔世珍编纂于1527年。活字本，页面29.2×20.5厘米，共59张。收3360个汉字，每个汉字都用正音文注音释义，并在卷首凡例"谚文字母"条介绍了当时的正音字，并首次为字母名称命名，修改排列顺序。此本今藏日本京都比睿山延历寺，此外还有东京大学藏本、日本尊经阁本、朝鲜奎章阁本等重刊木刻本。崔世珍生于 1472 至 1476 年间，死于 1542 年，精通朝鲜文和汉文。著有《四声通解》、《训蒙字会》、《韵会玉篇》、《小学便蒙》、《吏文辑览》、《老乞大谚解》、《朴通事谚解》等书。燕山君"谚文禁乱"后朝廷虽然解除了对新文字的禁令，但并没有像从前那样采取有力措施扶持和发展正音文。这一时期对正音文及其书写规范等方面的研究几乎全是崔世珍进行的。

《训民正音韵解》又名《训民正音图解》，1 卷。李朝后期学者申景浚（1712—1781 年）著，成书于 1750 年。申氏音韵学造诣很深，书中总结了有关正音文字的构造、音韵及起源等问题的研究成果。为了准确地表记汉字字音，他重新对正音文字进行了修改和整理，并利用难以掌握的"等韵学"原理，参照邵雍的《皇极经世声音图》，画出了训民正音韵图。《训民正音韵解》原只有手稿本，1938 年由朝鲜语学会铅印出版。

《谚文志》，李朝后期学者柳僖（1773—1837 年）著。成书于 1824 年，见柳氏文集《文通》卷十九。内容分初声例、中声例、终声例、全字例四部分，论述了初、中、终三声的原理以及与汉语音韵的关系等。民国二十三年（1934 年）七月北平来熏阁曾刊行过金九经校刊的《校刊柳氏谚文志》。活字本，页面 24.6×14.8 厘米，共 28 张。1937 年朝鲜的朝鲜语协会曾出单行本。此书现藏中国民族图书馆，由中央民族大学黄有福教授捐赠。韩国国立图书馆等亦有收藏。《谚文志》和申氏《训民正音韵解》是从音韵学角度研究训民正音的权威性著作。

《字典释要》，汉字字典，2 卷 1 册。作者池锡永（1855—1935 年）字公胤，号松村，朝鲜时期医生、文臣、正音文学者。初版于 1909 年（隆熙三年）7 月 30 日在汇东书馆发行。作者的序写于 1906 年，3 年后才发行。《字典释要》于 1910 年 3 月 10 日再版，1913 年 5 月 31 日发行第 8 版，此为增补版。1920 年 10 月发行增补第 15 版。初版到第 7 版，在凡例和跋之前书题为《字典释要》；增补 8 版—14 版，书题为《增补字典释要》；1920 年 10 月 15 日发行的第 15 版，书题为《增正附图字典释要》。从 15 版开始，增加了 20 页的附图。到 1920 年为止，《字典释要》经历了两次增补。另有 1975 年亚细亚文化社据 1909 年版的影印本。本书与其他汉字字典不同，将汉字的读音和解意均用谚文标记；同时，最大的近代特征就是书的末尾用图片解释汉字内容。中国民族图书馆藏有一册《增正附图 字典释要》，页面 18.7×13 厘米，版框 14.8×11 厘米；四周单边，白口，有口题、二叶花纹鱼尾；佚图版第 19 页后页和第 20 页、版权页和封底。

## 3　训民正音的发展演变

训民正音问世以后并没有能够取代汉文或吏读文的地位，春秋馆仍用汉文纂辑实录，诉讼、告示等官方文书仍使用吏读文，正音文则主要用于翻译和纂辑佛教和儒家经典、语言文学、农医书等。虽然新文字的出现为民族文化的发展和民族文化遗产的保存提供了有利的条件，但是由于崇奉儒家思想的士大夫和统治者燕山君等反对，新文字仍受歧视。正因为如此，正音文的发展路程也显得极其坎坷不平。其发展过程大致可分三个阶段：

第一阶段，从训民正音的问世到燕山君的"谚文禁乱"（1444—1504 年）；第二阶段，从崔世珍撰《训蒙字会》前后到"壬辰倭乱"（1527 年前后—1592 年）；第三阶段，从"壬辰倭乱"到 19 世纪末朝鲜文成为官方用文字为止。此后正音文字改称"国文"或"朝鲜文"，并逐渐演变为现代朝鲜文。也有人称第一阶段为"训民正音时代"，第二、三阶段为"谚文时代"或"受迫害的训民正音时代"，还有人称第一、二阶段为"确立文字的时代"，第三阶段为"以韵学为背景的时代"等等。从 19 世纪末开始，李朝封建制度急剧崩溃。农民起义的打击，反封建、反外来侵略，争取自由、平等、民权的爱国文化启蒙运动的影响，迫使当时的统治阶级进行了一些"改革"，其中之一就是宣布用正音文字作为官方文字代替使用了 1500 年之久的汉文。1895 年以后，国家的法律、告示、公文、证书等一律改为用中间夹带汉字的"国文"，正音文终于踏上了过渡到现代朝鲜文的新阶段。

在第一个阶段，虽然新文字的书写规范在这一时期有明显的发展，但大体上保持了《龙飞御天歌》中所确定的规范。"谚文禁乱"之后正音文及其文献的研究和刊行陷入低谷，这一时期最有成就的是崔世珍。1592 年"壬辰倭乱"后，正音文的研究和使用逐渐转到民间，且理论性研究和实用明显分家。这一时期正音文在民间广泛普及，17 世纪以后大量涌现正音文诗歌和小说，正音文开始逐渐向代替汉文的方向发展。这个阶段新刊印了大量的正音文文献，主要有：《周易谚解》（1606）、《谚解胎产集要》（1608）、《练兵指南》（1612）、《东医宝鉴》、《诗经谚解》（1613）、《老乞大谚解》（1670）、《朴通事谚解重刊》（1677）、《兵学指南》（1787）、《九云梦》（1803）等。此外还有很多未刊手稿和手抄文献。

　　这一时期研究正音文主要是民间的语文学者，已经超出了文字使用范围而深入到文字起源、构造、音韵等理论领域。重要的研究著作有：李晬光（1563—1628年）著《艺峰类说》，崔锡鼎著《经世训民正音》（又名《经世正韵图说》），朴性源（1697—1767年）著《华东正音通释韵考》，黄胤锡（1729—1791年）著《字母辨》，姜玮（1820—1884年）著《东文字母分解》等。这些围绕着训民正音所进行的文字学和语音学的研究以及正音文字与周围诸民族语言文字的比较研究，都取得了可观的成果，对于今天的朝、汉、蒙、满等民族语文研究仍有参考价值。

## 参考文献

［1］黄有福. 训民正音［A］//中国民族古文字. 中国民族古文字研究会，1982.

［2］黄有福. 古代朝鲜文（训民正音文）［A］//中国民族古文字研究. 第二辑. 天津古籍出版社，1993.

［3］宣德五. 朝鲜文字的变迁［A］//中国民族古文字研究. 中国社会科学出版社，1984. 8.

［4］陈榴. 东去的语脉——韩国汉字词语研究［M］. 辽宁师范大学出版社，2007. 6.

［5］照那斯图，宣德五. 训民正音和八思巴字的关系探究——正音字母来源揭示［J］. 民族语文，2001（3）.

# 云计算与图书情报事业发展

周　婧[*]

（山东社会科学院文献信息中心　济南　250002）

**摘　要**　云计算引领了一场 IT 界的技术革命，对它的定义因研究领域不同也有所差别。笔者选择了云计算的三层架构概念，从概念入手，对云计算的发展环境发展成果、云计算技术可能会对图书情报事业发展的促进作用、公有云私有云与图书情报事业结合的可行性进行分析，最后通过 OCLC 发展的实例说明云计算与图书馆情报事业结合，能够推动图书情报事业走向一个新高度。

**关键词**　云计算　图书情报　公有云　私有云　OCLC

## 1　引言

"云计算"是在近几年被热议的新名词，同时它的出现也引领了一场 IT 界的技术革命，更是成为当今世界发展的一个前沿产业。从图书情报事业的发展史来看，几乎每一项具有革命性的信息技术的诞生，都引起了图书情报界的高度关注，并极大地推动了图书馆情报领域管理与服务的升级。云计算与图书情报事业的结合，也势必将图书情报事业的发展推向一个新的高度。

## 2　云计算概念

### 2.1　云计算三层架构

"云计算"（Cloud Computing），是一种基于互联网的超级计算模式，依其所在领域的不同，对"云计算"的定义也会略有不同。"电气电子工程师学会（Institute of Electrical and Electronics Engineers，简称为 IEEE）"于 2008 年在北京举行 WEB 服务国际会议，在此次会议上对云计算进行了

---

\*　周婧，山东社会科学院文献信息中心，助理馆员。

总结，认为云计算是三层架构，即：顶层——应用程序层；中间层——平台层；底层——基础设施层。

### 2.1.1 顶层

作为顶层的应用程序层是面向用户直接提供服务的，就用户而言，云计算就是通过数据中心依用户需求提供不拘泥于某种形式的计算、存储和应用程序等服务。

### 2.1.2 中间层

作为中间层的平台层是面向以程序员或者网络应用程序开发者为代表的具有专业技术技能的工作人员，云计算对他们的意义更多的是为他们提供了一个更为开阔的软件开发平台和运营环境。

### 2.1.3 底层

作为底层的基础设施层面向的主要是这些基础设施的供应者及具体的管理者，对他们而言，云计算应该就是利用大规模低成本运算单元通过 IP 网络连接而形成的大规模、分布式的数据中心基础设施。

## 2.2 云计算的现实意义及其发展

云计算提供了一个超大规模具有存储、分享、管理、挖掘、搜索、分析和服务功能的平台。它将分散的资源进行整合，作为企业用户和个人用户，可以做到随用随取，从而节约资源，控制成本，做到方便快捷高效。

### 2.2.1 云计算领域的先行者。

云计算的实现，将我们从互联网的时代引入了物联网的时代。云计算走到今天，行业内的先行者立下汗马功劳。2006 年 IT 巨头 SUN 推出了基于云计算的"黑盒子"计划。同年谷歌推出了"Google 101 计划"并正式提出了"云"的概念和理论。蓝巨人 IBM 也没闲着，推出了"蓝云"计划。微软则是通过 Windows Live 提供云计算服务，实现存储模式由一般的设备存储转移到任何时间都可以存储。亚马逊（Amazon），作为全球最大的电子商务平台也是较早踏入云计算领域的公司之一。从 2006 年开始，亚马逊推出了多个云存储产品，特别是于 2011 年 9 月 28 日推出了基于云应用的 Kindle Fire（中文名：烈火）产品，以挑战苹果和谷歌。其实进入云时代，亚马逊、谷歌、微软等，都成为表现不俗的云服务商，云计算正在改变我们的生活，同时也改变了世界。

### 2.2.2 云计算在国内的发展环境

云计算市场潜力巨大，继国家工业和信息化部确定先行开展云计算创新发展试点的北京、上海、深圳、杭州、无锡五个城市后，又有很多城市推出了云计算规划，并同步开展云服务中心建设。注重云计算的发展是好事，但是不能盲目开展上马新项目。从科学发展的角度出发，云计算的发展需要有统一的技术标准来衡量，应该加强统筹规划，鼓励创新的同时也注重法律的保障作用，不断完善云计算发展的大环境。

## 3　云计算的类型及发展中的优劣势

云计算按类型划分，有"公有云"、"私有云"及"混合云"之分。在公有云和私有云的选择问题上，有专家称，最好的办法是对特定的应用和安全因素进行评估，然后决定哪些应用适合私有云，哪些应用可以立即迁移到公有云上。在很多情况下，选择私有云只是一个下意识的选择，未必是正确的决定。实际上，作为图书馆应该先检查一下自己的工作负载，然后再决定选择哪种云。询问一些选择标准，例如可获得性、安全性和成本等，可以帮助我们决定将工作负载转向公有云还是私有云。在公有云建设发展过程中，存在着尚不能完全解决的技术、安全、标准等问题。而此时，私有云以其自身的优势，让图书情报领域私有云发展可以由梦想成为现实。

### 3.1　图书情报领域公有云发展中的困惑

中国互联网络信息中心（CNNIC）于 2012 年 1 月 16 日在京发布，截止到 2011 年 12 月中国总体网民规模为 5.13 亿，全年新增网民 5580 万；国际出口带宽数：中国电信 809 881 Mbps，中国联通 466 932 Mbps，中国移动 82 559 Mbps。网速快慢受到主要骨干网络出口带宽、骨干运营商给予客户接入带宽、客户访问对象服务提供商带宽、访问人数及设备线路等诸多因素影响，在这样的大环境影响下，图书馆公有云的发展或多或少受限一定的限制。

公有云发展过程中面临的安全问题、技术标准统一问题也在一定程度上给其发展带来了困惑。从安全的角度讲，放在"云"中的文献信息资源会不会因为云基础设施自身的故障而导致资源信息的丢失，例如 2009 年微软的 Danger 就发生了大规模的断网带来，资料受损严重；各馆的特色资源置于"云"中后，它的安全保护、合理开发利用如何展开，都在一定程度上羁绊了公有云的发展。所谓的技术标准统一问题，则更好理解，就是云计算服务提供商开发的产品互不兼容，它需要了一个统一的技术标准，特别是需要中图学会、各省图图书馆学会、图工委等机构联合协调与云服务提供商答成一致，构建统一标准下的"云"，这样才会有该领域的大发展、大繁荣。

## 3.2　图书情报领域私有云发展如何由梦想成为现实

文献信息资源的安全问题一直以来都是图书情报事业发展的重点问题。置于防火墙之内的私有云，首先就有了安全保障。在此基础上，图书馆的后台操作可对资源类型、访问权限、文献信息资源存储位置、数据转移方式方法加以控制，特别是核心数据安全、隐私保护都会在私有云中得以实现。

私有云的建设可以在充分利用现有硬件、软件资源的基础上规划。任何单位在私有云建设过程都应考虑本单位已有资源配置情况，IBM 公司就曾开发了 cloudburst 软件，方便了各机构建立基于 Java 语言的私有云，这样可以一定程度上让几近过时的软件或硬件再次得以利用，从而降低成本和资金的投入。

近年来智能移动终端推动互联网的发展，3G 手机性能越来越强大，用户的需求也越来越大，我们完全可以开发基于"云"的手机空间，发挥3G 时代移动图书馆的特点，建立数据完整，有行业特征的、项目系统化的私有云架构。

# 4　通过 OCLC 的发展，畅想引入云计算技术后图书情报事业发展的未来

"云计算技术"正在帮助生产生活的很多领域节约成本，正在逐渐满足更大复杂性的挑战并同时为绿色地球做着贡献。OCLC 成员们从 20 世纪70 年代开始共同编目，80 年代开始资源共享，90 年代开始使用在线数据库，进入 21 世纪开始使用 NextGen 检索，自 2010 年开始了使用 Webscale图书管理服务的 10 年。Webscale 强调的不只是"云"中的运行，Webscale供应商利用云来提供对平台、服务和分析的访问，这些访问使机构得以通过共享资源和广泛的协作共同创建新价值。在 Webscale 上运行可创造其他独立机构无法实现的网络效应，具有更高的可见性、效率和影响。

## 4.1　在"云"中的 OCLC

OCLC WorldShare 通过共享服务、集成应用和简化的方法为集体创新提供网络服务平台，以便高效地管理图书馆的服务流程。WorldShare 与WorldCat 协力，通过帮助全球图书馆以新的方式进行联系，使其实现 Web-scale 的运营、创新与合作。

进入 OCLC 官方网站后，我们会看到它主要提供如下服务项目："编目和元数据"、"内容和馆藏"、"数字馆藏管理"、"管理服务和系统"、"探索和参考"、"资源共享和发送" 及 "网络服务"（按英文名称首字母顺序排列），OCLC 提供的服务涉及到图书馆管理的方方面面，由此产生的效率、经济性和服务质量都是无与伦比的。

### 4.1.1　强大的 EZproxy 验证和检索软件

EZproxy 在行业中属于领先且强大的远程用户验证中间件解决方案，可帮助用户远程访问图书馆提供的基于网络的授权内容，并且它是一个易于安装和易于维护的程序，支持 Windows（2000，2003，2008，XP，XP Professional 和 7）系统，这款软件还根据使用过程随时发现的问题，进行升级服务，截止到 2011 年 12 月 13 日已经升级到 EZproxy5.5。到目前已经超过 60 个国家的 2500 多个机构已经购买了 EZproxy 软件。它连接着包括 OCLC FirstSearch、EBSCO、Gale 等在内的大量内容提供商；还连接着包括 LDAP、SIP 和 Shibboleth 在内的各种验证服务，这不但减少了验证、密码的数量，而且还让终端用户使用起来更加得心应手。并且这款软件提供 USB KEY 认证方式，在保证高安全性的同时，有效地遏制资源滥用。

这套管理系统是专门根据图书馆实际要求开发设计的，通过该系统可以快速地实现与 EZproxy 远程访问软件的集成认证，轻松实现用户管理、数据维护、信息统计和系统管理等功能。EZproxy 维护一个标准的网络服务器的使用日志文件。通过采用标准的网络日志分析工具，后台管理人员可以评估哪些数据库被远程使用，同时利用这些统计数据可以成为帮助图书馆说明数据库许可预算申请的合理理由。

### 4.1.2　便捷的 FirstSearch

FirstSearch 是一个在线咨询搜索工具，通过该工具可获得 WorldCat 和其他高质量、知名数据库中的优质内容。FirstSearch 可帮助图书馆为用户提供散落在世界各地成员馆馆藏中所需的信息。FirstSearch 的强有力后盾来自 WorldCat 以其所包含的由参与图书馆的书目和所有权信息形成的上百万条在线记录。用户可从任一成员图书馆中获得打印版和电子版的资料，这些资料均来自 WorldCat 记录和其他 FirstSearch 数据库中的文章引文。通过 FirstSearch 中的 WorldCat 记录可在第一时间访问任一图书馆所有权信息。FirstSearch 通过无缝链接的方式使用户能够实现对文章、电子书籍和期刊、数字化特殊馆藏等的访问，从而为用户访问全球信息提供了一种经济实惠的方式。

### 4.1.3　无时不在的 QuestionPoint

QuestionPoint 是一项独特的虚拟咨询服务，该咨询管理服务为图书馆提供了通过使用实时咨询和电子邮件，与用户以多种方式进行互动的工具。QuestionPoint 同时也是由成员馆的协作网络构成的独特的集中式知识源。基于网络的实时咨询工具有共同浏览能力，与电子邮件咨询组件配合，使得实时咨询、后续跟踪和转送工作实现无缝整合，并为所有类型的咨询服务提供一站式报告工具。此外，图书馆可选择参加全天提供的咨询合作，为用户提供全天候咨询服务。每周只需向合作机构提供少量的员工，成员馆便可以为客户提供一周七天、每天二十四小时不间断的无故障服务。

## 4.2　畅想云架构下图书情报事业发展的未来

### 4.2.1　将图书情报事业发展的重心由传统图书馆逐步升级至云图书馆建设上来

之所以说由传统图书馆逐步升级至云图书馆，更多的时候是在强调云图书馆的建设是分阶段、有过程的。OCLC 的发展也正是如此，它于 80 年代开始资源共享，90 年代开始使用在线数据库，进入 21 世纪开始使用 NextGen 检索，2010 开始的 Webscale 的管理服务。在这期间 EZproxy 验证和检索软件、First Search 搜索工具及 WorldCat 概念等的推广，都是对在云中的 OCLC 不断完善的产物。OCLC 强大的资源整合能力促进了它服务能力的提升，它提供的服务几乎涵盖了图书馆业务的全过程。

### 4.2.2　以合作的方式获取更多资源

OCLC 将世界各地图书馆中 9.69 亿多部重要且独特的作品呈现在用户面前。有四十多个国家目录向 WorldCat 贡献内容，为用户带来丰富的国际学术知识。并且由于联盟与 Google Books、HathiTrust、JSTOR 和 OAIste 等组织合作，因此每个 WorldCat Local 搜索都能提供来自海量馆藏的大量有用结果。OCLC 成员在一个独一无二的世界联盟中进行合作。该联盟使每个图书馆都可以受益于成员制度的综合购买和授权能力，同时每个图书馆也要为之做出贡献。作为 OCLC 成员，可以访问世界各地的主要出版和内容合作伙伴。WorldCat Local 服务可以将用户连接到：世界各地成千上万名图书馆馆员几十年来编入目录的内容；数十个国家图书馆的丰富资源；主要电子图书集成商，包括 NetLibrary、ebrary、Overdrive 和 MyiLibrary；大规模的数字化藏书，包括 Google Books 和 HathiTrust；来自 Springer、Wiley、Elsevier、Taylor & Francis、牛津大学出版社等出版商的内容。

### 4.2.3　注重对成员的管理，明确各自的权利与义务

OCLC 作为发展比较成熟的组织，除普通成员外，还设有地区委员会、全球委员会、理事会。OCLC 对其都进行了明确的定义，明确他们的责任。明文规定了成员皆是合作体的主人，馆员可以通过 16 人理事会和全球馆员委员会对合作体的服务、政策及发展方向加以引导和规划；理事会半数以上理事都是馆员，全球馆员委员会的成员则由成员馆地区委员会选出。这种管理结构确保了成员馆与 OCLC 管理层之间能够定期进行公开对话。

### 4.2.4　服务进一步升级，走向自动化，智能化发展之路。

图书情报工作的本原是为用户提供可靠、全面的服务。尽管数字图书馆的出现已经打破了原有的时空的限制，使得图书情报传统服务工作得以拓展和延伸，但是伴随着用户对图情服务工作个性化、多样化需求的增加，应运而生的"云计算"让图情服务工作模式创新、丰富、完善成为可能。

云计算技术使信息传播走向智能化，它将收集到的数据进行深入分析，以便系统全面地解决突显的问题，信息传递的终极目的不是信息数量的累加，而是从海量信息中派生出有价值的可供决策的信息。云计算技术提供了数据挖掘、语义搜索等技术手段，经过复杂的数据分析、计算和汇总，从而实现数据访问的智能化。基于 PC 的传统信息传播模式逐渐被基于云计算的云传播所取代，一些海量数据的处理在云中即可完成。这些数据的处理在节省人力的同时，为图书情报服务工作提供了很好的参考价值。

在传统的模式下，用户要进行一项文献信息的传递，有时候要进行多项操作，导入导出繁琐而复杂，当云计算技术实现后，不同用户和不同设备可以维护和管理同一份数据，实现信息管理的自动化。例如基于云计算平台的流媒体应用系统，它以流的方式在网络中传输音频、视频和多媒体文件。当客户端发出请求，同时将宽带容量传给服务器，媒体服务器根据用户带宽将智能流文件相应部分传递给用户。以此方式，用户可以看到最优质的传输，制作人员只需要压缩一次，管理员也只需要维护单一文件，而媒体服务器根据带宽自动切换。这一技术的应用对图书情报领域特别是数字图书馆建设有着非同一般的意义。

## 5　结束语

云计算是信息产业领域内的一次技术革命，给图书情报事业带来新的发展空间，也可谓机遇与挑战并存，它那海量的信息存储功能、超强的运

算能力、方便快捷的服务模式都给用户带来了很多新鲜体验，让用户享受服务的过程。对于云计算类型的选择，应该对特定的应用和安全因素进行评估，然后决定哪些应用适合私有云，哪些应用可以立即迁移到公有云上。伴随着专家学者对"云计算"开发、利用、研究的深入，图书情报事业的发展定会奏响新的乐章。

## 参考文献

［1］王红．从 OCLC 看图书馆云计算发展的未来［J］．图书馆论坛，2011，31（5）：140—150.

［2］张恩铭．云计算在图书馆的应用［J］．图书馆学刊，2011，（11）：128—129.

［3］黄胜国．云计算技术在图书馆中的应用研究［J］．现代情报，2012，32（2）：107—110.

［4］魏婷，马晓亭．云计算环境下数字图书馆网络与数据中心智能化管理策略研究［J］．现代情报，2011，31（11）：146—149.

［5］乔杨．基于内部云存储的图书馆数据资源存储研究［J］．晋图学刊，2012，（1）：11—14.

［6］杨霞，许文婕．构建图书馆云服务是梦想还是现实［J］．四川图书馆学报，2012，（1）：36—39.

# 中国文化发展聚集的图书馆
# 时代定位视角研究

祝建辉[*]

（南京市委党校图书馆 南京 210001）

**摘　要**　文章通过对中国文化发展聚集的政策、市场和技术导向的剖析，指出图书馆作为解放和发展文化生产力的重要载体之一，在时代定位方面将围绕城市图书馆、创新图书馆、特色图书馆、民间图书馆、移动图书馆、联盟图书馆、社区图书馆和空间图书馆等方面进行视角定位，希望用一种互联网开放获取的思维来认识未来中国图书馆发展对于中国文化发展聚集所担负起的创新贡献。

**关键词**　文化发展聚集　图书馆　定位视角

## 1　前言

文化是一个国家或城市综合实力的体现，文化强则实力强、民生旺、心情畅，其实质在于文化的核心竞争力的提升，不仅有着重大的经济价值，更具备着深远的社会意义和民族价值。作为中国文化发展聚集的图书馆时代定位视角认识，必定是一个国家或城市文化的文化标志内容，也是一个国家或城市文化凝聚的核心所在。当一个图书馆群真正建立起来之后，不同的用户在此聚集，将会使这个平台赋予文化的灵魂，才能形成真正的文化聚集。

## 2　文化发展聚集的图书馆定位导向剖析

《中共中央关于加强党的执政能力建设的决定》提出："深化文化体制改革，解放和发展文化生产力。根据社会主义精神文明建设的特点和规律，适应社会主义市场经济的要求，进一步革除制约文化发展的体制性障

---

*　祝建辉，男，南京市委党校图书馆馆员。

碍。坚持把社会效益放在首位，实现社会效益和经济效益的统一，把文化发展的着力点放在满足人民群众精神文化需求和促进人的全面发展上。"这是中央第一次提出"解放和发展文化生产力"观点，可以说，这也是图书馆的国家战略理念的内涵。

形成中国文化发展聚集的图书馆时代定位，主要考虑三个方面的因素。

### 2.1　国家文化政策引导层面

图书馆作为开展文化服务的重要场所，是保障人民群众基本文化权益的重要阵地。为此，国家文化政策的引导理念强调，图书馆在为国家的经济建设和科技进步、为提高全民的文化素质推进进程中，担负起不可缺少的社会化文献信息服务力量。同时，图书馆作为精神文明的一部分，将为现代化建设、人才培养及健康文明的生活提供有力支持。

### 2.2　市场内在发展必需层面

图书馆作为信息产业的组成部分，能为知识产品的传播和科技成果的商品化提供有效的服务。图书馆有组织地分工合作，组成多层次、多功能、开放式、现代化的文献信息服务网络体系，分工承担各自某些方面的文献收藏、数据库建设、现代技术应用等任务，既避免低水平重复和资源人力的浪费，又使全国文献收藏覆盖面及网络化整体建设水平能与经济、社会发展的要求相适应。

### 2.3　技术发展共享支撑层面

互联网技术发展引领图书馆的发展趋势，也是图书馆成为互联网世界的重要组成部分，所有新的互联网理念、观念和技术都使得每个用户能即时地检索到海量的信息数据，并在"自组织"的 Web 2.0 技术革新中，所有用户将各种重要的信息（包括标题、摘要和原网站上该信息的链接等）自由添加至给更多的空间，以在 Web 2.0 技术领域里扩展更多个人信息的开放获取。

## 3　文化发展聚集过程中的图书馆定位视角

正是由于图书馆在促进社会各阶层的和谐共存，特别是实现弱势群体的信息利用自我提升方面有着独特作用，与之相比较而言，已很难找出一个能象图书馆这样贴近用户，体系完备且不分年龄、种族、性别、宗教信仰、国籍、社会地位，所有用户均可自由获取图书馆的信息服务。因此，根据上述这些特征，也就决定了图书馆在构建当中，要形式多样，层次分明，繁简共容，土洋结合，从而起到缓解社会矛盾、缩小社会差距、保障公民权利、活跃文化生活、提高教育水平、弥补数字鸿沟的作用。

### 3.1　城市图书馆定位新视角

随着知识经济时代的到来，学习能力、创新能力等日益成为衡量一个城市竞争力高低的重要因素，学习型城市建设、创新型城市已经成为许多城市的发展目标。城市图书馆系统所构建的良好文化氛围和学习环境，有助于培育市民的终身学习习惯，使学习和创造成为市民自觉的精神追求，从而成为国家创新体系和终身教育体系的有力补充，成为城市终身教育体系的重要组成部分。

重新定位城市图书馆的时代新视角，做大、做强是重中之重。例如，杭州市图书馆、上海市浦东新区图书馆、湖北省图书馆、广州市图书馆等作为中国最新一代城市图书馆，在把图书馆打造为"文化综合体"的实践中，开始展示出中国现代国际大都市的风采与魅力，各自在城市化的进程中保持了自己城市的特色，保持了城市的个性，从设计到信息服务、从实现社会教育职能到开展多形式的文化活动，都在引领中国文化发展集聚，给人一种与时代相融通的感觉。

### 3.2　创新图书馆定位新视角

图书馆，特别是专业图书馆，由于在知识传播系统中承担着知识和信息的收集、加工、存储、服务的重任，同时也发挥着技术中介的作用，而成为国家创新体系中知识传播子系统的组成部分之一。专业图书馆不仅发挥着科学知识传播和技术信息转移的重要作用，而且也担负着为国家科研及决策提供信息保障和基础支撑的使命和职能。

重新定位知识创新图书馆的时代新视角，创新、创意是重中之重。例如，中国科学图书馆、中国人民大学图书馆、南京大学图书馆、苏州大学图书馆等科研文化类图书馆，是知识体系继续创新的源泉之地，保持着知识体系的可持续竞争，目前，创新图书馆的创意内容以及新形式的服务还有待大幅度提升，以利用图书馆资源对知识进行深度挖掘来支撑决策过程。

### 3.3　特色图书馆定位新视角

特色图书馆不属于公共图书馆，也不是专业图书馆，更不同于图书馆的特色化。它相对于普通图书馆而存在。特色图书馆具有特色馆藏资源、特色服务对象、特色服务方式、特色资源共享及政府、社会、企业、私人等独立或联合运作的办馆模式等特征。特色图书馆是全面收藏某一学科（主题或领域）的知识信息，为特定用户群提供特定服务的图书馆。

重新定位特色图书馆的时代新视角，专业、品牌是重中之重。例如，景德镇陶瓷文献图书馆、温州市鞋都图书馆、深圳市时装图书馆、荆门市啤酒图书馆——风格特色各不相同的图书馆，立足于服务地方经济，是创立特色图书馆从而服务于中国城市文化的特色品牌内容。

### 3.4　民间图书馆定位新视角

图书馆在注重精英文化的同时，也要围绕公众娱乐性、消遣性的信息活动开展大众文化的普及活动。这样，图书馆既满足了社会大众共同的精神和文化需求，同时也使大众文化与精英文化并存，不同阶层、不同人群共生，城市的社会结构得到良好的整合，城市社会的凝聚力和整合力得以强化。

重新定位民间图书馆的时代新视角，平民、娱乐是重中之重。例如，上海市2666私人图书馆、天津市鸿图科教图书馆、福州市吴熙树德图书馆等私人图书馆的建立，为今后更广泛范围内的信息服务，提供了基层图书馆普及与发展的"自下而上"的内生模式，让民间社会个体自创的私人图书馆以低成本、求实效，实现长期的发展，体现出坚韧性、灵活性，它们是在真正地"种文化"。

### 3.5　移动图书馆定位新视角

图书馆适应通讯技术的发展，从长远发展的考虑出发，开办免费上网服务，把图书馆作为一个信息发放站，向社会提供将图书与IT相结合的服务，这不仅是一个超前的举措，也符合未来图书馆的发展方向。另外，还包括尝试微博进行手机、IM软件（Gtalk、MSN、QQ与Skype）和外部API接口等途径的移动信息服务。这说明当下既有实体图书馆的移动服务，又有虚拟的以"图书馆"称谓的图书组织进行着尝试，正在重新思考和重新设计图书馆与用户交互的方式。

重新定位移动图书馆的时代新视角，移动、互联是重中之重。例如，手机报"移动图书馆"、新浪网的微博图书馆、超星移动图书馆等。这些图书馆通过移动设备进行信息的微博、微信和动态信息发布形式，传播以新书推荐、图书活动预告等内容为主，并通过移动终端与用户进行交流、互动，从而在空间"节点"上形成各自的潜在用户，逐渐吸引更多的读者，以实现对图书馆知识资源（无论是在线的还是馆内的）的无缝获取。

### 3.6　联盟图书馆定位新视角

为了实现资源共享，利益互惠的目的而组织起来的，受共同认可的协议和合同制约的图书馆联合体，它既可以理解为馆际合作，也可以理解为传统图书馆与数字和虚拟图书馆，纸型资源与电子资源的互补共存。

重新定位联盟图书馆的时代新视角，合作、共享是重中之重。例如，江西昌北高校图书馆联盟、珠江三角洲数字图书馆联盟、中国高等学校数字图书馆联盟、武汉城市圈图书馆联盟等。这些图书馆整合城市圈内文化、教育、科研系统等图书馆文献信息资源，通过一系列有效的举措，创建完善的图书馆服务体系，建立完善的文献保障系统，全面实现城市圈文献信息资源的共建共享。

### 3.7　社区图书馆定位新视角

相比于大型的社会图书馆，社区馆拥有更具针对性的社区服务功能。从生活类书籍的配置，到开馆时间的人性化方案，再到图书管理义工的引入……，社区图书馆酝酿着"从单纯的文化载体"到生活服务平台的转型，同时进一步增强其社区融合度。

重新定位社区图书馆的时代新视角，自组织、小团体是重中之重。例如，北京团结湖社区图书馆、深圳梅岭社区图书馆。这些社区图书馆摈除从前单枪匹马的运作模式，学会"织网"，尝试与工业区、企业、街道等合作建劳务工图书馆，并作为区图书馆直属分馆进行管理，实行"总分馆"管理模式，引来读者如云，提高资源利用率，推动社区文化建设。

### 3.8　空间图书馆定位新视角

"自组织"阅读形式的创意行为：一是自由的阅读路径形成，根据自己的信息检索取向，接受文献关键词的推送、接受自定义网站推送，以收藏至个人电脑端阅读器并浏览；二是自由的阅读能力形成，根据自己的信息检索技巧，设计个人 RSS 管理空间，实现 RSS Feed 的分类管理及浏览、检索功能，增加最为关注的信息频道内容，创建和及时传递文献、产品、服务和经验，以满足不断增长的用户的期望。

重新定位空间图书馆的时代新视角，空间、链接是重中之重。

结合上述阅读创意的内容和形式，以及数字图书馆阅读行为得出结论，数字图书馆未来将要更加精确地对青年人阅读给出链接和指引视角的专业路径，按照推送定制频道的形式，能自由添加各种重要的信息，给更多的同学检索使用，在 Web2.0 领域里扩展更多个人信息的开放获取。

## 4　图书馆的历史承载的发展有机体

图书馆是一个社会群体，按照图书馆五定律的核心——图书馆是一个生长着的有机体，关注数字图书馆发展未来，动态地监测信息环境的发展与趋向，保持对用户需求及其变化的高度敏感，建立以用户为中心的图书馆管理机制与服务模式，重视图书馆的知识管理与知识服务，可以理清中国文化发展聚集的图书馆理论、实践和技术的协同。

围绕这样的文化发展聚集，图书馆将被重新定义。现代社会的图书馆里不只有纸质书，信息化服务同样是图书馆要提供给读者的，而这就需要图书馆扩展自身的角色和功能，强调以人为中心组织信息、提供信息。

资料显示，英国伯明翰超级图书馆提出这样的理念：我们尝试在城市的中心区域重新定义图书馆和文献机构，图书馆门口的介绍说里面都是书，但实际上我们更多的是提供高科技服务，数字化的发展和大众对图书馆阅读的更高要求是促成文化发展聚集的时代主因。这说明，图书馆未来的定位实质，无论类型、大小、规模，都将以最小的努力，改进用户获取需要时所需信息的能力，改进图书馆资源的利用水平，保持信息数字资源的利用，促进知识的传播和全世界更好的认知。

这样，在未来，图书馆，也就是数字图书馆，不但在形式上完成前述各类形式的重新思考和重新设计，更为重要的是继续借助互联网互动共享理念开展更加人性化、智能化和网络化的信息服务。这个发展有机体地未来走向，具体来说，web1.0 的本质是联合，web2.0 的本质是互动，让网民更多地参与信息产品的创造、传播和分享，而 web3.0 是在 web2.0 的基础上发展起来的能够更好地体现网民的劳动价值，并且能够实现价值均衡分配的一种互联网共享方式。图书馆的 Web3.0 时代的最重要的特征就是内容挖掘，3.0 强调的是引导，通过语义搜索、智能匹配和个性化空间等，在这方面图书馆员恰恰是可以大有作为的。用户在图书馆员的引领和指导下，可以体验到更加人性化、智能化和个性化的信息服务。

## 5　结束语

中国文化发展聚集的图书馆时代定位的全面认识，可以大大提升文化生产力，并具体通过图书馆集成化和开放化互联网社交服务，提升图书馆在知识经济社会中的地位，更好地实现其信息服务功能、社会教育功能、文化建设功能，并给图书馆带来经济价值、知识价值、社会价值等诸多潜价值。

## 参考文献

［1］中共中央关于加强党的执政能力建设的决定（辅导读本）［M］．北京：人民出版社，2004．

［2］王子舟．又逢初春的免费私人图书馆：它们在真正地"种文化"［N］．光明日报，2010－4－24．

［3］http：//baike．baidu．com/view/1525762．htm．

［4］社区图书馆：呼唤特色服务［EB/OL］．http：//www．s1979．com/shenzhen/201205/2637461326．shtml．

［5］吴建中．拥抱数字阅读 迎接 Web3.0 时代［EB/OL］．http：//www．libnet．sh．cn/tsgxh/list/list．aspx？id＝7077．

# 中国智库研究的文献计量学分析

杨　丹[*]

（中国社会科学院信息情报院　北京　100732）

**摘　要**　当今中国社会的繁荣使智库的咨询作用日益凸显。因而也给智库研究带来了机遇和需求。本文以"智库"、"思想库"两个在智库研究中常用的关键词，对中国知网数据库（CNKI）的论文进行搜索，并利用文献计量学方法对数据进行分析，从中可以看出中国智库研究的发展状况。文章认为，中国的智库研究起于 20 世纪 80 年代，2000 年之后发展迅速，未来发展趋势良好。早期的智库研究是从对美国智库组织的介绍开始，之后关注问题研究。社会科学院系统发挥了良好的智库功能。未来中国的智库研究应加强对世界发达国家智库的研究，社会科学院应该物化知识产品，充分发挥智囊团的作用。

**关键词**　智库　文献计量　中国

## 1　概述

当今中国社会的繁荣带动了社会科学研究的发展，催生来了对思想理论和战略的需求，为战略、创意和思想投资受到人们的关注。社会对理论研究、战略规划和政策咨询的需求越来越多。智库的咨询作用日益凸显。因而也给智库研究带来了机遇和需求。

智库是一个国家重要的创新源泉，它是国家重要的智慧生产机构。智库也可以称为思想库、智囊团、顾问公司、咨询公司等，机构主要由各方面的专家和研究人员组成，为决策者提供社会、经济、政治、外交、军事、人文、科技等方面的参考咨询，提供最佳理论、策略和解决方案。智库在国家的发展过程中起了非常重要的作用。中国的智库正在进入一个重要的发展时期，中国社会和经济生活的飞速发展为智库的发展创造了良好的时机。梳理中国智库研究的过去，有利于更好、更快地找到未来的发展

---

\*　杨丹，女，1960 年生，中国社会科学院信息情报院，研究员。

目标。本文以"智库"、"思想库"两个在智库研究中常用的关键词,对中国知网数据库(以下简称:CNKI)的论文进行搜索,并对搜索结果进行了统计分析,以此对中国的智库研究进行了粗略的统计,随不能概全,但也可得到一些相关的研究信息,从中看出中国智库研究的端倪。

智库也可以称为思想库。因此,为保证数据更加精确地反映中国智库研究的概况,笔者分别用"智库"和"思想库"作为检索词,检索万方数据库和 CNKI 数据库中的智库研究论文。在万方数据库中,用"智库"查询数据库,共检索出 1501 篇文章。用"思想库"一词查询检索出 190 篇文章。在 CNKI 中用"智库"查询文献共 1275 篇,用"思想库"一词查询为 610 篇文章。

从两个数据库的统计数据来看,数量级大体相同,所以本文以 CNKI 数据为分析依据应该可以基本反映出中国智库研究的概貌。

## 2  中国智库研究总体情况分析

由于中国的智库研究论文在 1981 年之前在 CNKI 中为零,说明在此之前中国的智库研究还没有得到学界的关注。

为了更加准确地反映中国的智库研究的概貌,本文用"智库"和"思想库"两个关键词对 CNKI 进行检索,共检索出"智库"文献 1275 篇,"思想库"文献 610 篇,共计 1885 篇文献。各年度数据分布如下。

表 1  智库论文各年度分布

| 时间 | 智库 | 思想库 | 合计 |
|------|------|--------|------|
| 1981 | 0 | 6 | 6 |
| 1982 | 0 | 3 | 3 |
| 1983 | 0 | 2 | 2 |
| 1984 | 0 | 3 | 3 |
| 1985 | 0 | 3 | 3 |
| 1986 | 0 | 4 | 4 |
| 1987 | 0 | 5 | 5 |
| 1988 | 0 | 5 | 5 |
| 1989 | 0 | 2 | 2 |
| 1990 | 0 | 1 | 1 |

续表

| 时间 | 智库 | 思想库 | 合计 |
|---|---|---|---|
| 1991 | 0 | 3 | 3 |
| 1992 | 0 | 6 | 6 |
| 1993 | 0 | 4 | 4 |
| 1994 | 0 | 8 | 8 |
| 1995 | 0 | 9 | 9 |
| 1996 | 1 | 8 | 9 |
| 1997 | 0 | 8 | 8 |
| 1998 | 0 | 9 | 9 |
| 1999 | 0 | 14 | 14 |
| 2000 | 1 | 15 | 16 |
| 2001 | 1 | 12 | 13 |
| 2002 | 3 | 9 | 12 |
| 2003 | 4 | 27 | 31 |
| 2004 | 7 | 47 | 54 |
| 2005 | 8 | 36 | 44 |
| 2006 | 36 | 39 | 75 |
| 2007 | 68 | 50 | 118 |
| 2008 | 123 | 62 | 185 |
| 2009 | 309 | 60 | 369 |
| 2010 | 304 | 59 | 363 |
| 2011 | 305 | 75 | 380 |
| 2012 | 105 | 16 | 121 |
| 总计 | 1275 | 610 | 1885 |

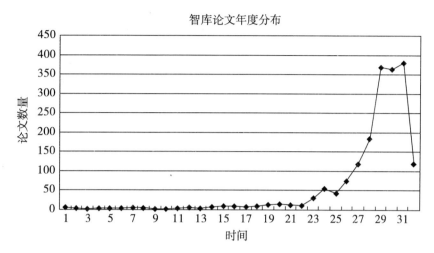

**图1　"智库"、"思想库"论文合计年度分布**
（1—1981 年；3—1983 年；……；31—2011 年）

从图 1 可以看出：

### 2.1. 中国的智库研究起步于 20 世纪 80 年代

从智库研究论文的检索情况来看，20 世纪 80 年代之前，论文数量为零。也就是说，在 80 年代之前，几乎没有中国学者关注国内外智库的发展和研究状况。

### 2.2　中国的智库研究目前处于上升阶段，并有逐步走热之势

21 世纪以来，中国的智库研究迅速崛起。在表 1 和图 1 中可以看出，从 2003 年开始论文数量开始增加，并呈逐年递增态势。2011 年的论文数量是 2003 年的 10 倍，这说明，中国的智库研究正在迅速崛起。这也可以从图 1 的曲线斜率看出这一特点。

## 3　"智库"与"思想库"用词分析

在学术研究论文中"智库"和"思想库"两个词都有学者采用。对智库研究论文用"智库"与"思想库"两个词分别进行检索和统计分析，可以更准确、更全面地反映中国智库研究的历史渊源。"智库"与"思想库"两个词的论文分布如表 1。用词分布曲线图如下。

从表 1 中可以明显地看出，除 1996 年有一篇论文用"智库"一词之外，在 2000 年之前，"智库"一词几乎没有学者采用，而中国早期的智库

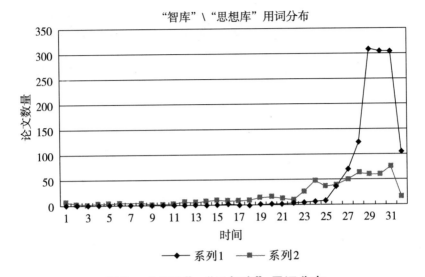

**图2  "智库"、"思想库"用词分布**

（系列 1 为 "智库" 用词数量，系列 2 为 "思想库" 用词数量。

1—1981 年；2—1982 年；……；31—2011 年）

研究论文都是使用 "思想库" 一词。2000 年之后，"智库" 一词逐渐有学者采用。从图 2 中可以直观地看出，在 2007 年之前，"思想库" 的使用频率多于 "智库"。在 2007 年出现转折，"思想库" 一词使用频率明显减少，而且用词情况呈逐年衰减趋势。"智库" 成为学者使用的主要词汇。

## 4  智库论文内容的国别分析

对中国智库论文的内容进行国别统计，从中可以更清晰地看出中国智库研究的起源和发展。智库论文的国别统计如下。

**表2  智库论文的国别年度分布**

| 时间 | "智库"\"思想库"合计 | 中国两词合计 | 美国两词合计 | 其他 | 中国占总量% | 美国占总量% | 其他占总量% |
|------|------|------|------|------|------|------|------|
| 1981 | 6 | 2 | 4 | 0 | 33 | 67 | 0 |
| 1982 | 3 | 0 | 3 | 0 | 0 | 100 | 0 |
| 1983 | 2 | 1 | 1 | 0 | 50 | 50 | 0 |

| 时间 | "智库"\"思想库"合计 | 中国两词合计 | 美国两词合计 | 其他 | 中国占总量% | 美国占总量% | 其他占总量% |
|---|---|---|---|---|---|---|---|
| 1984 | 3 | 0 | 3 | 0 | 0 | 100 | 0 |
| 1985 | 3 | 0 | 2 | 1 | 0 | 67 | 33 |
| 1986 | 4 | 1 | 2 | 1 | 25 | 50 | 25 |
| 1987 | 5 | 3 | 2 | 0 | 60 | 40 | 0 |
| 1988 | 5 | 3 | 1 | 1 | 60 | 20 | 20 |
| 1989 | 2 | 2 | 0 | 0 | 100 | 0 | 0 |
| 1990 | 1 | 0 | 0 | 1 | 0 | 0 | 100 |
| 1991 | 3 | 0 | 2 | 1 | 0 | 67 | 33 |
| 1992 | 6 | 1 | 3 | 2 | 17 | 50 | 33 |
| 1993 | 4 | 1 | 0 | 3 | 25 | 0 | 75 |
| 1994 | 8 | 2 | 3 | 3 | 25 | 38 | 38 |
| 1995 | 9 | 0 | 3 | 6 | 0 | 33 | 67 |
| 1996 | 9 | 2 | 4 | 3 | 22 | 44 | 33 |
| 1997 | 8 | 4 | 2 | 2 | 50 | 25 | 25 |
| 1998 | 9 | 6 | 1 | 2 | 67 | 11 | 22 |
| 1999 | 14 | 12 | 1 | 1 | 86 | 7 | 7 |
| 2000 | 16 | 14 | 2 | 0 | 88 | 13 | 0 |
| 2001 | 13 | 7 | 4 | 2 | 54 | 31 | 15 |
| 2002 | 12 | 6 | 6 | 0 | 50 | 50 | 0 |
| 2003 | 31 | 13 | 11 | 7 | 42 | 35 | 23 |
| 2004 | 54 | 37 | 8 | 9 | 69 | 15 | 17 |
| 2005 | 44 | 33 | 5 | 6 | 75 | 11 | 14 |
| 2006 | 75 | 52 | 14 | 9 | 69 | 19 | 12 |
| 2007 | 118 | 79 | 28 | 11 | 67 | 24 | 9 |
| 2008 | 185 | 141 | 35 | 9 | 76 | 19 | 5 |
| 2009 | 369 | 287 | 33 | 49 | 78 | 9 | 13 |
| 2010 | 363 | 284 | 46 | 33 | 78 | 13 | 9 |
| 2011 | 380 | 304 | 29 | 47 | 80 | 8 | 12 |
| 2012 | 121 | 94 | 15 | 12 | 78 | 12 | 10 |
| 总计 | 1885 | 1391 | 273 | 221 | 74 | 20 | 12 |

数据分析：

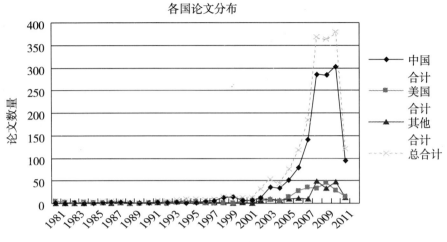

**图3　智库论文各国分布**

### 4.1　中国早期的智库研究主要是对美国智库的介绍

从表2中可以看出，在1996年之前，共有73篇论文，其中18篇研究中国智库，33篇研究美国智库，22篇研究其他国家智库和理论问题。在表2中显示，美国在1996年之前多数年度的论文所占百分比都大于中国论文。这说明，中国早期的智库研究中主要是以对美国智库的研究为主。美国智库对中国智库研究的形成和发展具有重要影响。

### 4.2　中国对世界各国的智库研究中，美国是主要的被研究国家

在图3中可以看出，除个别年度以外，中国对美国智库的研究都超过了对其他国家智库和理论研究论文数量的总和。这说明，在中国的智库研究中，美国是主要的研究对象。在未来中国的智库发展中，美国的智库运作模式有可能会作为重要参考。美国的智库研究动态也会作为中国智库学者跟踪的主要对象。

### 4.3　中国的智库研究逐渐走出独立发展之路

在图3中，中国智库论文的曲线斜率从1997年开始呈逐年增大，近年来曲线陡峭。而美国论文的曲线斜率上升幅度小于中国曲线，而且近年来还有下降趋势。这说明，中国智库研究论文正在逐步走出自己的独立发展态势。也说明中国学者对本国的智库研究热度逐年上升，将研究视角更多地转向本国智库的发展。

## 4.4　中国智库具有前所未有的发展机遇

从图3中可以看出，近年来中国智库研究文献数量急剧增加。这说明中国学者对智库问题给予了更多的关注。同时也说明，智库在中国社会经济生活中所起的作用越来越大。可以预见，智库将会在中国的经济发展和国际事物决策参考中扮演越来越重要的角色。学者的关注与社会发展的需求也将会给中国智库的发展带来前所未有的发展机遇。

## 5　智库论文中的美国智库研究热点分析

在上面的表2中已经显示出中国的智库研究最初是对美国智库的关注和介绍。美国作为主要的研究对象，这与美国健全的智库体系和美国智库在政府决策中所起的作用密不可分。对美国智库的研究主要分为两部分，一个是对美国智库机构的介绍和研究，另一个是对美国智库所关注的问题进行分析。用"智库——美国"和"思想库——美国"作为关键词进行查询，再对每篇论文进行分析，得出美国智库研究论文的内容分布数据如下。

表3　美国智库研究论文的内容分布

|  | 美国智库机构 | 美国思想库机构 | 机构合计 | 美国智库内容 | 美国思想库内容 | 内容合计 |
|---|---|---|---|---|---|---|
| 1981 | 0 | 1 | 1 | 0 | 0 | 0 |
| 1982 | 0 | 2 | 2 | 0 | 0 | 0 |
| 1983 | 0 | 0 | 0 | 0 | 0 | 0 |
| 1984 | 0 | 3 | 3 | 0 | 0 | 0 |
| 1985 | 0 | 1 | 1 | 0 | 1 | 1 |
| 1986 | 0 | 2 | 2 | 0 | 0 | 0 |
| 1987 | 0 | 2 | 2 | 0 | 0 | 0 |
| 1988 | 0 | 0 | 0 | 0 | 1 | 1 |
| 1989 | 0 | 0 | 0 | 0 | 0 | 0 |
| 1990 | 0 | 0 | 0 | 0 | 0 | 0 |
| 1991 | 0 | 1 | 1 | 0 | 0 | 0 |
| 1992 | 0 | 2 | 2 | 0 | 0 | 0 |
| 1993 | 0 | 1 | 1 | 0 | 0 | 0 |

续表

| | 美国智库机构 | 美国思想库机构 | 机构合计 | 美国智库内容 | 美国思想库内容 | 内容合计 |
|---|---|---|---|---|---|---|
| 1994 | 0 | 3 | 3 | 0 | 0 | 0 |
| 1995 | 0 | 3 | 3 | 0 | 1 | 1 |
| 1996 | 0 | 3 | 3 | 0 | 1 | 1 |
| 1997 | 0 | 1 | 1 | 0 | 1 | 1 |
| 1998 | 0 | 1 | 1 | 0 | 0 | 0 |
| 1999 | 0 | 2 | 2 | 0 | 2 | 2 |
| 2000 | 0 | 2 | 2 | 0 | 1 | 1 |
| 2001 | 0 | 3 | 3 | 0 | 2 | 2 |
| 2002 | 1 | 3 | 4 | 0 | 0 | 0 |
| 2003 | 3 | 3 | 6 | 2 | 2 | 4 |
| 2004 | 3 | 10 | 13 | 0 | 3 | 3 |
| 2005 | 3 | 6 | 9 | 1 | 5 | 6 |
| 2006 | 8 | 4 | 12 | 5 | 3 | 8 |
| 2007 | 6 | 7 | 13 | 13 | 4 | 17 |
| 2008 | 6 | 2 | 8 | 5 | 2 | 7 |
| 2009 | 19 | 5 | 24 | 16 | 5 | 21 |
| 2010 | 27 | 4 | 31 | 13 | 5 | 18 |
| 2011 | 10 | 11 | 21 | 8 | 7 | 15 |
| 2012 | 7 | 3 | 10 | 8 | 4 | 12 |
| 总计 | 93 | 91 | 184 | 71 | 50 | 121 |

## 5.1 对美国智库机构的研究

通过表3得出图4，对研究美国智库的论文进一步细分，可以看出中国对美国智库研究的具体情况。在1998年之前，中国对美国智库的研究大多集中在对智库机构的介绍方面。在图4中可以直观到这一现象。通过这些文章的介绍，中国人逐渐熟悉了美国的兰德公司、布鲁金斯学会、传统基金会等美国的著名智库组织。从20世纪80年代到90年代相当长的时间内，国内关于智库的研究工作一直局限于以美国为代表的发达国家智库的情况介绍及一般性的历史回顾、案例分析和比较分析。

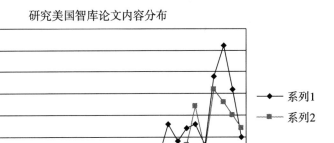

**图 4　研究美国智库论文的内容分布**

（系列 1——研究美国智库机构的论文分布，
系列 2——研究美国智库所关注的问题的论文分布。
时间轴 1—1981 年，2—1982 年……，31—2011 年）

美国的大型智库也常被人们称为"影子内阁"、"影子政府"、"政府外脑"等，它们在美国政府的决策中发挥了相当重要的作用，能在很大程度上左右美国的重大决策。对美国智库的研究为中国智库的发展提供了很多可以借鉴的经验。这也是中国学者更多关注美国智库组织的原因。

### 5.2　对美国智库内容的研究

21 世纪中国学者对美国智库所关注的问题给予了更多的研究。论文数量呈上升趋势。论文涉及内容包括：（1）对中国研究的研究，如中美关系、对华政策、中国模式、中国崛起、两岸关系、中国军事问题、中美贸易等问题。（2）对国际问题的研究，如朝核问题、能源问题、美国与其它国家的关系、国际战略研究、创新体系研究等。美国对中国问题的研究受到中国学者更多的关注。

## 6　智库论文中对中国智库研究的热点分析

智库研究论文中对中国智库研究的热点比较分散，如智库普及推广方面的介绍性文章，建立中国特色的智库，需求与发展机遇，智库运行机制等。相对比较集中的研究热点是民间智库的建立与发展。另一研究热点是社会科学院在中国智库发展中所起的作用。

## 6.1　民间智库研究

民间智库研究是中国智库研究中的一个热点。用检索词"民间智库"、"民间思想库"查询 CNKI 数据库，得到以下数据。

**表4　中国民间智库研究论文年度分布**

| 时间 | 民间智库 | 民间思想库 | 合计 |
|------|---------|-----------|------|
| 2004 | 0 | 2 | 2 |
| 2005 | 0 | 0 | 0 |
| 2006 | 1 | 0 | 1 |
| 2007 | 7 | 1 | 8 |
| 2008 | 7 | 3 | 10 |
| 2009 | 13 | 1 | 14 |
| 2010 | 9 | 1 | 10 |
| 2011 | 10 | 2 | 12 |
| 2012 | 6 | 0 | 6 |
| 总计 | 53 | 10 | 63 |

在表4中可以看出：

### 6.1.1　民间智库的研究始于21世纪

在 CNKI 中用"民间智库""民间思想库"两个词检索，从 2004 年开始出现相关论文。这可以说对民间智库的研究开始于 21 世纪。在计划经济体制下，中国政府的决策基本上是依靠政府的研究机构。政府机构的研究所具有的优势是研究的问题针对性强，也具有较高的可操作性。但是政府机构更多地会考虑各部门利益的协调，研究的独立性较差。另外，在研究中会更多地考虑领导意识。这些影响了决策咨询的前瞻性和研究深度。民间智库在提供决策咨询时不用考虑利益相关性，研究更具独立性。因此，在市场经济环境下，民间智库的发展成为对其研究的基础。

### 6.1.2　对民间智库的研究呈弧形发展态势

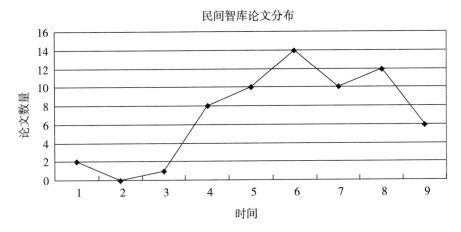

**图5　民间智库论文分布**

（1—2004 年；2—2005 年；3—2006 年；4—2007 年；5—2008 年；6—2009 年；7—2010 年；8—2011 年；9—2012 年）

从图5 中可以看出：从 2004 年开始出现对民间智库的研究之后，论文基本保持上升趋势，从 2009 年之后略有下降。这可能与民间智库发展中遇到的瓶颈有关。据统计，中国智库已达到 2000 多家，但大多为政府机构管辖，官方智库占 95%，民间智库只占 5%，不仅数量少，人才缺乏，而且受到经费、政策等限制。这些可能制约了民间智库的发展。未来对民间智库研究的走向还有待观察。

## 6.2　社会科学院与智库研究

在众多智库中社会科学院充当了重要的智库角色。社会科学院智库功能的研究论文成为智库研究中的另一个热点。

用检索词"智库——社科院"、"思想库——社科院"查询 CNKI 数据库，得到社会科学院智库功能研究论文年度分布。

**表5　社会科学院智库功能研究论文年度分布**

| 时间 | "社科院智库" | "社科院思想库" | 合计 |
| --- | --- | --- | --- |
| 2004 | 1 | 2 | 3 |
| 2005 | 1 | 0 | 1 |

| 时间 | "社科院智库" | "社科院思想库" | 合计 |
|------|:---:|:---:|:---:|
| 2006 | 4 | 0 | 4 |
| 2007 | 0 | 0 | 0 |
| 2008 | 10 | 6 | 16 |
| 2009 | 19 | 1 | 20 |
| 2010 | 21 | 0 | 21 |
| 2011 | 22 | 0 | 22 |
| 2012 | 10 | 0 | 10 |
| 总计 | 88 | 9 | 97 |

在表 5 中可以看出：

### 6.2.1    社会科学院智库功能研究始于 21 世纪。

在 CNKI 中用"智库——社科院""思想库——社科院"两个词检索，从 2004 年开始出现相关论文。这可以说对社会科学院智库功能研究开始于 21 世纪。对社会科学院智库功能的研究与对民间智库的研究时间基本同步。这也可以说明，从 2000 年之初，中国的智库研究开始从对国外智库机构的介绍，转向开始关注中国智库机构的建立与发展。

### 6.2.2    对社会科学院智库功能的研究呈持续上升趋势。

由于在 CNKI 中未检索到 2007 年的相关论文，所以对社会科学院智库功能研究论文做了一个修正图。

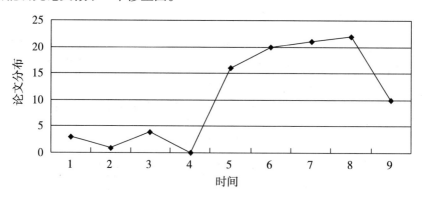

图 6    社会科学院智库功能研究论文年度分布

（1—2004 年；2—2005 年；3—2006 年；4—2007 年；5—2008 年；6—2009 年；7—2010 年；8—2011 年；9—2012 年）

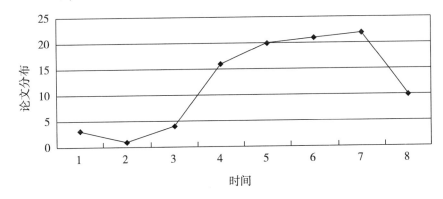

**图 6 - 1　社会科学院智库功能研究论文年度分布修正图**

（1—2004 年；2—2005 年；3—2006 年；4—2008 年；5—2009 年；6—2010 年；7—2011 年；8—2012 年）

从图 6 - 1 中可以直观地看出，对社会科学院智库功能的研究呈上升趋势。近年来各地的社会科学院都调整了办院方针，重视智库建设，并且取得了一些研究进展，不管是理论研究还是实践探索都取得了很大的成绩。这也促进了研究论文的持续增长。

**6.2.3　地方社会科学院作为智库机构发挥了一定的作用**

对检索到的研究社会科学院智库功能的论文进行了机构分类，论文的机构分布如下。

**表 6　地方社科院智库功能研究论文机构分布**

| 社科院名称 | 智库论文数量 | 思想库论文数量 | 合计 |
|:---:|:---:|:---:|:---:|
| 北京 | 0 | 1 | 1 |
| 甘肃 | 1 | 0 | 1 |
| 广东 | 2 | 2 | 4 |
| 河北 | 2 | 0 | 2 |
| 河南 | 2 | 1 | 3 |
| 黑龙江 | 1 | 0 | 1 |
| 湖北 | 0 | 1 | 1 |

续表

| 社科院名称 | 智库论文数量 | 思想库论文数量 | 合计 |
|---|---|---|---|
| 湖南 | 4 | 0 | 4 |
| 江西 | 4 | 0 | 4 |
| 辽宁 | 1 | 1 | 2 |
| 内蒙古 | 2 | 0 | 2 |
| 宁夏 | 3 | 0 | 3 |
| 山东 | 3 | 0 | 3 |
| 陕西 | 1 | 0 | 1 |
| 上海 | 10 | 0 | 10 |
| 厦门 | 2 | 0 | 2 |
| 云南 | 1 | 0 | 1 |
| 中国 | 12 | 1 | 13 |
| 总计 | 51 | 7 | 58 |

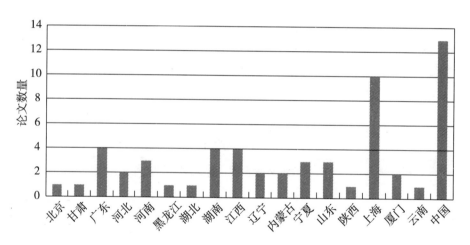

**图7　地方社科院智库功能研究论文机构分布**

在中国现有的智库体系中，地方社会科学院占有重要的位置。长期以来，各地方社会科学院为繁荣地方社会科学、推动本地的社会经济发展做出了重要贡献。随着时代的发展，社会经济需求给社会科学院提出了新课题，各地社会科学院都在主动为党和政府决策部门、企业和社会提供服务的同时，自身业务开始向新型智库转型方面作积极的探索。在表6和图7中可以看出，在对社会科学院发挥智库功能的研究方面，研究中国社会科学院和上海社会科学院的论文比其他地方社会科学院的数量多。这也表明中国社会科学院和上海社会科学院更加重视发挥思想库和智囊团的作用。

## 7　对未来中国智库研究的几点建议

上述对中国智库研究的历史与现状进行了定量分析。通过分析可以看出中国智库研究中的优势与问题，从中也可以为未来的发展提供一些启示。

### 7.1　应加强对世界各国智库的研究

目前中国对国外智库的研究大多集中在美国，当然美国是智库机构较多的国家，但是世界的其它国家，特别是欧洲国家，智库发展的历史也很长，智库数量也非常多。据统计，目前全球共有5465家智库。北美和西欧占了56.35%，亚洲只占11.95%。英国的智库发展与工业革命可以说是同时起步，英国被认为是欧洲智库的创始国，德国的智库也是后来居上。法国在欧洲是继英、德之后，智库比较发达的国家。中国的智库发展起步比较晚，积极和明智地吸取欧美智库的发展经验对中国智库的未来发展非常有益。全面关注各个国家的智库动态，可以尽快使中国的智库赶上和超过发达国家的智库发展水平，也可以通过与欧美智库的分析比较，吸取发达国家智库的经验，努力建设出具有中国特色的智库。

### 7.2　加强对各国智库所研究问题的关注

从对美国智库的研究中可以发现，对智库机构的研究多于对智库所关注问题的研究。在中国的智库发展初期，这种研究方式有利于我们尽快建立和发展中国的智库组织。未来中国应该更多的对世界其他发达国家智库所关注的问题进行研究。这样才能使中国的智库达到一个更高、更深层次的发展。中国的智库才能在各个领域中真正发挥思想库和智囊团的作用。

### 7.3　作为中国智库重要组成部分的社会科学院应该积极物化知识产品

社会科学院是具有中国特色的智库，所生产出的知识产品既有政府的影响，又有研究人员的独立思考。湖南省社会科学院院长朱有志曾提出，社会科学院的研究要在政策阐释与战略预测中寻找契合点，在理论研究与应用研究中寻找结合点，在独立判断与引导决策中获得平衡点，在研究规律与超前创新中建立联结点，在突出服务性的同时突出思想性，在注重解释力的同时注重引导力。社会科学院要实现观念更新，通过让社科院的"想法"变为别人的"说法"、让社科院的"说法"变为人家的"做法"、让社科院的"言论"变为社会的"舆论"、让社科院的"思考"变为领导的"思想"、让社科院的"文章"变为上级的"文件"、让社科院的"发言"促进社会的"发展"的"六个转变"使得重大决策有社科院的学术观点，重大问题有社科院的学术声音，重大项目有社科院的学者身影。他的这段论述言简意赅地阐述了社会科学院发挥好智库作用的思路和方法。社会科学研究成果要物化为政府决策的一部分，物化为社会生产力。

## 7.4  从定性研究向定量研究过渡

中国对于智库的研究仍然属于初级阶段，研究论文更多地是对问题的定性研究，定量分析方法并未广泛运用。欧美发达国家的智库研究工作起步早，发展比较成熟。他们已经从对个别智库案例的分析向大量智库的系统分析和定量分析转变，中国未来的智库研究工作也应该逐渐运用定量研究方法。

综上，中国的学者已经对中国的智库研究和智库建设给与了高度关注。无论是从定性到定量、从个体到系统，还是从美国到全球，中国的智库正在处于一个发展的上升阶段，呈现了良好的发展态势。智库的建设越来越受到政府、民间组织和学者的重视。在全球战略格局不断变化的时代，拥有一批在国内能为政府决策提供专业咨询和建议，在国际上能发出自己声音的智库是非常必要的。中国的智库会在未来的中国经济和社会中发挥更大的作用。

## 参考文献

[1] 陈朝宗. 政府智商的延伸与民间智库的发展 [J]. 综合竞争力，2011 (1)：17—21.

[2] 江涌. 智库与软实力 [J]. 人民日报，2010－12－01 (21).

[3] 朱有志. 建设中国特色社会主义新智库——社会科学院智库功能发挥的三大思考 [J]. 社会科学管理与评论，2011 (4)：78—81.

[4] 许共城. 欧美智库比较及对中国智库发展的启示 [J]. 经济社会体制比较，2010 (2)：83—89.

[5] 徐晓虎，陈圻. 智库研究的历史演进及其趋势 [J]. 重庆社会科学，2011 (8)：107—111.

［6］李玲娟．美国智库的研究及对中国民间智库的启示［J］．辽宁行政
　　学院学报，2008（6）：28—29.

［8］王志存．中国民间智库的发展障碍与对策思考［J］．法制与社会，
　　2009（22）：246—247，253.

# 第二部分

## 资源建设与组织

# 特色文化资源
## ——新疆少数民族古籍的保护与发展研究

阿布都热扎克·沙依木[*]　　亚里坤·卡哈尔[**]　　朱一凡[***]
（新疆维吾尔自治区社会科学院　乌鲁木齐　830011）

**摘　要**　本文介绍了新疆少数民族文字古籍的历史源流，对新疆少数民族古籍保护工作的现状作了回顾，并列举了国家和新疆维吾尔自治区层面上对古籍保护法制建设的重要文件，最后对新疆少数民族古籍保护提出建议和对策。

**关键词**　特色文化资源　少数民族古籍　古籍保护　发展研究

丰富的新疆存世古代典籍这一独特的文化特色资源，是该地域历史文化的重要载体，记录着各民族发展的轨迹，凝聚着各民族人民的智慧，是民族融合、发展的见证。目前已知的古籍数量约 50 万册（件），其中少数民族古籍近 5 万册（包括察合台文、波斯文、阿拉伯文以及焉耆文、于阗文等近 20 余种文字古籍文献），这些存世的民文古籍已列入自治区古籍保护计划之中，开始着手对其进行普查、登记工作，研制民族文字古籍工作的相关标准、规范和技术软件，培养古籍保护人才，并给予资金保障。

做好文化特色资源——新疆少数民族古籍保护工作，意义重大。有利于增强新疆各族人民的"三个认同"（即对伟大祖国的认同、对中华民族的认同、对中华文化的认同）意识，有利于尽快实现新疆跨越式发展和长治久安这两大历史任务，有利于推动各民族和睦相处、和谐发展，事关维护祖国统一、民族团结，也事关国家的文化安全。

20 世纪 80 年代初期，新疆社会科学院曾深入民间，搜集到大量的民文古籍，目前社科院存世的 2000 多册民文古籍就是在那时收集到的。这些

---

\*　阿布都热扎克·沙依木，男，1957 年生，新疆社会科学院，副院长、编审。

\*\*　亚里坤·卡哈尔，男，新疆社会科学院。

\*\*\*　朱一凡，男，1961 年生，新疆社会科学院图书馆，信息研究室主任、副研究馆员。

古籍曾为研究少数民族文化发挥了巨大的作用，如《突厥语大词典》、《福乐智慧》、《金光明经》、哈萨克族古籍《艾赛提作品集》（上、下）等鸿篇巨制的出版，也是与这些古籍的研究分不开的。

# 1　新疆少数民族文字古籍的历史源流

少数民族文字古籍，顾名思义，就是用少数民族文字书写或印刷于1949 年以前、具有少数民族古典装帧特色和形式的书籍。

据考古发掘所得，先秦两汉魏晋南北朝时期的梵文、汉文、佉卢文佛经，展示了佛教在西域广受信奉的历史。书写在简牍、皮革、绢帛、纸张上的公私文书，以及大量的钱币，是研究 2 至 4 世纪于阗、鄯善等王国社会历史的珍贵史料。

隋唐时期，突厥人、吐蕃人、回鹘人相继进入西域。突厥人、吐蕃人、回鹘人都在西域留下了本民族语言文字书写的文献。丝路贸易的繁荣，也吸引了粟特人的足迹，留下了粟特文书信，彰显了这一时期西域作为东西方商道要冲的重要历史地位。

宋辽金时期是西域各民族大融合的时代。9 世纪中叶回鹘西迁，先后建立高昌回鹘、甘州回鹘和喀喇汗王朝等政权。至西辽统治时期，西域形成了以佛教和伊斯兰教为主、其他宗教并存的格局。这一时期的西域文化，继续保持多元共存的局面，并融入了新的元素。流传于世的文献中，不乏佛教、景教文献。

明代，西域先后主要由东察合台汗国与叶尔羌汗国统治，各民族进一步融合，察合台汗国治下的蒙古人基本上和维吾尔人融为一体。波斯文、哈萨克文、托忒蒙古文、柯尔克孜文、满文古籍展示了这一时期新疆多民族、多语种、多元文化的地域文化特色。

# 2　新疆少数民族古籍保护工作现状

新疆的少数民族古籍文献具有内容丰富、种类繁多以及多文种、存量少、价值高的特点。为了加强少数民族地区这一文化特色资源的保护工作，2007 年文化部根据《国务院办公厅关于进一步加强古籍保护工作的意见》，实施了旨在推动古籍保护工作全面建设的"中华古籍保护计划"。为此，新疆维吾尔自治区人民政府下发了《关于进一步加强自治区古籍保护工作的实施意见》，经过几年的努力，自治区的古籍保护工作成绩显著。先后已有三批共 64 部古籍入选国家级珍贵古籍名录，2009 年，自治区图书馆被文化部授予"全国古籍保护重点单位"，新疆社会科学院也被列为

"自治区级古籍保护重点单位"。

但还有很多少数民族古籍流散存藏于民间，其状况和保存条件极端恶劣，古籍保护工作起步时间不长，面临的问题千头万绪，可以说这项工作任重道远，必须要有坚忍不拔的勇气和斗志来做好这项伟大的事业。首先，笔者对新疆少数民族古籍的保护工作作一简要回顾。

## 2.1　加强领导，健全机构，确保古籍保护工作顺利实施

新疆的古籍保护工作涉及多个部门和单位，为加强古籍保护工作的统一领导，2007 年成立自治区古籍保护领导小组，后又多次对该机构进行调整和充实，目前确立了由自治区人民政府分管民族宗教事务和文化工作的副主席为组长，自治区文化厅、发改委、财政厅、民（宗）委、教育厅、科技厅、卫生厅、新闻出版局、新疆社会科学院、文物局以及档案局等部门为成员单位的"自治区古籍保护工作领导小组"，并设立专门的专家委员会，专门负责古籍的鉴定、评审、定级、保护咨询并指导开展古籍普查工作。还在自治区图书馆古籍部的基础上建立了新疆维吾尔自治区古籍保护中心，具体负责实施古籍的调研、古籍分布的初步普查、建立基本档案资料等工作。

## 2.2　突出重点，推进古籍保护各项工作的实施

（1）古籍普查登记是古籍保护的基础性工作，是开展古籍抢救、保护与利用的基础环节。根据自治区关于开展古籍保护工作的具体要求，重点对自治区的各级公共图书馆、高等院校图书馆、科研系统图书馆、文博单位、民族宗教单位、医疗卫生单位、书刊出版单位等收藏有古籍的机构、组织、个人以及私人收藏机构收藏情况进行了比较全面的普查，对一些重点、珍贵古籍的基本内容、破损情况和保护状况进行了登记造册。

（2）根据文化部的要求，组织了自治区三批珍贵古籍名录以及古籍重点保护单位的申报工作，对各古籍收藏单位上报的 260 余种珍贵古籍进行逐一评审，使 64 部古籍入选《国家珍贵古籍名录》。

（3）在文化部、自治区人民政府的大力支持下，由国家图书馆及国家古籍保护中心团队援助，在自治区文化厅直接领导下，新疆历史文献暨古籍保护成果展于 2010 年 8 月 20 日至 10 月 19 日在新疆维吾尔自治区博物馆举办，展出了 13 家单位及个人收藏的 24 种文字的 125 件新疆珍贵历史文献、文物。这是新中国成立以来第一次对新疆珍贵历史文献的全面展示。之后又在北京成功举办，前后长达半年，观众达 15 万人。

（4）加强古籍保护人才队伍建设。近年来，先后派出近 20 人次参加国家古籍保护中心举办的古籍普查、古籍修复和古籍普查软件平台使用等各类培训班；2009 年 5 月，举办了新疆维吾尔自治区古籍普查培训班，涵盖各级公共图书馆、高校图书馆、科研图书馆、文博系统及民（宗）委古籍办等 39 个收藏单位，共有 7 个民族的近百名学员参加，为自治区少数民族古籍管理保护工作的开展提供了智力保障。

## 3　新疆少数民族古籍工作存在的问题

由于新疆少数民族古籍涉及的范围广、种类多、载体多样、历史久远、保存条件差、修复手段落后、经费紧缺以及古籍学科建设相对滞后，导致家底不清，认识不足，机制不健全。再加之，从事少数民族古籍工作的人才严重匮乏，且懂少数民族古籍的人数日益减少。这些因素都不同程度地制约着自治区少数民族古籍工作的顺利开展。具体表现在如下几个方面。

（1）认识问题。个别部门和单位对古籍保护工作的重要性和紧迫性还未足够重视，需要建立有效的组织领导和协作协调工作机制，不断提高对古籍保护工作重要性的认识，以推进这项事业的全面开展。

（2）底数问题。在自治区层面上，对少数民族古籍的存量、分布和流传情况不了解，更谈不上对散藏在民间的古籍和口头传承的古籍有所掌握和了解；在收藏单位层面上，多数单位也没有对古籍进行细致的摸底、清点、编目、整理和翻译。因此，必须进行大范围、拉网式的普查登记工作，形成相对系统的古籍名录，这样才能对古籍的数量、等级、现状有比较清晰的认识与了解。

（3）队伍问题。目前古籍保护专业人员十分匮乏，自治区各单位普遍存在古籍工作人员编制紧张、增加编制困难等问题。特别是古籍鉴定和修复人才的匮乏使得破损古籍的修复工作进展十分缓慢，甚至使得一些少数民族古籍面临失传的危险。

（4）经费问题。长期以来，自治区没有设立古籍保护工作专项经费，近年来这方面的资金来源主要依靠文化部和国家古籍保护中心的支持，从而造成了在古籍普查、人员培训、古籍书库建设、古籍修复等各方面工作难以开展，对少数民族古籍保护的条件十分落后。

（5）机制问题。总体上看，古籍保护工作目前主要局限在隶属于文化系统的公共图书馆，在此系统之外的高校、科研、民宗部门和有关收藏单位由于得不到直接的经费支持以及本单位领导的不重视，工作进展缓慢，面向全社会的古籍保护工作协调机制尚未建立，导致这项工作滞后。

## 4　新疆少数民族古籍保护工作的有利因素

2010 年中央新疆工作座谈会后，文化部将"新疆古籍保护工作"专项纳入"中华古籍保护计划"，作为"文化援疆"重要项目。党中央、国务院历来高度重视古籍保护工作，中央和地方各部门也积极行动起来，为此做了大量的工作，从国家与自治区层面上都通过法制建设来为少数民族古籍保护工作保驾护航。近年来先后发布了多个有关古籍保护方面的文件法规：①《国务院办公厅关于进一步加强古籍保护工作的意见》（国办发〔2007〕6 号）；②《国家民委、文化部关于进一步加强少数民族古籍保护工作的实施意见》（2008 年 1 月 17 日）；③《文化部关于进一步加强古籍保护工作的通知》（文社文发〔2011〕12 号），该文明确提出文化部"将研究制定《古籍保护条例》"；④国家文化部、教育部、科学技术部、民族事务委员会、新闻出版总署、宗教事务局、文物局、中医药管理局等八部委《关于支持新疆维吾尔自治区古籍保护工作的通知》（文社文发〔2011〕3 号）；⑤《自治区贯彻落实国家八部委支持新疆维吾尔自治区古籍保护工作的实施意见》（自治区人民政府办公厅新政办发〔2011〕67 号）；⑥新疆维吾尔自治区民族事务委员会（宗教事务局）《关于做好我区少数民族古籍收藏登记工作的通知》（新民宗发文〔2011〕89 号）；⑦《文化部办公厅关于加快推进全国古籍普查登记工作的通知》（文办社文函〔2011〕518 号）。

这些具有法律法规性质文件的先后发布，意味着已将新疆少数民族古籍保护工作提高到一个前所未有的高度，为新疆古籍事业的发展创造了新的难得的契机，将迎来新疆少数民族古籍保护事业的春天。

## 5　对加强新疆少数民族古籍保护工作应采取的对策和建议

我们应乘中央新疆工作座谈会的召开、文化对口援疆的东风，以八部委联合下发的《关于支持新疆维吾尔自治区古籍保护工作的通知》精神为契机，加快全区各民族各文种重要古籍的抢救和整理工作，建立政府主导、部门协作、社会参与的古籍保护工作机制和科学有效的古籍保护制度，提高各民族群众的古籍保护意识，使少数民族古籍保护工作走上健康、快速发展的轨道。

### 5.1　对全疆少数民族古籍进行普查

应有计划、分步骤开展古籍普查、登记工作，对全区各级各类图书馆、博物馆、民（宗）委、教育、卫生、文物、新闻出版等系统，包括民间的古籍收藏和保护状况进行科学合理的组织、协调普查工作，基本摸清自治区古籍的存世状况，逐步建立古籍分级保护制度。在普查、登记的同时，着手建立自治区古籍联合目录和古籍数字资源库。

### 5.2　进一步完善少数民族古籍保护工作的组织机构与工作机制

在自治区党委、政府的统一领导和协调下，由自治区古籍保护工作领导小组负责牵头，成立各地州古籍保护领导小组，负责组织协调本区域内的古籍保护工作。各级成员单位按照各自的职责要求，做好本行业、本部门古籍保护的相关工作。另外，还应成立自治区古籍保护工作专家委员会，组织开展古籍保护专业人员研究指导，提供专家咨询，并承担对普查数据质量进行审定等工作。

### 5.3　设立少数民族古籍保护工作的专项经费

在争取国家的支持和内地各省区的援助基础上，自治区政府相应给予配套资金，设立专项经费。专项经费主要用于支持全疆古籍普查、古籍征集、古籍申报、古籍研究、古籍出版、古籍重点保护单位建设、古籍人才培养（培训）、古籍修复、设施设备配备、古籍宣传展示、建立我区古籍综合信息数据库等方面的工作。

### 5.4　改善古籍保存条件

目前各收藏单位的古籍保存条件都不尽如人意，大多都不符合古籍保存的基本要求，为此，应在这方面有所突破。要将所有重点收藏单位纳入到古籍保护中心标准化古籍书库建设中来，制作专门的书柜、函套、书盒等古籍装具，尤其是对珍贵古籍应定制木质书盒。还要对书库的光线、湿度进行控制，改善安防、消防设施条件等，尽快实现古籍书库的标准化，并将符合自治区级古籍收藏条件的单位命名为"新疆古籍重点保护单位"，表现突出的收藏单位还可进一步为其申报"全国古籍重点保护单位"。

### 5.5　做好自治区少数民族古籍人才培养及培训工作

目前全疆古籍保护专业人员十分奇缺，特别是少数民族古籍鉴定和修复人才十分稀少，面临失传的危险。因此，加强自治区少数民族古籍保护人员的培养和培训工作刻不容缓。应依托国家古籍保护中心，开展各类古籍培训工作，同时采取多种途径、多种形式，积极吸纳高校、科研单位的研究人员和专业人才等社会力量，充实古籍保护工作专业力量。此外，还要与有条件的大学合作，培养一批精通察合台文、波斯文、回鹘文、阿拉伯文和乌孜别克文的青年人才；开设古籍专业人才培训，或通过专家授课辅导等方式，积极开展古籍专业人才培养。

## 5.6　适时启动自治区少数民族珍贵古籍的再造工作

结合新疆少数民族古籍保护工作的特点和现状，充分发挥自治区各级成员单位和古籍收藏单位的职能和作用，有效开展规划、组织、联络、协调、指导自治区各民族古籍的保护、抢救、整理和研究工作。在古籍普查、整理的基础上，对有价值的珍贵古籍制订重点图书的出版规划，逐步实现自治区珍贵古籍的再造工作，利用缩微技术分批实现馆藏古籍资源数字化，实现古籍再生性保护利用。并在此基础上，着手进行《中华古籍总目·新疆卷》的编纂工作。

## 5.7　抢救散落于民间的少数民族古籍文献

在古籍保护中，我们不能忽略那些散落于民间的少数民族古籍，其保护条件和保存现状极其恶劣，数量不详，但文献极其珍贵。据了解，在新疆巴音郭楞蒙古自治州曾有一批170多册少数民族古籍在"文革"前被埋入沙漠中，后被发现者获取，目前这批古籍去向不明，谁也说不清是流向国外还是被国内某个商人买断；又如，在南疆的莎车县有一位民间人士收藏了400多册古籍图书，许多国内外人士均有收购的意向；还有不计其数的古籍散落民间，有些可能就丢失了，还有一些很有可能就被当作引火纸烧毁了，还有一部分被国外商人购买。如现在不着手在民间进行征集，这些古籍将会面临流失国外、自然毁坏或人为丢弃等噩运，因此，抢救、征集和整理这些古籍迫在眉睫。自治区应拨出专款，以专门用于抢救、征集和整理这些古籍之需，避免遭受更大的损失。

通过对自治区现存各民族古籍进行全面、系统的普查，有计划地、科学地开展古籍保护工作，加大新疆少数民族古籍保护工作的力度，使新疆各少数民族文字珍贵古籍浮出了水面。新疆古籍，从藏量看不是很大，但从文种的多样性、载体的多样性和分布的区域性来看，又极具特色。由此，保护好这些珍贵的各民族文字古籍，不断完善保护环境，加大整理开发的力度，对于展示新疆少数民族珍贵的文化遗产和悠久的历史，维护民族团结和国家统一，实现新疆跨越式发展和长治久安这两大历史任务具有重大的现实意义和深远的历史意义。

## 参考文献

[1] 国务院办公厅关于进一步加强古籍保护工作的意见．［2011－08－29］http：//www. gov. cn/zwgk/2007-01/29/content_ 511825. htm.

[2] 国家民委、文化部关于进一步加强少数民族古籍保护工作的实施意见．［2011－09－13］. http：//www. ccnt. gov. cn/sjzz/shwhs/flfg/201102/t20110224_ 87290. html.

[3] 古籍数字化将走向规范化．［2012－05－25］. http：//epaper. ccdy. cn/html/2012-05/23/content_ 72017. htm.

[4] 文化部关于印发《全国古籍普查工作方案》等文件的通知．［2012－05－30］. http：//www. chinalawedu. com/falvfagui/fg22598/249541. shtml.

[5] 国家古籍保护中心编. 西域遗珍——新疆历史文献暨古籍保护成果展图录.

# folksonomy 图像标注探析

韩建新*

（南京政治学院军事信息管理系　上海　200433）

**摘　要**　文章首先对图像类型和图像标引作了介绍，然后比较了图像的 folksonomy 标注与受控词表标引的优劣，并对 folksonomy 图像标注行为、现象特点和关注因素等方面做了详细探讨。

**关键词**　folksonomy　图像　标注　标签

## 1　引言

随着信息技术的快速发展，特别是数码相机和因特网的日益普及，图像的网络存储和传播共享急剧增长。以 flickr 为代表的网络图像资源共享工具赢得了大量用户。flickr 允许用户采用 folksonomy，从主角、拍摄地点、心情、场合等角度为图像进行标注，标签数量最多可达75个。上网搜索图像的用户，可以按标签来浏览。通过标签，用户还可以发现具有相同兴趣爱好的网友。因此可见 folksonomy 图像标注的重要性。然后，这种新生的事物与传统的图像标引有着很大的不同，本文将对此问题作一初步研究。

## 2　图像类型与图像标引

网上图像资料的检索一般采用两种方法，一是基于内容的检索，一是文本检索。前者试图利用图像的某些物理性质，如颜色、形状或者纹理等来检索类似图像。到目前为止，这种基于内容的图像检索系统（如 CBIR systems）仍然具有很大的局限性，还没有完全投入商用。绝大多数的网上图像搜索仍然使用传统的文本检索方法，检索的成功与否取决于提问词与有关图像的文本描述之间的匹配。因此，图像的标引是图像检索利用不可或缺的前提条件。

---

\*　韩建新，男，1964 年生，南京政治学院军事信息管理系，副教授。

## 2.1　图像的类型

图像是一种重要的文献类型，一般分为艺术图像（artistic image）、纪实图像（documentary image）和普通图像（ordinary image）三大类。艺术图像是艺术情感的表达，包括几个层次的意义。纪实图像主要见于历史文件、新闻报道和媒体文件。家庭照片也属此范畴。这类图像的处理，主要是加注图像说明，以便今后能在特定集合中迅速识别。普通图像主要指用于商业目的或书报插图。处理此类图像时，一般不大注意题名或作者等描述性或分析性的元数据，而是考虑图像的主题，即其视觉内容。也就是说，普通图像一般不需要深度处理，例如分成"建筑物""风景"等大致就够了。但是网络的出现凸显了对于描述普通图像的有效工具的迫切要求，因为这类图像已经成为网上可获取资源的重要组成部分。个人主页、博客、虚拟图书馆、博物馆馆藏、服务和产品目录等均属此类。

## 2.2　图像的意义层次与标引

图像具有丰富的含义。本文从 flickr 网站选择一张经典的图片（图1），结合 Smith 介绍的潘诺夫斯基（Erwin Panofsky）图像解释三层次，对图像意义层次进行简单阐述。德国艺术史学家潘诺夫斯基将瓦尔堡学派的图像解释方法归纳为三个层次，分别对应于图像的三层意义，即图像的本体阐释层次、图像的寓意阐释层次和图像的文化阐释层次。潘诺夫斯基的基本语义层叫"前图像学描述"（pre-iconographic description），探讨图像所再现

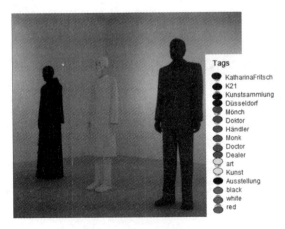

图1　三人组合雕像　出处：http：// www. flickr. com

的、模仿的自然意义，一般由可识别的物件构成，它是原始或自然对象的世界。解释者无须用日常生活之外的经验来解释该作品。在图 1 中，有三座雕像：身穿大红色衣服、分腿站立的雕像，身穿白衣、死人头雕像，身穿宗教服装的黑色雕像。在情报学中，建立在前图像学描述层次上的内容即为文献的"从属性"（ofness），图 1 中描述从属性的标签是黑色、白色和红色。第二层次是严格意义上的图像学分析（iconographic），揭示图像暗含的常规意义。常规意义源自某种普遍的因果记忆或逻辑推理，是趣闻轶事、寓言和象征的世界。解释这个层次要求解释者具备该作品有关领域的文化背景和社会经验。这个层次即情报学中文献的"关涉性"（aboutness）。图中描述关涉性的标签是僧侣、医生和商人。第三层次是图像研究的解释，它显示真实内容，形成"符号价值"的世界，关心的是图像产生的文化密码。解释者必须是阅历相当丰富的专家。信息专业人员通常不用标引词和文摘来描述这个层次。但是 Web2.0 时代的网络最终用户则可以自由标注。图 1 中，第三层次的标签仅有 1 个——艺术。也许还可以用其他标签，如非圣洁的三人组合、21 世纪初德国雕塑杰作等。

荷兰情报学家 Ingwersen 在上述潘诺夫斯基三层次基础上提出图像的书目描述问题，反映其 isness。如图 1 中，用户用标签 KatharinaFritsch（组合雕塑的创作者）或 K21（收藏该雕塑的博物馆名）对作品的非内容方面进行标注。

目前，在对图像进行标引时，一般做的级别是所属性（ofness），即有什么，它通过 4 个 W 来概括：谁（who）、什么（what）、何时（when）及何处（where）。而关涉性（aboutness）要反映的是图像想要表现什么，这需要有相当的知识才能做出来，而且不同知识背景的人可能做出来的会完全不同。据说国会图书馆的项目和"美国记忆"（America memory）都只做了 ofness，因为 aboutness 需要能力，许多东西都有其特殊的背景。

## 3　图像的受控语言标引与 folksonomy 标注的优劣

### 3.1　图像受控语言标引的优劣

长期以来，图像标引工作是由图书情报专业标引人员承担的。同文本信息标引一样，专业人员也采用受控词表标引图像。目前图像标引的常用词表有三种《艺术与建筑叙词表》（Art and Architecture Thesaurus（AAT））、《图形资料叙词表 I、II》（Thesaurus for Graphic Materials I, Thesaurus for Graphic Materials II）和《图像分类表》（ICONCLASS）。《艺术与建筑叙词表》用于标引实体对象，提供有关美术、建筑、装饰艺术、物质文化和档案资料等的规范词，广泛用于博物馆、图书馆、档案馆以及视觉资源收藏机构。该表中的词多为英语，但现在其他语种的词也逐步加入其中。《图形资料叙词表Ⅰ、Ⅱ》是美国国会图书馆编制的用于编目和检索的工具，主要用于图形资料的主题标引，包括历史照片、建筑图和美术作品。《图像分类表》主要供历史学家、研究人员和博物馆工作人员使用。

用受控词表标引图像，其优点自不待言，严谨、权威、统一、精确、稳定，但缺陷也很明显，特别是在当今网络普及、图像资源暴涨的时代。具体来讲，第一，词表更新不及时，导致检索图像时难以进行特定搜索，因为受控词表有时不允许特定检索。第二，受控词表的管理和开发成本相当高。第三，词表并非适合所有类型的图像，也不大适合大多数网上普通图像。第四，非标引专家及未受过良好专业训练的网络用户使用词表相对比较困难。第五，绝大多数词表都为英语词表，在多语种环境中，它并不是特别有用。

## 3.2　图像 folksonomy 标注的优劣

所谓 folksonomy（中文有很多译名，如大众分类法等），实际上是网络用户自发地用标签对感兴趣的资源进行分类，并与他人共享标签的过程和结果。图像的 folksonomy 标注，与采用受控词表标引相比，有其优势。

### 3.2.1　图像创作者对图像进行标注，有利于图像文本表述的正确性和贴切性

以 Flickr 为例。Flickr 的用户绝大多数是图像的创作者或上传者，他们对这些图像的理解自然高于普通标引人员，因而从图像理解的角度讲，可以保证一定的标注正确性和贴切性。此外，其他用户也可以对系统中已加标签的图像进行再标注、修正或增加评注。这样可以大大丰富和完善对图像的标注能力（flickr 中一帧图像的标签可多达 75 个），提高标注水平。

### 3.2.2　合作标注有助于图像的寓意阐释和文化阐释

相应于潘诺夫斯基的图像阐释三层次，图书馆等文献信息机构对图像的标引基本上属于第一个层次，后两个层次的标引需要标引人员较高的文化和知识背景以及丰富的阅历，这对标引人员来说有点勉为其难。而非文献信息机构的人士很多可能是某一领域的专家，他们的专业知识和文化背景使得他们有能力做后两个层次的工作，Web2.0 也为他们施展才华提供了舞台。众多的网络用户合作标注图像，有助于图像的寓意阐释和文化阐释，体现了大众的集体智慧。

### 3.2.3　旧词新意以及所有形式的新词迅速融入合作标注中，较好地克服了词表更新缓慢的问题

此外，标注可以以一种或多种语言结合的形式进行，可以缓解用户的检索问题。当然，任何事物都不是完美无缺的。图像的 folksonomy 标注也有其不足，最大的问题是所有标签没有层级之分，都融合在一个语义层次上，不利于图像的检索。自由标注不易达到正确性和一致性。

## 4　图像的 folksonomy 标注

### 4.1　图像标注行为

图像的标注实际上是一个比较简单、随意的过程，并不像采用受控词表标引那样复杂和循规蹈矩。用户浏览过图像后，在大脑中计算衡量图像与候选概念间的相似性，随后写下这些概念作为图像的标签。标注过程中并不涉及过滤和筛选行为。Sen 等人归纳的标记行为可以支持用户的五种任务：第一，自我表达。标注可以帮助用户表达个人的意见。第二，组织行为。标注可帮助用户组织个人的信息项目。第三，学习。帮助用户了解更多相关知识。第四，查找。帮助用户日后找到个人想要的信息。第五，决策支持。帮助用户决定是否使用或浏览某信息。用户主动标注的行为方便了自己以及其他用户对图像信息的快速查找。用户标注图像的出发点，首先是为了方便个人使用，故而标签含有个性化的意味。此外，用户的标注是为了主动分享和社群互动，此时，用户除了使用具有个性化的标签外，也会考虑与其他用户图像标签的互通性。

### 4.2　图像标注的现象与特点

林宸均、吴筱玫等分别针对 Flickr 进行的研究，反映了图像标注的现象与特点。

#### 4.2.1　用户依图像内容信息热门程度来分享图像

图像内容信息的热门程度会因不同地域、不同文化的用户对其的喜好程度而有所差异。

#### 4.2.2　用户所下的图像标签归类有章可循

仔细分析 flickr 等网站的图像标签，可以发现，它们大多可归为六大类别：人事时地物，图像内容主题与背景事物的描述，拍摄设备信息，评价，感知，联想等。

#### 4.2.3　图像标签所使用的词汇富有特点

首先，标签词性复杂。一般来说，folksonomy 的标签以名词为主，间或

有动词。但图像标签是以图像中最受关注的区域或个人的感受来标注的，因此除了名词、动词以外，还大量使用形容词和副词。其次，词汇缺乏层次性。所有标签失去等级之分，混合在同一个平面上。以北京的主题为例，中国与北京属不同等级层次的分类，但在图像标注中，北京可以等于中国，也可以等于长城，这就清楚地去除了标签的等级。再次，词汇冗赘词多，同义异形词重复使用，造成标签的不规则与不严谨现象。如把纽约市标注为"NewYorkCity""New_York_City""New-York-City""New. York. City""New-York""NewYork""New. York""NYC"和"NY"等。最后，图像主体与客体都可能因为主观而成为主角。全力下放给用户后，标注可以依个人需要自由进行，主观与感受可以使图像中的客体变为主体。

## 4.3　图像标注关注的因素

用户在为图像贴标签的过程中，会从一定角度出发考虑各方面的因素。首先，一般而言，用户会针对图像最主要的内容来贴标签。人类读图视觉规则是专注于主题目标显著以及与主题相关联的部分。我们观察图像时，会聚焦其中的前景主题对象和主要的背景区域。如果感兴趣的区域非常显著，就能捕获图像的主要信息，所贴的标注就越准确。其次，用户会考虑社群中的好友、个人经验感受、图像信息内容、个人惯用的分类名称、符合多数搜索引擎规定的惯用关键词的同义词、对图像内容的联想作为图像的标签。

## 5　结论

通过上述分析，我们可以得出以下结论：第一，folksonomy 图像标注不受传统等级分类法模式的限制，应依托网络用户集体智慧，更加重视图像内容的分析以及蕴含意味的挖掘。因为图像所要传达的意义只有经过理解、阐释之后才会成为其他用户最关切的部分。第二，开展 folksonomy 图像标注的跨学科研究。一方面，要关注图像标签的检索性。用户所下的标签极具个人色彩和主观意识，零碎、模糊、动态变动，标签缺乏严格的词汇控制、使用语言过少以及标签虽时间不同而造成不一致现象，导致低检索效率。因此，应该结合图书情报学、计算机科学、数学和语言学等知识，从检索的角度改善标签的质量，使标签系统更加完善。还可从认知心理学的角度来探讨标注动机和行为，从而帮助开发新型信息服务社群，帮助用户通过网络社群的关联进行图像信息检索。

## 参考文献

［1］ Elaine Ménard Image Indexing：How Can I Find a Nice Pair of Italian Shoes? Bulletin of the American Society for Information Science and Technology October/November 2007：21—25

［2］ Smith，M. K. （2006）. Viewer tagging in art museum：Comparisons to concepts and vocabularies of art museum visitors. 17th ASIS&T SIG/CR Classification Research Workshop.

［3］ Ingwersen，P. （2002）. Cognitive perspectives of document representation. CoLIS 4：4th International Conference on Conceptions of Library and Information Science［pp. 285 – 300］. Greenwood Village：Libraries Unlimited.

［4］ 曾蕾. 数字图像处理的基本概念. http：//project. calis. edu. cn/calis-new/images1/neikan/3/2 – 3. htm［访问时间：2012 – 05 – 11］.

［5］ Sen，S.，Lam S. K.，Rashid，A. M.，Cosley，D.，Frankowski，D.，Osterhouse，J.，Harper，F. M.，and Riedl，J. （2006）. Tagging，communities，vocabulary，evolution. Proceedings of the 20th Anniversary Conference on Computer Supported Cooperative Work，November 4-8，2006，Banff，Alberta，Canada. Retrieved July，25，2006，from http：//www-users. cs. umn. edu/ ~ cosley/research/papers/sen-cscw2006. pdf［访问时间：2012 – 04 – 23］.

［6］ 林宸均. 网路使用者图像标记行为初探——以 Flickr 图像标签为例. http：//www. nhu. edu. tw/ ~ society/e-j/86/30. htm［访问时间：2012 – 06 – 10］.

［7］ 吴筱玫，周芷伊. Tagging 的分类与知识意涵：以 flickr 首页图片为例. 新闻学研究，2009 （4）.

# 《中图法》类目复分中的
# 特例问题和解决对策

张建忠*

（南京政治学院　上海　200433）

**摘　要**　本文具体分析了《中图法》类目复分中特例问题的具体体现，并结合多年的教学经验，提出了解决这些特例问题的相应对策。

**关键词**　《中图法》　类目复分　特例　分类规则

《中图法》类目复分加"0"规则，是文献分类工作者经过多年摸索、探讨，总结出的用以指导《中图法》类目复分实践的一整套简短而又高度概括的制度或章程。它对保证文献分类的一致性、促进文献标引成果的共享等都起到了积极作用。

但《中图法》中为数极少的几个特例，却严重影响了这套规则使用的权威性和普遍适用性。为此《中图法》还必须针对特例制定专门的规定，这些专门的规定使得类目复分加"0"规则更趋复杂，使用难度也更加增大。

本文在分析归纳《中图法》类目复分中特例问题的具体体现基础上，结合多年教学实践的探索，有的放矢地提出了针对性的解决方法，以促进《中图法》类目复分加"0"规则的使用更趋简便。

## 1　《中图法》类目复分中特例问题的具体体现

《中图法》类目复分特例实际仅涵盖相当少的类目，但就是这些特例游离于《中图法》类目复分加"0"的任何规则之外，令初学者无所适从。概括来讲，特例带来的问题主要体现在以下三个方面。

### 1.1　在特例的具体数量上存在分歧

在中国图书馆分类法编辑委员会编制的《〈中国图书馆分类法〉（第四

---

* 张建忠，男，1964 年生，南京政治学院军事信息管理系，讲师。

版）使用手册》一书中，编者认为有以下三种特例：

"当 D912.1/915.4 中的上位类仿 D911 分时，无须在仿分号前再加'0'"；

"K21/27 各级类目仿 K20 分时，均应在仿分号前加'0'"；

"凡上下位类采用同级类号编号者（即非层累制编号），该上位类依其他标准仿分、复分时，无需在复分号前再加'0'"。

事实上，在笔者所接触到的专业教材和工具书中，绝大多数的专业教材和工具书是把第三种情况作为一条独立的类目复分加"0"规则单列的，而不作为特例对待。

## 1.2　对特例产生的缘由交代甚少

初学者大多只能带着疑惑，根据自己的理解去揣摩其中的原因。我在从事教学的过程中，对于第一、第三种特例，尚能根据自己的理解给学生以比较满意的解释；但对于第二种特例，看了许多文献，仍不能发现令人满意的答案。特别是看到有作者经过研究发现，仅此一特例的存在，就会导致仿分过程中共计 2880 个冗"0"出现的文章，更加觉得此特例的设置令人费解。

## 1.3　屈指可数的特例之间甚至还有冲突

在第二种特例里，K221 与 K222 上下位类之间，K235 与 K236 上下位类之间，K251 与 K252 上下位类之间，均采用同级类号编号（即非层累制编号），按照第三种特例的规定，这些类目中的上位类仿 K20 分时，无须在复分号前再加'0'"。而按照第二种特例的规定，又必须加"0"。为了确保特例之间不出现矛盾，同样的第二种特例，在《图书馆分类工作手册》一书中，不得不在句首再加上"除 K2 类目外"这样的语言限制，形成了特例中的特例，使得规则的适用性和严肃性都大打折扣。

# 2　《中图法》类目复分中特例问题的解决对策

特例问题增加了《中图法》类目复分加"0"规则使用的难度，这一点想必《中图法》编制者也深有同感。但时至今日，《中图法》第五版即将问世之际，特例问题依然存在，未见明显改善，也充分说明彻底解决特例问题绝非易事。针对上面所提到的三个特例，本着先易后难的解决原则，特提出以下解决建议：

## 2.1 依照大部分专业教材及工具书的归类，将第三条特例的规则作为一般的类目复分加"0"规则对待

因为此类情况实由其不完全遵守层累制所致，复分组号时自然要根据具体情况灵活加以转换。

## 2.2 对于第一条特例，建议比照基本仿分规则执行

仔细分析 D911 的下位类编号，实际上是采用了以数字"0"为首位的双位制编号法（自然科学各类下的专类复分表的子目编号也是如此），因此笔者个人不提倡对这两种情况均采用编号时已预冠"0"的说法。

我们知道，A 类目仿 B 类目分时，必须遵循这样的基本仿分规则，即 B 类目若采用特殊编号技术编号，则 A 类目复分编号需与 B 类目的编号方式保持一致，也即需根据 B 类目的配号变化正确对应组号。这里的特殊编号技术一般包括有八分法、双位制、借号法等。

如《中图法》中"K815 各科总传"仿 K825/826 分；"TK473 燃气轮机构造"仿 TK413/414 分，此处的 K825/826 与 TK413/414 的编号均采用了借同级类号的编号法。依据规则规定，K815 与 TK473 进行仿分时，类目编号也必须相应加以转换。如"燃气轮机传动装置"的正确配号应为 TK474.4，采用的是借同级类号的编号法。

根据同样的规则，从第一条特例看，D912.1/915.4 中的上位类仿 D911 分，完全可将 D911 的子目编号看作是双位制编号法，因此在类目仿分组号时进行对应转换，当然也就不必加"0"，只需加上 D911 下的子目号码即可。这样专门针对"D912.1/915.4 中的上位类仿 D911 分"制定的特例规则即可废止。

如果此种解决方法可行，则同时可收到简化《中图法》类目复分加"0"规则之功效。即将自然科学各类的专类复分表的子目编号也看成是采用双位制编号法，主表中的类目依专类复分表分时，无论其上下位类的性质如何，均也只需在配号中加上专类复分表的子目号码即可。则"自然科学各类中的专类复分表，已统一在复分号前冠'0'，各级类目依专类复分表复分时，无须再加'0'"这一规则，似乎已无须再单独列出。

## 2.3 彻底解决第三条特例问题，可能会有一定难度

仔细分析"K20 （中国）通史"的子目设置，发现其对"K21/27 中国各代史"中的各级类目，实际上是起着一种共性区分的指导作用。有鉴于此，对于此特例，较好的解决方法是将 K20 设置成"一般性问题"类

目，类名改为"（通史）一般性问题"。经过此番技术处理后，则 K21/27 各级类目（不论其上下位类性质）仿 K20 分，均可应用以下原有规则："主表中的类目，凡仿'一般性问题'分时，均需在仿分号前加'0'。"这样，不仅保持了与依据原有特例规则标引结果的一致，更重要的是，解决了需专门针对某一特例制定规则的难题，应不失为一种行之有效的解决方法。

《中图法》迄今已有几十年的发展历史，其编制理论和技术也日趋完善，值此《中图法》第五版问世之际，希望本篇短文能对《中图法》彻底解决特例问题有所帮助。

## 参考文献

［1］中国图书馆分类法编辑委员会．中国图书馆分类法（第四版）［M］．北京：北京图书馆出版社，1999.

［2］俞君立，陈树年．文献分类学［M］．武汉：武汉大学出版社，2001.

［3］《文献分类岗位培训教程》编委会．文献分类岗位培训教程［M］．北京：华艺出版社，1993.

［4］于新国．《中图法》第四版类号、类目与例释不当五则［J］．津图学刊．2000（4）.

［5］侯汉清，王荣授．图书馆分类工作手册［M］．北京：中国科学技术出版社，1992：334.

# 地方社科院图书馆建设研究成果库的路径思考

朱丽洁*

（甘肃省社会科学院　兰州　730070）

**摘　要**　如何在新形势下，加快地方建设，加强社会管理，更好地改善民生，提高经济质量，是社科院的研究方向，其研究成果也最为丰富。社科院图书馆需要把学者的研究成果进行收集，以加强对思想库更多、更实、更有效的智力支持。

**关键词**　地方社科院　图书馆　成果库

地方社科院的发展受到党和政府的高度重视和全社会的广泛支持，地方社科院的发展大致可分为四个阶段：第一阶段，20 世纪 60—70 年代的构筑阶段。其标志是 50 年代末和 60 年代初各地创建哲学社会科学研究所或分所，70 年代被撤销或合并。第二阶段，20 世纪 80—90 年代初的恢复与起步阶段，其标志是 70 年代末和 80 年代初各省市的社科院开始得到恢复或组建，改革开放后的基础学科设置。第三阶段，20 世纪 90 年代初至 90 年代末的建设与发展阶段，其标志是进入 90 年代，各地方院的重点研究学科、有地区特色的学科得到确立和学术界的认可，形成了地方研究优势。第四阶段，21 世纪开始至今的职能定位阶段，其标志是在中国经济的迅速发展和经济全球化环境下，各地方院的研究重心逐步转向为地方提供决策咨询服务。总体看，新时期以来尤其是党的"十七大"以来，一些重大战略思想、新观点、新理念的提出，极大地拓展了社科院的发展空间。

## 1　地方社科院图书馆成果库建设的目标取向

### 1.1　成果选取要充分体现"优、新、特"标准

利用本单位集体研究智慧、通过充分发挥研究成果的科研价值，为某

---

\*　朱丽洁，甘肃省社会科学院图书馆，馆员。

些特定的公共政策问题，开展研究咨询活动，为党、政府、企业或社会团体的决策提供智力支持。从收集对象看，成果库以本单位研究成果为基础，以应用性的综合研究为主，以基础研究为辅，旨在根据社会发展规律设计相应的问题解决方案的研究为对象。"优、新、特"标准包括，优包括建议、措施、方案等的优秀成果；新是新思想、新战略、新理念的研究成果；特是有地方特色、有研究特点的研究成果。对这些最有价值的成果进行收集。从组织形式看，以图书馆为基础，通过与本单位"研究院""研究所""中心"等密切联系，以收集为目标、服务为核心来解决研究成果库的建设。

## 1.2　成果库建设宗旨是要使研究成果的社会效益最大化

目前，社科院的大多数产品，都是表现为课题研究、研究报告（政治、经济、社会等）、舆情研究、各种皮书、专著及论文等。并力图使这些主张获得公众的支持和决策者的重视，希望能被党和政府采纳，同时有许多主张或成为政策或立法。成果库就是要发挥社会效益，从维护主流意识看，通过建立成果库发挥研究成果的社会价值，学术传承有序，给出本单位的论点，与现实需求紧密联系；从学术影响来看，其研究成果对社会问题的解决以及政府决策产生一定的影响，同时促进社会民众的认同感。有较强的收藏价值。从传播价值看，通过收集学术出版物（如报纸、期刊、著作、报告、皮书等）、举行研讨与培训活动（如论坛会、研讨会、报告会、培训班等）、与媒体建立联系（如通过学者在广播、电视、报纸等大众媒体发表议论等），来引发社会对于某一问题的关注，形成有利于其对策被决策者采纳的公众舆论，从而间接地影响着国家管理决策。同时，为政府、企业和公共机关提供咨询服务、从事重大问题的研究、提供有关问题的背景分析等，以便决策者选择或参考。

## 2　地方社科院图书馆成果库的建设基础

### 2.1　拥有深厚的文化积淀和丰厚的研究资源

近年来，党和国家的一些重大战略思想、新观点、新理念的提出，极大地拓展了社科院的发展空间。初步估计，地方社科院建院以来，平均每院的出版著作在200—500部以上，发表字数在1—3亿字以上，内容涵盖各个学科。从各地社科院的建制研究所名称可以看出，哲学、文学、历史、经济、农业、社会学是各院的基础学科，符合社会科学的研究取向，同时各院又根据地方特点和需要，建立了与地方社会、文化、经济密切联系的研究所，如首都社会治安综合治理、边疆史地、海洋经济、现代台湾、珠江三角洲文化、东北亚、长江流域经济、藏学、民族文学、牧区经济等研究所，可以对区域问题进行有针对性的研究。目前，全国各省区都设有社会科学院，大多数省会市也设立了社会科学院，省级地方院共设有建制研究所 307 个，编辑出版公开学术刊物 107 份，而根据社会形势、学科发展、研究专长等设置的研究中心 150 个（动态数据）。因此，无论从研究单位数量、研究范围、研究成果、社会影响等方面看，都有着可圈可点之处，有着巨大的社会影响力。从各社科院设置的研究所看，有三个特点：一是基础学科理论的研究，如哲学、文学、历史、经济、农业、社会学等；二是根据地方特点设置的应用性研究科目，主要涉及地方历史、经济、文化、社会等的区域问题；三是为适应社会发展而设立的一些新兴综合性研究科目，主要体现在科学研究、经济预测、国际问题研究等方面。

## 2.2　经济与社会的迅速发展对研究成果有了巨大的现实需求

改革开放后，地方所面临的环境发生了巨大变化，主要表现在三个方面：一是市场经济逐步得到确立，经济全球化步伐加快，国际、国内的经济、科技甚至政治交错影响，各种复杂因素瞬息万变；二是由于经济主体多元化、中央与地方行政权力的重新划分、社会转型中各种利益的彼消此长等因素形成了诸多社会问题，使得政府工作越来越倾向于社会管理；三是思想多元化局面的形成，各种思潮层出不穷，但如何确立主流思想和传统文化地位却显得越来越紧迫。在这样多重因素影响的环境下，没有一个决策者能够掌握所有的知识和信息，而必须借助于思想库的帮助，才能做出科学、正确的领导决策。党和政府的任何一项决策，都会涉及众多部门、行业的利益和不同学科的知识，具有很强的综合性，尤其是面对规模庞大、结构复杂、因素众多、功能综合的社会发展，依靠和利用由各类专家组成的思想库和智囊机构来为决策者当参谋和顾问就成为了科学决策的必然。社科院由于在知识积淀、知识系统化和知识组织化方面具有独特的优势地位，自然而然地起到了地方党委和政府思想库的作用。

# 3　地方社科院图书馆成果库的建设路径

## 3.1　以问题研究为主线，建立问题研究子库

问题研究是以促进社会的全面发展为崇高使命，侧重研究关系国计民

生的重大问题，努力为社会发展献计献策发挥重要作用。进入新世纪，我国已进入新的历史发展阶段，新情况、新问题和新矛盾越来越多，需要哲学社会科学以更加宽广的理论视野，以锐意创新的勇气和科学求实的精神，进行理论研究和实践总结的双重探索，进行与时俱进的深入研究，通过全面阐述中国特色社会主义理论体系的精髓和基本原理，进一步推进理论体系建设，指导社会实践发展。学者们针对这类问题的研究成果极具社会价值，建立"问题研究子库"，可以就研究的问题进行跟踪，进一步发现新问题积累文献。爱因斯坦认为"提出一个问题往往比解决问题更为重要。因为解决问题也许仅是数学上或实验上的技能而已，而提出新的问题，新的可能性，从新的角度去看旧问题，却需要有创造性的想象力，而且标志着科学的真正进步"。研究成果最为集中的就是各类研究课题，特别是国家社科基金课题、省级重点课题，这些研究成果无论是问题的切入点，还是学术研究水平，或是文献价值都是在一个较高层次上，因此，图书馆需要对此重点建设。

### 3.2　以研究地方发展方向，建立地方成果子库

近年来，各地方院发布了经济发展报告、社会发展报告、舆情研究、课题研究、各种皮书及专著等，同时还发表了一些重要的指数、预测等，对地方发展进行了全面深度的描述和分析，这不仅是对地方发展变化的一种记录、评估和说明，也对政府起到了一个思想库、智囊团的作用，实践证明，这些研究成果是能够引领社会更好认识党的方针政策，也能够匡正对这些政策理解的一些偏见和错误的认识。以"思想库"为模式，确立地方社科院的定位，是顺应社会科学研究变化趋势的选择。因此，一些地方社科院图书馆不同程度地存在定位不清的问题，是继续维持按藏书设置机构，还是以学科建设为主的建库模式，或是建成综合性图书馆模式，还存在争议。从发展趋势看，图书藏书呈现下降趋势，电子版增长趋势明显。但各个地方院的刊物交流越来越少，甚至本院出版的期刊图书也还少给图书馆，这样导致图书馆地方研究文献藏书已趋于"空壳化"，尤其体现在文、史、哲为主的基础学科研究上，极不利于学术交流与共享。

### 3.3　以知名专家学者为基础，建立学者成果库

各个地方院都有自己的研究方向、研究特点，因此也会产生一批在特定领域有影响、有建树的地方甚至全国知名的专家学者。他们的研究主要包括：①围绕马克思主义中国化，特别是党中央提出的一系列重大战略思

想开展研究，使最新的研究成果转化为观察和解决现实问题的科学方法，转化为指导改造客观世界和主观世界的行为准则。以关注人的发展、关注社会的变化、关注社会变化对人产生的影响为视角，解决好发展中出现的问题。②围绕经济和社会发展中的重大理论和现实问题进行研究，深入回答关系党和国家工作全局的重大问题及经济、政治、文化、社会等的重大问题，为决策提供有参考价值的理论依据和智力支持。③围绕干部群众普遍关心的深层次思想认识问题，深入阐释党和国家的政治、经济、文化观，建设积极健康向上的主流意识形态。④围绕重要的基础理论问题，深入研究关系社会科学发展全局的基础理论问题和有重大创新意义的基础理论问题，具有拓展研究视野、增强理论创新的能力。这些学者是地方院的"名片"，他们的研究成果当然也成为本单位的宝贵财富，建立学者成果库是知识的传承和对人才的尊重。

### 3.4　多种途径收集成果，突破成果库建设"瓶颈"

成果收集是成果库建设的关键，目前地方社科院图书馆藏书结构和服务水平还不能适应社会发展的需求。随着社科院从纯学术研究向为地方服务的转型，解决成果库建设问题已经迫在眉睫。由于地方社会科学院图书馆在藏书建设方面受到购书经费、基础设施等方面的严重制约，多年来优秀研究成果得不到补充，或是藏书过分偏重某一领域，或是馆藏行政化现象明显，还没有形成一套有效的藏书评价标准。目前，藏书结构已经普遍出现各个层次的断档，如一般情况下成果库能够普遍担当科研任务的基础性文献积累，因此，至少需要3—5年的成果连续出版物，而要达到较高的水平或成为系列化的成果，一般至少还要有5年以上的成果连续出版物。因此，为了保证地方院图书馆的可持续发展，需要制订研究成果库建设的短、中、长期规划，同时应采取如柔性流动、访问学习、异地交流、开门办馆、联合办院等多种措施，加快形成社科成果库的系列优势。

### 3.5　以找准地方院定位为切入点，努力为地方院发展提供文献支撑

国内外环境在不断地发展着变化，以往以传统社会为主体的知识体系面临着空前的挑战，越来越不能解释日新月异的发展了，如果不加快知识体系的重构和整合，就无法准确理解社会的发展。随着经济快速发展和社会转型，许多问题在多方面凸显出来，如贫富差距、就业、社会福利和保障问题、群体性事件、经济发展模式、文化安全、民族政治等多方面问

题，涉及多元的利益主体，需要客观和专业的研究，增强政策的前瞻性和公正性，从而避免出现对于社会秩序的冲击，客观上开拓了社会科学研究的空间。社科院集体优势得到发挥的同时，有一个问题还应该引起我们的注意，即理论研究继承性越来越少。一方面，课题研究结项后就束之高阁。成果库重视集体研究能够凝聚集体智慧，集中力量研究问题，推进实践发展，为后来者的研究提供借鉴；另一方面，传承有序不足。这往往也使得理论研究缺乏个性、派别性，缺乏了学者之间的争论、学派之间的竞争，从而导致理论的论战性不够，逻辑性不强，严密性缺乏，系统性和体系性较弱，还造成比较严重的重复劳动、知识产权观念淡漠等，长此以往难出大师级学者。因此，成果库的建立就是以新的知识体系、观念、视角来建立地方院的研究文献积累，尤其是地方经济、地方文化、地方管理等重大问题，是地方院研究侧重点之所在，以知识体系重构和整合来显示理论研究的意义势在必行。

## 4　结语

中共中央《关于进一步繁荣发展哲学社会科学的意见》明确提出，党委和政府要经常向哲学社会科学界提出一些需要研究的重大问题，注意把哲学社会科学优秀成果运用于各项决策中，应用于解决改革发展稳定的突出问题中，使哲学社会科学界成为党和政府工作的"思想库"和"智囊团"。目前，各地方社科院正积极构建地方社会科学创新体系和研究中心，如何把社会科学院建成的思想库、智囊团，在关系国计民生的重大问题研究上，为地方发展献计献策发挥重要作用，成果库的建设就是社科院图书馆为科研做好基础性服务作用的体现。

## 参考文献

[1] 胡圣方，张晋平. 地方社科院思想库建设之路径 [J]. 情报资料工作，2008 年年刊：34—36.

[2] 贾松青，哲学社会科学研究要坚持以人为本 [N]. 光明日报，2007，11 - 30 - 4.

[3] 李建平等，北京软科学资源共享研究 [M]. 中国人民大学出版社，2007（146 - 150）.

[4] A. 爱因斯坦，L. 英费尔德. 物理学的进化 [M]. 周肇威，译. 上海：上海科学技术出版社，1962（66）.

# 基于"文化象征"下的新型图书馆收藏策略

黄　坚\* 吴荣俊\*\*

（中国地质大学图书馆　武汉 430074）

**摘　要**　21 世纪新型图书馆应该满足时代的要求，除了提供文献存储、信息交流与传播外，它还应该充分体现出其"文化象征"的作用。新型图书馆"文化象征"功能的拓展，对其收藏内容提出了更高的要求，本文对此做出了一些有益的探究。

**关键词**　新型图书馆　建筑　功能　文化象征　收藏

20 世纪末期及 21 世纪初，国内外掀起了新建和改建图书馆的高潮，涌现出一大批新型图书馆，它们的建筑功能比起以往图书馆都有了很大改变，体现出功能的人性化、多样化、信息化及社会化，与以往不同的是其"文化象征"都得到了充分展现。

## 1　新型图书馆的建筑具备"文化象征"功能

20 世纪末，加拿大伯德萨尔博士写了一本题为《电子图书馆的神话》的著作，文中提出了一些令人思考的问题。他认为图书馆具有永恒的社会意义，对图书馆的理解不能局限在对其固有的信息处理和传递功能的认识上，图书馆作为设施和建筑还具有"文化象征"的作用。伯德萨尔博士是针对当时普遍流行的一种观点认为人类很快会进入一个无纸化社会，21 世纪的图书馆将不需要有形的场所有感而发的。图书馆今后如何发展成为当时摆在图书馆人面前很严峻的课题。

其后，我们欣喜地看到，随着时间的推移，图书馆不仅没有消亡，反而越来越多、越来越大了。是什么造就了图书馆今天欣欣向荣的局面，笔

---

\*　黄坚，中国地质大学图书馆，副研究馆员。

\*\*　吴荣俊，1954 年生，中国地质大学图书馆，副教授。

者认为这与社会的进步和图书馆人正确地认识到图书馆建筑的"文化象征"作用分不开的：随着我国经济水平的迅速增长，现代信息技术的高速发展和广泛应用，文化事业也兴盛起来，社会和读者对图书馆建筑功能提出了新的多元需求。图书馆人认识到要想满足现代城乡居民对图书馆的需要，需不断改变服务方式，整合服务内容，拓宽服务领域，新型图书馆建筑设计的方向也要随着图书馆服务理念的提升而转变。新型图书馆必须具备"文化象征的作用"。

总体说来，新型图书馆彰显了以下特征：

## 1.1　作为文化传播中介和信息咨询服务的枢纽

新型图书馆在建筑设计上向智能化发展，它综合采用了电子信息技术、通信技术、计算机技术，对信息资源进行有效管理和对使用者提供综合信息服务，它有先进的服务系统：通信自动化系统；信息综合管理服务系统、多媒体导读服务系统及综合的自动化系统，使图书馆传统意义上的传播文化功能得到了更充分的实现，与用户以及与其他信息服务机构之间能进行更有效的信息交流。

智能化的图书馆带来了图书馆的现代化：信息服务化、馆藏多媒体化、信息资源共享网络化、管理手段计算机化。图书馆建筑智能化的发展，使得图书馆在21世纪，名副其实地具备了文献储备中心和文化传播与信息交流中心的功能。

在当今信息社会里，图书馆积极参与并承担了信息资源组织、建设及传播的重要角色，显示出了它作为文化传播中介和信息咨询服务枢纽的重要地位。

## 1.2　具有文化娱乐的功能

正像荷兰图书馆学家 P. J. 舒茨所说的那样，21世纪的图书馆建筑不仅用来收藏印刷品资料，而且还是人们开展文化娱乐活动的地方，"图书馆不只是藏书的地方，更是一个社会文化活动中心"。

21世纪，新建的图书馆几乎都把文化活动设施作为它的重要组成部分，不仅有报告厅、多功能厅、学术会议室，还有音乐欣赏厅、放映室、视听室甚至钢琴室等。在这里，人们不仅可以开展示会、报告会、研讨会，而且还可以欣赏电影、录像和各种文艺演出。

以上海图书馆为例，其新建的图书馆就有两个宽敞的展示厅，一个上下两层的报告厅，一个多功能厅和四个学术会议室。此外，还有音乐欣赏室、放映室、视听室和钢琴室等视听服务设施。在图书馆内存储有丰富的音乐和戏剧资源，收藏有各类珍贵唱片 15 万张，还收集了许多录音带、录像带、激光唱片、影碟等视听资源，每年 5 月图书馆服务宣传周期间，都要组织一系列免费的音乐欣赏会，邀请艺术家为听众边演奏、边欣赏、边讲解音乐和戏曲知识。

图书馆建筑作为文化娱乐的功能正在扩大和延伸，这已经成为时代的潮流。

## 1.3　作为终身教育的基地和多文化服务中心

"终身教育"这一概念最早是由联合国教科文组织继续教育部 P. 兰拉德部长提出来的。1965 年 12 月，在联合国教科文组织举办的发展成人教育国际研讨会上，兰拉德发表了以"终身教育"为题的工作报告，指出教育不应局限于儿童期和青年期，人只要活着就应该不断地学习。

我们正处在一个以知识为基础的注重学习的创造性社会，终身教育是时代潮流不可逆转的趋势，图书馆对此有不可推卸的责任，图书馆建筑必须具备这项功能。当今知识型社会，图书馆无疑成为终身教育的中心。图书馆比以往任何时候更重视教育功能，更多地举办讲座、读书会等活动及组织各种比赛。21 世纪，远程教育将更加热门，发展网上教学课程和讲座，凡此种种，图书馆应抓住机遇，在其建设中，为人们享受终身教育配备相应的设施及保留相应的空间。国外许多地方这方面做得很好，比如"英国伦敦创意店"等现代图书馆就把图书馆与终身教育紧密结合起来。

21 世纪国际化使得世界联系越来越紧密，我们每个人都成为地球村的一个成员。对于特定地区民族、语言和文化的少数群体，他们和我们一样享有同等学习的权利，图书馆也应该有相应的设施及服务为他们服务，图书馆的职能和得天独厚的条件，也使它自然地成为了多文化服务中心。

## 1.4　兼备博物馆和艺术馆的功能

博物馆塑照着一个城市的文化品格，积累其文化底蕴，培养国民的文化素养，无时无刻地体现着"文化象征"的作用。现代图书馆不仅是保管文字的地方，而且还是保管影像的地方。现代图书馆建筑功能的发展已经越来越具备博物馆和艺术馆的功能，这是现代图书馆发展壮大具有鲜活生命力的表现。

在澳大利亚新南威尔士州立图书馆，陈列着很多玻璃器皿。玻璃器皿是当地著名的艺术品，该馆将这些作品收集并陈列出来，供当地居民及游客观赏。亚利桑那大学图书馆收集有内装罗斯福水坝泻洪时的第一瓶水的酒瓶、亚利桑那州建州纪念章、机关枪套以及旗帜等具有该州象征的藏品。

在我国上海图书馆，收藏并展示各种艺术品已成为该图书馆一项重要的内容。上海图书馆收藏有大量的唱片、唱机、碑帖、家谱、尺牍、照片、明信片、邮票、钱币、香烟牌子等，且规模宏大。比如，仅香烟牌子就收藏有 3 万余张。香烟牌子虽小，但内涵极大，方寸之内，把当时的社会风情、伦理道德、百科知识、商业文化、绘画样式等全息记录了下来，为人们研究这一时期的社会、经济、科技、文化、教育等提供了十分珍贵的文献资源。

图书馆和博物馆、艺术馆不同之处在于，图书馆不仅仅是展示，同时还把其藏品进行复制以及制作相关的图片，进行相关文献的二次整理，使得它们能够直接进入流通领域供读者欣赏，这无疑是对知识利用的一大进步。

在日本的富士市立图书馆就开放有名画复制品外借业务，中学生以上的读者每人每月可借一幅名画复制品。据该馆网页介绍，有近百名世界画家的两百多件作品可供出借。在德国，也有许多图书馆出借艺术品，并制作相关的数据库放到网上，当这些数字化的艺术资源上网以后，读者不仅可以在屏幕上欣赏这些作品，还可以在不违反版权的前提下复制下来，同样起到了流通外借的功能。

## 2　新型图书馆的收藏策略探析

正是由于新型图书馆强调了"文化象征"的作用及相应的一些功能的提升，使得图书馆的藏品结构也正在发生着重大而深刻的变化。

据《图书馆学百科全书》称，"图书馆收集的各种类型文献资料的总和，简称藏书或馆藏，是图书馆赖以存在的物质基础，是满足读者需求的根本保证"。顾名思义，馆藏是图书馆收藏的文献，用于读者借阅。但是，现代图书馆馆藏已经有了新的意义，它不仅包括本馆及本地区图书馆的文献，还应包括通过网络及各种通信技术等可以从馆外获取的文献和信息。

21 世纪，图书、期刊等印刷品资料将逐渐变得不再是图书馆资源的主体，由于新型文化传媒载体的不断涌现，比如网络及广播电视等，使得图书馆藏品的范围正在不断地延伸。笔者认为我们应该适应形势，加大对图书馆馆藏的研究与创新，促进图书馆的进一步发展。为此，对于新型图书馆的收藏策略笔者做了一些初步的探究，奉上一些粗浅的认识，以期起到抛砖引玉的作用。

## 2.1 开发特色资源：独特的馆藏

20世纪末，一些学者认为，21世纪人类会进入无纸化社会，图书馆收藏的是一些无型的物质比如数据，图书馆也不再成为有型的场所。事实上，人类进入21世纪，知识经济下图书馆面临着更大的发展机遇，其藏品也越来越丰富，越来越有独创性、兼容性和流通性。

美国图书馆协会在图书馆宣言第12条提到"图书馆保存历史记录"，图书馆有义务保存历史记录。为了让现在及未来的人们吸取历史精华，各图书馆应把保存最能反映人类文明轨迹的地方资源作为自己的重要职责。比如陶瓷、化石、邮票、地图甚至钱币、服装模型等特色资源尤其是文化遗产。更广义地说，若有可能，凡是与人类文明有关的一切记录及其载体都将纳入图书馆收藏的范围，图书馆收藏的是人类文明全记录。

也许有人认为这些本该是艺术馆、博物馆收藏的东西，为什么要放到图书馆来呢？

其实，将它们纳入图书馆的收藏范围正是为了让人类更好地利用知识，实现藏品的流通性。我们知道，博物馆和美术馆更多的是注重保存和展示，人们不能将藏品带回去观察研究。而图书馆不仅仅是保存和展示，更重要的是它们将藏品做成复制品和微缩品以及进行相关的资料整理，编制二次文献及相关的数据库，拍摄照片等供读者使用，直接达到流通的功能，这正是图书馆所起的作用。

比如地质图书馆，同样可以展示各种地质标本，他们还复制样品，拍摄图片，编制相关的文字资料，制作相关的地质遗产数据库供读者阅览和出借，达到流通的功能。

除了用于展示，许多图书馆还将这些艺术品做成影像数据库上网供读者享用。现在网络上有成千上万的艺术品数据库就是由图书馆提供的。

事实证明，新型图书馆不仅在建筑及功能等方面已具有博物馆、美术馆的特点，而且，在其收藏上，也与博物馆、美术馆相辅相成，展示它卓越的一面，图书馆越来越体现出巨大的社会价值，这正是图书馆富有强大生命力和活力的表现。

## 2.2 挖掘网络资源：重要的馆藏

网络资源正以其巨大的知识海量成为图书馆重要的组成部分。一方面，图书馆购买优秀的在线数据库和电子期刊电子图书等作为自己的馆藏，这方面，图书馆已取得很大成功；另一方面，把因特网上的信息作为重要的信息来源，对其进行选择加工，使其成为图书馆馆藏的补充资源。如何收藏利用好这些知识，是 21 世纪图书馆馆藏规模的重要标志。

数字保存是图书馆信息资源数字化项目生命周期中的一个重要阶段，其目的是确保数字资源的长期有效存取。图书馆是这类项目的主要实施者。很多图书馆将数字保存看作是数字化项目的一个核心组成，都制定出了数字资源的长期保存方针，包括图书馆与主要责任机构（数字资源长期保存公司、出版商、原始信息资源的产权拥有者等）就责任和义务达成的书面协议、有关数字资源保存之前进行筛选的指导方针、长期保存质量控制方针、全面详细的数字保存指南、数字迁移计划、适合于被保存数字资源特性的数字保存战略等。图书馆馆员一向以善于组织和整理信息资源著称，他们是那么卓有成效地完成了印刷型资料的组织和整理工作，当然也有能力完成数字化资源的组织和整理的使命。目前，各图书馆正在为这项工作而努力。首先要做的是应当设法为网上的读者提供类似传统图书馆内常用的目录指导系统，即因特网专业信息指南系统的建设，把网上的数据有效地组织起来。其次是专业信息资源指引库的开发，将分散的信息资源从逻辑上联系起来，并通过导航手段，为读者方便地定位，迅速地锁定所需信息。此外，还要主动地根据社会或用户的需要编制一些导读系统，定期地、有针对性地把某一领域的资料收集起来做成相关的索引，方便读者的查询。比如将相关站点的网址及相关主题的网上资料汇集起来。

## 2.3　开拓广播电视节目：新型的馆藏

21 世纪，在以信息化知识学习型为主导的社会里，作为人类获取知识的重要手段的图书馆，不再以图书服务为中心，而是广泛利用网络、卫星通信、无线电等多种形式为人类服务，广播电视节目有可能成为图书馆收藏的新宠。

在新媒体、新传播技术日新月异的今天，广播电视仍然保持着自己主流媒体、核心媒体的地位，这是由它独特的媒介特性、强大的社会功能和影响力决定的。对这样一种重要的知识载体，我们图书馆没有理由不去利用驾驭它。

事实上，人们从广播电视节目里收听和了解到的本地和国际新闻是书刊报纸所不能比拟的，更不用说电视节目中有很多高质量的教育和信息节目以及专家学者的讲座讨论等。一旦图书馆把广播电视作为一大信息来源收集，那么，就会对图书馆馆藏的收集产生重要的作用。图书馆员会运用他们特有的才能去选择、收集、整理和组织，为广大读者服务。比如，对广播电视节目进行处理，制作光盘磁带胶片等，并进行文字加工，汇编成文字资料等然后供读者直接借用，实现知识的流通功能。

美国夏威夷大学卡比奥拉尼学院图书馆馆长韦伯博士认为，图书馆应该重视广播电视信息渠道，并腾出相应的空间。他们是这么说也是这么做的。在卡比奥拉尼学院图书馆里有一种称为 News Wared 的录像新闻服务，随时收集时事新闻并制作录像供读者使用。在当今技术下，当录像、数据和声音信息在同样的设备上传输的时候，图书馆员将不得不把广播电视看作一大信息来源。由此对图书馆员也提出了更高的要求，他们必须对其传播理念、传播方式，以及信息内容的生产、分配和传输方式有充分的了解和认识。

广播电视作为一种特殊的知识载体，改变了人们的信息交流方式，它超越空间和跨文化分布的传播，使得我们传统的时间观念和空间观念发生了根本变化，它以其特有的传播魅力影响着我们。我们完全有理由认为，今后图书馆应重视广播电视的作用，把大众传播频道集成到自己的馆藏，并运用到自己的信息服务体系中去，为读者提供更好的服务。

# 3　结语

综上所述，21 世纪新型图书馆在功能上会有许多变化。我们会看到，随着图书馆的发展，现代图书馆的设计也将越来越有挑战性，功能也将越来越齐全。图书馆设施和建筑越来越体现文化象征的作用，这是新世纪图书馆建筑的特点，也是时代发展的潮流。同时我们也得出结论：伴随着新型图书馆功能的转变，21 世纪图书馆其收藏格局也正在发生重大的变化，图书馆收藏职能更多将表现在以下几个方面：继续收集图书等纸质文献，满足读者的需要；收集网络资源，按照传统纸质文献的方法进行分类、编目、流通；扩大收藏内涵，成为储存人类文明记录的发源地；努力利用新的知识载体为用户服务，比如收集广播电视节目，做好信息的整合工作等。

**参考文献**

[1] 彭冬莲，现代图书馆建筑设计的新理念，《图书馆工作与研究》，2005，(2).

[2] 侯集体，现代建筑人性化设计的思考，《图书馆工作与研究》，2005，

（6）.

［3］《图书情报工作》杂志社编，《图书馆与多样化服务》，2009，5，92—96.

［4］金旭东，《21世纪美国大学图书馆运作的理论与实践》，2007，6，114—117.

［5］夏立新，《数字图书馆导论》，2009，3，94—102.

［6］丰盈与永恒——与欧洲博物馆的艺术邂逅，2008，9，1—3.

［7］蔡尚伟，《广播电视新闻学》，2006，9，55—62．

# 军队院校原生资源建设存在的问题及对策建议

伦　宏* 　魏珊珊**

（南京政治学院图书馆　南京　210003）

**摘　要**　原生资源建设对军校图书馆的发展有着很大的推动作用。当前军队院校的原生资源建设取得了一定的进展，但同时也存在着很多问题。本文着重分析了当前军队院校在原生资源建设过程中存在的普遍问题，并为下一步军队院校原生资源建设的有序推进提出了几点建议。

**关键词**　军队院校　原生资源　建设　问题

军队院校原生文献资源是指所属人员在教学科研活动中产生的公开与非公开文献，主要涵盖专著、译著、编著、教材、教学参考资料、科技报告、专题研究报告、论证报告、军事理论科研成果、学术论文、会议论文、授予学位的本科和研究生学位论文，以及教案、案例、作业和院校学报等。原生资源是最具军事院校学科专业特色的宝贵文献资源，不仅是各军队院校特色信息资源建设的重要组成部分，也是珍贵的教学历史档案文献。

军委总部对军校原生文献资源建设十分重视。2010 年 5 月颁布的《中国人民解放军院校图书馆评估实施办法》规定，军校图书馆要建有本院（校）原生文献数据库，要求 1999 年以来的原生文献收藏率和数字化率达到 90% 以上。同时，总部还制定了《军队院校图书馆原生文献资源建设指南》，对原生资源建设提出了具体的建设规划和建设要求，划拨专项建设经费，并规定了验收时间。这些措施都极大推进了军队院校原生文献资源建设的进程。

本文从分析目前各军队院校图书馆在原生资源建设中存在一些问题入

* 　伦宏，男，1973 年生，南京政治学院图书馆，副馆长。
** 　魏珊珊，女，1982 年生，南京政治学院图书馆。

手，为下一步规范、验收军队院校原生资源建设提几点对策与建议。

# 1　原生资源建设存在的问题

原生信息资源包括已公开发表的一次文献资源和未公开发表的灰色文献资源，其具有原始性和原创性等特征。由于计算机网络技术的普及，人们普遍运用计算机来处理各种信息，这些原生信息资源就分散存储在研究人员和师生员工、院系或研究所室的计算机上，呈数字资源的状态。由于院校和相应的研究机构人员教学科研的方向不同，体现在教学科研的成果类型和内容的差异，使原生数字信息资源的数据格式、呈现形式等方面变得更加丰富多样，其格式根据内容或个人的喜好而定，没有统一的标准，相对比较随意。

原生数字信息资源作为第一手资料，往往需要及时反映研究过程中的思考、方案、措施、数据和发展方向。它包含了研究发现的最新成果，内容全面而精练。有调查显示，原生数字信息资源中包含的有关技术、方法、措施及实验中的详细信息，在后来的正式出版中很多都被省略掉了。因此，对于研究人员来说，原生数字信息资源通常是第一手资料和唯一的信息源。由于网络存储技术高速发展，在若干年之后，现有的数据载体可能不为更新后的软、硬件所支持，而我军全面、精确的信息保障要求此类资源必须以快速的传播方式与用户见面，体现其军事价值和社会价值。

## 1.1　收集困难

原生资源由于其产生途径的特殊性，决定了其收集较一般文献资料难度更大。个别作者对原生资源建设认识上有误区，对自己的著作"敝帚自珍"，舍不得拿出来资源共享。他们认为，原生文献资源数字化建设仅仅是图书馆的一项工作任务，收集原生文献是图书馆的事情，跟自己没有关系。又如一些教员请他们提交个人的学术成果时，他们心生疑惑。但又希望能够在图书馆找到他们所需要的第一手资料。这种共享与使用资源的矛盾，说明还需要从全局加大对军校原生文献资源数字化建设的宣传力度，让作者认识到原生文献的收集工作的重要意义，让他们真正领会到不仅要使用，更要懂得分享。

有的单位对原生资源管理不规范，甚至有个别部门出现管理失误，造成原生资源的丢失，挫伤了作者积极性；不少单位对原生资源的收集没有明确相应的主管部门和程序，出现有的科研成果由科研部收，研究生论文由研究生处收，图书馆也向作者收集各种原生资源，多头并进，协调力度不够，反而容易造成收集难度大，收集不全面。

## 1.2　版权和密级保护困难

由于军队院校原生资源主体中的绝大多数文献属于军队内部资料，不仅涉及作者版权保护，更涉及军事科研秘密的保密问题，目前大多数建设单位没有明确相应的规章制度，且不少单位管理职责不清，使原生资源长时间处于无序的管理状态中，缺乏统一管理，造成了极大的版权和密级保护困难。如何在保证原作者的权益以及资料的保密性的基础上交付他人使用是原生资源建设的一个难题。

## 1.3　加工标准不规范

各单位收集原生资源渠道的不统一，使得资源初步加工单位不固定，易产生对原生资源的初步加工标准和要求不一致的问题；不少单位重在收集，没有及时明确加工的标准和程序，由于没有统一的标准，不仅不同收集部门的加工程序不一样，就连同一部门的不同加工人员其加工方式也不同，对同一问题的处理因人而异，随意性比较大。数字化加工过程中也会出现一些意外情况。这些情况并没有统一的处理标准，都是由加工人员按自己的想法在进行操作，必然会影响原生文献资源数字化成型后的质量。工作人员在工作中的一些失误，同样没有统一的修订准则。

## 1.4　加工人员素质参差不齐

原生文献资源的数字化加工，不仅要面对复杂多样的资源类型，更需要加工人员与作者加强协调、密切配合，工作环境繁杂，工作标准要求高，因此对加工人员提出了更高的专业技能和综合素质要求。目前，不少军队院校图书馆专业人员的学历结构、知识结构、职称结构以及数字化、网络化技术知识等，比较难以适应信息资源建设、尤其是各军事院校学科资源的特色需要，加工人员专业素质的参差不齐，或者个别加工人员为了单纯追求工作速度，使得原生资源的加工质量无法得到保证。

# 2　加强原生资源建设的几点对策建议

加强军校图书馆原生文献资源建设，除了要根据《军队院校图书馆原生文献资源建设指南》的要求，明确原生文献资源的具体范围和建设制度等，还应当做好以下工作。

## 2.1　转变思想观念，增强参与意识

军队院校原生文献是在长期教研工作中形成的，原汁原味，体现着各

院校学科专业水平，具有较高学术收藏价值，是教学科研中不可替代的宝贵财富。对原生资源进行统一采集和使用，既可以把个人成果变为组织成果，又可以把单位成果变成共享成果，还可以防止文献的破损和流失，是所有军队院校教学科研和学科建设的基础性、长远性工作之一。

做好这项工作首先要从推进院校教学科研发展和提高人才培养质量的高度，充分认清加强原生资源建设的重要性和必要性，转变思想观念，加强动员沟通，让每个作者充分认识到原生资源建设的重要性，激发作者参与原生资源建设的积极性；同时就原生文献资源为什么建、建成什么样、怎样构建具有本院特色的原生资源服务体系等问题，在全校范围内开展广泛宣传，争取最大支持，引导单位和个人积极树立全校"一盘棋"的思想，主动提交原生材料，统一建设管理使用，达到双赢或多赢的效益。

## 2.2　加强组织领导，形成合力机制

原生资源数字化建设质量的高低，关键在于组织领导。院校领导必须高度重视，强化对此项工作的组织领导，有计划、有组织地开展建设工作，才能真正使原生资源建设取得实效。必须建立一种全院人员积极参与，能够使原生文献建设长远发展的机制，保证军校图书馆原生文献资源建设不再是仅仅为了应付检查而进行的一项临时性、突击性的工作，真正实现军校图书馆原生文献资源建设的可持续发展。

各院校应结合本单位实际，制定原生资源建设与管理规定，明确建设目标、建设内容，成立相应组织机构，明确分管领导、工作人员及职责分工等，确保原生资源建设有章可循。院校各部门应依照建设和管理规定，强化责任意识，履行本部门职责，积极搞好配合，相互支持。图书馆作为主要执行部门，除完成自身任务外，还应加强与相关部门的沟通协调，提升部门之间互动，促进全校各部门在相关制度保障下形成良好的合力机制。

## 2.3　加强管理规划，规范标准要求

原生文献信息资源建设是一项较为复杂的系统工程，首先需要从宏观上进行规划，包括建设目标、资金分配、软硬件建设要求以及各项规章制度等。只有加强管理规划，才能避免信息资源建设的随意性、盲目性和临时性，才能避免资金的浪费，从而保证原生资源建设正常有序地发展。

原生文献资源的采集工作是资源建设与管理工作的起始点，重点和难点则是加工与服务过程。图书馆应从负责起草学院原生文献资源建设与管

理相关实施办法与著录细则入手，着手建设原生文献的提交、管理和服务平台；对提交的原生文献进行数字化加工和标引入库；建立学院原生文献资源服务系统，为用户提供检索查询和其他个性化信息服务；提供原生文献资源阅览服务，并对原生文献资源进行长期保存和展示等方面，制定一系列的标准与规范，以明确各类原生文献资源从收集到数字化加工、加工技术、标引录入、建库及服务等环节的专业要求，以完善的规范标准、正规的工作流程，保证原生文献资源数字化建设的高质量。

## 2.4　加强专业培训，强化人员素质

原生文献资源数字化建设的水平与图书馆馆员的工作态度紧密相连。要努力提高馆员的自身素质，尤其强调工作态度和专业技术培训。如果馆员在工作时具有踏实、认真负责的态度、较高的责任心，就能够避免出现一些低级错误，从而提高工作的质量。

在对馆员的专业培训内容上，要将显性知识、隐性知识和职业文化三部分结合起来。显性知识内容包括：图书情报专业知识和技能、本院学科专业基础知识及背景、图书馆自动化及网络系统的使用与开发、管理知识和沟通技巧等；隐性知识内容包括：读者服务、组织协调、工作经验、实践中产生的工作方法和程序、信息的搜索策略等。隐性知识的继承是原生资源加工培训的又一重要内容。职业文化部分包括：图书馆价值观、知识管理新理念、职业道德观、图书馆各种规章制度等，这三部分缺一不可。

在培训方式上，主要可以采取岗前培训、岗位培训、专项培训、馆际间交流、专题研讨、举办学术讲座等。通过全面系统的强化培训，增强加工人员的专业素质，提高专业技能，为原生资源加工质量提供强有力的保证。

总之，原生文献信息资源体系充分体现了学院教学科研的特色，其建设任务是"以服务求资源，以共享谋发展"，它将学院最具特色、最有价值的信息资源保存起来，并提供给需要的读者，具有非常高的应用性。建立军队院校原生数字化资源体系是一项较大的系统工程，需要总部机关、各院校及军队院校广大信息工作者的共同努力。相信建成后，对于提高院校办学质量、培养高技术军事人才乃至打赢高技术条件下局部战争都将发挥重要作用。

## 参考文献

[1]　王志萍. 机构知识库：军校图书馆原生文献资源建设的可持续发展之

路［J］．西安政治学院学报，2011（6）：116．

［2］许颖，马永娟．军队院校图书馆做好原生文献资源数字化建设的思考［J］．科技情报开发与经济，2010（35）：48．

［3］许春芳．军队院校原生数字化文献资源建设［J］．情报科学，2002（7）：719．

［4］赵勇，单居林，王国艳．任职教育院校原生文献信息资源建设问题探析［J］后勤指挥学院学报，2011（3）：29．

［5］邓李君．原生数字资源保存现状与对策研究［J］．现代情报，2010（3）：145．

# 军队政治工作基础
# 数据标准建设研究

周爱武*

（南京政治学院军事信息管理系　上海　200433）

**摘　要**　本文首先分析了军队政治工作数据建设的现状与存在的问题，引出军队政治工作基础数据标准建设的目的和意义，全文重点阐述了军队政治工作基础数据标准建设的主要内容、编制原则和主要方法。

**关键词**　军队政治工作基础数据　数据标准　数据结构与代码　数据字典

政治工作数据是构建政治工作信息系统的核心，是信息采集、处理、传输、存储、分发和管理的主要对象。但是，多年来，政治工作数据建设及数据标准的制定常常是立足于满足某个特定部门或业务领域的政治工作信息系统的需要，更多考虑的是自身对数据的需求，很少关注是否能够满足其他系统、部门或业务领域的需求，数据与系统捆绑在一起，数据的定义、格式以及操作规则都完全由使用它们的应用系统来解释，技术实现上基本没有考虑数据共享问题。另外，数据标准的制定常常缺乏站在全军的高度进行考虑，导致部门、跨领域的数据标准化程度低，数据定义、格式和表示不统一，使全军各类政治工作信息系统之间以及政治工作信息系统与军事、后勤、装备信息系统之间很难实现对数据的共享和互操作，严重制约了系统整体效能的发挥和战斗力的形成，这种状况与当前我军一体化联合作战的需求极不适应。数据问题不解决，政治工作信息系统的互操作水平难以得到有效的提高；数据工作不到位，信息化工作也走不远。统一全军政治工作基础数据标准，保障军队政治工作信息化建设乃至军队信息化建设的顺畅进行，是当前全军上下的强烈需求和共同愿望，也是军事斗争准备的迫切需求。

---

*　周爱武，南京政治学院军事信息管理系，副教授。

# 1　军队政治工作基础数据标准的主要内容

军队政治工作基础数据是指需跨部门、跨业务领域进行交换和共享的政治工作数据，和军事、后勤、装备等基础数据一样是军事基础数据的重要组成部分。统一军队政治工作基础数据标准是规范军队政治工作基础数据建设，实现数据资源共享的基础，是实现信息一体化建设的关键性工作。

军队政治工作基础数据标准主要包括《政治工作基础数据数据结构与代码》标准和《政治工作基础数据数据字典》标准。

## 1.1　政治工作基础数据数据结构与代码

《政治工作基础数据数据结构与代码》标准包括数据关系结构、数据结构设计和数据应用字典三个部分。

### 1.1.1　数据关系结构

数据关系结构部分规定政治工作部分中数据信息的范围、数据项的定义、采集范围、表示方法等内容，描述了用户概念的数据项集合及数据项间的相互关系。数据关系结构是数据的概念设计，由数据的使用者，主要由政工专家来拟定，确定数据的基本关系，主要体现政治工作基础数据业务需求，用于指导数据需求的明确。

### 1.1.2　数据结构设计

数据结构设计部分规定政治工作部分数据类标准的数据库设计内容，根据数据关系结构进行设计的实际数据库系统的数据模型，包括实体关系图和数据项定义表。数据结构设计是数据的逻辑设计和物理设计，由技术人员来拟定，用于指导数据库的设计、应用和管理。

### 1.1.3　数据应用字典

数据应用字典规定了数据类标准中各类标准数据和编码规则的集合，由政工专家列出各标准数据，而后与技术人员共同拟定编码规则，用于指导数据的编码、交换等工作。

## 1.2　政治工作基础数据数据字典

政治工作基础数据数据字典是描述政治工作基础数据特性信息的一种特定的数据库，实际上是"关于系统数据的数据库"。在整个信息系统的开发过程以及系统运行后的维护阶段，数据字典都是必不可少的工具。统一的标准，可以确保数据在系统中的完整性和一致性。政治工作基础数据字典中的标准数据主要由类词、类属元素、基本词、标准数据元素、关系标准与结构标准、标准数据元素域和应用系统（注册）等七种。

### 1.2.1 类词

类词是名词，它在最高层次上指定数据的通用类型，并对数据元素划分基本元素数据的子类别。

### 1.2.2 类属元素

类属元素描述标准数据元素所属的类别或种类格式，规范了可能用于多个对象的同类数据的集合的格式定义，如：纬度的格式定义。

### 1.2.3 基本词

基本词代表具有共同特性且相互关联的事物集合。如："政治工作_心理战_ 心理战部队_ 部队情况"。

### 1.2.4 标准数据元素

标准数据元素是一个基本词中已经被批准成为数据标准的属性，如"部队内码"是基本词"政治工作_ 心理战_ 心理战部队_ 部队情况"的一个属性。

### 1.2.5 关系标准与结构标准

关系标准与结构标准规范了关于关系的标准数据。它定义了数据库中实体之间关系的详细属性，存储关于关系的标准数据的数据结构；定义了数据库中尸体的详细属性，存储关于结构的标准数据的数据结构。

### 1.2.6 标准数据元素域

标准数据元素域是标准数据值（标准数据元素域值）的集合，如："季节"是标准数据元素域，"夏季"称为其标准数据元素域值。

### 1.2.7 应用系统 （注册）

应用系统（注册）是采用数据标准并在政治工作基础数据字典中登记的数据应用系统。

## 2 军队政治工作基础数据标准编制原则和要求

军队政治工作基础数据标准化是全军信息化建设的重要组成部分，又是一项涉及全军各部门、各业务领域、纵向贯穿政治工作信息系统整个寿命周期的一项专业性高、系统性强、协调难度大、成效显现慢的基础性工作，要做好政治工作基础数据标准化工作，在编制标准过程中应遵循以下原则和要求。

## 2.1　军队政治工作基础数据标准编制原则

### 2.1.1　系统性原则

应尽量涵盖政治工作基础数据标准的各个方面，包括政治工作基础数据需求描述、数据结构设计、数据应用字典和数据字典的编制。

### 2.1.2　一致性原则

应确保政治工作基础数据具有实用性和可操作性，且与全军目前正在使用的主要数据标准协调一致。

### 2.1.3　可扩展性原则

应满足联合使用的共性数据模型的设计，充分支持各领域或部门数据的设计，同时还应支持各数据模型的扩展。

## 2.2　军队政治工作基础数据标准编制要求

### 2.2.1　数据应用性

所收集的元数据和由元数据描述的其它数据应满足应用对象的实际使用需求。

### 2.2.2　数据共享性

数据的意义应能达到共同理解的要求，数据的表示形式应取得一致，使这些数据能用于交换和共享。

### 2.2.3　数据规范性

数据应按照规范化的要求进行设计，即依据统一的格式描述数据。

### 2.2.4　数据维护性

数据既应具有一定的稳定性，也应具有适应增加、修改、删除等变更要求的可维护性，以保证数据的完整性、可控制性和有效性，以满足可用性要求。

# 3　军队政治工作基础数据标准编制的几点思考

数据建设是信息系统建设的核心，其重要性毋庸置疑，缺少数据的系统不可能是一个实用的信息系统，其作用大多也只是"演示"。在数据管理中，数据标准化是对数据进行有效管理的重要途径。

## 3.1　构建完备的标准体系结构

在设计数据的标准体系结构时，应该尽量考虑体系结构的完备性。由于数据的标准化工作涉及面广，周期比较长，因此可以将一个大类信息方向的数据标准分解成系列的（分）数据标准，分步骤具体实施。一个完整的数据标准可以由成系列的多个（分）数据标准组成。一个完成的标准体系结构应该至少包括以下三个部分。

### 3.1.1　数据标准总则

规定了该类信息数据标准的体系结构和（分）数据标准的序列，以及各（分）数据标准的内容和相互关系，规定数据结构设计的实体关系方法，以及如何应用和扩展数据标准。

### 3.1.2　（分）数据标准

规定该标准涉及的信息范围和适用范围。

### 3.1.3　数据字典

规定在系列标准中（各分标准）使用的标准数据、数据编码的原则方法和元数据的定义。数据字典是标准的核心部分，为各标准的数据交换奠定了基础。

## 3.2　采用面向对象的方法设计数据模型

为了确保所设计的数据模型具有良好的开放性和可操作性，应该采用面向对象的方法设计数据模型。在设计中，通常将设计分为两个层次：逻辑数据模型和物理数据模型。

### 3.2.1　逻辑数据模型

逻辑数据模型给出了对应业务活动的数据对象的形式化描述，表示的是数据库的逻辑结构，其独立于在数据库实现过程中的软件和数据的存储结构。逻辑数据模型的主要作用，一是设计表示数据的逻辑结构的关系图；二是检验数据设计的有效性；三是生成相应的物理数据模型。

### 3.2.2　物理数据模型

物理数据模型定义了系统实现的物理细节。物理数据模型的主要作用，一是设计表示数据的物理结构的关系图；二是生成指定数据库的创建和修改脚本；三是定义参照完整性除法器和约束条件；四是生成扩展属性。

### 3.2.3　逻辑数据模型到物理数据模型的转换

在逻辑数据模型到物理数据模型的转换过程中，一是将逻辑数据模型中的实体被转换成物理数据模型中的表；二是逻辑数据模型中的属性被转换成物理数据模型中的字段；三是逻辑数据模型中的域被转换成物理数据模型钟表的字段的数据类型定义、约束条件。

能够支持概念和物理模型设计的数据库设计工具不少，常见的工具有 Sybase 的 Power Designer 和 PLATINUM 的 ERwin。

### 3.3　统一数据对象的命名规则

在数据标准设计中，对一个对象的名称（如概念设计阶段中的实体和属性名称，物理设计阶段中的表和字段的名称等）的命名应遵循以下原则。

#### 3.3.1　选择有意义、易于记忆的、描述能力强的名称

在选择名称时，可以是汉字、汉语拼音、汉语拼音首字母或英语，以及其他方式。但在实际工作中，由于某些数据库应用开发平台不支持表或字段的中文名称，汉语拼音过长，以及使用英语又显过于复杂，所以使用汉语拼音首字母是一个相对有意义的、易于记忆的选择。为了提高汉语拼音首字母的描述能力，可以在数据标准设计时将该名称的中文含义写入其汉语拼音首字母名称的注释项中，以方便数据使用者理解该名称的汉语拼音首字母的含义，如 BDQK（部队情况）。

#### 3.3.2　通过数据库名前缀和下划线，使名称唯一，且具有清晰的层次关系

通过适当的使用下划线，可以使名称的层次关系更为清晰。在一个关系型数据库系统中，从数据库至表、字段甚至到数据值都存在一种层次关系。层次结构中的每一层都有其上面的层次定义，并且每一层都给出适合其自身的名称。

字段的全名可以通过对数据库名称和表名的继承得到，在层次结构中的每一层通过"."与其上下层分开。标的名称则需要通过适当的数据库名前缀和下划线，使名称的层次关系更为清晰。

#### 3.3.3　使用特定的特性修饰符方便数据管理人员分辨

在表的设计中，有一类表比较特殊，如数据应用字典中涉及的标准数据表，其用来存放标准数据，这种标准的数据往往是可以枚举的，规定了特定的编码、序号和值。为了方便数据管理人员在数据库众多的表中分辨哪些是标准数据表，可以加上特定的特性修饰符"_ S_ "。

### 3.4　归纳类属元素的使用方式

类属元素描述一个明确的取值范围。它表示可能用于多个对象的同类数据的集合。类属元素的属性刻画数据元素的各种变化。类属元素可能有一个定性值域或定量值域。类属元素由类词及其修饰词（可选）组成。定量域不但提供标识数据元素实例的方法，而且还度量数据元素实例，其值表达数值型；定性域提供标识数据元素实例的方法，其值表达为字符型。

常见的定量域有面积、坐标、日期、温度、数量等；定性域有代码、标识符、名称等。首先，在数据标准设计期间，应该归纳类属元素的使用方式，并且采用规范的类属元素来统一定义数据对象的数据类型和长度，避免在实现中对同一类数据对象出现不同数据类型和长度的定义，给以后的数据应用带来不必要的麻烦。其次在以后的数据标准设计中继续采用和扩充这些规范的类属元素。

### 3.5　定义开放的标准数据表

数据库系统通过标准数据表规范了有关标准数据的录入，使得录入的数据可以被理解和处理。由于标准数据表在使用中可能会有不断的、持续的扩充与修改，所以在标准表的设计中，应该充分注意标准数据的开放性设计。在标准数据标的设计中，应该至少包括如下三项，即代码、序号、名称。其中代码是唯一的，也是主键。系统通过代码访问该数据项的名称。序号的作用是对数据项的名称进行排序。用户在对标准数据表进行维护时，如果需要保持原有数据关系不变，可以采用代码递增的方式引入新的数据项，而对序号和名称则可以进行适当的插入或改动调整。

### 3.6　把握元数据的定义和应用

每一项数据（实体和属性）均有具体而明确的特性。元数据是关于这样一些特性的数据，又称为数据的数据。通过对元数据的定义，包括数据的访问名称、定义、注释等，增加了数据的可使用、可共享和可理解的程度。数据的创建者有义务创建所需的元数据，以便使数据可理解。

在数据标准的设计阶段应该重视元数据的定义，为以后的方便有序的数据维护创造有利的条件。在标准的编制过程中，对于每一项数据都要给出数据的中文名称、字母访问名称，并且给出数据的定义和注释，有效地增加标准的理解程度。

# 军校图书馆信息资源共建共享机制研究

王兆勇*　任　妮**

（南京陆军指挥学院图书馆　南京　210045）

**摘　要**　本文针对军校图书馆信息资源共建共享机制问题展开探讨。首先，确定了军校图书馆信息资源共建共享机制的核心概念及研究范围；然后对比分析了目前国内外以及军内外信息资源共建共享的基本现状，从中总结指出军队院校在该领域的不足之处；最后，重点围绕管理机制、运行机制和保障机制三个方面，组织协调机制、人才队伍机制、标准规范机制、资源建设机制、技术运行机制、服务保障机制、信息安全机制和评估考核机制等八个要素，进行了深入分析研究，为军队院校信息资源共建共享机制的研究提供思路。

**关键词**　信息资源建设　信息资源共享　共建共享机制　军校图书馆

军队院校信息资源建设是军队信息化建设过程的重要环节，也是全军教学科研的重要保障。信息资源共建共享对于推进军队院校教育资源合理优化配置，提高军训网文献信息整体保障能力、资源建设效率和信息服务水平具有重要意义。通过对信息资源共建共享机制的研究可以指导建设军队院校信息资源联合体，减少重复建设、优化资源配置，最大程度地满足用户信息需要，最终实现任何用户（Any user）在任何时候（Anytime）、任何地点（Anywhere），均可以获得任何图书馆（Any library）拥有的任何信息资源（Any information resource）"的"5A"理想目标，为教学科研和高素质新型军事人才培养打牢信息资源和服务的坚实基础。

## 1　核心概念界定

信息资源共建共享是在自愿、平等、互惠基础上的任何组织，通过建

---

*　　王兆勇，男，1963 年生，南京陆军指挥学院图书馆，馆长、副教授。

**　　任妮，女，1983 年生，南京陆军指挥学院图书馆，助理馆员。

立各种合作、协作、协调关系，利用各种技术、方法和途径，开展共同揭示、共同建设、共同利用信息资源以最大限度地满足用户信息资源需求的全部活动。其中，共建是基础，共享是目标。机制，原指机器的构造和工作原理。在目前的信息资源共建共享理论中，有"运行机制"、"管理机制"、"动力机制"等理解，简而言之，信息资源共建共享即：用于规范信息资源共建，实现共享的全部过程和方式。

军队院校信息资源体系包括通用信息资源（中外文图书、期刊、学位论文等）、军事特色资源（军事图书、报刊、学科特色数据库等）和原生文献资源（原生图书、期刊、教材教参、学位论文、学术论文、会议论文、研究报告、案例、想定、教案等）。军队院校信息资源共建共享机制是以军队院校信息资源体系为基础，规范军队院校共同建设、共同利用资源，以最大限度满足军队用户信息资源需求的过程和方式。

## 2　国（军）内外研究现状述评

信息资源共建共享，始于文献资源共享，实质是人类以文献为工具进行的信息交流，这种交流自文献诞生之日就已存在。"资源共享"的概念大约起源于 18 世纪末期，1876 年美国图书馆协会的成立促使其获得了广泛的认同，之后该领域保持着良好发展势。1901 年，美国图书馆推出馆际互借服务，首次开始文献资源共享的历程。1933 年，美国的"三角研究图书馆网络"作为第一个图书馆联合体诞生并运作至今。随着网络技术和信息基础设施的发展完善，美国的 OhilLINK、WRLC、OCLC，德国的 KOBV、GBV、HBZ，新西兰的 CONZUL、LCONZ、EPIC，英国的 JISC、SCONUL，加拿大的 The Bilicentre，瑞典的 BIBSAM，日本的 NACSIS 等都成为信息资源共建共享的典型范例，另有 G7 数字图书馆联盟、欧洲图书馆联盟等国际图书馆联合体出现，信息资源共建共享已由跨机构、跨地区向跨国度、跨语种发展。与此同时，共建共享机制研究也发生变革，主要包括激励机制、计划决策机制、组织管理机制、经费机制、服务机制、评价机制等。

我国的信息资源共建共享始于 1957 年《全国图书协调方案》的颁发。1993 年，"上海文献资源共建共享协作网"的成立，启动了真正意义上信息资源共建共享的实践。随着计算机和网络技术的飞速发展，我国信息资源共建共享的观念逐步深入人心，研究和实践力度增大，大致分为全国性、高校图书馆、公共图书馆及科研机构等四种情况。具有代表性的案例有：CALIS、NSTL、CASHL、JALIS、CSDL、北京高校图书馆联合体等。共建共享机制的研究内容主要有市场机制、利益平衡机制、动力机制、人力资源管理机制、信息沟通与交流机制、科学评估机制、知识产权保护机制等。相对国外建立在实践总结和分析基础上的机制研究，国内机制研究呈现出理论研究多、实践建设少，提出问题多、解决问题少，表面探讨多、深入研究少、单一研究多、系统研究少等薄弱性。

军队院校信息资源共建共享的理念起步较晚，1987年，《中国人民解放军院校图书馆工作条例》颁布，信息资源建设引起全军院校关注。1997年，共建共享始被军队院校重视，信息资源建设进入整体、快速发展之路。截至2009年，全军院校纸质文献数千万册、数字资源近数百TB。90年代MILINS普及、"全军军事军事训练信息网"开通、"全军院校一个馆"口号提出，这些都为军队院校信息资源共建共享奠定物质和思想基础。2003年，新《条例》强调军队院校信息资源要走共建共享之路。"十二五"规划期间，十余个军兵种（专业）数字图书馆和100余个重点学科专业网站的建设、发布，在一定程度上实现了军事资源的共享。2007年，军事图书、期刊总库建成并投入使用，成为军队院校信息资源共享的典范。然而，基于统一领导、分工协作的信息资源共建共享案例尚未出现，仍旧处于烟筒式建设阶段。纵览军队院校信息资源共建共享的研究和实践，存在本位主义大于全局观念，缺乏统一规划、统一标准，分散建设、重复引进现象明显，专业技术人才不足，网络环境不稳定，理论研究多于实践探索等严重制约因素，这些问题强烈呼唤系统、完善的共建共享机制。

## 3　军队院校信息资源共建共享机制的要素分析

从全军院校图书馆的实际情况出发，笔者认为信息资源共建共享的机制主要应该包含管理机制、运行机制和保障机制三大类。它们的关系如图1所示，以技术、资源和服务为主要内容的运行机制是信息资源共建共享的核心，其中，技术运行和资源建设的最终目的都是信息服务，先进的技术为资源建设和服务保障保驾护航；管理机制是共建共享全部机制的统筹者和指挥者，它负责协调、平衡、调度、控制各项机制的顺利进行；保障机制是共建共享机制顺利并安全运行的支撑条件，共同确保信息资源共建共享朝着正确的方向快速发展。管理机制、运行机制和保障机制三者相互作用、缺一不可。

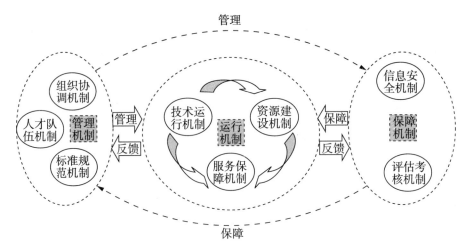

**图 1　军校图书馆信息资源共建共享机制要素关系图**

## 3.1　管理机制

权威的组织管理机制是信息资源共建共享实践并取得成效的关键所在。由于图书馆数量众多、所属系统及地区分散、利益平衡难以协调、条块分割、各自为政等诸多原因，组织管理问题向来是图书馆领域信息资源共建共享的难点问题。相比之下，军队院校图书馆在这方面具有明显的优势。军队院校图书馆统一在总部领导之下，由军队院校图书情报协作联席会统一组织、管理并协调各项工作，容易做到在整体和全局上进行顶层设计，在高起点上进行规划部署。其中，管理机制主要包括：组织协调机制、标准规范机制和人才队伍机制。

### 3.1.1　组织协调机制

军队院校图书馆信息资源共建共享在总部统一的领导部署下，任务分工相对明确。总部业务部门主要负责全军院校图书馆建设的统筹规划；各大单位主管部门在统一的规划和要求下，主要负责本军兵种（专业）院校图书馆信息资源的筹划和计划制订；而各院校图书馆则按照统一部署，具体落实各项资源建设和服务保障任务；军队院校图书馆联席会主要负责上传下达、组织协调和监督落实等工作；另外各级训练和保障部门也要注意沟通，加强协调，积极争取各方面支持，帮助图书馆解决实际困难。只有各级别、各部门职责分工明确、相互沟通、齐抓共管、团结协作，才能保证信息资源共建共享的成功实施。

### 3.1.2　标准规范机制

标准规范是信息资源共建的核心，共享的基础。包括信息采集、加工、标引、著录、入库、展现形式设计、检索平台开发等在内的共建环节，需要严格地统一标准；而包括权限分布、服务请求、服务响应、评价考核等在内的共享环节，则需要具体地规范过程。同时，管理机构还应该组织各图书馆共同制定包括数据通信、信息安全、知识产权、服务运营、利益平衡等各方面的标准规范，并组织各成员馆学习运用。另外，军队院校的信息资源体系中除了自建的军事特色资源外，外购的通用资源也占据相当比例，因此，军队院校资源共建共享的标准规范应该尽量向国际、国家通用的数据、通信和服务等标准靠拢，以做到整个资源体系的一致性，也为资源共享的顺利实施提供便利条件。

### 3.1.3　人才队伍机制

军队院校图书馆信息资源共建共享关键靠人才。馆员除了要具备良好的敬业精神、服务意识、图书情报知识、相关专业知识、外语水平、计算机知识外，还应该具备一定的开拓能力、信息感知能力和信息分析能力。同时，参与信息服务的馆员还要具备良好的人际交往能力和语言沟通能力。要打造一支良好的馆员队伍，首先应该在选人用人机制方面进行把关，以公开、平等、竞争为导向，建立健全人员选聘、培训、考评管理和奖惩制度；其次，要强化人才培养机制，采取送学培养、岗前培训、在职轮训、实践锻炼等多种形式拓展培养渠道、增强馆员素养；再者，要稳定专业队伍，在图书馆人员职级晋升、立功受奖、先进评选、生活待遇等诸方面给予关心，使专业人才能够忠于职守、安心工作，确保共建共享事业健康稳定发展。

## 3.2　运行机制

良好的运行机制是信息资源共建共享的核心环节，也是具体实施环节。由于军队院校图书馆的发展起步较晚，且处于安全保密等相关要求，相对地方高校图书馆观念保守、信息闭塞，共建共享的理念在近几年才获得认可，并逐步开始实施。因此，运行机制相对薄弱，资源建设方案还不够完善，信息技术支撑比较落后，信息共享的服务基本尚未实施。

### 3.2.1　资源建设机制

信息资源体系是信息资源共建共享最基本的物质基础，只有建成完备的信息资源体系，才能充分实现信息资源的共享。军队院校图书馆的信息资源体系按照介质分类，主要包括纸质资源和电子资源；按照来源分类，则包括外购资源和自建资源；按照内容属性分类，包括通用资源、军事资源和原生资源。在资源建设过程中，应该以馆藏图书目录以及电子资源为重点，依托军训网实现资源的共建共享；在数字资源的建设中，不管是外购资源，还是自建资源都应统筹规划、分工协作，避免资源的重复建设；另外，每个图书馆要牢牢把握本院校的学科特长，尤其是军事资源和原生资源建设，要突出个性，强调专业，重视在某一学科范围内的资源覆盖率；最后，资源共建的最终目的是共享，各图书馆之间要在总部和联席会的领导协调下，加强资源分布式存储和整合优化的力度，确保全军用户利用资源的便捷性和准确性。

### 3.2.2 技术运行机制

技术支撑贯穿于资源建设和信息服务的全过程，在信息安全和评估考核等保障机制中也具有举足轻重的作用。军队院校信息资源共建共享过程中需要迫切解决的技术问题有：网络系统、资源存储、信息组织和资源访问等。其中，通畅安全的网络环境和统一的资源建设和服务平台是信息资源共建共享正常运行的依托；信息爆炸时代，以"云计算"为代表的分布式存储技术为共建共享工程中的海量信息存储问题提供了解决思路；共建共享的信息资源体系中异构、异地、异库等现象普遍存在，信息整合、知识网格、主题图、统一检索等信息组织技术显得尤为重要；共建共享资源的分布式存储决定了很多的用户访问方式是远程访问，目前的远程访问技术主要有代理服务器和虚拟专用网两种，结合军训网的网络现状，探求一种既能安全保密又方便用户使用的远程访问方式是军校图书馆共建共享资源访问问题的解决之道。

### 3.2.3 服务保障机制

服务保障机制是信息资源共享的实现手段。真正意义的共建共享，共享的不仅是资源，还有服务。目前国内外共建共享实践中信息服务的形式有馆际互借、馆际互阅、联合书目、联合参考咨询、文献传递、文献检索、联合信息导航等多种多样。在共建共享的环境中，分布在各个地区各个院校的图书馆被虚拟成一个馆，任何读者在任何地方都可以享受到由任何馆任何馆员提供的任何服务。因此，在服务保障机制中，除了要严格规范服务流程外，馆员素养是一项重要要求，共享服务的馆员应该不定岗不定责，他们要对整个系统有着深入的了解，时刻做到以用户为中心，全面解决用户提出的问题和需求。再者，个性化、交互性强、功能全面的信息服务平台，也是服务保障机制必须要解决的一个重要问题。

### 3.3　保障机制

保障机制是确保信息资源共建共享有序进行的必备条件，但因其隐蔽性特点，成为共建共享工程中最容易被忽视的一个环节。保障机制主要包括信息安全机制和评估考核机制。其中信息安全机制为其实施环境把关，评估考核机制为其质量把关，两者共同为共建共享的成功实施保驾护航。

#### 3.3.1　信息安全机制

近年来，隐蔽战线斗争形势日益严峻，特别是信息技术的发展，使军事秘密的存储、传输方式发生了革命性变化，给保密工作带来了极大的影响。图书馆作为院校的文献信息中心，收藏了大量涉密信息，因此，军校图书馆的信息资源共建共享更要高度重视安全保密问题。首先，要完善并执行安全保密制度，除了中央军委及总部的相关文件和"十条禁令"外，针对共建共享工程还应该制定资源收集、加工、保管、利用、销毁等全部过程的安全保密管理制度，确保任何流程的操作都有据可查、有法可依。其次，要加强安全保密教育。据统计，70%以上的信息安全事件是因内部人员未授权访问引起的。因此，加强内部人员的安全保密教育，牢固树立安全保密就是保生存、保安全、保打赢的思想观念。最后，要加强技术防范力度。包括设备安全、网络安全和系统平台安全等，采用技术手段加强各环节的失、泄密监控与防范，提高安全防范能力。

#### 3.3.2　评估考核机制

信息资源共建共享的评估考核工作，不仅可以检验该工程实施和管理的有效性，体现其成果和效益，还可以挖掘其中存在的问题，提出优化思路。目前，军队院校和地方高校图书馆都有具体的图书馆评价机制，但是在共建共享工程中，国内存在重建设而轻评估的现象。相反，国外共建共享案例中普遍重视评估考核机制建设。军校图书馆信息资源共建共享工程中，应该从资源和服务的供求双方考虑，设计科学可行的评价机制和评价方法。以指标评价体系为例，除了对馆藏数字化信息总量做出要求，还应该考核图书馆的文献信息获取能力和利用率，考核特色资源的挖掘整合和数字化信息资源建设水平。同时把馆际互借、互阅、联合咨询、文献传递等为共建共享做出贡献的情况，作为高校图书馆应用评价标准中的一个指标，建立鼓励文献信息资源共建共享的政策导向，以推动共享平台的建设和利用。

## 4　结语

军队院校信息资源共建共享工程的从思想提出，到具体实施，再到成功运行，是一个循序渐进和不断优化的艰难过程。但是，该工程将对军事训练信息化建设、军队院校教育改革和高素质新型军事人才培养产生巨大的影响。今后的研究探索中，我们将进一步透析军队院校信息共建共享的现状和特点，全面把握国内外共建共享机制理论研究与实现实践的优秀成果，充分分析两者的联系，找准先进成果适用于军队院校信息资源共建共享的切入点，力求从理论支持、技术及人文环境保障、可行性操作及评价标准等方面形成符合军队院校特点的信息资源共建共享建设思路、机制体系和实施方案。

## 参考文献

[1] 程焕文，潘燕桃. 信息资源共享 [M]. 北京：高等教育出版社，2004.

[2] 夏正农，陈至立. 辞海 [M]. 上海：上海辞书出版社，2010.

[3] 肖希明. 文献资源共享模式与实践理论 [M]. 南宁：广西教育出版社，1997.

[4] Jaswal BA. Impact of Digital Technology on Library Resource Sharing：Revisiting LABELNET in the Digital Age [J]. Pakistan Journal of Library& Information Science，2005（7）.

[5] 孔令玉，高波. 美国的图书馆信息资源共享模式 [J]. 大学图书馆学报，2008（5）.

[6] 朱前东，高波. 德国的图书馆信息资源共享模式 [J]. 大学图书馆学报，2008（5）.

[7] 白冰，高波. 新西兰的图书馆信息资源共享模式 [J]. 大学图书馆学报，2008（5）.

[8] 高波. 日本图书馆文献信息资源共享的历史与现状 [J]. 图书馆理论与实践，2004（1）.

[9] 杨丽，高波. 西欧四国的图书馆信息资源共享模式 [J]. 大学图书馆学报，2008（5）.

[10] 黄筱玲. 新世纪我国信息资源共建共享研究回顾 [J]. 图书馆工作与研究，2010（11）.

[11] 郑立新，吴剑霞. 我国高校图书馆信息资源共建共享综述 [J]. 图书馆杂志，2011（7）.

[12] 总参谋部军训和兵种部. 军队院校图书馆建设与发展（1987—2007）

　　　　［M］. 北京：总参谋部军训和兵种部，2008.

［13］金胜勇，周文超. 面向用户评估的公共图书馆评估指标体系构建
　　　　［J］. 图书馆工作与研究，2012（2）.

［14］金胜勇. 目标导向型图书馆信息资源共建共享理论体系研究［D］.
　　　　天津：南开大学，2010，5.

［15］Ruthven T, Magnay S. Top performing interlending operations Results of
　　　　the Australian benchmarking study［J］. Interlending and Document Sup-
　　　　ply, 2002, 30（2）.

［16］Alidousti S, Nazari M, Ardakan M A. A study of success factors of re-
　　　　source sharing in Iranian academic libraries［J］. Library Management,
　　　　2008, 29（8/9）.

# 军校信息资源共建共享探析

申世海*

（炮兵训练基地　宣化　075100）

**摘　要**　信息资源共享是将一定范围的信息资源，按照互利互惠、优势互补的原则进行协调，共同纳入一个有组织的网络中，使网络中的所有信息用户、网络成员共同分享与利用的一种方式。随着计算机、通信和网络技术的飞速发展，信息资源共建共享已成为网络环境下信息资源建设与服务的主流趋势。探索网络环境下加快推进信息资源共享的进程，已成为当前图书信息服务工作者的重要课题。本文拟就军队院校信息资源共建共享现状、存在的问题和对策谈几点粗浅认识。

**关键词**　信息资源共享　信息服务　数字化　网络化

随着军队信息化建设的快速发展和军队院校教育的转型，军队院校信息资源建设遇到了新的挑战，需要在更高的层次上构建全军院校信息资源共建共享机制。面对新形势和新任务，我们要在总部机关的领导下，依托全军综合信息网的技术环境，广泛应用现代信息技术，按照"整体联合、优化配置、系统集成、共建共享"的总体思路，构建信息资源门类齐全、载体多样、布局优化、特色鲜明、服务便捷、动态发展、效益明显的军队院校文献信息资源体系，为领导机关决策、院校教学科研、部队教育训练提供强有力的文献信息资源保障。

## 1　军校信息资源共建共享的现状

### 1.1　军校信息资源建设的共识——"全军院校一个馆"

1998 年总部机关提出"全军院校一个馆"的口号，展示了军队院校图书馆之间的一种凝聚力，反映了共建共享的新理念，体现了先进性、开放性、统一性和整体性。"一个馆"既是一种号召力，也是一个目标，它使

*　申世海，男，1962 年生，炮兵训练基地，馆长、副研究馆员。

各个馆树立整体观念，优势互补，有利于联合和协作发展，有利于信息资源整体效益的发挥。军校信息资源建设和发展必须走整体发展、效益发展、特色发展之路，实现整体上的系列有序化、技术手段的数字网络化、管理方式的科学规范化、服务工作的个性化，其核心是联合建设，资源共享。

## 1.2　建立了数字化文献信息资源和技术体系

### 1.2.1　建成了一批特色化数据库

整体规划，形成特色，是数字化信息资源建设的前提。1998 年总部制订了全军军事训练信息资源数字化建设规划，全军院校图书馆以统筹规划、分步实施、边建边用、逐步完善的建设思路，以全军综合信息网提供的技术环境为依托，以提高信息服务能力为目的，按照总部的统一部署，采取统建、自建和引进相结合的方式，建成了一批军事训练特色鲜明的数据库，至 2009 年，自建和引进各类军事特色数据库 1800 余个，数据总量达到 450TB，为军队数字信息资源建设发挥了启动、示范推动作用。

### 1.2.2　建成了统一标准体系

标准化是信息资源数字化建设的重要保证。在数据库建设方面，总参军训部提出了《全军军事训练信息数据库技术规范》。规范的内容有：数据库的选题和类型、数据准备、数据录入、数据库应用软件等，使数据库管理系统在技术上实现了基本统一，避免了重复开发造成的浪费。

（1）统一了数据格式。数据格式是数字化信息的基本结构的描述，只有数据格式符合人们所公认的和遵守的统一标准，才有可能在不同的计算机系统间交换数据。

（2）统一了著录格式。只有数据描述语言的标准化，才能实现用户和系统之间以及系统和系统之间的有效沟通。书目数据格式执行军队院校图书馆自动化管理系统（NM2000）中规定的 MARC 格式，著录要求符合军队院校图书馆联合书目中心提出的《军队院校图书馆联合编目手册》的要求。

（3）统一了数字图书馆系统（MDLS）开发和应用平台。主要包括数字图书馆业务管理系统，如文献采访、编目、典藏、期刊管理等，以及数字图书馆技术应用平台，如数字资源的加工、发布、检索平台等，为全军院校图书馆信息资源的联合建设与共享奠定了技术基础。

## 1.3　形成了信息资源共享服务系统

以实现信息资源共知、共建、共享为目的，以现代信息技术为手段，实现了军事图书、军事期刊、军事原生文献以及专题数据库等军事训练特色文献的集成服务；对因特网上国内外军事训练信息的下载、重组、整合、发布；以及对外文电子期刊联合引进等，形成了外文期刊数字化加工共享服务机制；建立了军队院校图书馆联合书目中心等，已初步形成了信息资源集成服务和相应的信息服务机制。

## 1.4　共享的形式和成果

军队院校数字化文献的共享，是实现数字化文献利用价值、充分利用网络环境为用户提供信息服务的根本措施。

### 1.4.1　通用文献资源

（1）统一引进配发。对于全军院校共同使用的通用电子文献资源，如：清华同方、万方、维普、超星、书生等数据库，由总部机关和全军院校图书馆联席会牵头，利用军队院校教育经费，统一引进配发，对全军院校图书馆提供资源获取服务。从 2009 年开始，已与地方 10 家资源建设公司（单位）达成了联采协议，目前，共享的各类通用数字资源规模已经超过 30TB，中文通用和外文通用数字资源已经形成整体镜像安装服务能力。

（2）联合采购。对于专业性强、应用范围有限的资源，院校间自愿合作购买。这样就比较容易组成规模较大的集团，争取较好的价格和服务。可以有效缓解图书馆经费紧张的现状，也可以更加有效地利用电子资源。

如医学类的军校图书馆与地方医学院组成购买集团，理工类军校图书馆与科研院所组团，某些有相同数据库需求的军校图书馆组团。集团内图书馆成立谈判专家组，通过集体谈判、经费分摊的形式，购买所需数字化资源。

### 1.4.2　军事文献资源

（1）军事通用资源。军事通用资源由总部机关统一部署，依托国防大学、理工大学、空军指挥学院等 8 所院校建立的数字化加工中心，统一进行标准化加工，配发到全军院校。其建设内容包括：中国军事图书总库、中国军事期刊论文总库、中文军事报纸文章总库、外文军事图书总库、外文军事期刊总库、外文军事报纸文章总库、军事理论资源总库等。

（2）军兵种专业资源。军兵种专业资源在总部机关支持下，由各军兵种同类专业、大系统、大单位按统一标准组织建设，率先在本系统内实现共享，逐步实现全军资源整合共享。其建设内容包括：

第一批共计 16 个建设项目：军事理论科学数字图书馆、军队院校图书馆联合网站、军队政治工作数字图书馆、海军院校数字图书馆、空军院校数字图书馆等。

第二批共计 7 个建设项目：军事外文期刊数字图书馆、全军院校联合书目中心等。

第三批共计 9 个建设项目：军事装备数字图书馆、信息作战与作战环境专业数字图书馆、工程兵数字图书馆等。目前，海军、空军系统院校图书馆的文献资源体系建设已取得了显著成绩，其建设经验值得在全军院校推广与借鉴。

（3）原生文献资源。原生文献资源是最具本院校专业特色、使用频率最高的信息资源，由各院校依照全军院校图书馆联席会印发的《军队院校原生文献资源数字化建设指南》独立进行建设。其建设内容包括：学院原生图书库，学院原生教材、教学参考书库，学院学位论文库，学院学术会议论文库，学院研究报告库，学院期刊论文库，学院想定作业库等。目前，全军院校图书馆的原生文献数字化建设已初具规模。

## 2　军校信息资源共建共享存在的问题

### 2.1　共建共享发展不均衡

信息资源共享原则上要求各方合作建设、共同利用，但由于不同图书馆在藏书规模上的不一致，以及各院校领导重视程度和人力、财力、共享意识等原因，在信息资源的共建共享方面表现出各院校图书馆发展不均衡。一是只享不建，对图书馆整体资源体系建设缺乏整体规划，主要是财力、人力投入不够，采用拿来主义，东拼西凑，不能保证资源建设的连续性、完整性和系统性。二是只建不享，有的图书馆在文献资源建设方面，只重视文献收藏的数量和馆藏的局部优化，缺乏共享意识，资源"封闭"，相互"封锁"，造成图书馆信息资源不能有效传递和共享。

### 2.2　共建共享机制不健全

2001 年，在总部机关文献资源体系建设思想指导下，建成了一批具有鲜明军事特色的数字图书馆和学科专业网站。在全军院校图书馆自动化管理系统（已升级为 milnets 3.0）、全军院校数字图书馆通用平台（已升级为 MADL 2.0）和军事综合信息网的支撑下，实现了一定程度的全军院校图书馆文献资源共建共享。

但共建共享还没有形成规范化的制度规定，军事信息资源的数据更新不够及时。印刷型文献资源通过军队院校图书馆联合书目中心实现了一定程度的共知，但没有与之配套的文献传递系统及共享政策措施，印刷型文献的共建共享还需进一步加强。军队院校地区信息中心建设不够完备，都或多或少地制约了军事文献信息的共享水平。

### 2.3　专业技术人才缺乏

数字图书馆的信息人员是数字图书馆的基本要素，建立一支数量合理、素质较高、能力较强的人才队伍，是数字图书馆建设、管理、运行的关键问题。但目前我军院校图书馆文职干部人员编制太少，培养多年的具有一定工作经验的文职干部因没有编制不能安心留在图书馆工作，而从地方招收的文职人员虽然具有一定的系统的知识基础，但队伍结构还不够稳定，知识结构不尽合理，大多数专业知识较单一或专业不配套，不能达到优势互补，专业技术人员相对缺乏，影响了图书馆信息资源共建共享的技术支撑。因此，队伍建设还需要高度关注和大力加强。

### 2.4　特色文献资源不够丰富

军队院校图书馆已经积累了数量比较充足、基本适应学历教育需要的文献资源，特色文献资源和数据库建设初具规模。但总的来看，有关外军的文献及军事前沿的文献数量不足、来源渠道不畅，原生文献数字化建设还不够深入，不能较好地满足院校转型的需要。

### 2.5　标准体系不够规范

目前军队院校图书馆在标准体系建设方面，虽然取得了很大成绩，但还存在管理不够规范的问题，信息资源建设的标准化程度还需要提高，需要在统一管理平台、数据格式、分类、标引和标引深度上下功夫，方便读者有效地检索利用信息资源。军事综合信息网有时不够畅通，影响了共建共享的完全实现。

## 3　军校信息资源共建共享的策略

### 3.1　统筹规划，分工建设，构建军队院校文献信息资源体系

在总部机关的领导下，在军队院校图书情报协作联席会的指导、协调下，由其下设的资源建设、技术研发、信息服务、标准规范等专业组，统一开展相关业务工作，引导各级各类图书馆服从大局，主动承担信息资源建设任务，形成布局合理、优势互补的信息资源共知、共建、共享体系。

上述各专业组的成员应尽量精简，即有任务时，从各馆抽调相应专业

的优秀人才共同攻关，任务结束后返回各自单位。同时，需要制定各组的工作制度并形成有法律效力的文件，保证各组领导及成员交替时能正常工作，不受人员更迭的影响。

资源建设专业工作组主要负责统筹规划军队院校图书馆文献资源体系建设，指导、组织资源加工和共享。

技术研发专业工作组主要负责技术系统的研发、升级、培训和技术标准制定、推广。

信息服务专业工作组主要负责深化信息和知识服务的研究以及经验推广，提出知识服务和服务系统的开发建议，建立网上交流服务体系，为用户提供多种个性化服务，最大限度地满足用户需求。

标准规范专业工作组主要负责研究、制定和推广有利于促进全军院校图书馆文献资源共建、共享进程的法规制度。如：军队院校数字图书馆标准规范、信息资源建设规范、资源共享管理规范、信息服务标准规范等标准规范的制定、修订工作。

同时，各院校图书馆要成立相应的组织机构，负责本院校内部共建共享的具体实施。为了使各院校图书馆资源共建共享更好地实施，总部机关要将各馆资源共享情况列入相应的图书馆评估体系中，以促进各馆间资源共建共享。

## 3.2　扩大交流，强化共享，充分发挥文献信息资源建设的整体效益

### 3.2.1　完善军队院校图书馆联合书目系统

全军院校图书馆联合书目的建设是文献资源共享的最基础部分，直接影响到联机书目检索、联机联合编目、联机采访等功能的实现。在全军院校联网的书目信息系统建设工作中，全军院校图书馆联合书目中心要求参加联合编目工作的各成员馆编目员必须共同遵守《联合编目手册》，并对Milnets系统编目模块的使用采取编目员资格认证的管理措施。联合书目中心定期举办技术培训，并集中管理各个成员馆编目模块的用户权限。

### 3.2.2　建立军队院校图书馆馆际互借和文献传递服务系统

馆际互借是我国图书馆资源共享启动较早的主要内容之一，文献传递服务是馆际互借在网络环境下的延伸和拓展。为了建立馆际互借和文献传递服务系统，可以采取以下措施：一是充分发挥现有通信手段的作用，利用电话查询、邮递、传真、网络传递等方法开展馆际互借。二是扩大互借的内容，打破只能互借图书这一限制，还应扩大到期刊、声像资料及其他各类资料。三是构建完

善的文献传递服务系统，要搭建全军院校图书馆馆际互借与文献传递服务应用系统。该系统应遵循国际标准，可由馆际互借管理系统、馆际通信协议和传递原文的文献传递系统组成。同时要建立全面、完善的文献传递服务制度，实现资源共享。

### 3.2.3　强化军队院校图书馆学科知识导航系统

学科知识导航是以学科为单元对 Internet 上的相关学术资源进行搜集、评价、分类、组织和有序化整理，并对其进行简要的内容揭示，建立分类目录式资源组织体系、动态链接、学科资源数据库和检索平台，发布于网上，为用户提供网络学科信息资源导引和检索线索的导航系统。

军队院校图书馆可以通过以下措施加强学科知识导航系统的建设：一是加强馆际联合，建立一个学科导航建设互动中心，借助这个平台交流建设经验。二是不断提高和完善学科导航库的链接站点数、数据更新、揭示深度、界面友好性、安全防护等，同时注意学习和借鉴其他检索系统的成功经验，提高导航库建设的检索质量和检索效率。三是由于网络资源学科导航系统的维护是一项长期的工作，因此，需要在技术上寻求解决的办法，以减少工作量。如采用自动跟踪监控网络资源地址的软件，对资源地址进行自动更新。

## 3.3　统一规范，完善平台，加强文献资源体系的标准化建设

文献资源建设的规范化、标准化是实现全军院校图书馆文献信息资源共享的基础。资源共享要有一个开放的系统，而系统的开放性则要求系统具有可兼容性和可移植性。没有标准化，数据库就不能交换，资源共享就失去了基本保障。因此，标准化是资源共享的生命，它必须贯穿于文献资源体系建设的各个环节，尤其是书目数据格式、馆藏资源的数字化、二次文献加工等，都要求标准化。总之，网络化的各类技术标准，要由全军图书馆联席会专业工作组负责制定，总部相关机构审查通过，并赋予其相应的法律效力，进而开展培训和组织实施。

当前军队院校图书馆文献资源体系建设应重点制定的标准有：军队院校图书馆统一联合采集管理规范、军事文献资源核心元数据规范、军事文献资源类型元数据规范、军事文献资源建设工程管理规范、军事文献资源征集共享规范、军事文献资源版权管理规范、军事文献资源标引著录规范、军事文献资源数据加工规范、军事文献资源设备建设与管理规范等方面。

### 3.4　加强培训，提高素质，努力发挥专业技术人才队伍的支撑作用

#### 3.4.1　优化队伍结构

当前，数字时代军校图书馆的发展面临着新的挑战，在多个岗位上都需要引进高层次、高学历的人才来优化队伍结构，提高整体素质。要每年有计划地引进图书馆专业、信息情报专业、英语专业和院校相关专业人才来加强基础业务工作建设；要引进数字图书馆建设与管理所需的信息技术人才，满足未来数字图书馆系统工程建设发展的需要。要优化专业技术人才队伍的职称结构，确保高、中、初职专业人员的合理比例。

#### 3.4.2　加强队伍培训

图书馆工作人员的培训主要包括三个方面：第一，基本技能的培训。可以采用定期举办培训班的形式，如南京政治学院上海校区举办的文职人员岗位培训班，效果就比较好。第二，专业技能的培训，可以通过开展培训班、成员内部交流等方式来进行。第三，综合素质的培训。可由总部机关设立专项培训费，为各成员馆的工作人员提供提高自身素质的机会，比如进修等，从而确保图书馆专业人才队伍的持续发展。

#### 3.4.3　建立激励机制

建立激励机制应注意三点：第一，奖惩的标准要具体化、合理化、可操作性强，不能与实际相脱节。第二，建立完善的绩效考核制度，以岗位职责为依据，把考核的结果与馆员的切身利益挂钩，充分调动馆员的积极性。第三，健全和落实图书馆人员特别是文职人员管理的配套政策规范，落实图书馆工作人员的教员待遇，以待遇吸引专业人员。

综上所述，加强军队院校文献信息资源共建共享意义深远，应当将其纳入军队院校信息化建设总体发展规划之中。我们应当站在信息时代发展的前沿，继续努力，不断发扬成绩，克服不足，全面推进军队院校文献信息资源共建共享，才能不断满足军队院校改革发展的需要，才能不断推进军事教育训练的创新，才能不断增强我国的国防力量和军事实力，实现我军信息化建设目标，为培养新型高素质军事人才提供高水平的文献信息服务。

### 参考文献

[1]　程焕文，潘燕桃．信息资源共享．北京：高等教育出版社，2004.

［2］王红．基于网络环境下高校图书馆信息资源共享机制研究．现代情报，2008（4）．

［3］龙敏．高校图书馆信息资源共享运行机制研究．图书馆工作与研究，2009（3）：3—7．

［4］付跃安．图书馆信息资源共享思考．晋图学刊，2009（1）：40—42．

［5］中国人民解放军总参谋部军训部．军队院校数字图书馆建设研究．解放军出版社，2003．

［6］田红梅．军校图书馆信息资源共享研究．军队院校图书馆第12届学术研讨会优秀论文集，2010．

［7］总后司令部军训局．军队院校图书馆文献资源体系建设研究．全军院校图书馆工作会议交流材料之五，2009．

# 论古籍民国文献的数字化
# 利用与"文化强省"

翟桂荣*

（河南大学文献信息研究所 开封 475001）

**摘 要** 古籍与民国文献是历史遗留给后人珍贵的精神文化遗产，是文化再发展的酵母。"十二五"文化事业的发展，促使古籍、民国文献的需求会越来越旺盛。高校图书馆适时创设古籍民国文献数字化服务平台，利用信息技术传承中原传统文化，充分发掘利用古籍民国文献数字资源；加强数字化传播与利用，进而保护原生态史料文献，对于文献资源的有效整合与共享、推进文化事业的繁荣发展具有重要意义，也是"文化强省"战略不可或缺的重要支撑力量。

**关键词** 古籍与民国文献 数字化 利用 河南 文化强省

古籍与民国文献是历史遗留给后人珍贵的精神文化遗产，是文化再发展的酵母。保护利用好古籍民国文献的优良基因，利用信息技术传承中原传统文化，对于中华民族的文化自觉、文化自信、文化觉醒具有重要意义。中华民族历史悠久，文化灿烂。古籍和民国文献资源蕴藏丰富，充分开发利用数字古籍民国文献资源，保护原生态史料文献，是中原"文化强省"战略不可或缺的重要支撑力量。

## 1 古籍数字化的成果与意义

古籍一般是指产生于辛亥革命（1911 年）之前历朝写本、刻本、稿本、拓本等，具有中国古代图书传统的装帧形式，内容为反映和研究中国传统文化的文献资料和典籍。广义古籍涵盖了中国汉文古籍和少数民族文字古籍，还包括其他特种文献，如甲骨拓本、简册、帛书、金石拓片、舆图等。实际工作中也把民国时期影印排印的传统装订形式的线装书籍，如

* 翟桂荣，河南大学文献信息研究所。

众多丛书《士礼居丛书》、《四明丛书》、《道藏》、《四部备要》等也作为古籍。据估计，我国现存古籍数量至少在 3500 万到 4000 万册以上。

我国自 20 世纪 80 年代开始尝试中文古籍数字化。1985 年，全国图书馆文献缩微复制中心成立，协调全国公共图书馆拍摄抢救 1949 年以前出版的古旧文献。90 年代，以《文渊阁四库全书》、《二十四史》、《古今图书集成》等为代表的大型丛书电子版的问世，标志着中文古籍数字化得到了快速的发展。2002 年国家给予重大支持，文化部、财政部联合启动"中华再造善本工程"。之后，古籍数字化工作突飞猛进，在诸多方面都取得了长足的进展，是年也成为古籍数字化工作的一道重要分水岭。各大型图书馆根据馆藏特色也实施了古籍数字化规划，至今已经建立了各种类型的专门数据库多种，各种数字化企业应运而生，数字化产品十分丰富，为人们利用古籍提供了巨大的便利。其中 2005 年建成的《中国基本古籍库》是古籍全文数字化最大的一项工程。随之国学宝典、爱如生论坛、读秀学术搜索、瀚堂典藏等以不同的形式推进了古籍数字化进程。CALIS 和 CADAL 项目的建设实施共同构成了全国高校数字图书馆的框架，为古籍民国文献的利用提供了便捷可靠的途径。北京爱如生数字化技术研究中心是大陆制作数字化古籍最多的公司，众多资源已面向大众免费开放使用。

古籍数字化的真正目的意义："古籍数字化是以保存和普及传统文化为基本目的，以知识发现功能服务学术研究为最高目标，在对传统纸质古籍进行校勘整理的基础上，利用计算机技术将其转换成可读、可检索以及实现了语义关联和知识重组的数字化信息的过程。"不仅如此，"古籍数字化就是从利用和保护古籍的目的出发，采用计算机技术，将常见的语言文字或图形符号转化为能被计算机识别的数字符号，从而制成古籍文献书目数据库和古籍全文数据库，用以揭示古籍文献信息资源的一项系统工作。""中国古籍数字化始于 20 世纪 80 年代初，历经近 30 年的发展，已完成了以下三个转变：数字内容由单一的书目学术机构数据向全文数据、图像数据和图文数据相结合的转变；载体形式由单机版向光盘版、网络版的转变；系统功能由检索工具向知识工具、研究工具的转变。"可见信息化时代的浪潮，使古籍数字化及其再生性保护工作取得了巨大的进展。众多研究表明，我国古籍数字化再生性保护的技术水平和理论研究都取得了重大突破，虽然起步较欧美国家晚，但目前在规模和水平上都已远远超过海外。

## 2 民国文献及其数字化状况

民国文献，一般是中国出版的中文文献。"指记录 1911 年至 1949 年期间各种知识和信息的载体，包括图书、期刊、报纸、手稿等，以及非正式出版的日记、传单乃至商业契约和票据等"。民国时期虽然只有短短 38 年的历史，但由于近代出版业和新闻业的进步与发展，使得民国文献的出版与发行量达到一个空前的规模，成为中国文献昌盛期的开端。与古籍藏量相比，民国文献数量更多。这些文献具有极高的史料价值与历史文物性，其珍贵价值不在善本古籍之下。需要注意的是古籍与民国文献的数字化，常常是水乳交融在一起的。

目前，民国文献缩微复制与数字化的再生性保护随着古籍数据库建设也取得重大进展。"截至 2010 年，全国图书馆文献缩微复制中心与各成员馆共抢救各类文献 12.4 万种，其中民国时期图书 71 755 种，期刊 15 351 种，报纸 4361 种。""在数字化方面，国家图书馆完成数字化转换民国时期文献 34 806 种，计 935 万页；上海图书馆完成民国时期文献数字化转换 13 195 种；重庆图书馆完成馆藏全部民国时期图书、期刊、报纸的数字化，数据量达 4TB；南京图书馆近两年开始数字化项目，已转换民国时期图书 1500 种，共 3200 册 45 万页。"高等学校中英文图书数字化（CADAL），一期收录民国书刊 236 594 册，二期在建预收录 10 万册。大成老旧期刊收录民国时期期刊 6600 余种 13 万余期；《晚清民国期刊全文数据库》分别收录晚清（1833—1911）期刊 302 种期刊，28 万余篇文章，和民国时期（1911—1949）的期刊 5630 余种期刊，12 万余期。爱如生论坛也于 2011 年 3 月 1 日全部免费开放。各种形式的数字资源已相当丰富，为古籍民国文献的数字化使用提供了更为便捷开放的平台。而这些平台的有效利用，为人所知所用还不容乐观。民国文献由于形式多样、利用率高、纸张脆弱，保护与使用造成了很大的矛盾。一方面民国文献成为学术界迫切需要的原始资料，另一方面由于纸张和特殊的历史原因也使得原始的民国文献更难寻觅。这些便捷的数字资源无疑为人们打开了有效使用的另一扇门。

古籍和民国文献的保护与开发密切关联，古籍民国文献的原生态保护与数字化利用依然任重而道远。当前，抢救破损古籍和民国文献是问题的关键，深度开发利用数字古籍和民国文献也是关键性问题。古籍民国文献若得不到社会的普遍熟悉、重视与认可，没有广大的社会需求，就很难吸纳社会资金用于文献保护。因此，古籍和民国文献知识的普及与数字化服务问题亟待解决。如何使古籍民国文献从书斋进入平常百姓家，是当下图书馆工作者、数字工作者与文化人义不容辞的使命。

## 3　古籍民国文献的数字化开发利用与中原"文化强省"

河南地处中原，古称中州。中州名人见于《二十五史》，事迹可查者不下 5000 人。中原文化，灿烂悠久，中国文化大省十大排名中，河南居第二位。中原文化是华夏文明之根，是东方文化的源头、精华所在，梁启超 1922 年在题为"对于河南教育前途之希望"的演讲中称："河南是全国人的老家乡……真足代表我国五千年文化，就是河南。"他特别强调了图书馆、博物馆对教育和文化事业不可忽视的作用。

### 3.1　中原 "文化强省" 战略离不开古籍民国文献的支撑

目前，河南省文化事业、文化产业发展势头良好，正在全面融入社会生活，成为国民经济发展新的增长点。自 2007 年以来，河南强力推进文化强省建设步伐，逐年完成了《河南文化发展蓝皮书》。建设河南大文化，满足社会各层次对知识文化信息的需求，离不开古籍民国文献资源的支撑。整理开发河南地域古籍民国文献，对于中原文化资源的有效整合与共享，充分挖掘中原本土文化内涵，推进河南文化产业的现代化，具有重要意义。加快古籍民国文献、地方文献的数字化网络传播与利用，推动高新技术改造传统文化，对于提高中原文化的影响力、增强河南丰厚的历史文化内蕴，具有深远意义。整理开发古籍民国文献，对策划开发重点文化项目，吸引省内外、国内外的战略投资者，打造形式新颖、影响力大、具有河南特色的文化精品，亦具深远意义。

### 3.2　建立古籍民国文献 IC 空间服务平台，智持中原文化强省。

中原文化特色突出，博大精深，古籍和民国文献资源蕴藏丰富。随着信息技术数字化图书馆的进展，信息共享空间（Information Commons，简称 IC）的服务理念和模式在国内高校图书馆广泛传播并付诸实践。"充分利用信息技术拓展虚拟空间，将现实的、虚拟的资源和服务有机融为一体，共同满足读者的多样化信息需求。为读者打造一站式的服务体系，并在更大范围内实现资源共享和更深层次上加以开发利用。"图书馆需要充分利用现代信息技术来弥补传统文献资源的不足，拓展文献的新型服务模式。IC 空间数字化服务平台建设为古籍民国文献的数字化利用提供了便捷的途径。包括文献检索、文献传递、文献咨询、文献的自我服务，文献校对以及相关的文献介绍与共享，检索平台推介，数据库使用推介、信息素养培育等全方位相关主题的服务，大大方便了读者全方位地使用古籍民国文献资源，促进了相关知识的传播。对古籍民国文献原生态保护和有效使用将起到更大推进作用。

## 4　大力加强数字古籍民国文献资源的开发利用

保护的目的是为了更好地长久地使用，数字化是其另一种保护形式。2007 年，当时周和平部长就呼吁："各级文化部门和单位要积极有效地利用古籍保护成果，向社会和公众开放古籍资源，为公众提供方便快捷的文献服务，充分发挥古籍在学术研究和文化建设上的积极作用。"当前应加强古籍民国文献原生态的保护措施，并努力提高网络古籍民国文献的利用率，养成良好的使用习惯，使古籍民国文献的价值得到更有效的发挥。

### 4.1　宣传推广古籍民国文献数字资源

随着"十二五"文化事业的发展，古籍民国文献的需求会越来越旺盛，而服务严重滞后，不能满足广大读者和师生的要求。对数字古籍民国文献相关知识的宣传普及、综合利用与提供，尚需深入研究。古籍民国文献的数字化已相当可观，但自觉有效使用的情况却不容乐观。

数字化古籍民国文献检索方便，易于保存，有传统的纸质出版物无法替代的优势。加强古籍民国文献数字资源自觉有效使用问题的研究，运用IC 空间、博客平台、微博沟通、手机移动图书馆等新媒体介入传统服务，加强数字资源的服务与利用，为读者提供检索利用方便快捷的途径，对于推进古籍民国文献的数字化利用，减少纸质文献的使用次数，进而保护原生态古籍民国文献资源，是解决"藏与用"、"保护与使用"矛盾问题的关键。河南大学图书馆特藏部已在这方面做了初步的尝试，他们建立了古籍民国文献的数字化专题服务平台，大力推广数字资源的开发与利用，得到了师生的广泛好评。

### 4.2　加强古籍民国文献数字资源的挖掘利用

加强数字古籍民国文献资源的挖掘与利用，逐步提高现有人员的工作能力和服务水平。古籍民国文献的数字资源如前文所述，已相当丰富，但许多读者与用户的抱怨声仍然不停。购买纸质文献大型丛书的代价太高，而对于许多电子资源又不甚了解。例如 CADAL、读秀学术搜索、晚清民国期刊全文数据库、大成老旧期刊、爱儒生论坛、中国国家图书馆特色资源库等，笔者曾多次为读者推荐这些资源，当读者用户明确了有关检索利用的便捷途径之后，便高兴而去。仍有很多大学师生的信息素养不高、信息渠道不畅通，毋庸普通民众了。熟悉深挖一些数据库资源，并把它们推介给读者，创造一个良好的信息化沟通的平台十分重要。随着信息化的发展，对古籍民国文献资源数据库的使用，已成为一个普通公民必备的常识。

　　卷帙浩繁的古籍和民国文献是中华民族的瑰宝。它传承着厚重的中华文明，凝聚着民族的智慧和力量；它记载了中华民族古老灿烂的历史文化，是祖先留给我们丰厚的精神文化遗产。保护古籍和民国文献，利用现代化信息技术传承文明，是时代赋予我们的历史使命，也是中华民族文化自觉、文化自信的源泉，更是文化强国、文化强省的根本所在。

## 参考文献

［1］李明杰．中文古籍数字化基本理论问题刍议［J］．图书馆论坛，2005（10）：98．

［2］毛建军．古籍数字化的概念与内涵［J］图书馆理论与实践，2007（4）：82—83．

［3］李明杰，俞优优．中文古籍数字化的主体构成及协作机制初探［J］．图书与情报，2010（1）：34—44．

［4］周和平．国家将开展民国时期文献保护工作．［EB/OL］．［2011－11/19］．http：//www. gx. xinhuanet. com/newscenter/2011-11/19/content_ 24160027. htm.

［5］马子雷．民国文献存世量大，保护难度超过古籍．［EB/OL］．［2011－05－11］．http：//news. china. com. cn/rollnews/2011-05/19/content_ 7907611. htm.

［6］梁启超．对于河南教育前途之希望［N］．晨报，1922－9－17．

［7］王会丽．论图书馆阅览室向信息共享空间的转变［J］．图书情报工作，2010（15）：135—138．

［8］周和平．明确思路，精心部署，努力开创我国古籍保护工作的新局面［J］．国家图书馆学刊，2007（2）：2—6．

# 从现实模式到理想模式
## ——面向群体化图书馆的我国信息资源整合平台分析[*]

张 旭[**]

（山东省委党校图书馆 济南 250103）

**摘 要** 面向群体化图书馆的支撑平台建设，文章首先界定了市场模式和公益模式两种信息资源整合平台的现实模式，并对其存在的局限进行了解析。又把 CALIS 作为一种过渡模式予以对照分析，探讨了群体化信息资源整合平台的构建机制。最后对现实模式与过渡模式的缺陷进行归纳，给出了群体化平台理想模式的三个方面的定位。

**关键词** 群体化图书馆 资源整合平台 CALIS 现实模式 理想模式

群体化图书馆是图书馆 n.0 理念的实体支撑，但群体化图书馆自身也需要一定模式的"台体"支撑。也就是说，群体化图书馆在已经走出了图书馆 2.0 和图书馆 3.0 的最初步伐之时，仍然还处于"理念实体"阶段，它目前需要一个基础性和标志性的显性实体作为平台。当前，群体化图书馆作为走向泛在图书馆的中间形态，尽管从整合意识到建设实践还有一段路要走，但近年来以共建共享为目标进行的资源整合已经展现了多个方面群体化模式的初步形态。

## 1 多元化现实模式及其存在的问题

近年来通过"顶层设计"的系统化发展，通过专业数字资源供应商的助推，我国图书馆已经具备了一定数量的基于资源整合的体系化建设实

---

* 本文为国家社科基金项目"泛在环境下我国图书馆信息资源组织与服务的群体化整合模式研究"（项目编号：09BTQ014）的阶段性成果。

** 张旭，男，1968 年生，山东省委党校图书馆，研究馆员。

例，体现出现实模式多元分布的云平台形态，有些已经显现理想模式的雏形。

现实模式的云平台最主要的特点是集中体现了资源和服务两个层面的整合，可以分为公益模式和市场模式两大类。公益模式以资源共建共享为目标，呈现了分头并进、方兴未艾的局面。市场模式则转型迅速、推广迅猛，在社会推广和理念引领上，很大程度走在了公益模式的前面，特别在数字资源和知识服务上成为各类型图书馆的主要依托。

清华同方的中国知识基础设施工程（CNKI）和北京超星公司"读秀"学术搜索引擎就是两个有代表性和被广泛使用的定制型市场模式。CNKI是以实现全社会知识信息资源传播共享与增值利用为目标，其个人数字图书馆开创了个人使用数字资源的新局面，平台不仅提供了对总库资源超市中的各种资源的定制功能，还支持对自建资源、Web资源的定制，实现了不同资源的全方位整合，提供了个性化、交互式学习研究的空间。其机构数字图书馆为机构提供全新的管理组织资源的方式，直接满足机构的管理、生产、经营需要。机构可以按需定制数字出版平台的资源、组织各类自建资源、定制包含本单位在内的机构相关文献、信息、情报，并可按需定制显示模板和显示方式。"读秀"学术搜索引擎是由海量全文数据及资料基本信息组成的超大型数据库，提供了高效查找、获取各种类型学术文献资料的一站式检索，尤其是文献传递服务的功能使它成为一个真正意义上的学术搜索引擎及文献资料服务平台。

可以说，这些市场模式一定程度上超越了服务于图书馆的功能，彰显了文献传播和知识服务的社会化，尤其在对个体用户和机构的个性化服务上显示出面向未来的广阔发展前景。但客观讲，对图书馆发展而言，市场模式是一种"双刃剑"。充分利用其产品和服务是对图书馆资源与服务的有效补充，特别是在发展理念上对图书馆起到了积极的引导作用。

但是市场模式隐含的两个方面的负面效应是不可忽视的：一是市场模式利用了"图书馆"模式，所提供的新型资源与服务已经成为图书馆资源采购的主渠道，使图书馆的信息组织的功能具有了很大的依赖性，由此可能形成图书馆的功能退化和发展惰性，无疑将会在很大程度上削弱图书馆的自主发展。同时市场模式还会在市场开拓过程中消融和屏蔽掉图书馆的用户潜力和服务职能，最终威胁图书馆存在的合理性。二是市场模式采取的是低边际成本运营和许可式有限开放的模式，各个图书馆购买了市场模式的同质产品，实质上造成了更大程度的重复建设，从社会投入的经费总量看无疑是一种巨大的浪费。同时还间接形成了图书馆之间的资源落差、利用门槛和协作障碍。因此，图书馆积极借鉴其发展理念形成自身自主发展的优势才是根本选择，也只有这样才能对市场模式形成竞争，反过来形成对市场模式发展的一种激励，从而进一步对图书馆的发展形成利好。

公益模式以图书馆联盟的形式为主体框架，目前其共建共享模式主要包括以下几类：一是国家级系统模式。形成的有代表性的信息资源共享平台有中国高校文献保障系统（CALIS）、中国高校人文社会科学文献中心（CASHL）、国家科技图书文献中心（NSTL）、中国数字图书馆联盟和科学数据共享工程、全国文化信息资源共享工程等，它们都是由国家级的部门牵头，将一些具有较强实力的文献信息中心联合起来构成的一个强大的联盟组织，具有雄厚的购置资金、设备和技术力量，扩大了现有网络资源的存储、传播和利用范围，实现了高质量信息资源的共享。二是大区域共建模式。其中，跨省共建模式的代表性模式有长三角科技资源共享服务平台、珠江三角洲数字图书馆联盟等，省内联盟模式在湖南、江苏、河北、内蒙古自治区、山东等省份得到了较好的发展。它们都得益于政府的有效运作和支持。三是中心馆辐射模式。如上海地区由上海图书馆牵头，组成一个由44所大学图书馆、情报所文献馆和28个区县图书馆联合建设的中心图书馆模式。其资源采集的互补和一卡通服务开展得有声有色。更为可贵的是，在电子资源的建设上，上海图书馆与高校、科研单位密切合作，合作采购 Netlibrary 外文电子图书与 SpringerLink 数据库，创国内公共图书馆与高校、科研单位图书馆资源共建共享之先河。另外，宁波市数字图书馆采取的联盟是网络平台形式，而深圳市图书馆更是采取了物联网的模式推广自助图书馆。此外，国内还出现了专业学科集群、地区协作的图书馆联合体等多种模式。这些大小不一、不同特色的共建共享模式注重了基础资源和服务的联盟作用，对我国整体化图书馆建设起到了积极的示范和引导作用，并在数字资源建设上走出了运用合力实现低支出高共享的重要一步，虽然是一小步，但影响可能会极其深远。

公益模式当前存在的主要问题与启示如下：

一是社会认知度不高，这主要是由于多头分散建设造成的，且有跨系统利用的门槛。因此，跨系统的整合势在必行，而且这种跨系统的整合的主要方向就是要通过建立标志性理念提升其社会认知度，为此一方面要体现知识化的精细性来吸引用户，另一方面要兼顾传统发展积存下来的习惯性来留住用户。

二是偏重资源建设，有些虽然已经突出了资源与服务共建共享的整合与联合，但对机构特色资源的反映与开发不足，对用户利用的关照尤显重视不足。因此，在资源整合的基础上，进一步突出服务整合的力度，尤其是延伸到机构整合和用户整合的广度上，这对于资源建设的深度、广度和利用率将起到根本的推动作用，同时有效引导机构和用户的广泛关注和参与。

三是在管理体制和机制上，既缺乏权威部门的协调，也没有形成有效的真正整体化的机制。公益性与市场化的双轨发展是现实发展的必然选择，权威部门不可能包办信息资源这个准公共产品的建设，这些都不是问题的根源。实际上，问题的重点在于机制的运用，机制的整合可以解决机制本身的问题。正如市场机制可以催生自发机制一样，群体化互动也可以催生自发机制。一定意义上，群体化是一种"群众路线"，如果把具有平等权利的全部个体放置在一个统一的支撑性平台之上，并且依据群体化理念提供一个层级化的发展蓝图，个体发展就具备了公共目标和自发动力，同时形成了自我约束机制和倒逼机制，整体协调的目标就能自主建立起来。因此，统一的支撑性平台建设不但是必要的，而且需要在机制上体现诸如层级发展的自发机制，在突出公益性机制自主发展的同时，也允许市场化机制的进入来进行有效的补充和平衡。实际上，CALIS 等系统模式已经具备了这一发展模式的雏形，只是其平台的尺寸有其自身的限制。

四是区域发展和机构发展不平衡，区域资源"高地"多见于东部沿海发达地区和"体制内"机构，这不但在宏观上形成了分化的局面，更在微观上使得弱势地区和机构的发展积极性客观上发挥不出来，主观上也受挫，一方面造成了资源建设的重复浪费，另一方面造成了容易做到的资源共享无法发挥应用效能。因此，对于那种"谁建设谁受益"的发展思路应当一分为二地看待，而解决的办法就是把区域模式和中心模式乃至系统模式集成到一个全国性的平台上来，建立起一种"分散建设，群体共享"的新型共建共享机制，才能起到真正的示范和带动作用，而且整体上的资源"隆起"受益的不会只是弱势一方。

五是各个层次的公益模式更多地关注了城市图书馆的发展要求，客观上造成了城乡之间的数字鸿沟。尽管近年来农村信息化问题在理论和实践上得到了一些关注，但资源保障差异问题并没有得到根本解决，甚至有不断拉大的趋势。因此，突破现有模式，通过网络手段建立和输送一个面向城乡一体化的公益性平台，将是一个解决城乡差异、强化农村信息化的有力措施。

## 2　理想模式的雏形：CALIS 的过渡模式

CALIS 的系统模式体现了对多服务模式的整合运用，已经具备了理想模式的雏形，一定程度上 CALIS 经过三期的整合放大就可以作为一种过渡模式来看待。虽然 CALIS 这个系统模式的充分放大还存在着体制上的根本制约，但对其现有机制的考察和整合将有助于我们对我国信息资源整合平台理想模式的深刻理解，以及对其他服务模式的深入借鉴。2010 年 9 月 CALIS 三期建设项目启动，目标是全面挖掘、整合国内高校图书馆以及其他各级各类文献信息服务机构的资源和服务，有重点地整合国际相关机构的各类信息资源与服务，提高高校图书馆文献资源的总体保障率，提升高校图书馆现代化服务能力。从这个目标看，CALIS 已逐渐走上群体化发展平台的建设模式。

具体看，CALIS 三期的群体化构建机制及其启示主要体现在以下几个方面：

一是 CALIS 主页改版成服务门户，开通了服务门户主页 eduChina 和以 CALIS 学术搜索引擎——e 读为代表的"e"系列获取门户，旨在建立"分散部署、集中揭示"的全国高校机构知识库。群体化图书馆信息资源整合平台本身就是一个以"知识发现"为底色的服务门户，其发现机制就在于以著见微的路径设置：通过分设机构、用户、服务、资源四大通道，使用户和机构都能够自由选择、寻踪溯源，实现"知其然知其所以然"的多层次需求发现。

二是 CALIS 的服务平台旨在将不同的图书馆本地服务、CALIS 公共服务以及第三方公共服务集成起来，群体化图书馆信息资源整合平台更是一种云联邦服务平台，鲜明地体现出图书馆跨界合作的协同机制，在机构、用户、服务、资源四个方面都具有公共性，在一个统一的平台之上不分内外、互为依托，任何发现过程都构成一种过程管理的参与机制，真正体现无边界跨时空的存取和多形式的分布式协同。

三是 CALIS 的分布式联合虚拟参考咨询系统（CVRS）旨在构建一个中国高等教育分布式联合虚拟参考咨询平台，建立有多馆参加的、具有实际服务能力的、可持续发展的分布式联合虚拟参考咨询服务体系，以本地化运作为主，结合分布式、合作式的运作，实现知识库、学习中心共享共建的目的。这个系统由中心级咨询系统和本地级咨询系统两级架构组成，并专设咨询员予以全天候答疑。群体化图书馆信息资源整合平台应体现这种"用户空间"和"机构空间"平台，在一个统一的咨询系统上，任何机构与用户的"率先发现者"都可以成为咨询员，以最迅速的反应和系列化研讨式答案，实现高级化的联合虚拟参考咨询。这种实现机制表面看是分布式的，根本上是集中式的。

四是 CALIS 的自主发展机制主要体现在以组织高校图书馆集团购买电子资源产品和自行数字化加工等的方式形成互惠激励和规模效应。在充分挖掘大型图书馆的研究能力与服务能力的同时，引导中小型图书馆广泛参与，根据业务特征分别以中心服务系统、接口定制嵌入、共享软件租用的模式面向高校图书馆提供服务，为图书馆提供标准化、低成本、自适应、可扩展的数字图书馆解决方案，帮助图书馆突破资金、资源、技术的限制，搭建个性化的服务平台。群体化图书馆信息资源整合平台显然具有更大的互惠激励和规模效应，其发展机制就在于无边界开放带来的巨大的发展激励和社会化公益效应，不但能最大化地化解机构间的资金、资源、技术的限制，建立起自适应、无差别的图书馆联合体，实现图书馆总体投入效能的最大化，还能使社会公众广泛享有公益性的资源和服务成果，产生重大的社会公益性价值。而这种公益性门户的网站化生存，也自有其市场机制和公共机制的最终支持。这也揭示了 CALIS 的未来发展要面向社会公益的必然趋势。

## 3　群体化理想模式的定位

现实模式与过渡模式的缺陷，根本上在于图书馆整体协作的机制没有真正建立起来。其主要症结可以归纳为：缺乏全国性统一平台的整体联动；基于资源与服务的模式创新有余，面向用户、面向机构的引导交流机制重视不足；自主发展机制被限制在很小的范围内，没有得到应有的认识和充分发挥。因此，建立"群体化图书馆信息资源整合平台"这样的理想模式，就是要从根本上解决这些现实模式与过渡模式所无法克服的自身问题。群体化理想模式的定位，简单说就是要建立一种体现群体化理念的统一"蓝图"，使之具有群体化模式的支撑机制、运行机制、发展机制，并且具有较强可视化、联通性、引导性的体制特征。具体包括以下几个方面。

（1）全国性的"一站式"云平台。全国性平台并不是各类条块式图书馆联盟的简单组合和放大，而是着重构建出"群体化线路"式样的图书馆公共信息服务的"一站式平台"，使其成为一体化的用户交流平台、资源集聚平台、服务展示平台、机构链接平台。通过云存储技术，整合现实模式的条块式结构于一体，把机构云、用户云推向前台，打造我国图书馆信息资源总库和图书馆泛在服务模式，使其成为具有清晰标志和高认知度的社会化信息服务品牌。

（2）多元整合的群体化结构导向。首先是并行的横向结构导向。用户交流平台、资源集聚平台、服务展示平台、机构链接平台，表面看是新型的并行结构，实际上是具有复杂交叉关系的多元一体结构，并且都应具有对现实模式的可联通性。机构平台和用户平台的设置，实质上一方面为二者提供了基于现实的直观展示，也包含二者之间的匹配关系，还包含对资源聚集和服务展示的二次整合，也就是说，资源聚集和服务展示被赋予机构整合和用户整合之下的对应关系。这就使整体结构具有了四位一体的结构特征，进一步提升了彼此之间的关联性和复合性。由此，宏观看理想模式是一种超级复合图书馆的样式。

其次是突出层级化的纵向结构导向。社会职能的不同所决定的图书馆层级差别已经是现实模式的重要特征之一，只不过这种差别更多地表现为条块分割的"体制内"分化。群体化图书馆的理念正在于突破这种条块体制的束缚，以新型层次性的分化进一步体现和提升图书馆的专业化分工特点，为泛在图书馆构建一个初级模型。郑宏、钱华宁的研究认为，图书馆将分化为三个特定的层次进而构成一个新型的图书馆系统：文献载体储藏图书馆、信息序化图书馆、用户终端图书馆。其中信息序化图书馆可以体现商业化特征。这种分化设置对于图书馆的定位和评价无疑具有简明化的特点，体现了对市场模式和公益模式的包容性。

另外，图书馆 n.0 具有天然的层级划分标准，因此可以设立"图书馆 n.0 通道"作为技术支撑，对各类图书馆进行层级设定。也可供各类图书馆按照图书馆 n.0 的定性指标、定量指标和同类图书馆进行对比，并按其结构体系和评价体系进行自我评估，自我寻求发展定位。

（3）社会化发展与自主发展相结合。这种发展机制包括两个方面的规定性：一是无边界开放。理想模式力图体现面向国内全部图书馆开放，面向全体国民开放，也面向全球开放，通过广泛互动交流、内引外联，整体反映我国图书馆发展势态，并在对社会需求的广泛适应中不断形成整体和个体的自我评估、自我定位、自我完善。二是联盟最大化。尽管网络的出现已经使各类现实模式应称为图书馆网络而不是图书馆联盟，但问题的关键并不在此。机构的全面共知和层级展示，将有效带动跨界协作和同级协作的开展。不断扩大的团体力量，不但使各项服务充满生机，还使资源的重复建设现象充分降低，从而不断强化各类型图书馆自主发展的主动性。

总之，理想模式揭示了群体化图书馆发展的一体化、层级化、自主化等方面全方位整合的定位，而从资源整合视角转向服务整合才能全面窥探其实体平台的轮廓。

## 参考文献

［1］张旭，范华．论图书馆群体化发展新理念——图书馆 n. 0［J］．情报资料工作，2010（5）：28—32.

［2］章红．国内外信息资源共建共享模式探析及启示［J］．图书馆理论与实践，2009（6）：20—23.

［3］赵杨．国内外信息资源协同配置研究综述与实践进展．情报资料工作［J］，2010（6）：53—57.

［4］张新兴．信息资源共享系统建设的宁波模式与广东模式之比较．情报资料工作［J］，2011（5）：93—96.

［5］张兆仑．中外著名图书馆联盟合作项目的比较分析［J］．情报科学，2005（3）：352—356.

［6］李江涛．我国加强高校图书馆信息服务能力建设．［2010 – 09 – 21］http：//bj. phb168. com/a/673. html.

［7］郑宏，钱华宁．论信息网络环境下的图书馆层次分化［J］．大学图书馆学报，2001（5）：39—43.

［8］刘磊．区域图书馆整体协同发展模式的比较研究．情报资料工作［J］，2010（5）：103—108.

# 认知科学视角下的军校图书馆
# 门户网站信息资源整合新出路

史　飞* 　修士博** 　任　妮***

（南京陆军指挥学院图书馆　南京　210045）

**摘　要**　本文综合心智模型和隐喻两大认知科学领域前沿理论方法，探讨了军校图书馆门户网站资源整合的新思路。主旨即通过获取用户网站使用中的典型信息问题，及问题解决过程的心智模型，为门户网站资源整合提供依据，使网站构建向用户解决实际信息问题的认知模式靠拢，从而达到减轻用户网站系统平台的学习负担、提升资源利用效率的目的。

**关键词**　心智模型　隐喻方法　图书馆门户网站　资源整合

## 1　军校图书馆在挑战中寻求出路

### 1.1　军校图书馆工作重难点正悄然转移

军队院校的图书馆肩负着为教员和学员在教学、科研、管理等工作中提供信息资源、信息服务支持的光荣使命。在文化大繁荣背景下，数字化的图书馆工作中的难点已不再是如何提高信息资源的拥有量，打通各种获取信息资源的渠道，或是系统和平台开发建设中的纯技术问题。如何将掌握的信息资源以一种更清晰、更友善、更符合用户认知使用习惯的形式进行整合，并完成资源的呈现及推送，使用户花费最小的认知负荷就能及时、准确地定位并获取所需资源，已成为当前图书馆工作面临的最大挑战，当然也是实现图书馆服务水平飞跃的机遇所在。

### 1.2　军校图书馆门户网站交互体验亟待提升

图书馆的门户网站是资源向用户集中展示的终端人机交互平台，所有

---

\*　史飞，女，1987 年生，南京陆军指挥学院图书馆，助理馆员。

\*\*　修士博，男，1987 年生，南京陆军指挥学院图书馆，助理馆员。

\*\*\*　任妮，女，1983 年生，南京陆军指挥学院图书馆，助理馆员。

馆藏数字/纸质资源均能在网站界面上直接获取或得到线索，是用户与图书馆交互的主阵地。基于此，该网站的地位举足轻重，其资源整合水平的优劣将直接影响到用户对资源检索、获取、使用中的直接感观。

令人欣喜的是军校图书馆均对各自的门户网站建设倾注了无限热情和心血，各种先进信息技术也在此得以应用。信息技术固然重要，然而并非网站建设成功的充要条件。现实状况仍是为了获得所需信息资源或服务，用户不得不费尽心机地学习由网站设计者制定的一系列界面操作规则、理解界面符号内涵、熟悉功能逻辑布局，以及图情领域的各种检索知识，给背负繁重教学研任务的军校用户又追加了一层沉重的认知负担，最终导致图书馆网站的高"蹦失率"，造成了极大的资源闲置与浪费，违背军校图书馆服务用户的最高宗旨，亟待进行突破和改善。

### 1.3　军校图书馆门户网站资源整合新思路

上述问题实质归属于人机交互领域的研究范畴，为提升军校图书馆网站交互体验效果，本文探讨了网站资源整合的新思路。即立足用户认知学习的角度，从网站学习使用中的认知模式出发，结合隐喻方法，通过表征并获取典型信息问题解决事件中的心智模型，为门户网站资源构建整合提供依据，使网站组织结构向用户解决实际信息问题的认知模式靠拢，从而达到减轻检索知识、平台本身的学习负担，提升资源使用效率的目的。

## 2　心智模型方法及其应用

首先为了准确获悉用户在网站学习使用中的认知模式，有必要寻求科学方法的支撑。心智模型方法是当前认知科学中的热门研究方法之一，用于观测隐藏在外在行为反应背后的认知机制，且被引入图情领域并有效解决过诸多人机交互问题。

### 2.1　心智模型方法概述

心智模型概念最早由苏格兰心理学家 Kenneth Craik 在 1943 年提出，主要是指那些在人们心中根深蒂固存在的，影响人们认识世界、解释世界、面对世界，以及如何采取行动的许多假设、陈见和印象。

基于相关理论，本文将心智模型构成表示为下图所示的解释模型。即心智活动实际是一个在个体对特定事件的知识与信念支持下对将要执行的事件的描述、归因与预测活动，由此导致外在的行为反应，如图 1 所示。

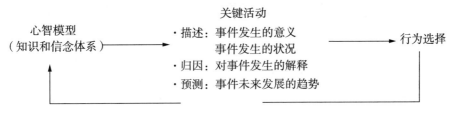

**图1　心智模型关键活动构成**

心智模型的研究主要在人类工效学和认知科学这两个领域进行。它的提出，对人类工效学学科产生了深远的影响，这其中包括计算机软件设计、系统开发、电子产品生产、网站设计等方面，尤其是人机交互和交互设计领域。

该领域，心智模型被定义为借以描述系统目标和形式、解释系统功能、观察系统状态以及预测系统未来状态的心理机制。2002 年，Norman 在他的 *The Design of Everyday Things* 一书中首次提出了交互设计中存在两类心智模型，即用户心智模型与设计模型，其中用户心智模型是存在于用户头脑中关于一个系统应该具有的概念和功能的认知，这种认知可能源于用户使用类似产品的经验，或是用户对系统的概念和功能的期望，而设计模型则与系统设计者相关。且研究发现，两种心智模型越接近，用户对于系统的使用效果越好。这启发我们从用户对系统使用的心智模型出发进行功能模块的设计，有助于提升整体使用效果，减轻用户认知负担。

## 2.2　常见的表征与测量方法

由于心智活动是看不见、摸不着的内在心理过程，因此关于其表征和测量一直是研究的难点所在，也是本文中需解决的问题之一，下文对其简要介绍。

首先是心智模型的记录表征，即如何通过个体的书写、语言、行为等外在表现形式表征他们的内在心智活动。可分为开放、半开放、封闭等记录形式。主要方法包括访谈法、出声思考法、概念图法、卡片分拣法等。

其次是心智模型的测量评估，即用一定的方法对各种心智活动进行评估、比较、归类，由此捕捉心智模型的规律性特征，可分为主、客观两大类。主观方法指由研究者主观设置一个评估标准，然后根据对该标准的理解对记录的心智模型进行归类，适用于以语音、文字等主观形式记录的心智模型数据的分析处理，如扎根理论方法。客观评估方法则依赖客观数据进行评估测量，包括路径搜索法、多维尺度法等。

### 2.3 心智模型方法在军校图书馆门户网站资源整合中的应用问题

在军校图书馆门户网站资源的整合研究中，心智模型方法应用需解决的问题集中在以下几个方面。

一是用户在图书馆门户网站学习使用中的典型问题情境挖掘和分析：首先用户总是带着各种信息问题来使用图书馆网站，或已形成明确的信息问题边界，或尚未对信息需求有明确的认知，或希望精准地获悉某个知识点的解释信息，或想对某领域的所有资源进行广泛的了解。此外心智模型也总是针对特定的问题情境在人们头脑中形成用以指导行为决策的内在认知活动。基于此，在心智模型方法的应用时必须先对用户在图书馆网站学习使用中的典型信息问题情境进行深入的挖掘和分析，找到统领性、典型性的用户信息问题情境集合，作为心智模型方法应用的着眼点。

二是用户在网站各种学习情境中的心智模型构成要素的探索：明确网站使用中各种典型信息问题情境后，进一步需要参考心智模型的理论构成（即知识和信念体系），并结合各种特殊的信息问题情境探索总结各自心智模型构成要素，回答各问题情境中究竟需要调用哪些核心知识信念体系，完成心智模型的三类关键活动（如对信息问题和对应网站功能的匹配理解，对所选功能及操作的原因解释，对所选策略获得成功的可能性预期），以便心智模型表征环节工作的开展。

三是不同类型学习情境中心智模型表征、测量方法的选取和应用：心智模型的表征记录和测量评估方法均有各自的适用条件。针对信息问题边界不明，多元解决流程的情境下，通常采用开放式的表征手段，如访谈法、出声思考法等；对于问题边界明晰、流程相对固定的情境下，通常采用半开放式的表征方法，如卡片分拣法。相应地，对于开放式记录的文字等形式的心智数据通常采用主观的评测方法，如扎根理论法；对于可进行量化处理的心智模型数据通常采用客观的测量方法，如路径搜索法等。

## 3 隐喻方法及其应用

如上文所述，在心智模型方法的应用初期，必须对用户网站学习使用中典型的信息问题情境进行挖掘，也即了解用户通常会抱着怎样的目的和需求，以何种方式和流程使用图书馆网站的信息资源。隐喻方法的内涵与该任务的需求不谋而合，极具启示意义。

### 3.1　隐喻方法概述

隐喻的实质是用一个概念域的知识去理解另一个概念域。该方法研究起源于语言学，后辐射到认知科学等领域，认知科学对隐喻方法的研究起始于 20 世纪 70 年代，其中影响最为深远的是 Lakoff 和 Johnson 创建的概念隐喻理论，认为隐喻不只是语言和词汇的问题，其存在于人类的大部分思维中，人类的概念系统是隐喻性构建和定义的。概念隐喻多用于利用自身熟悉的知识领域来理解陌生或抽象的知识领域，这种理解的实现主要通过两个知识领域的相似性联结，这种相似性构成了从源域（熟悉的知识领域）到目标域（陌生的知识领域）的映射。

### 3.2　隐喻方法的前沿应用研究

将隐喻方法应用于电子政务的研究，开拓了新的应用领域，丰富了理论的内涵和价值，实现了更高的实践意义。

早期的政府网站中公共服务内容的构建多以各政府职能部门的业务逻辑为主线，于是公民在网站上进行事务办理时，如果需要多个职能部门的支持，就不得不以各职能部门的模块为入口，反复浏览并查找提供的信息或服务，给公民的事务办理流程中增添了极大的阻碍。

随着隐喻方法的引入，以"生活事件组织法"为代表的全新政府网站内容构建方式逐渐被认可，创造性地按照公民的办事的逻辑流程来整合网站信息和服务。这样一来，用户就不再需要了解有哪些职能部门，各部门具体提供哪些信息和服务，只面对自己熟悉的"生活事件"处理流程即可。目前这种政府网站整合方式已成为西方发达国家合城市的标准整合服务模式。

### 3.3　隐喻方法在军校图书馆门户网站资源整合中的应用思路

鉴于隐喻方法在电子政务中获得如此成功，以及图书馆门户网站与之存在诸多相似问题，本小节探索将其应用在图书馆网站的资源整合问题的思路。

当前图书馆门户网站与早期的电子政务网站的相似问题在于网站内容构建立足资源服务自身属性（如题名、关键词等）的角度，而非用户实际使用情境；用户在基于"信息问题"的网站使用中，不得不费尽心机地从网站各功能模块中寻找所需信息。从人机交互领域的心智模型研究角度，上述问题可被概括为设计者和用户方对网站功能的心智模型差异过大，不利于用户学习使用。

由此引出基于隐喻方法图书馆门户网站整合服务的思路如下：

（1）梳理资源，认清本体。理清网站本身各种信息资源与服务之间的相互关联，也即要对"本体"（目标领域）有一个全面而清晰的认知。

（2）挖掘问题，构建喻体。挖掘并分析总结用户在网站使用中典型信息问题，以及解决问题的习惯流程、术语等，形成所谓的用户"喻体"（知识经验）集合。

（3）达成映射，实现整合。探究"信息问题"与网站资源、服务之间的联系，以用户常见熟悉的信息问题和解决流程为主线重新整合网站资源和服务，以用户熟悉的术语重新描述表达网站界面符号，达成从"喻体"到"本体"的映射，实现网站信息资源的整合。

## 4 军校图书馆门户网站资源整合流程探索

上文已对军校图书馆门户网站的建设现状及存在问题，以及心智模型和隐喻方法及其各自对网站整合问题的改进思路进行了较为系统、细致的阐述。本节将在此基础上，进一步综合两种方法的应用思路，归纳抽象形成军校图书馆门户网站整合服务的一般流程及方法（图2），供后续研究参考。

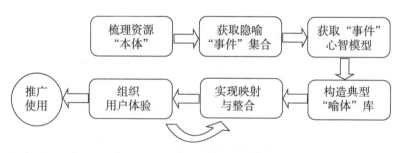

**图2 军校图书馆门户网站整合服务流程**

（1）梳理资源"本体"：需要解决的问题是系统梳理图书馆门户网站提供的各类信息资源、服务类型，寻求并建立它们的关联。

（2）获取隐喻"事件"集合：通过加强用户行为分析、需求调研等手段，广泛搜集用户在网站实际使用中解决的典型信息问题，即获取"隐喻事件"集合。

（3）获取"事件"心智模型：基于第2步的结果，针对各特定信息问题，通过心智模型表征方法的选择和应用，获取信息问题解决事件中的心智模型数据，也即各类信息问题的用户一般解决模式、流程和其中相关的术语表达习惯等，为上述"隐喻事件"充实血肉，形成更加具象的用户认知使用的数据。

（4）构造典型"喻体"库：通过心智模型评估测量方法，以及聚类、建模等方法，挖掘各种典型信息问题情境中心智模型的共性规律特征和个性差异，找到能够代表绝大多数用户的统领性心智模型类别，也即构建典型"喻体"库。

（5）实现映射与整合：依据数据分析结果，建立"喻体"库与资源"本体"库的关联，完成喻体到本体的映射，形成基于用户典型信息问题为主线的网站资源服务的整合，并据各类问题的用户一般解决认知模式实现网站功能模块操作流程的重新设计。

（6）组织用户体验：进一步组织用户体验测试，以用户满意与否的事实来决定网站可否推广使用。如果没有通过体验测试，要迭代调整本喻体映射关系，直至通过。

## 5　结束语

致力于探索信息化背景下的图书馆资源整合问题，本文就图书情报与认知科学交叉领域的最新研究方法及其在军校图书馆网站资源整合的应用进行了初步的探索与总结。综上所述，心智模型及隐喻的研究方法前景可观，将极大推进图情领域用户研究的进展，本文在此仅是抛砖引玉，相关方法的实践应用值得后续研究继续跟进。

最后重申军校图书馆网站的设计原则，即如何帮助我们的用户更加容易地获取系统界面符号背后传递的信号，使得技术功能被他们充分使用与接受，事实上比技术算法设计本身更为重要。

## 参考文献

[1] 唐纳德·A. 诺曼著，梅琼译. The Design of Everyday Things［M］. 北京：中信出版社，2003.

[2] Charles Cole，Yang Lin，John Leide. A classification of mental models of undergraduates seeking information for a course essay in history and psychology：Preliminary investigations into aligning their mental models with online thesauri［J］. Journal of the American Society for Information Science and Technology，2007，58（13）：2092—2104.

[3] 颜小娜. "认知与隐喻"研究20年综述（1989－2008）［J］. 北京航

空航天大学学报（社会科学版），2011，24（3）：101—103.

［4］李广建，王巍巍. 国外政府网站整合服务研究［J］. 情报科学，2011，29（4）.486—491.

［5］Arnold Kamis, Marios Koufaris & Tziporah Stern. Using an Attribute-Based Decision Support System for User-Customized Products Online：An Experimental Investigation. MIS Quarterly，2008，32（1）：159—177.

# 少数民族地区图书馆珍贵文献保护及文化传承经验[*]
## ——以新疆部分公共图书馆为例

张丽康[**]

（中国社会科学院图书馆　北京　100732）

**摘　要**　新疆维吾尔自治区两个公共图书馆在长期的工作实践中，探索出诸多管理民族文献的经验和少数民族读者的服务方法，由此形成独特的传承模式。本文着重介绍其服务模式和经验。在国家"十二五"规划的带动下，这些民族地区的图书馆正朝着建设更具特色的图书馆方向迈进。

**关键词**　民族文献　读者服务"十二五"规划　新疆

## 1　引言

众所周知，新疆地区属大陆性干旱气候带，干燥及与之相伴的春季大风、沙尘暴等自然灾害，给这里图书馆文献的储藏和管理，特别是珍贵稀缺文献的保存问题带来了挑战。所以，如何保管并开发已有的珍贵文献，是一个集抢救和长期治理于一身的复杂课题，需要长期面对。

通过对新疆自治区两个公共图书馆的调研，让观者看到了他们对此所做的努力和实践。

## 2　喀什地区公共图书馆珍贵古籍图书的收集整理工作

为进一步加强喀什地区各民族古籍的保护、整理、利用和开发，喀什地区公共图书馆非常重视古籍的收集整理工作。几年来，经过民间走访、回收，请专业人员进行抢救性修补和整理等，使这里的善本特藏部初具规模。根据图书馆特藏部现在的规模和已掌握的数据，可以肯定地说，这是

---

\*　本论文为中国社会科学院图书馆国情调研项目。

\*\*　张丽康，女，1953 年生，中国社会科学院图书馆，副研究员。

自 2007 年以来，他们配合地区民宗委开展民族古籍文献的摸底和后来一系列工作的最终成果。

此外，截至 2010 年，他们已做好全区古籍普查和推荐名录的准备工作。同时开展的工作还包括以下内容。

（1）建立喀什地区第一批珍贵古籍名录。

（2）积极开展古籍保护工作。

（3）努力促成以多种形式的、新疆少数民族古籍和珍贵地方文献的回归和利用。

（4）成立地方文献收集工作小组，走单位、下基层、跑展会，积极收集各种地方文献等。

目前最大的问题是资金缺口，例如，古籍文献开发所需经费缺口为 10 万元/每年。（表1）

**表1　喀什地区公共图书馆部分年代古籍图书收集整理费用情况统计表**

| 项目<br>年代 | 地区古籍普查工作 | | |
|---|---|---|---|
| | 具体工作 | 预计需经费投入（万元） | |
| 2007 年 | 开展摸底工作，成立地方文献收集工作组，建立地区第一批珍贵古籍名录 | 2007 年 | 10 |
| | | 2008 年 | 10 |
| | | 2009 年 | 10 |
| 2010 年 | 做好全区古籍普查、推荐国家重点古籍名录、开展古籍保护工作，促成和实现少数民族古籍和地方文献的回归和利用 | 2010 年 | 10 |

## 3　新疆地区部分图书馆的特藏管理、基础建设及管理者情况分析

新疆自治区公共图书馆始已有 80 多年的建馆历史，不愧为当地的老资格馆。几十年来他们以其独特的藏书视角，秉承文化传承理念，保存记录着中华民族文化的整体性和多样性，弘扬和传播着中华民族文化的科学、民主与爱国精神，成为中国图书馆大家庭中不可或缺的成员之一。截至 2010 年底，自治区公共馆的全部在编人员中，男性为 23 人，女性为 70 人。虽然这与其他图书馆的情况相似，但少数民族管理者的比例却很高，这是该领域男少女多情况之外的另一个特征。目前，他们已经成为所管辖

的 90 多个分馆的业务核心，更是该地区图书馆事业不可或缺的骨干力量。凡此种种的变化，值得提及。

喀什公共馆是一个有着近 30 年历史的中年馆，且是新疆特区唯一一个大型的公共窗口馆。因此，有理由将它与自治区公共馆一并对比分析。原因是，首先，这样一个民族聚集区的文化窗口，在整个新疆乃至中国其他地区均有着探索和示范作用；其次，这里现有图书 9.3 万册，设计藏书量为 30 万册，是当地文化传播和继承的重要基地，亦已成为自治区不可或缺的公共馆之一。需要说明的是，喀什地区公共馆的藏书量与文种方面，虽然一直受到资金不足的困难影响，但管理者克服种种困难，多方扩展渠道，加大对民族文献的引进力度。因此，馆藏文献的数量和质量等仍呈逐年递增的态势。目前，文献品种除汉语、外语以外，还有老维吾尔文、格尔克孜族文、蒙古文及斯拉夫等不同文种的书籍。很多珍贵文献达到了特藏等级的文献，其特藏比例从 2005 年的 36% 增加到 2010 年的 49%。最后，该馆在管理人员的民族结构方面，经过十多年的努力，形成了现在汉、维、哈、蒙、回、柯尔克孜等高达 30% 比例的多民族管理者的工作格局，满足了各行各业和不同民族读者的阅读需求，为当地各族读者提供更好的服务打下了殷实的基础。（表 2—5）

**表 2　新疆自治区公共馆与喀什地区公共馆人员结构情况对比示意图（2010）**

| 自治区馆管辖区分馆总数 | 喀什地区馆管辖区分馆总数 | 自治区馆员工总数 | 喀什地区馆员工总数 | 自治区馆事业编制总人数 | 喀什地区馆事业编制总人数 | 自治区馆高级职称人数 | 喀什地区馆高级职称人数 | 自治区馆中级职称人数 | 喀什地区馆中级职称人数 | 自治区馆初级职称人数 | 喀什地区馆初级职称人数 | 自治区馆其它在编人数 | 喀什地区馆其它在编人数 |
|---|---|---|---|---|---|---|---|---|---|---|---|---|---|
| 98 人 | 0 人 | 93 人 | 26 人 | 74 人 | 35 人 | 10 人 | 2 人 | 24 人 | 8 人 | 11 人 | 10 人 | 19 人 | 2 人 |

表3　新疆自治区公共图书馆馆舍、藏书量及管理人员民族构成统计表（2010）

| 1930 年至今馆舍（平方米）24700 | 藏书情况（万册）总藏书量：176（种） | 图书馆编制（人）编制：86　现有：79 | |
|---|---|---|---|
| 行政采编楼<br>阅览楼<br>书库楼<br>绿化带等 | 汉文图书：70<br>外文图书、期刊：23<br>古籍图书：8<br>电子文献：40 册、件<br>少儿图书：10<br>少数民族文献：12<br>包括：<br>老维吾尔文<br>哈萨克文<br>柯尔克孜族文<br>蒙古文<br>斯拉夫文等<br>汉文报刊：12 | 民族构成：汉、维、哈蒙、回、柯尔克孜等<br>占 30%<br>职称构成：副研究馆员　10；中级　25；初级　11；<br>大专以上学历占：91%<br>馆党委：下设党支部　3 个<br>党员总数：45 团员　8 人<br>其它部门：党委、行政、综合治理、财物、采编、技术、汉文流通<br>汉文报刊、少数民族文献、地方文献特藏、古籍、研究、参考咨询、少儿、工具书、海外报刊、网络等。 | |

表4　新疆自治区公共图书馆馆藏文献按类统计汇总表（2005—2010）

| 项目\年代 | 书刊入藏总量 | | | 报纸入藏量 | | 期刊入藏量 | | | 书刊总量与上年之比（%） | |
| --- | --- | --- | --- | --- | --- | --- | --- | --- | --- | --- |
| | 种 | 册 | 总金额（元） | 种 | 份 | 种 | 册 | 书刊总金额（元） | 增加比例 | 下降 新书增加 |
| 2005 | 11 790 | 116 595 | 1 122 229. 5 | 485 | 75 433 | 1175 | 18 826 | 1 122 229. 536 | 36 | 不详 |
| 2006 | 18 953 | 136 984 | 3 099 338. 67 | 522 | 67 270 | 2237 | 18 402 | 3 098 338. 67 | 42 | 不详 |
| 2007 | 8821 | 44 191 | 不详 | 495 | 5888 | 1859 | 20 407 | 不详 | 不详 | 不详 |
| 2008 | 23 511 | 9 494 336 | 2 005 579. 18 | 486 | 4879 | 2565 | 638 310. 45 | 2 643 889. 63 | 42 | 不详 |
| 2009 | 26 732 | 85 217 | 2 329 461. 1 | 630 | 3991 | 2636 | 19 856 | 2 463 075. 1 | 39 | 134 |
| 2010 | 13 621 | 26 290 | 1 883 150. 65 | 524 | 4264 | 2540 | 18 248 | 2 471 741. 87 | 49 | 71 |

表 5　新疆自治区公共图书馆数字资源库建设、信息服务情况明细表

| 项目名称 | 受众目标 | 资源数据库 |
|---|---|---|
| 国研网党政版 | 为中央和地方各级领导机构、决策部门、相关部门、研究机构等，提供参考建议，信息资讯服务，为制定出科学合理的经济发展战略和政策提供帮助。 | 基础数据库、重点专题库、国研网系列研究报告、专题信息等四类信息。 |
| 龙源期刊网 | 为广大读者群服务 | 功能：人文名刊荟萃，网络同步出版，多版立体式阅读。<br>备有：3000 种期刊、检索、全文阅览及信息、<br>涵盖：经济、法律、管理、财经、新闻、社科、历史、文学、文摘、健康、科普等多种类别。<br>提供：语音听刊、手机阅读等。 |
| 博看网 | 为中央和地方各级领导机构及广大读者群提供数字化资源 | 收录：党政、时事、军事、管理、财经、文摘、文学等 40 多类 3000 多种主流畅销人文期刊。<br>提供：《博看》以符合读者阅读习惯的在线阅读信息服务为主，同时备有：文本、整刊、全文、原文原貌、语音版及手机阅读等版式形式。 |
| 爱迪科森网上报告厅 | 为中央和地方各级领导机构及广大读者群 | 包括：著名院士、政府领导、专业研究人员在内的千余名国内外一流专家学者的阵容，累计收藏 21 000 余篇报告。 |
| 五车电子书 | 为广大专业读者群服务 | 拥有：25 万册的五车电子图书，提供完善的阅读空间和海量数据的信息管理功能，灵活、准确的检索方式。是集教学、科研、工作、生活于一体的知识资源中心。 |

| 项目名称 | 受众目标 | 资源数据库 |
|---|---|---|
| 中国数字图书馆 | 为普通读者群提供文献资源检索及信息资讯服务 | 20万册电子图书："PDF"格式电子图书，图文混排，版面还原，再现原书的每一个字符、颜色及图像。实现共享、查阅、摘录、剪切、浏览及打印等功能。 |
| 同方知网 | 为广大知识型读者群提供文献资源检索及信息资讯服务 | 大型动态知识库贮备：知识服务平台和数字化学习平台。拥有8200多种期刊、700多种报纸和600多家博士培养单位的优秀博硕士学位论文，全国和学会/协会重要会议论文，精品科普/文化/文艺期刊、年鉴、标准化科研成果及政府文件等信息资源储备。 |

## 4　喀什地区公共图书馆少数民族读者服务及"十二五"规划及设想

在"十二五"规划中，喀什地区公共馆的规划用地面积将达到3250平方米，其中建筑占地面积将达到750平方米，总建筑面积将达到3000平方米（框架结构、4层），道路、地坪面积将达到1000平方米，绿化面积将达到1500平方米，全部项目总投资将达到450万元人民币。

目前，喀什地区公共馆逐渐转变了以往的"重藏轻用"的传统观念，充分尊重少数民族读者的阅读习惯，在做到让文献真正为人服务的思想贯穿服务的始终。他们制定了"六种服务"模式，并将在"十二五"规划继续实行。

（1）适应公众服务：实施开关时间为上下午连贯性，中午、节假日不休息。同时，增加新书推荐和宣传的服务项目，创办"图书馆剪报"、追踪时事、聚集热点"等，为读者服务。

（2）体现公益性：响应全社会的"关爱老人、奉献爱心"的号召，实施"老有所学工程"和"助残、帮教、拥军、共建工程"等。

（3）方便读者服务：开办"一卡通"的绿色通道服务，简化读者办证手续，借书证与阅览证两证合一，此项措施实施以来，提高了到馆人次，稳定了读者群。

（4）上门延伸服务：开展"送书上门"服务，建立 4 个新图书亭、4 个新分馆、6 个流通站和 18 个少儿图书馆银行分馆，在公共文化服务体系构建方面进行有益的尝试。

（5）专题专项服务：在 2005 年时，举办了"党的光辉照天山"的历史文献图片展览，编纂了《海外报摘》《东部看新疆》等资料性的读物。

（6）学术交流服务：先后举办了"首届乡镇、社区图书馆学术研讨会"、"全民读书月"等大型学术活动，与港澳、哈萨克斯坦等国家和地区建立了学术交流网，等等。

上述这些服务项目的实施，涵盖了近 10 年以来及今后的发展目标，值得着重提及。

喀什图书馆在"十二五"规划的制订与实施中，将重点放在了人才培养方面，这是有的放矢的目标。他们认为，队伍建设是办好图书馆事业的根本和保障。为使广大员工能最大限度地发挥主人翁精神和工作的主动性和积极性，他们先后参加了自治区举办的各类培训项目，覆盖率达到了100%，"十二五"期间，他们将继续加大这方面的投入力度，提高本馆职工的业务水平和读者服务质量。

## 5　民族地区公共图书馆民族语言文献利用情况分析

自治区公共图书馆在接待读者方面，做了大量细致的工作，他们在资金相对缺乏的情况下，始终遵循着"读者第一，服务之上"的宗旨，先后开辟了以维吾尔族和哈萨克族语为主的民族语言文献阅览室，为尊重少数民族读者的特殊需求，他们还专门配备了维吾尔族管理人员为读者服务。

近几年来，他们逐渐转变以往那种"重藏轻用"的传统观念，采取多种手段吸纳读者。电子化资源在西部得到普及和推广以后，他们坚持"以人为本"的思想，最大限度地开发和利用馆藏资源。"十二五"规划以来，新疆自治区公共图书馆制定和实施了更为贴近读者的"六种服务"，包括以下几种。

（1）适应公众服务：延长开馆时间。

（2）体现公益服务：为老年读者和残障人员办理借阅证。

（3）方便读者服务：在全馆 6 个主要阅览窗口，实施一站式"一卡通"服务模式。

（4）上门延伸服务：开展"送书上门"，建立多处新图书亭、流动站及少儿图书馆等。

（5）专题专项服务：编制《海外报摘》《东部看新疆》等有价值的

资料。

（6）学术交流服务：配合"全民读书月"活动，在全疆开展大型学术交流活动等。

在全馆上下一致努力下，2005年至2010年间，这里的读者借阅人次和到馆率都呈逐年增加态势，借阅人次从2005年的5万多人次，上升到2010年的9万多人次。当前的问题有，受到互联网和电子读物的冲击，纸质文献的借阅率从2005年的人均6册，下降到2010年的2.2册，同比下降率为0.45%—64%。这种下滑趋势，在未来制订规划时，应当予以重视。

## 6　民族地区公共图书馆按文种流通情况分析

自治区公共图书馆自2005年开始，汉文图书流通率呈逐年递增趋势，从27%上升到2009年的54%，但少儿图书的流通率仅在2006年有了一个突出的上升趋势，而从2008年开始，便下滑至16%。分析看来，近年来，国家和自治区投资新建的社区图书亭，包括学校、家庭电脑的广泛普及，都带走了相当一部分的儿童读者。

其中，地方文献的流通率从已掌握的两年数据看，仍有一个不小的上升率。因此，不能仅从这几组数据的变化趋势得出几个简单的结论，而是要结合社会大环境综合分析其成因。

## 7　"十二五"规划新疆地区图书馆对民族文献的投入分析

始自2005年的文献开发，以及系统、完整地增加文献品种和复本量的工作启动以来，延续至今，工作已初具规模。在馆藏建设方面，他们始终着眼于突出特色，强化地方文献的收藏量，包括研究型读者队伍的培养。这一点，已经成为今天、乃至今后不变的方针。

在民族文献建设方面，他们本着加大民族聚居区的分馆及流动站的建设规模和方针，加大社区图书流动站和报刊亭的建设数量的投入力度，以缓解少数民族读者借阅难的问题，为广大读者提供近距离的服务和帮助。

"十二五"期间，他们将继续加强资源建设工作，满足群众多层次需求。加强技术保障队伍建设，提高建设、管理和服务水平，进一步提升新疆自治区分中心建设规模等。

同时，他们力争做到以下几个方面。

（1）重点项目：重点配合国家文化厅和"十二五"规划纲要，争取将资源建设、运行维护、系统提升、服务创新、人员培训和基层辅导等工作经费纳入财政保障机制。

（2）网络平台建设：不断完善自治区分中心网络平台建设工作，为各项工作提供技术保障。

（3）资源建设：加强资源建设，不断丰富少数民族文献资源内容。

（4）服务模式：进一步改进服务方式，丰富服务内容，不断提高服务水平。

（5）人员培训：继续加大工作人员培训力度，做好各级支、分馆中心人员的培养工作。

（6）丰富资源传播力度：积极开展资源传播工作，丰富各级支、分馆中心的服务内容。

总之，他们将承前启后，继续发扬以往的优势，制定更具时代特征的方针，在功能方面，不断加大投资规模和宣传力度，进一步完善开架借阅制度。同时研发二次文献，开发和充实电子文献储藏规模。在读者服务方面，不断加大和培养以研究型学者为对象的读者群，增加其服务的内容。发展新一代的、潜在的读者。举办多种形式的读者阅读活动，满足不同年龄层的读者需求。（表6）

**表6　新疆自治区公共图书馆部分年代（2005—2009）科研情况统计表**

| 项目年代 | 文献开发 | 馆藏建设 | 民文图书建设 | 读者服务 |
|---|---|---|---|---|
| 2005 | 系统、完整性，增加品种和精品的复本量等 | 突出特色，强化地方文献藏量，发展研究型读者群 | 加大民族地区分馆、流动站建设 | 加大宣传力度，开架借阅，挖掘潜在文献类型、品种，发展潜在读者 |
| 2006 | 同上 | 同上 | 继续在民族居住区开始分馆和流动站、书亭建设 | 加大宣传力度，增加读者服务内容，举办读者活动，挖掘潜在文献类型，发展潜在读者 |

| 项目年代 | 文献开发 | 馆藏建设 | 民文图书建设 | 读者服务 |
|---|---|---|---|---|
| 2007 | 系统、完整性，增加品种和精品的复本量等 | 突出特色，强化地方文献藏量，发展研究型读者群 | 继续加大在民族居住区开始分馆和流动站、书亭建设、解决借阅人次少的问题 | 增加图书馆服务内容，举办读者活动，协助不懂年龄及文化程度的读者，充分利用馆藏 |
| 2008 | 加强文献资源系统性和完整性建设 | 突出特色强化地方文献藏量 | 继续加大在民族居住区开始分馆和流动站、书亭建设，解决少数民族借阅难的问题 | 加大宣传力度，发展潜在读者，发展研究型读者群 |
| 2009 | 同上 | 突出特色强化地方文献藏量 | 加大在民族居住区开始分馆和流动站、书亭建设，解决少数民族借阅难的问题 | 加大馆藏宣传力度，加大发展研究型学者为对象的读者群 |

## 参考文献

［1］新疆维吾尔自治区公共图书馆科研处．工作汇报［R］．新疆2011年5月．2—7.

［2］喀什地区公共图书馆科研处．总体情况介绍［R］．新疆2011年5月．1—10.

［3］新疆维吾尔自治区公共图书馆科研处.2005～2010年业务统计数据分析报告［R］新疆2011年5月.1—10.

# 试论 Web 2.0 环境下的分类自组织

傅 亮*

（国防大学图书馆 北京 100091）

**摘 要** 本文从自组织这一概念入手，提出了分类自组织的概念，通过分析证实了分类自组织存在的可能性及其在 Web 2.0 环境下的特点，列举了标签技术、内容聚合技术、大众标注技术、社会性网络服务技术等关键性技术，并预测了分类自组织发展方向，即个性化发展、用户的主角地位、人与信息的互动、信息价值评估以及新技术的层出不穷等。

**关键词** Web 2.0 分类自组织 发展方向

信息自组织是数字图书馆信息组织活动在 Web 2.0 下的一个重要发展趋势，分类组织也具备向自组织方向发展的条件。本文首次提出了分类自组织这一概念，分析了分类自组织所处的 Web 2.0 环境特点及其存在的可能性，列举了分类自组织活动所需要的关键技术，并预测了其发展方向。以期为军队院校数字图书馆的信息组织活动进行一些理论探讨研究。

## 1 分类自组织概念的提出

"自组织"是相对于"他组织"而言的，如果一个系统靠外部指令而形成组织，就是他组织，如果不存在外部指令，系统按照相互默契的某种规则，各尽其责而又协调地自动地形成有序结构，就是自组织。自组织是自然界到人类社会中普遍存在的、从无序中自发形成宏观有序的现象，是指事物自发、自主地向空间、时间或功能上的有序结构进行演化的过程。

最先提出了"自组织"这个词的是精神病学家和工程师阿希贝（W. Ross Ashby），他于 1947 年发表论文 "Principles of the Self-Organizing Dynamic System"，文中首次提到了自组织的概念（Self-Organizing）。最先开始自组织理论研究的则是比利时物理学家伊里亚·普里高津，他在其"耗散结构理论"中指出，一个远离平衡态的开放系统，可以通过不断地与外

---

\* 傅亮，男，1974 年生，国防大学图书馆，资源建设室副主任、副研究馆员。

界交换物质、能量和信息，在系统内外因素非线性相互作用下，发生突变，由原来的无序状态转变成一种在时间、空间或功能上有序的新的状态。耗散结构理论阐明了自组织的必要条件，即系统的开放性、远离平衡态、系统中存在涨落，以及系统中各要素的非线性作用，这对于理解系统演化的前提条件有非常重要的意义。之后，科学界继续对自组织理论进行了深入的研究，目前普遍认为自组织现象无论在自然界还是在人类社会中都普遍存在，是复杂系统理论中的核心概念。自组织理论主要由耗散结构理论、协同学以及突变论三个部分组成。

分类自组织是自组织在网络信息分类组织上活动实践，是网络信息自组织的一个分支。信息自组织指网络信息资源自我形成某种特定结构和功能的过程，这一过程需要网络信息资源处在一个开放的环境中，需要人与人之间、人与网络诸多要素之间的交互、相关与协同。作为信息自组织的一个功能区域，信息分类自组织的过程不需外界指令而能自行分类组织信息，自我趋向类别的有序化，形成独特的学术信息分类体系。

## 2　Web 2.0 下分类自组织的环境和特点

### 2.1　Web 2.0 网络信息环境特点

#### 2.1.1　用户成为信息的发布者

Web 2.0 环境下，用户不仅仅只是信息的获取和使用者，还是信息的创造者和提供者，即信源。他们通过种种网络途径，随时随地地提供着大大小小、方方面面的信息资源。向社会提供信息的门槛大大降低，信息的发布和传播方式也不仅仅局限于某些大型权威机构的集中提供，信息来源越来越趋向草根化。

#### 2.1.2　用户成为信息的组织者

用户具有提供者、组织者和获取者的三重身份，将参与信息知识流的全过程。在这个过程中，Web 2.0 强烈需要也强烈要求用户的主动参与。参与信息的自主创建、组织、整理与传播既是用户的权利，其实也是义务。用户可以根据自己的喜好发布和推荐信息资源、选择获取信息的种类和来源、设置阅览的展示风格、规划信息的组织方式、与他人进行在线交流、对他人作品进行评论。也就是说，Web 2.0 更为强调交互功能，用户需要在三种角色间经常切换，在切换中产生更多的新信息。

#### 2.1.3　微内容成为信息的重要组成部分

随着博客、微博、微信、标签、社会性网络服务（SNS）、信息推送服务、维基百科应用服务的产生，"微内容"成为 Web 2.0 的一个关键词，它是指"最小的独立的内容数据"，是互联网用户上传到网络上的任何数据：比如 Blog 中的一则网志，微信中的一条语音留言，Amazon 中的一个读者评价，Wiki 中的一个条目的修改，Flickr 中的一张照片，Delicious 中的一个收藏网址、音频片段、视屏片段，甚至用户的每一次支持或反对的点击，等等。每一个微内容看似渺小，但都是用户的智力结晶。微内容聚合技术的应用和发展，使得散落在互联网各个角落里的微内容分类汇聚，形成庞大的信息流，闪耀出金子般的光芒。

### 2.1.4　长尾理论

人类社会一直用"二八定律"来解释大众传播的生产和经营，即 20% 的内容创造出了 80% 的价值，可在互联网领域，情况却恰恰相反。在 Amazon 书店的销售中，80% 的利润并非来自 20% 的重点产品，而是来自书本后那条巨大的长尾巴——大量的、市场难求的产品信息和用户的多重评价。长尾是过去 80% 不值得一卖的东西，可经过聚合后，却成了巨大利润的源泉。由此，《连线》杂志主编 Chris Anderson 提出了著名的长尾理论，确定了长尾作为最重要的信息价值源泉的地位，换句话说，微内容成为网络信息的一支新生力量。它从原来微不足道的、没有话语权和决定权的草根阶层发展成为能够影响和改变世界发展方向与格局的重要力量，可以预见通过信息网络这个渠道，作为"长尾"的普通用户在今后必将发挥出更大的作用。

### 2.1.5　个性化与社会化的交融并存

用户的个性化需求促使信息及信息组织朝着个性化方向发展，而人类的群体化特点和社会化需求又会推动个性化信息和服务向着融合化的方向发展。Web 2.0 的网络环境中，我们的信息需求产生了强烈的交互欲望，一方面迫切需要将互联网整合到我们日常生活中；另一方面，又需要将我们的日常生活融入到互联网信息环境中。个性化和社会化这一对矛盾在 Web 2.0 环境下完美地结合在一起。

## 3　分类自组织的特点

分类自组织必须具备"耗散结构理论"所提出的关于自组织的必要条件，即系统的开放性、远离平衡态、系统中存在涨落，以及系统中各要素的非线性作用等，才有可能真正实现，那么信息分类组织工作是否符合这些条件呢？

### 3.1.1　Web 2.0 环境下的分类组织处在一个开放的环境中

用户在信息的产生、组织和获取的活动中全程地参与，资金、产品、技术不断地输入分类组织系统，经过一系列智力转化后，又输出给社会；接下来社会接受信息系统的输出后又会产生新的社会环境，对分类自组织提出新要求，如此循环往复，生生不息，在环境与分类系统彼此之间不断的相互影响和相互作用，共同实现着各自的生态进化。所以说，分类组织工作完全处在一个开放的环境之中。

### 3.1.2　分类自组织系统是远离平衡态的系统

平衡态是指系统不随时间而变化，与外界没有联系的一种混乱无序的孤立状态。分类自组织显然不是一成不变的状态，有序化是它的工作目标，这种有序化是在变化和运动中实现的，是一种相对的平衡状态。这种平衡总是短暂的、相对的，会随着信息环境的改变而引发新的不平衡，然后再依靠系统的自我调节能力进入新的平衡状态。所以，分类组织系统是远离平衡态的系统。

### 3.1.3　分类自组织系统中存在涨落

分类自组织系统中包括人员、信息、工具等多种元素，如果将这些元素共同组成一个大公式，每种元素其实就是其中的一个变量。有时往往因为某个变量发生了微小的偏离，却有可能被反馈放大为系统"巨涨落"，从而导致分类系统打破了现有的稳定状态，并通过其他元素变量的相应调整，促使整个系统跃迁到一个新的有序状态中。所以，分类组织系统中随时会产生涨落。

### 3.1.4　分类自组织系统中存在非线性相互作用

分类自组织活动不可能是匀速的、直线型运动，在个人和他人、个人和自己、人和信息、信息和信息、人和设备、信息和设备、人和技术、信息和技术之间，既存在正反馈倍增效应，也存在限制增长的饱和效应。这种非线性相互作用能使各要素之间产生相干效应和协调动作，为系统演化提供多种可能。用户的分类需求促进了分类技术的发展，分类技术的发展激化了用户的分类效率，同时也可能规范和限制用户的行为和信息的流向，这一切都不可能是简单的线性运动。所以说，分类组织活动中存在非线性的相互作用。

## 4　分类自组织的关键技术

### 4.1　标签技术

这里指的是网络标签（Tag），是用来描述信息内容的分类标识，一般一个标签就是一个聚类性很强的自然语言词汇，它能帮助人们轻松地描述和分类标识信息内容。标签技术是一种互联网内容组织的新方式，是一种新型分类系统，它将信息组织的权利从网站管理专业人员的手中交到了用户手中，充分体现了 Web 2.0 自下而上、用户参与的特点。每个标签由用户自主创建，用户自由选择自己认为能概括信息内容的词汇作为标识用语，不必遵从某一分类体系，具有自发性、共享性、动态性和自适应性等特点。除此以外，标签技术还有其他功效：一是能够有效地屏蔽无用信息，越受欢迎的信息就会被越多的用户用标签标注，越是无用的信息就越会被大众所冷落；二是破解了标准分类法无法及时适应信息环境发展变化的难题，使用频率越高的标签对信息内容的概括相对越准确，通过大众应用日志筛选出的分类标签体系是最符合用户需求，最体现信息和学科动态发展特点和热点的体系。

### 4.2　内容聚合技术

内容聚合（RSS）是某一站点用来和其他站点之间在线共享信息内容的一种简易方式。用户可以在客户端借助 RSS 软件，在不打开网站内容页面的情况下阅读感兴趣的信息，从而有效节省了筛选、获取信息的时间成本。这种技术具有多种优势：一是可以将不同来源的信息进行个性化的聚合；二是非常强调信息发布和获取的时效性，并且成本低廉；三是有助于屏蔽垃圾信息，利于用户分类管理本地信息。

### 4.3　大众标注技术

大众标注技术就是网络用户使用自己的标签对自建或他人创建的网络信息进行标注，以供自己或他人进行检索的一种网络信息组织方法。它强调用户的核心地位，用户有没有参与信息组织是大众标注与传统信息组织方法的一个重要区分标志。大众标注突出的特点还体现在它不采用严格的分类标准，其分类全部由用户直接提交，分类的形成过程完全是自发的。其优点是易于为用户建立方便、灵活、不受条件限制的沟通渠道，并且大大降低了信息分类组织的成本；其缺点是这种分类是平面化的，没有等级层次的划分，不够规范和标准。目前，大众标注技术的发展正处在从不受任何限制到进行一定限制的过渡之中，如何保持适度的控制是一个崭新的命题。

### 4.4　社会性网络服务技术

社会性网络服务（Social Networking Services，简称 SNS），专指旨在帮

助人们建立社会性网络的互联网应用服务，也指社会现有的、成熟的、普及的信息载体服务，如短息 SNS 服务。社会性网络是指个人之间的关系网络，其通常采用分布式技术，构建新一代基于个人的社会网络。社会性网络的产生来自哈佛大学的心理学教授 Stanley Milgram 与 1967 年创立的"六度分割理论"，即你最多通过六个人就能够认识任何一个陌生人。按照这一理论，个体的社交圈都被不断地放大，最后汇聚成为一个大型网络，在这个网络中，人们可以通过"熟人的熟人"来进行网络社交拓展（比如 Friendster 网）。现在又衍生出了更多的拓展方式，如根据相同的话题进行凝聚（如贴吧）、根据相同的爱好进行凝聚（如 Fexion 网）、根据相同的学习经历进行凝聚（如 Facebook），甚至根据周末出游的相同地点进行凝聚（如携程网）等。这些都是社会性网络服务技术在某个需求领域的应用。

## 5　分类自组织的发展方向

Web 2.0 信息环境的特性和崭新技术对分类自组织正在产生而且必将产生更多深远的影响。究竟分类自组织的最终形态会是什么样子，现在还无法想象。它会在人与人、人与信息、信息与信息的不断交互和影响中，走出一番新景象。可以认定的是，在这个发展过程中，人类将会改变信息，信息也必然会影响和改变人类。立足当前，分类自组织的发展趋势大概可以归纳出如下几点。

### 5.1　信息分类自组织将朝个性化的方向不断发展

信息是人和自然在不断互动中产生的，是由人类收集、归纳、表达、提供和发布的符号系统。信息组织的目的是促使人类认识自然、认识自我、认识社会，并且顺应自然、改造自然、最终服务于人类自身。这一过程，必然是要体现出自然的个性特征和人类的个性化需求。因而，分类自组织会顺应这一必然需求，积极满足用户对信息的个性化需要。

### 5.2　用户将在很大程度上担当起信息分类自组织者角色

目前的信息分类组织还主要依靠专业的信息管理团队来进行，虽然分类组织的质量比较高，但与信息膨胀的速度相比，这种专业的分类力量几乎要被淹没。与地方信息管理机构相比，无论从人力角度还是技术角度来看，我军各级信息管理部门的分类组织专业力量更是较为滞后。为此，除了依靠自动分类来解决人力资源的不足之外，还应该允许和鼓励用户参与信息资源的分类组织工作，根据自己的智力判断揭示信息之间的类别关系，这样不仅能充分解决分类工作缺乏人力的困境，更能充分发挥大众的智力优势，提高信息分类的整体智力水平，而且为分类学自身发展提供一个广阔的开放环境，促进分类自组织的形成和开展，促进分类学科的不断开拓。

### 5.3 分类自组织关注的对象将从 Web 1.0 环境下的"信息"向 Web 2.0 环境下的"信息与人的关系"迁移

分类组织的最终目的并不仅仅是促使信息有序化而已，更是为了将信息利用起来，说白了是为了用户，为了使用信息的人。分类自组织关注的对象已经不仅仅停留在信息本身，而是关注为谁分类组织、谁来分类组织、谁来评价分类组织等方面。只有这样，分类自组织的目标才能更加明确，功能才能更加实用，效果才能更加明显。

### 5.4 分类自组织的过程将不仅仅是一种信息自动类化和序化的过程，还将包含对信息价值的评估环节

分类自组织可能会依托标准的分类法，更有可能会突破标准框架。哪里是用户需要的分类，自组织就会流向哪里；哪里是用户关注的热点分类，哪里就会集中大量的文献，就会产生类目的细化；哪里的信息有价值，哪里就聚集关注的人群。通过这样以需求为牵引的运行方式，分类体系将会出现动态的演变，信息的良莠将会实现自动的甄别。

### 5.5 分类自组织的方法将与新技术结合得更加紧密

技术虽然只是工具和手段，但在现在的信息组织环境中，其地位和作用得到不断的提升。需求是技术不断推陈出新的动力，技术反过来又会不断激发用户的新需求，由用户推动的分类自组织必将激发用户对于分类自组织技术的新需要，促使人们不断研究更加高效和更富个性化的分类技术手段，也将带来信息基础学科和相关学科的繁荣发展。

军网虽然是一个相对独立和封闭的网络，但军事信息资源的产生和应用，来源于军事斗争实践和准备，这一过程中涉及空间、时间、人员、事物及其信息等诸多要素的不断交互和影响，还会充分地和社会、科技、经济、文化、政治、历史、艺术等相关领域不断交互和相互影响，同时，军网本身也会和互联网之间进行技术与信息的交互和影响。因而，军网信息环境符合自组织理论规定的前提条件。分类自组织会不可避免地、长远地影响着军网信息资源分类组织方式，军队院校图书馆需要密切关注这一前沿领域，加大理论研究力度和实践探索活动。

## 参考文献

［1］戴维民．信息组织（第二版）［M］．北京：高等教育出版社，2009.5.

［2］高彧，郭利伟．Web2.0 环境下走向语义标注的 Folksonomy 研究［J］．北京：中国科技信息，2009（14）：112，123.

［3］宋倩倩等．自组织知识系统与他组织知识系统的网络结构比较分析［J］．情报理论与实践，2010（3）：115—119.

［4］羌丽．图书大众标注评介——以豆瓣网为例［J］．图书馆杂志，2009（2）：21—26.

［5］陈成．基于大众标注技术的网站信息构建研究［J］．图书情报工作，2011.3.

［6］郑燃．基于 Folksonomy 的图书馆信息组织应用研究［J］．图书馆杂志，2011.4.

［7］柳敏夏．Web 2.0 环境下的个人知识管理初探——以 folksonomy 为例［J］．图书馆学研究，2011.5：75—77.

［8］徐少同．网络信息自组织视角下的 Folksonomy 优化［J］．图书情报工作，2009（10）：102—105，120.

# 数字天一阁，智慧博物馆
## ——宁波天一阁博物馆数字化工作成效显著

谷　敏[*]

（中共成都市委党校文化建设教研部　成都　610110）

　　宁波天一阁是亚洲最古老的藏书楼，也是世界现有三大私人藏书楼之一。今天，作为全国首批重点古籍保护单位的天一阁博物馆藏有古籍30余万卷，其中善本8万余卷。这些珍贵的历史文献不仅是中华传统文化的集中体现，也是我们宝贵的精神财富。

　　为了更好地适应新形势，迎接新挑战，响应宁波"智慧城市"建设，逐步实现该市"十二五"文化规划中提出的"宁波文化软实力在全省和国内同类城市位居前列，文化在城市综合竞争力的地位和作用更加突出，实现'文化大市'向'文化强市'跨越"的目标，近年来，天一阁博物馆顺应发展潮流，提出了建设"数字天一阁"的目标。

　　"数字天一阁"，简单地说，就是指天一阁博物馆利用数字技术，对本馆藏品在保护、研究、展示等方面进行数字化处理，并对博物馆内部工作也实行数字化管理。通过几年的努力，天一阁博物馆的数字化建设方面取得了很大的进展：不仅逐渐打破了博物馆文化传播的各种壁垒，还通过建立数字化应用系统，大大提高实体博物馆的工作效率和管理水平。

## 1　主要做法

### 1.1　文物藏品的数字化，打破了文物的馆藏壁垒

　　天一阁拥有丰富的馆藏资源，这批善本古籍是天一阁古籍保护与开发的重点。自2007年起，宁波市政府投入资金550万元，对4644部、27 974册（共计243万页）古籍实现了数字化载体转换，并对293部、1104册（共计83 000）古籍实现了全文文本转换。另外，该馆对馆藏上等级书画

＊　谷敏，中共成都市委党校文化建设教研部。

也进行了数字化处理，其中一级字画 35 件、二级字画 281 件、三级字画 1384 件，共计 1700 件。

天一阁博物馆通过图像扫描、全文处理、软件开发等工作，将馆藏善本古籍和珍贵字画转换成全文数据和影像数据，并通过数字资源平台有选择地将这些数据资源进行网络发布和馆内电子阅读。2010 年 12 月，天一阁善本古籍数字资源库正式投入运行，目前，天一阁博物馆已成为国内公共图书馆及博物馆中首家大批量在线提供古籍整本原书免费检索、阅读和研究功能的公益机构，全球的读者足不出户，即可通过互联网，浏览天一阁博物馆所提供的古籍原书和全文文本。

## 1.2　展示服务的数字化，提升了博物馆的社会功能

展示服务平台是天一阁博物馆面向社会公众介绍藏品、传播知识、进行交流的窗口，它包括网站发布系统、陈列展示系统、导览服务系统建设。以网站发布系统为例，天一阁博物馆不仅拥有专门的门户网站，且网页制作精美，内容丰富，形式活泼，网站为市民提供了虚拟的、多层次的信息平台，可以更加快速地展示博物馆的工作动态、藏品情况、展览概况以及科研成果等，使博物馆超越了空间的限制，帮助社会大众最大限度地"走进来"。

在陈列展示系统数字化方面，天一阁博物馆运用音频技术、影像技术、场景合成技术、触摸屏技术、视屏技术及相关网络技术等做出了很多成绩。以目前正在进行的陈列改造为例，在即将完成的第一期改造当中，工作人员不仅在园区设置了多媒体影院，使参观者在游览的过程中能对这座有着 400 年人文历史的南国书城有更深入详尽的了解，还利用最新的数字技术，设置了"虚拟登楼"系统，满足了游客"看一看古籍书，进一进天一阁，登一登宝书楼"的愿望。另外，陈列当中还根据不同的主题，在景区内设置了"地方志查阅互动屏""历代兰亭序碑帖互动屏"，充分利用各种数字化手段，注重与观众互动，注重展示的可操作性、可触摸性、可创造性，进而激发游客参与、体验博物馆的兴趣和愿望。

在导览服务数字化建设方面，自 2009 年开始，天一阁博物馆就以计算机控制的"自动售票系统"代替了多年来的人工售票服务。"电子门票"的实现，不仅在最大程度上减少了售票时的人工干预，实现了管理的规范化，而且可以实时监控园区内游客的数量，按月度、季度、年度自动生成游客数量统计报表，对园区工作实行智能化管理。

### 1.3  文物保护的数字化，实现藏品的实时动态监控

文物安全工作，是博物馆工作的重中之重。通过文物保护的数字化工程，工作人员可以及时、准确地掌握文物安全信息，为博物馆的管理部门提供决策依据，具有重要的现实意义。

天一阁博物馆的数字化文物保护系统主要包括消防数字化平台和技防数字化平台两大类，目前，该馆在相关重要监测点共装有100余个摄像头，其中包括主动红外线监视器、被动红外线监视器、室内外双鉴探测器、门禁系统和与之相配套的个人身份识别系统等。工作人员通过建立这一系列的数字化系统，不仅可以通过计算机远程遥控文物库房附近所有大门的开闭，还能有效制止陌生访客随意进入文物库房及其附近的敏感区域。此外，计算机网络系统能随时对整个博物馆，尤其是文物库房进行遥感监测，并将监测结果及时、准确地传递给保卫人员。除此之外，计算机还对文物库的恒温恒湿情况也进行远程监控，利用遥感技术手段对库房的环境进行监测和评价。文物保护工作的数字化，大大提高了文保工作的自动化与精确化，提高了文保工作的可跟踪能力。数字化的监测设备还与人防、犬防相结合，使文物的安全性得到极大加强。

### 1.4  博物馆管理与办公的数字化，节约了资源，提高了效率

博物馆作为社会的公益服务机构，它的管理工作涉及文物保管、保卫、研究、出版、陈列展示、社会教育等多个部门，事务处理流程繁琐多变，协调工作千头万绪，管理与办公的数字化，可以促进部门之间信息的共享与整合，大大提高工作效率。

近年来，天一阁博物馆在办公数字化方面也做出了不少成绩：应用多层防火墙技术实现网际隔离，确保办公网络安全运行；建立了数字财务系统，并可提供远程网络交易服务；建立了固定资产数字化系统，使馆内的每一件公共财产都有了自己的电子标签，并随时可在网上查询到使用情况；建立了内部网络共享平台以及即时通信系统，极大提高了办公的效率，有效减少了资源浪费。比如，一些涉及多个部门的日常工作，工作人员只需在网上进行互动交流，并在内部网络共享平台上下载或上传相关文件即可完成，不需要分别到访不同的办公室索取多份文件，再将其带到自己的办公室进行人工处理。数字化使各个部门在收集、传送、共享、处理信息上变得更为便捷，使馆内的行政管理流程变得更为人性化。

## 2　初步成效

### 2.1　摸清了家底，搭建了平台，日常工作更加规范化、现代化

在天一阁博物馆数字化的进程中，无论是馆内办公局域网建设还是馆藏文物的基本信息管理系统建设，该馆在采集各种信息时，都制定了统一的采集标准和存储规范，并制作了相互对应的编码。通过数字化的技术规范，使得天一阁的家底得到了一次全面有效的清理，同时，数字化工程所搭建的内部工作平台和外部展示平台，能有效地对资源进行优化配置，防止功能重叠，最大限度地利用信息资源为文化建设服务。

### 2.2　极大地提高了天一阁博物馆的公共服务能力和社会影响力

"数字天一阁"的建设目标，使得天一阁博物馆拥有了更强大的文化传播功能。据不完全统计，近三年来，天一阁官方网站的点击率分别为51万次、63万次、70万次，呈逐年上升趋势；近三年来，天一阁的游客量分别为36万人次、40万人次、44万人次，也呈逐年上升趋势。博物馆的虚拟网站和藏品的数字化展示，为公众提供了更多、更好地欣赏这座古老藏书楼及其藏品的机会，也有效地扩大了该馆在公众心中的影响。

### 2.3　更大程度上满足了社会公众的文化需求

数字化为公众了解、利用博物馆提供了良好的途径。如今，老百姓足不出户，即可在网上阅读天一阁的珍贵古籍。而数字化的陈列形式，则可以让观众对天一阁的藏品及活动情况实现虚拟的、对话式的、多层次的交流，民众无论参观展览、欣赏藏品、浏览新闻、参与讨论，都拥有自主权。以天一阁在线古籍阅览系统为例，该系统向民众免费开放后，迄今为止，吸引了海内外大量读者，已拥有18万余次的点击量。总之，数字化丰富了博物馆的社会功能，最大限度地利用了公共文化资源，使博物馆更有现代魅力。

## 3　创新亮点

### 3.1　"数字天一阁"建设与实体博物馆建设相结合

博物馆是采取实物方式进行文化传播和交流的公益机构，因此，它内部的实物和现实空间所带来的强烈的现场感，是虚拟网站和任何虚拟数字

手段所无法取代的，但博物馆的虚拟网站具有时间上的自主性和空间上的超越性，各种数字化展示手段所呈现出的震撼场景，也往往是实体博物馆所不具备的。故而，"数字天一阁"是对实体博物馆功能的辅助、拓展和延伸，它能更有效地帮助天一阁博物馆发挥其公共服务的社会功能。

近年来，天一阁博物馆统一认识，正确把握新技术革命对博物馆发展带来的机遇，在工作实际中，以实体博物馆为主导，紧扣天一阁近期的其他工作重点，如全国古籍普查工作、天一阁陈列改造工作等，以数字化技术来创新和完善博物馆的文化传播和管理方式，进而充分发挥天一阁在宁波"智慧城市"发展中的作用。

### 3.2　突出重点，兼顾其他

博物馆的数字化建设是一项浩大的工程，它涉及博物馆的方方面面，在短期内很难做到多个部门进度一致。天一阁博物馆经过调研论证，考虑到该馆虽然是庋藏和研究古籍的公益机构，但古籍作为文物，多年来，读者很难阅读到该馆所藏的珍贵文献，便捷地阅读天一阁所藏古籍成为民众最迫切的愿望和要求。基于此，该馆确定近期数字化工作的重点是配合全国古籍普查工作，建立天一阁善本古籍数字资源库，同时，文物保护、陈列展示、办公管理的数字化工作也逐步展开，使该馆的数字化进程得以在突出重点的前提下全面推进。

### 3.3　明确发展方向，树立远期目标

通过几年的努力，天一阁的数字化建设已经取得了令人瞩目的成绩，但当前信息技术突飞猛进，国内外博物馆的发展也日新月益。未来如何推进数字化的发展，如何对博物馆文化实现更多途径、更大范围、更快速度的展示与推广，是天一阁的工作者们正在思考的问题。目前，该馆正在拟定新的"数字天一阁建设实施方案"。预计到2014年，天一阁博物馆要逐步搭建或完善5个数字化平台，即计算机网络平台，包括局域网建设和互联网接入两大部分；文博资源平台，包括文物管理系统和古建管理系统；综合业务平台，包括办公自动化系统和人事管理系统、票务管理系统和决策分析系统；展示服务平台，包括网站发布系统、陈列展示系统、导览服务系统；安保业务平台，包括安保监控系统、消防自动系统、门禁管理系统和巡更管理系统等。届时，古老的天一阁将能为民众提供更多优质的现代公共服务，而民众也将更大限度地感受到优秀传统文化与最新科学技术完美结合后所形成的强大文化力量。

# 网络信息资源长期保存
# 的技术策略比较研究

齐亚双*

（南开大学商学院信息资源管理系　天津　300071）*

**摘　要**　网络信息资源长期保存是近年图书情报领域的研究热点。文章指出了技术策略对网络信息资源长期保存的关键性作用，简要介绍了更新、迁移、仿真、转换和数字图形输入板等常用保存技术，并对这些技术策略进行了对比分析，得出没有能够解决所有问题的单一策略的结论。因此，我们应根据不同的保存需要，在考虑多项保存因素的基础上，综合运用多种技术策略来制订选择方案。

**关键词**　网络信息资源长期保存　技术策略　迁移　仿真

　　随着信息技术和因特网的迅速发展，网络信息资源已逐渐成为人类文化遗产中最重要的组成部分。网络信息资源是指"通过计算机网络发布、传递和存储的各种文献信息资源的综合"，包括网络出版物（如网络期刊、网络报纸、电子图书、网络数据库等）和各种网络信息。它具有更新速率快、易逝等特点，如果不及时加以保存，大量具有重要价值的学术、文化、科学信息将面临永久消失的危险。因此，如何采取有效的保存策略，保证网络信息资源不因时间流逝而消失，是近年来图书情报领域研究的重要课题之一。国内外许多专家、学者都对这一问题进行了深入、细致的研究，从技术、管理、法律、组织、政策等多个方面讨论了网络信息资源的长期保存问题。其中，技术策略是全部策略赖以依附和执行的基础，因此也是网络信息资源长期保存的核心与关键。

　　由于网络信息资源具有非人工识读性，必须借助一定的软硬件设备才能被解析和访问，因此它的存储和使用都受到软硬件与服务系统构成的技术环境的制约。然而，技术过时是不可避免的。据研究表明，网络信息资

---

*　齐亚双，女，1987 年生，南开大学商学院信息资源管理系，博士研究生。

源长期保存的最大威胁来自于文件格式、存储介质以及软硬件技术的过时，因此必须在技术上解决这些问题。目前常用的保存技术策略主要有更新、迁移、仿真、转换和数字图形输入板等，它们各有优劣，没有任何一种策略可以有效解决所有问题。单独对这些策略进行功效分析没有意义，因此本文在简要介绍这几种技术策略的基础上，对比分析了他们各自的优势、劣势，并指出了制订选择方案应考虑的因素以及如何综合运用多种技术策略进行网络信息资源的长期保存。

# 1　常用的保存技术策略

1996 年，美国信息存取委员会（CPA）在报告中首次提出了更新、迁移、仿真等数字信息的保存技术，之后又出现了转换和数字图形输入板等技术。下面对这些技术策略予以简单介绍。

（1）更新技术（Refreshing）：是通过复制将网络信息资源拷贝到新媒体上，保护数据本身不受存储介质质量恶化的影响。但简单的更新并不能对所有的网络信息资源进行维护，它取决于新旧格式与软硬件系统的兼容性。

（2）迁移技术（Migration）：主要有两种，一是将网络信息资源从稳定性低的媒体上迁移到稳定性更高的媒体上，或是从对软件依赖性强的格式迁移到对软件依赖程度低的格式上；二是将网络信息资源从各式各样的格式上迁移至更易管理的标准格式中。该技术尤其适合于保存与软件无关的格式产生的文本文件或简单、通用的平面文件，因此是维护网络信息资源最有效、最恰当的方法。

（3）仿真技术（Emulation）：是用一个计算机系统去模拟另一个计算机系统的操作，使两者功能完全相同，而不必再重新编写程序。它是在保存网络信息资源的同时，通过保存网络信息资源利用的软硬件环境来保障对网络信息资源的可利用性。仿真最大的优点在于它保存了网络信息资源的外观，尤其是对于一些复杂的、不适于迁移的网络信息资源，如超文本信息、多媒体信息等，仿真技术有显而易见的优势。

（4）转换技术（Conversion）：是指把信息从一种媒体转移到另一种媒体上，包括格式变换与复制，目的是在纸张、缩微胶片、录像、磁性材料、光盘等媒体并存的混合环境中实现不同媒体之间信息内容的保存。目前主要有以下三种方法：第一，把网络信息资源的格式转换为通用的文本格式；第二，利用通用的、开放的数据库管理系统；第三，采用或开发对应的转换软件。但该技术可能会使网络信息资源在结构、内容等方面出现丢失，从而使用户对网络信息资源的可靠性产生质疑。

（5）数字图形输入板技术（Digital tablet）：是为了克服迁移技术存在的迁移时机不易把握、无法保存复杂网络信息资源的缺点而开发的一种新技术。它能同时保存软件和硬件，将所保存的信息直接显示在自含屏幕上。这种技术无须专门知识，操作比较简单，还能降低迁移费用，因此预计近年内将会大量生产，投入使用。但它并不是对迁移的完全替代，只适用于年度报告、政府法律文献、珍贵艺术品等文献和数据库的长期存取，对于一些用途有限、需要定期删除的文献则宜选用迁移策略。

## 2　技术策略的对比分析

上述几种技术策略各有优劣，如果我们孤立地分析它们的特点、功效，将无法找出理想的解决方案。只有比较才有鉴别，对这些技术策略进行比较分析将更有助于技术方案的选择。更新、转换和仿真三种技术都未对原数据格式予以更改，因此可划分为一类，与另外两种技术策略进行比较，如表 1 所示：

### 表 1　几种技术策略的比较

| 技术策略 | 保存原格式<br>（preserving original format） | 迁移<br>（using migration strategy） | 数字图形输入板<br>（using the digital tablet） |
|---|---|---|---|
| 保存方式 | 对软件和硬件分别保存 | 对软件和硬件分别保存 | 对软件和硬件同时保存 |
| 使用期限 | 由软件介质的耐久性和硬件决定 | 由迁移的准确性和迁移时机的选择决定 | 由图形输入板耐用性决定 |
| 原文献使用 | 原文献得以保存，但不能读出 | 迁移时改变原文献以适应新格式 | 原文献得以保存而且继续可读 |
| 成本 | 包括安全性、库容量和气候控制费用 | 包括安全性、库容量、气候控制及定期评估和迁移费用 | 包括安全性、库容量、图形输入板购买、格式转换及版权许可费用 |
| 对原文献损害 | 大 | 小 | 无 |

续表

| 软件格式详尽知识 | 必须对原软件格式化的详尽知识加以单独保存 | 必须对当前迁移软件格式的详尽知识加以单独保存 | 无须使用软件格式详尽知识，已存在图形输入板中 |
| --- | --- | --- | --- |
| 存贮格式与载体 | 根据原文献研制者的需要选择不同存贮格式和载体 | 存贮格式和媒介变动有限，与数据使用无关 | 存贮格式和媒介变动有限，与数据使用无关 |
| 人员需求 | 需要专门经过培训的软件和硬件专家 | 需要专门经过培训的软件和硬件专家 | 不需要专门知识 |

表1从技术策略、保存方式、使用期限、原文献使用、成本、对原文献损害、软件格式详尽知识、存贮格式与载体以及人员需求等多个方面对常用的几种技术策略进行了对比分析，可见不存在能够解决所有问题的单一策略，而是应该根据不同的保存需要来选择技术方案。

如果数据内容和内容关系是所有考虑因素中最主要的，那么迁移策略是最好的选择方案；如果要对数据的结构特性、检索及展示方面的能力进行维护，那么简单的更新则无法满足用户的需求；对于复杂的保存对象，仿真是个好办法；若要将信息存储与处理功能融为一体，实现对网络信息资源的动态保存，数字图形输入板技术则有着十分明显的优势。

实际上，从各种技术策略的应用情况来看，最适合网络信息资源长期保存的策略是迁移技术。因为迁移过程并未要求绝对保持数据的原貌（Look and Feel），而是保存数据内容及内容之间的关系。美国保护与存取委员会（CPA）所属的网络信息资源归档特别工作组曾在报告中指出："迁移是对付技术过时的最佳良策，它应是信息资料完成定期转换的一系列有组织的工作，包括维护信息的真实性、用户的再检索、显示与其他利用的能力。"

## 3　技术方案的选择

### 3.1　制订技术方案应考虑的因素

对于一个具体的网络信息资源保存计划来说，到底选择哪种技术方案，主要应考虑以下几个方面的因素。

（1）用户需求因素。目前网络信息资源的保存主要有位流保存、数据内容保存、完整的知识保存和服务保存四个层次。如果用户对显示在其终端的网络信息资源的外观有着明确要求，就需要采用仿真技术；反之，可以考虑迁移技术。

（2）项目本身因素。有些项目将网络信息资源委托给一个商业性企业来保存，在这种情况下，数据的长期维护工作就交给了商业公司，商业公司采取哪种技术，有时取决于保存项目的要求。如果该项目要求数据保存的网络信息资源不能损坏其外观，那就只有采用仿真技术。

（3）网络信息资源本身因素。技术环境的变化要求网络信息资源的保存格式能够被现行的软硬件技术所访问，并且能够被复制和重复使用，很明显只有迁移技术才能满足这种需要。但如果被保存的网络信息资源的规模较大或者保存的时间较长，则宜选用仿真技术。

（4）技术可行性因素。技术上的可实现性是技术解决方案赖以存在的基础，也是其推广应用的第一步。理想的保存方案不但要求在技术上是可实现的，还应尽量要求在实际使用时是易于操作的（"易"指不受时间、空间、费用的限制，"操作"包括复制、存取、传播、机读等）。

（5）经济合理性因素。技术的问题不能只以技术的方法来解决，保证方案在技术上的可行性只是第一步，经济上的合理性是保证方案可在实际中推广运用的基础，这关系到该方法的市场认可度和应用推广度。此外，保存网络信息资源的代价应与利用所保存信息产生的经济效益、社会效益成正比，并保持尽可能高的成本效益比。

## 3.2　运用综合策略制定技术方案

### 3.2.1　按需迁移的保存策略

传统的迁移方法存在一些不足，即如果在迁移的某一步骤存在错误、遗漏或其他情况，就会影响以后的迁移，从而产生不同程度的失真。按需迁移保存策略是将软件设计的技巧与保存原始字节流的原则结合起来，产生了一种新的迁移情况，即解释或读取特定文件格式的编码只需执行一次；保存网络信息资源的原始格式使信息真实性问题变得十分简单；迁移工具模块的设计使执行可逆的迁移试验变得简单、经济；迁移工具只是按需使用，因此在保存大量的数据时可以节省费用。具体操作如图1所示。

### 3.2.2　基于虚拟计算机（UVC）的保存策略

UVC 是由 IBM 公司设计的一个开发仿真或迁移工具的平台。该策略在保存实践中，首先要编写一个基于 UVC 的格式解码程序，用来将被保存内容的格式解码和呈现，该解码程序运行在仿真的 UVC 平台上，把保存内容

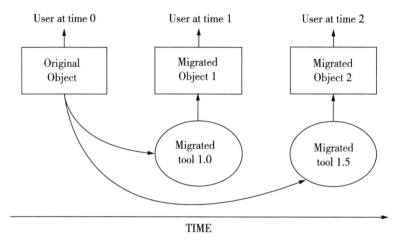

**图1　按需迁移的保存策略**

转换成逻辑数据视图（Logical DataView，LDV）。LDV 是采集对象的结构化描述，通常依照一个特定的 Schema（LogicalDataSchema，LDS）构建，如果日后有人想要浏览被保存内容，就可以编写一个 UVC 仿真器，然后运行解码程序，生成 LDV，并根据保存的 LDS，再开发一个浏览器，这样就可以重现被保存的内容，如图2所示。

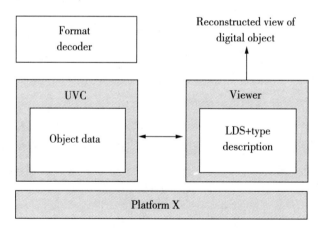

**图2　按需迁移的保存策略**

　　实际上，UVC 是为基于 UVC 编写的程序提供了一个经过仿真的平台，使得这些 UVC 程序也具备了与平台无关的、技术独立的仿真特点。可以看出，该 UVC 方法是对两种策略综合运用的结果，因此同时具备了仿真和基于类 XML 的 LDV 说明的迁移这两种策略的长处和优势。

### 3.3　基于风干的保存策略

在网络信息资源保存领域中，风干（Dessication）是指从复杂数据格式中提取有价值的内容，保存简单的、低技术含量、机器易于还原和容易被人理解的格式的过程。实际上，就是在保存网络信息资源的原始版本之外，再保存一个简单的、低技术含量的、经过干燥处理的数据版本。该策略是网络信息资源长期保存的附加方案，也是一种以防万一的策略。

## 4　结语

通过对更新、迁移、仿真、转换和数字图形输入板等常用技术策略的比较分析不难发现，任何一种保存策略都只能解决部分问题。而在现有网络信息资源长期保存活动中，保存者通常都采用了多种技术策略，他们从不同角度和深度对网络信息资源保存进行了探索和尝试。但是到目前为止，还没有哪一个项目把一种单独的技术方案作为完整的保存技术策略应用到网络信息资源的长期保存系统中。因此，本文提出应充分考虑对技术方案选择的影响因素，综合运用多种技术策略，才能制订出满足保存需求的、合理的技术方案。

**参考文献**

[1] 陈力，郝守真，王志庚. 网络信息资源的采集与保存——国家图书馆的 WICP 和 ODBN 项目介绍 [J]. 国家图书馆学刊，2004（1）：2—6.

[2] 向菁，吴振新. 网络信息资源保存发展现状及趋势分析 [J]. 中国图书馆学报，2009（3）：34—41.

[3] 宛玲，吴振新，郭家义. 数字资源长期战略保存的管理与技术策略——中欧数字资源长期保存国际研讨会综述 [J]. 现代图书情报技术，2005（1）：56—60.

[4] 何雪英. 数字资源长期保存研究 [J]. 图书馆学研究，2009（9）：81—83.

[5] Besser. H. Digital longevity. [EB/OL]. [2012 – 08 – 05]. http：//besser. tsoa. nyu. edu/howard/Papers/replaced/sfs-longevity. html.

[6] 司莉. 数字文献长期存取技术策略比较研究 [J]. 大学图书馆学报，1999（5）：35—37.

［7］ 崔明新. 数字资源长期保存的技术策略初探 ［J］. 档案, 2008 （3）: 55—57.

［8］ 秦珂. 数字信息长期保存的技术方法分析 ［J］. 档案与建设, 2006 （3）: 19—21.

［9］ 刘家真. 维护数字信息长期存取的技术策略 ［J］. 情报学报, 1999 （9）: 161—165.

［10］ 杨道玲. 资源保存的热点问题管窥 ［J］. 图书情报工作, 2005 （3）: 91—94.

［11］ 吴振新, 张智雄, 郭家义. 数字信息资源长期保存技术策略分析 ［J］. 现代图书情报技术, 2006 （4）: 8—13.

# 军队院校图书馆资源共建共享现状分析与思考

薛　玲*

（空军工程大学图书馆　西安　710051）

**摘　要**　分析了军队院校图书馆资源共建共享的现状和存在问题，阐述了资源共建共享的原则，并从充分发挥联席会作用、全面调动各馆积极性、注重标准规范的统一、加强馆际间技术协作、推进长远可持续发展等方面提出对促进军队院校图书馆信息资源共建共享的思考。

**关键词**　图书馆学　资源建设　军队院校　共建共享　图书馆建设

随着信息技术的发展和军队院校教育转型，以及人才培养需求的变化，要创建新一代军队院校图书馆文献信息联合保障系统，全面推动图书馆的建设与发展。从军队院校图书馆自身来看，共建共享是缓解信息资源有限性与信息需求无限性矛盾的根本途径。

## 1　建设现状

军队院校图书馆有一个很好的传统，就是相互协作。特别是 20 世纪 80 年代，全军院校协作中心图书情报专业组长联席会成立后，联席会在图书馆工作中发挥协作协调作用，在图书情报学术研究和现代化中发挥组织指导作用，在图书馆宏观管理中发挥参谋咨询作用，为推动全军院校图书馆事业做出了重要贡献。

### 1.1　叫响了一句口号

在总部机关的宏观指导下，军队院校图书馆提出并叫响了一句口号，叫作"全军院校一个馆"，这表现了一种凝聚力和号召力，其核心思想就是整体联合、资源共享。"一个馆"的实质就是依托军事训练信息网提供的网络环境，按照统一的建设目标、统一的服务功能、统一的规范标准，

---

*　薛玲，女，1973 年生，空军工程大学图书馆，馆员。

把各具特色的军队院校图书馆连成一体，以发挥整体优势，实现优势互补和资源共享，更好地为院校教学科研服务，为培养高素质军事人才服务。

## 1.2　开展了制度建设

法规制度建设是实现资源共建共享的重要保证。自20世纪90年代起，总部在组织图书馆信息网络系统和全军军事训练信息网建设中，把标准化、规范化作为一个很重要的指导原则，认真贯彻执行，力求设备建设标准化，应用系统标准化、信息资源建设标准化。颁发了《全军军事训练信息资源数字化建设规划》、《全军军事训练信息数据库技术规范》，制定了《军队院校图书馆业务工作规范》，多次修订了《中国人民解放军院校图书馆工作条例》和《军队院校图书馆评估方案》，图书馆管理方面的法规制度基本配套，为资源共建共享奠定了基础。

## 1.3　开发了信息系统

1994年，总部机关确定国防大学图书馆牵头开发图书馆信息网络系统的应用软件；1995年，军队院校图书馆信息网络系统（MILINS）在部分院校正式投入运行。在MILINS系统建设中，从抓书目信息资源建设入手，摸索了数据库建设的经验。之后，又分别升级为NM2000、Milnets系统。2003年，与地方公司联合开发了军队院校数字图书馆应用软件系统（MDLS），在全军院校各馆得到了广泛应用。为全面推广数字图书馆系统建设、管理和日常维护方法，在总部业务机关的直接领导下，分期分批地举办应用技术培训班，为资源共建共享创造了较好的技术、人才环境。

## 1.4　推行了共建共享

总部机关要求：图书馆要把工作重点放在信息资源数字化建设上。2001年启动数字图书馆实验工程，制订了信息资源数字化建设规划、图书馆网站网页评价内容和评价标准等。在总部的大力支持下，建成了军事学和工程技术外刊共享服务中心，开展了信息资源数字化建设的重点项目，如联合书目中心、联合网站、学科中心数字图书馆等；2005年，制定了《全军院校图书馆信息资源共享服务管理办法》，全面启动了军队院校数字图书馆工程；2009年，组织开展了数字资源联合采购工作，从根本上推动了资源共建共享。

## 2　存在问题

在总部机关的规划指导下，军队院校图书馆相继开展了书目和文献资源数字化、数字图书馆工程建设，开发了图书馆信息网络系统和数字图书馆应用技术系统；组织实施了通用数字资源联合保障计划，统一投资开展了原生文献资源建设；等等。经过多年的积累，全军院校图书馆信息资源共建共享取得了一定的成绩。事实上，由于各方面原因，军校图书馆联合共建、资源共享尚未成气候，整体保障优势未有效形成，共建共享成效不明显。

## 2.1　没有长远的目标，缺乏统筹规划

军队院校虽较早提出了"全军院校一个馆"的奋斗目标，但由于联合协作、合作共赢观念尚未完全深入人心，以致缺乏应有的全局观念、开放思想和长远目标，当然也缺乏统筹规划和具体措施。造成了闭门造车者众、放之全局者寡，军校图书馆真正意义上的整体联合力度不大。同时，军队各类图书馆分别隶属于不同系统、不同部门，受到条块分割的行政性约束，各自为政、分散管理，在长期分割中形成的封闭意识，阻碍着文献资源共享建设。

## 2.2　建设平台不一致，共享程度较低

军队院校在数字图书馆建设初期，共享协作的技术平台不够完善，原有的图书馆信息网络系统（NM2000、Milnets）和数字图书馆应用技术系统（MDLS）只能部分实现信息资源的共建共享，于是有些馆采购了各种数据库平台，导致军内数字资源系统和格式不统一，系统运行环境、开发工具、软件架构、数据格式都存在着较大差异，数据互连互通不畅，为实际中的共建共享带来很大困难。同时全军数字图书馆的标准规范也不够健全，执行力度还很有限，迫切需要抓紧建立和完善全军图书馆建设的各项技术标准，切实加大执行标准的力度，不断提高标准的科学性和完整性。

## 2.3　数据库重复建设，馆际协调性差

在军队院校数字图书馆建设的过程中，硬件投资大，软件投资小，网络利用率低，文献信息资源的收藏普遍存在着重复和同化现象，且许多资源不能及时整合，导致数据重复、缺少特色、缺乏亮点、缺欠精品。虽然图书馆之间也存在着一些不同地区、不同规模的文献信息资源的共建项目，但由于军事训练网络不通、馆际协调不畅、使用权受限制等原因，这种共建共享还只是局部的、单向的，仅停留在表面层次和个别项目，并没有形成有效的体系和相应的规模。

## 2.4　未形成管理机制，合作深度不够

长期以来，军队院校图书馆在资源共建共享方面缺少具体明确的军内法规、政策、制度的保障，缺乏可操作的评估、监督、激励机制，管理体制有些薄弱、缺乏权威性，形成了当前共建共享难以有效开展的尴尬局面。尽管根据总部规划，通过建设军兵种（专业）数字图书馆和重点学科专业网站，搭建了"军队院校数字图书馆网站"，构建了覆盖各兵种、各重点学科的全军院校数字图书馆体系，但由于数字图书馆建设中重视系统的管理功能，缺乏必要的信息服务意识，馆际协作手段相对落后，后续管理服务跟不上，馆际合作难以深入。

# 3　建设原则

军队院校图书馆必须适应军事发展与读者需求的改变，充分利用先进的技术手段与服务方式，构建保障有力的信息资源体系，从而实现军校图书馆与信息资源共享可持续发展的目标。

## 3.1　科学统筹原则

总参军训部作为全军院校图书馆的业务主管机构，要对资源共建共享进行科学统筹，充分考虑信息资源近期投资和长远建设，投入的规模、速度和效益等问题。军队院校图书馆要在正确分析现状和条件、整合现有资源和技术成果的基础上，切实结合本馆实际，在共知的基础上开展文献信息资源建设，联系其他馆藏决定取舍，以避免不必要的重复和浪费。联席会要推动信息资源建设协调采购、联合购买，各馆要主动挖掘收集本院校重点学科资源，加大原生资源建设力度，达到统购资源合理有效、自建资源彰显特色之目的。

## 3.2　标准统一原则

标准统一是资源共建共享的前提和保障。要提高军队院校图书馆资源共建共享的系统性、科学性和安全性，提高建设效益，迫切需要建立和完善全军图书馆资源建设、保存、管理及服务的标准规范和安全保密管理规范体系，切实加大执行标准的力度。当前，通过学习与研究国内外信息资源共建共享的成功案例，可以获得许多有益的启示，如地方高校一般使用CALIS推行的《中国高等教育数字图书馆技术标准与规范》（简称《CAD-LIS 技术标准与规范》）。

### 3.3　技术先进原则

资源共建共享涉及内容数据的管理技术、多媒体技术、人工智能技术、媒体数字化技术、网络技术等，为了保证共建共享的顺畅运行，保障信息资源的顺利传送，军队院校图书馆要通过较高的技术起点，构建开放的、易扩充的、稳定的系统。一方面要调查分析国内外文献资源、应用技术和系统开发的情况，由总部支持采用先进成熟的技术和平台产品；另一方面要完善人才培养机制，持续开展专业化的技术培训，并有效利用专家、教授的技术支持，确保共建共享有长久旺盛的生命力。

### 3.4　服务高效原则

军队院校图书馆开展资源共建共享，要把用户的需求作为出发点和归宿。随着信息化技术的不断发展，资源的整合和集中更是大势所趋，各馆要采用统一（标准、平台统一）与分散（建设、存储分散）相结合的模式，重点建设本院校用户急需的特色资源，经过信息中心的加工整理，形成具有一定使用价值的数据仓库或信息仓库以备信息资源共享的各个环节的整合，快速提高军校图书馆联合服务能力，为院校教学科研、部队教育训练、机关决策咨询提供高效率、全方位的文献保障和信息服务。

## 4　建设措施

为适应军队院校教育转型和新型高素质军事人才的培养，推进军事训练信息化条件建设，广泛开展军队院校图书馆间的文献信息资源共建共享，改善文献资源建设在学科分布上的重复和不均衡状态，是提高图书馆信息服务保障能力的重要方式，也是打破分割、实现共赢和有效提高文献资源利用率的根本措施。

### 4.1　充分发挥联席会作用

资源的共建共享，必须在总部主管机关的统一部署下，各军兵种主管机关、各院校训练主管部门通力协作，着力提高执行力，加强检查督导甚至问责。全军院校协作中心图书情报专业组长联席会和专家组的作用要更进一步加强，要配合总部制订明确的任务与战略目标，推行强有力的资源共建共享政策法规，以保证对文献资源建设的协调和领导作用。建立畅通的交流渠道，保证成员的意见得到及时的交流与沟通，保证成员馆对重大事务具有知情权与发言权，从而保障资源共建共享在民主、信任、理解的基础上运行。

## 4.2 全面调动各馆积极性

军队院校图书馆是一个相互依赖的整体，要坚持"全军院校一个馆"的建设思想，调动协作组织、技术专家和全军院校图书馆的积极性，发挥整体优势。根据军校图书馆联合共建的实际情况，建立有效的组织领导机制、监督激励机制、技术维护机制、人才培养机制、资源推广机制和法律保障机制，通过参与全局性的共享活动，形成军队院校联建共享成员馆之间充分合作的精神，建立起军校图书馆相互补充、相互合作的新型关系，有效地将馆藏资源与网络资源结合起来，最大限度地挖掘信息资源的潜力，实现广泛的信息服务，不仅能够扩大系统的整体效益，也能保持成员馆相对的独立性和自主性。

## 4.3 注重标准规范的统一

总部机关要组织修改完善《军队院校图书馆信息资源共建共享管理办法》和《军队院校图书馆信息资源共建共享实施细则》，并结合我军军情以立法形式，对共建共享的性质、范围、地位作用、运行规则、服务方式、各图书馆的权利和义务、经费保证等作出明确规定。各军校图书馆要从建立原始数据做起，严格遵循《军事文献资源数据加工规范》、《军事文献资源标引著录规范》、《军事文献资源类型元数据规范》、《军事文献资源核心元数据规范》等一系列标准规范，还要建立统一的网上文献传递服务质量的标准和要求，设立专职岗位，建立军队院校网上文献传递服务体系，提高各院校图书馆信息用户获取信息资源的能力。

## 4.4 加强馆际间技术协作

资源共享不仅是指文献信息资源的共享，还包括技术资源的共享、设备设施的共享，以及人才资源的共享。军队院校大多数图书馆技术力量薄弱，只有通过馆际之间的技术协作，实现技术互助、共享，发挥各馆的技术合力，才能保障信息资源共享的顺利实施。因此，军队院校图书情报协作区要配合联席会选用专门人员开展技术保障，进行资源的协调、安装更新、技术维护、人员培训，对外联络等，使资源共享落到实处。各馆要加强人员的培训与合作，为资源共享提供人才保证；还要重视本地资源的及时更新和维护管理，以保证数据库质量和长久生命力。

## 4.5 推进长远可持续发展

军队院校图书馆信息资源共建共享关系到军队信息化条件长远建设，

必须结合长远规划与动态发展，立足当前并放眼未来的发展，将共建共享由零散分头向综合集成转变，由注重建设向全面共享转变，由满足基本需求向提供全方位服务转变。在确保网络畅通、重视安全的前提下，在保护作者知识产权和遵守国家有关法律法规的前提下，充分发挥现有通信手段的作用，推进资源整合技术研究，不断拓展军队院校的信息资源储备，从整体上保证信息资源质量的提高与规模的扩大，稳步拓宽资源共享渠道，面向院校教学和科研开展融入式服务，面向部队和机关开展延伸式服务，争取更大范围内的信息资源共建共享。

## 5　结束语

信息资源共建共享，是信息资源优化配置的一种方式。军队院校图书馆迫切需要通过逐步探索、选择、完善一种有效的组织形式与发展策略，来协调、解决信息资源共享过程中所涉及的一系列影响因素，从而保证资源共建共享工作的可持续发展。为了实现"全军院校一个馆"的目标，提高图书馆信息服务联合保障能力，在总部机关的支持领导下，"军队院校数字图书馆资源集成实施方案"和军队院校图书馆信息管理系统（MA-LIS）已经过充分论证并将实施，相信在新的环境下，军队院校图书馆资源共建共享必将迈上新的台阶。

**参考文献**

[1] 黄东流，张旭，刘娅．基于共建共享模式的知识服务系统建设研究[J]．情报杂志，2011，30（3）：170—175.

[2] 梁欣．移动图书馆联盟：高校图书馆信息资源共享未来的发展趋势[J]．情报资料工作，2012，（2）：65—69.

[3] 郑立新，肖强．高校图书馆信息资源共建共享的认识与定位[J]．图书馆建设，2011，（5）：11—13.

[4] 高云，屈小娥．对陕西省高校图书馆数字资源共建共享的思考[J]．科技文献信息管理，2011，25（2）：4—7.

[5] 王振龙．网络信息资源共建共享机制及实现策略[J]．图书馆学刊，2012，（2）：29—31.

# 总分馆制高校图书馆期刊订购决策支持系统研究

贺彦平\* 谢 萱\*\* 曹秋秀\*\*\* 周雅琦\*\*\*\*

（国防科技大学图书馆 长沙 410073）

**摘 要** 如何科学、合理、高效地完成总分馆制高校图书馆的期刊订购工作，是摆在我们面前的一个新课题。本文首先阐述了订购中存在的问题，分析了影响订购决策的相关因素，研究了决策支持系统的相关技术，提出了系统设计方案、工作流程、数据库设计方案及开发方法。

**关键词** 总分馆制 高校图书馆 期刊订购 决策支持系统

在我国高校完成撤并、共建、联合等方式的结构调整后，总馆统一领导，全馆一盘棋，文献信息资源统一采购调配、人员事务统一安排处理的总分馆制，已成为我国高校图书馆组织与建设的一种重要模式。现今，有不少合并高校采用了总分馆制，如国防科技大学、武汉大学、浙江大学等。

## 1 问题的提出

中文印刷型期刊的订购，是图书馆的一项重要工作。期刊订购的质量直接影响着馆藏的质量，从而在很大程度上决定着高校图书馆的服务水平。而在总分馆制下，如何科学、合理、高效地完成中文印刷型期刊的订购与全馆的调配，是摆在我们面前的一个新课题。根据总分馆制图书馆的特点及我馆的建设实际，我们发现在期刊订购中，存在以下一些问题：

各分馆独立订购，只考虑到所在校区学科建设及读者的需求，不能够很好地从全馆乃至全校文献资源保障的总体布局出发，缺乏整体性。

每年的期刊订购与调配通过手工勾选的方式进行增减，没有相关软件

───────────────

\* 贺彦平，男，1978 年生，国防科技大学图书馆，流通二部副主任、馆员。

\*\* 谢萱，女，1962 年生，国防科技大学图书馆，副馆长、副研究馆员。

\*\*\* 曹秋秀，女，1982 年生，国防科技大学图书馆，馆员。

\*\*\*\* 周雅琦，女，1982 年生，国防科技大学图书馆，馆员。

来决策处理，面对数百乃至上千种的期刊，工作进展缓慢，效率低下。

因订购人员的专业和学科背景等因素的限制，期刊订购决策停留在凭经验的定性分析水平上，对许多学科期刊的把握和订购精度不高，使得有限的订购经费在使用上，出现"好钢没有用到刀刃上"的现象，整个期刊订购缺乏合理性。

对于从多种途径收集来的期刊需求信息，没有一个科学、客观的分析途径，或是照搬专家建议的期刊，或是参照读者的荐购，或是凭主观判断在建议期刊订购信息中选取订购期刊，无法进行科学的筛选、整合不同途径获取的期刊需求信息，以致无法对学科资源的建设和读者的需求提供有效保障，订购缺乏科学性。

由于不同校区学科专业设置可能不同，也可能存在重叠，导致同一种期刊可能全馆只订购一册，也可能订购多册分发至不同馆区。同种期刊全馆订购几册？总分馆间如何合理分配？有时工作人员只是凭经验、凭自己对各个校区学科建设需求的认知程度分配，缺乏有效的科学决策手段。

……

为解决上述问题，我们可将从不同渠道获取的期刊订购需求信息经过科学的筛选、整合、定量分析后，与计算机软件、数据库及决策支持技术相结合，构建总分馆模式下高校图书馆期刊订购决策支持系统（The Periodical Ordering Decision Support System），使图书馆订购与调配的期刊既能保障全校，又能满足各个校区学科建设及读者需求的需要。

## 2　决策支持系统

决策支持系统（Decision Support System，简称 DSS）是辅助决策者通过数据、模型和知识，以人机交互方式进行半结构化或非结构化决策的计算机应用系统。它是管理信息系统（MIS）向更高一级发展而产生的先进信息管理系统。它为决策者提供分析问题、建立模型、模拟决策过程和方案的环境，调用各种信息资源和分析工具，帮助决策者提高决策水平和质量。决策支持系统的核心是数据库和模型库，管理者和决策者可以根据存储在数据库中的大量数据进行定性分析，并借助模型库进行定量分析。

## 3　影响期刊订购决策的主要因素

### 3.1　学校学科建设需求

为学校教学及科研提供有效的文献信息资源保障，是高校图书馆的核心工作。因此在期刊的订购中，学科建设对期刊资源的需求，是我们首要考虑的因素。

该需求信息的获取，可通过对相关学科教研室（研究院所）的教授、专家、老师等人进行调研，获取相关学科推荐期刊目录等方式获取。

### 3.2 已订期刊的读者评价

读者对已订期刊的评价，是反映读者需求的一项重要指标，是衡量期刊订购好坏的重要因素。图书馆可以通过下发调查问卷、构建问卷调查网站、点评网站等形式来获取相关期刊评价数据。

### 3.3 已订期刊的实际使用状况

由于图书相关工作人员长年负责期刊订购及管理，他们对哪些期刊使用频率高，哪些期刊受读者欢迎，可以说非常了解，因此，图书馆员可以通过定量分析期刊历史订购及使用情况的相关数据，来了解期刊实际使用状况，并作为读者需求数据的重要参考因素。

### 3.4 期刊的读者荐购状况

读者对期刊的荐购，是获取读者需求的又一种重要手段。图书馆可通过构建期刊荐购网站等途径来获取读者荐购信息。

### 3.5 期刊的级别等级状况

是否核心，是国家级还是省级刊物等等。高质量的期刊是学科建设信息资源需求的重要保障。

### 3.6 订购经费因素

何种期刊必订，订几册？何种可订可不订？可以说订购经费的数量，对实际订购产生重要的影响，是影响期刊订购决策的重要因素。

表1 影响期刊订购决策的主要因素表

|  | 影响因素 | 说 明 |
|---|---|---|
| 1 | 校学科建设需求状况 | 全校及各分校区的学科建设需求，可通过学科点的相关专家、教授等有影响力的人的荐购来获取 |
| 2 | 已订期刊的读者评价 | 读者对已订期刊的好差进行评价，可通过构建点评网站方式获取 |

续表

| | 影响因素 | 说　明 |
|---|---|---|
| 3 | 已订期刊的使用状况 | 图书馆员对期刊使用状况的评价分析 |
| 4 | 期刊的读者荐购状况 | 全校读者的荐购数据，可通过构建读者荐购网站等方式来获取 |
| 5 | 期刊的级别等级状况 | 是否核心，是国家还是省级刊物等状况等 |
| 6 | 订购经费预算状况 | 全校或是每个独立校区每年的订购经费 |

# 4　期刊订购决策支持系统的总体设计

## 4.1　总体设计目标

系统在选择期刊时只需输入期刊订购经费预算，选择需分配的校区，系统就会根据存储在计算机内的学科建设、历史期刊评价、读者期刊荐购、期刊目录等信息，并调用相应的处理模型，自动进行期刊订购、多校区调配等工作，最后输出订购目录清单。

## 4.2　系统工作流程及总体结构

结合上述的设计目标，系统的工作流程及期刊权值数据生成流程设计如图 1 所示。

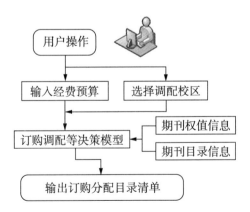

**图 1　系统工作流程设计图**

如图 2 所示，我们选用影响期刊订购决策的五个因素，来生成期刊权值数据，如果是首次订购，则无已订购期刊的相关数据。

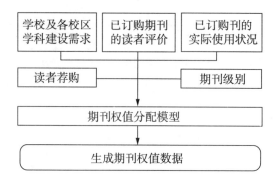

**图2　期刊权值数据生成流程图**

　　系统的总体结构拟采用三库结构，即模型库、算法库、数据库，整个系统需要数据库做底层支持，而不同的算法又可支持不同模型的生成，三库之间相互关联，密不可分。图3为系统的总体结构简图。

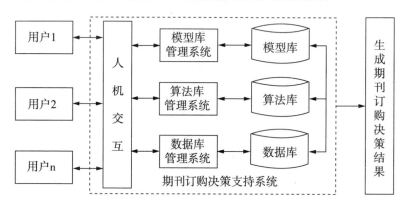

**图3　系统总体结构简图**

## 4.3　模块设计

　　从功能结构及需求上，系统设计为八大模块、十四个子模块。分别为：学科建设需求模块（内含全校学科建设需求及分校区学科建设需求子模块）、读者需求模块、荐购模块（内含专家荐购及读者荐购子模块）、反馈模块（内含专家反馈、读者反馈及图书馆员反馈子模块）、经费使用决策模块、期刊多校区调配模块（内含单校区及多校区调配子模块）、决策生成模块及系统管理模块。图4为系统功能模块图。

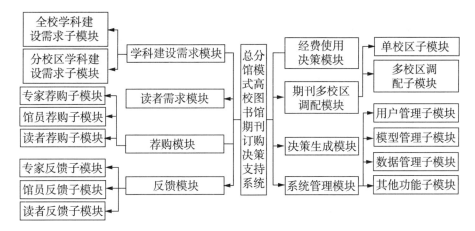

**图 4　系统功能模块图**

由图 4 可知，在模块的设计上，一个模块，可由多个子模块构成，而一个模块功能的实现，则可能又需要数个子模块来支撑。例如，学科建设需求模块，它除了自带的两个子模块外，还需专家荐购及专家反馈等子模块来支撑。

# 5　三库的研究与设计

## 5.1　模型库

模型库主要设计为以下几个模型，其分别为期刊权值、学科建设需求、读者需求、期刊评价、经费分配、多校区分配及订购决策模型等。

期刊权值模型是确定期刊重要性、需求等级及是否被订购的重要模型。如在期刊权值的量化过程中，专家（教授）推荐的期刊在推荐一项中，权值大于普通学生的推荐的期刊。权值越高，则订购的可能性越大，越低则越小。

学科建设需求及读者需求模型是支撑期刊订购权值的重要模型。期刊需求越大，则其权值也越高。在期刊权值模型中，需求模型产生的数据，是确定期刊权值的最重要数据。

期刊评价模型是反馈模块重要组成部分，也是实时反映学校学科建设及读者需求的重要模型。该模型产生的数据是每年（或每次）用来修正订购期刊的最重要依据。

经费分配模型主要用来解决有限的订购经费如何合理使用的问题。具体而言，是解决该不该订、订几册的问题。

多校区分配模型是总分馆模式下，根据经费预算、学科建设及读者需求等状况，解决不同校区订何种期刊，全馆如何合理调配的问题。

订购决策模型是系统的核心模型。该模型的实现，需要其他全部模型的支撑。

## 5.2 算法库

算法（Algorithm）是指解题方案的准确而完整的描述，是一系列解决问题的清晰指令，算法代表着用系统的方法描述解决问题的策略机制。也就是说，能够对一定规范的输入，在有限时间内获得所要求的输出。不同的算法可能用不同的时间、空间或效率来完成同样的任务。

不同的计算方法，可能会产生不同的计算结果。就本系统而言，不同的算法则会产生不同的期刊订购结果。因此，合适的算法，是科学、合理解决问题的必然选择。

以下介绍了系统实现中用到的几种算法。

### 5.2.1 层次分析法 （AHP）

AHP（Analytic Hierarchy Process）方法，是 20 世纪 70 年代由美国著名运筹学学家 T. L. Satty 提出的。它是指将决策问题的有关元素分解成目标、准则、方案等层次，在此基础上进行定性分析和定量分析的一种决策方法。这一方法的特点，是在对复杂决策问题的本质、影响因素及其内在关系等进行深入分析之后，构建一个层次结构模型，然后利用较少的定量信息，把决策的思维过程数学化，从而为求解多准则或无结构特性的复杂决策问题提供了一种简便的决策方法。

AHP 十分适用于具有定性的，或定性定量兼有的决策分析。这是一种十分有效的系统分析和科学决策方法。

用 AHP 法解决问题大体可以分为以下四个主要步骤：

（1）建立递阶层次结构。这是层次分析法中最重要的一步。首先，根据对问题的了解和初步分析，把复杂问题分解成称之为元素的各组成部分，把这些元素按属性不同分成若干组，以形成不同层次。

（2）构造判断矩阵。

（3）计算判断矩阵的特征向量和相应的最大特征 $\lambda_{max}$。

（4）一致性检验。一般来说，当方案较多时，很难保证人们做出的两两比较结果相互不矛盾。要确定专家填写判断矩阵的实际值与理想值是否存在偏差、偏差的大小以及对偏差值的可接受程度，需要对判断矩阵进行一致性检验。

### 5.2.2　熵值法

在信息论中，熵是对不确定性的一种度量。信息量越大，不确定性就越小，熵也就越小；信息量越小，不确定性越大，熵也越大。

熵值法就是根据熵的特性，通过计算熵值来判断一个事件的随机性及无序程度的方法或用熵值来判断某个指标的离散程度的方法（指标的离散程度越大，该指标对综合评价的影响越大）。

### 5.2.3　模糊聚类算法

在科学技术、经济管理中常常要按一定的标准（相似程度或亲疏关系）进行分类。例如，根据生物的某些性状可对生物分类，根据土壤的性质可对土壤分类等。对所研究的事物按一定标准进行分类的数学方法称为聚类分析，它是多元统计"物以类聚"的一种分类方法。由于科学技术、经济管理中的分类界限往往不分明，因此采用模糊聚类方法通常比较符合实际。

模糊聚类分析的步骤一般分为数据标准化、标定（建立模糊相似矩阵）及聚类（求动态聚类图）三步。

### 5.2.4　灰色决策方法

1982 年，中国学者邓聚龙教授创立了灰色系统理论。之后，灰色理论得到了广泛的应用，并产生了一系列灰色决策方法，如：灰色局势决策、灰色层次决策、灰色线性规划，以及后来发展起来的灰色关联决策、灰色聚类决策、灰色发展决策、灰色风险型决策、灰色漂移型线性规划、灰色动态规划和灰色多目标规划等。这些决策方法不仅在理论上发展和完善了灰色系统理论，而且在经济、农业、历史、文化、出版、交通运输、管理、工业控制等众多科学领域，成功地解决了生产、生活和科学研究中的大量实际问题。

中文印刷型期刊的订购问题是不确定性的组群决策问题，因此，也非常适合采用基于灰色概率比较的方法来对科技期刊排序、选订。

## 5.3　数据库

数据库选用微软的 SQL Server 2005 进行搭建。整个数据库的设计，需要构建众多的数据表，如学校学科信息表、读者信息表、期刊权值表、期刊评价表、邮局期刊征订目录表、期刊订购决策表等。因需设计的数据表众多，无法一一详细阐述，以下重点对学校学科信息表以及读者信息表的字段结构进行说明。

### 5.3.1　学校学科信息表

该表主要存放学校学科信息、权重因子，由学校各学科申报情况确定。其中综合因素字段即为经费分配比例。（表2）

表2　学校学科信息表

| 字段名 | 类型 | 可否为空 | 备注 |
|---|---|---|---|
| Id | Int | No | 关键字，自动增长 |
| xuekeid | Char | No | 学科代号 |
| Name | Char | No | 学科名称 |
| zhongdian | Char | No | 重点学科数 |
| boshidian | Char | No | 博士点数 |
| shuoshidian | Char | No | 硕士点数 |
| boshi | Char | No | 博士生人数 |
| shuoshi | Char | No | 硕士生人数 |
| benke | Char | no | 本科生人数 |
| jiaos | Char | No | 正副教授人数 |
| jiangshi | Char | No | 讲师及助教数 |
| junjia | Curricy | Yes | 平均价格 |
| hexin | Char | Yes | 核心期刊数量 |
| yinsu | Float | No | 综合因素 |
| description | text | Yes | 备注栏 |

### 5.3.2　读者信息表

该表主要存放读者的相关信息。（表3）

表3　读者信息表

| 字段名 | 类型 | 可否为空 | 备注 |
|---|---|---|---|
| Id | Int | No | 关键字，自动增长 |
| readerid | Char | No | 读者 ID 号 |
| Name | Char | No | 读者姓名 |
| Chengfen | Char | No | 读者成分 |

| 字段名 | 类型 | 可否为空 | 备注 |
|--------|------|----------|------|
| Xueli | Char | No | 读者学历 |
| Zhuanye | Char | No | 读者专业 |
| Doctor | Char | No | 读者性别 |
| Xiaoqu | Char | No | 读者所在校区 |
| Danwei | Char | no | 读者单位 |
| Nianling | Char | No | 读者年龄 |
| Nianji | Char | No | 读者年级 |
| Beizhu | text | Yes | 备注栏 |

## 6　系统开发

通过上面对系统的总体分析及设计，在系统的开发中，采用 B/S 和 C/S 两架构并存的设计思路来实现系统的开发。

### 6.1　操作系统及数据库的选择

操作系统选用常用的 Windows XP、2003 或 Windows 7。

数据库选用 Microsoft SQL Server2005，由于 SQL 2005 与其他设计软件兼容性好，具有安全性好、扩展性强、支持数据复制、分析功能强大、支持分布式事务等特点，尤其是支持数据仓库，并且应用也很广泛，所以选用 Microsoft SQL Server 2005 作为数据库系统平台。

### 6.2　开发工具

开发工具选用 Microsoft Visual Studio 2008，它是面向 Windows Vista、Office 2007、Web 2.0 的下一代开发工具，是对 Visual Studio 2005 一次及时、全面的升级。2008 整合了对象、关系型数据、XML 的访问方式，语言更加简洁。同为微软的产品，2008 可以高效地操作 SQL Server 2005 数据库。因此，不管是开发 B/S，还是 C/S 程序，Visual Studio 2008 都能很好地胜任，可极大提高本系统的开发效率。

## 7　结语

总分馆制高校图书馆期刊订购决策支持平台的研究与实践尚在探索与

摸索中，它终将会成为一个完善的高校图书馆决策支持应用平台，这既是图书馆更好地完成高校教学与科研信息资源保障服务的需要，也是图书馆自身建设与不断发展的需要。

## 参考文献

［1］刘景会，范会敏．合并后的大学图书馆设置比较研究［J］．晋图学刊，2002（6）.

［2］姜慧，于本海．基于多智能体技术的智能决策支持系统研究［J］．科技管理研究，2010（15）.

［3］靖培栋，刘忠厚．图书馆外刊购买决策支持系统研究与开发［J］．现代图书情报技术，1999（6）.

［4］彭桃英，骆超，赵霞．基于层次分析法的科技期刊编辑评优系统［J］．农业图书情报学刊，2011（9）.

［5］杨略．基于组合赋权法的图书馆期刊选定评价模型［J］．现代情报，2012（2）.

［6］王晓慧．科技期刊选订的模糊聚类决策［J］．情报探索，2008（5）.

［7］邓聚龙．灰色理论基础［M］．武汉：华中科技大学出版社，2002：18—282.

# 构建军校图书馆云计算
# 服务资源共享平台

张子堃*

（西安政治学院图书馆）

**摘　要**　军校图书馆已进入图书馆自动化历史新时代，本文通过对军校图书馆构建云计算服务资源共享平台，提出建立军校图书馆联盟体系，建立军校图书馆数字化资源管理体系等并且分析了军校图书馆联盟数字资源管理、书刊管理、云储存、馆际互借、学习研究等云服务的功能，进一步阐述了构建军校图书馆云计算服务平台的社会意义。

**关键词**　军校图书馆联盟　云计算　云服务　云储存

云计算、云服务是当今科技服务领域里最先进的服务手段，被视为科技业的下一次革命，它带来工作方式和商业模式的根本性改变，它不仅意味着应用信息技术成本的节约，更重要的是改变图书馆作为社会信息集散中心的服务模式。因此，军校图书馆应致力于借助信息技术，建立军校图书馆联盟体系，构建军校图书馆云计算服务平台，推动军校图书馆的转型及服务的升级换代，更有力地适应国家军队科学技术发展及军队文化资源共享的需要。

## 1　云计算

云计算（cloud computing）是一种基于互联网的计算方式，通过这种方式，共享的软硬件资源和信息可以按需提供给计算机和其他设备。云其实是网络、互联网的一种比喻说法。云计算的核心思想，是将大量用网络连接的计算资源统一管理和调度，构成一个计算资源池向用户按需服务。提供资源的网络被称为"云"。狭义云计算指 IT 基础设施的交付和使用模式，指通过网络以按需、易扩展的方式获得所需资源；广义云计算指服务

---

*　张子堃，男，西安政治学院图书馆。

的交付和使用模式，通过网络以按需、扩展的方式获得所需服务。云计算按照服务的对象不同，一般分为公有云和私有云两大类，前者指的是面向广域范围的服务对象的云计算服务，一般具有社会性、普遍性和公益性等特点，而后者一般是指社会单位为自身需要所建设的自有云计算服务模式，一般具有行业特点。

## 2　云服务

通过云计算方式提供服务能力的服务叫"云服务"，"云服务"让用户可以通过因特网储存和读取数据，甚至可以直接调用不同的"云应用"直接嵌入自己的应用服务系统，不需要直接的任何软件硬件系统，可以最大限度地共享硬件、系统、数据和应用服务。基于"云服务"的信息服务商可以把自己的服务能力像水和电一样让外部随需使用，同样用户也可方便地使用这些云服务，这就是云服务的基本服务模式和特点。"云服务"带来的一个重大变革是从以设备为中心转向以信息为中心。设备包括应用程序不再为用户所重点关注，只是服务中的一个配件，而信息及人们在信息中的投资则是被长久存留的资产（这一点对我们的科技信息服务更显而易见，我们更换过无数次的设备、操作系统甚至应用服务系统，但所有的数据却一直在使用）。云服务的本质就是硬件的过时，应用软件的过时，在"云服务"上不再是问题。

## 3　云储存

云储存是以一个数据储存和管理为核心的云计算系统，它是通过集群应用、网络技术分布式文件系统等功能，将网络中各种不同类型的存储设备通过应用软件集合起来协同工作，共同对外提供数据存储和业务访问功能的系统。云储存解决海量数据存储和计算的挑战。作为一种应用技术大量缩减了云服务中的服务器数量，降低了系统建设成本，减少了系统中由服务器造成的单点故障和性能"瓶颈"，精简了数据传输环节，提高了效率，也为军校图书馆联盟中海量数据提供解决方案。

## 4　构建云存储平台

MooseFS 搭建分布式数据存储平台就是所谓云储存平台，MooseFS 是互联网上应用最多的三大开源分布式文件系统（Hadoop、FastDFS、MooseFS）之一，它部署简单，可以在线扩容，体系架构可伸缩性极强，文件对象高度可用、可设置任意的文件冗余程度，而绝对不会影响读或者写的性能，同时可设置 Windows 回收站的的功能，以及提供类似 Netapp、EMC、IBM 等商业存储的快照功能。此平台提供了友好的系统接口，支持用户空间文件系统（FUSE），应用类似网络磁盘的方式为所有应用系统及广大用户提供数字资料的在线远程存储、移动存储和备份服务，可以支持大数量的节点以及 PB 级的数据存储。MooseFS 针对信息安全的需求，增加信息安全访问策略以及数据容灾策略。建设界面友好的 Web 服务平台，用户还可以直接在线上传、下载、管理自己的资源。整套架构可以平滑地进行横向及纵向扩充，提高性能、扩充容量，满足军校基本业务及军队用户的服务需求。

## 5　建立军校图书馆联盟体系

军校图书馆联盟是军校图书馆联合军队国防资源建设、服务的新形势，主要目的是为了实现资源和服务的共享共建，根据上述建设目标，基于云计算技术，构建军校图书馆联盟云计算服务平台的网络级架构（Network—levelarchitecture），该平台由知识发现与获取、书刊管理、数字资产管理、云存储、学习与研究和信息基础设施服务等子平台以及运行于后台的太容量数据存储服务平台构成，遵从有关技术规范和标准，充分考虑信息安全，并且将信息去全保障体系建设嵌入到云计算服务平台建设与管理的全过程。其管理平台可容纳几十个或几百个图书馆呈 BT 或 ET 级的数据资源，并提供成千上万的用户并发使用。

## 6　建立军校图书馆数字化资源管理体系

军校联盟成员馆既有特色数据库的元数据不统一、数据格式不统一，知识组织的标准不统一，还没有形成完整的特色文献服务系统，数字资产长期保存无保障，大多数盟员馆没有使用成熟的数字资产管理平台。盟员馆众多的纸质文献需要数字化和向社会公众开放，新生的数字资源需要储藏和发布，濒危的特色文献需要数字化抢救。建立数字资产管理云服务平台是解决上述问题的有效途径。这个平台又叫作知识获取平台，它是基于 Primo 和 SFX 搭建的。Primo 是世界上四大基于元数据仓储的知识发现系（Primo、Summon、EDS & WorldCat Local）之一，选择 Primo，是因为它是混合架构（服务模式＋数据），能对 OPAC 数据深度整合（服务＋数据），集成社会网络信息和数据，可以本地化部署，实现多源数据获取与集成。

## 7　建立军校图书馆文献资源集成与一站式服务形成 OPAC 数据深度整合和馆际互借

通过各个图书馆的自动化管理系统 API 或者其他接口，实现准实时收割盟员馆书目信息和实时在线显示读者借阅信息、馆藏信息，形成了图书馆联盟统一的 OPAC 发布平台和读者借阅平台，在此平台上可以查询任何一种图书在盟员馆中的收藏状况、借阅状态，盟员馆通过此平台进行馆际互借。将分布在不同区域、不同专业的盟员馆的军队信息资源孤岛，有机结合在一起，实现资源的统一揭示、一站服务，解决盟员馆资源不能共知、共建、共用，打破了图书馆间的壁垒，提高了信息资源的深度与广度，是构建军校图书馆云计算服务平台初想的任务，具有重大的战略意义。

## 8　建设纸质书刊管理子平台，构成"集约化"管理

由于军校联盟成员馆的自动化管理系统参差不齐，性能不高，低水平重复投入、重复建设，浪费严重，部分中小联盟成员馆还没有自动化管理系统。解决浪费、提高业务管理水平是平台建设的目标之一。建设纸质书刊管理子平台是军校图书馆联盟构成"集约化管理"的平台，为盟员馆提供采访、编目、流通以及其他传统业务管理。它是基于 Aleph 500 系统搭建的，后台是 Oracle 数据库，UNIX 操作系统，完整的 Unicode 字符集，支持 XML 管理报告，该系统提供了一套基于 XML 标准的开放接口用户可以利用 APT 接口开发本馆的新应用并方便实现联盟馆及其他服务平台集成。可以管理各种语言文字的文献，为众多图书馆提供传统业务的云管理服务，各盟员馆的书目元数据、读者档案、逻辑库、借阅政策等，可以平滑移到该平台上，实现云管理。该平台既可以满足不同盟员馆个性化管理的需要，也可以满足图书馆联盟统一管理的需要。

## 9　建立公益性学习与研究云服务平台

公益性学习与研究云服务是云服务环境下，图书馆服务内容的另一项拓展，旨在为读者提供学习、研究和生活用到的软件、开发语言和工具（例如 Java、Python、Net），读者利用服务平台创建自己的应用程序可以将开发完善的程序部署到发布平台上，与更多的用户进行交流学习、研究、共享源代码。平台的建立为普通读者，尤其是弱势群体创造平等的学习和研究环境。研究云服务平台，基于虚拟服务器搭建，提供 Windows、Linux、

Solaris、BSD 等多种操作系统环境，旨在为不同层次的公众读者服务，集成了多种开源软件、免费软简单，可以在线扩容，体系架构可伸缩性极强，文件对件、试用版软件，部署了文本、图像处理软件、大型数据库、图形设计软件、编程语言等。每个环境都有完善安全保护机制和快速恢复能力，一个环境的崩溃不会影响所有在线读者的正常使用，即便是当前登录用户，也仅仅会损失缓存中的数据。

## 10    建设军校图书馆基础设施服务层

作为集中管理异构的虚拟资源和物理资源的平台，必须为运行在其上的各种应用提供快速部署、动态资源调度和弹性的资源管理功能。提供 IaaS 功能实现自助式按需计算，使中间和分布式应用软件更加方便、快速地迁移并具备提供 PaaS（平台即服务）和 SaaS（软件即服务）的能力，确保中间件和分布式应用软件的提供者更加专注于自身应用逻辑，无须考虑对底层计算、存储、网络资源的调度和管理。军校图书馆基础设施服务层主要应用 Xen 管理程序来实现。该管理程序是一个开放源代码、基于内核的 Paravirtualizing 虚拟机（VMM），介于硬件和操作系统之间，直接运行在机器硬件上，能够对硬件层进行虚拟，对系统中的所有虚拟机执行调度和分配资源，并且驱动硬件外设控制虚拟机的运行。通过该子平台可以为各联盟成员馆提供必要的云服务硬件支撑环境。

## 11    结语

通过上述对军校图书馆云计算服务平台的初想，军校图书馆"云服务"模式更适合全军甚至全社会信息行业所倡导的"共建、共享、共用"的系统建设和服务理念，大幅度地节约军队资源建设成本，军校图书馆云计算服务平台是开放式、公益性平台，不仅向军校读者提供知识发现与一站式服务，而且能够提供云存储服务、云软件服务、个人数字图书馆订制等多项服务，突破了现在图书馆的服务领域，拓展了图书馆的服务内容、服务模式和服务空间，满足读者多方面需求，提高图书馆的服务能力和服务质量。

**参考文献**

[1] 百度百科 . 2012 – 02 – 16 http：//baike. baidu. com/view/4172547. htm.

[2] 刘万国，隋会民 . 图书馆联盟云计算服务平台设计与实现 [J] . 数字

图书馆论坛，2012（3）．

[3] 吴广印．基于"云服务"架构的国家科技文献服务系统的设计与实践 [J]．数字图书馆论坛，2012.（3）．

[4] 刘晓清．图书管理系统的设计与开发 [D]．西安电子科技大学，2010 （4）．

[5] 张荣勤．国内图书馆联盟建设现状与发展趋势研究 [J]．情报探索， 2011（7）．

# 第三部分

## 图书馆建设与管理

# "青番茄"模式对公共图书馆的影响与启示

吴　畅[*]

（中共浙江省委党校　杭州　311121）

**摘　要**　"青番茄"网络图书馆的发展给传统的公共图书馆带来了全新的观念冲击与现实的影响，本文对"青番茄"网络图书馆与公共图书馆各自的优劣势进行了比较分析，认为应对网络图书馆的冲击，公共图书馆必须更新理念、创新服务，完善图书资源共享的总分馆制度以及推广网络化的配送服务模式。

**关键词**　公共图书馆　网络图书馆　总分馆制　服务模式

## 1　"青番茄"网络实体图书馆的成功运营

"青番茄"，一家从事在线免费图书借阅、号称"中文网络实体图书馆"的网站迅速蹿红，在短短一年半的时间里在全国 27 个大中城市开通借阅服务，拥有近 60 万注册用户，其一年的图书借阅人次已超过所有的省级图书馆的借阅人次数。令人诧异的是，"青番茄"网站（以下简称"青番茄"）提供的纯免费的服务模式却能使网站迅速地产生商业利润，成功将图书馆公益性与商业性完美结合，这一全新的图书借阅模式对于长期习惯于全额财政拨款思维的公共图书馆来说无异于一场头脑风暴，这一新生事物甚至有可能会对公共图书馆的发展思路与服务模式产生重要影响，因此，对"青番茄"模式的解剖和理解对于处在网络时代及文化体制改革背景下的公共图书馆生存和发展具有现实的意义。

### 1.1　"青番茄"的服务模式

当传统的图书馆无法适应人们快节奏的生活方式与阅读需求时，网络实体图书馆应运而生，"青番茄"的超常规快速发展，关键是其创新的服

---

[*]　吴畅，女，1978 年生，中共浙江省委党校公共管理教研部，馆员。

务模式。

### 1.1.1　免费借阅

当公共图书馆并非全部都实现全免费借阅的时候，这家网络民营图书馆建立之初就立足于免费的借阅模式。用户只需在"青番茄"的网站进行简单注册成为会员，并通过网银交纳押金，就可以开始免费借阅图书。根据借阅数量限制的不同，押金也不同，借用服装的尺码来进行生动的描述，例如，M 码可借两本，期限 14 天，押金为 110 元；XXL 码可借 10 本，期限 56 天，押金 510 元等。当然，读者可以随时申请退回自己的押金，无须任何额外的手续成本。

### 1.1.2　免费配送

网站首页上"送书上门"四个大字点出了其服务的焦点所在，"青番茄"的免费送书上门服务模式无疑是图书馆服务的重大突破，吸引了越来越多读者的加入。作为"青番茄"的注册用户，只需在网站图书中选中自己需要借阅的图书，点击"借阅"并填入地址、电话，在 3—5 个工作日内快递员就会把书送到你指定的地点；在用户需要还书时，只需在网站"我的借阅卡"中方便地完成还书手续，同时还可顺带办理下次需要借阅的图书手续，快递员会上门收取你需要还的书并同时送来你借阅的新书。而整个的快递服务全是免费的。

## 1.2　"青番茄"的盈利模式

"青番茄"的免费送书上门快递服务让人深感不可思异，这一形式背后必然意味着巨大的配送成本，而"青番茄"是一家民营的商业机构，没有一分钱的财政拨款，"青番茄"能否承担起配送、运营、购书三块成本开支并获得盈利，是这一创新模式的得以生存的基本前提。

### 1.2.1　盈利点之一：　企业定制服务

除广告收入外，目前"青番茄"的最大盈利点在于为企业用户提供定制服务。"青番茄"为企业提供外包式的图书馆构建与管理，在网站上设立"每企一馆"，对不同的企业提供更具针对性的专业图书推荐，企业员工注册后无须再付押金就可以直接借阅，"青番茄"通过为企业用户打造个性化的企业图书馆，帮助企业用户节省人力和物力，使企业更好地进行知识管理。企业则向"青番茄"交纳几千至几万元的管理年费。如今包括中石化、工行、联想、万科、腾讯、富士康、华为在内的 200 多家企业都成为"青番茄"的客户。仅此一项，每年就能为"青番茄"带来上百万元的利润。

### 1.2.2 盈利点之二：注意力经济

"注意力经济"是随着互联网的发展而产生的，也称为眼球经济，是依靠吸引公众注意力获取经济收益的一种经济活动。传统的媒体如报纸、电视，新媒体如门户网站、微博，无一不是通过大量读者、观众及访问用户来实现其商业价值的，当一家网站能吸引到百万注册用户，其本身就具有高度的商业价值。截至2011年底，"青番茄"网站已拥有60万的注册用户，每天的点击量在100万次以上，已经具备吸引广告商户的实力。目前，"青番茄"已成功地吸引了与之用户群体气质相近的商家广告入驻，如"宜家"家居、"星巴克"咖啡等。并通过对读者借阅信息的分析，在"个人借阅车"页面植入有针对性的广告，以及通过在不同类型的书籍中夹入不同的广告书签，实施差异化的广告精准投放，实现了较好的效果。广告收入是"青番茄"主要的收入来源之一。

### 1.2.3 盈利点之三：流动资金

"青番茄"的注册用户在注册之初需要向网站交纳借书的押金，这与传统的公共图书馆一致，也易为广大用户接受。根据借阅册数权限不同，押金数从110元至510元不等，假设每个用户交纳的押金取中位数为250元，60万注册用户的押金总额将高达1.5亿人民币，正常经营期间，只需提取10%作为退还押金的准备金留用，一亿多的资金可用作流动资金使用。"青番茄"目前藏书量约在20万册，按每册平均成本20元估算，总购书款不过200万而已，仅占押金总额的1/50。扣除最主要的运营、配送成本后，"青番茄"网络图书馆仍可以保持非常充裕的流动资金，这部分资金随着用户数增长而快速积累，远高于自身扩张的需求，闲置资金按最普通的投资收益率计算，每年都可以为"青番茄"网站带来不菲的现金收益。

## 2 "青番茄"模式与公共图书馆的比较

### 2.1 "青番茄"与公共实体图书馆的指标对比

"青番茄"与传统的公共图书馆各有优势，公共图书馆由于规模、等级的差别，省级以上图书馆与县级以下图书馆在各方面都不能简单地一概而论之，为了更清晰地比较公共图书馆与"青番茄"的差异，我们在东部沿海已开通"青番茄"服务的省份中取省级图书馆和县级图书馆两级样本，与"青番茄"网站进行三者之间的比较。省级图书馆选取Z省图书馆、县级图书馆选取了藏书量与"青番茄"接近的P县图书馆作为比较对象，比较内容分别从馆藏量、网站规模与流量、读者体验三个维度展开。

表1　省级图书馆、县级图书馆、"青番茄"三者的数据比较

| | 指标 | Z图书馆（省级） | "青番茄"网站 | P图书馆（县级） |
|---|---|---|---|---|
| 馆藏量 | 文献数量（万册） | 500 | 15 | 17 |
| | 年图书增长量（万册） | 20 | 5 | 0.5 |
| | 学科门类 | 多 | 少 | 少 |
| 网站利用情况 | 网站规模（页） | 10 400 | 55 500 | 4780 |
| | 独立访问者/每百万人 | 0 | 13 | 0 |
| | 每人次点击页面量 | 1.0 | 11.5 | 1.0 |
| 借阅便利程度 | 借阅速度 | 快 | 慢 | 快 |
| | 读者的交通成本 | 较高 | 零成本 | 中等 |
| | 辐射范围 | 窄，本地 | 目前27城市 | 窄，本地 |

注：数据未作特殊说明的，均来自各图书馆官方网站。

### 2.1.1　馆藏量比较

（1）从文献藏量看，显然省级图书馆具有得天独厚的优势。以Z省图书馆为例，这家拥有112年历史的图书馆，藏书量500多万册，其中外文文献近百万册，学科门类齐全，文种涉及中、英、日、俄、德、法等。此外还有文澜阁《四库全书》、敦煌经卷、宋元明刻本等大量古籍善本。在藏书量上拥有压倒性优势。"青番茄"网站与P县图书馆藏书量接近，在10万至20万册之间，差别不大。

（2）从学科门类看，省级图书馆覆盖门类齐全，涉及几乎所有的科学门类以及大部分自然科学门类。"青番茄"网站图书馆以人文社科类为主，以小说、文学、教育等大众通俗读物为主要对象；县级图书馆总体也是以人文社科类图书为主，辅以地方特色的古籍收藏。

（3）从图书的年增长量来，省级Z图书馆也占有绝对优势，目前Z图书馆一年的馆藏增长量保持在20万册以上，而P县图书馆的馆藏增长量仅为5000册，远远低于"青番茄"年均5万册以上的增长量。

### 2.1.2　网站建设与利用情况比较

目前大多数公共图书馆都建立了门户网站，为读者提供书目检索查询、图书预订、续借等功能，网站具有相当规模，"青番茄"作为网络实

体图书馆，其网站建设自然倾注了大量心血，对于网站利用情况的比较，拟从基本功能、网站规模、网络关注度等几方面进行简要的对比。

（1）基本功能：Z省图书馆建有完整的门户网站，提供读者指南、图书查询、预约、网上续借、文献传递收费服务等较为全面的服务。P县图书馆门户网站也提供读者指南、图书查询、续借等类似的功能。"青番茄"作为以网为主体的网络图书服务商自然也具备此类基本功能，不同之处在于，"青番茄"以其"送书上门"配送模式为前提，直接提供了"借"与"还"的基本服务，是目前公共图书馆网站所不具备的功能。

（2）网站规模：按网站被网络搜索引擎收录的网页数量来衡量，网页数量越多则网站规模越大。笔者比较了百度、Yahoo、Google等搜索引擎功能后，选择了国内最常用的百度搜索引擎，用"cite"指令获取网站网页数的估计值。结果是Z省图书馆收录页面估计值为10 400页，"青番茄"网站收录页面估计值为55 500页，P县图书馆收录页面估计值为4780页。

（3）网站流量：对于网站流量的衡量，主要通过"网站点击量"和"网站访问量"两项指标，该指标可以直接反映网站的网络影响力。笔者通过"中国网站排名网"的"季度平均访问量（独立访问者/百万人）"和"当前平均点击率（页/人）"获取访问量、点击量数据。"中国网站排名网"是由国务院新闻办公室指导，中国互联网协会主办的国家级互联网网站排名项目，是替代Alexa的综合排名站点。从排名数据看，Z省图书馆和P县图书馆当前"每百万人中独立访问人数"为0，"每访问者访问页面数"为1，网站排名在11万名以后。"青番茄"网站此两项指标分别为13和11.5，网站排名在2万名左右。"青番茄"是以网站为载体的网络图书馆，流量高于实体图书馆是意料之事，但同时也看出，公共图书馆网站的利用率是非常之低的。

### 2.1.3 读者便利性

从借阅速度看，在实体图书馆借书可以在开架书库内翻阅，借阅比较精准，借阅手续一两分钟内可以完成，速度快。"青番茄"借阅手续虽然也很简单，但需要等3—10个工作日才能送达，等待时间较长。

从交通的时间成本看，公共图书馆由于其辐射半径较窄，通常在3—4公里，超过这一距离，读者将难免受奔波之苦，随着城市交通的拥堵日甚，读者花费在路上的时间更长，以致望而却步。"青番茄"网站免费送书上门的方式完全免除了读者的交通和时间成本，这也是"青番茄"得以绕过大量的公共图书馆迅猛发展的关键因素。

## 2.2　优劣势分析

从以上分析可以看出，"青番茄"与公共图书馆各有优劣势。

省级公共图书馆既是大众型图书馆，也是研究性图书馆，以压倒优势的藏书量保持其"江湖地位"，在专业化、数字化资源方面，大型图书馆仍然保持着不可代替的作用。"青番茄"的产生，分流了大型公共图书馆的一部分大众化读者，但其影响并未不显现。当读者需要更专业的图书信息资源时，仍然离不开此类大型公共图书馆。大型公共图书馆的劣势是其辐射范围有限，大多位于大城市一隅，对于大多数读者甚至本市读者来说距离太远，在一个快节奏的城市里，读者与图书馆之间的物理距离——较远的距离及与之相对应的时间消耗——成了阻碍读者走进图书馆的致命因素。而县级图书馆几乎不具有任何优势，无论在馆藏还是便利性方面都不占优。

"青番茄"的优势是"零距离"的便利性，这与大型公共图书馆正好形成了互补，这也是"青番茄"填补市场空白点，得以迅速拓展市场的精准定位。"青番茄"的劣势是藏书量与大中城市公共图书馆相比偏低，但这种劣势处在不断的转化过程中，随着网站的发展，这一劣势可以逐渐减弱。

## 2.3　对公共图书馆的影响

### 2.3.1　对公共图书馆发展理念的冲击

当网络图书馆异军突起之际，公共图书馆的发展并不尽如人意。近 10 年间，公共图书馆的资金投入已经达到平均 5 年翻一番的水平。但公共图书馆利用率指标仍然十分低下，总流通册次、人均流通册次、注册持证读者总数增长缓慢。

其中固然有时代变迁、科技进步的影响，但主因还在于图书馆人发展理念的落伍。囿于传统的图书馆理念，大多公共图书馆还习惯以被动等客上门的姿态面对社会公众，习惯于在一亩三分地上描绘精耕细作的文章，业务延伸与服务创新脚步缓慢，导致图书馆服务覆盖率偏低、读者流失的问题变得更普遍、更突出。

一直以来，图书馆为读者提供无偿的图书借阅，并通过财政全额拨款来维持其基本的运转，财政拨款一般占到图书馆收入的 90% 以上，仅有少量的信息服务和增值服务能带来些许收益。对公共图书馆来说，图书借阅能产生"盈利"是匪夷所思的事，更从未想过要把读者当成商业领域的客户资源来看待。"青番茄"的兴起，是对公共图书馆工作者观念上的一次冲击，让大家重新来认识公共图书馆所具有的潜在能量与社会价值。作为公共图书馆必须要更新观念、解放思想，增强市场意识和服务意识，积极创新管理模式、服务方式，提升自身的竞争实力，满足读者的信息需求，更好地参与社会服务。

### 2.3.2 对公共图书馆生存空间的挤占

"青番茄"独特的商业模式对大多数读者来说确实拥有很大的吸引力，这种吸引力随着"青番茄"藏书量的增长日益俱增。"青番茄"在 2010 年底注册用户约 10 万，2011 年底已超过 60 万，2012 年初新开通三城市，开通城市达到 27 个，按此发展速度，预计 2012 年底注册用户数将达到 100 万，平均每城市注册用户 3 万多，相当于分流了每个城市公共图书馆 3 万的用户，随着"青番茄"的藏书量的增加，对公共图书馆读者的分流会进一步加剧。

据统计，2009 年底，全国地级市的图书馆藏书量平均 46.6 册，东部地区平均每馆藏书量为 75.3 万册，西部仅为 25.4 万册。大多数县级图书馆藏书量已不及"青番茄"网站。当"青番茄"这样的商业网站藏书量达到 50 万册时，所有"青番茄"进入区域的市级图书馆将面临如何与之竞争的问题，而县级图书馆面临的形势会更严峻。

## 3 建立图书借阅网络化服务模式的若干建议

### 3.1 更新观念，培育竞争意识和创新服务意识

2003 年，李岚清在视察国家图书馆时曾指示："图书馆主要是公益事业，但现在是社会主义市场经济，适当的产业化经营不但是允许的，也是必要的。"对这段话通常解读为图书馆在完成公益性服务的同时可以开展各种类型的有偿信息服务。当年这样的解读是无可厚非的，但现在，在网络图书馆带给我们全新思维方式的时代，在文化体制改革的新背景下，所谓的图书馆的"产业化经营"，则拥有了新的含义。

"青番茄"充分发掘了读者对阅读的需求所产生的巨大市场空间，并巧妙地填补了公共图书馆服务领域中的空白，以免费借阅图书模式获得了商业利润，对于公共图书馆来说无疑是观念上的颠覆。图书借阅不再是由政府完全提供，市场能在一定程度上具备代替政府的能力，对此新生事物，大型图书馆需要思考，"青番茄"的产业化模式是否具有可复制性，自身拥有的丰富馆藏资源如何发挥最大价值，小型图书馆则需要思考如何应对新兴事物的出现，如何提升自身的竞争力。

单靠传统的图书馆服务方式已远远不能满足时代需求，这就迫使公共

图书馆必须适应时代的变化，解放思想，不断创新，提升图书馆的服务能力与社会价值。公共图书馆可以利用自身优势为企事业单位定制图书资源服务，获取一定的经济收益；可以加强自我营销，多方筹集资金，动员各方力量共同办馆；图书馆网站不仅是宣传与服务的窗口，也可以成为图书借阅活动的主要载体并产生商业价值；馆与馆之间要强强合作，资源共享；公共图书馆应尽可能将服务触角延伸至城市的角角落落，扩大服务覆盖面；等等。服务产生价值，大有文章可做。

### 3.2　建立网络化的图书资源共享模式

应对网络实体图书馆的进入，地方图书馆特别是市、县级公共图书馆要努力增加藏书量以吸引读者，而基层图书馆普遍资金缺乏，解决这一困境的有效途径是不断创新与完善总分馆制。

总分馆制以有效利用资源、提高服务效益为目的，实现体系内各级图书馆之间的资源共享和服务的互动，这一形式较好地解决了大型图书馆辐射半径小的主要缺陷，将图书馆的服务触角尽可能地延伸。在网络技术、计算机技术高度发达的今天，越来越多的图书馆如北京、上海、广东、深圳、杭州、苏州、东莞、佛山等地图书馆都试行了总分馆制。现阶段总分馆制实践的主要特征体现为总分馆之间联系与合作以同一级行政区划为界，如东莞、苏州、杭州等地的总分馆制都是在本级行政区划内所属的区、街道、社区等处建立分馆，还未出现能以省、市图书馆为主馆，将县（市）图书馆纳入分馆的跨行政区划的总分馆模式，原因在于按现有的财政分权管理模式，各级图书馆都有自己的主管部门和经费来源，使得相互之间难以按统一管理来实现总分馆制。

真正普惠的公共服务均等化必然要求将省级图书馆的丰富资源惠及全省人民，理想的模式是打破行政区划的限制，建立跨地区、跨行政级别的总分馆制，实行统一采编，统一管理，资源共享，这样既节约资金，又提高图书利用率。要实现这种真正意义上的总分馆制模式还存在一定障碍，但可以在地方领导的支持下进行试点，打破行政管理体制、改革相关的制度，先总结经验再推广，逐步建立起适应社会需求、满足公共服务均等化要求的总分馆制。

### 3.3　建立网络化的配送服务模式

"青番茄"立足的法宝是免费送书上门，对于这样的"壮举"，目前还没有哪个公共图书馆有实力试尝，但网络化的配送服务模式早已获得了图书馆学界的认可，一些地区的公共图书馆进行了多种形式的配送服务实验。比如，杭州市图书馆规划和实施了杭州地区图书馆"一证通"工程，在全市范围建立市、县（区）、街道（乡镇）、社区四级图书馆（室）服务网络，实现地区图书馆间文献资源的共建共享、通借通还，读者可以在网站上预约图书，48 小时内即可在最近的服务点上获取预约的图书。深圳市图书馆从 2008年起在人口密集的街区设立的"城市街区 24 小时自助图书馆"借阅机，目前已遍布大型社区、工业区、商业区、城中村及地铁枢纽等人口稠密的地方。自助图书馆的借书量占深图在馆借书总量的 17.49%，拓展了公共图书馆服务的空间，是配送式服务的一种创新形式。

在我国现阶段，依靠大规模的图书场馆建设，实现遍地开花的目标是不现实的，也不符合公共资金的效率原则，而直接提供上门配送服务也面临成本过高、配送效率低下的缺陷，不具有可行性。目前来看，以总分馆制为框架，在区、街道、社区设立图书馆或图书室（借阅点），建设公共图书馆间三级至四级的服务配送网络，实现"网站预约、家门口借阅"的服务模式，是多、快、好省地实现公共图书馆的无形扩张，普及公共图书馆服务的重要途径，也是将来公共图书馆发展的重要方向之一。它极大地拓展了公共图书馆的服务空间，提升了图书馆的利用率，无论从服务深度和广度上看都为公共图书馆的发展提供了无限延伸的平台。

## 参考文献

[1] 张东亮. 文艺"青番茄"：做中国最大的阅读生意［J］. 改革与开放，2012（1）：47—48.

[2] 刘文云，周泰冰. 我国省级公共图书馆网络影响力评价研究［J］. 图书馆建设，2011（3）：85—89.

[3] 邵永强. 公共图书馆应创建新的服务机制——图书配送服务网络［J］. 图书馆学刊，2007（4）：15—16.

[4] "十五"以来全国公共图书馆发展情况分析［EB/OL］. 中华人民共和国文化部网站；http：//www. ccnt. gov. cn/sjzz/jhcws/cswswhtj/201101/t20110105_86172. html.

[5] 粟慧，刘丽东. 创新理念引领下的公共图书馆服务网络［J］. 图书情报工作，2007（7）：112—115.

[6] 潘燕桃. 公共图书馆理念的成功实践之三："深圳图书馆之城"研究［J］. 图书馆论坛，2011（12）：127—132.

# 试论图书馆服务的定价策略

周 军*

（南京政治学院军事信息管理系 上海 200433）

**摘 要** 定价策略是图书馆服务营销策略组合的重要因素，图书馆在明确了资金来源后，就需要确定制定价格所要达成的总目标及其各项具体的定价子目标。图书馆定价的具体子目标主要是确保正常生存、收回服务成本、目标市场规模最大化和保障社会信息公平等。图书馆服务价格的确定受到许多因素的影响，但可供选择的定价方法较多，具体有盈亏平衡定价法、需求差异定价法、全成本附加定价法、边际成本定价法、以市场为基础的定价法、以竞争为导向的定价法、计时定价法、处罚定价法、免费的定价法和协商定价法等。图书馆制定的价格策略必须根据内外环境条件的变化，而做出相应调整。价格调整策略主要有主动降价策略、被动降价策略、主动提价策略和被动提价策略等。

**关键词** 图书馆 服务营销 定价策略

定价策略是图书馆服务营销策略组合中的重要成分，是唯一能够创造经济收益的要素，也是图书馆营销活动中最难于确定、最容易引起争议、变化最敏感的因素，所以，定价问题是图书馆营销所面临的主要问题之一。图书馆服务的价值表现在它们经由用户的利用之后，带给他们的精神感受或者物质收益上，具有间接性；更何况图书馆的服务项目和产品类型多样、差异巨大，所以要想对图书馆服务项目和产品给定一个合适的、各方都比较满意的价格，是极为困难的。价格过高，那些受自身经济实力和信息意识等因素影响的用户难以接受；价格过低，图书馆对成本压力也难以承受，导致服务和产品的提供无法持续。

图书馆服务同其他任何形式的服务和产品一样，也存在以某种方式支付"成本"或"价格"问题。对于图书馆而言，"价格"意味着对服务的直接收费或间接收费，因为任何服务项目和产品都必然包含着一定的成

---

* 周军，男，南京政治学院军事信息管理系。

本，这种成本需要通过适当的收费来予以弥补。对于企业来说，影响企业定价的因素主要有三个，即成本、需求、竞争。作为非营利性文化单位的图书馆，由于不存在利润导向的定价制度，其定价策略显然与企业的定价策略有所不同，不能单纯地以成本或者需求来衡量。作为对图书馆提供的服务项目和产品的交换的等价物，主要是间接性的政府投资或各种社会捐赠，用户直接的经济补偿居于次要位置。对服务项目和产品的定价在一定程度上不能单纯从经济角度出发，不然，会影响社会效益的取得。另外，由于图书馆服务项目和产品具有意识形态的属性，其价格要素不是营销管理者所能控制的，出于政治和社会考虑，其价格要受到公共管制，存在很多"非价格因素"影响定价。一般情况下，国家投资进行其馆舍设施等硬件的建设，负责其固定成本的补偿。但是，目前，国家的投资还不足以满足图书馆对资金需要的基本额度。据统计，2005 年，全国公共图书馆支出总计 312 571 万元，而同期各级财政补助拨款只有 277 848 万元，两者的缺口是 34 723 万元。在绝大多数图书馆，自筹资金所占全部资金比例超过两位数。这就需要图书馆在政策法规允许的范围内，积极运用营销学原理和方法，拓展社会资金来源，设法"开源"增加一些服务性收入，以弥补经费的不足。

图书馆在确定定价策略时，首先需要弄清楚获得资金有哪些来源渠道。图书馆作为公益性信息服务机构，没有资本金，也没有利润为主导的定价制度，它们必须依靠其他资金来源来支持自身的活动。募集资金是图书馆收回成本的一项非常重要的工作。经费大多来自税收和捐赠，少量来自针对用户的服务收费。在国外也是如此，例如，埃及亚历山大图书馆是世界上最具影响力的图书馆之一。它的"资金来源将包括：由国家调拨分配的资金；援助、礼品、捐赠、遗赠的资金以及来自国际和外来的财政资助；为自身利益的稳定而出借文献的收入；在投资基金方面将得到的服务和回报的收入；任何可能分配给图书馆的其他合法收入"。《国际图联/联合国教科文组织：公共图书馆服务发展指南》就认为："充足的经费是一个公共图书馆充分发挥其作用的关键，没有长期相应数量的经费支持，就不可能制定提供服务的政策或有效利用资源"。国际图联敦促国家、地区、政府和国际组织把图书馆和信息服务作为信息社会战略、政策和预算的关键因素，对之进行投资。

# 1  确定定价目标

图书馆在明确了资金来源后，就需要确定制定价格所要达成的总目标，即保证图书馆既能收回成本，又能向用户提供高质量的服务。为了保证总目标的顺利实现，还需确定各项具体的定价子目标，子目标越明确，价格的制定就越容易。一般而言，图书馆定价的具体子目标有以下几种。

## 1.1　确保正常生存

当图书馆面临资源短缺、政府投入不足、社会资金输入极为有限、竞争激烈以及用户需求发生剧烈变化时，确保自身的正常生存就可能是其主要的定价目标了。图书馆只能采取减少免费服务项目和产品，维持对一些服务项目和产品的收费，来补偿部分可变成本和固定成本，保障图书馆勉强度日。以拥有中央财政支持的国家图书馆为例，即便文化体制改革配套经费到位后，每年还有近1/3的经费缺口。目前，除了国家财政拨款以外，国家图书馆自筹资金主要来自音乐厅等所属企业的利润上缴和一些资产经营的收入。同时，包括复印费在内的各项服务收费，一直以来也是国家图书馆一项重要的收入来源，事实上已经构成国家图书馆财务收支的一部分。如果说国家图书馆日子并不宽余，那么，全国很多地方公共图书馆，尤其是基层图书馆的境遇则可以用"窘迫"二字来形容。与国家图书馆一样，小小的文献复印收益可能也是他们的主要收入之一。当然，生存只能是暂时的定价目标，如果图书馆不从长计议，通过有效的营销来获得资源，那么最后的归属就是同数百所多年不购买一本书的县级图书馆为伍——名存实亡。这样的所谓"生存"其实已没有多大意义，因此，确保正常生存只是最低层次的短期定价目标。譬如，2008年以来，在金融危机冲击下，为了解决日益突出的用户数量剧增和办馆经费短缺的矛盾，如何多方设法拓宽资金来源，努力扭转经费紧缺局面，已经成为美国图书馆界迫切需要解决的大问题。

## 1.2　收回服务成本

服务成本是指图书馆为用户提供信息服务和产品而支出的物质资料和活化劳动的总和。只有成本开支都能够得到补偿，才能保证图书馆维持正常的状态。因此，收回成本是图书馆定价的基本目标。图书馆经费开支的主体部分需要通过政府的财政拨款或争取社会的捐赠而得到补偿，这是收回成本的主要渠道。我国的公共图书馆运行成本基本上是依靠政府的财政拨款予以开销。在西方发达国家，争取社会的捐赠是获得办馆经费的重要途径。美国的公共图书馆每年接受的各种资金、文献、设施设备等形式的捐赠可达到其总经费的10%。近年来，争取社会捐赠也逐渐成为我国各类图书馆获得额外经费的补充措施。另外，图书馆的部分运行成本还可通过有偿性服务项目和产品来获得补偿。云南省图书馆在保障公益性服务的前提下，大力整合并盘活馆内现有资源，有效增强了自我"造血"功能。一是将后勤管理中心剥离出来组建成经营开发部，实行自主经营、面向市场、搞好创收；二是将宣传辅导部改建成培训中心，全方位、多层次扩大服务领域；三是对计算机管理中心和信息开发部实行经济指标管理责任制；四是对停车场等场所进行社会招标承包经营，扩大对外经营领域。一系列全新的整合运作，使馆内各类资源重新得到了科学、合理的配置，产生了较好的经济效益，2004 年全馆共创收 216 万元，比 2003 年的 98 万元翻了一番多，这就在一定程度上弥补了事业发展经费的不足。

### 1.3　目标市场规模最大化

服务社会是图书馆存在的理由。吸引的用户越多，就越能体现图书馆的价值所在。定价策略的主要目标就是努力实现目标市场规模的最大化，即让尽可能多的用户前来使用图书馆的服务。"图书馆和博物馆通常希望能为使用者提供良好的服务，它们通过降低价格以吸引大量的顾客来利用他们所提供的设施"。通常情况下，价格越低，用户直接为服务支付的费用越少，就越会刺激用户的利用欲望和行动，也就越能提高图书馆的社会声望和影响力，从而为图书馆向政府申请足额的财政补贴或吸引社会的捐赠提供便利条件。两者相互促进，形成良性循环，使图书馆获得长期利益。通过减免服务收费，来吸引用户，扩大目标市场规模，已经成为国内图书馆界屡试不爽的良策。2008 年元旦之后，国家图书馆和一些省市图书馆因减免直接性的服务收费金额，就吸引了大批用户到馆，获得社会舆论的一致好评，同时，也得到政府的经济补偿。由此可知，用户对图书馆的服务收费比较敏感，采取免费或低价策略可以提高图书馆的市场份额。另外，价格越低，市场的竞争者就越少，也就间接地促使用户选择使用图书馆。更何况即使是免费服务，用户利用图书馆也是存在交通费、时间、精力等成本开支的。

### 1.4　保障社会信息公平

作为提供公益性信息服务的机构，图书馆服务需要体现公平原则。"关键是如何认识'公平'的'名'与'实'的关系，特别是在服务实践中处理形式上的'公平'与实质上的'公平'的关系"。为此，图书馆必须将保障社会信息公平作为制定和实施价格策略的核心目标。图书馆在尽可能由政府和图书馆主办单位以及社会的捐赠来保障日常运行的基本费用的基础上，应该采用区别性定价的策略，即对基本的常规性、公共性的服务项目，如外借、阅览、用户基本技能培训以及专门为社会弱势群体（如老人、儿童、外来务工者、残疾人等）设计的服务项目与产品实施免费服务；而对于一些具有私人物品的排他性和竞争性的服务项目和产品，如复制服务、查新服务、定题服务等则收取成本费甚至获得一定的利润。这样做既能避免不良需求和公共资源的过度消耗，同时也是保证了社会公共资源的公平、合理和长期使用。在图书馆事业发达的西方国家如此处理也是屡见不鲜的。美国伊利诺伊州亚塞社区图书馆（Arthur Public Library）是一个为 5700 名居民服务的社区公共图书馆，2010 年 7 月 1 日至 2011 年 6 月 30 日财政年度预算收入是，该馆得到州政府拨款 5700 美元，财产税 141 500 美元，其他税 8600 美元，特别储备基金 25 000 美元，罚款 2000 美元，收费（收费主要是打印复印、传真服务收费）为 6500 美元，捐赠 900 美元，银行帐户利息 800 美元，杂项 1000 美元。合计年度总收入为 19 200 美元。

## 2 选择定价方法

尽管图书馆作为社会公益性信息服务机构，在营销过程中，制定价格策略的难度很大，因为价格直接涉及政府、图书馆、用户等相关者的经济利益，所以服务价格的确定受到许多因素的影响，但定价方法的选择还是存在一定余地的。根据目前的现实条件，图书馆可供选择的定价方法主要有以一几种。

### 2.1 盈亏平衡定价法

盈亏平衡定价法就是图书馆制定的服务价格必须与成本开支相等，实现收支相抵、盈亏平衡的定价方法。当目标市场明确、服务量既定的时候，来自政府或主办单位的拨款必须尽可能做到与图书馆的开支相抵，即盈亏平衡定价法主要应用于争取足额的拨款。图书馆如果能够依靠政府或主办单位的拨款实现盈亏平衡，其服务耗费可以得到补偿，图书馆的生存就没有后顾之忧。从目前国内图书馆布局和建设情况来看，不存在两个目标市场和主管部门都完全一样的图书馆，也就是说图书馆对于公共资源拥有独占性。图书馆的定价不应高于全部成本，否则，就是对其独占的公共资源的不合理利用，因此，这时也就没有理由继续向用户的收取服务费用了。定价也不应低于全部成本，不然，将使图书馆提供服务的数量减少、质量下降。盈亏平衡定价法是一种比较理想的定价方法。

## 2.2　需求差异定价法

需求差异定价法就是利用需求价格弹性原理，根据在不同时间、地点或不同细分市场上的用户对价格的灵敏度不同，对相同成本的同一服务项目和产品实行不同的价格。对于有偿服务来说，目前营销定价方法中的用户主导定价理念值得图书馆借鉴。按照这一定价思想，服务和产品的定价方法应该由原来的按产品成本定价转为按照用户能够接受的价格定价。其好处是使图书馆服务价格最大限度地适合市场需求，既促进目标市场的扩大，又保证了主要用户群的利益，图书馆自身也获得最大的社会效益和经济效益。因此，这是一种双赢的策略，既能更好地满足用户的需求，也不会使图书馆收费服务的收益受到影响。有学者认为，根据市场营销调查分析，由顾客主导定价的产品并不比企业主导定价时获取的利润低。图书馆选用需求差异定价法通常的形式有以下几种。

（1）以用户为基础的差别定价。就是对同一服务项目或产品针对不同的用户，制定不同的价格。例如高校图书馆针对本校师生用户与校外用户常常分别采用不同的价格。浙江大学图书馆就规定：校外读者开通该校各校区图书馆借阅功能需交付押金 200 元、服务费 100 元/年；临时阅览证查阅收费标准为一天 3 元、5 天 10 元；60 岁以上老人可凭老年卡免费阅览；校友凭相关有效证件，免费阅览。长春图书馆参考咨询部在提供信息参考咨询服务的初期，为了迅速赢得市场，也采取了区别定价的策略。对政府提供无偿的咨询服务，对企事业单位和个人用户则以最低成本价收费。笔者认为，针对老人、残疾人、下岗职工、农民工等支付能力较弱的特殊用户群，图书馆的一些收费服务项目也应通过直接的折扣、"政府埋单"等方式进行差别定价。

（2）以交易条件为基础的差别定价。交易条件主要指交易量大小、交易方式、购买频率、支付手段等。交易条件不同，图书馆可能对服务项目和产品制定不同的价格。比如，交易批量大的价格低，零星购买的价格高，等等。目前，多数高校图书馆对于校外用户的纸质书刊借阅服务，区分临时性阅览和阶段性借阅两种类型实行差别定价收费制，临时性阅览通常以半天或一天为计费单位，收取服务费或管理费，收费金额标准为人民币 2—12 元/天；阶段性借阅按月或年为计费单位，收费金额标准人民币 20—200 元/年。图书馆推出的信息资源再开发型的定题服务、查新服务、剪报服务、编译报道服务就可以根据交易条件的不同进行差别定价。

（3）以内容为基础的差别定价。即根据服务项目或产品的内容深度和利用价值的大小，由高至低地分为多个级别，例如分为学术、普及、娱乐等级别，在保持不同等级服务项目或产品的价格差动态稳定的前提下，高级别的服务项目或产品定价可高于低级别的服务项目或产品。例如，宁波大学图书馆对校外用户的文献数据库检索服务的收费办法是：检索文摘题录数据库，20元/种；检索全文数据库，30元/种；若需该馆信息人员代为检索，需另加收10元/小时的机时费；另外，文献拷贝、打印费用另计。

## 2.3　全成本附加定价法

全成本附加定价法就是把某些具有私人物品性质的排他性、竞争性的服务项目和产品的价格定在高过全成本并有一定剩余的程度上。在正常情况下，采用这种方法可以使图书馆获得预期的盈利。图书馆的会展服务、影视服务、查新服务、剪报服务等可以选择这种定价方法。目前，参考咨询及信息开发在许多图书馆都要适当收费，例如，解答科研项目咨询（包括检索服务）、承接社会课题服务、提供专题信息资料收费等。考虑到图书馆设备和技术更新周期相对较短，因此采用成本附加的定价原则，可把价格定在超过其全成本并有一定的余额的程度上。让图书馆资产能获得盈利，实现一定的剩余价值，但是这个剩余价值不是用来获利分红的，而是用于满足固定资产的更新或人力资源成本的供应。

## 2.4　边际成本定价法

边际成本定价法就是把单位服务变动成本和用户可接受价格的最低界限作为定价依据。如资料的打印、复制、馆际互借、电子阅览室上网阅览等，可用此法定价。应用边际成本定价法的理由是图书馆的信息资源、馆舍设施、员工工资等固定成本已经由国家和主办单位拨款支付了，因此，不应再重复列入用户需支付的价格之中去。例如，宁波大学图书馆规定：校外读者复制本馆文献按0.5元/页（A4）＋服务费2元/篇收费；申请借阅外单位文献：校内读者按文献提供单位服务费收取费用，校外读者另加收服务费2元/篇。

## 2.5　以市场为基础的定价法

对于与图书馆的主要宗旨关联度不大，但又是方便用户利用图书馆服务的辅助性服务，例如，用户餐厅、停车场、小卖部等服务的价格一般应该相当于同类服务的市场价格。另外，与图书馆的主要宗旨完全无关的场地出租、拍卖物品、开公司等更应采用这一定价方法。

## 2.6　以竞争为导向的定价法

以竞争为导向的定价即依据竞争者的价格并结合自己服务项目或产品的竞争能力，选择有利于市场竞争取胜的目标来定价，主要有随行就市定价法和率先定价法，让自己的服务项目或产品跟上同行业的平均价格水平，目的就是维持和扩大市场占有率。如在一段时间里，国内大型图书馆的办证费多定为 10—15 元。

## 2.7　计时定价法

计时定价就是根据提供服务的时间制定价格，如用户通过图书馆登陆互联网的上网费、使用图书馆开发的数据库的查询费、按年度收取的借阅证注册费等。例如，首都图书馆多媒体阅览价格曾为 1 元/15 分钟，网络检索 4 元/小时，光盘检索 5 元/小时。

## 2.8　处罚定价法

处罚定价即对损坏图书、设备，借阅超期、图书丢失的用户，按照规定处以一定数量的罚款。如因借阅逾期，为确保服务工作的正常运转，要求用户缴纳少量的滞纳金具有它的合理性，目前国内外公共图书馆概莫能外。香港特区政府审计署发现，图书馆的过期罚款金额有增加趋势，由 2001 年的 1360 万元增至 2006 年的 1860 万元，升幅为 37%。这笔近 2000 万元的欠款，涉及约 12 万名欠款人，部分人更是欠款高达 5000 多元，是名副其实的"双料债仔"——又欠书又欠钱。其中有 20.7 万元的欠款，年期已超过可追讨债项的 6 年限期，变相成为一笔呆坏账。审计署建议，康文署应尽快发出过期缴费通知书，追收拖欠的款项。有人曾比较了中美两国各 8 所著名高校图书馆"超期罚款"政策后发现：中国高校图书馆的超期罚款政策比较简单易记，但不够精细，罚款标准比较粗放，对外借文献的催还效果较差。美国高校图书馆的超期罚款政策则比较丰富细致，一般根据文献类型、借期、流通方式以及用户类型等的不同而采用不同的政策条文；有的馆还制定了罚款免责的规定、罚金最高上限的规定以及超期达到一定程度则转为文献丢失赔款的规定等等；每项政策的开头都会说明制定该政策的原因，因而容易争取到用户的理解和配合，当然其政策条文也就比较复杂烦琐。

### 2.9　免费的定价法

免费也是一种定价方法，就是用户利用图书馆的服务时不必付费。如借阅服务作为图书馆的公益性的基本服务，绝不能向读者按所借阅的数量或时间收费，更不能以服务的劳动强度收费，否则属于违反图书馆服务的基本原则。用户利用图书馆服务的经济开支，实际上是由全社会的公民通过纳税的形式向社会支付，再通过社会的管理者——国家或地方政府交付给图书馆了。因此，用户和图书馆之间存在着一种物有所值的经济关系，只不过是没有直接支付费用而是间接地付费罢了。例如，北京大学图书馆的首页上，有"学科导航"一栏。点击其中的"生物学"，光是外文电子数据库就有53个，更不要说无数的电子期刊、学位论文和电子图书了。内容繁多，浩若烟海。所有资源由学校付费，科研人员随便使用。免费服务是目前图书馆虚拟参考咨询与商业网站虚拟咨询相比最明显的不同之处。深圳市在建设"图书馆之城"的活动中，采取了网上免费注册的形式使读者在家中就能遍览图书馆的所有电子文献。在台湾地区，"公共图书馆办理各种证件都是免费的，读者免费存包、免费上网检索、免费获取图书馆编印的宣传品或出版物"。我国政府新颁布的《中华人民共和国国民经济和社会发展第十二个五年规划纲要》也明确要求："公共博物馆、图书馆、文化馆、纪念馆、美术馆等公共文化设施免费向社会开放。"人们总是希望免费获得所有的信息服务，Slate、San Jose、Mercury News 等咨询服务公司发现，只要一收费，很快就失去了大部分的用户。上海交大图书馆做的用户调查也得出了类似的结论。

另一种新兴的免费定价方法是图书馆暂时收取用户小额押金，服务期限结束时返还用户。有的图书馆在用户注册时，根据用户申请的不同权限收取不同数额的押金，用户注销注册时即全额退回；还有个别图书馆则是当次阅览前收取阅览后即如数返还。例如，上海市的上钢新村街道图书馆，备有40余种报纸，免费为社区读者提供报刊阅览服务，每天起码有120余人来这里看报，休息日多达200余人。以前，报纸放在报刊柜上，任由用户选取。许多用户图先睹为快，往往赶早一下取走三四份不同报纸，捏在手上慢慢"享用"，后来者只能"望他兴叹"；更有甚者，看到"好内容"，或裁剪，或抽页，或干脆将整份报纸收入囊中占为己有，不多时，厚厚一叠报纸就变得残缺不齐，甚至不翼而飞，使后来的用户看不到或看不全报纸。甚至发生过用户之间为争抢报纸而从舌战发展成强抢，继而拳脚相向。2006年春节后，该图书馆首次尝试将所有当日报收归服务台，并在每份报报头处标上张数，由用户凭两元押金向管理员每次索取一份报，归还时若发现缺页，押金不予退还。这样做虽然增加了用户和管理员的麻烦，可几乎所有用户都赞成："这样不仅加快了报纸流转，而且能看到完整如新的报纸了。"自此再没发现一次取几份报纸的现象，归还报柜时都摺得整整齐齐。2011 年，美国 67.2% 的公共图书馆提供电子借阅服务；约有 12 000 个公共图书馆提供免费的 WiFi 服务；5400 多个公共图书馆提供免费技术培训，每天约有 14 700 位读者参加图书馆举办的免费电脑班；约有 10 800 个图书馆提供免费会议室，远远多于会议中心、会议设施机构和礼堂会议室供给量的总和（6600 个），每天约有 22.5 万用户使用图书馆的免费会议室。

### 2.10　协商定价法

协商定价法就是交易双方商议一个共同能够接受的价格。具体包括：一是由图书馆和用户双方进行协商确定某个服务项目获产品的价格，如对定题服务、情报调研服务、文献编译服务等就可采用这种定价方法。二是图书馆向有关政府机关、主管单位申请专项补贴，或者同各类基金会、企业和个人商议捐款、捐物等也可采用这种定价方法。

此外，还有计量定价法，如对网络检索按条目数量定价；计次定价法，如对参考咨询按次数定价，等等。由于资金来源不同、服务项目和产品不同，用户的需求也不同，所以，图书馆应该根据对营销环境、定价目标、目标市场的把握，选择多种定价方法进行组合，形成一个适合本馆服务特点的灵活定价策略。图书馆不可能仅以一种定价方案来应对各种情况，有时还需拟定多种价格作备选方案。

## 3　价格调整策略

图书馆制定的价格策略不是一成不变的，它必须随着营销环境变化、目标市场选择、市场定位改变、服务策略调整而作相应的调整。例如，近 20 多年来的营销学研究就认为，"转换成本与顾客忠诚之间存在着正向的相关关系"，即在转换成本很低的情况下，高满意度的顾客也会比较容易流失；而在转换成本较高的情况下，低满意度的顾客也可能表现得忠诚。价格调整策略包括以下几种，

### 3.1　主动降价策略

主动降价策略是图书馆在竞争对手价格没有变动的情况下率先降价，

从而扩大用户对图书馆的使用量和频率，提高图书馆的市场份额。一般遇到下列情况，图书馆可采用主动降价策略让利于用户或者吸引更多用户。

（1）利用率不高甚至下降。

（2）运行成本降低。

（3）已经获得财政拨款或其他资助。

（4）用户抱怨原定价格过高，不愿意支付或支付不起。

例如，上海图书馆从 2007 年 12 月 20 日起即取消了普通外借卡的 15 元年费和普通阅览卡的 10 元年费。国家图书馆从 2008 年 2 月 7 日起取消了读者卡办证费、读者卡年度验证费、读者存包费、自习室使用费和讲座门票费。同时，还大幅降低了文献复印费、文献传递费、文献检索费和光盘刻录费。减免费用后，国图的年收入将减少 1000 万元，中央财政在 2007 年底一次性拨款 9300 万元，而此前的拨款为 8500 万元。随着图书馆经营效率的提高和服务收费中的成本回收，某些收费服务会转变成免费服务。

## 3.2　被动降价策略

被动降价策略是政府新颁布或修订的相关法规有明确要求，或者是在竞争对手、其他图书馆已经降价和推出颇具吸引力的优惠措施之后，图书馆相应降价的策略。例如，2008 年初，浙江省一些大中型图书馆率先减免服务收费，迅速引起用户和社会的积极反应，全国各地的公共图书馆也在当地政府的支持下纷纷推出减免服务收费的各种措施。2011 年 2 月，文化部、财政部出台关于推进全国美术馆公共图书馆文化馆（站）免费开放工作的意见，明确要求到 2011 年底之前，全国所有公共图书馆、文化馆（站）实现无障碍、零门槛进入，公共空间设施场地全部免费开放，所提供的基本服务项目全部免费。2012 年底之前，全国所有公共图书馆、文化馆的一级馆、省级馆、省会城市、东部地区馆站免费提供的基本公共文化服务质量和水平不断提升，形成两个以上服务品牌；其他图书馆、文化馆站实现基本公共文化服务项目健全，并免费提供。

## 3.3　主动提价策略

主动提价策略是图书馆根据环境的变化而主动提高价格的策略。一般在以下情况使用这种策略。

（1）运行总成本提高了，需要向政府和主办单位申请增加财政拨款额度，或者与各种资助者商议追加资助量。

（2）服务项目和产品的质量明显提高，通过提价以显示优质。

（3）有偿服务项目和纯市场化运作的服务与产品的销售供不应求时，可通过提价抑制过旺需求。

2003 年由美国马里兰大学举行的全国性调查发现，63% 的人愿意支付大幅提高的税额用作所在社区的图书馆服务，愿支付的平均税收增长为 49 美元，这是当时全国所有图书馆人均花费的两倍。1998 年在美国西雅图，大多数人赞同发行 1.96 亿美元的公债来支持所有城镇图书馆的建筑和装修费用。长春图书馆参考咨询部在站稳脚跟后，曾调整了信息产品的价格，按照行业不同实行差别定价，相对涨幅达到 3—5 倍。

### 3.4　被动提价策略

被动提价策略是图书馆根据环境的变化而不得不提高价格的策略。一般在以下情况使用这种策略。

（1）通货膨胀，物资涨价，运行成本提高。

（2）竞争对手已提高价格，而该服务项目和产品需求弹性又比较小。

（3）出现资金困难。

由于图书馆是公益性的信息服务机构，所以，只要条件允许，采取降价策略，政府、社会尤其是用户都会欢迎；而采取提价策略特别是针对用户服务的直接提价，则很难得到外界的认可，因此必须特别慎重，如果没有非常特殊的原因不得选择提价策略。

### 参考文献

[1] 邢宇皓. 国图复印费下调背后的图书馆困局［EB/OL］. http：//www. libnet. sh. cn/tsgxh/xsjl/list. asp? id = 1816，2007 - 4 - 30.

[2] 王世伟主编. 世界著名城市图书馆述略［M］. 上海：上海科学技术文献出版社，2006：20.

[3] 菲利普吉尔领导的工作小组代表公共图书馆专业委员会编，林祖藻译. 国际图联/联合国教科文组织：公共图书馆服务发展指南（中文版）［M］. 上海：上海科学技术文献出版社，2002：20.

[4] FLA. Alexandria Manifesto on Libraries，the Information Society in Action［EB/OL］. http：//www. ifla. org/III/wsis/Alexandria　Manifest. html 2005 - 12 - 19.

[5] 杨燕. 云南省图书馆：提升服务树形象［EB/OL］. http：//www. libnet. sh. cn/yjdd/list. asp? id = 2053，2006 - 3 - 13.

［6］吴冠之编著．非营利组织营销［M］．北京：中国人民大学出版社，2003：158．

［7］陈力．公共服务中的图书馆服务［J］．中国图书馆学报，2006，（1）：5—12．

［8］王开学．无处不在 不可或缺——美国社区图书馆印象［J］．图书馆建设，2011，（11）：10—12．

［9］黄敏学．网络营销．武汉［M］：武汉大学出版社，2000：239

［10］校外读者利用本馆书刊的规定［EB/OL］．http：//www. inforlib. zju. edu. cn/redir. php? catalog_ id. =47017&object_ id =47161. 2011 - 03 - 11．

［11］王彦萍，金钟春．论图书馆信息服务营销［J］．图书馆学研究，2004（10）：89—91．

［12］周国忠．新世纪我国高校图书馆面向社会服务的历史回顾与展望［J］．图书馆，2011（6）：3—6．

［13］宁波大学图书馆信息服务收费标准［EB/OL］．http：//www. lib. szu. edu. cn/AD_ fwzn. /retrieval. asp. 2011 - 01 - 24．

［14］袁俊华．关于图书馆有偿服务项目的调研与分析［J］．图书馆杂志，2006（3）：37—40

［15］吴美慧，谭可盈．香港公共图书馆被批评管理不善年失1.8亿［EB/OL］．http：//www. libnet. sh. cn/tsgxh/list/ list. asp? id =1850，2007 - 4 - 21．

［16］韩宇，朱伟丽．中美著名大学图书馆"超期罚款"政策比较及思考［J］．图书情报工作，2008，（2）：129—131．

［17］蒋鸿标．产业化不是图书馆的发展方向——对我国图书馆产业化理论的质疑［J］．情报资料工作，2005，（6）：36—37，73．

［18］Bernie Sloan. Collaborative Live Reference Service［EB/OL］．http：//www. lis. uiuc. edu/-b-sloan/collab. htm, 2004 - 10 - 01．

［19］上海交通大学图书馆在线调查结论［EB/OL］．http：//www. lib. sjtu. edu. cn/ investigations_ view. htm, 2006 - 3 - 10．

［20］徐大平．美国公共图书馆发展现状及启示［J］．图书馆建设，2011，（11）：7—9，12．

［21］金立印．服务转换成本对顾客忠诚的影响——满意度与替代者吸引力的调节效应［J］．管理学报，2008，（6）：912—920．

［22］李菁．免费如好雨 润物细无声［N］．新民晚报，2008 - 2 - 19

（A18）.

［23］Daniel Akst ［EB/OL］. http//www. carnegie. org/reporter/10/books/in-
dex. html, 2005 – 12 – 20.

［24］王彦萍, 金钟春. 论图书馆信息服务营销 ［J］. 图书馆学研究,
2004, （10）: 89—91.

# 省级公共图书馆
# "一馆多证"现象探微

曾敏灵[*]

（广州行政学院图书馆　广州 510070）

**摘　要**　通过对全国 31 个省级公共图书馆借阅证办理情况的调查，探讨在政府要求免费开放的大背景下公共图书馆仍然存在的"一馆多证"现象，分析"一馆多证"及其借书押金的双重属性，进而提出今后消除省级公共图书馆"一馆多证"现象，实现完全免费开放的目标、步骤和方法。

**关键词**　公共图书馆　一馆多证　免费开放　步骤方法

2011 年 1 月 26 日，国家文化部、财政部联合下发《关于推进全国美术馆、公共图书馆、文化馆（站）免费开放工作的意见》（以下简称《意见》），要求"十二五"规划期内免费开放公共图书馆等。因省级图书馆地处省会中心城市，有大量的潜在读者需求，在全国图书馆体系中占据核心地位，因此研究其免费开放的目标以及实现开放目标的步骤和方法显得尤其重要。本文以省级图书馆这一层次为对象，通过对目前借阅证（即借阅权利范围分类）办理情况、借书押金收取情况以及省级图书馆的实际承受能力等方面的分析，提出省级图书馆消除"一馆多证"，实现完全免费开放的具体步骤和方法。

## 1　"一馆多证"与借书押金的配合具有开放和限制的双重属性

公共图书馆的免费开放，在形式上表现为阅读场地的免费开放，从实质上来看，则是对图书文献借阅权利的免费使用。两者虽然互相补充，但在现代信息技术条件下，阅读权利的实质开放才是核心。借阅权利的分类分级是通过"一馆多证"的具体形式实现的，显然，文化部、财政部要求

---

\*　曾敏灵，广州行政学院图书馆，副研究馆员。

的"免费开放"是指最终实现"一馆一证"且不收取借书押金的完全免费开放（即下文的 A3B1 的组合）。

在政府要求公共图书馆免费开放的大背景下，笔者近期通过网站调查、网上咨询、文献查阅等方法，就借阅证办证问题对我国内地 31 个省级公共图书馆进行了调查（数据截至 2012 年 5 月 10 日，下同），并结合借书押金收取情况分析目前省级图书馆正进行的"免费开放"实际进程。

## 1.1　"一馆多证"具有开放与限制的平衡功能，是分步开放的现实选择

完全免费开放是保障人民群众基本文化权益的重要举措，是文化民生工程的重要内容，是基本公共文化服务均等化的重要标志。图书馆扮演着调节和维持公民信息地位、权利、发展机会平等的作用。服务标准的统一是信息地位、权利、机会平等的具体化，是图书馆服务内容公平的体现。从发展看，图书馆在信息服务过程中应当设立统一的服务标准，在服务技术与标准上人人平等，不应因人因时而异。但因为一步到位的免费开放必然产生实际承受能力问题，在省级图书馆本身没有足够能力解决或政府没有提供相应配套措施的情况下，作为当事主体的省级图书馆必然会采取务实的态度来"响应"政府的"完全免费开放"的意见，采取分步开放的策略，实践中就是采取"一馆多证"的办法，并且往往与借书押金挂钩。笔者通过调查发现，目前绝大部分省级图书馆实行的是"一馆多证"的开放政策（表1）。

**表1　31 个省级公共图书馆借阅证数量统计表**

| 借阅证种类 | 百分比 | 借阅权利分级 | 馆　　　别 | 免费开放方式 |
|---|---|---|---|---|
| 1 证 | 26% | 中文、少数民族文字期刊、图书、网络等 | 新疆维吾尔自治区图书馆、西藏图书馆、内蒙古图书馆、黑龙江省图书馆、吉林省图书馆、河南省图书馆、江西省图书馆、四川省图书馆 | 8 家一证通行，一步到位，中文和当地民族文字图书资料完全开放 |

续表

| 借阅证种类 | 百分比 | 借阅权利分级 | 馆　　别 | 免费开放方式 |
|---|---|---|---|---|
| 2 证 | 32% | 中文、外文期刊图书分开 | 上海图书馆、天津图书馆、河北省图书馆、山东省图书馆、山西省图书馆、南京图书馆、浙江图书馆、陕西省图书馆、宁夏图书馆、贵州省图书馆 | 10 家两证并行，分步开放 |
| 3 证 | 10% | 中文、外文、珍本孤本图书分开 | 辽宁省图书馆、广东省立中山图书馆、重庆图书馆 | 3 家三证并行，分步开放 |
| 4 证 | 16% | 中文、外文、珍本孤本、网络阅读、杂志、场地阅览条件等分开 | 甘肃省图书馆、青海省图书馆、湖北省图书馆、湖南图书馆、云南省图书馆 | 10 家多证并行，分步有限开放 |
| 5 证 | 10% | | 安徽省图书馆、广西壮族自治区图书馆、海南省图书馆 | |
| 6 证 | 6% | | 首都图书馆、福建省图书馆 | |

注：各馆的借阅证都不包括少儿借阅证。

调查显示，31 家省级图书馆共办理各类借阅证 83 种，平均 2.68 种。实行"一馆多证"的有 23 家，占全国省级图书馆的 76%，只有 8 家图书馆实行"一馆一证"（不包括少儿借书证），占比 23%。这 8 家图书馆的"一证"只对中文和当地民族文字图书资料开放，还不包括外文，虽然押金都在 100 元（含）以下，每次借阅的图书限于 2—5 册，严格说也是分步免费开放。由此可见，图书馆虽然作为公益服务机构，本质上应向公众提供无差别的公开、公平的服务，但"一馆多证"却是普遍存在的现象，不管公共图书馆的管理者出于何种目的，一个不争的事实是，尽管国务院主管部门明确提出了免费开放的意见和开放的时间要求，但一年多后，实际上大部分省级图书馆不愿意一步到位完全免费开放，而是务实地采取分步开放的策略，把借书押金与借阅权利大小（即借阅证分级）挂钩，利用经济手段对免费开放过程进行适当的限制，实际就是"分步开放"政策的具体表现。反映出省级公共图书馆开放还不是"一步到位"的免费开放，而是以"一馆多证"方式进行的分步免费开放。

## 1.2 借书押金存在损失补偿与变相收费的界限，是分步开放过程的经济调控手段

从调查看，各馆读者在借阅书刊资料的时候需要交纳押金是普遍现象。在31家省级图书馆办理的83个借阅证中，收取200元（不含）以下押金的有50种，占比60.24%；200元到500元（不含）的有21种，占比25.30%；500元以上的有12种，占比14.46%（表2）。

表2　31个省级公共图书馆借阅证押金情况统计表

| 押金数额 | 200元（不含）以下 | 200—500元（不含） | 500—1000元（不含） | 1000元（含）以上 |
|---|---|---|---|---|
| 借阅证数量 | 50种 | 21种 | 8种 | 4种 |
| 百分比 | 60.24% | 25.30% | 9.64% | 4.82% |
| 借书数量 | 多数为5册（中文）以下 | 多数为4—6册（多为中文） | 一般5—10册（或外文2册） | |
| 押金性质 | 图书直接成本 | 高于图书直接成本 | 图书重置成本 | |

注：未含其中一种免押金借阅证。

文化部的《意见》没有明确规定图书馆不能收取押金，显然主管部门没有实行"一刀切"的政策，而把收取借书押金的权利保留给图书馆自主决定。考虑到我国公民个人诚信体系尚未健全，而且民间有窃书不算偷的观念，收取押金在目前不失为一种有效的管理手段，有利于图书馆可持续发展。但从长远来说借书押金应当完全取消。从古代藏书楼到现代图书馆，中国图书馆的发展历经坎坷，而开放性和公益性是其发展的巨大动力。公共图书馆实行免费服务的根本目的，是要通过优良的服务，吸引社会公众来利用公共图书馆，真正发挥传播知识、传承文化、播撒文明、启迪智慧、服务群众的作用。无论什么时候，图书馆的公益性质都是不可动摇的，有偿服务必须被限制在有限且合理的范围内，而对于图书的借阅，免费阅读（当然不包含读者对图书的损坏、遗失）是必要的底线。

从经济学上看，借书押金具有双重属性，同时具有补偿性和利益性，如果超过补偿的界限，就会蜕变为"变相收费"。从补偿原则看，借书押金的金额不能超过图书馆重置读者损坏或丢失的图书信息资料的成本，否则就有"变相收费"牟利之嫌。因此，借书权利的分级分类应当综合考虑

读者的职称因素、工作需求、损坏补偿要求和一般阅读需求等因素，押金不能作为办理借阅证的唯一标准。如果押金作为办证的唯一标准或押金超过合理的界限，就可能"变相收费"，成为开放的一道门槛，将阻碍在数量上为我们所不能想象的潜在读者进入。公众就会认为，图书馆没有尽到作为社会公益机构的职责，将受到社会舆论的诟病。

## 1.3 借阅证及其与押金的组合管理模型：分步骤的免费开放方式选择

笔者认为，不管借阅证如何分类分级，借书押金水平的高低，一般地，借阅证（用 A 表示）可分为 A1（部分借阅权利）、A2（大部分借阅权利）、A3（全部借阅权利）3 级，借书押金水平（用 B 表示）也分为 B1（押金为 0，即完全免费）、B2（押金为图书购置直接成本）、B3（押金为重置成本）3 级，如不考虑读者分级因素，那么 A 与 B 有 15 种组合形式，剔除 6 种无效组合（即 A1、A2、A3 之间，B1、B2、B3 内部之间无效组合），有效组合 9 种（表 3）。

**表 3　借阅证及其与押金的组合管理模型**

| 借阅证种类 | 借阅权利分级 | 押金水平 | 组合分析 |
|---|---|---|---|
| 证 I | A1：普及型图书资料 | B1：0 押金 | A1B1：初步目标 |
| | A1：普及型图书资料 | B2：直接成本押金 | A1B2：过度管理手段 |
| | A1：普及型图书资料 | B3：重置成本的押金 | A1B3：不适当的管理方法 |
| 证 II | A2：大部分图书资料 | B1：0 押金 | A2B1：过度目标 |
| | A2：大部分图书资料 | B2：直接成本押金 | A2B2：过度管理手段 |
| | A2：大部分图书资料 | B3：重置成本的押金 | A2B3：不适当的管理方法 |
| 证 III | A3：全部图书资料 | B1：0 押金 | A3B1：最终目标 |
| | A3：全部图书资料 | B2：直接成本押金 | A3B2：可选择的管理手段 |
| | A3：全部图书资料 | B3：重置成本的押金 | A3B3：不适当的管理方法 |

从这些组合形式中，可以选择出逐步实现完全免费开放的步骤。首先，对证Ⅰ、证Ⅱ、证Ⅲ内部的押金水平应作相应的过度调整，逐步从重置成本的押金水平调整为直接成本押金，创造条件最终取消押金。其次，在一定期限内有"四证"以上的省级图书馆先行合并为"三证"。最后，逐步以证Ⅱ取代证Ⅰ，取消证Ⅰ，再以证Ⅲ取代证Ⅱ，取消证Ⅱ。

## 2 省级图书馆"一馆一证"免费开放的实际承受能力分析

省级公共图书馆地处省会中心城市，人口大多在百万以上，甚至上千万，是本省的政治、经济、文化中心，如实行一步到位免费开放即"一馆一证"，读者办证率将平均增加近 30%，到馆读者数量增加幅度则更大，由此引发了许多问题和矛盾，归纳起来主要有以下四点。

### 2.1 经费保障缺口问题

如一步到位免费开放，读者流量和图书流通量的激增将导致馆藏文献品种与复本量不能完全满足读者的需求，需要增加经费购置图书文献；同时采编、流通和水电各项费用也要随之增加。伴随读者量的增大，馆内设施设备需要添加，还因使用频率提高导致其老化损坏加快，各项维修费用也要大幅度地增加。同时，原来的办证费、自修室使用费、电子阅览室上网费、辅导费及存包费等取消后，保证这些服务工作和项目正常开展的运行成本也需要解决。如果经费不能得到持续有效的保障，省级图书馆的免费开放将，难以为继。从目前的情况看，省级图书馆的经费保障不容乐观。以 2008 年到 2010 年为例，全国 31 家省级图书馆 3 年平均得到财政拨款 496 241 万元，平均拨款额在 2 亿元以上的有粤、沪、浙、苏、辽、京、鄂、鲁 8 家，平均拨款合计 278 155 万元，占全国的一半以上（56.05%）；拨款在 1 亿元以下的有晋、陕、皖、甘、赣、渝、新、贵、宁、青、琼、藏 12 家，平均拨款合计只有 76 426 万元，只占 15.40%；其余 11 家得到财政拨款 141 660 万元，占比不到 30%（28.55%）。统计显示，经济发达地区和落后地区的图书馆得到的财政拨款差距很大，存在显著的不平衡。同期 2008 年到 2010 年 3 年间全国平均发放有效借书证 289.69 万张，保守估计，今后会以每年超过 300 万张的速度增加。按每张证允许借阅 5 册图书计算，以每册图书 20—50 元价格估算，仅新增图书购置费一项的财政拨款就需要 3—7 亿元，加上采编、流通、管理等费用，必然形成相当的财政缺口。

## 2.2 读者管理难度问题

如一步到位免费开放，读者流量增加必然影响到整体阅读环境。文化部社会文化司司长于群在文化部召开的 2012 年中国图书馆年会新闻发布会上坦承，随着到馆人数的激增，很多图书馆的现有设施、场地出现了与需求不相符的情况，排队、占座的现象较为普遍。这就为图书馆管理人员带来了如何管理服务环境的问题。同时，在读者增多而书刊文献、检索终端、存包柜、电脑等服务设备设施不能在短时间内迅速增加的情况下，如何有效整合资源，达到服务环境平衡协调也是图书馆管理者面临的难题。

## 2.3 服务能力不足问题

如一步到位免费开放，在读者数量增加而人员编制无法改变的情况下，管理人员在单位时间、单位面积内服务读者的工作量大幅增加，要确保馆容整洁、书刊有序、设施运转正常，工作人员保持良好的工作热情和服务质量，这都对省级图书馆的服务能力提出了新的挑战。

## 2.4 图书信息资源无效利用问题

如一步到位免费开放，图书信息资源无差别地提供给公众，普通读者群体增加，借阅范围扩大，图书资料的周转量加大，在数量有限的情况下，紧迫需要的专业读者群体往往借阅等候时间延长，无效周转可能增加。

笔者认为，一步到位的完全免费开放不仅没有必要，而且不可能，现有条件也难于支持。省级图书馆的完全免费开放要与其经济条件、技术应用程度、服务能力、读者实际需求等相适应，要充分考虑图书馆的实际承受能力，应用 3—5 年的时间创造条件，逐步实现"一馆一证"的完全免费开放。

## 3 消除"一馆多证"实现完全免费开放的步骤和方法

首先，中央和地方政府要有计划加大对省级公共图书馆的财政投入，适当增加其人员编制，为图书馆完全免费开放创造必要条件。文化主管部门有必要加强省级图书馆免费开放进程的检查监督，定期进行绩效审计，以监督审核其借阅证政策、押金收取标准是否合理。同时，主管部门应消除"一馆多证"的时间表，并逐步减少"证"的数量，防止无限期延长。其次，省级图书馆应正确把握借阅证的开放、限制功能关系，制定适合实际的借阅证分级分类准入条件，合理确定借书押金水平，逐步加大免费开放的步伐。最后,在具体策略上,省级图书馆要采取科技先行、推进服务网络建设、建立读者诚信档案、加强内部管理创新等措施。

## 3.1 优先加大科技投入,同步建立并先行完全免费开放网络公共图书馆

在现代网络技术广泛应用的环境下,省级图书馆应优先加大科技投入,借助数字化和图像处理技术,通过网络传输手段,把传统的有形有限并且排他使用的图书产品变为公共信息产品(有形无限不排他即开放性共享型产品),大大提升公共图书馆的服务供给能力,把图书馆从有形有限图书产品的管理者转变为公共信息产品的服务生产者。提升图书馆借阅证的科技含量,技术上以具有金融功能的 IC 卡为载体,如广州可在现有的"羊城通"中加载图书馆的借阅功能,在一张卡片内实现阅读权利的分级分类以及借书押金的管理。

对实体图书资料的开放,文化主管部门应先要求"四证"以上的省级图书馆在 2—3 年内合并为"三证",只保留儿童借阅证、普通借阅证和科研人员借阅证;再用 3 年时间,将"三证"合并为"两证",保留儿童借阅证;最终实现"一证通行"。取消办证费、自修室使用费、电子阅览室上网费等,免费开放次序,应先中文图书后外文图书,先科研人员后普通读者,先网络图书馆后实体图书馆,优先保障儿童、残障人士的借阅权利。

## 3.2 引进战略合作伙伴, 延伸图书馆服务网络

文化主管部门可以牵头组织省级、市级、区级图书馆通过签订合作协议实现图书资料的联网共享,图书本身也可采用物联网技术,实现省会城市大范围的图书流通,通过总分馆制、联盟制、协议制实现图书通借通还。按照"阵地服务"与"延伸服务"相结合的原则,巩固读者与引导读者并举,网络图书馆与实体图书馆并行。引进专业服务合作机构,与城市自愿者团体合作,定期派自愿者来参加图书管理工作,缓解省级图书馆现有员工编制不足问题。引进专业快递公司,办理借书还书的物流服务,提高流通服务效率。

## 3.3 建立读者诚信档案, 减少读者管理成本

图书馆可通过多种形式的宣传教育活动来培养读者的诚信品德和遵章守纪的品质。通过各种媒介与途径,加大自身的宣传力度,让读者熟悉图

书馆的馆藏布局、规章制度及服务功能，使读者自觉遵守图书馆的规章制度，爱护图书资料和图书馆的设施设备。在办证时签订诚信服务公约，明确规定图书馆与读者双方的权利和义务，让读者仔细阅读并理解公约上所有的服务细则，使图书馆对读者的管理有规可依。建立读者诚信档案，对其诚信状况进行相关的评定，使读者时刻注意自己的行为，诚信借书还书，不断提高自己的诚信度，让诚信档案成为调整读者免费服务范围和借书押金的依据。

### 3.4　加强内部管理创新，　提升自身服务能力

通过图书馆内部管理创新，营造一个良好的环境，以适应日益扩大的读者群和需求。其一，建立多元利益和需求表达机制，鼓励公众参与，加强沟通交流，倾听读者心声，了解读者需求特点，实现读者的需求与图书馆供给的有效衔接。可设立图书馆"管理开放日"，鼓励读者自愿、平等地组织起来参与图书馆的运作流程，对图书馆的活动进行评议、监督，参加图书馆活动实践等，实现图书馆资源的有效利用。其二，实施目标管理，深化图书馆机构内部机制改革，提高管理水平和服务效率。完全免费开放后，公众对公共文化机构提供服务的质量与服务水平要求将呈现高质化和多元化，对工作人员的专业素质及服务能力有更高的期望。可通过目标管理、改善组织内部的人际关系、提高工作效率，以及强化免费开放后的激励竞争机制，建立较为完善的图书馆综合考评体系。其三，制定监督与激励规则。制度的有效实施还依赖明确的奖惩制度和监督制度，可以根据权利与责任对等原则，建立选择性的激励机制，同时制定相应的行为规范，为主体的自我约束以及相互监督提供制度规则。

### 参考文献

[1] 各省级图书馆网页内容截止于 2012 年 5 月 10 日.

[2]《关于推进全国美术馆公共图书馆文化馆（站）免费开放工作的意见》，文财务发〔2011〕5 号.

[3] 李国新："十二五"时期公共图书馆事业的发展机遇，《图书馆建设》2011（10）.

[4] 中国图书馆学会，国家图书馆：中国图书馆年鉴·2010［M］. 北京：国家图书馆出版社，2011.

[5] 徐欣禄，秦小燕：公共图书馆免费服务探析。图书馆工作与研究，2011（4）总第 182 期.

［6］胡永红：公共图书馆免费服务面临的新挑战。山东德州学院学报，2011（7）第27卷.

［7］刘学平：公共图书馆公平服务理论研究探析。图书馆，2011（2）.

［8］胡唐明：基于公共产品视角的公共图书馆免费开放运行机制研究。图书馆论坛2012（3）2.

# 党校图书馆与非物质文化遗产的传承和保护
## ——以宣城市为例

金弋滨*

（中共宣城市委党校　宣城　242000）

**摘　要**　文章论述了在文化强国的大背景下，党校图书馆在本区域非物质文化遗产的传承和保护工作中，应承担的社会责任，阐述了要利用图书馆的收集、整理、传播功能，结合现代化的技术手段和科学的服务模式，为传承和保护非物质文化遗产发挥自身的作用，从而为推动本地的文化建设和文化产业创新，提升本区域的文化软实力做出应有的贡献。

**关键词**　文化建设　图书馆　党校图书馆　非物质文化遗产　保护
传承

十七届六中全会向全党明确提出了"增强国家软实力，弘扬中华文化，努力建设社会主义文化强国"的战略任务。宣城市委、市政府为了深入贯彻落实党的十七届六中全会精神，针对宣城的特点提出了建设文化强市，提升文化软实力，实现跨越崛起、富民强市战略目标的重要举措。

## 1　宣城市非物质文化遗产保护现状

宣城是一座拥有 2300 余年历史的古城，有一系列宝贵的文化资源，南北朝以来，历代文人墨客在宣城创作了大量诗词名篇。宣城还是中国文房四宝的原产地和集散地，对中华文化的发展做出过重大贡献。宣城境内有 8 处国家重点文物单位和 100 多处省、市级文物保护单位。

2006 年 3 月至 2009 年底，宣城市开展了非物质文化遗产普查工作，共收集非遗线索 1000 多条，调查项目 1000 多个。近年来，宣城市各级财

---

\*　金弋滨，女，1961 年生，中共宣城市委党校图书资料室（信息中心），副主任、副研究馆员。

政安排专项资金，对全市各类"非遗"项目进行及时抢救和保护，成效显著。成功申报绩溪县为国家级徽文化保护试验区，郎溪县梅渚镇、绩溪县伏岭镇为中国民间文化艺术之乡。指导建立了宣酒文化博物馆、绩溪三雕博物馆、泾县中国宣纸博物馆、绩溪徽墨传习所、徽菜传习所、郎溪民俗文化馆、五猖馆等"非遗"专题博物馆、传习所7个，为保护传承非物质文化遗产提供了良好的平台。

目前，全市共有联合国人类非物质文化遗产项目1个，国家级非物质文化遗产项目4个，省级非物质文化遗产项目30个，市级以下非遗项目314个；培育了4名国家级、32名省级"非遗"传承人，46名市级非遗传承人。同时，认真做好文物普查工作，对古村落、古民居、古建筑进行重点保护，宣州窑遗址、旌德文庙古建筑群和龙川胡氏宗祠拓展项目已通过国家文物局专家组初审。

但是，从总体上看，宣城尚未对历史文化资源进行更深入的挖掘和研究，许多重要的史实、事件和评估尚未理清。在非物质文化遗产方面，民间手工艺、地方小戏、民风民俗、代表性传承人等都还需要进一步保护、发掘和弘扬。

## 2　保护非物质文化遗产是党校图书馆的社会职责

非物质文化遗产与物质文化遗产一样，都是人类文明的结晶和共同财富，是人类社会得以延续的文化命脉，蕴含着一个民族传统文化最深的根源，并且更容易受到破坏和消亡的威胁。随着全球化趋势的加强和现代化进程的加快，我国的文化生态发生了巨大变化，很多文化遗产在人们经意或不经意间消失了，非物质文化遗产受到越来越大的冲击，一些依靠口授和行为传承的文化遗产正在不断消失，加强文化遗产的保护已经刻不容缓。图书馆虽然不属于专业的非物质文化遗产研究机构，但对非物质文化遗产的传承和保护有着不可推卸的社会责任。1975年，国际图联（IFLA）明确提出图书馆四大社会职能：保存人类文化遗产，开展社会教育，传递科学情报，开发智力资源。人类文化遗产包括物质的和非物质的，所以保存非物质文化遗产同样是图书馆的职能之一。1994年联合国教科文组织颁布《公共图书馆宣言》，宣言赋予图书馆12项使命，其中涉及文化遗产的相关使命。长期以来我国图书馆偏重于保存记录人类知识的纸质载体，而对非物质文化遗产没有足够的重视，所以图书馆应增强文化自觉意识，积极关注、参与本地区非物质文化遗产保护，并将其明确纳入到自己的职能范围之内。

党校是学习、研究和宣传马列主义、毛泽东思想、邓小平理论的重要阵地和党性锻炼的熔炉，是培训党员领导干部的主渠道。参与区域经济社会发展的重大现实问题、战略问题的调查研究，为当地党委和政府提供决策咨询和参考，为区域的经济、文化、社会和党的建设服务是党校教学和科研的重要内容。党校图书馆是为党校的教学和科研提供文献信息保障与服务的学术性机构，所以党校图书馆在弘扬先进文化、保护和传承文化遗产上同样具有很强的社会责任，党校图书馆应该而且可以成为"文化宣城"建设的一支重要力量，利用图书馆收集、整理、传播的功能，结合现代化的技术手段和科学的服务模式，建立非物质文化遗产的传承和保护体系，为提升宣城的文化软实力，推动宣城的文化建设和文化产业创新，做出应有的贡献。

## 3 党校图书馆在非物质文化遗产的传承和保护中应发挥的作用

### 3.1 认真学习贯彻《决定》，提高对非物质文化遗产保护的认识

现在全党都在认真学习贯彻《中共中央关于深化文化体制改革推动社会主义文化大发展大繁荣若干重大问题的决定》，在文化强国的大背景下，宣城市提出了"经济强市、文化活市、生态立市"的发展战略，制订了文化产业的发展规划。我们要以此为契机，使"非遗"保护工作深入人心，提高全党全社会对非物质文化遗产保护工作的认识，努力营造重文化、抓文化、兴文化的浓厚氛围，使全社会明白，保护非物质文化遗产对于人类文化的存在和发展意义重大。因为文化遗产的历史传承和有效保护，文化资源的有效管理和合理开发是文化发展和创新的前提，由此凝聚推动文化繁荣发展的共识，激发建设特色文化的积极性，杜绝"文化建设说起来重要，干起来次要，忙起来不要"的现象。树立保护非物质文化遗产有利于我们建立新的文化发展观，有利于捍卫文化多样性和保护文化传统，有利于文化创新和文化产业的繁荣发展的新观念。为实现加强文化建设、加快发展文化产业这一宣城"十二五"规划的重要战略目标添砖加瓦。

### 3.2 做好非物质文化遗产中"活态文化"的收集、保存工作

根据联合国教科文组织通过的《保护非物质文化遗产公约》的规定，非物质文化遗产的保护系指采取措施，确保非物质文化遗产的生命力。所以我们要加强非物质文化遗产保护，制定专门资助办法，建立健全非物质

文化遗产名录体系，编制并完善本地非物质文化遗产资源图谱，加强民间文学、民俗文化、民间工艺美术等非物质文化遗产的抢救工作。

保存文献是保护非物质文化遗产的一种措施或方式，静态的纸质文献、图片和器物易于搜集、整理、保存和传承，而活态文化一般属于隐性知识存于大脑，是人类生活方式、智慧与情感的活的载体，主要通过口传心授来传播，具有叙事场景重现和传播个体的零散性、多样性等特点，而且大都散落民间，难于搜集、记录和传承，同时容易受传者和受者的主观因素的制约而影响其延续甚至面临失传的危险，因此活态的非物质文化遗产保护和传承更显重要和紧迫。现代数字技术对口述文化、民间艺术、民间风俗、民间工艺、传统和现代技艺等非物质文化遗产中活态文化的采集和保存提供了技术保障，

我们党校图书馆针对活态文化的特点，还可组织教研人员或专家到民间调查，到产业园区、企业进行专题采风。在调查采风中以笔录、摄影、录音、录像等方式真实记录现场考察成果，并将它们物化为光盘、磁带存档，转化为数字文件永久保存，这样既可掌握大量民俗文化和文化产业的原始资料，使民俗文化和制作技艺得以保存和生动再现，也极大地丰富党校图书馆的地方文献资源，保证传统文化的延续，夯实为当地党委和政府文化建设和文化产业发展提供决策参考的基础，使图书馆的服务能力和服务内容得到不断的提升和创新。

### 3.3　建立非物质文化遗产特色数据库，实现资源共享

非物质文化遗产数据库的建设是建立在调查和充分论证的基础上的。图书馆是重要的文献资料保存与服务机构，有着独特的收集、管理和服务手段，在建立非物质文化遗产特色数据库方面有着得天独厚的优势。对所有与非物质文化遗产有关的馆藏书籍资料和多媒体文献，进行集中收藏、保存和借阅服务，对非物质文化遗产的传承、创新与进一步研究有非常重要的作用。文房四宝是中华民族宝贵的文化遗产，宣城是宣纸、宣笔、徽墨的原产地，宣笔、徽墨、宣纸品质独特、工艺完美。2004年9月，宣城市赢得了一张十分珍贵的、全国唯一的、最能彰显自身魅力、最具典型地方文化特色的品牌——"中国文房四宝之乡"。

几年来，宣城高度重视文化建设尤其是文房四宝的保护和传承。按照"保护为主、抢救第一、合理利用、传承发展"的工作方针，通过抓产业发展、抓基地建设、抓人才培养、抓行业协会发展，促进了宣纸、徽墨、宣笔行业较快发展。

文房四宝之一的宣纸制作技艺堪称中国古老造纸技艺的"活化石"，2006 年 5 月入选国家级非物质文化遗产名录，2007 年 3 月入选省级非物质文化遗产名录，2009 年 9 月 30 日被联合国教科文组织保护非物质文化遗产政府间委员会列入人类非物质文化遗产代表作名录；徽墨制作技艺 2006 年 5 月入选国家级非物质文化遗产名录，2007 年 3 月入选省级非物质文化遗产名录；2007 年 3 月宣笔制作技艺入选省级非物质文化遗产名录，2008 年 6 月入选国家级非物质文化遗产名录。

我们党校图书馆根据本馆所处"中国文房四宝之乡"的特殊地理位置，参考了宣城市非物质文化遗产名录，在当地有关部门及专家、传承人的协助下，在现代计算机技术的支持下建立了"文房四宝之乡"特色数据库。数据库既依托了宣城的地域文化优势，还丰富和加强了自身的馆藏特色建设，同时为全省党校系统资源共建共享增添了新的内容，更好地实现了全省党校系统非物质文化遗产资源的集成共享、检索利用和统一管理。

文房四宝数据库的基本内容包括：①历史典籍和地方文献中文房四宝文化的记录；②公开或内部发行的刊物、报纸和专著，会议交流材料中关于文房四宝文化的论文等；③文房四宝传统及现代生产工艺流程、产品的说明文字、图片和影像资料；④文房四宝非物质文化遗产申遗文字、图片和影像资料；⑤文房四宝文化遗产传承人的口述、文字、传记和音像资料；⑥文房四宝文化的民间艺术、民间习俗、民间传说，文艺创作的文字、图片、录音录像资料；⑦文房四宝文化产业、园区、企业和品牌；⑧文房四宝文化的管理部门、科研机构、专业协会、中介服务、专业网站、论坛等。

当用户需要了解文房四宝非物质文化遗产相关知识时，既可按数据库目录顺序随意翻看，也可按专题系统地查到本馆所有与之相关的信息。当然我们图书馆的文房四宝数据库还有待进一步充实和完善。还需要资金支持，需要在人才培养、资源建设上下功夫，需要充分挖掘数据资源，利用数据分析工具提供快速检索和服务等。

非物质文化遗产数据库建设的目的是共享，通过共享才能更好地实现图书馆保存、传播和服务的功能，才能真正推动非物质文化遗产的传承和保护。

### 3.4 做好宣传工作，使非物质文化遗产得到有效的传承和保护

首先，加大社会宣传，把非物质文化遗产的保护和传承与特色数据库建设结合起来，围绕非物质文化遗产保护和传承的重要性，以举办展览、

文化节、组织参观、邀请专家或传承人做报告及现场表演等形式展示宣城的非物质文化遗产，提高社会公众对非物质文化遗产保护的认知、关注程度。其次，加快推进"非遗"保护成为党校教学和科研组成部分的步伐，使更多的非物质文化遗产专题讲座进入党校主题班教学的课堂，更多的非物质文化遗产的研究进入党校的科研课题，以宣城本地的非物质文化遗产为依据，建立更多的系列特色数据库，提高全市党员领导干部对宣城历史文化和非物质文化遗产的系统认知和决策能力。再次，积极争取政府的政策和财政支持。积极做好宣城非物质文化遗产数据库建设的调研工作，形成课题报告，阐述特色数据库建设的重要性、可行性、总体思路、基本框架和对策建议，先争取党校领导的支持，然后力争上报市政府，提高政府对非物质文化遗产特色数据库建设的支持度。同时编制宣城非物质文化遗产系列特色数据库建设预算或规划，争取财政支持或列入市级文化建设重点项目。另外在非物质文化遗产保护中，我们既要重视政府的行政资源和优势，还要与学术界、新闻媒体、社会团体以及商界人士保持密切的合作关系，充分利用他们的学术优势、资金优势以及舆论优势，不仅在政策上，还要在法律、学术以及资金等各个层面，对本辖区的非物质文化遗产传承，给予积极扶持、热情鼓励和真心推动。我们还要积极向政府呼吁，设立专项资金，切切实实地扶持和帮助那些深深根植于民间社会的非物质文化遗产传承人，通过表彰、命名等方式，调动非物质文化遗产的真正主人——传承人的积极性，从而使非物质文化遗产得到有效传承和保护。

### 3.5　做好"非遗"特色数据库的知识产权保护工作

非物质文化遗产特色数据库具有相对的独立性、专有性和一定程度的网络开放性，所以必须对作者的知识产权加以保护。版权法赋予了图书馆对受知识产权保护的信息资源合理使用的权利，从图书馆角度来讲，建设特色数据库是为社会公众提供非物质文化遗产信息资源，不以盈利为目的，可以不用事先征求著作权人的同意，也无须支付费用，这为图书馆合理使用各类信息资源提供了法律上的依据和保障，但必须遵守版权法的规定，对于涉及非物质文化遗产传统、自主的生产工艺和商业秘密的文化资源应实行一定的密级管理和范围限制，以阻止中华民族传统的非物质文化遗产资源受到破坏和掠夺。

### 3.6　加强队伍建设，为建立特色数据库提供人才支撑

建设具有地域特色的非物质文化遗产数据库，需要一支既熟练掌握现

代化信息技术，具有较专深的图书馆学、情报学和广博的历史文化知识，又有较强的文献信息加工能力、德才兼备、锐意进取、结构合理的人才队伍。这支队伍是确保数据库建设有序、高效、高质，实现其持续发展的关键因素。要面向社会公开招聘成熟人才，积极从高校引进优秀毕业生，同时要建立人才培养机制，加强继续教育工作，因地制宜、多渠道、多途径培训现有人才，调整、优化在职人员知识结构，聘请国内数据库建设领域的专家对在职人员进行专业培训，还可以选派业务骨干到高校进行系统培训等。

## 参考文献

［1］徽家 . 当前宣城市文化建设存在的问题与对策建议 ［J］. 宣城工作（中共宣城市委机关刊物），2012（5）：18—21.

［2］非遗简介——宣城市非物质文化遗产普查办公室（保护中心）基本情况 ［EB/OL］. ［2012 – 06 – 05］. http://www.xcsshy.com/page/feiyi/17.php.

［3］联合国教科文组织《公共图书馆宣言（中英文版)》［EB/OL］. ［2012 – 06 – 05］. http://wenku.baidu.com/view/696050d528ea81c758f578e0.html

［4］联合国教科文组织《保护非物质文化遗产公约》［EB/OL］. ［2012 – 06 – 05］. http://www.douban.com/group/topic/1147017

［5］入选非遗项目——宣城市入选省级以上非物质文化遗产名录项目 ［EB/OL］. ［2012 – 06 – 05］. http://www.xcsshy.com/page/feiyi/18.php

［6］苑利 . 非物质文化遗产传承人保护之忧 ［J］. 探索与争鸣，2007（7）：66—68.

# 地方社科院图书馆的窘困与出路

韩　兵*

（江苏省社会科学院图书馆　南京　210013）

**摘　要**　地方社科院图书馆普遍存在因固守传统、脱离时代而陷入危机的窘困。纸质的藏书体系建构已成背负不起的包袱，而面对数字化的知识保障体系却裹足不前。摆脱窘困的出路在于舍弃"书"的包袱，坚定地走文献资源数字化和文献服务信息化的知识保障之路，致力于为知识寻求需要和应用，为科研的全过程及时做好所需知识的检索、整合、推送以及扩产和延伸。

**关键词**　图书馆　文献资源　知识保障　社会科学

地方社会科学院的知识保障体系建构大体有两种类型：图书馆和文献信息中心。两种类型的主要差异在于知识保障的层次。图书馆侧重于文献资源的基本建设与提供，是知识载体（文献）层次的保障；文献信息中心侧重于文献信息的整合与分析，再生出"二次""三次"文献，是深化到文献内涵的保障。

目前仍保持图书馆建制的地方社科院不及半数，半数以上先后改制为"中心"，印证了社科研究的知识保障正在由文献载体形态向其内涵深化的发展趋势，同时也显露出图书馆在地方社科院的不适。

## 1　图书馆之窘困

社会日益知识化、信息化，而被视为知识宝库的地方社科院图书馆却越发度日艰难。以本馆为例，购书量年年减，报刊订购量也年年砍，经费还是捉襟见肘，须煞费心思地筹划算计，拆东补西，最终还是难免留点亏空。常言"巧妇难为无米之炊"，"米"少的日子不好过啊！更何况通货膨胀，无论书还是刊，价格哪年不涨10%以上？

没钱买书，何以堪称图书馆？仍在坚持的多数地方社科院图书馆其实

---

\*　韩兵，江苏省社会科学院图书馆，副馆长、研究馆员。

已难称"馆"矣，都是读者寥寥、门可罗雀的不景气。前些年本馆还试图"经典收藏"，即少而精策略，勉力拼凑几个主要学科体系的枝干、骨架。当然终免不了"缺胳膊少腿"。全院十几个科研部门，社科、人文俱全，二百多位专家学者又都"术业有专攻"，区区数十万元办馆经费，焉能"馆"得周全？更何谈什么"系统收藏"、"知识体系建构"？好在学者们都学富五车，文献资料又日益数字化、社会化，对自家图书馆也没太多抱怨。也许就没太指望。

不被读者"指望"无疑是一个图书馆最大的悲哀。阮冈纳藏著名的"图书馆五定律"说得明白："每个读者有其书"，就是让每个读者都能指望我们这里有其所要的书，然而我们多半是让读者失望；"图书馆是一个生长着的有机体"，就是要根据人类知识的发展和读者的知识需求而不断发展、完善自己的藏书体系与服务，而当我们落魄到连书都买不起的境地时，还怎么"生长"与"有机"？不窘困才怪。

## 2　窘困之根源

窘困即穷困，缺钱。然而缺钱只是表象，表象背后是什么呢？地方社科院图书馆其实与生就带着一种纠结：它应该是一个集社科、人文十余种学科、大而全（至少也是小而全）的综合性藏书体系才能涵盖其所隶属机构的学术范域，然而它所服务的读者范围却仅仅一二百人，且各有"专攻"，知识的需求往往是特定的、个别的，具有很强的个性化。以大而全或小而全的投入应对特定而个别的需求，以期获得较高的知识保障率，这就是地方社科院图书馆的初衷。在"初衷"的年代里，本馆年均进书 1 万多册，大致还能"应对"。而当知识爆炸似的增长，我们的年进书却逐渐降到了千余册，也就逐渐地难以，直至无以"应对"，于是"纠结"便凸显出来：拥有自己的"保障"固然好，但其成本与效应之比却太低，太不经济，越来越难以持续下去。以现在的书刊发行量和价格估算，若坚持"初衷"，我们要耗掉全院一半以上的经费，或许聊以满足学者们"个性化"的需求，但却免不了附带一个更大的"效应"，即百分之八十乃至百分之九十以上的藏书束之高阁，历久尘封无人问津。以往的藏书使用率已经证明了这一点。

我们总是抱怨"领导不重视"，"不投入"。"不重视"是因为我们真的有点像"鸡肋"了，聊充门面却不敷实用；"不投入"则不仅因为"不经济"，还因为投不起。图书馆毕竟只是社科院的科研辅助部门，全院还有大块的科研投入、行政投入；更因为不必要，在文献资源已经实现了数字化形态、社会化共享和网络化传播的时代，并且已经成为我们的读者获取知识的主要来源与方式，我们还有必要再非常艰辛地"纠结"于一个并不被读者们"指望"的、买不起书的自家图书馆？就像自耕农的那"一亩三分地"。这点地也种不了多少庄稼。

## 3　创新发展摆脱窘困

综上所述，地方社科院图书馆之窘困就困在固守于藏书，纸质的书，并且非汗牛充栋不足以称为"馆"。但是，书却并非全是纸质的，最早的书还是甲骨的、青铜的、竹简的，现在更有了高科技的数字式的，可以海量存储、电子化搜索与分析、网络化传播以及无限量复制，且不必"汗牛充栋"。图书馆本来就是这样随着人类知识增长、知识载体的变化以及知识服务方式的提升而与时俱进、不断"生长"的"有机体"。否则，今天的图书馆还当像博物馆似的阵列着甲骨片和青铜器。当纸质的藏书体系建构成为地方社科院背负不起的硕大包袱，而我们的读者已经适应了数字化的知识接受时，我们有何理由不去选择更便宜、更便利、更实用，能为社科研究提供更高层次知识保障的数字文献资源？与时不进，难免背时！即使我们还有能力固守那"汗牛充栋"的尊荣。

近些年，许多地方社科院图书馆也在通过自建、共建或购买服务的方式逐步增加对数字文献资源建设的投入，但仍难舍传统的"书"，千方百计也要挤出钱来买几本装样，不然还咋叫"图书馆"？于是，纸质文献与数字文献互争经费，形成对立而不是互补，结果都弄得支离破碎，不成体系，图书馆数字化成了面子工程。

图书馆数字化的基本条件就是健全与完善适合读者知识需求的数字文献资源体系与结构。本馆早在 2005 年开始尝试建设以"江苏省社会科学院研究资料网"为平台的数字文献体系建构，采取自建和与公共图书馆共建的方式制作本省政治、经济、社会民生、文化教育以及长三角协同发展等专题实证资料数据库；以购买、包库使用等方式开通《超星电子图书馆》、《中国知网》、《国研网》等重要数字文献资源，利用网络资源搜集、下载，整合制作国家及地方各类发展报告、各类专题年鉴、统计年鉴及人文类数据库，形成理论研究、实证研究和原始事实、数据多方位的知识学习、参照与引证知识组合；通过权威网站资料编辑链接，制作了"宏观发展观察与分析"、"学术动态"、"视野"以及"理论专题链接"等时代背景的动态信息和知识导航设置，以扩展读者自主的情报检索与接受。历经数年调整提高，《研究资料网》已经形成了理论文献、学术论著与研究报告、实证资料及动态信息四种类型文献资源，更加适应社科院对策研究的特点，更加贴近科研过程知识需求的阶段性特征，年均使用人次达2万多，远远高于年均千余人次的图书借阅量。

但是，单纯的文献资源数字化仍不足以让地方社科院图书馆摆脱固有的"纠结"，因为除了资源的地方特藏之外，我们永远无法在资源的量度和广度上与公共图书馆、高校图书馆以及社会的数字文献资源竞争。当然我们无须这种竞争，除非我们还想重陷以往的窘困。除了文献资源的数字化，我们还需致力、着力创新的是文献服务的信息化，或曰情报化，通过对文献资源的二次、三次研究，分析、整合，通过知识挖掘、文献推送、定题情报、定制服务、知识导航等方式为科研提供多层次、多方位、适合研究过程不同需要特征、便于读者自主检索与接受的知识保障。"图书馆五定律"还说："书是为了用的"，"每本书有其读者"，"节省读者的时间"。这就阐明了文献资源建设的最终目的和实现这个目的的行动指向，对应于我们这样的学术性图书馆而言，就是责无旁贷地要为知识寻求需要和应用，要为科研的全过程及时做好所需知识的检索、整合、推送以及扩展和延伸。

大半世纪前的"图书馆五定律"是对现代图书馆职业"最简明的表述"。百年后的当代图书馆，尤其是学术性图书馆，所要作的唯一变通就是从"书"深化到书里的知识。美国学者米切尔·戈曼于1995年提出的"图书馆新五定律"毕竟更加贴近当代，更加直白地表述了当代图书馆的职业，完全可以引为解构我们窘困的基本理念：图书馆服务于人类文化；掌握各种知识传播方式；明智地采用科学技术提高服务质量；确保知识的自由存取；尊重过去，开创未来。

无论是图书馆还是文献信息中心，殊途同归，都应成为地方社科院助推、促进学术研究进程的知识保障体系。"图书馆"只不过是沿用了老的称谓，"信息中心"则显得开宗明义。老的称谓并无大碍，而老的观念则深陷我们于窘困。图书馆应该并不仅仅是"书"的馆，更应该是知识的加工厂、知识的问询处、知识的快递中心，尤其是对于地方社会科学院这样综合性多学科的中小型研究机构而言。

# 动静结合修党校图书馆事业内外呼应炼中华文化软实力

夏　媛*

（中共中央党校图书馆　北京　10091）

**摘　要**　2011 年 12 月，党的十七届六中全会明确提出"建设社会主义文化强国"的目标，进一步彰显了我党的文化自觉与自信，这是我党为提升国家文化软实力的进一步战略部署，吹响了我国"十二五"时期文化大发展与大繁荣的号角。图书馆事业是衡量一国文明发展程度和综合国力的重要标志，其发展和进步与文化软实力的提升息息相关，而全国党校图书馆的特殊性和优越性决定了其在国家文化软实力构建中应理应发挥更加积极的作用。动静结合、内外呼应是对党校图书馆事业提升文化软实力战略的形象概括，应在实践进程中认真落实。

**关键词**　党校　图书馆事业　文化软实力　动静结合　内外呼应

当前，金融危机依然阴影重重，产能过剩在宽松调控政策、强力刺激内需过后又见新高，保护主义因主权债务日渐深重，贸易壁垒不断升高、卷土重来，但中国的文化民生却呈现前所未有的增进状态，文化消费日渐显示出日渐强劲的势头，成为中国发展转型的一大新动力。随着"建设社会主义文化强国"目标的提出，中国政府所描绘的文化软实力蓝图上又添加了浓重一笔，广大民众的文化热情又一次被激发，社会主义文化软实力建设步入又一新的阶段。中国，天命所归是大国。文化，是大国之为大国的题中应有之义。全国各级文化机构和单位是文化软实力建设的主力军。图书馆，尤其是党校图书馆所具有的特殊性和优越性决定了其排头兵式的领军作用。

---

\*　夏媛，中共中央党校图书馆。

# 1　软实力与文化软实力

## 1.1　软实力的内涵及中国的软实力

自哈佛大学著名政治学学者约瑟夫·奈（Joseph S. Nye）于 20 世纪 90 年代初提出"软实力"——这一与代表军事和经济力量的"硬实力"相对应的概念之后，各国学术界与政界对"软实力"进行了高度关注和密切研究。"软实力"一词风靡全球，为普通大众熟知。然而，学术界对于"软实力的真正内涵"、"如何建设软实力"这一系列问题的研究仍然不足，具有较大空间。软实力，尤其是对于现已步入 21 世纪、希冀在国际政治舞台中谋取一席之地的大国而言有着极为重要的意义。正如约瑟夫·奈所言：如果一个国家"代表着其他国家所期望信奉的价值观念"，它的"领导（世界）潮流的成本就会降低"。

中国，作为世界上鲜有能够在 30 多年内持续保持经济高速增长、各项硬实力短期内迅猛增强的世界经济体，如何在以"软实力"为新指标的国际竞争中抢占制高点成为关乎民族繁荣和长久发展的重要课题。中国古语有众多有关"软实力"的名言警句，如"天下之至柔驰骋天下之至坚"、"不战而屈人之兵"、"上兵伐谋，其次伐交，其次伐兵，其下攻城"等。中国祖先对于"软实力"概念的体会和感悟理应在现代人的实践中不断更新、发扬光大。

按照约瑟夫·奈的定义，软实力是指"塑造与影响他人偏好的能力"，其来源主要有三个方面："对他人的文化吸引力、在国内外所实践的政治价值观、外交政策的合法性与道义权威。"从这个定义出发，我们可以把中国的软实力建设的内容理解为中国政治制度的吸引力、价值观的感召力、文化的感染力、外交的说服力以及领导人与国民形象的魅力和亲和力。

## 1.2　文化软实力与图书馆事业的关系及当前研究现状

在中国，"文化软实力"是对"软实力"的另一种提法，两者在本质和内涵上并无太大区别，它是一个国家基于文化的生命力、创新力、传播力而形成的思想、道德、制度和政策力量。当前，我国与构建文化软实力相关的机构包括自上而下的多级行政机关、企事业单位、社会团体、高校及各学术机构等。图书馆作为搜集、整理、保管、传播和利用书刊情报资料为一定社会的政治、经济服务的科学、教育、文化机构，是我国文化事业的重要组成部分之一，功能不应小视。我国图书情报系统基本有 6 大系统：科委科技情报研究所系统、文化部公共图书馆系统、中国科学院文献情报系统、高等院校图书情报系统、国防科技情报系统、厂矿企业文献情报系统。上至中央党校，下至各省市和县级党校图书馆，作为整个情报系统的组成部分应主动承担起其显著的文化功能。

当前学术界对于"图书馆事业与文化软实力"这一主题的研究较多，主要集中探讨图书馆对提升国家文化软实力的作用。大多数学术论文主要围绕图书馆的文化功能展开，代表性的论文有《简述图书馆在提升国家文化软实力中的作为》《打造图书馆以人为本文化软实力问题研究》《文化大发展大繁荣背景下我国图书馆的发展》《发展图书馆事业与国家文化软实力的提升》《浅析图书馆在提升城市文化软实力中的作用》等。上述文章对文化软实力的概念及内涵、当前图书馆事业在推动国家文化软实力建设中所存在的缺陷及应采取的措施进行了详尽论述。但文章普遍存在着一些不足之处：如侧重于从整体上阐述图书馆的文化功能，但对各类图书馆的专有属性及独特作用缺乏深入研究；对"何为中国文化软实力核心"这一问题的理解不甚透彻；论述宽泛而缺乏针对性，缺乏实际案例支撑；所提建议和政策不成系统，归类性不强，缺乏逻辑性。正因为如此，本文将对"中华文化软实力的核心"予以定义，结合党校图书馆的独特优势并以中共中央党校图书馆的文化建设实践为例展开论述，详细阐述党校图书馆促进国家文化软实力提升的策略。

## 2　党校图书馆在构建国家文化软实力进程中的优势及不足

文化，包罗万象，内容宽泛，而又难以用物质化和具体化的指标进行衡量。中国学者在研究"文化软实力"的过程中，往往存在对中国文化不甚了解、对"文化软实力"的核心不甚了解的情况，更难以对中华软实力进行国际推销。

笔者认为，"中华文化软实力的核心"主要体现在两个方面：一是中华传统文化软实力，主要是中国上下五千年来的物质文化遗产和非物质文化遗产对中国国民和世界人民的影响力，以及中国国民和世界人民对其的认同感；二是现代社会主义文化软实力，主要体现在社会主义核心价值体系对中国国民和世界人民的影响力，以及中国国民和世界人民对其的认同感。

提升文化软实力必须抓住核心要点，解决主要矛盾。党校作为对国家及省市级各级党政机关干部进行培养教育的特殊机构，其下设图书馆具有特殊性，这决定了其在构建中华文化软实力，特别是中华传统文化软实力以及现代社会主义文化软实力中的独特地位和作用。现今，我国党校图书馆在构建国家文化软实力的具体实践中主要存在如下独特优势和不足之处。

## 2.1　党校图书馆在建设文化软实力进程中所具有的独特优势

### 2.1.1　硬件优势：以党校为依托和平台，资金财力充足、技术设备保障强

正如上文所言，图书馆是衡量一个国家文明发展程度和综合国力的重要标志。因此，无论是发达国家，还是发展中国家都在争相追逐建立高效能图书信息管理系统。我国党校图书馆经过50多年的建设，已经建立起从中央到地方、门类齐全、布局合理的图书馆体系。改革开放后经济实力的提升，物质财富的积累，为党提升党校图书馆的现代化水平、数字化水平以及国际化水平提供了重要的物质积累和技术支持。以中共中央党校为例，中央党校图书馆现有印刷型图书约32万种、130多万册（件），其数字图书馆网站拥有中国学术文献总库（CNKI）、全国报刊索引、EBSCO英文数据库等主要的大型数据库，同时还有自建的马克思主义基本文献数据库等专题数据库。一流的建筑设施、丰富的馆藏资料、富有特色的数据库建设是确保图书馆情报事业有效展开的前提。

### 2.1.2　软件优势：以学员及教师为服务对象，馆藏资源利用率高，转换率高

党校图书馆的主要任务是为党校的教学科研和领导决策服务，服务对象首先是校内的广大教职员工，主体是教研人员和学员。党校学员是各级党政领导干部和理论骨干，思想觉悟较高，实践经验较为丰富，理解能力也较强。党校在教学中强调学员自学，图书馆成为学员获取丰富的文献资料、获取更符合现代化要求的执政理念和执政方法的第二课堂。以中共中央党校为例，其进修部负责省部级、地厅级干部、县（市）委书记的轮训；培训部负责中青年后备干部以及新疆、西藏等少数民族干部的培训；研究生院负责培养马克思主义理论学科的博士、硕士研究生和党校系统师资。党校图书馆成为学员接受文化知识教育、强化社会主义核心价值体系观念的大熔炉。更为重要的是，党校学员政治生命的特殊性决定了他们在党校图书馆学习生活中的知识摄入和文化熏陶转化成为政界执政理念和切实实践的可能性最高，党校学员最有可能从政策制定到行政实践中为中华文化软实力的提升做出显著贡献。

## 2.2　党校图书馆在建设文化软实力进程中所存在的不足之处

### 2.2.1　硬件劣势：馆藏文化类图书量较少，数字化、现代化程度参差不齐

由于各级党校学员以学习马克思主义基本理论和党的方针政策为主课，在党校图书馆馆藏中，马列经典著作、党和国家领导人的著作，党和国家的政策发令等重要文献占有十分突出的地位。与党校基本课程相关的哲学、政治经济学、科学社会主义、中共党史、党的建设和领导、管理科学等方面的书籍也比较多。以上馆藏文献资料一般占馆藏的 60% 以上。党校图书馆的藏书以政治类书籍为多无可厚非，党校图书馆数据库以马列毛思想以及党史内容为重也自然符合党校的特殊性，但在社会主义文化大发展与大繁荣的大背景和"文化强国"政策的呼应下，各级党校图书馆应加大文化类书籍及相关资料的馆藏比例，加强具有文化特色的数据库建设，这是提高党校图书馆的服务对象，尤其是党校各级学员的文化素养的重要前提。

此外，受制于我国经济发展水平的地域化差异，全国各级党校图书馆的现代化水平和数字化水平也呈现阶梯式差异：沿海发达地区的党校图书馆资金充足，物资充足，图书馆馆舍建设水准、图书藏书量、现代化和数字化程度都比中西部欠发达省份的各级党校图书馆更胜一筹。更严重的是，县级党校以及西部欠发达地区党校图书馆的文化功能和社会功能几乎闲置，利用率较低，形同虚设。这类党校图书馆的数目较多，但其在构建文化软实力事业中的贡献实在有限。

### 2.2.2　软件劣势：工作人员缺乏文化积淀，缺乏专业化现代图书馆人才

面对信息技术迅猛发展的 21 世纪，人才资源的开发和利用是图书情报事业进一步发展的保障。但从我国党校图书馆工作人员的学历构成比例、文化素质和专业素质看，缺乏专业化现代图书馆人才已经成为限制党校图书馆在文化软实力的建设中发挥更大作用的一块短板。

现今党校图书馆工作人员存在如下特点：硕士以上学历比例不高，高学历、高素质人员相对缺乏；女性及年纪偏大的工作人员较多，创造力和工作热情相对缺乏；懂得图书馆信息技术及图书馆发展大战略的专业化人才缺乏；对中国传统文化与现代文化要旨熟谙于心者少之又少，缺少将图书馆事业与国家文化事业双向推动的能力。俗语说："贤才，国之宝也。"党校图书馆事业的突飞猛进亟待新鲜血液为其补充能量。

## 3　加强党校图书馆提升中华文化软实力的举措

1975 年，国际图联在法国里昂召开的图书馆职能科学讨论会上将图书

馆的功能归结为五种：保存人类文化遗产、传递科学情报、开发智力资源、开展社会教育、提供文化娱乐。每一项功能都与文化软实力的提升密切相关。相对而言，图书馆的前三项功能（保存人类文化遗产、传递科学情报、开发智力资源）属于静态功能，具有内向性；后两项功能（开展社会教育、提供文化娱乐）属于动态功能，具有外向性。本文结合党校图书馆在构建文化软实力进程中的优势和不足，结合图书馆功能的静态和动态属性，将加强党校图书馆提升中华文化软实力的举措总结如下：

## 3.1　静修党校图书馆事业　内积文化储备能力　发挥传统资源优势

### 3.1.1　静态功能一：保存文化遗产　传递科学情报

图书馆最原始、最传统的功能是保存并整序各类社会文献以及人类文化遗产。党校图书馆在提升中华文化软实力的进程中，应当不断增加对有关中华文化的文献及文化遗产的储存和整序能力，这是党校图书馆的生存之基本。当前，全国各级党校图书馆在涉及中华现代文化的文献建设工作中表现较为突出，全国各级党校在中央党校的率领之下，"三大文库"（中国共产党历史文库、马克思主义理论文库、中国国情与地方志文库）的建设已经取得不断进展，各级党校的数字化资源建设也逐步提上日程并处于不断完善之中，全国党校系统数字图书馆建设工作不断迈上新台阶。

值得注意的是，各级党校图书馆也应加强对涉及中国传统文化的文献建设工作和数据库资料建设工作，为党校学员以及党校教师提供更为方便的资料获取方式，为他们在日常的科研活动、从政实践中提供智力资源，传递科学情报，为提升党校学员及党校教师的传统文化修养和文化素质提供更好的图书馆信息平台和情报资源。

### 3.1.2　静态功能二：　开发智力资源　收纳专业人才

传统意义上的图书馆专业人员主要是指具有图书馆学、情报学等专业知识的人才。但随着社会经济的发展，图书馆事业对于复合人才的需求日益强烈。现代意义上的图书馆人才不仅应具有丰富的社科类知识，还应当对中华传统文化的精髓了如指掌，对中华现代文化的核心牢牢铭记，只有如此，才能真正对党校图书馆事业的发展出谋划策，对中华文化软实力的建设提出具有战略性高度的政策建议，才能够真正组织并开展符合中华文化软实力建设要旨的各类社会活动和文艺活动。

就党校图书馆而言，为开发智力资源，收纳专业人才，需秉持任人唯贤的原则，规范招聘程序，严肃招聘纪律，精简闲置人员，提高人员素质，提高馆员待遇、加强馆员技术培训、对于对图书馆事业做出突出贡献的工作人员应完善鼓励措施和激励措施，完善晋升机制，真正做到"不拘一格降人才"。

## 3.2　动态党校图书馆事业　外炼文化外事能力　挖掘新时代新特色

### 3.2.1　动态功能一：开展社会教育

增强中华文化软实力，提高国民素质是根本。每个国民的文化素质是整个国家文化素质的构建者和表现者。因此，党校图书馆应不遗余力地加强社会教育功能。借助各级党校的平台，党校图书馆不仅具有开展社会教育的物质资源条件，更具备丰富的人力资源条件和文化储备资源。党校的教学设施、师资资源、学员资源及来访要员资源应当被更为广泛地利用与开发。

具体而言，党校图书馆应加强对自身教育资源的开发，党校教师、学员、来访要员应成为主力军。党校图书馆应加强其社会服务功能，摒除功利性思想，加强与党校所在城市及周边社区的文化机构、公共图书馆和各类高校图书馆之间的相互交流和合作，主办或承办具有党校特色、蕴含中国文化底蕴的文化教育活动。活动形式可以包括讲座、演讲、读书会、研讨会、座谈会等。值得注意的是，举办社会教育活动需常态化、程序化、平民化；切不可流于形式，切不可只限于短期执行，切不可仅侧重于意识形态教育。党校图书馆所组织的教育活动应既具有党校特色，又包含文化特色和趣味性。

为增强党校图书馆的外事功能，党校图书馆也应加强与外国文化机构与文化人士的合作，主动邀请外国政要及重要嘉宾参加党校图书馆的讲座、研讨会活动，从实际交流中感受中国传统文化的独有魅力以及现代文化的非凡特色，加深民族之间的交流，扩大中华文化的整体影响力和世界认同感。

### 3.2.2　动态功能二：提供文化娱乐

图书馆不仅是知识的海洋，也是艺术的殿堂；图书馆人不仅是知识的传播者，更是文明的传播者。我们要用高雅的图书馆艺术活动来改善图书馆的自然和人文环境，增加图书馆的活力、提升图书馆的品位、扩大图书馆的影响。党校图书馆可以通过举办内容丰富、形式多样、以中华传统文化和现代文化为核心的各式文化活动，如艺术表演、书画展、艺术品展览、中国传统音乐会等，提升党校图书馆的文化氛围和文化底蕴，逐步提升中华文化软实力的影响力以及外界人士对中华文化软实力的认同感和归属感。

以中共中央党校图书馆为例,为响应文化大发展与大繁荣的号召,下设文化展览处负责文化类活动的组织和开展。自 2011 年以来,中共中央党校图书馆已经举办多场文艺演出和文化活动,如"感受京剧艺术魅力"专场演出、山东莱芜梆子剧目《儿行千里》演出、大型原创昆剧、黄梅戏专场演出等。观看人员包括党校各界学员、社会各界人士及外籍人士,活动的广泛参与程度和互动程度较高。这样的实践是全国各级党校图书馆中的典范。

此外,各级党校图书馆应当在文化活动的举办过程中结合城市特色和地方特色,实行社会化管理;争取走出企业化、市场化、产业化的道路,加强与各类文化单位、文化公司、文化人才的长期合作和交流。为提升文化活动的民众参与度,真正实现文化活动"为民举办、为民服务"的目标,党校图书馆应降低其筹办的文化活动参与门槛,多举办雅俗共赏的文化活动,将其文化功能发挥至实处,积极主动地为党校文化交流活动搭建平台、创造机会,成为党校文化活动的有力发起者、组织者和参与者,从而实现为中华文化软实力贡献力量的终极目标。

## 4　结语

中华文化博大精深,中国文化软实力的构建任重而道远,图书馆事业的革新亟待进行,以党校为平台的图书馆应与时俱进,积极响应政府的文化号召,认真反思所存在的问题,积极面对国际化的竞争和挑战,真正从内外两方面修炼和提升软实力水平,从静态和动态两大角度出发,将图书馆保存文化遗产、传递科学情报、开发智力资源、开展社会教育、提供文化娱乐的文化功能发挥至最大化。

## 参考文献

[1] Joseph S. . Nye, Jr. , Soft Power: The Means to Succeed in World Politics [M], New York: Public Affairs, 2004;约瑟夫 . S. 奈,门洪华 . 硬权力与软权力 [M]. 门洪华,译 . 北京大学出版社,2005:6—7.
[2] Joseph S. Nye, Jr. , Soft Power: The Means to Success in World Politics, p.31, New York: Public Affaris, 2004. 转引自:李希光 . 软实力与中国梦 [M]. 北京:法律出版社,2011:28.

［3］Ibid. 29.

［4］李希光. 软实力与中国梦［M］. 北京：法律出版社，2011.

［5］李新霞. 加入 WTO 后我国图书情报事业面临的机遇与挑战［J］. 西南民族学院学报，23（3）：249.

［6］张颖. 简述图书馆在提升国家文化软实力中的作为［J］. 图书馆工作与研究，2011（2）：044—007.

［7］吴自勤. 打造图书馆以人为本文化软实力问题研究［J］. 现代情报，2009，29（8）：139—142.

［8］陆晓红，刘霞，胡念. 文化大发展大繁荣背景下我国图书馆的发展［J］. 国家图书馆学刊，2009（1）：36—44.

［9］于凤英. 发展图书馆事业与国家文化软实力的提升［J］. 山东行政学院山东省经济管理干部学院学报，2009（6）：85—115.

［10］李雪梅，郑俭华. 浅析图书馆在提升城市文化软实力中的作用［J］. 网络与信息，2011（11）：10—11.

［11］王杰，鲍永升. 党校图书馆管理学［M］. 北京：中共中央党校出版社，1995.

［12］廖先珍. 人才开发是 21 世纪图书情报事业发展的保障［J］. 高校图书馆工作，1997（4）：22.

［13］杨志超. 开展图书馆艺术活动　提高图书馆的软实力［J］. 图书馆纵横，2008（32）：128.

# 对军队院校图书馆参与先进军事文化建设的几点思考

赵兴华*

（国防大学图书馆 北京 100091）

**摘 要** 先进军事文化是军队发展进步的号角，是凝聚官兵精神的火炬。中央军委高度重视军队文化事业的建设发展，要求全军和武警部队要大力发展先进军事文化。先进军事文化建设是一项凝聚军心、民心的工程，是一项塑人、育人的工程，也是一项系统的工程。笔者认为军队院校图书馆作为军队文献信息来源的重要中心，作为为教学和科研服务的学术性机构，作为院校教育信息化的重要基地应积极参与到大力发展先进军事文化事业中去，在军事文化发展的大潮中，实现自身的功能定位和价值诉求。

**关键词** 先进军事文化 军队院校图书馆 信息保障

先进军事文化是军队发展进步的号角，是凝聚官兵精神的火炬。十七届六中全会党中央作出了推动社会主义文化大繁荣、大发展的决定。[①]中央军委高度重视军队文化事业的建设发展，要求全军和武警部队要大力发展先进军事文化。先进军事文化建设是一项凝聚军心、民心的工程，是一项塑人、育人的工程，也是一项系统的工程。笔者认为军队院校图书馆作为军队文献信息来源的重要中心，作为为教学和科研服务的学术性机构，作为院校教育信息化的重要基地应积极参与到大力发展先进军事文化事业中去，在军事文化发展的大潮中，实现自身的功能定位和价值诉求。

## 1 什么是先进的军事文化？

军事文化，是由客观的社会存在尤其是军事存在所决定，并反映特定

---

* 赵兴华，男，国防大学图书馆，馆员。

① 参见作者参与编写的《推动社会主义文化大繁荣大发展学习读本》，人民日报出版社 2011 年 10 月出版。

的军队、军人和军事活动的思想、观念以及由这一思想观念物化成的环境、器物、制度和行为的总称，是人们在军事实践中所形成的军事能力、军事活动方式以及创造的精神成果。军事文化是一种特殊的群体文化，包括三个方面的内容：一是军事物化文化，二是军事精神文化，三是介于二者之间的军事行为文化。一般来说，军事物化文化反映军队、军人和军事活动特定需要的精神和观念的凝结和物化，是一种载体式的军事文化；军事精神文化直接反映了军队、军人和军事活动观念形态的过程及其成果，是一种观念式的军事文化，它是整个军事文化的灵魂和核心；军事行为文化是一种以军人的形象和行为为主要表现形式的军事文化。先进的军事文化是军事文化中积极的、文明的、向上的，体现国家和人民要求，符合军队客观发展趋势的组成部分。我军先进的军事文化，是中国共产党人在长期的革命实践中创立和发展起来的。它是以毛泽东军事思想、邓小平军队建设思想、江泽民新时期国防和军队建设思想以及胡锦涛关于军队建设重要论述为指导，反映人民军队性质和宗旨，体现革命化、现代化、正规化要求，以培养"有理想、有道德、有文化、有纪律"的革命军人、全面提高官兵素质为根本目标，为"打得赢"和"不变质"提供政治保证、精神动力和智力支持的具有中国特色的社会主义军事文化。

## 2　军队院校图书馆参与先进军事文化建设的功能定位

军队院校图书馆参与到先进军事文化建设中来是信息化时代对先进军事文化发展的要求，是满足官兵多层次文化需要的客观需要，是我军历史文化传承的重要途径，也是院校图书馆实现功能拓展和价值定位的必由之路。

### 2.1　院校图书馆参与先进军事文化建设顺应时代发展

孙中山先生曾经说过："世界大潮浩浩汤汤，顺之而昌，逆之而亡。"当今时代，信息化浪潮席卷全球，人们的生产生活方式因此发生巨大改变。军队的信息化建设也全面进行，方兴未艾。军事存在决定军事意识。当今的先进军事文化建设必然是一个融入到信息化浪潮中的文化建设。这就离不开军队院校图书馆，作为军队文献信息重要来源，作为院校信息素质教育主阵地的积极参与。

### 2.2　院校图书馆参与先进军事文化建设是满足官兵多层次文化需求的客观要求

军人有多层次的文化需要。官兵既需要参与体育活动，观看娱乐演出、影视节目，也需要读书看报这样一种充实自我、完善自我的学习活动，这是一种对自身生命局限超越的体验活动。军队院校图书馆是部队信息资源最集中的地区之一，是各种书籍、期刊、杂志最丰富的汇集地，也是电子资源的搜集、整理、存储、传播者。先进的军事文化建设是一项塑造人、教育人的工程。满足官兵的基本文化需求是先进军事文化建设的重要目标。因此，院校图书馆的参与对于先进军事文化建设十分必要。

### 2.3　院校图书馆参与先进军事文化建设是我军"军魂"传承的要求

一个军队是有灵魂，有性格的。人民军队忠诚于党，忠诚于国家，英勇善战，不惧牺牲，勇于奉献的性格来源于人民军队形成时，那国难兴邦、战火纷飞年代的悲情忧思；来源于人民军队成立时那服务人民、奉献人民、解放人民、建立美好家园的初衷；来源于80多年来在浴血牺牲中与人民结下的血浓于水的深情厚意。而军队这种灵魂性格的传承有多种方式。其中一种很重要的方式就是通过书籍展现历史，通过文献传承精神。军队院校图书馆有着十分丰富的党史、军史等历史文献资源，也有对这些资源进行整理、二次开发并进行传播和发扬的便利条件。因此，先进军事文化建设需要院校图书馆的积极参与。

### 2.4　院校图书馆参与先进军事文化建设是军事文化各有机组成部分协调持续发展的需要

先进军事文化建设是军队思想政治建设的重要方面，是一个涵盖思想教育、理论武装、新闻出版等多方面的系统工程。信息与知识资源是支撑先进军事文化系统各方面发展的血肉。这就客观要求图书馆作为信息知识资源保障服务单位的参与。前不久，某院校宣传部门与解放军报联合举行学习雷锋座谈会，座谈会需要一批各个历史时期关于学习雷锋的资料，资料搜集最终在图书馆的协助下完成。

### 2.5　院校图书馆参与先进军事文化建设事业是院校图书馆价值实现的重要体现

价值是事物的意义坐标尺度，是事物发展的动力，是事业前进的目标。笔者认为，先进军事文化建设就是我们院校图书馆实现自身功能拓展的一个立足点。国家图书馆去年开展的"艰难与辉煌——纪念中国共产党成立九十周年馆藏珍贵历史文献展"就是利用自身资源参与社会文化建设，实现自身价值的重要方面。我们军队院校图书馆也可以联合起来利用自身在军事资源、军史资源等方面的优势，进行积极的组织宣传。

## 3　军队院校图书馆参与先进军事文化建设的方式途径

### 3.1　采集挖掘优秀先进军事文化资源，成为文化展示的优秀窗口和文化传承的重要途径

文以载道。文字书写的历史承载着人类的文明与文化的传承。我军的军事文化薪火相传，自人民军队诞生起，便随着人民军队前赴后继、浴血奉献，步步发展传承。在这种文化传承中军队院校图书馆发挥着重要作用。这种作用主要体现在各级院校图书馆要将反映我军军事建设与发展的点滴经验，步步脚印的书籍、期刊甚至口口相传的故事完善采集、合理保存、充分挖掘、传播发扬。

#### 3.1.1　采集环节

各级院校图书馆有着在资源采集方面得天独厚的优势，我军院校通常都有较长的历史，曾经培养出数以万计的指挥人才、科技人才、各类专家，我们应通过这种便利条件尽可能全面地采集反映我军发展各个历史时期特点的著作史料，成为奉献给读者，留存给后人的宝贵资源。在采集环节，尤其要注重军队原生资源挖掘和留存。由于军事实践的对抗性、保密性等特点，很多事件原始的资料都因随时间流逝而不复留存，为教学科研和历史研究带来许多困难。院校图书馆发挥自身在资料留存、保密、人员交流等方面的优势，将这些原生资源在保密条件许可的情况下，妥善留存，为将来的研究和挖掘创造信息资源条件。

#### 3.1.2　存储环节

我国传统文化曾形容这个世界是一个五蕴的世界。而书籍此类事物属于"色蕴"，终究是要变坏的。我们要做的就是要妥善地保护资源，既要妥善地保存纸质资源，也要妥善地保存数字资源。例如，国防大学的民国书库，完善地保存了民国时期，我党甚至是民国政府的许多珍贵历史文献，但由于馆舍较陈旧，没有珍贵书籍保存所要求的恒温恒湿和空气流通循环设备，给文献的保管带来了很多的难题；还有数字资源，由于信息系统的脆弱性等原因，也需要尽快建立异地备份系统等来提高容灾能力。

#### 3.1.3　挖掘整理

历史在字里行间，但真理却需要我们挖掘整理。我们图书馆存储着军队最丰富的资源，相当于守着一座珍贵的宝库。我们有义务和责任将这些珍贵的资源进行二次，甚至三次开发，使它们能充分地展现自身的魅力。

金一楠同志在图书馆工作期间，就整理挖掘了许多珍贵的史料，成为他一生的宝贵财富，也为国家做出了重要的贡献。

### 3.1.4 展现传播

我们应将这些反映历史文化传承的资源以各种方式充分地展现出来。例如，军事科学院图书馆建立的兵书城。当置身于其中之时能够深刻地感受到我国兵学的源远流长，博大精深，感受到祖先为保家卫国所进行的殚精竭虑的思考与无尽的探索，这本身就是一种精神的传承。我们应探索更多这种有浓郁军队特色的传扬形式。

## 3.2 满足学员多层知识信息需求，促进先进军事文化"育人"工程的发展

文以育人。先进军事文化是一种培育人、塑造人的文化，同时也是需要千万人才共同参与奉献的文化。另一方面文化教育人，一方面文化建设也需要人才参与。我们院校图书馆在文化育人工程中可以发挥基础性的作用。

### 3.2.1 信息素养的基础性培育

军人素质的高低，主要体现于其发现军事问题，处理军事问题的水平能力。指挥员能够洞悉战场的千变万化，合理地配置军事资源和军事力量，就能够成为军事家；军事科研人员能够敏锐地发现并解决科学上的问题就能够成为优秀军事科研人才。在问题的解决中个人的信息素养起着重要的作用。我们应利用院校图书馆教授信息课程，传播信息资源的有利条件，着力培养学员的信息素养，一方面，培养他们正确地接收信息、利用信息、处理信息的能力；另一方面，培养他们辨别信息真伪、信息善恶，抵制虚假甚至是恶意信息的能力。这是军队院校图书馆义不容辞的责任。

### 3.2.2 为学员建立一个精神的家园

市场经济、商品社会使人们物质充盈的同时，带给人精神的确是孤独与无所适从。正像德国哲学家海德格尔所说的，人有一种被抛到世间，孤独无依的感觉。而这种孤独往往源于交换法则对人际关系的侵蚀，精神产品被物欲化的腐蚀。军队院校图书馆是完全公益性的组织。我们提供的文化产品都是经过采编人员精挑细选、情趣高雅的文化精神食粮。因此，我们应当充分利用这种资源，引导读者像刘亚洲政委给国防大学图书馆题词那样"好读书，读好书"。将军队院校图书馆建设成为一个可以让读者栖息的精神家园。这是先进军事文化精神家园作用的具体体现。

### 3.2.3 传承军魂

军队院校图书馆经过几十年的采集，积累了许多关于我党我军建设与发

展的珍贵史料。军队院校图书馆可以将这些珍贵历史文献合理挖掘利用，以出版、展览、文艺宣传素材提供等灵活的方式进行传播，使我们的资源可以展现我们的"军魂"，我们的资源可以传播我们的"军魂"。例如国防大学图书馆战史资料比较齐全，收藏有各野战军、兵团、军、师各个历史时期的军史、战史、作战电文及兵要地志等资料。还收藏有刘伯承元帅生前赠送军政大学的部分珍贵图书资料，以及许多军队知名专家学者、一线指挥员捐赠的珍藏书籍，著作文献。国防大学图书馆可以将这些资料进行认真筛选，选出那些具有珍贵历史价值和浓郁我军特色的进行布展，吸引来校学员参观阅读，创出品牌效益，让学员在阅读中了解传统，实现传承。

### 3.2.4　以学科馆员制等服务方式创新为牵引，建立完善先进军事文化建设的知识服务保障体系建立

先进军事文化建设是一个涵盖多方面的系统工程。它既包括思想理论建设，又包含文化体育建设；既涉及出版发行，又包含影视广播等。这些方面都需要军队院校图书馆的信息支撑。因此，军队院校图书馆既是先进军事文化建设事业的一个构成，本身又为先进军事文化的发展提供信息和知识服务支持军队。院校图书馆保障先进军事文化建设，要坚持融入式服务理念，创新服务方式。比如支持军队的优秀影视剧发展，就可以解放军艺术学院牵头多家单位联合建成一个影视剧素材库。这个素材库可以以读者推荐与编辑搜集等多种方式采集资源，这样就会为军队优秀影视作品创造提供丰厚的素材资源。

## 3.3　发展完善数字图书馆服务系统体系，为先进军事文化建设提供网上发展"阵地"

网络是人类精神世界的延伸拓展。网络为思维的活动提供了广阔的空间和无限的资源。网络是先进军事文化的主阵地。军队院校数字图书馆在先进军事文化的网络发展中，可发挥重要作用。

### 3.3.1　搭建网上育人与网下育人的互动平台

网络资源的丰富性、服务的全面性、便捷性使网络生活成为官兵重要的精神文化活动。我们已建立较为完备的数字图书馆服务平台，现在要注重对数字图书馆服务平台进行有机整合，并以融入的方式为教学科研服务，为读者的学习生活服务，使先进军事文化的育人功能实现网上与网下的互动。

### 3.3.2　使数字图书馆平台成为官兵参与文化建设、享受文化成果的重要途径

这需要我们进一步完善数字图书馆在网上的互动服务功能。可以以数

字图书馆平台为基础，开辟一个网友原创性文化建设板块。鼓励读者在遵规守纪的前提下，发挥聪明才智，创作出精美的文化产品并借助平台系统与大家共享，并可永久保存。

　　文化承载着历史，传承了文明。军队院校图书馆在先进军事文化建设中一定能够赢得更广袤的发展空间。

## 参考文献

[1] 张厚生. 袁曦临. 信息素养 [M]. 南京：东南大学出版社，2007.

[2] 李章平. 高校图书馆的素质教育职能. 西南农业大学学报 [G]，2003 (9).

[3] [美] 彼得·圣吉著，郭进隆译. 第五项修炼 [M]. 上海：上海三联书店，1998.

[4] 游战洪. 高校图书馆为政府提供个性化信息服务的尝试 [J]. 大学图书馆学报，2010 (5).

[5] 黄河明主编. 现代教育技术 [M]. 北京：高等教育出版社，2004 (11).

[6] 国防大学. 2010 年推进教学模式转变征文汇编：转变教学模式，提高教学质量.

[7] 侯绪庆. 信息社会中高校图书馆的深层次信息服务 [J]. 高校图书馆工作，2005 (5).

[8] 军队院校图书馆信息服务研究. 军队院校图书馆建设与发展理论研究课题之七. 2009.

[9] 张正. 图书馆如何为地方政府提供媒体舆情的监察与分析服务 [J]. 大学图书馆学报. 2010 (1).

[10] 孙健. 大力发展军事文化 [J]. 决策与信息，2009 (9).

# 儿童图书馆的建设与全民阅读

周雅琦* 牛 宇**

（国防科学与技术大学图书馆 长沙 410007）

**摘 要** 在我国国民阅读率持续下降的形势下，图书馆有义务和责任推广全民阅读。在 4 - 2 - 1 家庭模式成为社会主体之后，以建设好儿童图书馆为突破口，做好少年儿童的读者服务工作就能把一个家庭中的三代人吸引到图书馆里来，从小培养少年儿童的阅读兴趣和阅读能力，从亲子阅读发展成为家庭阅读、全家阅读，最终将推广为全民阅读。

**关键词** 儿童图书馆 公共图书馆 亲子阅读 全民阅读 4 - 2 - 1 模式

## 1 我国儿童图书馆的现状

少年儿童图书馆是为少年儿童服务的图书馆，广义上包括独立设置的儿童图书馆和在一些公共图书馆设立的少年儿童分馆或少年儿童阅览室及服务部。新中国成立后，我国许多大城市都创办了专门的少年儿童图书馆，许多省、市、县图书馆也都设有儿童阅览室。但是我国现有的儿童图书馆和儿童阅览室及其他服务设施与我国 3 亿少年儿童的阅读需要相比还存在着相当大的差距。

2010 年 10 月 21 日，全国图书馆少儿服务工作座谈会在北京举行，国家图书馆发布了首次全国图书馆少儿服务工作调研报告。报告称，近年来我国少儿图书馆事业取得了很大的成绩，相关经费投入逐年加大，2000 年到 2008 年，我国独立建制的少年儿童图书馆经费总投入已经由 6237 万元增加到 2 亿元；少儿馆舍面积也从 14.4 万平方米增加到 23.5 万平方米；总阅览人次增加了 1.4 倍；同时少儿数字图书馆也发展迅速。但在蓬勃发展的同时，也存在诸多问题，如少儿图书馆事业有待重视和加强，与国外

---

\* 周雅琦，女，1984 年生，国防科学与技术大学图书馆，馆员。

\*\* 牛宇，男，1984 年生，国防科学与技术大学图书馆，助理馆员。

发达国家相比存在差距；少儿图书馆事业发展不均衡，呈现"南强北弱、东快西慢"的局面；资源建设缺乏标准，文献购置途径单一；专业队伍建设与事业发展的需要有较大差距等。

在国际图联 20 世纪 70 年代颁布的"公共图书馆标准"中，每 5 万人就应该有一所公共图书馆，人均拥有藏书最少 3 册，一座图书馆服务辐射半径通行标准为 4 公里。按照这个标准，我国 3.67 亿少年儿童应拥有 6000 家公共图书馆，但据统计，截至 2009 年底，我国共有县级以上公共图书馆 2800 多家，其中独立建制少儿图书馆仅 91 家。特别是在一些偏远地区、中小城市，有的区、县图书馆因为经费原因馆舍陈旧、设备老化、书籍陈旧、读者缺失，早已经处于名存实亡的停滞发展状态，更别说儿童图书馆，相反，一些儿童书店，甚至是个人开办的租书摊却生意红火，而那些儿童游乐场所、玩具用品商店甚至是肯德基、麦当劳的儿童乐园都人满为患。这在一定程度上反映出我们的儿童图书馆在满足少年儿童阅读需求、承担社会教育职责上做得还远远不够，还有很大的发展空间。

近年来，一些公共图书馆已经开始重视儿童阅览室的建设，2010 年 5 月，国家图书馆少年儿童图书馆、少儿数字图书馆正式开馆，全年面向 6 岁至 15 岁的学龄儿童开放。这对于全国公共图书馆、少儿图书馆建设具有示范作用。2010 年 10 月，正式开馆的上海浦东图书馆也专门开设了以 0—16 岁的少年儿童及其家长、老师为主要服务对象的少儿阅览室，这些都反映出我国儿童图书馆的建设发展进入了一个全新的阶段。

## 2　我国阅读的现状

阅读是人类社会传统教育的三大基石之一，是获取知识的基本手段和重要途径之一。正所谓知识来自阅读，力量来自学习，不管是对于个人还是国家的发展来说，阅读都有着不可替代的作用。同很多世界其他国家的国民阅读状况相比，我国国民阅读情况令人堪忧，阅读率持续下降已经引起全社会的关注。据 2006 年 4 月中国出版科学研究所进行的第四次"全国国民阅读调查"结果显示：我国国民阅读率已经由 1999 年的 60.45% 逐渐下降到 2005 年的 48.7%。国民阅读率已低于 50%，而从各大图书馆的流通数据的统计来看，借还书总量和读者到馆人次总体上都呈现出逐年下降的趋势。这些数据在一定程度上反映出我国民众对于阅读的重视程度已经越来越低。

阅读率的下降受到很多客观因素的影响，特别是近年来，随着电子资源的日益增长，影视媒体、计算机的普及，使得电视和网络已经成为我国民众最主要的阅读方式。图书馆是收集、整理、保管和利用书刊资料，为一定社会的政治、经济服务的文化教育机构，是一个集信息与知识咨询、情报研究、社会教育、文化交流、休闲娱乐等功能为一体的社会公共服务机构。作为一个社会公共空间，图书馆拥有丰富的馆藏文献、先进的技术手段、完善的服务设施和优雅的学习环境，是知识交流与共享的最佳场所，图书馆公益性、开放性的服务本质也决定了图书馆应该始终担当推动全民阅读倡导者、组织者和实践者，应该承担起社会教育的重任，成为推动全民阅读的重要阵地，尽最大努力推动全民阅读习惯的养成。另外，读者的阅读需求也是图书馆自身发展的动力源泉，因此图书馆要充分利用自身优势，推动全民阅读，让全民在阅读中终身受益，使阅读成为一种行为习惯，成为生命中不可或缺的一部分。

## 3　儿童图书馆建设与全民阅读的推广

### 3.1　阅读习惯从小培养

图书馆有义务推动全民阅读习惯的养成，而好的阅读习惯应该从小培养，儿童时期所读的书、所形成的习惯将影响其一生，帮助少年儿童培养良好的阅读习惯，提供健康、优秀的书刊资料是儿童图书馆义不容辞的职责。研究表明，如果在 7 岁之前没有养成阅读的习惯，7 岁之后，孩子很难掌握和提高阅读的能力。在很多发达国家，父母会经常带孩子去图书馆，从小培养子女读书的习惯，并学习利用图书馆获取信息和知识能力，10 岁的学生就能独立到图书馆查询资料，写小论文。而我国很多学生，到了中学毕业甚至到了大学也不会自己利用图书馆学习。要想弥补这种差距，一方面要加快图书馆的建设，另一方面要提高全民阅读意识和阅读水平。

### 3.2　"4 - 2 - 1"家庭模式的影响

随着"80 后"的独生子女进入而立之年，四位老人、两个年轻人、一个孩子的"4 - 2 - 1"金字塔结构的家庭模式将成为社会的主体，很多家庭都已经进入了六个大人、一个孩子的"4 - 2 - 1"家庭模式，少年儿童的健康、成长、教育问题也自然成为家庭中最为关注的问题。中国图书馆协会把 2009 年和 2010 年分别定位为"儿童阅读年"和"亲子阅读年"，目的是通过积极引导培养少年儿童良好的阅读习惯和阅读能力。同时也希望通过大力提倡亲子阅读，从而形成一种全民阅读的良好氛围。而对于公共图书馆来说，以儿童图书馆为突破口做好少年儿童的读者服务工作就能把一个家庭中的三代人吸引到图书馆里来，从亲子阅读发展成为家庭阅读、全家阅读、全民阅读。因此，这对于推动全民阅读习惯的养成是一个非常有利的契机。

## 4　建设儿童图书馆要做好的工作

### 4.1　在现有的公共图书馆中建设儿童图书室

2008 年 11 月 1 日开始施行的《公共图书馆建设标准》中已经明确规定少年儿童图书馆的建筑面积指标包括在各级公共图书馆总建筑面积指标之内，可以独立建设，也可以合并建设。独立建设的少年儿童图书馆，其建筑面积应依据服务的少年儿童人口数量按规定执行；合并建设的公共图书馆，专门用于少年儿童的藏书与借阅区面积之和应控制在藏书和借阅区总面积的 10%—20%。

根据统计，截至 2009 年底，我国共有县级以上公共图书馆 2800 多家，但独立建制少儿图书馆仅 91 家，要想在短时间内大力发展独立建制的少儿图书馆或是等待新建公共图书馆的儿童阅览室都很难取得较好的成效。因此，笔者认为在现有公共图书馆的基础上建设儿童阅览室不失为一个好办法。根据美国 2007 年度财政统计，美国共有 9214 所公共图书馆为儿童提供服务。而在日本，2005 年的时候，提供少儿服务的公共图书馆总数就已经达到 2162 家。如果我国现有的公共图书馆都能够为儿童提供专门的服务，对于儿童图书馆的发展建设无疑会产生巨大的促进作用。

### 4.2　建设符合儿童特点的馆藏资源

#### 4.2.1　加强少儿馆馆藏资源建设，优化馆藏

儿童图书馆应该是一个集印刷型文献资源、视听资源、玩具资源一体的综合阅览室，如果馆藏图书在数量、藏书层次结构等方面不能适应新的需要，就会在一定程度上影响儿童阅读的广泛需求。儿童图书馆应该收集包含儿童读物、音像资料、图片、动画片、玩具、电子读物等多种形式的资源，要针对不同年龄阶段的儿童提供不一样的文献资源，以满足要少年儿童身心发展的需要。

#### 4.2.2　应该进行一定的功能分区

儿童图书馆应该按读者年龄阶段的不同对图书馆进行更细致的区间划分。图书不能只单纯按中图法进行分类排架，儿童图书馆的排架方式应该以读者年龄段为分区的大前提，按照读者年龄阶段对图书进行分区分类排

架。最好分别针对学龄前儿童、小学、中学的读者特点提供不一样的特色服务。对于学龄前儿童可特别建立玩具阅览室、亲子阅读区，并且将学龄前儿童与中、小学读者阅览区隔开，以避免相互干扰。对于中、小学阶段的读者还可以开辟电子阅览室、视听阅览室等。国家图书馆少年儿童图书馆就根据少年儿童的阅读习惯与特点设置了文献阅览区、展示区、主题活动区与数字共享空间四个区域，上海浦东图书馆少儿阅览室也有专门的亲子阅读区域，可供家长陪同 6 岁以下的小朋友阅读。

## 4.3　馆内人文环境建设

儿童图书馆要特别注意馆内人文环境的建设，良好的阅读环境既能够激发少年儿童读书的兴趣，也能成为少年儿童留恋、喜爱图书馆的重要因素之一。儿童图书馆要为少年儿童创设一个良好的阅读环境，使他们一走进图书馆，就能产生阅读兴趣。馆内装饰、设施都应该要充分考虑少年儿童的喜好和具体需求。对于以学龄前儿童为主要读者的玩具阅览室、亲子阅读区，内部装潢要尽量做到色彩鲜明，桌椅书架也应该尽量照顾读者身高，让儿童能够自由享受阅读的舒适与愉悦。上海浦东图书馆的少儿图书馆就在墙壁上装饰了很多小动物的图案，设置了五颜六色的卡通小桌椅、圆形小沙发，还将借还书处装饰成许愿树，这些色彩斑斓的装饰设施都深受少年儿童喜爱。

## 4.4　做好儿童导读工作

导读工作是图书馆服务工作的核心，图书馆要对少年儿童进行阅读指导，使他们形成良好的阅读习惯，具备利用图书馆获取科学文化知识、利用图书馆自学和进行终生学习的能力。

### 4.4.1　培养家长阅读兴趣，做好导读工作

家长是孩子的第一任老师，要培养孩子的阅读习惯，首先要激发家长的阅读兴趣，使他们爱上阅读、喜欢图书，用自己的言行影响孩子、鼓励孩子，帮助孩子养成良好的阅读习惯，指导和推进儿童教育，特别是儿童家庭教育的重任。学龄前儿童基本上需要在家长的陪同下才能到图书馆阅读，特别是在"4－2－1"模式的家庭中，孩子的一举一动都会有家长参与进来。如今的家长，很多都具备较高的文化水平和文化素养，完全有能力胜任导读工作，儿童图书馆内应设立亲子阅览区，让家长参与孩子的阅读行为，帮孩子选书，指导孩子阅读，启发孩子最初的阅读兴趣。儿童图书馆还应该要收藏儿童教育学、儿童心理学、家庭教育学等门类的优秀书刊，向广

大儿童家长开放，拓宽家长的知识面，提高家庭教育水平，更要通过儿童图书馆培养家长的阅读兴趣和阅读习惯。同时还应该充分利用书刊资料、宣传栏、网站、讲座、媒体等多种形式向家长介绍儿童阅读的方法和技巧，帮助家长做好导读工作。如开设"家长阅览室"，为他们提供少年儿童方面的藏书。

### 4.4.2　提高馆员素质，做好少儿图书采访、导读工作

儿童图书馆的工作人员既是图书馆员，更是教育工作者。儿童图书馆的工作人员在精通图书馆本职业务的同时还应该积极学习教育心理学、儿童心理学、儿童教育学相关知识，充分考虑儿童读者的特殊需求和成长需要，做好少儿读者的导读工作。

## 4.5　做好儿童图书宣传推介工作

长久以来，我国儿童图书馆的发展都远远滞后于其他发达国家，儿童图书馆读者基础比较薄弱，我国很多少年儿童因为从来没有到图书馆图书的经历而缺乏到图书馆阅读的习惯。少年儿童作为一个成长中的读者群体，阅读需求也会随着年龄的增长和阅历的增加发生巨大变化。因此，要想把少年儿童和家长吸引到儿童图书馆来，就需要做好儿童图书馆的宣传推介工作。

### 4.5.1　充分利用广播、电视、报纸等媒体

图书馆的价值是要通过服务读者来体现的。读者来馆的前提就是要了解图书馆到底能够提供哪些服务。因此，就像商场、超市需要宣传自己的商品一样，图书馆也应该要通过各种媒体把自己的服务展示出来，要改变以往等读者上门的做法，要以主动、热情的姿态迎读者、请读者上门。

### 4.5.2　与幼儿园、小学等教育机构建立一定的联系

图书馆作为一个社会教育机构，应该跟附近的中小学校、幼儿园建立起良好的互助合作关系，中小学校、幼儿园可以在适当的时候组织学生到儿童图书馆来参观见学。

## 4.6　举办丰富多样的活动吸引学生、家长参与

儿童图书馆还可以根据少年儿童年龄、文化程度和利用图书馆的特点充分考虑其兴趣、爱好和愿望，开展灵活多样的服务。例如：可以采取故事会、书画比赛、游戏、猜灯谜、亲子游戏等各种形式的活动来调动儿童和家长读书、利用图书馆的兴趣。

## 5 结语

总之，儿童图书馆不仅仅是少年儿童获取知识的乐园，也是孩子们提高思想、锻炼品德、培养能力的平台。我们应该要把儿童图书馆建成一个温馨、轻松、快乐的第二课堂，一个具有知识性、科学性和趣味性的家庭教育、社会教育的中心，更要建设成为推广亲子阅读、全民阅读的重要阵地，成为人们日常生活中不可或缺的一部分。

推广阅读是图书馆非常重要的一个宗旨，"4-2-1"家庭模式的到来对于我们来说是一种契机，我们应该利用这个契机提供好的阅读条件、阅读场所和阅读环境，从小培养儿童阅读习惯从而影响其父辈、祖辈，最终发展成为全民阅读。

## 参考文献

[1] 刘兹恒，武娇. 公共图书馆未成年人服务的指导文件——学习《中国儿童发展纲要（2011—2020）》[J]. 图书与情报，2012，(1)：1—3.

[2] 苏文宇. 论中外图书馆少儿服务之差距 [J]. 佳木斯大学社会科学学报，2010 (6)：183—184.

[3] 王坤宁. 少儿图书馆：加强资源服务共享 推动区域平衡发展 [N]. 中国新闻出版报，2010-10-25.

[4] 刘冬玲. 论图书馆与大众阅读 [J]. 广东技术师范学院学报，2009 (5)：124—126.

[5] 王萱，徐珊. 英国、澳大利亚、日本的公共图书馆建设指标 [J]. 中国图书馆学报，2009 (1)：26—41.

[6] 王春凤. 我国少儿图书馆门户网站信息组织与构建研究 [J]. 图书与情报，2012 (1)：119—121.

[7] 朱峻薇. 公共图书馆与少儿阅读 [J]. 图书与情报，2010 (2)：11—13.

[8] 张晓敏. 浅谈当前少儿阅读的误区及指导工作 [J]. 科技情报开发与经济，2010，20 (27)：59—61.

[9] 徐扬. 浅谈图书馆与社会阅读的共同发展 [J]. 内蒙古科技与经济，2009 (13)：129—130.

# 高校图书馆弘扬中国传统文化的方法探析

高灵溪*

（东北师范大学　长春　130117）

**摘　要**　本文分析了文化以及中国传统文化的内涵，介绍了中国传统文化弘扬的现状，从中分析出弘扬中国传统文化的难点和问题，结合高校图书馆的特点和一些具体事例，从图书馆人员层面、图书馆资源层面、图书馆环境层面和图书馆服务层面探析了具体的弘扬中国传统文化的方法，并提出了一些相应的建议。力图为高校图书馆弘扬中国传统文化提供有用的想法和可操作的方法。

**关键词**　高校图书馆　中国传统文化　图书馆文化　校园文化

## 1　引言

随着改革开放逐渐深入，社会经济和信息技术的高速发展，各种各样的社会问题层出不穷，尤其是道德问题越来越受大家的关注。人们逐渐认识到，中国传统文化在避免和解决家庭、学校、企业、社会等各种矛盾，实现人与自然和谐、自我和谐、家庭和谐、校园和谐、社会和谐等多方面的重要作用。高校图书馆是高校的文化中心，弘扬中国传统文化关系到图书馆的文化建设，也关系到高校的校园文化建设，关系到高校学生的道德修养提升，进而关系到社会、国家和民族的未来。本文力图从中国传统文化的内涵及弘扬现状中分析高校图书馆弘扬中国传统文化可能面临的问题，并结合高校图书馆的特点分析其弘扬中国传统文化的方法。

## 2　中国传统文化的内涵

关于"文化"的含义，在中国甚至世界学术范围都颇有争议，但是从

---

*　高灵溪，女，1988 年生，东北师范大学，图书馆学研究生。

"文化"两个字原始的意义探析，"文"的本义是各色交错的纹理，引申含义为：第一，文物典籍、礼乐制度；第二，由伦理之说导出的彩画、装饰、修养；第三，美、善、德行。"化"本以为改易、生成、造化，引申意义为教行迁善。因而"文化"的本义是"以文教化"，表示对人的性情的陶冶以及品德的教养，属于精神领域的范畴。笔者认为中国传统文化的根本内涵应该在精神层面，它是中华民族及其祖先创造、历代传承发展的各种思想文化、观念形态的集合。中国传统文化主要由儒释道思想组成，重点在于道德教化，核心价值观是仁爱和和谐，儒家思想的教育重点在于人与社会和谐相处，佛教思想的教育重点在于人与人和谐相处，道家思想的教育重点在于人与自然和谐相处。中国传统文化的思想是对天地人规律的思考，因此无论时代怎么变迁，规律是不会改变的，依然会指导现代人的生活。

## 3　中国传统文化弘扬的现状以及问题和难点

### 3.1　中国传统文化弘扬的现状

近几年全国各地都展开了弘扬中国传统文化的活动。最为典型的是2008 年由中央电视台原主持人陈大惠发起的中国传统文化公益论坛。该论坛自创办至今在全国各地巡回演讲数十场，每场论坛多达 40 000 人，少则500 人，社会反响强烈，很多人从中受益。该论坛贴近生活，目的是让人们通过学习和落实中国传统文化，重新树立正确的、让人幸福的人生观、价值观和世界观。随着国家的号召和这样的论坛在全国各地开展，一些中小学、企业、公共图书馆，甚至是监狱，都开始学习落实中国传统文化，并取得非常好的效果。据报道，通过学习落实中国传统文化，安徽庐江县汤池镇不到一年多的时间，把一个拥有 12 个村庄、48 000 人的乡镇建成充满仁爱、礼让的和谐乡镇；吉林市松花江中学经过全校师生以及家长共同学习和落实《弟子规》，两年的时间学校就形成了互助有礼、乐教愿学的和谐氛围，学生道德素质和学习成绩都有了大幅度提高；南京德国独资企业——菲尼克斯电器中国有限公司建设成一个领导爱员工，员工爱岗敬业的和谐企业；海南省司法厅的监狱许多犯人也因为中国传统文化的教诲而悔过自新，重新升起生活的信心和希望，因此也拯救了无数破碎的家庭。

### 3.2　弘扬中国传统文化的问题和难点

首先，由于"文化"含义存在很多争议，"中国传统文化"的含义自然也没有统一的认识，但是从目前来看，主流的认识是从广义上理解"文化"，即文化包括物质层面和精神层面。对于中国传统文化，很多人把传统节日、传统艺术、传统经典等通通作为文化的一部分，因此一些所谓的中国传统文化的弘扬并没有把重点放在思想道德和人生智慧的教育上，而是注重物质形式上的文化，例如汉服复兴运动。面对各种类型的文化弘扬活动，大多数人还不清楚到底什么是中国传统文化。

其次，对于中国传统文化的误解也是一个大问题。现今社会，仍有很大一部分人认为中国传统文化是封建文化，是压迫人，让社会落后的文化，因此很排斥，尤其是年轻人，他们更加向往国外那种自由、平等的文化，认为传统的东西过时了。此外，由于人们对法轮功的警惕，中国传统文化中的佛家思想经常被人们排斥，认为是迷信，因此，如何消除人们对中国传统文化的误解是弘扬中国传统文化的难点。

除了以上两点，还有一个问题，那就是容易流于形式。很多弘扬中国传统文化的活动最终以挂条幅，喊口号结束，或者是一场热烈的讲座后，人们当时的激情随着时间消退，即使讲座很精彩，也不能够真正对生活起到作用。之所以中国传统文化公益论坛能够取得成功，正是因为论坛非常的贴近生活，内容也丝毫不枯燥，而且培养了大量的义工队伍，使得大家能经常交流，不断学习。因此，持续学习和真正落实中国传统文化是个难点。

## 4  高校图书馆弘扬中国传统文化的方法

对于高校图书馆，在弘扬中国传统文化的过程中可能也会遇到上述问题和困难，不但如此，还可能遇到特有的困难，因此，笔者根据已有的问题和困难，并结合高校图书馆的特点，从图书馆人员、图书馆资源、图书馆环境和图书馆服务四个层面探析弘扬中国传统文化的方法。

### 4.1  从图书馆人员层面弘扬中国传统文化

在图书馆人员层面，要利用"以点带面"和"以行动代替语言"的方法弘扬中国传统文化。"以点带面"是指从图书馆馆长开始学习和落实中国传统文化，然后带动馆员，进而带动读者的方法。"以行动代替语言"是指弘扬中国传统文化不能要求谁去学，去做，而是要以身作则，想改变自己，让别人看到变化后他们自然就会有兴趣，自己找上门来学习。从已有的弘扬中国传统文化的经验中，可以发现这样的方法是获得成功的基础，是消除误解的最好方式。举例来说，北京汇通汇利公司的董事长胡小林从接触中国传统文化开始学习《弟子规》，并且在企业中落实推广《弟子规》，短短两年时间，他完全变了一个样，从一个暴躁、抑郁、虚伪、自私的老总变成了一个亲切、温和、勇于承认错误、积极关爱亲人和员工的成功企业家，因而带动了公司所有员工学习、落实《弟子规》，帮助许多员工家庭重新找回和谐和幸福，而且企业发展也是突飞猛进。弘扬中国传统文化需要时间和耐心才可以看到成效，因此一定要坚定信念，切忌因为学习和实践的初期得到了甜头也想介绍给别人，结果却可能好心办了坏事，让别人觉得这个人因为学习了中国传统文化变得怪怪的，因而对学习传统文化产生反感。

　　如果可能的话，高校图书馆可以由馆员带头，吸引学生形成一个义工团队，共同学习中国传统文化，分享实践的经验和问题，定期进行交流，这样的话可以避免学习的间断，也能避免学习初期走弯路，学习中国传统文化也和其他学习一样，需要变通，但是在学习中国传统文化的初期，经常有人会学得很教条，或是急于求成，或者变得骄傲，结果得不到想要的效果。义工团队可以形成强大的力量，进而影响更多的学生。

## 4.2　从图书馆资源层面弘扬中国传统文化

　　在图书馆资源层面，以提升兴趣代替盲目推荐的方法弘扬中国传统文化。以《弟子规》的推广为例，从目前来看，广为学习和实践的中国传统文化经典是《弟子规》。《弟子规》原名《训蒙文》，是清朝的李毓秀所作，是一个人在家和出外处事、待人、接物的道德规范。《弟子规》融入了中国传统文化的主要思想，体现了其核心价值观，又因为它短小易学，贴近生活，被作为学习中国传统文化的主要经典。目前，《弟子规》还没有在高校广泛流传，一方面由于很多大学生认为这种书是启蒙读物，小孩子才会读的；另一方面，高校的学生大多还没有走入社会，还没有体验太多的人生挫折，感受不到学习《弟子规》对他们有什么意义。因此，在高校图书馆推广《弟子规》相关读物，要从大学生的实际需要出发，吸引他们的兴趣。对于大学生，他们关心的问题无非是学习、工作，一些人也会关心选择配偶。让他们对《弟子规》产生兴趣的方法是让他们知道学习《弟子规》可以提升学习成绩，找到好工作，可以选择到合适的配偶。因此，可以选择传统文化论坛中与这些主题相关的讲座作为视频点播资源推荐给读者，会比因为资源好就推荐给读者效果更加理想，读者如果没兴趣、不需要，再怎么放在醒目的位置他们也是不会关注的。例如，关于学习和择偶，可以选择蔡礼旭老师在各大高校的演讲；关于工作，可以选择各地开办企业家论坛；关于创业，可以选择胡小林老师利用中国传统文化管理企业的讲座。

### 4.3  从图书馆环境层面弘扬中国传统文化

在图书馆环境层面，以关怀读者需要代替刻意营造文化环境的方法弘扬中国传统文化。关于高校图书馆弘扬中国传统文化的策略，有人认为应当努力营造高校图书馆的传统文化氛围，让学生受到潜移默化的文化熏陶。然而，笔者认为，更有效的方法是关心读者对于图书馆环境的需要。悬挂名人名画、经典语句等做法确实能够营造良好的图书馆氛围，但是刚入馆的读者可能会注意到，时间久了很少会有人注意到，毕竟这个年代看着图书馆的名言警句鞭策自己提升修养的大学生是少数。中国传统文化的精髓是仁爱，仁爱体现在生活中就是关心他人的需要，对于高校图书馆，仁爱就是关心学生的需要，营造良好的学习环境。举例来说，东北师范大学图书馆有读者向馆员反映女同学高跟鞋声音影响学习，图书馆考虑到读者的需要，在主要的过道上安置了地毯来减少噪音，让读者很感动。这种做法就符合中国传统文化的精神。环境的改变是很容易察觉到的，当读者发觉图书馆在默默地关注他们的需求，看到图书馆为他们提供良好环境作出的努力时，是会心存感激的。这个时候，让读者知道图书馆是在落实中国传统文化，就会对中国传统文化产生好感和兴趣。

### 4.4  从图书馆服务层面弘扬中国传统文化

在图书馆服务层面，可以利用新媒体弘扬中国传统文化。对于高校图书馆来说，他们服务的主要对象是高校的学生，高校学生是年轻人群体，他们喜欢新鲜、有趣的事物。新媒体正好符合了他们的需要，在新媒体中，他们可以用自己特有的方式，如利用其中的有趣的表情、图像等来表达内心的想法，而且更加自由和放松。高校图书馆可以开设中国传统文化网络论坛，为读者提供导读和信息咨询服务，在网络论坛中，可以和读者共同探讨学习、落实中国传统文化的经验和感受，分享读书、看视频的心得，也可以共同分析、解决存在的问题，让大家有一个可以提问的地方，一个可以共同学习的地方，避免学习的误区。高校图书馆还可以开设微博，发布中国传统文化的最新消息以及资源链接，可以利用微博的一些功能展开调查，开展活动，还可以用发送站内信的方式为读者提供个性化的信息服务。例如，微博中有投票功能，利用该功能可以调查读者对于中国传统文化的认识和需要；还可以利用微博"开展孝亲摄影比赛"，参赛者真正回家为父母做些事，关心他们的需要，在父母欣慰地露出笑容时为他们拍照，摄影作品由网友投票，获得票数最高者胜出等；针对不同的读者及他们的兴趣，可以提供不同类型的中国传统文化的信息，例如有的读者对音乐感兴趣，那就通过站内信推荐给他们启人心智、净化心灵的音乐。

## 5　总结

弘扬中国传统文化是一个长期的、艰巨的工作，可能有人认为这种事不是高校图书馆的工作，也是高校图书馆解决不了的事情，但是笔者认为高校图书馆作为高校的文化中心，承担着教育的职责，并且中国传统文化是生活的教育，每个人都会需要，在为高校师生提供丰富的学术资源的同时，也需要提供中国传统文化作为精神食粮，帮助高校师生树立正确的人生观念，这样才更有利于他们的学习、工作和生活，也有利于构建一个和谐的图书馆文化和校园文化，帮助学校培养出品学兼优的人才，避免和解决学术不端、生活态度消极等问题。高校图书馆弘扬中国传统文化跟其他机构的弘扬方法会有所不同，因为接受者群体不同，因此存在着很多新问题，本文根据前人弘扬中国传统文化的成功经验和存在的难点，结合了图书馆人员、资源、环境、服务几个层面，具体探析了高校图书馆弘扬中国传统文化的方法，因为笔者才疏学浅，对于这些问题的分析还有很多的不足，仅仅提出了一些微薄的建议，还望今后图书馆界的学者们能更多地关注图书馆和中国传统文化弘扬的问题，提出宝贵的意见。

## 参考文献

[1] 百度百科. 文化 [EB/OL]. [2012 - 7 - 7]. http://baike. baidu. com/view/3537. htm.

[2] 任登第. 大家都学弟子规 [M]. 北京：世界知识出版社，2009：9—11.

[3] 刘北芦. 浅论高校图书馆继承与弘扬中华传统文化的策略 [J]. 辽宁教育行政学院学报，2009 (7)：175.

# 高校图书馆文化与
# 中国传统文化的融合<sup>*</sup>

邵国莉<sup>**</sup>

（东北财经大学图书馆　大连　116025）

**摘　要**　中国优秀传统文化无时不在地影响着人们的思维方式、价值观念和行为准则。传承、传播和弘扬中华民族五千年的伦理、道德、文化、理念，培养兼备科学和人文精神的代代新人，是高校图书馆人理应承担的义务和责任。如何更好地实现高校图书馆文化与中国传统文化的融合，是摆在高校图书馆人面前的现实课题，亟须深入研究。本文从多个角度探讨了高校图书馆文化与中国传统文化的融合，有针对性地提出了相关建议。

**关键词**　高校图书馆文化　中国传统文化　融合

企业，有企业文化；图书馆，有图书馆文化。作为管理方法的一种，这种形式受到人们的高度关注。如何充分使用文化的"文治"和"教化"之力，把图书馆的硬件和软件功能发挥到极致，使图书馆教书育人的效果发挥到最大，是图书馆人需要认真思考的问题。

经过了岁月沉积、代代流传下来的五千年的中国传统文化，是我们民族的瑰宝。将中国的传统文化融入到图书馆文化中，用中华民族的精髓去影响当代青年人的世界观和价值观，意义重大而深远。建立起融合了传统文化的高校图书馆文化，不仅有利于学校的整体发展，也有利于社会文化的大发展。

## 1　传统文化对图书馆人的影响

中国传统文化的本质是"求善"。崇尚的是"天行健，君子以自强不

* 基金项目：本文获国家自然科学基金项目"基于资产价格波动的扩展货币政策规则构建及其仿真研究"（项目批准号：70873015）的资助。

** 邵国莉，女，1968 年生，东北财经大学图书馆，馆员。

息，地势坤，君子以厚德载物"（《周易》）的人生观，"不义而富且贵，于我如浮云"（《论语·述而》）的价值观，都是中国优秀的道德精神的集中体现。经数千年的文化沿革，这种思想早已深深融合于我们民族性格之中。

## 1.1　传统文化对图书馆人价值观形成的影响

众所周知，影响人的价值观形成因素众多。有来自物质的，也有来自精神的。对于图书馆人来说，如果我们能把对中国传统文化的精神追求，在日常工作中形成一种自觉，并把它当成自己人生目标的阶段进程，那么，图书馆的发展也就有了长久不竭的动力。

每个图书馆人在工作中均应树立正确的价值观，协调好"义"与"利"的关系，处理好"奉献"与"索取"，调整好工作心态，摆正位置，这样才能从根本上提升自身的服务质量，最大程度地让读者满意。

## 1.2　传统文化与图书馆人的修养提升

提升图书馆人的文化修养、知识修养和职业道德，是打造现代图书馆服务团队的根本与基石。这要求图书馆人要勇于检视自己的不足之处。在这些方面，中国传统文化有许多行为规范值得借鉴。《论语·学而》倡导"吾日三省吾身"。图书馆人如果能从文化修养、知识修养和职业道德等方面经常反省自己，严格要求自己，不断充实自己，才能胜任知识社会对图书馆人赋予的工作职责要求。《论语·宪问》中有"修己以安人"。对于图书馆人来说，"修己"即是图书馆人的自我教育、自我完善，也是图书馆人更好地服务于读者的先决条件；"安人"即是图书馆人的服务宗旨，也是树立职业信誉、创设服务品牌的过程，其目的在于用高质量、高水平的专业化精细服务，来最大程度地提高读者满意度。

## 1.3　传统文化的"人本观"对图书馆管理的启示

在中国传统文化中，人本主义由来已久，并成为时代发展的标志性财富得以传承。在《周书·泰誓（上）》中，有"人为万物之灵"的描述；在《汉书·董仲舒传》中，更有"天地之性人为贵"的崇尚；在《礼记·礼运》中，"人者，天地之心也"的阐述赫然在目；在《春秋繁露》中，"人之超然万物之上而最为天下贵也"。今天，"以人为本"已经尽人皆知，成为一种普世价值。

在图书馆日常管理中，也要充分尊重人的价值，真正把"人"放在第一位。现代行为理论研究表明，人的行动来自动机，动机又受价值和情感影响，情感某种程度上来自尊重。因此，对图书馆工作人员的日常管理，也应坚持"以人为本"的管理理念，做到"科学评测"与"人文关怀"相结合，在此基础上来建立一套切实可行的图书馆工作奖惩机制。如果能够及时了解工作人员的自身价值需求，并加以适当规范和正确引导，在不损害群体公共利益的前提下尽量满足个体利益，则实现服务质量不断提升的图书馆最高利益才能得以保障。

## 1.4　图书馆需要"人文"与"技术"的完美结合

"天人合一"最早由伟大思想家庄子所阐述，汉代思想家董仲舒将其纳入哲学思想体系，构成了中华传统文化的主体部分。《易经》中强调三才之道，将天、地、人并立，并将人放在中心地位。天之道在于"始万物"；地之道在于"生万物"；人之道在于"成万物"。

在现代图书馆发展历程中，"人文"和"技术"是两个不可或缺的重要因素。"人文"是现代图书馆发展的思想基础和动力，缺乏人文精神会使图书馆工作人员的责任意识、服务意识降低，使图书馆的服务质量和水平降低。"技术"是现代图书馆发展的灵魂与保障，引领图书馆未来发展的方向。"人文"和"技术"两者互为依存，相得益彰。"人文"以"技术"为支撑，才不会空洞和抽象。"技术"辅以"人文"，才会更显示人的价值。现代图书馆需要的正是这种"人文"与"技术"二者之间的完美结合。

## 1.5　中国传统文化与学习型图书馆建设

学习型社会建设已经成为当代人的共同理念，因而，不断学习是每个人的终生事情。面对层出不穷的新兴学科和新兴技术，只有"学而不厌"（《论语·述而》），才能不被时代所淘汰。对于工作和学习中出现的新情况、新问题、新知识、新理论、新方法，要有"知之为知之，不知为不知"（《论语·为政》）的科学态度和"敏而好学，不耻下问"（《论语·公冶长》）的进取精神和求真态度。《论语·述而》中有"三人行，必有我师焉。择其善者而从之，其不善者而改之"的名言警句，警示当今每个人都要不断学习，博采众长，扬长避短。只有这样，才能使自己与知识时代同行，在工作上不断推陈出新，保持专业竞争力。

众所周知，图书馆是知识服务型行业。面对具有现代思维和专业素养的高等学校图书馆服务对象，每个高校图书馆人更应不断提高图书馆专业技能，并通过对中国传统文化的学习，进一步提升自身的知识积累与专业修养。只有这样，才能实现高校图书馆人与读者之间的良好沟通与高层次服务。图书馆人的综合素质水平程度，在某种意义上决定着未来图书馆是否得到可持续发展。

## 2　融合传统文化的图书馆文化对高校大学生的影响

大学校园是大学生学习专业知识、提升学业技能的场所，也是青年人思想形成、人格完善和精神升华的地方。在高校中弘扬中国传统文化，有助于大学生形成正确的人生观和世界观，有助于增强民族自尊心、提升民族凝聚力。从这方面来看，高校图书馆不仅在文化保存方面发挥着重要作用，在文化传承与传播方面的作用更胜一筹。

### 2.1　在传统文化氛围中感受与感染

对传统文化的传承与传播，仅仅通过课堂教育是远远不够的，更需要在特定的氛围中熏陶、感染与引导。

一个大学的图书馆，往往是这个学校的标志性建筑，体现着这个学校的文化底蕴。优雅整洁的内部装饰，充满人文色彩的伟人名言、名人肖像和温馨的提示标语，构成了高雅的治学育人环境，起到了"桃李不言"的教育效果，也如"随风潜入夜，润物细无声"，让读者无形中约束自身的行为，促进高尚人格的形成。

图书馆员得体的职业服装，优雅的言谈举止，专业的服务用语、服务礼仪，是一种无形的语言，不仅诠释着文化，也体现着中国传统文化的价值观念、审美取向。

现代图书馆是一个集借阅、视听、网络、自习、研讨、休闲于一体的综合性场所，因而能满足读者的多种需要。图书馆的电影放映厅免费为学生播放电影来丰富学生的文化生活。除此之外，图书馆还配合校园文化建设，定期举办系列的展映活动。例如，《舌尖上的中国》、《大国崛起》、《百家讲坛》等节目，让读者在享受视觉与听觉盛宴的同时，也接受着中国传统文化的熏陶与感染。

邹韬奋先生曾说道：书店"不仅是一个经营书籍的场所，更是一个把一群有想法的人聚集在一起，让他们愉快交流的场所"。为了方便老师和学生共同学习、交流思想、分享知识，不少图书馆还专门设立了"水吧"等交流场所。舒适的软座、茶桌，以及咖啡和茶艺等浓郁的文化元素，可以让读者在一种轻松的环境下交流、研讨，迸发思想火花。方寸之地不仅聚集了中国传统文化，更让学术思想交流轻松、愉快。

图书馆还设有多功能的报告厅、会议室和研究室。这里，经常举办一些学术沙龙和文化讲座。通过以"专业知识延伸"、"经典名著"、"人文历史知识"、"人物评说"、"关注社会热点"等为主题的沙龙，在传承历史、弘扬中华文化的同时，使学生的表达能力、组织能力、分析问题能力、解决问题能力和综合素质等都得到全面的提升。此外，邀请知名专家、教授和学科馆员进行各种文化专题讲座和图书馆专题系列讲座，充分拓宽了课堂教学知识传授的覆盖面和学术视野，活跃了学生的思维，在知识与文化熏陶中推动了学术创新和发展。

音乐是另外一种高雅文化。音乐文化的奇妙设计与运用，不仅能活跃图书馆气氛，也使读者得到美的享受。在开馆时，可以选择旋律优美、节奏欢快、充满乐观情绪的背景音乐，欢迎读者步入图书馆就读；在闭馆前15分钟，则以轻松、舒心的音乐提示、通知读者即将闭馆，结束当天的阅览生活。

我们认为，让读者在轻松、静谧的氛围中不知不觉地汲取知识、提高整体素质、提升能力，就是图书馆文化的内在功能所向。

## 2.2　在服务中体会

中国传统文化注重"天人合一"，强调以人为中心。"服务第一，读者至上"是每个图书馆的服务宗旨。在此基础上，图书馆还应尊重读者的个性化需要，提供人性化的服务，来激发读者更大的主动性、积极性和创造性。

### 2.2.1　开架管理

开架式借阅能激发读者阅读的热情。一排排整齐有序的图书，让读者有学海无涯的感叹和畅游知识海洋的欲望。开架式借阅这种管理方式十分方便读者找到他们想要的书刊，极大地提高了图书、杂志的实际利用率。

### 2.2.2　读者导读

老舍先生讲："一个藏书多而用书少的图书馆不见得是好图书馆，一个用书多而不教人们怎样用书的图书馆，还不见得是好图书馆。我想，一个理想的图书馆或者应该是这样的：它会指导读者读什么书和怎么读。"

老舍先生的话为我们的大学图书馆导读指明了方向。图书馆应该针对不同的读者群体，阶梯式设计不同的导读讲座。对于初进大学校门的一年级新生，开设《怎样利用图书馆》的基础常识讲座，让新生懂得如何利用图书馆；随后，开设《文献检索与利用》、《专题文献检索教育》和数据库检索的知识讲座，可以帮助学生方便、快捷地找到自己需要的文献资料。

大学二、三年级的学生渐渐明确了自己的专业倾向和兴趣爱好，这时候让各学科专家、教授推荐一些具有代表性的精品书目，进行重点阅读，搭建知识结构框架，让学生少走盲目阅读的弯路。在大学四年级和更高层次的研究生、博士生阶段，学生需要撰写毕业论文和专业论文，图书馆可以聘请中外专业数据库人员，提供数据库检索方法、定题服务和课题跟踪等高要求的专业化服务。

### 2.2.3　问卷调查

当今知识和信息瞬息万变，图书馆应定期和不定期地面向各年级、各专业读者群体进行深入的调查和统计，广泛了解大学生阅读的实际需求和阅读倾向。问卷调查方式可以有效地科学合理配置文献资源，在图书馆总体经费约束下最大程度地优化资源配置，既能充分满足读者的文献需求，又能使馆藏文献资料结构更趋合理、完善，真正有效服务于高校的教学与科研。

### 2.2.4　个性化服务

针对研究型读者，大学图书馆通常提供由学科馆员为承担主体的学科化服务。学科化服务是图书馆普适化服务的深化与延伸，突出"以人为本"的个性化、学科化和知识化服务特色，是一项开拓性的、主动参与式的图书馆跟踪型创新服务。"用户在哪里，服务就在哪里"的服务理念，是对图书馆学科化服务最为形象的描述。

### 2.2.5　主动配合校园文化，传承中国传统文化

大学校园的文化活动丰富多彩。作为文化瑰宝的储藏者，图书馆应主动配合校园文化的建设与开展，及时沟通学术社团，在文献整理、揭示和传递等方面，提供全面服务，有意识地创造条件与环境，在服务中体现教育，在活动中实现中国传统文化的传承，这也是高校图书馆工作的重要职责。

## 3　结束语

笔者认为，无论到什么时候，一个人、一个民族最不应该忘记，也不可能忘记的就是已深深融于血脉之中的传统文化。这是任何个人和行业实现发展的根基。否则，就会失去归属感，失去前进的动力和方向。

中华民族的灿烂文明和优秀传统文化所蕴含的思维方式、价值观念和行为准则等，既有历史凝重感，又有强烈的现实性和可借鉴性。传承、传播和弘扬中华民族五千年的伦理、道德、文化、理念，培养兼备科学和人文精神的代代新人，是高校图书馆人理应承担的义务和责任。如何更好地

实现高校图书馆文化与中国传统文化的融合，是摆在高校图书馆人面前的现实课题，亟须深入研究。

## 参考文献

［1］高晓燕，叶建英．浅析图书馆发展的双翼——人文关怀和现代科技［J］．浙江高校图书情报工作，2009，5：12—13，41．

［2］范兴坤．图书馆学"人文"与"技术"性的"道""器"辩证［J］．图书馆，2010，2：1—5．

［3］郭丽霞，杨少清．图书馆文化建设与中国传统文化［J］．四川戏剧，2006，5：113—114．

［4］刘华银．论高校图书馆文化与校园文化的契合［J］．科技情报开发与经济，2012，2：66—68．

［5］谢立虹，王进．信息时代图书馆员的素质建设与管理——也论科学精神与人文精神的构建［J］．图书馆，2003，6：58—60．

# 构建公共图书馆网
# 格化服务体系探析

程　远[*]

（江西省图书馆　南昌　330046）

**摘　要**　受城市网格化管理的启发，提议构建公共图书馆网格化服务体系。该体系的建立与运行，将彻底改变公共图书馆的服务理念和服务手段，做到既能实现公共图书馆服务的全覆盖，又能实现公共图书馆真正的主动服务，更能实现设立公共图书馆的宗旨和目的，充分发挥公共图书馆在公共文化服务体系中的积极作用。

**关键词**　公共图书馆　网格化　服务模式　服务体系

## 1　引言

作为我国公共文化服务体系重要组成部分的公共图书馆，长期以来，一直致力于构建既符合大众需要，又符合自身发展的公共图书馆服务体系，并且许多公共图书馆紧紧围绕这一中心，尝试开展了许多有益的探索性尝试，试图构建适合我国国情的公共图书馆服务体系，实现公共图书馆服务范围和受众的最大化，取得了一定的成效。如：建立图书流通站、在城市街道设置自助图书借阅机、打造网络服务平台和移动数字图书馆等。尽管这些致力于形成公共图书馆"主动"服务格局的工作，为距离公共图书馆较远的读者提供了相对近了一些的便利，但究其实质看，并没有实现公共图书馆的主动服务，也很难实现公共图书馆服务的全覆盖。也就是说，这些举措仅仅是把公共图书馆的服务送到了离读者相对近了一点的位置，或称读者的"家门口"，而没有送到读者家里，没有让读者在家里就可以接受公共图书馆的服务。鉴于此，针对中国社会科学情报学会 2012 年学术年会关于"图书情报服务的个性化、多样化、均等化"的征文命题，

---

[*]　程远，男，1959 年生，江西省图书馆，副研究馆员。

受城市网格化管理的启发，笔者提议构建公共图书馆网格化服务体系。该体系的建立与运行，将改变公共图书馆的服务理念和服务手段，做到既能实现公共图书馆服务的全覆盖，又能实现公共图书馆真正的主动服务，更能实现设立公共图书馆的宗旨和目的，充分发挥公共图书馆在公共文化服务体系中的积极作用。

## 2　公共图书馆网格化服务体系构想

为了有效提升公共图书馆服务品质，着力打造公共图书馆全新的主动式服务方式，实现公共图书馆服务的公益性、均等性、便利性等目标，笔者提议公共图书馆应更新观念，创新服务手段和方式，着力构建公共图书馆网格化服务新模式，搭建起能够实现公共图书馆服务对社会大众全覆盖的平台。所谓公共图书馆网格化服务体系，就是所有公共图书馆均采用网格化服务模式服务社会大众而形成的一整套完善的服务系统的总称。

笔者所构想的公共图书馆网格化服务新模式，就是指在某个公共图书馆的服务范围内，以图书馆为中心，以城市街道办事处为枢纽，以城市社区为基础，以城市网格化管理监督、指挥中心数字化系统为平台，形成如同网状的格子，使公共图书馆能够以主动服务的方式，有的放矢地对网格中的每一个成员开展服务的方法。其具体构架和运行方式就是：第一步，与城市网格化管理监督、指挥中心和城市街道办事处沟通和协商，形成共识，共同搭建起公共图书馆网格化服务的运行平台，并将图书馆的服务项目和内容融入城市网格化管理手册、联系表（卡）以及宣传品中；第二步，按照城市网格化管理的网格格局，将该网格中的所有成员纳入公共图书馆服务的对象，也就是无论是没有图书馆借阅证的社会公众——潜在读者，还是持有图书馆借阅证的现实读者，只要他们是当地居民，都被划归在相应的网格之中，自然也就成为公共图书馆的服务对象；第三步，在每个网格中设一名网格联络员（可由城市街道办事处的社区网格化管理员兼任），负责收集网格成员（即所辖区域内的社会成员）所需的文献信息（包括纸质文献、电子文献和网络数字资源等），并以最快的时间将这些文献需求信息进行汇总，提交给城市网格化管理监督、指挥中心，由该中心提交给公共图书馆的网格服务员，办理相关借阅手续，由网格服务员负责向其提供读者所需的纸质文献资源或电子文献；第四步，该中心将从公共图书馆获得的文献交给相应的网格联络员，由其将有关文献送给需要文献的网格成员，该成员阅读完毕，只要将文献（主要指纸质文献）归还给网格联络员，由其交给城市网格化管理监督、指挥中心，再归还给公共图书馆，读者不必到图书馆，在家中即可完成文献借阅。如此循环往复，实现公共图书馆服务的全覆盖。

## 3　公共图书馆网格化服务体系构成要素分析

要将公共图书馆的服务融入城市网格化管理体系之中，一定要有其存在和发展的条件或称要素，才能使其得到健康、有序和持续的发展。因此，公共图书馆建立网格化服务模式和体系，必须要具备其必备的条件或要素，才能建立和顺利运行能够满足大众需要的体系。从公共图书馆网格化服务模式和体系的理念及运行机制分析，笔者认为，构建公共图书馆网格化服务体系，必须具备平台、人员、资源三个必备要素，三要素相辅相成，互为作用，相互影响，缺一不可。

### 3.1　平台要素

平台指的是公共图书馆网格化服务平台，这是第一要素。具备这一要素的前提是必须要具备城市网格化管理平台，这是构建公共图书馆网格化服务平台的基础，没有这一平台，公共图书馆网格化服务平台将无法建立，公共图书馆网格化服务也就难以实现。换言之，在没有实施城市网格化管理的地方，不能建立公共图书馆网格化服务体系。

### 3.2　人员要素

人员指的是保证公共图书馆网格化服务体系正常运行的工作人员，包括网格联络员和网格服务员等，可以说人是该体系中不可或缺的重要因素。众所周知，任何一项工作离开了人，那只能是纸上谈兵。因此，有了公共图书馆网格化服务平台之后，人就是决定该体系能否健康发展的关键因素，只有具备了具有相应素质的网格联络员和网格服务员，才能保障公共图书馆网格化服务体系运行。

### 3.3　资源要素

资源主要指的是公共图书馆的文献信息资源，包括馆藏的纸质文献资源和电子文献资源以及网络数据库资源等，这是该体系运行的物质基础，是保障其运行和实现其价值的不可或缺的要素。俗话说，巧妇难为无米之炊，如果没有相应的资源作保障，公共图书馆网格化服务体系必将徒有其表，成为一个空壳，也就没有建立的必要。因此，公共图书馆必须要储备足够的文献资源，要举全馆文献资源之力，发挥馆藏优势，确保该体系正常、有序运行，以实现其服务效益的最大化。

## 4　构建公共图书馆网格化服务体系可行性分析

一项措施和方法的推出，不仅要有适合它产生和发展的条件，更要有能够良好实施的可行环境和内在动因。公共图书馆网格化服务体系的构建，不仅具备了产生和发展的条件，而且具备了能够良好实施的可行环境和内在动因。可以说，城市网格化管理不仅是其产生和发展的条件，也为其提供了运行的保障；公共图书馆的发展不仅是其内在动因，更为其提供了可行的机遇和基础。

### 4.1　城市网格化管理为其提供了可行性条件和保障

笔者利用中国知网检索显示：以"网格化城市管理"为检索词，得到文章79篇；以"网格化＋城市管理"为检索词，得到文章920篇；而以"网格化＋城市"为检索词，得到文章1143篇。可见，采用网格化管理已经逐渐成为当前城市管理的热门举措，也是解决城市管理难的一个新的有效方式，有关城市网格化管理问题也成为人们关注的议题。

所谓网格，就是将城市所辖区域按照行政隶属关系划分成若干个"格"，使每一个"格"成为城市管理的基本单元，所有的"格"相连构成一个无缝的网格体系。城市网格化管理是将城市管理空间划分成若干个网格状单元，同时依托统一的城市管理以及数字化的平台，由城市网格化管理监督员在网格范围内对社区实施24小时动态的全方位管理；城市网格化管理监督员在巡查期间，一旦发现问题，可利用手持移动终端上传相关信息，城市网格化管理监督、指挥中心负责收集这些信息，并对城市管理问题进行协调处理。例如，北京市以东城区为试点，从2004年10月开始率先实施城市网格化管理新模式，他们根据城区特点，采用万米单元网格管理方式，同时应用网格地图的技术手段，将该区所辖区域划分成1652个网格，由城市网格化管理监督员进行全时段监控。又如：成都市武侯区簧门街社区将所辖范围内的街道和4000余套住宅分成8个网格，社区综合服务管理员深入到每一个网格中，负责联系每一个院落的门卫、楼幢长、居民骨干等，开展收集民情、采集信息、调解矛盾以及综合服务等多项工作，形成"网中有格，按格定岗，人在格中，事在网中"的管理与服务新格局。这种管理的主要特点是，一方面，它使城市管理职能部门能够有效地主动发现和及时处理问题，提升了城市管理能力和处理难题的速度。这种管理把过去只是被动地应对问题的管理模式，转变成为能够主动发现问题，并能够及时解决难题的管理模式；另一方面，它采用现代化手段，更好地保证了城市管理的精确、快捷与高效；值得一提的是，这种管理方式有一整套健全、完善的统一和规范的管理机制和流程，使管理过程中的每一个步骤形成一个闭合环形系统，各个步骤相互连接和紧扣，有效提升了管理的水平和管理的效率。正是基于这些特点，使得如今的城市管理由过去被动、定性和分散的传统管理，转变成为主动、定量和系统的科学的现代化管理，成为不留任何缝隙和死角的全覆盖式管理。由此可见，城市网格化管理新模式的实施，不仅为公共图书馆构建网格化服务体系创造了得天独厚的条件，也为公共图书馆构建网格化服务体系提供了体制和机制的运行保障。

### 4.2　公共图书馆的发展为其提供了可行性机遇和基础

随着我国经济的快速发展，政府的公共财政资金被大幅度投入公共文化体系建设之中，党的十七届六中全会的召开，不仅为我国进一步加快社会主义文化改革与发展带来了新的机遇，更为公共图书馆事业的发展带来了前所未有的、良好的发展环境和条件。尤其是 2011 年年底，全国公共图书馆按照国家的统一部署实施了免费开放，这标志着我国公共图书馆在主动服务的理念和行动上，又迈出了坚实的一步。为了更好地开展公共图书馆的免费开放服务，缓解因免费开放而形成的读者数量激增、服务工作压力增大的局面，许多公共图书馆开动脑筋、想方设法推出了诸如网上阅读、手机移动数字阅读等新举措，旨在将公共图书馆的服务更加主动化、均等化、便利化。由此不难看出，新的形势和公共图书馆的新理念和许多新举措，都为公共图书馆构建网格化服务体系提供了一个非常好的机遇，也为其奠定了切实可行的坚实基础。

笔者利用中国知网对公共图书馆实施网格化服务问题进行了检索，结果显示：以"网格化＋图书馆"为检索词，获得文章31篇，其中仅仅有1篇文章是有关网格化服务问题的研究，而且是笔者就构建公共图书馆少儿服务网格化模式的探讨，本文则是这一命题的扩展和进一步延伸，其余30篇文章均为探讨和研究计算机技术中的网格化问题的文章。这充分说明，公共图书馆网格化服务还属于一个全新的命题，可以说无论是这一模式的推出，还是有关这一体系的构建，都值得公共图书馆为此付出积极的尝试和探索。尤其是面对公共图书馆迎来的大好发展机遇，以及公共图书馆不断创新的发展理念，使得构建公共图书馆网格化服务体系已经具备了良好的内在动因和可行的环境，特别是在党和政府高度重视文化建设的新形势下，国家不仅为公共图书馆事业发展提供了良好的政策环境，更为构建公共图书馆网格化服务体系提供了一个很好的机遇，图书馆自身的创新发展也为其奠定了扎实的基础，并使其有着广阔的施展空间和发展前景。例如，舟山市图书馆将馆外图书流通点的服务与城市社区网格化管理相结合进行的有益尝试，使我们看到图书馆界同仁已敏锐地意识到城市网格化管理为创新公共图书馆服务带来了契机。如果说笔者与欧阳周遐撰写的《公共图书馆少儿服务网格化模式探析》一文是公共图书馆网格化服务体系的启蒙理念，本文就是这一理念和体系的拓展和延伸，舟山市图书馆的举措则是这一理念和体系的具体行动和试点。

## 5 构建公共图书馆网格化服务体系的作用

在加速推进公共文化服务体系建设的今天，公共图书馆适时推出网格化服务模式和体系建设，不仅能够完善公共图书馆的功能，促进公共图书馆事业更好更快发展，还对促进公共文化服务体系建设，推进全面建设学习型社会和小康社会的进程，都将具有重要的现实意义和深远的发展意义。尤其是对公共图书馆自身建设将起到助力作用，还能够使"四个有利于"起到助推公共图书馆事业发展的积极作用。

### 5.1 有利于实现公共图书馆与政府的合作

公共图书馆网格化服务体系是基于政府实施的城市网格化管理的理念和方法，融入公共图书馆的服务而产生的全新的服务方式。因此，与政府合作是该体系建设的前提和条件，只有公共图书馆与政府部门达成共识，才能有效地构建公共图书馆网格化服务体系；只有将公共图书馆的服务有机融合到政府实施的城市网格化管理系统之中，才能发挥公共图书馆网格化服务体系的效能，达到建设的目的。

众所周知，城市网格化管理体系是政府实施的更好的服务和管理城市的一项有力举措。在城市网格化管理中，政府相关职能部门不仅管理城市，还要为城市的每一位公民提供相应的公共服务。而公共图书馆是政府兴办的公益性文化服务机构，是专门为大众提供精神文化产品的场所。将公共图书馆的文献信息服务渗入城市网格化管理中，不仅可以拓展公共图书馆的服务功能，更能丰富城市网格化管理的内容，同时还为进一步增进公共图书馆与政府部门的了解和友谊创造了机会和条件。可以说，只要公共图书馆主动与政府相关部门联系，应该很容易达成共识，做到水到渠成，实现公共图书馆网格化服务和城市网格化管理的双赢。

## 5.2　有利于实现公共图书馆真正主动服务

长期以来，公共图书馆一直致力于开展主动服务，例如，主动设立图书流通站，开辟网上数字图书馆，构建移动手机图书馆服务平台等，这些举措在一定程度上拉近了公众与图书馆的距离，使数量有限的实体图书馆能够服务尽可能多的人群。但这些举措在具体实施时，依然存在"坐等"读者上门的被动服务特征，尤其是使用网上数字图书馆和移动手机图书馆服务平台，还需要相应的设备，需要了解相关知识、技术、技能和网络资费等，导致相当多的人无法享受公共图书馆提供的现代化服务，从而离公共图书馆越来越远。

公共图书馆网格化服务体系是将公共图书馆的服务植入政府实施的城市网格化管理之中，而城市网格化管理已实现了管理者与被管理者面对面的交流，有的地方还采用联系卡制度，居民有需求时，只需将联系卡交给城市网格化管理员，就能获得及时有效的服务。因此，构建公共图书馆网格化服务体系，就是直接将公共图书馆的服务送到居民家里，网格化服务体系中的每一位成员都将不再被动地接受公共图书馆服务，而能够随时便捷地享受公共图书馆主动送上门的服务，使无论远近的人们都能在自己家里便捷地利用图书馆，这样不仅极大地拉近了大众与公共图书馆的距离，还提升了公共图书馆的形象和知名度，实现了公共图书馆真正意义上的"主动"服务。

## 5.3　有利于实现公共图书馆服务的全覆盖

联合国教科文组织和国际图书馆联盟早在 1994 年发布的《公共图书馆宣言》中，就将公民享有图书馆权利作为公民享有的基本人权之一，该宣言强调："每一个人都有平等地享受公共图书馆服务的权利，而不受年龄、种族、性别、宗教信仰、语言或社会地位的限制。"2011 年 1 月 26 日下发的《文化部、财政部关于推进全国美术馆、公共图书馆、文化馆（站）免费开放工作的意见》要求全国所有美术馆、公共图书馆、文化馆（站）实现无障碍、零门槛进入。由此可见，无论是联合国教科文组织和国际图书馆联盟，还是我国文化行政主管部门，都要求公共图书馆要对所有公众提供服务。然而，我国是按照行政区划设立公共图书馆，仅在县（区）级以上地区才设立一所公共图书馆，据 2010 年 1 月 29 日下发的《文化部关于公布一、二、三级图书馆名单的通知》显示，全国只有 1784个公共图书馆达到三级以上图书馆的标准。公共图书馆这样的布局和数量显然难以做到覆盖所有人群，更难以达到联合国教科文组织、国际图书馆联盟以及我国文化行政主管部门的要求。

公共图书馆网格化服务体系则充分利用城市网格化管理系统，将该系统所管辖的所有人群均纳入到了公共图书馆的服务范围之中。也就是说，按照公共图书馆网格化服务体系的服务理念，不管一座城市有多大，人口有多少，其成员都能享受到公共图书馆主动送上门的服务。换言之，不管原来是公共图书馆的持证读者，还是未持证的潜在读者，只要是当地的居民，都将无一例外地成为公共图书馆的服务对象，每一个公民只要有文献信息需求，都能平等地在最短的时间内获得公共图书馆提供文献信息资源，使公共图书馆真正实现对所有人群的全覆盖，真正实现无障碍、零门槛的服务。

### 5.4　有利于实现公共图书馆效益的最大化

作为政府投资兴办的公益性文化服务机构，公共图书馆如何发挥功能与作用，实现公共图书馆效益的最大化，尤其是如何提高馆藏文献的利用率，使政府投资建立的文献保障体系发挥最大的效益，是公共图书馆工作者一直努力探索的课题。无论是公共图书馆设立图书流通站，还是设立自助图书借还机，都是把公共图书馆仅有的为数不多的文献资源分散到不同地点，很难做到图书流通站等的文献资源"小而全"，满足不同人群的需要。同样，无论是数字图书馆，还是移动手机图书馆，由于其技术和设备的要求以及网络通信资费的制约，都使得绝大多数人难以使用其数字资源，导致公共图书馆的人、财、物资源的浪费，以及投资效益的低下。

公共图书馆网格化服务体系能够集中馆藏文献资源，发挥资源优势，实现统筹协调，统一调度馆藏各种文献资源，满足社会各阶层人员的个性化文献信息需要，极大地提高了文献资源的利用率。不仅有效地解决了设立图书流通站等导致馆藏文献资源分散、文献利用率低和资源分散难管理等问题，还能使广大公众了解和熟悉公共图书馆的数字文献信息资源，使其得到更广泛的使用，发挥建设数字图书馆和移动手机图书馆的功能和作用，真正实现公共图书馆服务效益的最大化。

## 6　结束语

在有着十几亿人口的国家，仅靠区区千余所上等级的公共图书馆，显然难以满足所有社会成员的文献信息需求。笔者构想的公共图书馆网格化服务体系，是公共图书馆适应新形势而采取的新服务举措，是一项服务创新工程，是能够让所有社会成员享受公益、均等、便利、无障碍的公共图书馆服务的有效途径和重要手段，有效破解了公共图书馆数量不足和大众难以利用公共图书馆的难题。然而，这一体系的建立和运行，需要公共图书馆和政府相关职能部门领导的高度重视，需要双方共同制定相关的合作方案和运行规则，需要双方的密切配合和通力协作，需要各级公共图书馆建立相应的文献资源保障体系，需要网格联络员和网格服务员认真负责和辛勤的工作，需要公共图书馆同仁不断探索和积极实践。相信通过公共图书馆和政府相关部门的共同努力，公共图书馆网格化服务体系的建立和顺利运行，一定能为广大人民群众创造一个充分享受公共图书馆服务的良好环境，切实满足大众的精神文化需求，实现公共图书馆服务的全覆盖，实现公共图书馆和城市管理效益的最大化。

## 参考文献

[1] 濮婕．比尔·盖茨盛赞全国各地学习"网格化"信息城管创奇迹　北京东城区攻克城管难题 [J]．中国经济周刊，2005（25）：22—24.

[2] 新华社记者．网格化管理提高社会管理服务水平 [N]．中国青年报，2011 - 02 - 20（02）.

[3] 程远，欧阳周遐．公共图书馆少儿服务网格化模式探析 [J]．图书馆学刊，2011（6）：101—103.

[4] 舟山市图书馆办公室．市图书馆积极融入社区网格化服务 [EB/OL]．[2011 - 11 - 08]．http://www. zslib. net/a/xinxidongtai/zhoutudongtai/2010/0729/335. html.

[5] 联合国教科文组织，国际图书馆联盟．公共图书馆宣言 [EB/OL]．[2012 - 03 - 25]．http://baike. baidu. com/view/1085353. htm.

[6] 文化部，财政部．文化部、财政部关于推进全国美术馆、公共图书馆、文化馆（站）免费开放工作的意见 [EB/OL]．[2012 - 03 - 25]．http://www. ccnt. gov. cn/sjzz/shwhs/whgsy/201102/t20110210_ 86869. html.

[7] 江西省图书馆学会．文化部公布一、二、三级图书馆 [EB/OL]．[2012 - 03 - 25]．http://www. jxtsgxh. com/news. asp？id = 167.

# 浅谈关于图书馆绩效评估的研究

韩继续[*]

（陆军军官学院图书馆　合肥　230031）

**摘　要**　图书馆绩效评估在图书馆管理中占有重要地位，因此我们要深入落实全方位量化考评，在客观性评估中更好地激励每一位馆员；全面实施现代化科学手段，实现图书馆绩效评估的精准、高效；不断完善人事测评内容，始终保持绩效评估的生机与活力；学习优秀图书馆的管理经验，做到绩效评估的持久创新。总之，图书馆绩效评估，就是为馆员创设一个不断奋进、创新的良好工作平台，使图书馆管理真正发挥实效，最终促进图书馆服务的层次和水平上一个新台阶。

**关键词**　量化　科学　测评内容　管理

图书馆绩效评估在图书馆管理中占有重要地位，因为只有评估的科学、规范、合理，才能调动每一位馆员的积极性、主动性和创造性，也才能使图书馆正常运转并不断创新。随着科学技术日新月异的发展，图书馆绩效评估更应在方法上改进以适应时代要求，尤其要克服过去那种"凭领导印象、群众人缘、模糊的带有主观因素的考核指标，过渡到明确的量化指标上来，带有很强的说服力，有利于考核的公正性和同一性，同时也充分体现出社会主义市场经济下'多劳多得、奖勤罚懒、公平竞争'的原则。"因此，我们要认真研究图书馆绩效评估的科学性、实效性、创新性，使评估更能促进图书馆管理作用的有效发挥，从而"推动图书馆得到良性发展，同时也是对图书馆发展潜力的挖掘"，最终使图书馆更好地为广大读者服务。

---

[*]　韩继续，陆军军官学院图书馆。

## 1 深入落实全方位量化考评，彰显图书馆绩效评估的客观性

"现代图书馆的绩效评估，是指图书馆采用科学方法，对其员工的工作完成情况以及在工作中所表现出来的态度、品德、性格、心理素质、工作技能、业务水平、知识素质、对工作的适应性等进行考察的全过程。"我们应努力研究以上内容的量化方式，通过量化更好地测评员工的工作情况，通过量化结果使员工看到自身不足以利于及时弥补，通过量化的各项指标深入探索图书馆的创新服务。最重要的是，要把全方位量化考评形成一种长期、稳定的制度性模式，用客观性的一系列数字去说明问题，用客观的量化考评去评价馆员的工作状况，使测评结果更有客观的说服力，去不断指引馆员今后的努力方向，这样将有利于馆员更好地进步与发展，同时也大大促进图书馆本身问题的逐步解决。全方位的量化考评，更能体现出图书馆绩效评估的公开、透明、公正、客观，更能使广大馆员接受并认同考评结果，减少因考评结果的主观性造成员工出现抵触心理。所以，客观性的量化评估能够使馆员心悦诚服地接纳，最终达到图书馆绩效评估的真正目的，从而保持图书馆整个发展流程的开放、创新。另外，量化考评应尽可能全面，如果考评不能全面反映馆员的工作情况，馆员的工作能力和水平不能很好地得以体现，馆员的价值无法在测评中得到肯定，就会严重挫伤馆员的工作热情。因此，我们应通过多方面、多角度、多层次的测评，去综合考察馆员的工作情况，那么馆员就可以在考评结果中发现自身的优点和不足并进行取舍，使馆员在一种公正的绩效评估制度中受益，在不断的激励中发挥自身潜力，不断开拓未知领域，最终使图书馆"以读者为中心，以服务为理念"的宗旨得以更好地贯彻，使图书馆的服务质量和水平上升到一个新的高度。

## 2 全面实施现代化科学手段，实现图书馆绩效评估的精准、高效

图书馆绩效评估应全面采用现代化手段，使评估做到准确、及时，努力克服以往手工操作的落后方式，使绩效评估走上一条科学、高效的道路。首先，图书馆绩效评估的各项内容应全部采用计算机测评，这样做能够时时跟踪馆员的工作情况，能够在第一时间发现馆员工作中的问题并得以解决，并且方便馆员自己查询工作情况，及时对自己的工作进行纠偏，使测评结果实现快速、高效，也使馆员在工作成就中获得满足感，对自己

的工作进行有效的控制与约束。其次，我们要努力研究现代化的测评手段，不仅要根据测评数字发现员工的不足之处，而且还要反思测评手段本身的公正性。我们必须做长期跟踪调查，通过长期趋势图发现测评手段本身的问题，及时纠正测评中存在的问题，以实现图书馆绩效评估的科学性。如果不能发现测评手段本身存在的问题，再准确的量化数字也不能反映馆员的真实工作情况，不仅不能发挥绩效评估的激励作用，反而会因为测评手段的显失公平而影响馆员的情绪，甚至会抑制馆员积极性的充分发挥。最后，现代化的测评手段仅仅是评估工具，应该利用好这个工具，但也不能对它产生依赖，更重要的还是管理者，管理者只有更好地利用好这一工具，才能激发每一位馆员的主动性和创造性，使馆员始终保持饱满的热情投入到工作中去。如果管理者不能有效地利用好现代化的评估手段，再好的工具和测评手段也不能发挥应有的作用。总之，我们应充分利用现代化的科学手段，使图书馆评估在科学与高效中不断提升服务的质量与水平，并且我们还要时刻思考测评工具本身的问题，使管理者在全面实施现代化手段中，充分发挥主观能动性，在主客体一致中实现图书馆绩效评估的精准、科学、高效。

## 3　不断完善人事测评内容，始终保持图书馆绩效评估的生机与活力

科技在不断发展，人们的生活也在发生着日新月异的变化，图书馆更以崭新的面貌展现于读者。为更好地为广大读者服务，图书馆采取了多种方法不断去改进创新服务内容，这也就丰富了人事测评内容，使图书馆绩效评估充满了生机与活力。例如，我们在年终测评中，如果发现某一项测评内容随情况变化而失去成效，就应该考虑取消它或用新的内容予以更换；如果发现测评项目不能全面客观地反映馆员的实际工作情况，就应该思考此项测评内容的去留问题，值得指出的是，测评内容要根据本馆的实际情况予以具体问题具体分析，使测评在本馆工作过程中真正发挥实际效用。也就是说，在完善人事测评内容时要掌握好稳定性与灵活性相结合的原则，既要做到测评内容的长期稳固性，又要处理好测评内容去留的灵活性，使馆员既能保持日常工作的稳定性，又为馆员潜能的充分挖掘留有广阔的空间。值得探讨的是，如果发现馆员的创新做法给图书馆带来了更大的效益，那么员工的此项行为是列入本次测评中，还是等下一次测评去完善之时再去考虑呢？笔者认为，在人事测评中应留出一定比例的测评内容，作为图书馆绩效评估的待完善项目，一方面可以鼓励员工去开拓服务

内容与形式，在实际工作中创新，在年终管理者集体讨论后，在预留测评内容中增加员工的创新行为，这样就在丰富测评内容的过程中肯定了员工的做法，不仅是对馆员本人的鼓励更是对其他馆员的激励。另一方面，这种预留测评内容也是对图书馆绩效评估的一种完善，从而使评估走上一条稳步发展的道路，使评估在一种稳定、不断完善的制度中健康发展，为员工的长远发展提供一种良好的工作平台，使员工的潜能得以充分发挥，更好、更多地为广大读者服务。可是，我们也应该考虑到绩效评估中待完善项目的比例问题，如果比例过大会影响到整个评估的稳定性，造成评估制度的不确定性，使馆员无所适从，失去工作努力的方向，而比例过小则无法真正体现馆员的工作努力程度，所以我们要根据本馆的实际情况，灵活地处理绩效评估中出现的新情况、新问题，合情、合理、科学地面对待完善项目，就更能体现"以人为本"的理念，从而树立馆员的信心，激发馆员的热情，促进图书馆绩效评估的正常运转。

## 4　学习优秀图书馆的管理经验，做到图书馆绩效评估的持久创新

图书馆之间要通过交流、合作，在取长补短中进一步发展自身，关键是要学习其他图书馆的先进管理经验，在科学管理中激发每一位馆员的潜能。由于每一个图书馆的具体情况存在差异，每一个图书馆根据本校特点都有自己的特色管理模式，同时也有自己独特的绩效评估方法，所以我们要了解其他图书馆的绩效评估做法，深入研究优秀图书馆的创新管理做法，来不断丰富本校图书馆的绩效评估手段，提升图书馆的创新服务水平。从一个侧面来说，图书馆绩效评估也是对管理的一种反馈，是改进管理内容与方法的有效手段，更是管理能够持久创新的有效举措。例如，图书馆图书每天的借还率，既反映了读者的阅读情况，也评估了馆员的实际工作情况，又是对图书馆优质服务的一种有效反馈。通过这些量化数字，管理者会细心地发现读者的阅读需求、读者的集中借阅时间等情况，那么管理者再根据图书馆的图书采购、馆员的每天出勤等情况加以对比分析，就可以采取更为有效的管理。一方面，管理者能够及时了解到本校广大读者的阅读情况，进一步完善图书馆发展的长远规划，更好地、有针对性地满足读者的多方面阅读需求；另一方面，在读者的集中借阅时段可以增加馆员去方便读者借阅，这样做就克服了馆员忙闲不均、人浮于事的现象，提高了馆员的工作效率，也体现出绩效评估的真正目的。可以说，图书馆绩效评估是对图书馆管理水平的一种衡量，管理者可以在测评结果中发现

管理上存在的问题，在多方面评估中发现管理上的缺陷，从而为管理者及时研究新的管理方法和对策提供素材。例如，通过分析所有馆员的量化工作情况，在发现馆员工作量多少不等时，管理者就应考虑到馆员应不应该再培训、馆员的岗位职责有没有分清、馆员的积极性调动得如何、馆员的团结合作状况如何、管理的成效如何、管理方法是否起到了作用、管理手段如何进一步改进等一系列问题，所以我们要高度重视图书馆绩效评估，这不仅是对馆员的一种激励，而且是对管理者管理经验的一种积累，可以使馆员、管理者和图书馆在更多默契中不断走向进步，在和谐发展中不断走向创新与卓越。

毋庸置疑，图书馆绩效评估在图书馆管理工作中占有极其重要的地位，但更重要的是我们要研究新项目以弥补绩效评估的不足，要探索新领域以丰富绩效评估的内容，使图书馆绩效评估在不断完善中加以创新。从而为馆员设计一种开放、畅通、公正、高效的绩效评估制度环境，使馆员在一种不断奋进、创新的良好工作平台中成长，使每一位馆员在轻松愉悦的环境中更好地工作，使图书馆的科学管理真正发挥实效，最终促进图书馆服务的层次和水平上一个新台阶。

## 参考文献

[1] 徐建华.现代图书馆管理 [M].天津：南开大学出版社，2003 年 10 月.

[2]《图书情报工作》杂志社编.图书馆与多样化服务 [M].北京：海洋出版社，2009 年 5 月.

[3] 窦薇娜.再论我国高校图书馆的绩效管理 [J].贵阳市委党校学报，2010（6）.

# 广东与华东四省（市）党校图书馆建设情况对比分析与启示

胡利勇*

（广东省委党校图书馆　广州　510053）

**摘　要**　在对华东四省（市）党校图书馆进行实地考察和网络调查的基础上，与广东省党校图书馆建设实际情况进行对比分析，结果表明：华东四省（市）党校图书馆建设走在了前列，尤其在全省党校网络互联、资源共建共享和专题数据库建设等方面拥有许多成功经验，值得广东学习和借鉴。广东应正视差距，解放思想，大胆创新，加快步伐，实现全省党校系统图书馆事业又好又快发展。

**关键词**　广东　华东　党校图书馆　对比分析

## 1　引言

按照《全国党校数字图书馆资源建设规划（2011—2015 年)》总体部署，为了更好地做好广东党校图书馆数字资源建设，顺利地承接中央党校"中国共产党历史文库"、"马克思主义理论文库"、"中国国情与地方志文库"三大文库建设项目的任务，2011 年 5 月 8 日到 16 日，我馆 5 位同志奔赴安徽、江苏、上海、浙江等华东四省（市）进行学习考察，先后在该四地省级、副省级党校图书馆进行调研和座谈，就各馆软硬件资源建设情况进行详细了解。华东四省（市）党校图书馆资源建设、发展理念、规划细节等诸多方面都走在了全国前列，尤其是在覆盖全省党校系统的 VPN 虚拟专网建设和特色数据库建设等方面，有许多成功经验值得广东党校学习和借鉴，此次调研收获颇丰。笔者有幸全程参与这次调研活动，获得不少一手材料，在此基础上笔者又采用网络调查法对各馆数字资源进行统计汇总，并与广东省委党校图书馆建设的实际情况进行对比分析，获得不少

---

*　胡利勇，男，1980 年生，广东省委党校图书馆，咨询部副主任、馆员。

启示。

## 2　广东与华东四省（市）党校图书馆建设情况对比分析

笔者分别从基础设施、数字资源、自建数据库三个方面，对广东与华东四省（市）五家省级、副省级党校图书馆（以下简称"华东五馆"）的建设情况进行对比分析，结果如下。

### 2.1　基础设施情况

近年来，为了适应"大规模培训干部、大幅度提高干部素质"的要求，全国各地党校迎来较好的发展机遇，许多党校建设了新校区，扩大了办学规模，相应地带动了党校图书馆事业的较快发展。华东五馆中，只有上海馆是1999年落成的，其余都是2008年之后新建的，安徽和江苏省党校馆则刚落成不久，2011年才完成馆舍搬迁。因此，从馆舍面积来看，新馆的面积都比较大，安徽、江苏都达到了1万多平方米，其余三家最少的也达到7000多平方米。而相比之下，广东省委党校图书馆1984年落成，2002年按照研究型、数字化、园林化图书馆的目标对馆舍进行了改造，使用面积只有5000多平方米，藏书量也比江苏、上海、浙江三地省级党校要少。在图书管理软件系统方面，六家党校馆由于自身原因，采用的软件系统各不相同，只有安徽、江苏，两家图书馆先后用过不同的图书管理系统（表1）。

**表1　广东与华东四省（市）省级（副省级）党校图书馆基础设施情况**

| 项目＼图书馆 | 安徽省委党校 | 江苏省委党校 | 上海市委党校 | 浙江省委党校 | 杭州市委党校 | 广东省委党校 |
|---|---|---|---|---|---|---|
| 馆舍面积（m²） | 10 148 | 10 000 | 7320 | 8000 | 7800 | 5200 |
| 图书管理系统 | ILAS 4.0系统、清大新洋8.0图书馆管理软件 | "丹诚"图书馆集成系统、汇文管理系统 | Horizon图书馆管理系统 | 博菲特文献管理系统 | 汇文管理系统 | ILAS |

续表

| 图书馆<br>项目 | 安徽省<br>委党校 | 江苏省<br>委党校 | 上海市<br>委党校 | 浙江省<br>委党校 | 杭州市<br>委党校 | 广东省<br>委党校 |
|---|---|---|---|---|---|---|
| 藏书量<br>（万册） | 30 | 37 | 40 | 40 | 13 | 30 |
| 党校系统网络互联情况 | 由省党校出资组建VPN，覆盖全省党校 | VPN虚拟专网覆盖全省党校系统 | VPN覆盖全市区级党校 | 利用政务外网建立VPN | 加入省党校VPN网络 | 尚未建立 |

　　华东五馆基本都已实现省域范围内党校系统网络互联。安徽早在2008年就建立了"全省党校系统VPN虚拟专网"，实现了省委党校和17所市级党校网络的互联互通。该网由安徽省委党校出资建成，地市党校只需每年支付省级党校4000元共建共享费，就可以通过VPN访问省级党校购买和自建的各种数据库资源。上海和江苏也是通过VPN虚拟专网实现了省级党校与地市区级党校间网络的互联。浙江则是通过省政府政务外网专用通道实现全省党校系统的网络互联，网外读者可以通过输入账号密码或者连接U盾后直接访问政务外网上党校系统资源平台。相比之下，虽然在2010年12月召开的"全省党校系统图书馆工作暨信息资源建设会议"上，广东省委党校和各地级以上市委党校的负责同志本着"共建共享、边建边享、分工合作、互惠互利、共同发展"的原则，共同签署了《广东省党校系统特色数字资源共建共享协议》，但是由于广东省委党校与各地级党校间尚未建立虚拟专网，网络不能互联互通，因此，数字资源共建共享的工作并未见有明显进展。

## 2.2　购买数字资源情况

　　近年来，各地党校图书馆都加强了数字资源建设，华东五馆专业存储的容量均达到了10TB以上，而且还在逐年扩充，比如浙江馆今年扩容的目标是达到50TB，杭州馆则上报再追加12TB的存储。安徽省委党校图书馆机房与学校信息中心机房合为一处，不仅拥有实力强大的技术力量，也便于全校范围内统筹存储设施。丰富的存储空间为华东五馆购买数字资源镜像提供了可靠的保障。相比之下，广东省委党校信息中心存储容量达到十几个 TB，但是由于图书馆机房与信息中心机房相对独立，无法分享这些存储用于专业存储，导致图书馆服务器所有存储容量加在一起也不足 2TB，为数不多的几个数据库虽然购买了镜像，却没有空间存储数据，硬件设备建设非常落后，严重阻碍了广东馆数字资源建设步伐（表2）。

表2　广东与华东四省（市）省级（副省级）党校图书馆购买数字资源情况

| 项目＼图书馆 | 安徽省委党校 | 江苏省委党校 | 上海市委党校 | 浙江省委党校 | 杭州市委党校 | 广东省委党校 |
|---|---|---|---|---|---|---|
| 存储容量（TB） | 22 | 10 | 12 | 16 | 10 | 2 |
| 电子期刊 | CNKI、万方、龙源、人大复印资料 | CNKI、万方、维普、龙源、人大复印资料 | CNKI、人大复印资料、中共党史研究20年 | CNKI、龙源、人大复印资料 | CNKI、人大复印资料 | CNKI、人大复印资料 |
| 电子报纸 | 博看网 | CNKI中国重要报纸库、道琼斯财经 | 人民日报、经济日报、参考消息、全国报刊索引 | 人民日报、学习时报 | CNKI中国重要报纸库 | 慧科（时事新闻库） |
| 电子图书 | 超星、读秀、方正电子图书等 | 超星、读秀、方正、书生、中国工具书 | 超星、方正、书生、三代领导人文集、马恩列全集 | 超星、方正、法律法规大典 | 超星、书生、方正工具书 | 超星、读秀、书生电子图书 |
| 视频资源 | 网上报告厅 | 超星学术视频 | 中经视频、网上报告厅 | 宣讲家、超星学术视频 | | 网上报告厅、超星学术视频 |

续表

| 图书馆项目 | 安徽省委党校 | 江苏省委党校 | 上海市委党校 | 浙江省委党校 | 杭州市委党校 | 广东省委党校 |
|---|---|---|---|---|---|---|
| 专业数据库 | 国研网、中国法律法规数据库、国家部委动态信息数据库 | 中经网、中宏内参、中宏产业、中宏领导决策支持系统、北大法宝 | 国研网、新华社每日快递、北大法宝、中共党史研究、人民数据库 | 国研、中经网、国学宝典、皮书库、北大法意、中宏参考、中宏形势通 | 国研、中经网、中国权威经济论文、哈佛商业评论 | 国研网、中宏领导决策支持系统 |
| 统计数据库 | CNKI中国年鉴库 | 中国经济统计数据库、CNKI中国年鉴库 | 上海经济文化科技年鉴 | 中经统计 | 方正年鉴数据库 | 中宏统计数据库 |
| 外文资源 | | Springer Link、EBSCO | EBSCO | EBSCO | | 古扬科技外文系统 FAJS |

注：表中粗体字资源，为镜像资源。

　　总的来看，与广东相比，华东五馆购买的数字资源种类比较齐全，数量也比较多。虽然各党校图书馆购买主要数据库，如中国知网（CNKI）、人大复印资料、超星数字图书馆等，类型比较趋同，但是各馆实际购买的数字资源内涵还是多少不一、类型各异。如表2中6家党校图书馆虽然都购买了CNKI，但是华东五馆都拥有CNKI本地镜像资源，只有广东购买的是远程库；6家图书馆都购买了CNKI期刊库和博硕士论文库，但安徽、江苏、杭州等馆还购买了CNKI重要报纸库、年鉴数据库、统计数据库等，资源更加丰富。电子期刊方面，有些党校不仅购买了CNKI，还购买了万方、维普、龙源期刊等。电子报纸方面，华东五馆都购买了或多或少的数字报刊资源，比如博看网，全国报刊索引，人民日报、学习时报网络版等，广东则购买了香港慧科的时事新闻库。电子图书方面，除了超星、读秀、书生外，上海市委党校图书馆还拥有三代领导人文集、马恩列全集等电子书资源，江苏和杭州党校图书馆还购买了工具书电子书；华东五馆都购买了方正电子图书或其数字图书馆的相关软件产品，只有广东没有购买方正的任何产品。视频资源方面，六家图书馆视频资源种类和数量都相对较少，除多数馆都拥有网上报告厅或超星学术视频外，上海市委党校图书馆还购买了中经视频，浙江省委党校则购买了宣讲家。专业数据库方面，华东五馆都购买了法律数据库，如江苏和上海的北大法宝、浙江的北大法意、安徽的中国法律法规数据库，只有广东没有购买法律法规专业数字资源。统计数据库方面，安徽、江苏、杭州都购买了 CNKI 中国年鉴数据库或方正年鉴数据库，上海、浙江、广东三家省党校图书馆则只拥有部分统计数据，缺少比较全面的年鉴数据库资源。外文资源方面是党校系统图书馆资源建设的薄弱环节，有两所党校还没有购买任何外文数据资源，上海、浙江则只购买了 EBSCO 数据库，只有江苏购买了 Springer Link、EB-SCO 两个外文数据库，广东则只购买了重庆古扬科技公司的 100 多种外文电子期刊，主要使用其外文学术期刊检索和服务系统（FAJS）来提供外文资源服务。

## 2.3 自建数据库情况

2006 年 5 月底在上海召开的"全国党校图书馆数字资源共建共享工作会议"确定了 15 家省级（副省级）党校图书馆分别承担 15 个共建共享示范数据库任务，江苏、上海、浙江、广东名列其中，分别承建行政学研究、中共党的建设研究、党员干部修养和当代国际政治研究四个数据库。随后，中央党校专门印发《全国党校图书馆数字资源建设规划（2006—2010）》和《全国党校图书馆数字资源共建共享工作条例（试行）》的通知，着手进行全国党校图书馆数字资源共建共享工作，极大地推动了全国党校系统图书馆自建数据库和资源共建共享工作的开展。

在建库平台的选择方面，广东与华东五馆基本相同，采用清华同方的 TPI 数字图书馆数据库制作管理系统，但是，上海、浙江、杭州三馆都已将 TPI 升级到具有较强 WEB 化管理功能的 6.0 版，广东和江苏两馆的升级计划目前正在进行中，安徽省委党校图书馆也在有意购买 TPI6.0。选择相同的平台建设数据库，将大大减少各省市间自建数据库共享时因平台异构而带来的不便和麻烦。此外，除上海和广东以外，其余四馆都还采用了天宇 CGRS 软件平台进行数据库建设和提供文献检索服务。在建库经费方面，安徽、江苏、上海三馆每年都有固定的不少于 10 万元的自建数据库经费，其中，安徽馆的经费主要用于购买数字资源和支付加工费用，江苏馆的经费主要用于支付硕士研究生参与数据库加工的劳务费用。浙江馆则是根据建设项目的需要，可较为灵活地申请专项建库经费，只有杭州和广东馆没有专项自建数据库经费。在建库模式方面，广东与华东五馆都积极向省市党校共建共享努力，但仍处在协议签署和制度制定层面，尚未有真正意义上的共建共享实践，而安徽、浙江两地，省党校与各市党校图书馆之间资源共建共享的工作则开展得较为顺利，已经形成了固定的协作模式，并且运作良好。在已建数据库方面，如表3所列，六家党校图书馆都建设了一批数据库，当然各党校自建数据库的内容和种类丰匮不一、资源的质量参差不齐、数据数量也天差地别，但这些自建库在一定程度上体现了各党校的优势学科、突出了各地的特色资源。华东五馆已对自建数字资源进行了整合，通过统一的平台进行发布，从而形成了颇具规模的系列数据库群，如《上海市干部教育系列数据库》，该库涵盖了文摘、全文、视频、图片等各种载体的数字资源，并采取子库滚动的方式建库，可根据不同时期教学科研的需求变化，灵活地增加扩充新的专题子库。目前该库已拥有社科参考信息库、干部教育案例库等15个子库，数据量也已近160万条之多。

表3　广东与华东四省（市）省级（副省级）党校图书馆自建数据库情况

| 图书馆<br>项目 | 安徽省<br>委党校 | 江苏省<br>委党校 | 上海市<br>委党校 | 浙江省<br>委党校 | 杭州市<br>委党校 | 广东省<br>委党校 |
|---|---|---|---|---|---|---|
| 建库平台 | 天宇CGRS、方正德赛（DESi） | 天宇CGRS、TPI4.5 | TPI6.0 | 天宇CGRS TPI6.0 | 天宇CGRS、TPI6.0 | TPI4.5、ASP＋ACCESS |
| 建库经费（万元/年） | 10 | 10 | 18 | 根据需要申请专项经费 | 无专项经费 | 无专项经费 |
| 建库模式 | 共建共享与委托建设：地级党校每年提供4000元共建共享费、委托公司参与数据库建设 | 课题申报、雇用硕士生参与数据库加工 | 资源以购买为主，自建为辅：市党校建设，区党校免费使用 | 协同建设：地市党校每年交1.2万元购买TPI客户端使用权，提交资料到省党校服务器 | 协同建设：每年交1.2万元购买TPI客户端使用权，参与省级党校数据库共建共享 | 签署共建共享协议 |

续表

| 图书馆 项目 | 安徽省委党校 | 江苏省委党校 | 上海市委党校 | 浙江省委党校 | 杭州市委党校 | 广东省委党校 |
|---|---|---|---|---|---|---|
| 已建数据库 | 安徽省委党校文库、省情研究、党史党建、科学发展观、中部崛起、徽学研究、学科教研参考、区域经济等专题数据库 | 行政学研究全文、书目、题录、专家学者、学术会议、学术机构、案例、网络资源等行政学研究系列数据库、学科导航数据库 | 上海市干部教育系列数据库：社科参考、案例、科研成果、情景、重要发展战略研究、上海公共政策研究、中外公共政策比较、上海发展与评价、政府管理研究、政党研究、社会治理研究、党史党建研究、社会发展研究库、公共管理、社会研究库 | 当代社科视野、党校文库、特藏文献库、专题资料库 | 杭州市情研究全文数据库、党校文库（包括教师文库和学员文库）、地方书目文献索引库、党代会系列专题、两会系列专题、时事热点专题、课题综述数据库 | 国际政治研究数据库、党校硕士学位论文库、学员论文库、学员研究报告库、重点学科专题研究库、学科导航库、省情快讯、教研信息、台港澳文摘数据库 |

# 3　几点启示

## 3.1　建立虚拟专网实现广东全省党校系统网络互联

缺少虚拟专网的互联互通，已成为制约广东省党校系统数字图书馆建设和数字资源共建共享的瓶颈性因素，因此，必须克服困难，积极争取，多方筹措，努力搭建起覆盖广东全省党校系统的虚拟专网，为广东党校信息化建设铺上一条高速公路，从而提升广东省党校系统图书馆文献信息服务保障和服务的整体实力。

目前，实现党校系统网络互联的方式主要有三种，一是利用租用通信部门光缆进行专线互联，二是利用已建成的电子政务网络进行虚拟互联，三是利用 VPN 技术通过因特网实现互联。第一种方案，租用专线来组建专网，每年都要向运营商交租金，网络规模越大，租金越高，对于一般的小企事业单位，每年交纳高昂的信道租金是很困难的。第二种方案，采用省政府的电子政务网络构建党校系统虚拟专网，优点是非常明显的，一是资源丰富，二是管理规范，三是无须额外的通信线路租用费。依托电子政务网络规范的管理体制、运作机制和强大的技术研发力量，还可以弥补党校自身技术和管理方面的不足，确保虚拟专网安全有序地运行。但是由于历史原因，广东省党校的网络并没有接入到省政府的政务网中，因此此方案亦不适合广东。最后一种方案是利用公网，通过隧道技术、加解密技术、密钥管理技术和身份认证技术等网络技术，以达到建立专网的目的，这种方案对各个分支机构的网络环境没有太多的要求，各个分支机构只要能上互联网就行了。这种方案网络技术比较成熟，安全可靠，方便灵活，成本低廉，快速高效，管理方便，是构建广东党校系统虚拟专网的不错选择。

## 3.2　开展文献传递服务弥补购买数字资源的不足

虽然广东与华东四省（市）党校图书馆购买的数字资源数量多少各不相同，远程与镜像差别对于使用为主的图书馆来说，差别也不太大。特别是购买资源由于受到图书馆经费的限制，短期内要在购买数据库数量和种类方面有较大突破亦不大现实。因此，一方面要通过数据库全省党校系统联合采购，降低采购成本，节约采购经费，争取采购更多的数字资源；另一方面要积极开拓新的文献资源获取途径，特别是开拓将党校图书馆纳入公共、高校和科研三大领域图书馆文献服务平台的渠道，通过开展文献传递服务服务，来弥补党校图书馆购买数字资源不足的缺陷。

广东省委党校图书馆购买的读秀知识库和外文系统 FAJS 本身具有文献传递功能，一直是我馆数字资源的有效补充。此外，早在 2005 年我馆就开始利用省立中山图书馆的"联合参考咨询网"为读者提供文献服务，此后，还积极向读者推广宣传"全国图书馆参考咨询联盟"、"珠三角数字图书馆联盟"和省科技图书馆"虚拟参考咨询与原文传递平台"等图书馆联盟网站和平台的文献传递服务，为读者提供了更多免费获取资源的渠道。

2011年，我馆还与中国高校人文社会科学文献中心（CASHL）签订了协议，成为 CASHL 正式会员，CASHL 拥有丰富的外文人文社会科学领域电子资源，虽然其文献传递是收费服务，但这种收费服务是按需购买的，可以最大限度地避免购买资源的浪费。

### 3.3　升级扩容整合资源为三大文库建设奠定基础

目前，广东省委党校图书馆机房的硬件基础太过薄弱，服务器已经使用将近十年，不仅速度较慢，存储容量也是捉襟见肘，远远无法满足数字资源建设的需要。因此，我馆首先要以中央党校"三大文库"的建设要求为契机，努力争取专项经费，对机房进行彻底改造，服务器更新换代、存储容量成倍扩充，大大提升图书馆机房的服务能力。不仅硬件需要升级，软件也要升级，特别是对建库平台 TPI 要进行升级换代，或者是重新购买新的建库软件，以便满足全省党校联合建设《广东省情数据库》的要求。

此外，还要不断总结自建数据的经验，力求在三大文库建设过程中做到精益求精。我馆现有的自建数据库，有的是采用自编程序的数据库平台建设，如省情快讯、学科导航、专题等数据库，这些库由于建设的时候缺少统一的规划，程序和结构随需求变化灵活改动，随意性较强，因此，导致这些库的数据结构和内容都不够规范；而其他库则是利用 TPI 建设，如国际政治、学员论文、研究报告等数据库；由于没有将两个平台的自建库进行有效整合，从而各自建库相对独立，资源比较分散，不能够提供统一检索服务。为此，我们需要将这些自建资源进行整合或移植，以便能够统一发布、统一检索，以提高自建库的利用效率。《广东省情数据库》是一项系统工程，需要动员全省党校各方面的力量共同参与，为了避免重蹈覆辙，建库前一定要统一规划、统一标准，建库的过程中要做到严格筛选、严格审核，这样才能保证将来建成的数据库具有较高的质量。

## 参考文献

［1］赵祥好，周斌. 实现网络互联互通 加强资源共建共享——安徽省党校系统 VPN 专网建设 ［J］. 电脑知识与技术，2009（33）：9218—9220.

［2］刘庆华. 市县（区）党校接入党校系统虚拟专网方式初探 ［J］. 党校信息化研究，2009（1）：29—33.

［3］周全. 浙江党校数字资源共建共享的历程与未来走向 ［J］. 党校信息化研究，2009（1）：18—22.

［4］周全. 浙江党校图书情报事业发展六十年——回顾与展望 ［J］. 当代

社科视野，2009（10）：29—32.

［5］占卫东. 基于 VPN 虚拟专网建设数字图书馆的实践与思考 ［J］. 中国信息界，2011（2）：53—55.

［6］张继敏. VPN 专网与党校系统数字资源共建共享的思考 ［J］. 图书馆研究与工作，2009（4）：28—29.

［7］李青，郑芸，胡利勇. 广东省地（市）党校图书馆数字化建设的现状与发展 ［J］. 岭南学刊，2008（6）：127—129.

# 文化软实力背景下的和谐图书馆建设

徐奇志\*

（山东省委党校图书馆 济南 250103）

**摘 要** 置于文化软实力的背景下，就图书馆而言，无论是其内在发展和外在要求；和谐图书馆是需要达成的一个重要目标，需要有一个明晰的定位及可操作的方式。它的核心指向是以人为本，满足阅读的深层次需要，提升整体文化情境，实现图书馆公众意义的增值，为推动社会主义文化大繁荣大繁荣和精神文明建设做出有益贡献。

**关键词** 文化软实力 和谐图书馆 以人为本 整体文化情境

党的十七大报告指出："要坚持社会主义先进文化前进方向，兴起社会主义文化建设新高潮，激发全民族文化创造活力，提高国家文化软实力，使人民基本文化权益得到更好保障，使社会文化生活更加丰富多彩，使人民精神风貌更加昂扬向上。"这是从党和国家的战略全局高度第一次正面提出"文化软实力"的命题，将其列入我国社会主义文化建设的一个重要目标，也为今后相当一段时期我们文化的发展指明了方向。图书馆是这一文化版图的重要组成部分，和谐图书馆的建设置身于这一宏大的背景更具价值，需要做出有益的回应。

## 1 文化软实力本质是一种文化价值的理解和认同

作为最初的西方话语词汇，"软实力"（Soft Power）的概念最早是由美国哈佛大学教授小约瑟夫·奈在《美国定能领导世界吗》一书中提出来的。他指出，每个国家的综合国力既包括由经济、科技、军事实力等表现出来的"硬实力"，也包括以文化和意识形态吸引力体现出来的"软实力"，在信息时代，软实力正变得比以往更为突出。这种软实力包括文化

---

\* 徐奇志，女，1968 年生，山东省委党校图书馆，副研究馆员。

和价值观念、社会制度、发展模式、生活方式、意识形态等要素，深刻地影响着国民的精神塑造和文化养成。它能够增强民族自信心和凝聚力，同时也可以作为一种输出的"柔性"力量，对其他国家地区的民众产生潜在的渗透效应，这种辐射能力是广泛和长久的。

处于剧烈变革的全球化时期，文化软实力的本质是一种文化价值的理解与认同。也就是说，如果我们自身的文化软实力有所减弱和虚化，在面对强势的西方异质性文化力量进入时，可能会有所"失语"，甚至"被他者化"，从而严重制约本民族文化的再生与发展。一个大国的和平崛起，最终是应以文化上的崛起为基础的，就像萨缪尔·亨廷顿说的"在全世界，人们正在根据文化因素来重新界定自己的认同"，从这一点来说，和谐图书馆的建设就绝不只是一个功能的界定，而内化为一种价值的问题，它和文化软实力的联系是天然的，密不可分。因而对于图书从业人员来说，增强民族文化的自觉性，积极主动地调整，以图书馆为载体，尽力提升对公众的吸引力，这既是可能的，也是必需的。

## 2　文化感召——和谐图书馆的特性

和谐是文化软实力的内在力量之一。和谐，"和"意为和睦，和衷共济；"谐"指向为相合，避免矛盾冲突，而强调顺和协调，达成共生的平衡状态。作为文化软实力的一种，它使得成员共同体能以和谐为思想内核和价值取向，遵从、解释和奉行以和谐理念为主要内容的文化形态、文化现象和文化性状，从而，小至一人一身，大至一地一国，能有效化解各种关系，将人、物、环境有机地统一于一体，并作为可持续的文化认同固定下来。在今天，以和谐为理念的文化软实力，既是我们源于古老东方文明的继承，同时也是作为社会转型期间重要的制度观念而实行，具体到图书馆的发展，和谐图书馆的文化感召是必需的，其质地的核心正是和谐。

图书馆是一个国家、民族和城市文化的象征，它贯穿于人类的文明发展史，承载着城市的记忆与文明，与城市一同发展起来，具有收藏、保存人类文化遗产的职能，为当今的文化发展提供无法替代的资源支撑。作为文化软实力的内容之一，为个人和社会群体进行终身教育、自主决策和文化发展提供了基本条件，提升文化素质；同时，在调整群体心理环境，引领人们的精神追求上，它更是推动文化软实力发展的一个大前提，也是建设和谐社会的应有之义。

文化的感召，即是其认同并遵循和谐图书馆物质文化和精神文化的总和。这里面既有硬件设置与软性氛围的和谐，也有制度文化与人文关怀的和谐；有学术文化与休闲文化的和谐，更有多元文化与主导文化的和谐等，在不同的要素之间合理分配，达到统一协调，创设出一种被普遍认可并接受的文化感召力。马克思指出，和谐的人际关系就是一种生产力。文化软实力背景下和谐图书馆建设，重心是在人的组织关系，以人为本，尊重并实现个体参与者的主体价值，在图书馆，读者和书籍之间达到一种长久的理解和信任。就本文而论，是力求在文化软实力的背景下，以服务与需求为基础，探讨针对读者可为的有效策略，最大限度地塑造和谐图书馆整体文化情境，增强其文化感召力。

## 3　以人为本构建和谐图书馆的整体文化情境

以人为本，是以实现人的全面发展为目标，尊重人、理解人和关心人，满足人的持续可协调发展，实现自我价值，达到人与社会、人与自然、人与人的和谐。这是科学发展观的核心，也是文化软实力生成的一个落脚点，对于和谐图书馆的建设有着现实的指导意义。就图书馆的本质而论，它是以书籍为载体，在物之上，人与人的精神交流和分享，体现文明记忆与个体成长的链接价值，和谐是它的内质所在，因此，以人文本是图书馆员的客观要求和职业操守。

### 3.1　传统文化的当下引领与品性塑造

当下，因为商业原因，多元文化背景下西方属性的因素在加强，强势文化对弱势文化的渗透入侵现象日趋明显，"文化安全"已不再是个单纯的话题存在。文化软实力的内容之一是对本民族的传统文化认同和珍惜，成为文化品性塑造的一个鲜明特征，对于图书馆而言，更是责任所系。它所承担的保存、传承、弘扬本民族文化的作用日益突出，也就是说，应该有鲜明的中国特色和文化精神，起到对民众的引领作用。没有了这种文化自觉，离开了传统，一味地不加分析地接轨，没有了自己的话语主导权，就会迷失文化的发展方向。

在图书馆工作中，传统文化的当下引领与品性塑造非常重要，它的重心是强化文化主体意识，高扬传统的文化风骨，避免同质化的经营。我们今天的公共图书馆其理念设计和运行流程来源于西方，属于世界化的一面，能够大规模迅速地普及知识，开启明智。但同时，中国旧有的书院体系和私人藏书也有很多值得借鉴的地方，可以结合起来考虑。现在和谐图书馆的建设，传统文化的融合问题有两个，一是如何转化，成为一般读者的自觉接受；二是如何深化，达到当下的适用性，展示强大的生命力，保持文化的自我更新。

如果说，对于传统，相对于收藏利用一般性的传统典籍，各图书馆做得都非常努力，也蔚为大观，但是地域性的非物质文化遗产尚有待加强。非物质文化遗产是传统文化的重要组成部分，也是文化软实力的表现之一。它们往往处于边缘状态，需要抢救性的保护和利用。应该按照轻重缓急列出计划，充分发挥图书馆专业特长，利用复印、剪报、记录、摄像、录音、录像、数字化及多媒体制作、建立档案数据库等手段，对散见于报刊书籍、民间口头传承、表演艺术、工艺美术和民俗等范围的非物质文化遗产进行整理，并利用合适的方式向公众开放。传统文化的生命力在于今天的有效继承，当读者在图书馆接触它们时，既续接了历史的时间，并深化了文化的内涵，这是一种民间的存在方式，却与经典一样富有价值，是传统的有效载体。和谐在这里所达到的是对民族文化的信心和发展，使之与生活密切地融合。

### 3.2　服务为先，丰富个性化的服务

图书馆是服务于广大公众的社会文化机构，被誉为"没有围墙的大学"，面对一个开放的图书馆，每一位读者，他的学习范围理应更具广泛性，学习方式上理应更具灵活性，而学习内容上理应更具个性化。因此，我们可以这样说，以人为本的和谐图书馆，它体现的方式是必然是提供个性化的服务，最大限度地满足读者的需求。

所谓个性化的服务，是图书馆在正常的途径之外，从读者出发，在时间空间、方式方法和内容等几个方面可以自由地选择。相对于以前的坐等上门、平面化、线性操作的阵地式服务，在网络普及的今天，数字化的图书馆已然兴起。它主要利用网络和信息技术，获取并分析各用户的信息使用习惯、偏好、背景和要求，从而为用户提供充分满足其个体信息需要的一种集成性信息服务。这不仅成为一种可能，也成为一种必然，网络时代的民主、公平和自由观念和个体意识，经由图书馆，原本简单的借阅行为将慢慢达成公民社会的一种意义选择，这是打破束缚，真正阅读自由化的开始，达到身与心，人与书一体化生成。

利用借阅平台中"我的图书馆"（My library），读者可以很方便得到借阅图书、到期和超期提醒、预约登记、荐书购书等一站式服务，同时也包括个性化的检索和个性化的网站。但在实际操作中，多数都存在以下不足：一是对馆藏资源的个性化检索功能不够完善；二是系统的体系结构不够明确，资源整合度不高。显然，这都是今后需要认真应对的问题，以求

提高系统的交互性，向用户推荐个性化的信息资源。网络作为一种新生科技力量，它是文化软实力的一部分，有着增值的效应，一个和谐的图书馆，应该做出更有适应力的呼应。比如，"国家图书馆二期工程暨国家数字图书馆工程"的构建努力，以网络为平台，提供更具包容的个性化服务，密切生活与读书的关联，预示着它的美好前景。

### 3.3 开放与融合，建立青少年阅读的生活圈

联合国教科文组织《公共图书馆宣言》中提出："每一个人都有平等享受公共图书馆服务的权利，而不受年龄、种族、性别、宗教信仰、国籍、语言或社会地位的限制。"因此，建立服务于全体公民的图书馆，加大面向生活的开放与融合度是和谐图书馆的建设要求。其中，成长期的青少年应该特别引起关注，"阅读的生活圈"对于他们有更有意义，当图书馆的存在作为一种生活的要素自然地切入，它的亲和力与吸引力也就自然达成，从心理上与之建立密切关联，精神的丰富度得以延展，成长得到有效的落实。我们说软实力，当然包含这样的一种青少年"阅读生活圈"的和谐。

无须讳言，在网络电子大环境下，青少年的阅读面临危机。这不仅仅是阅读本身的问题，它所关联或许是整整一代人的人文精神和文化传承的影响。让他们重回图书馆是建构图书馆和谐文化的必有职责，以达到启蒙、引导和教育的长远影响，促成阅读的"摇篮"，使其信任与依赖，形成"蝴蝶效应"。可为的有两点：其一，从兴趣入手，建立更多的青少年数字图书馆，根据不同年龄段的需求，对文献资源进行综合开发，并适时反馈，加强信息处理的适用性。其二，发挥引领功能，在技术之外，深化育人的服务内涵，一是进行阅读方法的指导和好书推荐；二是有针对性地进行专题讲座或开展活动，用生活化适合青少年的方式让阅读"动起来"，互动交汇，共鸣相生以增强对图书馆的亲近感。对于青少年而言，和谐图书馆是点亮心灵阅读的一盏明灯，如果整个青少年群体都能沉浸在书籍的世界中，文化的力量也就自然滋生，施之于未来，一个民族和国家的文明建设也就可以想见。

## 4 以优雅生存的美学指向提升图书馆文化内涵

所谓优雅生存，"就是在追求各种需要得到充分和协调满足的同时追求更高层次的需要满足，在追求各种才能自由和尽情发挥的同时追求更高层次才能的发挥的生存方式。"优雅生存是和谐图书馆一种更高的美学指

向，它的核心是平衡，有着高层次充分协调的满足状态，让每一个人都有普遍的幸福感和舒适感。显然，这是我们对和谐图书馆的更理性化期待，也是对图书馆员从业理想的一种设想，在职业操守之外提升自觉的美学追求，而进入到整体化的和谐境界，这是以人为本的深层理念，牵引着灵魂关怀的维度。

这是需要用心实践的一种图书分享历程，以满足读者为目标，把建立的美学价值和审美情趣放到一个公共平台，以此来调整工作的方向。以全面的文明服务，达到技术与人文的融合。它包括建筑的美、环境的美，注重图书馆自然生态的保持，物化自然与人化自然和谐统一。这其中，值得更去完善提升的是人性化的服务，使得优雅生存进入一个丰富的境界。在数字化的基础之上，以人文本，展示文化服务的精神内核，那么，它的吸引力必然是长久的。我们所提倡的和谐图书馆，也就是在优雅生存的指向之上，因和谐可以获得更高尚和公平的理想文化平台，成为润化世道人心和提升文明素养的有力保障，这即是它的公众增值意义。一些有担当的和谐图书馆已经这样做了，比如，杭州图书馆面向乞丐开放的善举，在美丽的西湖风景中给这城市又增添温暖的一笔，真心地尊重每位读者，正是优雅所行。

文化软实力背景下和谐图书馆建设是一个长期的，带有根本性的命题。它遵从以人为本的工作理念，把读者的利益放在首位，合理地分配组合资源，达到一种整体性的让人幸福和愉悦的文化氛围，而这种氛围反过来加强了人们对和谐社会的认同，并转化为富有弹性，保有力量的文化软实力，获得民族文化和政治愿景的最大想象，以一种和谐的不容忽视的持久动力推动当代中国社会的前进。"如果有天堂，那么图书馆就是天堂的模样。"这是阿根廷前国家图书馆馆长，著名盲诗人博尔赫斯的诗句。秉持的信念拥有快乐，对于每一个真正亲近图书的人，它都是令人激动的诉说，在一个书的世界中，传递的梦想辉映未来，在和谐图书馆的建设中，的确它应该是一个伟大的目标，关乎内心的文化渴望，遥远而真实。

## 参考文献

[1] 本书编写组. 十七大报告辅导读本 [M]. 北京：人民出版社，2007：32—33.

[2] 萨缪尔·亨廷顿. 文明的冲突与世界秩序的重建 [M]. 周琪，刘绯，张立平，王圆，等译. 北京：新华出版社，2006：1.

[3] 朱红. 文化软实力与图书馆和谐文化建设［J］. 情报资料工作，2008（3）：76—78.

[4] 唐洁琼. 构建和谐图书馆的人际关系基础［J］. 图书馆，2010（4）：87—88.

[5] 张颖. 简述图书馆在提升国家文化软实力中的作为［J］. 图书馆工作与研究，2011（2）：6—7.

[6] 李雪梅，郑俭华. 浅析图书馆在提升城市文化软实力中的作用［J］. 网络与信息，2011（11）：10—11.

[7] 贺森林. 中外青少年阅读状况与图书馆指导浅析［J］. 河南图书馆学刊，2011（3）：65—66.

[8] 江畅. 和谐社会与优雅生存［J］. 哲学动态，2005（3）：5.

# 军队院校图书馆学科馆员制度探析
## ——兼论信息时代知识服务创新

钟新海*

（国防大学图书馆　北京　100091）

　　**摘　要**　通过对国内外图书馆学科馆员制度发展情况的简要回顾，分析了军队院校图书馆推行学科馆员制度的必要性和可行性，提出建立学科馆员制度应重点关注的几个要点，旨在推动图书馆服务模式向高端化方向发展，更好发挥信息支撑作用，进一步巩固和提高图书馆在院校教学科研中的地位。

　　**关键词**　学科馆员　制度　探析　军队院校

　　军队院校图书馆的中心任务是为教学科研服务，但这并不意味着图书馆要想尽办法做一些类似于送书上门、求读者上门等"跑腿式"服务。这些服务，只属于普通的形式服务范畴，其目的仅在于宣传推介图书馆的优质服务。从长远发展来看，真正决定图书馆地位作用的服务，是那种能满足读者需要的高端的优雅的知性服务，我们称之为智力型或知识型服务。近些年在部分地方高校推行的学科馆员服务，就属于这样一种服务。这种服务，既不需要馆员像摊贩一样挨家挨户推销图书，也不需要馆员像酒店招待员一样诚惶诚恐接待读者，而是让馆员专心于学科专业研究及其服务，以出色的学科学识征服读者，使图书馆回归知识的崇高殿堂。通过这种服务，可以提高读者对图书馆的依赖程度，并有效改变大众对图书馆"平庸、低端、无关紧要"等错误印象。因此，有必要将这一制度引进军队院校图书馆，以期更好发挥图书馆的职能作用，进一步巩固和提高图书馆在院校教学科研工作中的地位。

---

　　*　钟新海，男，国防大学图书馆，馆员。

# 1　学科馆员制度发展概况

## 1.1　学科馆员及学科馆员制度的定义

目前，国内外对学科馆员的定义基本一致，并无分歧，普遍认为学科馆员是指接受过图书情报专业训练，了解乃至精通某一个或几个学科专业知识，并为该学科用户提供相关高层次信息服务的图书馆馆员。这一定义包含三个方面的内涵：第一，学科馆员要经过专门的图书情报专业训练，具备基本的专业技能；第二，要对馆藏资源及相关学科专业研究动态十分了解；第三，要了解用户的需求特点，并能及时为用户提供高质量的信息服务。

学科馆员制度就是组织一批既熟悉本馆信息资源、具有较强信息检索组织能力，又熟悉各学科教学科研情况，懂得某学科专业知识的图书馆馆员，为某一学科专业用户提供深层次信息服务而建立起来的一种对口服务机制。这种制度的好处是加强图书馆与用户之间的联系，帮助用户更方便快捷地获取针对性强并满足个体需要的信息资源。

## 1.2　学科馆员制度的产生与发展

自 1950 年美国内不拉斯加大学图书馆设立学科馆员起，学科馆员制度在国外已经实行了多年，工作内容也由初期的按领域提供服务发展到按学科专业提供针对性服务。由于学科馆员的职责内涵较为丰富，各图书馆开展工作的侧重点不同，所以对其的称呼也不统一，有学科馆员（Subject Librarian）、学科专家馆员（Subject Specialist Librarian）、联络馆员（Liaison Librarian）、学科目录学家（Subject Bibliographer）、学科咨询员（Subject Reference Librarians）、研究支持馆员（Research Support Librarian）等各种称呼。在实施过程中，学科馆员服务被认为是非常有价值的，如加强了高校图书馆与院系的交流与合作，建立了学科馆员和教研人员的长期稳定的合作关系，同时，学科馆员帮助教研人员了解和把握了本学科领域内全面的信息以及资源获取策略。

近年来，国内高校图书馆也相继尝试实施学科馆员制度，自 1998 年清华大学图书馆率先在国内实施学科馆员制度以来，现在已有 100 多所高校图书馆建立了学科馆员制度（包括清华大学、北京大学、南开大学、香港科技大学、东南大学、武汉大学以及中科院文献信息中心等），并开展了相应服务，取得了良好效果。清华大学 1998 年率先在国内建立学科馆员制度后，开始尝试针对不同系院，安排不同专业背景的馆员分工负责，按学科专业方向开展有针对性的个性化服务。清华的教师及学生普遍反映，学科馆员制度强化了图书馆与各系院的联系，建立起了通畅的需求与保障渠道，帮助读者更好地了解和利用了图书馆丰富的信息资源。

### 1.3　军队院校图书馆学科馆员制度研究情况

2003 年以来，军队院校图书馆开始对人才队伍包括学科馆员制度进行研究论证，期间形成相关论文近千篇，许多院校还对如何更好开展信息服务作了积极探索和尝试，并陆续推出了"融入式"、"推送式"、"课题式"等个性化针对性强的服务，深受读者欢迎。但是，由于各种因素的制约，学科馆员制度并没有在军队院校图书馆得到很好推行，深受读者欢迎的知识服务也没有得到有效推广。究其原因，主要有三：一是学科馆员的设置，需要涉及高级职称编制问题，图书馆本身没有干部编制调整权。二是人员能力素质与学科馆员要求不相适应，读者对图书馆的要求越来越高，图书馆员日渐捉襟见肘的学科专业素养难以满足读者的深层次需要，使部分院校试行的学科馆员制度难以长期坚持下来，"幼时皎皎，老时了了"。三是图书馆人才流失严重，一方面由于院校编制体制调整改革，文职干部大幅削减；另一方面由于人员待遇低，职业发展受限，人才外流严重。

## 2　军队院校图书馆建立学科馆员制度的必要性与可行性分析

相对地方综合大学而言，军队院校规模普遍较小，学科设置相对单一。这一特点，恰恰成为军队院校图书馆实施图书馆学科馆员制度的有利条件。因为培训规模小，教员、学员及科研人员数量相对少，少量的学科馆员就可以实现最优服务；学科设置单一，学科专业领域集中，普通馆员通过努力成长为学科馆员便成为了可能。综合来看，军队院校图书馆建立学科馆员制度，具有以下几方面突出作用：

### 2.1　能较好满足教学科研需要

随着信息的爆炸性增长，用户对信息服务的需求有了很大变化，主要表现在：用户需要的是需要时的服务，而且"现在"就要，而不想稍作等待；用户需要方便、即时或当时满意的服务；用户需要快捷和易于操作的服务，他们不想浪费太多的时间做烦琐的操作；用户需要一切最新的东西，没有最新的东西会让他们感到深度懊恼。这些需求变化，对图书馆馆员提出了苛刻要求，只有熟悉馆藏资源、掌握搜索技能、自身学术储备丰富的学科馆员，才能为用户提供即时、前沿和易于搜寻的信息，满足用户的需要，让用户切实感到满意。

## 2.2　为馆员职业规划指明方向

传统的图书借阅、看管阅览室等工作，是图书馆的日常性工作，也是图书馆信息服务的重要组成部分。但是，这些工作既不让人兴奋，也不让人期待，难以成为馆员职业规划的目标。而学科馆员制度可以有效弥补这一缺憾。一位学识丰富、技能娴熟、热心助人的学科馆员，是让人尊敬和爱戴的。因此，以此作为职业目标，无论是对文职干部，还是对非现役文职人员和职员，都具有强大的吸引力。尤其是对后者，他们中的绝大多数都在从事诸如借书、还书、编目、数字化加工等工作。这些工作，由于不具备很高的知识技能含量，容易被人替代，造成职业的不稳定性。相反，如果能成为一名出色的学科馆员，职位既让人羡慕，又有一份稳定的工作，还可以把职业与事业（从事学科专业研究）有机结合，使学科馆员职业发展带有很强的专业性、连续性和稳定性，从而实现完美的职业规划目标。

## 2.3　有效提升图书馆的地位作用

近些年，图书馆人在图书馆的发展建设上作了很大努力，也取得了不俗的成绩，比如院校图书馆信息资源不断丰富、信息网络高速发展、信息服务日益深入等，但是，图书馆地位作用的下降却是个不争的事实。究其原因，还是由于图书馆给人的印象是"没做事，没做大事；没有人才，没有高端人才"的缘故。而大力推行学科馆员制度，培养锻炼一大批可以为教学科研提供及时、准确、可靠信息服务的学科馆员，既满足了教学科研的需求，提高了大家对图书馆的依赖程度，又可以有效地改变大家对图书馆的印象，提升图书馆在院校教学科研中的整体地位作用。同时，推出学科馆员制度，还可以有效应对类似于万方、维普、清华同方等信息服务模式的竞争，尽管他们能为读者提供海量的信息，但是，学科馆员所能提供的个性化、人性化、针对性知识服务却是他们想做而又力所不及的。

# 3　建立学科馆员制度的关键要素

## 3.1　设置学科馆员岗位

各院校根据教学科研的需要，结合本图书馆的实际情况，可以采取两种方式设置学科馆员岗位：第一种，采取定岗定编方式。根据学校学科划分情况，相应设置若干个学科专业信息服务中心。每个信息服务中心至少培养配置 1 名学科馆员，负责本阅中心及相关学科专业信息组织、导航、研究、利用与服务工作。第二种，定岗不定编方式。根据学校学科划分情况，指定专门学科馆员负责某些学科专业的信息组织、导航、研究、利用与服务工作，但不独立设置专门的学科专业信息服务中心。不管采用以上哪种方式，均需确立学科馆员聘任制，明确学科馆员在图书馆资源与服务建设中的发言权，赋予学科馆员在学科信息服务中的话语权和决定权，以便更好地独立开展工作。

## 3.2　增设图书馆高级职称编制

当前，绝大多数军队院校图书馆高级职称编制都偏少，有的甚至只有一个。这是 2003 年院校编制体制压缩调整的结果。经过近 8 年的实践，证明这一举措虽然精简了图书馆的机构人员，使队伍更为精干，但也在很大程度上影响了资源建设和信息服务的质量。年轻馆员由于个人发展受限，工作积极性普遍不高；一些高端的信息服务，由于馆员的能力素质不够高，而被迫放弃。着眼图书馆高层次的信息服务，建议以学科馆员制度的建立为契机，适当增加各院校图书馆高级职称的编制名额，提高图书馆馆员的职业预期，以便更安心更好地为教学科研服务。

## 3.3　明确学科馆员职责

学科馆员的职责主要是了解学科信息需求、组织学科信息资源、提供学科信息的深层次服务。具体包括以下内容。

### 3.3.1　制订学科信息资源采访、收藏与建设发展计划

根据学科专业建设情况，分析用户需求特点，在充分了解馆藏资源的基础上，制订出科学、合理、符合学科需求的学科馆藏资源发展计划。

### 3.3.2　提供学科专业信息导航、参考与咨询服务

密切跟踪学科专业发展情况，发现、搜集、整理、组织、评价、维护、更新学科信息资源；紧跟学科课题，挖掘课题研究中的隐性需求，为重点课题提供针对性和前沿性信息服务；根据具体学科专业特点，为用户提供深层次的学科信息资源咨询、推广、介绍服务。

### 3.3.3　密切学科专业用户与图书馆的联系

与负责的学科专业对口单位保持密切联系，及时掌握教学、科研动态，了解用户需求；保持与读者的经常性联系，征求对图书馆资源建设及信息服务的意见建议，以实现馆藏资源和服务的最优控制。

### 3.3.4 开展学科专业信息素质教育

在全面了解本馆及相关渠道资源特点与检索方法的基础上，配合教学科研需求，指导用户熟悉馆藏信息资源、掌握信息获取技巧，从而快捷有效利用学科专业信息资源。

## 3.4 加强学科馆员选拔与培训

学科馆员制度能否取得成功，取决于学科馆员能力素质高低。英美高校图书馆规定学科馆员必须由双学士学位（图书情报学科、其他学科学士学位）或硕士以上学历，拥有专业馆员和资深馆员证书的专业人员担任；国内高校图书馆的学科馆员任职条件虽各不相同，但也都强调学科专业背景，并要求取得学士学位以上学历。着眼信息服务质量的提升，军队院校图书馆要着力做好学科馆员的选拔与培训工作：

（1）立足本馆选拔优秀人才。从本馆人员中选拔学科馆员，既便利、快捷，还可以使基本素质好、发展潜力大、业务能力强、善于学习、认真肯干的馆员脱颖而出，在馆内形成良好的竞争氛围，打造优胜劣汰用人机制，激励馆员积极向上，锻造优秀馆员队伍。

（2）积极从地方高校引进学科专业人才。2007年以来，军队院校图书馆开始向地方高校选聘应届毕业生为文职人员。当时由于职业规划不够明晰，选聘得人员大都集中在图书馆、计算机和外语专业，其他专业选聘的少。为进一步满足教学科研需要，各院校可以根据实际情况，加大对军队通用学科专业（如工科、理科等学科专业）毕业生的引进力度，改善馆员学科专业结构，为学科馆员的培养提供人才基础。

（3）强化学科馆员的业务培训。南京政治学院上海分院每年组织学科馆员进行业务集训，提高学科馆员的实际业务能力；根据需要，各馆应经常性地组织馆员、学科馆员到教学听课，学习了解本学科专业研究动态情况；条件成熟时，各院校应允许图书馆馆员报考军事学专业硕士研究生，提高馆员专业素质能力。

（4）建立学科馆员的考评与奖惩制度。学科馆员的工作是高校图书馆信息服务工作的深化，是一项具有高知识含量的、开拓性的、主动的信息服务工作。因此，对学科馆员工作进行考评时，要坚持定性与定量相结合的原则，建立系统的绩效考评体系，从德、能、勤、绩、研等方面进行综合考评，对表现优异的学科馆员，在立功授奖、晋职晋级等方面予以优先照顾，激励学科馆员提高个人能力素质，提高信息服务质量。

## 参考文献

［1］眭依凡. 大学校长的教育理念与治校［M］. 北京：人民教育出版社. 2001.

［2］吴铨叙. 军事训练学［M］. 北京：军事科学出版社，2003.

［3］张维迎. 大学的逻辑［M］. 北京：北京大学出版社，2004.

［4］姜爱蓉. 清华大学图书馆学科馆员制度的建立［J］. 图书馆杂志，1999（6）：30—31.

［5］范爱红. 香港科技大学图书馆参考咨询工作［J］. 图书馆杂志，1999（6）：38—40.

［6］国防大学训练部. 军队院校图书馆信息服务研究. 2009.12.

# 面向科研学术对象服务的个性化图书推荐系统研究

阴江烽<sup>*</sup>

（广东省委党校　广州　510053）

**摘　要**　本文针对科研学术读者这一读者群体，构建了一种基于协同过滤算法的图书推荐系统模型。并通过分析其兴趣分类、角色特征、行为模式等特征，对算法进行了改进，降低了数据稀疏性对系统的影响，并使系统推荐结果更符合科研学术读者这一群体的阅读选择习惯，提高了推荐系统的效率。

**关键词**　图书推荐　个性化　协同过滤　行为模式　读者特征

## 1　引言

个性化图书推荐系统已经成为现代图书馆提供以读者为核心的个性化服务的重要手段，它能够通过对读者行为、评价等相关方面信息的数据挖掘分析，为不同读者提供有针对性的阅读推介服务。

推荐算法是推荐系统核心内容，直接影响推荐系统的效率和质量。目前协同过滤（CF）是最成功的个性化推荐技术，它借助已知的用户评价来实现对目标用户的推荐。典型的协同过滤推荐算法是基于用户的协同过滤推荐算法，其基本原理是利用历史评分数据形成用户邻居，根据评分相似的最近邻居的评分数据向目标用户产生推荐。众所周知，语义理解、文字分析一直是人工智能领域的难点，协同过滤技术与信息资源的内容无关，不需要进行资源的内涵分析，仅需要对读者的行为及特征进行挖掘，因此它具有较低的运算复杂度以及较高的挖掘质量。

形成用户的最邻近用户集是协同过滤推荐算法中最为关键的一步，但传统协同过滤推荐算法存在稀疏性问题，用户对资源项的评价非常稀疏，

---

\*　阴江烽，广东省委党校。

以稀疏的评价产生用户间的相似性可能并不准确，从而影响了算法的准确性。针对这些问题有很多改进算法，这些算法大部分集中在对最邻近用户集的选择改进上，即针对读者特征的差异进行改进。科研学术对象有其自身的特点，本文引入读者的兴趣分类和角色身份分类等因素，提出一种针对面向科研学术对象服务的个性化图书推荐系统。

## 2　问题的提出

### 2.1　传统协同过滤推荐算法

传统协同过滤推荐算法基于以下假设：如果用户对一定项的打分较相似，则他们对其他项的打分也较相似。它是以用户对项打分的 I-U 评分矩阵作为学习用户偏好并产生推荐的基础。该算法可以分为三个阶段：

（1）构建用户 I-U 评分矩阵。用户的评价和偏好表示为一个 $m * n$ 的 I-U 评分矩阵 R。其中 m 是用户数，n 是项目数，$R = [r_{ij}]$，元素 $r_{ij}$ 代表用户 i 对项目 j 的评分。

（2）获取用户的最近邻。获取用户的最近邻需要计算目标用户和其他用户的相似度，从中找到 N 个与目标用户最相似的最近邻居集。"最近邻居集"就是根据相似度从大到小排列的"邻居"集合。其中两个用户之间相似性的计算需要获取两个用户所有已评分的项目和数据，然后用一种度量方法进行计算。常见的度量方法有余弦相似性、修正余弦相似性、相关相似性等。相关相似性一般由 Pearson 相关系数度量，计算公式如下：

$$\text{sim}(u_a, u_b) = \frac{\sum_{i \in I_{ab}} (r_{ai} - \overline{r_a})(r_{bi} - \overline{r_b})}{\sqrt{\sum_{i \in I_{ab}} (r_{ai} - \overline{r_a})^2 \cdot \sum_{i \in I_{ab}} (r_{bi} - \overline{r_b})^2}} \qquad \text{公式 1}$$

其中，$\text{sim}(u_a, u_b)$ 是用户 $u_a$ 和 $u_b$ 的相似度，集合 $I_{ab}$ 是用户 $u_a$ 和 $u_b$ 共同评分的项目集，$r_{ai}$、$r_{bi}$ 分别表示用户 $u_a$、$u_b$ 对项目 i 的评分，$\overline{r_a}$、$\overline{r_b}$ 分别表示用户 $u_a$ 和 $u_b$ 对所有项目的平均评分。

（3）产生推荐集。产生"最近邻居集"后，基于最近邻居集计算目标用户 i 对未评分项目 x 的预测评分值，并产生 top-N 推荐集。预测评分计算方法如下：

$$p_i, x = \overline{R_i} + \frac{\sum_{j \in N} \text{sim}(i,j)(R_{j,x} - \overline{R_j})}{\sum_{j \in N} | \text{sim}(i,j) |} \qquad \text{公式 2}$$

其中，$p_{i,x}$ 表示目标用户 i 对项目 x 的预测评价值，$\overline{R_i}$ 为用户 i 的平均评分值，$N$ 为目标用户 $i$ 的最近邻居集，$j$ 为最近邻居集 $N$ 中的一个用户，$R_{j,x}$ 为用户 $j$ 对项目 $x$ 的评价，$\overline{R_j}$ 表示用户 $j$ 的平均评分值。

## 2.2  传统协同过滤推荐算法的不足

首先，传统协同过滤推荐算法忽略了项目与项目之间的联系，以及读者兴趣的差异。由传统协同过滤推荐算法的过程易见，在第二步计算用户相似性的过程中，计算对象采用了两个用户之间所有的共同评分项目进行计算，这些项目中有很多项目与目标项目并不相关，即其所寻找的是与目标用户的兴趣组成、鉴赏水平、评分习惯完全一致或高度一致的用户群。而我们知道没有哪两个用户是完全相同的，每个独立用户的兴趣都是多样化的，并且兴趣也是多变的，每种兴趣产生时间及其持续时间也有不同。在这种情况下，传统协同过滤推荐算法只能找出用户持续度最强的兴趣而忽略了用户次要兴趣和新产生的兴趣热点，并且可能产生推荐出用户曾经长时间感兴趣但现在兴趣降低或消失的项目。这样必然降低了推荐的准确性，影响推荐精度。

其次，传统的协同过滤算法存在数据稀疏性问题。由于资源的海量化以及兴趣的多样化，评分数据往往是比较稀疏的，这样会造成算法精确度的降低。例如目标用户 A 和用户 B 分别各对 10 个项目进行了评分，这其中只有 2 项相同，但在数据稀疏的情况下，B 依然被选做了 A 的最近邻。那么我们根据 B 对项目 k 的评分计算出的目标用户 A 对项目 k 的评分显然是不准确的。

本文研究的方向为面向科研学者这一特定服务对象的图书推荐系统，基于以上分析，本文认为针对此特定读者群体的特征以及项目的分类，对 I-U 评分矩阵及最近邻的选择做出优化就是一种简单易行、效果也比较显著的方法。

## 2.3  科研学术读者对象的特点

科研学者群体在高校图书馆以及一些专业图书馆中都是重要的服务对象，他们有自身的特点，行为模式、兴趣特征与一般读者有显著的不同。

### 2.3.1  兴趣的长效性

科学研究不是一蹴而就的，而是一个持续的、不断积累的过程，大部分成果都是产生在持续不断的研究之上的，很多科研工作者和学者甚至用一生去追求一个真理的答案，这就决定了他们的主要兴趣是具有长效性的。反映在图书推荐系统数据中就表现为，某一类图书的借阅记录和评分记录贯穿了这个读者行为记录的始终，不会出现较长期不借阅或评分此类图书的情况。

### 2.3.2　兴趣的时效性

根据研究领域和方向的不同，甚至是研究阶段的不同，研究的内容会随着不同的热点发生转移，一些时事性强的领域更是这样，比如国际政治、应用经济等。也就是说在某些情况下，读者的阅读兴趣会发生改变，一些曾经比较关注的问题，现在兴趣转淡或者消失了。反映在图书推荐系统数据中就表现为，集中出现过某一类图书的借阅以及评分记录，但是最近一段时间内此类图书的出现率为零。

### 2.3.3　兴趣的偶发性

读者除了有长时间关注的问题和短时间关注的热点外，也会偶尔对独立的一两本书产生兴趣，但是这种兴趣是偶发性的，也许只是这一两本书的特定部分内容吸引了读者，而不是读者对书处的类发生了兴趣。反映在图书推荐系统数据中就表现为，某些类中的个别书籍时间间隔较长且不规律地出现在历史记录中，并且出现的频度较低。

### 2.3.4　对象选择中遵循的专家性、权威性

尽管学历和职称的高低并不能代表真实水平的高低，但在大多数情况下，更高的学历和职称还是代表了一位学者在某些领域研究的时间更长，研究内容更深入，涉及的问题更全面。当读者进行研究时，通常也更倾向于借鉴专家、知名学者和权威的资料，这就是隐藏在读者选择阅读对象倾向中的专家性、权威性。根据此特点，我们可以认为，一个拥有更高学历和职称的读者，在本专业领域范围内挑选的阅读对象和对对象的评价数据，对其他读者在此领域的研究有更重要的借鉴意义。

## 3　算法的改进

根据上文对科研学者型读者特征的分析，本文提出了改进的协同过滤算法，以使面向科研学术对象服务的个性化图书推荐系统有更高的准确率和效率。算法主要分以下几步完成。

### 3.1　步骤1：对目标用户兴趣分类

对目标用户的兴趣进行分类，选择出相对长效兴趣和热点兴趣，并屏蔽掉失效兴趣和偶发兴趣，计算每种兴趣在整体中的权重。

首先，我们对用户 $U$ 的兴趣分类，即对读者已读或已评分的图书按照学科、项目分类，得到兴趣集合 $P = (P_1, P_2, P_3, \cdots, P_n)$。

其次，从兴趣集合中选择出相对长效兴趣和热点兴趣，并屏蔽掉失效兴趣和偶发兴趣。设对于兴趣 $Px \in P$（$1 \leqslant x \leqslant n$，$x$ 为整数），有集合 $I_{u,px} \subseteq I_u$，其中 $I_{u,px} = (i1, i2, i3, \cdots, in)$ 为读者 $U$ 在兴趣 $Px$ 下借阅和评分对象的集合，$I_u$ 为读者 $U$ 所有借阅和评分对象的集合。$I_{u,px}$ 对应的时间序列为 $T_{u,px} = (t1, t2, t3, \cdots, tn)$，$tn$ 为对象 $in$ 发生的时间。设 $t_{min}$ 为最早借阅或评分时间，$tmax$ 为最近借阅或评分时间，则该类兴趣中项目的平均借阅间隔 $\overline{t_{px}} = \dfrac{t_{max} - t_{min}}{n}$，其中 $n$ 为项目总数。设 $t_{now}$ 为收集数据的截止时间，那么对于每一种兴趣 $Px$，则有：

如果 $n \leqslant 2$，即该兴趣分类中的书只借阅过两次以下，那么我们可以把它看作偶发性兴趣，屏蔽。

如果 $t_{now} - t_{max} \geqslant 2 \times \overline{t_p x}$，即最近一次借阅该兴趣分类图书到数据采集截止日期的时间大于或等于项目的平均借阅时间的两倍，则我们可以认为其是一个失效兴趣，屏蔽。

如果 $t_{now} - t_{min} \geqslant 6$（month），即从借阅一种兴趣分类的图书开始到数据截止日期，间隔在 6 个月以上，我们就认为其是长效兴趣。

以上皆否，则我们认为其是新兴趣或热点兴趣。

最后，我们计算所有长效兴趣、热点兴趣在读者兴趣分布中的权重 $Y$。对于长效兴趣和热点兴趣，由于每个人的特征不同，我们无法判断哪种类型的兴趣所占比重更大，所以首先为长效兴趣和热点兴趣各分配 50% 比重，再在各自的范围内根据项目占总项目的比重来计算单独一个兴趣分类占总类的比重，具体如下：

设 $Y_{P_x}$ 为兴趣 $Px$ 在目标读者 $U$ 所有有效兴趣中的比重，$N_{P_x}$ 为 $Px$ 的项目集合 $I_{u,px}$ 的总项目数，$N_{lang}$ 表示所有长效兴趣分类中项目的总数，$N_{hot}$ 表示所有热点兴趣分类中项目的总数，则有：

$$Y_{P_x} = \begin{cases} \dfrac{N_{P_x}}{N_{lang}} \times 50\%, (P_x \text{ 为长效兴趣}) \\ \dfrac{N_{P_x}}{N_{hot}} \times 50\%, (P_x \text{ 为长效兴趣}) \end{cases}$$

## 3.2　步骤2：根据不同的兴趣分类，生成其他读者的 $I-U$ 评分矩阵

建立 $m \times n$ 维的 I-U 评分矩阵 $RPx$，$m$ 为候选邻居数，$n$ 为项目即图书数，$rij$ 表示用户 $i$ 对项目 $j$ 的评分，但这里 $n$ 并不是所有的项目，而是兴

趣 $Px$ 对应的项目集合 $I_{Px}$ 中的项目，即 $j \in I_{Px}$，其中 $I_{Px}$ 表示所有项目中对应于兴趣 $Px$ 的项目的集合。设 $R$ 为数据集中所有读者和项目评分组成的矩阵，则有 $R_{P_x} \subseteq R$。大多数图书馆的读者评分数据都是非常稀疏的，因为评分是读者的爱好和习惯，有自由的选择权，相反图书的借阅记录非常全面，不管愿不愿意，只要借阅了图书，就一定会留下借阅记录，同时我们发现借阅时间能够反映出读者对信息需求的紧迫程度，因此对于读者评分 $r_{ij}$ 的采集，我们借鉴文献的方法。

设读者 $i$ 在指定时间段内借阅图书序列为（item1，item2，…，itemj，…，itemn），其对应的借阅时间序列为（$t1$，$t2$，…，$tj$，…，$tn$），设 $T_{min}$ 为统计时间段开始时间，$T_{max}$ 为截止时间，则读者 $i$ 对图书资源 itemj 的评分值计算公式如下：

$$r_{ij} = \frac{t_j - T_{min}}{T_{max} - T_{min}}$$

对于没有借阅记录的项目 $r_{ij}$ 的值为 0。

### 3.3　步骤 3：计算用户之间的相似性，获取用户的最近邻

由上文的分析可知，科研学术读者选择对象过程中遵循隐含的专家性、权威性，因此我们在计算用户与目标用户的相似性时，应该主动提升在本兴趣领域内具有较高职称和较高学历的用户的相似性，本文考虑引入约束系数 $D$ 来实现这个目标。

考虑一般情况下科研学术读者的角色特征，可以得到：职称特征集 $L = (1, 2, 3, 4, 5)$，其中值 1 代表非 $Px$ 兴趣相关专业读者，值 2 代表 $Px$ 兴趣相关专业初级职称及以下，值 3、4、5 依次代表 $Px$ 兴趣相关专业中级、副高级和高级以上职称；学历特征集 $S = (1, 2, 3, 4, 5)$，其中值 1 代表非 $Px$ 兴趣相关专业读者，值 2、3、4、5 依次代表 $Px$ 兴趣相关专业专科及以下、本科、硕士、博士及以上学历。

设目标读者 $u$ 的职称特征集为 $Lu$，任意读者 $i$ 的职称特征集为 $Li$。对于读者来说，角色、身份的差异带来的对象选择方式的影响，并不是线性的，并且当这种差异达到一定程度的时候差异就不是很明显，即对于初学者来说副教授和教授的资料几乎有同等的借鉴价值，因此我们用正弦函数来考量 $i$ 与 $U$ 之间的差异，同时根据正弦函数的特性使取值区间为 $\left[-\frac{\pi}{2}, \frac{\pi}{2}\right]$，有：

$$约束系数 Z = \frac{1}{\frac{1}{2} \times \sin\left(\frac{(L_i - L_u)\pi}{8}\right) + 1}$$

显然，有 $Z \in [2/3, 2]$，对所有的 $Lu$，$Li$ 越大 $Z$ 越小，反之亦然。而且当 $Li = Lu$ 时，$Z = 1$，即当读者 $i$ 与目标读者 $u$ 一致时，约束系数为 1。

类似的有约束系数 $C = \dfrac{1}{\frac{1}{2} \times \sin\left(\frac{(S_i - S_u)\pi}{8}\right) + 1}$，表示两个用户 $i$ 与 $U$ 之间学历的差异。

因为 $Z$ 与 $C$ 是同时作用于数据的，所以最终约束系数 $D = Z \times C$。

我们的目的是使具有较高角色特征的用户和目标用户的相似度增加，即其共同评分项目值向目标用户靠拢，因此我们通过约束系数 $D$ 对用户的现有评分进行优化。设用户 $i$ 对项目 $j$ 的评分为 $r_{ij}$，目标用户 $U$ 对项目 $j$ 的评分为 $r_{uj}$，则优化后的项目评分为：

$$r'_{ij} = D \times (r_{ij} - r_{uj}) + r_{uj} \qquad 公式3$$

由公式 3 可见，当 $i$ 的特征高于 $U$ 时，两者之间差距缩小，相似度提升；当 $i$ 的特征低于 $U$ 时，两者之间差距加大，相似度降低。

最后，根据公（式 1）和公（式 3）得到改进的相似性计算公式：

$$\mathrm{sim}(u_i, u_u) = \frac{\sum_{j \in I_{ui}} (r_{uj} - \overline{r_u})(r'_{ij} - \overline{r'_i})}{\sqrt{\sum_{j \in I_{ui}} (r_{uj} - \overline{r_u})^2} \cdot \sqrt{\sum_{j \in I_{ui}} (r'_{ij} - \overline{r_i})^2}} \qquad 公式4$$

其中，$r'_{ij} - \overline{r'_i}$ 分别为优化过的用户 $i$ 对项目 $j$ 的评分和优化过的用户 $i$ 对所有项目的平均评分。

根据公式 4 计算出用户与目标用户的相似度，按从大到小排序，取 $top-N$，得到目标用户在兴趣 $Px$ 下的最近邻集合。

### 3.4　步骤 4：产生推荐书目

根据步骤 3 产生的最近邻集合，应用前文的公式 2，我们产生目标用户 $u$ 对项目 $x$ 的预测评分 $p_{u,x}$，并从大到小排列，取出 $top-N$ 项，其中最近邻项目的评分采用优化前的原始数据。

### 3.5　步骤 5：得到最终推荐书目集合

重复步骤 2 到步骤 4，找出所有有效兴趣 $Px$ 下的 $top-N$ 推荐，根据步骤 1 计算的权重，得出最终推荐书目集合 $I$。

$$I = \bigcup_{P_x \in P} TOP(Y_{P_x} N)$$

其中，$P$ 为有效兴趣集合，$Y_{P_x}$ 为兴趣 $Px$ 在 $P$ 中的权重，$N$ 为 $I$ 的总数，$TOP(Y_{P_x} N)$ 表示在兴趣 $Px$ 下的 *top-N* 推荐集合中取前 $Y_{P_x} N$ 项的集合，$Y_{P_x} N$ 的值四舍五入取整。

## 4　总结

本文构建了一种基于协同过滤算法的面向科研学术对象服务的个性化图书推荐系统模型，并在对传统协同过滤算法过程分析的基础上，针对科研学术读者这一读者群体的特殊特征以及图书这种对象的特征，根据读者的兴趣分类、角色特征、行为模式，对算法进行了改进，降低了数据稀疏性对系统的影响，并更符合科研学术读者这一群体的阅读选择习惯，提高了推荐系统的效率。

**参考文献**

［1］ 蔡浩，贾宇波，黄成伟．结合用户信任模型的协同过滤推荐方法研究［J］．计算机工程与应用，2010，46（35）：148—151.

［2］ 李幼平，尹柱平．基于用户行为与角色的协同过滤推荐算法．计算机系统应用，2011，20（11）：103—106.

［3］ 王茜，王均波．一种改进的协同过滤推荐算法．计算机科学，2010，37（6）：226—227.

［4］ 张丙奇．基于领域知识的个性化推荐算法研究［J］．计算机工程，2005，1（21）：7—9.

［5］ 董坤．基于协同过滤算法的高校图书馆图书推荐系统研究．现代图书情报技术，2011，212（11）：44—47.

# 网络环境下职业院校图书馆面临的挑战与对策

许　卿*　曹　玥**

（贵州警官职业学院图书馆　贵阳　550000

武汉理工大学人力资源管理系　武汉　430070）

**摘　要**　电子资源的兴起和图书馆网络化的发展趋势，给我国现阶段的职业院校图书馆提出了新的要求和挑战。面对瞬息万变的网络环境，职业院校图书馆应作出怎样的改变才能适应新时期职业院校发展的新要求。本文引入管理学中的 SWOT 分析法对网络环境下的职业院校图书馆现状进行研究，并结合职业院校图书馆自身实际，形成职业院校图书馆改革发展的新思路，并提出应对新挑战的对策，以帮助职业院校图书馆更好地适应职业院校的发展，为培养出符合社会需求的专业技术人才提供强有力的保障。

**关键词**　网络环境　职业院校　图书馆

文献资源网络化和电子资源多元化是现阶段我国图书馆发展的重要特征，网络化对传统图书领域既是一种继承又是一种发展。浩瀚的信息海洋给传统图书馆相对滞后的信息资源提出了极大的挑战，也为图书馆发掘其传统优势提供了新的思路和机遇。图书馆是职业教育中不可或缺的重要组成部分，是学校教学和科研的有力支持者和保障者，也是衡量一所学校办学水平的重要指标。随着计算机多媒体技术的发展和互联网的广泛应用，网络环境正推动职业院校图书馆走向数字化、网络化的发展道路。

网络环境下职业院校图书馆各个方面都发生了深刻变化。首先，馆藏资源形式由以纸质文献为主要载体的传统模式转变为多类型多载体的现代模式，极大了扩大了图书馆的信息量。其次，馆藏资源由实体馆藏文献向

---

*　许卿，女，贵州警官职业学院图书馆，副馆长、副研究馆员。

**　曹玥，女，武汉理工大学，人力资源管理专业学生。

实体资源与虚拟馆藏并重的馆藏方式过渡，极大地丰富了图书馆的收藏范围。再次，文献资源的获取方式由传统图书馆通过购买、交换、捐赠等方式扩展到通过网络或馆际互借合作等方式获取，拓展了图书馆获取信息的途径，为读者提供了更多样化的选择。为更好地了解职业院校图书馆的发展现状，笔者采用管理学中的 SWOT 分析法对其进行研究，以探讨职业院校图书馆的发展前景。

# 1　网络环境下职业院校图书馆现状

SWOT 分析法通过分析研究对象的内部条件和外部环境等多种因素找出其优势、劣势、机会和威胁，进行系统评价从而选择最佳发展战略。其中 S 是指组织内部的优势（Strength），W 是指组织内部的劣势（Weaknesses），O 是指组织外部环境的机会（Opportunities），T 是指组织外部的威胁（Threats）。通过 SWOT 分析法对职业院校图书馆的内部条件和外部环境作出客观评价，找出存在的问题和自身发展优势，以制定出适合职业院校图书馆自身发展的道路。

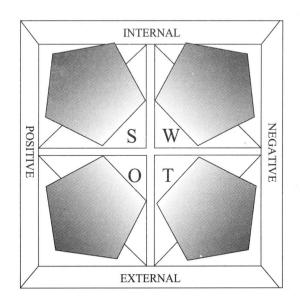

## 1.1 职业院校图书馆的优势分析（Strength）

### 1.1.1 信息资源优势

图书馆在创建之初就承担着保存人类信息资源的重要职能，所保存的文献资源经过了长时间系统、连续、完整地收集整理，为信息服务提供了有力的物质保障。随着信息社会的到来，职业院校图书馆正跟随图书馆现代化、信息化的发展大流，打造有自身特色的、有效的馆藏资源。职业院校不同于综合性大学的是，综合性大学必须兼顾各个学科进行馆藏资源建设，专业性并不突出，而职业院校由于自身专业性的要求，馆藏资源为适应本校教学科研的要求而将专业性摆在尤为突出的位置，使得职业院校图书馆的专业信息资源优势更为突出。

### 1.1.2 技术和经验优势

随着网络时代的到来，电子资源的到来并未像人们想象的那样代替传统图书馆，反而使传统图书馆焕发了新的生机。由于人们知识水平的不断提高，学科趋于细致化，知识也趋于交叉化，读者对信息的精细程度要求越来越高，网络上的信息资源太过庞大从而增加了用户获取有用信息的难度。因此读者迫切需要第三方为他们筛选多方面、系统化和综合化的信息。图书馆在长期的信息收集、整理和存储过程中积累了极为宝贵的技术和经验，其信息渠道、检索途径及信息整合力为读者提供了准确、高效的信息检索服务。

## 1.2 职业院校图书馆的劣势分析（Weaknesses）

### 1.2.1 服务理念问题

职业院校图书馆同其他传统图书馆一样，习惯于被动开展服务，很多时候只是为读者提供最基本的人工服务和馆内服务，缺乏创新服务方法和形式的理念与思维，未能将信息资源优势、搜索技术优势和经验优势转化为服务优势，服务理念相对陈旧。新时期的职业院校图书馆应紧随时代步伐，积极主动地为读者寻找有针对性、完整、准确的信息，将纸质资源网络化，建立具有学科特色的数据库，以学校师生的实际需求作为图书馆开展服务的中心，真正为职业教育的发展保驾护航。

### 1.2.2 人员素质问题

21 世纪的竞争是归根究底是人才的竞争，人才匮乏是职业院校图书馆面临的根本问题。一支高素质的人才队伍是职业院校图书馆得以发展的重要保障。目前职业院校图书馆馆员队伍素质良莠不齐，知识结构较为单一，计算机知识贫乏，外语水平偏低，是制约职业院校图书馆大力发展的瓶颈和障碍。网络环境下职业院校图书馆要想为师生读者提供信息服务，就需要引进大批知识结构多元、复合型的人才。然而由于职业院校图书馆的工资福利待遇普遍偏低，造成职业院校图书馆招人难、留人难和培养难的三大困境，要开展以高新技术为依托的信息服务缺乏有力的人才保障和技术支撑。

### 1.3　职业院校图书馆的机会分析（Opportunities）

#### 1.3.1　信息需求

随着现代科学的高速发展，学科间的交叉现象日益凸显，知识结构趋于细分化。读者面对纷繁复杂的信息资源往往难以理出头绪，个人的时间、精力有限，很难在较短的时间内找出完整、精确的信息，大量的时间浪费在资源的查找上。而图书馆作为有着悠久历史的专业信息提供机构，能够为用户在短时间内筛选出他们需要的信息，这种需求现状实际上为职业院校图书馆提供了发展空间。职业院校图书馆可充分挖掘师生的信息需求，建立符合本校专业特色的数据库服务系统，对读者提供个性化的服务。

#### 1.3.2　办学水平评估带来的发展契机

教育系统对职业院校进行办学水平评估时，图书馆作为一个重要考核指标，越来越受到学校重视。为了达到评估所要求的各项指标，职业院校图书馆通常会得到较为可观的资金支持，职业院校图书馆可利用这个契机进行信息化、数字化改造，将其打造成为设施先进、服务一流的院校图书馆。职业院校图书馆可利用学校资金支持进行馆舍基础设施建设、馆藏资源扩充、技术设备采购和数据库开发等工作。随着图书馆网络化对人才需求的提高，学校也会积极引进人才，建立一支高水平的现代化图书馆人才队伍，从而为职业院校图书馆的长远发展打下坚实基础。

## 1.4　职业院校图书馆威胁分析（Threats）

### 1.4.1　替代品的威胁

网络环境为职业院校图书馆带来了新的发展机遇，同时网络也催生了图书馆的替代物，如高效快捷的搜索引擎，多样化的电子论坛等，图书馆的信息中心地位和传统垄断地位受到威胁。读者不再只依赖图书馆进行资料搜索，而转向自我查找、自我服务的自助式信息获取方式。面对读者的信息需求及获取信息方式观念的转变，职业院校图书馆必须尊重和满足读者的文献信息需求，树立"以读者为中心"的服务理念，改变图书馆提供服务的方式方法，提高图书馆服务的质量和水平。

### 1.4.2 经费短缺的威胁

近年来，文献资源的价格大幅度上涨，图书馆界面临着文献购置经费短缺的困境。加之职业院校的图书馆经费增长缓慢，经费利用效益较低，缺乏有效的监督机制，有限的经费可能使用在无用的资源上，使经费短缺问题更加严重。随着网络的高速发展，传统图书馆业务正受到严峻挑战，亟待进行现代化改造，这就需要投入大量的人力物力进行建设，购置大量先进仪器设备和现代化信息通信传输设备，这无疑使本来就经费紧张的图书馆捉襟见肘。因此，经费短缺问题已经成为阻碍我国职业院校图书馆事业发展的瓶颈。

综上所述，职业院校图书馆有着信息资源优势和技术经验优势，也有信息需求和办学水平评估带来的发展契机。与此同时，职业院校图书馆也在服务理念和人员素质方面存在问题，还面临着替代品和经费短缺的威胁。如何发挥职业院校图书馆在网络环境下的优势，同时抓住机会、消除劣势和威胁，为我国职业教育的发展提供强有力的保障，是当前和今后职业院校图书馆工作中的一个重要议题。

## 2 我国职业院校图书馆的现代化建设思路

### 2.1 职业院校图书馆信息化

我国职业院校图书馆网站的网上信息资源建设已取得了突出的成绩，网络信息资源日渐丰富，涵盖了联机检索目录、联网数据库、电子图书和电子全文期刊、特色数据库、因特网资源等类型的信息资源，逐步形成了较为完善的信息资源网络体系。然而，我国大多数职业院校图书馆网站缺乏网上用户教育与培训方面的实践经验，大多仍停留在提供图书馆基础知识教育和数据库使用教程等基础指南上，不能跟上用户的信息需求步伐，且网上用户教育的服务方式也比较单一，缺乏网络培训和网上授课板块，"自导"式用户教育方式尚未普及。

信息化是图书馆界的发展趋势，也是职业院校图书馆发展的必经之路，职业院校图书馆的传统优势在于有大量的纸质文献，但在信息化时代要将这些纸质文献网络化才能扩大其应用范围，被更多的读者阅读。此外，职业院校图书馆还可建立网上图书馆，为读者提供网上借阅、网上续借等服务，开设网络阅览室，使读者足不出户就可享受图书馆的各项服务。

## 2.2 职业院校图书馆个性化

我国在 2002 年开始个性化信息服务系统的研制，个性化信息服务已成为图书馆网站建设的发展趋势。然而目前我国职业院校图书馆网站的个性化系统仍不成熟，大多停留在 FAQ 阶段，未能真正做到一对一的个性化服务。职业院校图书馆网站在建立自己的 My Library 系统时，要针对用户需求提供个性化信息服务，主动为读者传送有针对性的信息资源，真正实现信息推送服务的个性化。同时还要注重检索定制功能的开发，保存用户检索信息时的个人偏好、历史记录，根据用户定制的检索式定期自动检索馆藏新资源。

职业院校图书馆还应建立自己的特色数据库，以实现网络环境下的特色馆藏资源共享。在建立特色数据库时，职业院校图书馆要将本馆的特色印刷型文献逐渐转换成数字化文献，使读者足不出户就可享受特色馆藏服务。我国职业院校图书馆系统可根据本校的重点学科、专业、科研等特色文献优势建立特色数据库，以塑造本馆数据库品牌。

## 2.3 职业院校图书馆多样化

职业院校图书馆在网络化过程中还要注重服务的多样性，不仅要提高传统服务项目的服务质量，还要积极拓展现代服务项目。职业院校图书馆可将其馆藏资源数字化，建立富有本校学科特色的数据库，丰富虚拟馆藏，以满足本校教学科研的实际需求。

目前，国内职业院校图书馆网站普遍采用 IP 地址控制法对用户访问权限进行管理，使得读者在图书馆外难以享受到图书馆的网络资源，造成资源的浪费并给读者带来不便。为了解决这一问题，职业院校图书馆可依托互联网，建立电子资源导航系统，为用户提供远程服务，使读者能真正不受时空限制，享受诸如网上续借、网上预约、读者信息查询、新书速递、网上捐赠等信息服务。

## 3 职业院校图书馆应对网络环境挑战的措施

职业院校图书馆在网络环境下面临诸多挑战，同时也迎来发展机会。如何应对信息时代带来的巨大冲击，积极发掘自身优势，消除威胁，以适应新时期职业教育发展变革，是职业院校图书馆在发展过程中需要解决的重大课题。笔者在职业院校图书馆有着多年的工作经验，以下是笔者结合职业院校图书馆的实际情况作出的一点思考。

## 3.1　加大职业院校图书馆的信息资源建设力度

职业院校图书馆为适应网络环境的变化就要进行信息资源的建设，除了要将传统纸质文献资源扩展成为电子文献资源，还要建立电子资源导航系统，让读者省时、省力地找到完整、准确的信息资源。此外，职业院校图书馆还可建立网络咨询平台，在线与读者交流，解答读者在体验馆际服务中遇到的问题和建设性建议。由于职业院校的特殊性，图书馆的馆藏内容也会根据学校的专业特色而有所偏重，基于此，职业院校图书馆可根据本校的学科特色建立网上数据库，将本校的教研成果引入数据库，供读者查阅分享，打造本馆的特色品牌，同时提升学校知名度。

## 3.2　开发职业院校图书馆的个性化服务产品

基于职业院校的学科特色，图书馆可建立特色馆藏、特色数据库，进行数字化深加工，形成目录、索引、文摘、简介、专题文献汇编等多种特色文献信息产品，并力求特色数据库建设类型多样化，既有书目数据库、文摘数据库，又有全文数据库、数值型数据库和指南数据库等。与此同时，职业院校图书馆可依据自身特色建立并优化其 My Library 系统，具体分为网站个性化页面定制、网站信息资源定制、检索定制以及网站其他服务功能定制。此外，还可增加职业院校图书馆网站的网上用户教育功能，实现读者通过网络进行"自导"式学习。通过这些富有本校特色的服务产品，为学校的教学、科研提供有针对性的个性化信息服务。

## 3.3　拓展职业院校图书馆的传统服务项目

图书馆传统服务方式主要是利用馆藏文献资源，以人工手段进行的信息服务，主要有流通、阅览、文献复印等。随着网络通信技术、多媒体数据库技术等现代信息技术的产生和发展，图书馆传统服务方式也与时俱进，进行电子化改造，焕发出新的生机。职业院校图书馆可以运用电子技术，开展馆藏资源查询、图书预约和续借、网络导航、网上参考咨询、馆际互借、远程教育等特色服务。职业院校图书馆还可充分利用新媒体来开拓传统服务项目，诸如新书速递、BBS 电子论坛、E-mail 服务、微博互动、视频点播等。

### 3.4 强化职业院校图书馆人力资源管理

21世纪的竞争归根究底是人才的竞争，人才在职业院校图书馆的发展中起着不可替代的重要作用。尽管图书馆界正走上数字化、网络化的发展道路，但其幕后推动者始终是人才。网络化建设，需要大量掌握现代信息技术并具有各种专长和知识的高素质人才。一般来说，现代职业院校图书馆需要的人才应掌握以下几方面的知识：①以图书情报为基础的信息管理理论和实践知识；②以计算机基础、数据库、程序设计、网络操作为代表的现代信息技术知识；③以英语为代表的外语知识；④以高等数学、普通物理和经济学、管理学、法学为主的自然科学与社会科学基础知识；⑤一定的学科专业知识。

职业院校图书馆在引进人才时要公开透明，切勿"唯文凭论"，结合自身人才结构引进合适的馆员。在人才培训和开发方面，定期对馆员进行培训，使其能力符合图书馆数字化的发展要求，提高综合素质。充分调动馆员的积极性、主动性、创造性，共同为图书馆的发展献谋献策。创造良好的工作环境和福利待遇，吸引人才、留住人才，真正让人才成为职业院校图书馆发展过程中不可或缺的灵魂和动力。

### 参考文献

[1] 刘美珍. 高职图书馆信息资源建设 [J]. 邢台职业技术学院学报，2011（12）.

[2] 郝玉领. 论网络环境下高校图书馆信息服务，佳木斯教育学院学报，2009（2）.

[3] 蔡曙光. 数字化：图书馆事业发展的机遇和挑战 [J]. 中国社会科学院研究生院学报，2005（5）：60.

[4] 初景利. 国外图书馆学情报学2003年研究进展 [J]. 大学图书馆学报，2004（5）.

[5] 吕东梅. 高职图书馆现状及发展研究 [J]. 科技创新导报，2011（1）.

# 数字化知识化环境下军队高中级任职教育院校图书馆绩效评估的对策思考

遇 然*

（国防大学图书馆 北京 100091）

**摘 要** 图书馆的绩效评估，是衡量、推动和牵引图书馆建设与发展的有效举措，也是一个普遍关注的瓶颈性难题。目前传统的图书馆绩效评估指标体系已很难适应形势需要，研究和探索军队高中级任职教育院校图书馆的新型绩效评估已成为我们必须面对和无法回避的现实课题。本文以军队高中级任职教育院校图书馆绩效评估面对的新形势为基点，以彰显图书馆服务核心价值与理念，强化军事军味，凸显军队高中级任职教育院校教学科研特色需求为思路，创新地提出"内容为王，军味至上"，"可信、好用、特色适应"，"反向融合和知识增值服务"和"服务第一，多元构成"等新型图书馆绩效评估的核心性指标点，为军队高中级任职教育院校新型图书馆有效展开绩效评估探索了一条新路。

**关键词** 数字化 知识化 高中级 任职教育 图书馆 绩效评估

军队高中级任职教育院校图书馆的绩效评估，是衡量、推动和牵引其图书馆建设与发展的有效举措，长期以来军队高度重视，高调推行，成效明显，但也面临诸多难题仍待研究和破解。主要难题有三：其一，图书馆通常处于"第三方化"的状态，后台的运作模式和基础性的作用，隐性化的效益产出，定性易定量难，是先天难题；其二，信息技术革命催生了政治、经济等诸多领域的变革，也加速了图书馆服务保障模式的变革与发展，图书馆处在传统业务与新型保障模式交叉融合发展的新阶段；其三，军队高中级任职教育院校作为军委总部的智囊团队的高端科研需求和作为军事斗争准备的人才培训基地高端教学需求，以及任职培训与学历教育并

---

* 遇然，女，国防大学图书馆，助理馆员。

存，研究式、课题式教学与学科式教学同在的混合型教学形态，对图书馆图书情报保障提出了更高的要求。综合以上三点，先天之难，阶段之特，要求之高，运用既有的绩效评估指标体系很难实施全面客观准确的评估评价，这使得我们必须把军队高中级任职教育院校图书馆的绩效评估作为一个全新的现实课题，进行专题性研究，以创新的思维、全新的思路、破解难题，拿出有针对性的对策措施。

# 1 军队高中级任职教育院校图书馆绩效评估面对的新形势

形势与发展相生相随，形势牵引发展，也逼迫发展。准确客观的形势分析判断，是研究发展思路，提出应对策略方针的前提基础。近些年来，军队高中级任职教育院校的图书馆已经发生全新的变化，这是我们研究和展开图书馆绩效评估必须首先要分析的形势和客观现实。

## 1.1 图书馆绩效评估的传统评价理念与指标体系仍有很大市场，但军队高中级任职教育院校图书馆的服务环境已不以人的意志为转移地飞速发展

20 世纪 80 年代中期，我国开始图书馆绩效评估的理论研究和实践探索，相对国外有近 20 年的起步差距。1991 年 10 月，原国家教委下发了《关于开展普通高等学校图书馆评估工作的意见》《普通高等学校图书馆评估指标体系大纲》和《关于指标体系大纲的说明》，后又相应出台有关规定制度，有力地指导和规范了国内各高校图书馆的建设，积累了大量绩效评估的经验。军队院校图书馆建设也大致在同一时期起步进行正规化建设，1987 年出台了《中国人民解放军图书馆工作条例》，后又在《中国人民解放军院校教学工作评价规定》和《军队院校专业、课程和课堂教学评价指标体系及标准》中对图书馆绩效评估的指标体系进行了明确，有力地促进图书馆规范化和标准化建设，并长期在图书馆的建设与发展中发挥着重要的作用。但是，近些年来，以数字化、网络化和信息化为特征的技术革命，强制性地使各个领域发生了革命性的变化，军队高中级任职教育院校图书馆也不例外。经过多年的持续投入与建设，整个图书馆不能说已发生了本质性和根本性的变化，但可以说正向数字化知识化环境下的新型图书馆大幅度地跃进。正如我军正处在机械化与信息化复合发展的过渡阶段一样，军队高中级任职教育院校图书馆也处在传统图书馆与新型数字化、知识化为主体的新型图书馆并存融合发展的阶段。军队高中级任职教育院

校图书馆的服务环境已不以人的意志为转移发展了巨大的变化，数字化、知识化的服务需求与特征已日益突出。传统图书馆的绩效评估理论和评价指标，已很难对这种新型服务环境下图书馆的全面建设情况进行全面、客观、准确的衡量和评估，必须要重新审视和创新既有的评价体系与指标。

## 1.2 军队高中级任职教育院校图书馆的服务对象和服务价值定位总体没有变化，但服务对象的行为方式和信息获取环境已发生了巨大的变化

任何一座图书馆都有特定的存在价值与意义。从图书馆角度讲，服务保障模式可能发生变化，但"为谁服务，发挥什么样作用"这一定位始终不会有本质性变化，否则它就会失去存在价值。从军队高中级任职教育院校图书馆的现实情况看，作为院校的支柱之一，为院校教学和科研始终提供强大基础性支撑服务价值定位没有变，自身教学科研人员、任职培训受训学员和学历教育受训学员三分天下接受服务力量的主体构成总体没有变化。但是服务对象的行为方式和信息获取环境已悄然发生了翻天覆地的变化。以往，传统的图书情报机构或者说图书馆是信息服务的主渠道，是信息交流的主阵地，也自然成为了知识创造活动的重要组成部分，也势必成为院校教学科研赖以生存的信息服务环境。如今，随着信息技术的发展，信息来源的多元化，信息获取的即时化，信息存在基础形态的数字化、网络化的趋势已不可逆转，用户可以通过因特网、学科网站，利用检索技术和学术团体多个渠道获取信息。可以说，通过网络获取信息已经逐步成为前沿教学科研人员的一种基本要求和行为习惯。面对这种现实，传统图书馆"坐等上门，愿者上钩"的服务模式已渐失吸引力，必须要适应变化，强化"到课堂，进课题，到桌面，到个人"的主动跟踪上门服务，强化客户就是上帝，需求就是方向，图书馆伴随式保障服务理念。

## 1.3 军队高中级任职教育院校图书馆的专业服务队伍总体力量没有变化，但对专业服务队伍的业务素质提出了更高的要求

军队高中级任职教育院校图书馆，受编制名额、体制编制调整力度和频度等多方面影响，多年以来，整个图书馆的专业服务队伍的总体数质量构成没有发生大的变化。尽管在 2008 年，军队正式实行了文职人员聘用制度，为图书馆发展增添了新的力量，但面对军队任职教育院校军事教学科研的特殊保障需求，在短时期内，还不会给图书馆专业服务队伍带来实质性变化。服务力量没有发生根本变化，但服务对象的客观现实需求却发生

了前所未有的变化。当前的服务对象寻求的不仅仅是知识和信息量的简单提供和累积，也是寻求一种学科化、知识化、系统化的专业性、知识增值性服务。尽管军队高中级任职教育院校图书馆作为一个相对独立的知识群落，具有资源和信息高度军事化的特征，对于军事教学科研人员具有天然的吸引力，但服务的滞后或者说效率的下降，直接导致服务对象的流失和图书馆服务价值的损失，长此以往甚至会导致图书馆存在价值的危机。解决现实的危机，核心是要大力推出学科馆员，加强学科馆员队伍建设，才能适应服务对象需求的发展，为图书馆发展注入强劲动力。

### 1.4　军队高中级任职教育院校图书馆可提供的资源与服务方式是过去自身发展各个阶段无法比拟的，但其传统服务价值和统治地位却面临诸多挑战

当前，军队高中级任职教育院校图书馆可提供的资源与服务方式是历史上任何一个时期都无法比拟的。未来的发展前景也可以乐观预期，但以传统的视角所见到的建设效益跃升是否意味着服务保障能力的同步跃升，值得进一步深入研究思考。现实中有几种情况：第一种，走进图书馆固定阵地的人数逐渐呈减少趋势，走进图书馆的主体大多数是研究生，主要是查询与论文撰写和学科学习相关文献；第二种，走入图书馆的专家教授逐渐减少，但来者中查询机要文献、原生文献和史料类文献在增多；第三种，进入数字图书馆专题、专项库查询影像视频、文献资料和即时新闻呈几何基数上升；第四种，每天上因特网已经成为大部分人生活中不可或缺的一部分。笔者认为，综合以上情况反映出，在信息高度发达，信息提供渠道多元化的今天，图书馆作为信息库和信息源头"一统天下"的格局已经大江东去，但对图书馆专业化的需求始终没有失去。这说明，未来图书馆的建设重"量"的积累，更要重"质"的建设。如果军队高中级任职教育院校图书馆，不注重图书馆学科化、专业化服务和军队特色化服务的发展，长此以往，图书馆的服务吸引力将大幅降低。

## 2　推进数字化、知识化环境下军队高中级任职教育院校图书馆绩效评估的对策建议

军队高中级任职教育院校的图书馆作为服务保障军队院校教学科研的特殊的知识阵地，无论发展到何种高级阶段，它的核心职能使命始终不会变。因此，对其实施绩效评估，既要体现信息化新趋势新发展，更要彰显其核心价值理念，强化军事军味，强化效率效益，凸显军队高中级任职教

育院校教学科研特色需求，进行综合绩效评估。

## 2.1 在图书馆资源建设的绩效评估上，以可信、好用、特色适应为主，强调"内容为王，军味至上"的建设理念

军队高中级任职教育院校图书馆从无到有，从小到大，受诸多因素影响，以往图书馆在实施资源建设的绩效评估上，往往以图书馆本身为参照系，评估上强调数量与规模居多。强调规模，比如生均图书馆建筑面积，图书馆建筑面积比重等；强调数量，比如，生均图书量，生均新书量，期刊的种数，教学参考书提供率，馆藏学科专业覆盖率等；强调保障度，比如，学生阅览室满足率，电子阅览室满足率；强调利用率，比如阅览室利用率，图书流通率，图书利用率等。如果用生活状态来比喻以往的绩效评估与当前的绩效评估，可以说以往的评估是一种信息相对闭塞情况下的"温饱状态评估"，当前的绩效评估，不仅要强调吃饱而且要强调吃得健康营养，应该是一种信息爆炸和飞速更新情况下的"小康状态评估"。因此，当前的绩效评估，既要重量，更要重质，尤其要突出强调"内容为王，军味至上"的建设理念，突出评估图书馆的"可信、好用和特色适应性"，目标是让服务对象获得最优质的知识服务。一是可信度评估。军队高中级任职教育院校是培养"指挥打仗，指挥打赢"的人才基地，这些人所接受和研究的理论，如果不可信，轻则贻误人才，重则误军亡国，这也侧面对图书情报服务的可信性提出了要求。此项指标可以从多个角度进行评估，但笔者认为，至少要包括以下几个评估点：相关学科理论原生资料文献的完整度，当今国外军事学术界最权威理论和文献数量比例及种类，国内最新军事学术理论资料收集度，相关军事理论机要资料数量和种类。二是好用性评估，主要是评估在同一个时间段内，利用检索引擎等辅助工具所能够获得的优质内容的收益量。具体指标主要有三个：其一是宽度，主要是看世界各国关于同一学术问题文献和数字资源的涵盖度；其二是深度，主要查询同一学术问题从战略、战役、战术，从古至今，纵向历史脉络资料的完整度和信息资源的滞后度，评估方向范围跨度越大越好，时间跨度越久越好；其三是新度，主要是查当前热点、敏感、焦点问题的承载量和信息更新频度。三是特色适应性评估。"为谁服务，主要职能"必须是测评的重点。每所院校的图书馆都有其独特的功能和使命。在进行图书馆绩效评估时，不能脱离每个图书馆所处的环境，进行孤立的评估。重点是评估图书馆是否与所在学校的职能使命相适应和相协调。这一点很难用图书馆面积多大，馆藏多丰富来衡量，笔者认为，一方面，要考察所属单位重点

学科"军味资源"在总体资源中所占比例；另一方面，可采用调查问卷的方式，考查点可以设置很多，核心的意图主要考查图书馆提供的服务是否是学校自身教学科研人员和受训学员学习过程中，不可或缺的环节或局部，以此判断图书馆的建设质量和层次。

## 2.2　在图书馆服务模式的绩效评估上，以学科式、专题性、课题化为主，强调反向融合和知识增值的服务

现在图书馆服务面临的状况，已不是传统图书情报保障单纯靠拼馆藏量，拼服务种类就会上门接受服务的年代，而是要靠新型服务模式所衍生的服务效益来证明，来吸引服务对象的年代。但反观军队高中级任职教育院校图书馆受编制、资金和技术力量等诸多因素影响，想单凭一己之力包打天下，是不现实的选择，必须要结合自身的职能使命和现实需求，走一条"人无我有，人有我精的学科式、课题化的服务模式"，强调以学科式和课题化服务为牵引的，强化反向融合服务和知识增值服务的能力。在绩效评估上，一是学科式资源管理建设绩效评估。学科是院校教学科研发展的基础动力源。军队高中级任职教育院校各个图书馆对学科资源的管理受历史、传统和现实等诸多因素影响，有的是图书馆直接主导学科资源管理，有的是各教研部（系）自身进行学科资源管理和建设。但无论怎样，图书馆都有不可推卸的职责。在评估过程中，其一是看图书馆所建的学科专项资源库是否包括学校所有学科；其二是看，各个学科专项资源库的系统性、完整性、多样性和丰富性；其三是看重点学科专项资源库的建设水平。二是课题化服务绩效评估。笔者认为，也可以看作是反向融合服务绩效评估。之所以这么命名，是因为当前军队高中级任职教育院校实施研究性、专题性和课题化教学已成为一种通用做法。这种教学行为科研化的现实，除了施教者要转变角色外，最大的难题就是辅助这种教学模式的信息和资料准备。需求决定服务方向，也牵引服务模式。这种模式最基本的要求就是要服务进课堂，服务进课题，服务到所，服务到人，也必然要求传统的"我在哪你来哪"转变为"客户在哪你到哪"，如果说原来叫正向服务的话，现在就可称为反向融合服务，尽管短期内在现有力量格局下，很难满足或者说完全达到这种状态，但这是趋势，也是不可逆转的，因此，我们在评估时也必须要重视这一点，以评促建。在进行绩效评估时，重点考查图书馆进入教学、进入科研、进入专题和课题的广度和深度。指标上，当前可以先以广度为主，考查图书馆是否已经改变观念，主动开始走出馆门，走进一线；发展到一定阶段，可以在广度的基础上，考查图书馆

提供资源所在教学中充当的角色地位。三是知识增值服务的绩效评估。这个方面的评估，某种程度上与前两点有相交叉的地方，但把它单独拿出来作为一个评估点，主要考虑它有特殊的价值。笔者强调的知识增值服务，是建立在当前信息资源异常丰富的前提下，找到信息已不是难题，而找到有用信息或者说知识发现，进而带来知识创造和创新已成为新时期更高层次的一个难题。因此，在绩效评估上，就是考查各个图书馆文献检索和文献提供等服务的设计理念是否利于在学科、专题、课题各个领域更高效、更高质地实现知识文献的获取、集成应用和知识发现；是否能够体现个性化需求，是否能够始终跟上学科发展趋势。

## 2.3 在图书馆馆员队伍的绩效评估上，坚持服务第一，多元构成，强调学科馆员的重要地位

当前，无论是军队任职教育院校还是地方高校图书馆，有一种观点认为，在图书馆人力资源的利用上，普遍存在效率不高和评估难的问题。笔者认为，图书馆自建立以来，它"第三方化"的位置，潜在基础性支撑的作用以及提供资源为主的服务模式，很难显性地从效益和创造价值的角度去评估馆员的工作质量。馆员们的工作量，一方面取决于馆内自身建设的任务，另一方面取决于服务对象对图书馆的依赖程度。但为了对馆员有一个基本评价，以往有的从人均管理场馆面积、人均管理图书量、人均编目数量等方面进行评估。新形势下，对图书馆馆员队伍的绩效评估，除了坚持既有好的做法以外，必须围绕图书馆新时期服务模式的转变，图书馆服务价值体现的主阵地，突出学科馆员的评价。传统馆员转变为学科馆员，就像是普遍教员成长为专家一样，不是一朝一夕能够实现，目前，军队高中级任职教育院校图书馆学科馆员建设也仅仅处在起步的初始阶段。但这个方面必须坚持，因此评估也必须展开。当前，主要是考查各个图书馆是否有学科馆员的制度，学科馆员的人员定位与构成，专职学科馆员与兼职学科馆员的构成，是否开展了学科馆员相应培训和建设；待时机成熟，再展开学科馆员服务质量的各项评估。比如，学科馆员为对口学科的教学科研提供优质服务情况，学科馆员专业导航和特色数据库建立情况，学科馆员的推介服务和专题讲座的开展情况，学科馆员提供采购数据和信息源的情况等。

## 2.4 在图书馆绩效评估力量的构成上，坚持以核心和本原职能实现为主，强调专家和专业评估人士的力量构成

军队高中级任职教育院校图书馆绩效评估需要一套相对较为科学和完

备的绩效评估指标体系，也需要一支专业型的绩效评估队伍。实践证明，绩效评估团队的专业化程度和专业化素养，往往很大程度上决定了图书馆绩效评估的质量，同时对图书馆的下一步建设也会产生不同程度的影响。因此，必须围绕图书馆本原和核心服务职能的绩效评估，组建专家型的绩效评估队伍。其构成，一是图书馆管理专家，可以是具有权威性的图书馆领导，也可以是资深馆员，主要负责考查图书馆的建设与管理水平，以及馆员的专业素质；二是图书馆的建设专家，比如检索引擎专家和数据库建设专家，主要考查技术支撑手段的科学性、高效性等方面，以支持知识发现、知识集成、知识组织和跟踪学科理论前沿的情况；三是图书馆的使用专家，主要是院校专家型的教学和科研人员，经常使用图书馆的学员，从使用的角度，考查图书馆的建设质量和水平。

## 3 结语

无论是军队院校图书馆，还是地方高校图书馆，其图书馆的绩效评估问题，会伴随着形势、任务和理念等的发展，成为一个永恒的常研常新的现实课题，本文只是重点结合当前图书馆发展面临的新情况，以笔者角度从可行性、策略上进行阐述，还有许多具体问题亟待深入研究和破解。

**参考文献**

[1] 曹志梅. 图书馆动态模糊评价与实证分析 [M], 北京：北京图书馆出版社, 2007.

[2] 罗曼, 陈定权, 唐琼, 等. 图书馆质量管理体系研究 [M]. 成都：西南交通大学出版社, 2009.

[3] 吴建华. 数字图书馆评价方法 [M]. 北京：科学出版社, 2009.

[4] 柴晓娟, 代根兴主编. 高校图书馆评估与管理 [M]. 北京：北京图书馆出版, 2006.

[5] 余胜. 图书馆绩效评估研究初探.

[6] 刘春银. 浅谈图书馆统计与图书馆绩效评估.

[7] 张晓林. 寻求数字化知识化环境下的新型信息服务模式.

# 学习型图书馆建设摭谈

王险峰*

（安徽省委党校　合肥　230022）

**摘　要**　文章介绍了学习型组织理论和学习型图书馆，从图书馆知识学习和信息获取的内在理念、学习型社会和知识经济时代的发展需要、图书馆应对挑战和提升核心竞争力的要求几方面阐述了构建学习型图书馆的依据，并从确立学习型图书馆共同愿景、加强重视图书馆管理创新、努力营造图书馆学习氛围、建立健全图书馆激励机制几方面探讨了建设学习型图书馆的措施。

**关键词**　学习型组织理论　学习型图书馆　共同愿景

在新时期条件下，我国通过深入开展建设学习型组织的重要实践活动，使得"学习型组织"一词成为见诸各种媒体报端的热点词汇。"学习型组织"这一词汇源自彼得·圣吉的学习型组织理论。此理论认为，组织成员在秉持共同愿景的基础上，通过持续不断的学习，提升知识能力，培养全新思维理念，从而实现组织目标。随着社会发展和时代进步，学习型组织理论已经从最初的企业范畴拓展至政府及其他社会公共管理机构和组织，其中，将学习型组织理论运用到图书馆，进行学习型图书馆建设逐渐成为图书馆业界的重要研究命题和应用方向。图书馆是重要的文献信息机构和教育学习平台，担负着对公民进行教育学习和知识传递的社会责任，其在创建学习型组织活动中发挥着积极作用。

## 1　学习型组织理论和学习型图书馆

在新时代背景下，组织的可持续发展，需要以提高组织整体实力和加强组织成员素质为前提条件，为实现这一前提条件，加强组织成员学习，营造组织学习氛围，设计组织学习制度是其必然要求，因此，学习型组织建设成为了组织不断完善健全的重要建设内容。

---
\*　王险峰，男，1980年生，安徽省委党校，馆员。

## 1.1　学习型组织理论

哈钦斯和彼得·圣吉分别在其著作《学会生存——教育世界的今天和明天》、《第五项修炼——学习型组织的艺术与实践》中对学习型组织理论进行相关阐述与探讨。学习型组织具备持续创新和不断进步的特征，在此组织内，组织成员通过学习提高组织能力，创造优秀成果，并在组织行为过程中，努力培养和形成开放、创新的理念与思维方式，实现组织成员的自我突破和自我超越，充分体现组织的整体价值。学习型组织一般具有共同愿景，在组织行为上，强调组织内全体成员在任何时间阶段的持续学习，这种学习方式所带来的综合绩效远高于个体学习的绩效总和。在组织中，除了体现学习特色外，更注重对组织成员的激励功能，确保组织成员科学合理、高质高效地完成组织任务，并在完成组织任务的过程中，培养组织成员的创新能力，延展组织成员的思维深度，超越组织成员的固有水平。学习型组织以培养学习能力作为组织生存发展的基础要求，来充分应对激烈竞争和环境变化所带来的冲击和挑战，同时，学习型组织通过培养组织学习能力来提升组织成员的独立思考境界，强化组织成员的自我学习水平，锻造组织成员的创新意识和能力，完善组织成员的独立人格和主体精神，并保证组织成员愿景和组织愿景实现有机统一，从而激发组织成员的自主能动性，促进组织的良性可持续发展。学习型组织的理论涵盖组织学习、组织激励、创新思维、能力提升等内容，涉及组织成员、组织自身、组织愿景、组织价值等各方面，是一套思想先进、理念科学、方法务实的有效管理理论，该理论在全球诸多领域都得到了广泛应用，产生了广泛深远的的影响。

## 1.2　学习型图书馆

在学习型组织理论广泛应用于诸多领域的时代背景下，将学习型组织理论引入到图书馆，是一种必然趋势，而针对学习型图书馆建设的内容，亦成为图书馆界研究关注的重点。

学习型图书馆是通过将学习型组织理论应用于图书馆工作实际而构建的新型图书馆。它将图书馆作为一个有机系统，旨在提高图书馆的集体学习能力，培养图书馆的创新能力，通过图书馆的激励模式，提供图书馆的发展动力，使图书馆能够充分适应各种环境的变化，应对各种挑战和冲击，在学习过程中不断完善图书馆的学习机制，实现图书馆和图书馆成员目标和价值的有机统一，发挥图书馆的社会功用，从而有效提升图书馆的核心竞争力。学习型图书馆要求图书馆全体成员做到终身学习和全程学习，在图书馆内部营造热爱学习、加强创新的良好氛围，并通过统一图书馆及其成员的共同愿景，来实现图书馆及其成员自我超越，促进图书馆的长远发展。图书馆要体现其存在的实际价值，必须适应当前学习型社会的背景。不断学习，重新认识和应对未来所面临的各种复杂问题，未来社会对创新的作用重视程度日益加强，而图书馆作为读者获取信息和学习研究的重要平台，在读者服务和文献资源的建设利用方面仍然存在着许多问题，这些问题需要解决完善，必须加大创新方面的培养力度。随着新技术新理念的应用和传播，各种新问题不断涌现，为了能够从容应对，图书馆全体成员急需开展组织学习，不断提高知识水平和业务工作能力，积极倡导创新意识，努力培养创新精神，确保有效提升读者服务质量，提高图书馆建设发展水平。

## 2　构建学习型图书馆的依据

### 2.1　符合图书馆知识学习和信息获取的内在理念

在人类历史进程中，学习是促进社会发展和文明进步的基本途径，是满足知识结构完善、拓展思维创新的重要前提。图书馆是人们获取信息，学习知识的重要机构，其基本的功能在于学习，构建学习型图书馆则更加凸显图书馆内在的基本功能，彰显图书馆进行知识学习和信息获取的内在理念。构建学习型图书馆，开展学习型图书馆建设的目的，是改变图书馆传统固有模式，使图书馆转变成可持续开展学习活动的重要组织。构建学习型图书馆有利于培养图书馆员工的学习创新能力，使图书馆员工在建设过程中能够时刻学习获取各种新知识，不断开阔眼界，在引进借鉴和学习实践先进新颖的管理模式和服务理念时更具针对性和操作性，应用过程中确保更加顺利有序，不断优化图书馆管理模式，完善图书馆管理机制，为读者提供更加优质的服务内容，使得图书馆在面对未来外界各种复杂环境多变的情况时能够从容应对处理，从而更好地适应图书馆未来发展的要求。

### 2.2　适应学习型社会和知识经济时代的发展需要

进入21世纪，人们所立足的社会时代背景已经发生了相应的变化，当前社会是在知识经济时代背景下的学习型社会，在此时代背景和社会条件下，知识经济成为对知识的生产、分配和使用的社会主导。在此时代，社会信息化、经济知识化、市场全球化等特征得到充分体现，知识作为第一生产力，已然成为支撑社会经济发展的重要力量。其中，社会的主导资源已经侧重于创新型的知识内容，知识的创新对社会经济发展所产生效益日益增长。图书馆作为利用知识和信息存储的重要机构平台，拥有丰富海量的文献信息资源，这些资源蕴含着许多重要的文化知识和学术科研价值，将其进行二次开发，可以将这些有极高价值的文献信息资源转化为第一生产力，为社会、政府、高校、科研院以及公共管理等机构提供包括教学科研、学术交流、学习娱乐、文化传承等事务的有力保障，这也是身处知识经济时代和学习型社会大背景下众多图书馆将要承担的艰巨发展任务。在学习型社会中，终身学习和全社会的学习是主旨，面对学习型社会中知识更新速度迅速的现实情况，人们必须通过持之以恒的学习，来完善和充实自身的知识结构和储备，从而跟上时代发展的脚步，避免被时代无情淘汰的悲惨命运。社会的文明和进步离不开人们在学习能力上的飞跃提升和在知识信息掌握方面的更加充分完善，图书馆作为重要的公共文化服务机构，在为人们提供终身学习的方式方法上，具有义不容辞的重要责任。因此，为适应知识经济时代和学习型社会，广大图书馆必须力求创新，加大构建学习型图书馆的力度，加快学习型图书馆的建设进程。

## 2.3  适应图书馆应对挑战和提升核心竞争力的要求

在学习型社会和知识经济时代，图书馆的生存和发展将要面临许多严峻挑战，如何有效应对这些挑战，并更好地保证图书馆的发展水平是一项重要任务。首先，经过十数年的发展，互联网的技术已经成熟并在全球得到广泛应用，重要的网络信息搜索技术日趋完善，各种网络应用工具层出不穷。这一发展态势，使得人们在知识学习和信息获取方面的手段日益丰富，途径发生了重大改变，图书馆传统的文献获取和信息流通模式遭受了严重冲击。其次，受纸张价格上升的影响，传统的纸质图书和期刊的采购费用也随之上涨，而众多图书馆在采购经费上却显得极为匮乏，因此，电子书刊和网络阅读逐渐成为新的文献使用载体及阅读方式，电子书刊的普及和网络阅读的迅速发展以及纸质图书和期刊费用的上涨，导致人们在阅读方式上发生了相应改变。相较于传统图书期刊阅读，电子书刊和网络阅读更为便捷，阅读成本更加低廉，信息更新速度更加迅速，信息获取成效更为显著。最后，近些年来，信息产业和数字图书馆技术迅猛发展，对传统图书馆领域产生了全面影响，传统图书馆的功能定位和服务模式受到了强烈冲击和挑战，其旧有的功能和服务模式也日益模糊淡化，传统图书馆被边缘化的危机征兆日趋明显。在未来知识学习和信息获取无纸化的发展趋势下，图书馆所处理的文献信息资源重点也将转向各种机读文献资源，文献信息的获取和传递，也将通过网络等介质进行，读者和图书馆的联系不再以图书馆本身为发生空间，传统图书馆所进行的读者现场咨询、图书期刊流通借阅等功能将逐渐减弱以致最终消弭，传统图书馆甚至有可能完成其数千年的使命，从此湮没于人类发展长河中。因此，面对不容乐观的发展前景，图书馆只有通过实施变革，构建立学习型图书馆，才能充分应对挑战，提高图书馆未来的核心竞争力。

## 3　构建学习型图书馆的举措

### 3.1　确立图书馆共同愿景

学习型图书馆的共同愿景是图书馆员工的共同理想和价值，它是图书馆员工与图书馆愿景的有机统一。学习型图书馆共同愿景的确立能够有效凝聚全体员工，秉承一致目标，齐心合力，努力进取，实现图书馆科学发展。共同愿景的确立，可以采取会议讨论、问卷调查等形式提出甄选，图书馆管理层核心应该大力鼓励员工的积极性，充分调动员工关心个人和组织愿景的热情和积极性。共同愿景在学习型图书馆建设中具有指导意义，它既为全馆员工指明了努力方向，又为图书馆长期稳定发展奠定了凝聚力和向心力基础，图书馆需要采取多种方式来引导馆员树立个人和组织愿景，并通过个人和组织愿景指导实践工作，相互学习帮助，为图书馆发展共同努力。

### 3.2　加强重视图书馆管理创新

图书馆管理水平要上新台阶，必须加强重视管理创新。图书馆管理创新包括观念创新、过程创新、目标创新和战略创新等内容。学习型图书馆建设中的主体因素是人，因此人本管理将是学习型图书馆建设中的重要管理理念，这就要求图书馆必须重视员工的学习情况，并将管理理念充分应用于管理的各个环节层面，从知识生产传播和信息开发转化等角度进行审视评价，对其流程中的功能、效用、可靠性和精确性等指标进行评判，力图寻找其不合理、效率低的弊端和缺漏之处进行改进创新。知识是学习的主要内容，在保证知识生产、知识传播和知识转化等每个环节进行有效创新的基础上，方可实现学习型图书馆建设的初衷。学习型图书馆的管理目标是以知识创新为主导，在知识生产、知识传播和知识转化等环节上采取详备具体的创新举措，并通过图书馆战略规划和措施来努力实现组织目标。

### 3.3　努力营造图书馆学习氛围

学习型图书馆的构建需要营造一种浓厚的学习氛围，在此氛围熏陶引导下，保证员工能够保持清醒的头脑，认清社会和时代发展趋势，明确长期持续学习的必要性，及时更新知识储备、不断学习新知识新技能，努力适应新时代社会背景下的图书馆工作需要。在营造图书馆良好学习氛围时，要以人本管理理念为指导，充分体现图书馆学习氛围中的文化气息和自觉导向，发挥员工自主学习的主观能动性，挖掘和激发员工的学习潜能，督促和鼓励员工乐于学习，勇于超越，积极进取，为图书馆培养建设高素质的员工队伍做好人才储备，更好地服务于学习型图书馆的建设。

### 3.4　建立健全图书馆激励机制

学习型图书馆建设的成效取决于图书馆员工的学习能力水平。作为主观能动性的重要因素，图书馆员工学习的自主性和积极性决定了其学习的效果。为了充分调动员工自主学习的积极性和主动性，强化图书馆员工学习的意识和效果，必须建立健全科学有效的激励机制。例如，通过提高员工薪酬福利，采取职称评定政策倾斜、职务升迁优先考虑等措施来激励员工学习热情，提高其学习的自觉性和主动性。除了物质激励外，在平时工作和生活中，还要充分尊重和满足其心理需要，认真听取其合理要求和建议意见，对员工要勇于放权赋权，给予其充分信任，为其提供大显身手，实现自我价值，服务图书馆发展的广阔平台。图书馆在制定目标时要主动听取员工意见建议，让员工将自身发展融入到图书馆发展的进程中来，激励员工做好本职工作，精益求精，勇于攻坚，善于钻研创新，为图书馆事业贡献自己的智慧和热情。

### 参考文献

[1] 杨光，成佳. 试析"学习型图书馆"的组织设计原则 [J]. 情报资料工作，2008（6）：76.

[2] 黄文镝. 创建学习型图书馆的实践与探索 [J]. 图书馆建设，2007（6）：29—30.

[3] 陈玲芳. 图书馆学习动力模型构建探索 [J]. 山东图书馆学刊，2011（2）：21—23，27.

［4］黄亚男. 学习型图书馆与服务创新［J］. 高校图书馆工作，2008（1）：49—51.

［5］许亮，赵玥. 基于知识经济时代的学习型高校图书馆建设［J］. 农业图书情报学刊，2010（5）：46—49.

［6］贺森林. 也谈学习型图书馆建设［J］. 图书馆学刊，2011（4）：11—12.

# 云服务运用于图书馆信息技术基础设施探析

王　岚[*]

（安徽省委党校图书馆　合肥　230022）

**摘　要**　云计算有三个服务层级，软件即服务（SaaS）、平台即服务（PaaS）、基础设施即服务（IaaS），文章探析了几个不同服务层级的云计算应用于图书馆的关键问题，记述云计算的服务、平台及基础设施是怎样服务于图书馆需求的。概述了这些应用后，文章着眼于某图书馆将信息技术基础设施向云环境迁移的案例，总结了基于云的基础设施成功运用的因素并得出一些经验。

**关键词**　云服务　信息技术　基础设施　图书馆

## 1　引言

云计算是信息技术、应用软件及相关服务从其运行硬件上的抽象。国际标准与技术研究院从特征、管理模式以及运行模式等方面扩展了云计算的定义（NIST, 2009），云计算即为通过网络以易扩展的、按需的方式获取所需资源并提高资源可用性的模式，这些资源包括服务器、网络、应用、存储、服务等，它们来自某个共享的、可配置的资源池，并能够以无人干预的方式释放。

机构运用云平台能够利用外部优势和资源实现复杂的综合性服务，将需求转移到服务器基础设施的投资上，降低其获取弹性计算资源的成本。在图书馆应用领域，针对不同服务内容云平台提供了多种解决方案，如综合图书馆系统托管、电子期刊订阅管理系统、跟踪统计、数字图书馆主机等。这些方案使图书馆在资源配置以及相较于依托内部解决方案为用户提供更好的服务。

---

[*]　王岚，女，1982 年生，安徽省委党校图书馆，馆员。

当前，很多图书馆通过订购服务或平台的方式实现其对云服务的运用，但一些案例表明依赖于服务或平台提供商所提供的计算资源并不能完全满足其需求，图书馆需要将其信息技术基础设施迁移到云环境中。本文着眼于威克森林大学图书馆信息技术基础设施向云环境转移的案例，论述了基于云的信息技术基础设施能够成功应用的因素并得出一些经验。

## 2　云计算运用于图书馆现状

云计算有三级服务分层：软件即服务（SaaS）、平台即服务（PaaS）、基础设施即服务（IaaS）。软件即服务的环境中，机构无须访问底层基础设施或管理底层软件，而通过托管服务运行应用程序。电子期刊订阅管理系统就是软件即服务解决方案在图书馆应用的实例。平台即服务解决方案为机构提供能够部署特定应用程序的托管平台。这个托管平台通常是一些预定义空及来自托管公司的计算资源。在托管平台上机构无须管理底层服务器基础设施就能够部署本地开发或管理的应用程序，并利用控制面板管理平台。基础设施即服务解决方案为机构提供规定服务器、网络组件、存储空间等以满足其计算需求。在基础设施即服务环境中，机构负责服务器的启动与设置、网络接入管理和核心服务器组件如操作系统、网络服务器、防火墙等的正确设定。

云计算是一个成长中的领域。美国高校教育信息化协会视线报告（2009）和高德纳宣传报告（2009）都指明了未来几年云计算的扩张趋势。众多机构尤其是学术机构都已着眼于云计算的应用，将关键服务如开放链接和联合搜索引擎等迁移到云环境。

图书馆长期稳居云服务应用前沿。软件即服务解决方案应用于图书馆可以追溯到 2000 年初 SerialsSolutions 等公司的成立。内容管理与知识共享系统（LibGuides）等近年来成立的公司也反映了图书馆投资于软件即服务解决方案的意愿。在基础设施即服务领域，亚马逊公司推出了弹性计算云服务。亚马逊弹性计算云可以为机构提供信息技术基础设施，这些信息技术基础设施能够启动配置不同、安装 linux 和 Windows 等不同操作系统的服务器。它提供给机构使用 S3 存储服务的近乎无限的存储空间。亚马逊弹性计算云还可以为服务器和数据拍快照并将弹性计算云服务器包含入机构的私人网络。这些产品特点都为图书馆将信息技术基础设施迁移到云环境准备了较为完善的解决方案。

图书馆的云解决方案受到其服务及需求目标的影响。面向服务的任务特性和运用有限的资源寻求合适解决方案的需求目标使得图书馆在利用云服务的实践中具有特殊性。图书馆通常缺乏先进信息技术管理的内部专家，需要依赖外部的信息技术服务支持。信息技术支持服务能力是将图书馆推向基于云的解决方案的动力，也是图书馆迁移到云环境的关键阻力之一。另外，图书馆使用基于云的解决方案还受到政策法规的制约。这两个因素使得对于图书馆来说软件即服务和平台即服务方案相较于基础设施即服务途径更具吸引力。即便如此，很多图书馆已着手积极探索云计算的创新应用，其中也包括对运用基础设施即服务解决方案的新途径的探索。例如俄亥俄州图书资讯网路合作联盟和哥伦比亚地区公共图书馆系统已经通过亚马逊弹性计算云服务实现了基础设施即服务技术的应用。

图书馆向云环境迁移还面临法律上和操作上的挑战。法律上，云计算平台的应用需要政府政策法规来支持以保证其持续性和公开性。操作上，向云环境的迁移存在着怎样将基于云的应用程序包含进机构的私人网络，怎样将云中的信息存档和备份，怎样在分布式环境下管理服务等技术难题。

云托管机构已经开始解决其中一些问题。如：亚马逊为在其云平台上运行的所有服务制定了适用的服务级别约定。这些服务级别约定既明确了服务正常运行的时间也解决了法律和安全问题。亚马逊还改良了其核心弹性云服务，包括提供云服务器与机构网络之间的私人连接即虚拟私有云；提供横跨服务器实例的位元层级快照与存储即亚马逊弹性块存储服务；提供系统管理与监控工具等。

## 3　图书馆基础设施向云环境迁移的案例学习

云计算技术的不断发展为其应用用于图书馆带来了新机遇，越来越多的图书馆开始着眼于向云环境迁移。近年来，威克森林大学图书馆已经着手将关键信息技术服务迁移到基于云的或托管的环境中，并将关键系统向开放源码环境迁移，以实现其服务从平台即服务向基础设施即服务平台的转移。表1列出了该图书馆已迁移或是正在迁移到云环境下的应用程序，而其还未转移到云环境下的服务有数字图书馆应用软件、图书馆网站、机构知识库等。

表1　当前已迁移或正在迁移到云环境的应用程序清单

| 平台 | 应用程序 |
| --- | --- |
| 软件即服务 | 开放链接 解析器，期刊列表服务，导航，存储量统计，视频与聊天服务 |

续表

| 平台 | 应用程序 |
|------|----------|
| 平台即服务 | 综合图书馆系统，存档管理软件，初始网站应用软件 |
| 基础设施即服务 | 机构知识库发现层、综合图书馆系统发现层 |

威克森林大学图书馆在向基础设施即服务平台迁移前，开展了前期准备工作。他们首先考虑了几个关键的信息技术问题：

运行正常和稳定性——该解决方案在保证正常和稳定运行方面相较于本地发布和管理资源方案是否具有优势？

成本和负担能力——相较于本地解决方案，托管主机的使用需要哪些人力及技术资源？随时间推移，使用托管主机的成本将如何变化？

法律和组织问题——需要考虑哪些法律和组织问题？如何处理用户资料？怎样确保平台及与该平台的链接是安全的？

人员知识结构——图书馆向云环境迁移对图书馆工作人员的知识、能力会产生何种影响？工作人员是否必须掌握迁移的全部相关知识？

威克森林大学图书馆向云环境迁移的前期准备工作还包括初始需求分析，分析显示尽管威克森林大学的校级信息技术基础设施条件较好，但对特定应用程序的开发与管理困难却愈来愈多。因而，他们决定对云计算能否作为开发和管理图书馆网站、综合图书馆系统及数字图书馆系统等核心应用程序的解决方案进行测试。

2008 年底，威克森林大学图书馆许可了他们的第一台托管服务器，这实质是一个平台即服务解决方案。该托管服务器为一家领袖级托管公司所提供的虚拟私人服务器，存储空间相当小，20GB 存储空间，512MB 指定随机存储空间，但完全满足系统需求并具有易操作的控制面板。图书馆在这一平台上进行了应用程序管理及远程访问试验。他们选择"档案管理员工具箱"作为测试程序，测试表明虽然"档案管理员工具箱"的响应速度较慢但能够很好地提供服务。测试还表明，这个服务器缺少能够满足存储更大量数据需要的可扩展硬盘空间。

2009 年初，威克森林大学图书馆通过调查几个托管对象，决定选择熟悉综合图书馆系统及服务等级协议的综合图书馆系统销售商作为托管对象管理其综合图书馆系统。2009 年夏，威克森林大学图书馆把综合图书馆系统整体迁移到了综合图书馆系统销售商提供的环境中，并着手为信息发现服务、网站及数字图书馆服务等其他应用程序寻找能够运行的环境。经过有效调查，他们着重考察了亚马逊弹性计算云服务。在初步调查中，亚马逊弹性计算云服务表现出一些不足，如虽其基础设施相当稳固，所有使用人员都能够运用命令行工具管理实例并非易事、服务器及主分区存储的数据会在停止时丢等。最终，亚马逊弹性计算云服务技术的新发展解决了这些不足，威克森林大学图书馆决定用其培育他们的第一台服务器。

在培育这一服务器的过程中，亚马逊可扩展的解决方案和易操作的管理控制台显示了优势。亚马逊提供一定量的开放源码、基础服务器映像和私人平台来配合服务器培育。亚马逊弹性块存储服务易于加载大量的磁盘空间，从而满足了图书馆提供丰富数据服务的需要。亚马逊基于磁盘卷的弹性块存储技术新发展使图书馆可以停止但不丢失实例，其快照工具使图书馆在当实例意外终止时，无须设法在某个独立弹性块存储卷上存储服务器日志，简化了映像。亚马逊还提供了便于启动、关闭与管理的服务器管理控制台。另外，亚马逊弹性计算云服务易于在服务器上交换 IP 地址的能力，以及在弹性计算云服务层安装防火墙简化了服务器培育工作的实施。亚马逊还具有一些其他功能，如自动负载平衡，竞拍模式的服务器时间获得及虚拟个人云与校园网的连接等，都为威克森林大学图书馆迁移到基于云的基础设施环境提供了信息技术前提。

## 4　图书馆基础设施向云环境迁移工作评估

威克森林大学图书馆主要从服务品质与稳定性、对图书馆服务能力的影响、与本地信息技术解决方案的成本比较三个领域对向亚马逊弹性计算云初始迁移工作的成果进行了评估。

### 4.1　对图书馆服务质量的影响

亚马逊服务等级协议和法定协议最大程度保证了正常运行时间及数据安全。一方面，威克森林大学图书馆和许多图书馆一样运用互联网提供的服务不断增长并且已经熟练地应用软件即服务途径的云服务，因此将其核心应用基础设施由校园网迁出已不成问题。另一方面，服务器的配置、存档、备份等一般问题能够在亚马逊高质量的企业及社区文档中便捷地找到解决方案。

### 4.2　对图书馆服务能力的影响

完成初始迁移后，威克森林大学图书馆不需要运用支持基础技术的正确版本的服务，而通过运用基础设施级服务就可以把图书馆的应用程序搬到线上。软件即服务和平台即服务途径在图书馆难于实施的原因之一在于其核心应用通常要求具有复杂应用特点的专门的软件，基础设施即服务平台解决方案则避免了这一不足。迁移工作也提高了图书馆的服务效率。无须识别可用服务器空间就能迅速加载新的应用程序使图书馆能够比依托本地硬件更迅速地提供图书馆服务。同时，亚马逊弹性计算云环境中机器映像及数据从其运行硬件上的分离，将由于硬件故障而停机的时间降到了最短。

## 4.3　成本比较

威克森林大学图书馆对云计算和本地解决方案的成本进行了比较研究，得出了三点结论，一是包含行政和电力成本的亚马逊定价相较于本地管理服务器的成本是具有优势的；二是简单的虚拟服务器内部交换并不带来所有成本（TCO）的降低；三是最大限度的成本节省可能并非机构迁移到基于云的基础设施环境的充分诱因。高德纳公司最近的一项研究也显示安全和操作等问题才是导致迁移的关键性因素。

威克森林大学图书馆进行了迁移工作的成本效益分析，分析表明，弹性计算云与内部解决方案相比成本接近但具有操作上的明显优势。在他们即将实施的替换两个大型磁盘阵列和两个服务器的工作上，比较内部解决方案的硬件工程成本和迁移到弹性计算云及弹性块存储数据卷的成本，二者都需要历时五年，时间成本相近，但是后者体具有明显的操作优势。

## 4.4　总结与下一步方案

威克森林大学图书馆最终完成基础设施向云计算环境的初始迁移战胜了几项挑战。首先，虽然亚马逊提供高质量文档，可以为服务器的配置、备份和存档等一般问题便捷地寻求解决方案，但云环境下理解系统的架构以及安全问题等仍需认真解决。其次，尽管亚马逊在迁移工作起步时是市场上最为成熟的服务，在市场处于快速变化中，必须要保持对市场变化的把握才能够保证对新技术的及时利用。如持续映像的确立对简化弹性计算云的迁移工作有推进意义。最后，随着弹性计算云技术让快速安装、配置新服务器成为可能，图书馆需要和校园信息技术服务相配合以无缝的方式使用户将新服务器搬到线上。

将应用程序迁移到基础设施即服务平台为威克森林大学图书馆带来了以前本地服务器上不可比拟的灵活性，图书馆由此能够更加适应未来的发展。基础设施即服务市场的日臻成熟将使图书馆的服务向更加经济和标准化的方向发展。随着更多的图书馆适应于在基础设施即服务平台上使用应用程序，安装和分享应用模式的服务于不同目的服务器也将会成为可能。

## 参考文献

［1］ Harris，M. ，& Smith，D. M. Higher Education Q&A：Cloud Computing ［M］. Standford：Gartner Research，2010.

［2］ Truitt, M. Editorial：Computing in the "Cloud" ［J］. *Information Technology & Libraries*，28（3）：107—108.

［3］ Golden，B. The Case Against Cloud Computing ［M］. New York：Cio. com，2010.

［4］ Breeding, M. The Advance of Computing From the Ground to the Cloud. ［J］. *Computers in Libraries*，29（10）：22—25. ［5］ Leong, L. Software on Amazon's Elastic Compute Cloud：How to Tell Hype From Reality ［M］. Standford：Gartner Research，2010.

［5］ Wheeler，B. ，& Waggener，S. Above Campus Services：Shaping the Promise of Cloud Computing for Higher Education ［J］. *Educause Review*，44（6）：52—66.

［6］ Fox, R. Library in the clouds ［J］. *OCLC Systems & Services*，25（3）：156—161.

［7］ Nelson，M. R. The Cloud, the Crowd, and Public Policy ［J］. *Issues in Science & Technology*，25（4）：71—76.

# 第四部分

## 图书馆服务

# 对非战争军事行动情报保障<br>问题的几点思考[*]

夏婷婷[**]

（南京政治学院上海校区军事信息管理系　上海　200433）

**摘　要**　对于顺利完成非战争军事行动任务，健全的指挥保障至关重要。而情报保障作为一种可验证的保障又是其中必不可少的部分。目前，我国已着手建立并完善了服务于非战争军事行动的测绘、气象和通信保障系统。然而，伴随着日益复杂的非传统安全威胁问题，情报仍然是应对这一威胁的关键角色，因此对其需求和保障也更为多元。本文总结了当前我军非战争军事行动情报保障方面存在的一些问题，并就如何做好非战争军事行动情报保障工作提出了几点思考。

**关键词**　非战争军事行动　情报保障　建议

冷战结束以来，国际形势与战略格局发生了巨大变化，随着国家利益的拓展和非传统安全威胁的上升，我国发展面临的风险和挑战交织叠加，非战争军事行动任务日趋繁重。面对传统安全与非传统安全威胁交织的复杂国际环境，军事情报活动针对的对象与所处环境也相应发生了翻天覆地的变化。有效的情报保障对于非战争军事行动极为重要，情报部门所获取的高价值情报信息，往往可以成为非战争军事行动的力量倍增器。如果缺少可靠的情报保障，无异于"瞎子走路一片黑"。非战争军事行动中情报工作的对象繁而杂，情报需求的内容多而精，情报来源的信息量成倍增长，情报传递的速度要求大幅提高。与之相应，情报的搜集、处理、传递和评估等保障方式亦处在不断地变革之中。如何做好非战争军事行动中的情报保障工作，以适应多样化的安全威胁，确保遂行非战争军事行动的顺利完成，成为情报界面临的新挑战，也是当前我军亟待解决的一个新

[*]　本文为 2011 年度国家社科基金军事学项目（11GJ003 - 032）："非战争军事行动情报保障研究"阶段性研究成果。

[**]　夏婷婷，南京政治学院上海校区军事信息管理系。

课题。

# 1　非战争军事行动情报保障的内涵

非战争军事行动情报保障，是指为顺利遂行非战争军事行动任务，情报部门通过技术侦察和人力侦察手段而获得行动对象的有关情况或资料。它不仅为指挥员正确地指挥行动和作出决策提供依据，还可以提供评估，以帮助联合部队指挥官决定部署哪些部队，何时何地如何进行部署，以及如何运用它们才能以最小的人力代价和政治代价完成任务。它是一种特殊类型的侦察监视、分析研判和情报传递工作，其最终目的是基于情报预警与支援来对威胁作出快速、有效反应或慑止目标活动。

非战争军事行动情报保障主要体现在对行动对象方方面面的情况收集，它包含的内容十分宽泛。如行动对象的文化、政治、宗教和经济等基本情况，行动中所涉及的国际组织的类型、参与方式和活动企图等相关情况，民众受行动影响所反映的心理情况，当地的自然环境和交通运输环境等具体情况，各种不确定因素造成的行动类型、范围、性质和危害程度等不断演变的机动情况等。

# 2　非战争军事行动情报保障面临的主要问题

近年来，我军情报工作取得了长足发展。然而，应该清楚地认识到情报工作与新形势、新情况和新要求还存在较大差距，在非战争军事行动情报保障方面仍存在一些问题。

## 2.1　情报应急机制和预警能力还不够强

非战争军事行动多为突发事件，性质转化快，难以预测。目前，我军情报应急机制和预警能力主要是针对战时情报工作而设立的，处置非战争军事行动的情报动员机制和军地情报联动机制等情报应急机制尚处于起步阶段。虽然在近几年执行非战争军事行动中发挥了一定的效能，但是也存在着一些不如人意的地方。比如，2008 年"5·12"汶川地震发生之前，地质气象部门未及时作出预报，即使当地民众发现异常自然现象，也未引起有关部门足够重视，将此情况作为预警情报进行研判。2008 年西藏"3·14"和 2009 年新疆乌鲁木齐"7·5"两起严重暴力犯罪事件均由境内外"三股势力"精心组织和策划实施，但是情报部门事先未能准确掌握情况，作出深度预测，以至贻误制暴最佳时机，给国家和人民的生命财产造成极大损失。

## 2.2　情报来源手段单一，存在局限性

非战争军事行动的多样性要求情报保障手段必须多元化，单一侦查手段获得的情报往往顾此失彼。近年来，我军十分注重情报侦察技术建设，高科技情报侦察装备取得了长足发展。但与欧美发达国家相比，人力侦察力量还很薄弱，公开情报来源易被忽视，全球性侦察能力还不够强等弱势，尚不能完全满足应对多种安全威胁的情报需求。如在维护海外利益、海上通道安全、海外资产和人员安全、国内处突维稳以及应对重大自然灾害等方面的情报信息不够完整和详细，还不能有效确保国家利益拓展到哪里，多种安全威胁到哪里，情报保障工作就跟进延伸到哪里。

## 2.3　情报共享机制尚未完全形成

非战争军事行动涉及面广，包括了军队、国家安全部门和地方执法部门。由于种种原因，目前各情报机构各自为政，且情报的运行过程多为"烟囱"模式，尚未实现有效合作与情报共享机制。这种各自一体、分割独立的情报模式严重阻碍了情报之间的互动与交流，从而带来重复搜集、信息内容重叠、人力装备资源浪费、缺乏对情报的综合分析和评估等一系列问题，极大地影响了情报系统的情报质量，与应对多种安全威胁下旺盛的情报需求还不相适应。

# 3　非战争军事行动情报保障的几点思考

非战争军事行动是新世纪国家军事力量运用的重要方式，其行动具有很强的突发性、紧急性和仓促性，情报作为行动中可开发利用的力量倍增器，其价值是无可估量的。在情报保障方面，无论是在范围和领域上，还是在手段和方式上都发生了很大变化与拓展。新的情报需求赋予了情报保障以新的任务，因此，也向其提出了相应的要求。

## 3.1　构建非战争军事行动情报保障体系，确保情报保障工作的效益

冷战结束后，时任美国总统克林顿颁布总统决策指令，其中在优先情报需求中指出：美国情报界必须首先建立能够满足在多种多样的事态中支持军事行动的情报体系。在我国，非战争军事行动一般采取地方主导、军队和武警参与的联合决策方式，所以在构建起情报保障体系时应从战略、战役和战术三个层次全面考虑。构建以人力侦察与技术侦察相结合、公开侦察与秘密侦察相结合、军事情报部门与地方情报部门相结合、专业侦察

力量与部队侦察力量相结合的非战争军事行动情报保障体系。在该体系中，应建立情报组织指挥机构，明确各级各单位的职责和任务。同时，借助地方科技优势，按照情报侦察诸多要素，建立起上下贯通、左右相连和军地兼容的全方位、全时空和快速准确的情报保障网络，最大程度提升非战争军事行动情报处理、传输与使用能力。此外，还应加强非战争军事行动情报侦察实战演练，制定多种配套实用的情报保障方案，使各方情报力量密切配合，充分发挥军、警、民多方力量的作用，通过多途径、多方法、有组织和有计划地开展情报保障工作。只有这样，非战争军事行动的情报保障工作才能真正在统一的指挥下，有计划和有步骤地组织实施，才能确实保证情报保障工作的效益。

### 3.2　完善非战争军事行动情报自动化系统，最大优化情报保障的时效性

情报自动化系统即情报数据库系统、情报报知系统和综合信息处理系统。完善情报自动化系统，可有效实现情报实时接收、综合处理、快速生成和科学管理等情报自动化要求。

（1）情报数据库系统主要是情报资料的储备。一是敌情资料，包括人员的活动特点、组织结构、人员素质和社会背景等；二是我情资料，包括参加行动单元的编制装备、作战手段和遂行任务的能力、作战行动所依据的法则等；三是环境资料，包括地形、气象、水文、交通、风俗民情、宗教倾向和信息环境等资料。通过计算机网络的合理分布和情报资源的共享，使各级指挥部门及时了解情况，方便决策。在行动过程中，根据情况的不断变化，可以及时更新修改情报资料的数据内容，保证资料的"全"和"新"，提高情报的准确性。

（2）情报报知系统。除了对文字情报的搜集、存储和管理外，尤其要注重对行动中战场实时动态侦察情报的传递，加大开发非战争军事行动信号情报和图像情报等自动化接受和处理技术，确保整个行动具备声像情报的实时或近实时传输功能。

（3）情报处理系统。非战争军事行动情报涉及面广、内容多、信息量大，如何将大量繁杂的信息转换成及时和有用的情报，是情报处理系统必需解决的问题。所以必须加大对情报处理软件的研制，提高各部门系统软件的兼容性，增强系统内情报识别、分析对比、计划制定、优选方案和事后跟踪情报采集等功能，从而确保情报处理的高效、有序和完整。

### 3.3　构建情报法规机制，确保非战争军事行动情报保障的合法性和规范性

有效的情报法规制度，有助于影响国际国内的政治舆论，它可使非战争军事行动合法化。近年来，我国相继制定颁发的《突发事件应对法》和《军队参加抢险救灾条例》等十余部法律法规，对军队执行非战争军事行动任务作出了相关规定。国际上，诸如国际联合反恐、国际维和和联合军演等非战争军事行动，也在不同范围受到有关国际法的制约。显然，情报保障工作无论在遂行国内还是国际非战争军事行动中都将带有明显的法律政策性，因此，必须严格执行有关法规政策，依法施"援"，在法理上占据和保持主动，否则会造成不应有的严重后果。

（1）加强情报立法，确保非战争军事行动情报保障的合法性，是顺利开展行动的决定性因素。非战争军事行动涉及社会各个方面，可在现有的军事行动条例基础上，相应地制定非战争军事行动目标情报保障条例，建立健全情报保障的法律法规机制，明确军队在防范与处置突发事件中的地位、权限、行动原则、组织指挥以及区域合作等内容，进而将其纳入法律法规之中，予以规范，逐步使非战争军事行动的情报保障工作法制化。在侦察情报时，往往会遇到非常复杂和难以沟通协调的局面，"如果一个行动被认为是不合法的，那么行动就得不到支持，可能还会被主动放弃"。比如美国为了反恐战争需要，对公民的私人电话进行监听，结果引起了民间的普遍不满。可见，只有与之配套的法律法规作为依据，使之"有法可依"，才能"依法行事"，从而确保非战争军事行动情报保障的合法性。

（2）完善非战争军事行动情报管理制度。各情报机构应制定严格规章制度，各项情报工作分工到人，实行情报责任制，坚决杜绝情报工作中的各种失职和失误。制定和强化情报搜集、处理、分析及保密制度，确保每个环节准确无误和衔接到位，逐步使情报工作制度化和规范化。

### 3.4　强化非战争军事行动情报队伍建设，拓宽情报来源，提高情报保障的可靠性

非战争军事行动由于任务、目的和行动特殊，对情报的需求范围更加广泛，情报保障工作不仅涉及传统意义上的国家间军事、政治和经济的利益挑战，还包括一些非国家和次国家行为体，如暴力极端组织、武装叛乱分子和跨国犯罪组织等。因此，单一的技术侦察往往无法满足情报的需求。在这种复杂的情况下，对情报人员队伍的整体建设和规划也提出了更

高的要求。

（1）改变由专业人员搜集情报的传统单一模式，拓展为由承担行动任务的部队主动搜集情报的多重模式，提升对人力情报的搜集力度。非战争军事行动要求多学科、来源广泛和重点的情报保障。单一的情报来源不可能支持所有的需求。美军认为：情报和信息的采集需要多方面的训练，并要使用从军队内部各个渠道提炼出的情报，尤其要注重人力情报的搜索。经过系统训练的专业情报人员通常以借助技术手段来搜集情报为主，而非战争军事行动除了要准确掌握预定行动地域的情报外，许多以往并不受重视的情报信息，如地理信息、文化情报和本地区的民众对行动所反应的一些心理信息等，也都成为情报搜集的重点。而这些重要的情报信息是靠技术手段无法获知的，这就容易造成"可行动情报"越来越少，以至行动中情报需求和情报支援往往会产生脱节。为了满足行动的需求，建立一支强大的人力情报搜集队伍，依靠其行动部队自身搜集的相关情报来对其他技术情报作为一种补充，以获得最精确的情报成果是十分关键和必要的。包括从机制和功能上更加重视人力情报的地位和作用；加强情报人员对外国语言、风俗和文化的知晓，注重了解对手的思想和意图。只有人力情报和技术情报相互补充，相互配合，本着为获取情报而战，或根据情报而战，才能保证遂行非战争军事行动的顺利完成。

（2）加强情报人员侦察知识的训练，注重岗位练兵。非战争军事行动涉及的地域广、行业多，对情报人员的素质要求高。通过科学系统的理论训练，使参加非战争军事行动情报保障的人员既具备丰富的军事侦察知识，又具备历史、地理、宗教、法律、民俗和新闻等方面的知识。有计划地组织所属情报单位人员开展岗位练兵活动，通过岗位练兵，确保其理论知识与实践作战的有机结合，使之具备丰富的侦察技能和过硬的体能素质和心理素质，逐步提高情报人员的应急反应能力、快速机动能力和同步保障能力，确保能在恶劣条件和复杂地域遂行侦察任务。

## 参考文献

[1] 孙鹏翔，刘媛鹏．冷战后美国国家"优先情报需求"的变迁与争论[J]．解放军外国语学院学报（社科版），2011（2）．

[2] 中国人民解放军总参谋部军训和兵种部编译．联合出版物 JP3－07 非战争军事行动［M］．1995．

[3] 潘远强．伊拉克战争中美国陆军情报工作的调整与变化［J］．解放军

外国语学院学报（社科版），2011（2）.

［4］胡娅丽.遂行多样化军事任务情报支援能力建设思考［J］.军事情报研究，2009（4）.

［5］杨进、徐锋、徐立生主编.非战争军事行动概论［M］.北京：军事谊文出版社，2008.

# 基于用户真实需求的军校图书馆信息服务工作思路
## ——以南京陆军指挥学院图书馆的用户需求调研为例

任 妮[*] 史 飞[**] 修士博[***]

（南京陆军指挥学院图书馆 南京 210045）

**摘 要** 2012 年初，南京陆军指挥学院图书馆面向教员和学员开展了主题为"图书馆信息服务的用户需求情况"的调研活动，作者结合学院教学科研特点和图书馆实际情况，进行了详细的问卷统计和分析工作；并从用户真实需求的角度，探讨了在开展深层次信息服务过程中应做到围绕用户需求、重视资源和技术建设、加强馆员业务学习和拓展宣传推广渠道等关键性问题。

**关键词** 军校图书馆 信息服务 用户需求 需求调研

## 1 引言

"以用户为中心"是图书馆服务的根本宗旨，"让用户满意"是图书馆追求的永恒目标。图书馆作为文献信息中心，是军队院校资源和服务的集散地。伴随着军队信息化建设和院校教育转型的进程日益加速，军校图书馆传统服务模式面临着前所未有的挑战。如何切实地从用户的角度出发，如何深入挖掘用户的真实需求，如何使图书馆的服务做到源于用户需求并最终满足用户需求，如何将传统信息服务向深层次信息服务转变……

基于上述问题和疑虑，2012 年初南京陆军指挥学院图书馆面向教员和学员展开了主题为"图书馆信息服务的用户需求情况调研"的问卷调研活

---

[*] 任妮，女，1983 年生，南京陆军指挥学院图书馆，助理馆员。

[**] 史飞，女，1987 年生，南京陆军指挥学院图书馆，助理馆员。

[***] 修士博，男，1987 年生，南京陆军指挥学院图书馆，助理馆员。

动。此次活动的初衷是：将图书馆的服务理念从"我有什么"向"你要什么"转变，将图书馆的服务拓展途径从"我觉得你需要什么"向"你告诉我你需要什么"转变，通过深入挖掘用户真实的信息需求，集中力量有针对性地开展用户迫切需求的服务项目。此次调研的最终目标是：实现图书馆信息服务与用户需求紧密结合，探索到图书馆信息服务的新方法和新思路，提升图书馆自身深度信息服务的能力，强化图书馆在用户心目中"信息中心"的地位，最大程度满足用户的信息需求。

## 2  调研情况概述

### 2.1  调研对象和样本数选择

调研对象包括教员和学员两部分。其中，教员部分涵盖了学院五个系、一个中心等承担有教学任务的所有部门。学员分研究生学员和短训学员两部分，基于短训学员刚开学对图书馆情况尚不了解的考虑，此次调研的学员部分仅包括硕士和博士研究生，他们对图书馆现有资源和服务情况相对有比较深入的了解，可以结合自身的学习任务和特点对图书馆的信息服务提出需求。

此次调研的全部样本数为 247 个，其中教员 146 人，学员 101 人。经分析比对，剔除雷同问卷和草率作答的问卷共计 38 份，有效样本数为 209个，样本有效率为：84.6%。

图表 1  有效样本分布情况统计表

| 调研对象 | 样本总数 | 有效样本数 | 有效比率 |
|---|---|---|---|
| 教　员 | 146 | 126 | 86.3% |
| 学　员 | 101 | 83 | 82.2% |

### 2.2  调研对象层次分析

从调研对象的层次分布看，教员部分包括教授、副教授、讲师和助教。学员部分包括硕士和博士研究生。其中，有效问卷中，教员部分高级职称有 42 人，中级职称有 71 人，初级职称有 13 人，人员分布情况与学院教员队伍层次的实际情况基本相符（如图表 1）。学员的有效人数中，硕士研究生有 59 人，博士研究生有 23 人（如图表 2）。

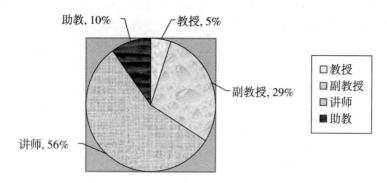

**图表 2　教员部分调研对象层次分布情况**

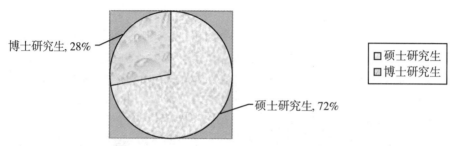

**图表 3　学员部分调研对象层次分布情况**

### 2.3　调研方法和数据处理说明

此次调研采用的方法是以问卷调研的方式当面访谈辅，这与滞留问卷再回收的调研方式比较而言，虽然耗时耗力，但是优势非常明显：①可以方便调研对象准确理解问卷内容，确保问卷质量；②可以深入了解用户的想法，拓展信息渠道；③可以当面解答用户的疑虑，达到双赢目的。当然，对于时间等原因不能当面访谈的用户，我们也采用滞留问卷再回收的方式，以扩大调研范围，增强调研的灵活性，但经分析大多数无效问卷均源于此类方式。

调研题目类型主要有选择题、排序题和开放题三种。其中，选择题的数据处理方式是选项累加求百分比，排序题的数据处理方式是加权求平均值，开放题的数据处理方式是分类统计。

## 3　调研数据和统计分析

数据的统计分析从现状和需求两个层面展开。其中，资源和服务是图书馆的两大主题，两者相互关联，缺一不可。资源建设是图书馆所有服务顺利开展的重要基础和前提保障，信息服务是图书馆资源建设的推广途径和最终目标。因此，具体分析包括资源和服务两个角度。

## 3.1 图书馆资源的利用现状分析

调研结果显示，用户获取学习和学术信息资源的渠道主要有图书馆网站、军训网其他网站和图书馆借阅纸质资源。这三项的值明显高于其他选项。这说明军队院校用户在教学科研中利用到的信息主要来源于军网、图书馆等军队内部，通过互联网等外部渠道获取的信息比较少，这与军事信息资源的保密要求和公开程度有关。另外，用户对数字资源的关注度和利用率明显高于纸质资源，尤其是军训网上的数字图书馆、数据库等高质量、权威性数据。用户的阅读习惯转变、电子资源利用的便捷性以及电子信息技术的普及等都是导致这种现象的主要原因。

**图表 4　获取学习和学术信息资源的渠道情况统计表**

| | 图书馆借阅纸质资源 | 图书馆网站电子资源 | 军网其他资源 | 互联网资源 | 自行购买 | 其他 |
|---|---|---|---|---|---|---|
| 总值 | 814 | 1025 | 817 | 659 | 468 | 229 |
| 平均值 | 3.89 | 4.90 | 3.91 | 3.15 | 2.24 | 1.10 |
| 排名 | 3 | 1 | 2 | 4 | 5 | 6 |

用户对数字资源建设的重点关注问题是资源量大、涉及面广，即资源的数量多，覆盖面全。其次关注的是资源检索功能强大。可以想象面向覆盖率高的信息群，如果检索功能足够强大，所需资源的针对性与权威性问题也都可相应解决。因此，在数字资源建设中，覆盖面和数量保障是重要方向，在此基础上的检索功能优化是确保资源有效利用的关键渠道。

**图表 5　数字资源建设的重点关注情况统计表**

| | 资源量大，涉及面广 | 资源的学科针对性强 | 资源的权威性高 | 资源检索功能强大 | 资源分类导航清晰 | 资源推送、介绍等服务周到 |
|---|---|---|---|---|---|---|
| 总值 | 539 | 418 | 393 | 489 | 341 | 189 |
| 平均值 | 4.5 | 3.5 | 3.3 | 4.1 | 2.9 | 1.6 |
| 排名 | 1 | 3 | 4 | 2 | 5 | 6 |

### 3.2 图书馆现有服务的利用情况分析

从图书馆现有服务内容看，用户利用过的，尤其是利用频次较高的均属于传统服务项目，如借还书、在馆阅览纸质、数字或密级资料以及访问数字图书馆网站等。对于原文传递、网上参考咨询等信息服务项目利用较少。分析其原因（见图表6），教员在面对教学科研需要搜集资料时，主要的途径还是靠自己搜集整理，占全部渠道的61.72%，这个过程会充分利用借还书、阅览或利用数字图书馆资源等传统服务。在教员自己搜集资料不能满足或存在疑问的时候才会有可能找图书馆寻求帮助，占全部渠道的46.41%，这时才有机会用到信息服务内容。

我们深入挖掘用户为什么在面对信息需求的第一时间不考虑图书馆，结果见图表7，用户不知晓图书馆能够提供该服务项目（40.4%），或者对图书馆提供该服务的能力有所质疑（30.3%）。可见，图书馆服务项目的宣传力度不够，馆员自身的知识水平和服务能力也有待提高。

图表6　用户获取教学科研信息的主要途径

|  | 自己搜集整理资料 | 找图书馆寻求帮助 | 找专门机构寻求帮助 | 其他途径 |
|---|---|---|---|---|
| 数量 | 129 | 97 | 15 | 5 |
| 百分比 | 61.72% | 46.41% | 7.18% | 2.39% |

图表7　用户不选择图书馆提供信息服务的原因

|  | 不愿透露教学、科研等信息 | 对图书馆提供该服务的能力有质疑 | 已有固定的途径满足该需求 | 其他（不知晓有该服务） |
|---|---|---|---|---|
| 数量 | 9 | 69 | 45 | 71 |
| 百分比 | 4.31% | 33.01% | 21.53% | 33.97% |

### 3.3 图书馆信息服务的用户需求情况分析

此次调研涵盖了八类图书馆深层次信息服务内容，包括：专题跟踪、原文传递、查收/查引、学科馆员、军事期刊文献编译、热点新闻追踪、热点图书推荐以及报刊投稿指南等服务。针对八项服务设计了一道综合的需求程度排序题，并针对每项服务设计了"没有需求，需求较小，需求一般，需求较大，需求非常大"五种选项的单选题。目的在于既能做到深入挖掘用户需求，又能通过前后两种问题的一致性较好地确保用户回答能够代表其真实需求。其中，图表 8 是根据排序题的统计结果进行加权平均处理，得到每项服务的需求总值和平均值。图表 9 是根据单选题的统计结果进行综合归类处理，得到每项服务的需求情况对比值。

图表 8　图书馆拟开展服务的需求情况统计

| 有效 | 专题定题 | 原文传递 | 查收/查引 | 学科馆员 | 期刊编译 | 热点新闻 | 图书推荐 | 投稿指南 |
|---|---|---|---|---|---|---|---|---|
| 总值 | 1112 | 1084 | 797 | 620 | 960 | 688 | 724 | 730 |
| 平均值 | 5.32 | 5.19 | 3.81 | 2.97 | 4.59 | 3.29 | 3.46 | 3.49 |
| 排名 | 1 | 2 | 4 | 8 | 3 | 7 | 6 | 5 |

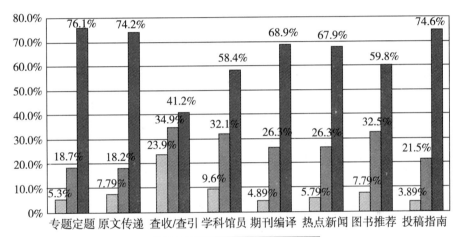

通过图表 8 和 9 的对比可以发现，按照排序题，需求最高的三项服务内容是：专题定题、原文传递和期刊编译；最低的三项是：学科馆员、热点新闻和图书推荐。按照单选题，需求最高的三项服务内容是：专题定题、投稿指南和原文传递；需求最低的三项是查收/查引、学科馆员和图书推荐。其中，专题跟踪、原文传递、期刊编译和投稿指南的需求都相对较高，查收/查引、学科馆员、热点新闻、图书推荐等的需求都比较低。这为我们今后信息服务工作的开展指明了方向。

### 3.4　用户对图书馆资源和服务建设的意见分析

在意见收集中（图表 10），用户对图书馆工作提出建议 88 条。其中

60.23%是关于数字资源建设的，包括资源的更新速度、建设内容、页面优化和检索功能等。很多用户推荐国防大学的检索界面更人性化，便于使用。另有30.68%的用户关心图书馆的服务，如加强宣传力度、重点做定题跟踪服务和急需投稿指南等。

**图表10　教员对图书馆的建议和意见分类统计**

| | 数字资源更新 | 数字资源内容 | 平台优化 | 纸质资源建设 | 宣传力度 | 服务 |
|---|---|---|---|---|---|---|
| 数量 | 17 | 22 | 14 | 8 | 4 | 23 |
| 百分比 | 19.32% | 25.00% | 15.91% | 9.09% | 4.55% | 26.14% |
| 合计 | 60.23% | | | 9.09% | 30.68% | |

## 4　源于用户真实需求的信息服务工作思路

### 4.1　以用户需求为导向，逐步拓展信息服务内容

军队院校图书馆的信息服务对象主要有科研队伍、教员队伍和学员队伍，详细又分教授、教员、助教、研究生学员、短期培训学员和中长期培训学员等。不同用户群体的信息需求不同。比如，科研人员主要围绕手头的研究课题，教员主要围绕开设课程，研究生学员主要围绕学位论文，任职教育学员主要围绕培训主题等。另外不同的年龄层次、不同的职称级别和不同的地区来源等的用户信息需求特点也各不相同。图书馆在进行信息服务的过程中，要深入挖掘并分析用户的需求特点，时刻把用户需求放在首位，可以采用问卷调研、座谈或者非正式调研的方式，关于资源建设和情报服务的类型、途径和方式都要征求用户的意见，开展的过程中也要听取用户的评价和建议。同时，在现有信息服务类型繁多的情况下，选择开展的服务内容不能求新颖，也不能求多样化，紧贴用户需求，选择合适的服务方法和方案，从点入手，逐步拓展，直至线面结合，才能真正确保提供的服务和建设的资源是用户真正需要的，而用户需要的服务和资源我们也能够快速高质量地提供。

### 4.2　以资源和技术为支撑，打造坚实的信息服务基础

在图书馆的信息服务工作中，资源和技术是两个重要的支撑条件。资源是信息服务的基础，是信息服务顺利开展的必要前提。图书馆的服务平

台、硬件支撑和服务手段都依赖于先进的计算机技术，技术是资源建设和信息服务工作的重要保障。资源和技术任何一方面不过硬，都会直接影响到信息服务的方式、内容和质量。其中，对于军队用户深层次的信息服务而言，资源建设更注重电子资源的建设，包括各类学科数据库、特色数据库、通用数据库和多媒体数据库等军事信息资源库，还包括期刊目录/摘要、重点推荐资源、投稿指南、时事新闻和学术动态等经过选择加工的数字资源。资源建设的最终目的是为用户提供针对性强、利用度高、覆盖面广和更新及时的学科特色资源及军事相关资源。在技术支撑方面，首先要优化网站平台的功能结构，创造图书馆与用户友好交互的形象窗口；其次，要持续更新硬件设施，为用户提供便捷高效的学习环境；同时，应该将先进的技术手段融入信息服务，提高信息服务的效率和质量。

## 4.3　加强馆员业务学习，建设一支高素质的服务队伍

图书馆馆员是信息服务工作的直接操作者，其知识技能、思想意识、服务形象和沟通能力等素质水平可以决定信息服务水平的高低。正如调研结果所示，很多人有信息需求时不选择图书馆是因为对图书馆提供该服务的能力有所质疑。因此加强馆员的业务素质刻不容缓，而且是一项必须的长期建设内容。首先，要提高馆员的知识水平，既包括信息搜集、整合、分析等图书情报专业知识，又包括计算机技术和外语水平等深层次信息服务要求的必备知识，还包括军事理论、军事技术等军队特色学科知识。其次，要锤炼思想政治、增强服务意识和提高沟通能力，通过一系列的业务素养学习，树立图书馆馆员真诚服务用户、用心交流沟通、尽力满足要求的良好形象。另外，加强馆员业务学习，需要图书馆具备完善的用人机制、考核机制、激励机制和培训机制等措施，以充分调动和激发馆员的积极性、主动性和创造性，真正打造一支高素质的服务队伍。

## 4.4　拓展宣传推广渠道，提高用户对图书馆的认知度

军校图书馆的服务对象是广大教员和学员，失去用户，图书馆就成为无本之木，无源之水，再充实的资源、再丰富的服务、再舒适的环境都变得毫无意义。调研中，用户实际非常渴求信息服务，也十分欢迎并愿意参与到图书馆的服务工作之中，但为什么目前图书馆普遍存在信息服务利用率低，评价不高的现象？宣传推广工作不到位是其主要原因。拓展图书馆服务的宣传推广渠道，首先要确保有简明扼要和针对性强的宣传内容，比如我们目前制作的《军事期刊目录导读》和《图书馆好书推荐目录》等，

深受用户好评。进一步可以专题的形式制作文摘、全文、译文和综述等二次文献，让用户能够以便捷的方式第一时间获悉满足自己需要的信息资源的分布情况。其次要做到充分利用宣传渠道，除了以往在文献检索课中介绍图书馆资源和服务外，还可以充分利用办公邮箱、飞秋等校内通讯方式，将服务内容、服务产品和服务方式等定期或不定期的发送给用户。再者，变被动与主动，深入用户群体中宣传推广，这种方式对于馆员而言，耗时耗力，且对知识水平、服务能力等综合素质要求较高，但是对于用户而言，则能够以最快的速度，准确全面地了解图书馆信息服务情况。另外，宣传推广过程中要重视用户口碑的力量，用户之间的口口相传远胜于图书馆各种宣传的效果，而获得用户口碑的唯一途径就是服务质量。

## 5　结语

信息服务是图书馆工作的永恒主题，而用户则是信息服务的永恒核心。在军队信息化建设和院校教育转型等大环境中，图书馆作为军队的文化服务中心，要牢牢把握学院的教学和科研需求，密切贴合用户的真实需求，才能不断探索和实践信息服务的新思路和新模式，全面提高图书馆的信息服务能力，拓展图书馆的服务范围，真正做到为加强军队学术交流和营造知识环境、培养专业技术过硬和综合素养够强的新型军事人才贡献力量。

**参考文献**

[1] 游大鸣，方英，周林，等. 基于Web2.0的军校图书馆创新信息服务研究 [J]. 情报理论与实践，2011（6）.

[2] 任俊霞，姜长宝，季莹. 网络环境下高校图书馆信息服务模式研究 [J]. 图书馆建设，2011（10）.

[3] 宋宝和，季亚文. 提高图书馆的信息服务水平探析 [J]. 情报杂志，2011（6）.

# 论学科建设与社科图书馆创新服务

霍春英* 赵国良**

（山西省社会科学院图书馆 太原 030006）

**摘 要** 文章从社科图书馆与学科建设的关系、社科图书馆在学科建设中的地位与作用、社科图书馆为学科建设服务的对策等三方面论述了如何围绕学科建设开展创新服务。

**关键词** 学科建设 社科图书馆 创新服务

地方社会科学院是哲学社会科学研究机构，主要为省委和省政府决策服务，以本省社会经济发展为服务宗旨，紧密结合本地实际，进行深入研究和理论创新，是省委和省政府的"思想库"和"智囊团"。而学科建设是地方社科院建设与发展的核心和重点，是体现地方社科院生存价值的重要因素，也是衡量地方社科院学术水平、服务能力以及综合实力的重要标志。作为社科研究的重要组成部分，社科图书馆如何在地方社科院学科建设中扬长避短、发挥作用，是目前面临的一项重要课题。本文拟从社科图书馆与学科建设的关系、社科图书馆在学科建设中的地位与作用、围绕学科建设图书馆如何开展创新服务进行分析探讨，以期找出一条为地方社科院学科建设创新服务之路。

## 1 社科图书馆与学科建设的关系分析

社科图书馆担负着为科研工作提供信息保障的任务，图书馆建设与学科建设互相依赖，缺一不可。首先，社科研究涉及社会科学领域的各个学科，需要图书馆为其提供信息支撑和资源保障，尤其是具有地方特色的资源。图书馆是地方社科院文献信息中心，是科研人员获取科研信息和提高自身素质的重要信息源泉，它直接服务于科研，能够帮助科研人员及时掌握国内外社会科学研究最新动态和研究信息，为社科研究提供切实有效的

---

\* 霍春英，女，1954 年生，山西省社会科学院，研究员。

\*\* 赵国良，男，1963 年生，山西省社会科学院图书馆采编部主任，副研究馆员。

文献信息保障。其次，学科建设在促进科研发展的同时，也对图书馆自身的发展起到了积极的促进作用。为满足学科建设的要求，图书馆往往在文献信息资源建设中围绕本院学科建设的目标与方向，积极收集和采购相关文献信息资源，这样就使图书馆文献信息资源建设更具有实用性和指向性。

## 2 社科图书馆在学科建设中的地位与作用

学科建设必须依靠大量的文献信息资源，学科理论创新涉及各种理论资源，而图书馆丰富的文献信息资源是学科建设和发展的重要保障。地方社科院强化学科建设，在大力引进高层次人才、拓宽学科研究领域以及发扬优势学科的同时，都要重视图书馆的建设。任何学科的研究与发展都离不开文献信息资源的利用，离不开图书馆的信息资源。因此，地方社科院图书馆是学科建设的文献信息中心，是为社科研究服务的学术性机构，是推动学科发展和学科创新的重要力量。在学科建设中，图书馆理应承担文献信息资源保障和优质的信息服务。

### 2.1 社科图书馆是学科建设的信息保障中心

社科图书馆的服务对象是本院科研工作者，作为收集、整理、保存、研究并提供服务的机构，长期以来，图书馆一直在充分发挥其保存、整理和传播文献的职能，极大地满足了科研人员的科研需要。在网络技术飞速发展的今天，图书馆已走出了由传统图书馆向现代化图书馆迈进的步伐，而且已经取得了很大的成效。图书馆不再是简单的保存、整理和传播文献信息的机构，而是服务于科研的学术性机构。没有一流的文献信息保障，就没有一流的学科，社科研究离不开图书馆的文献信息支持与保障。社科研究的成败，很大程度上取决于对相关文献的占有及了解程度。因此，作为信息中心的图书馆的地位是任何一个机构都不能替代的。

### 2.2 社科图书馆是学科建设的重要基础

社会科学研究，学科建设是关键，学科建设是提高科研水平的重要途径，而要搞好学科建设，发展壮大学科队伍，图书馆信息资源的开发与利用，为学科建设创造了条件，提供了动力。图书馆的馆藏文献资源、网络资源、数据库等信息资源，为科研工作提供了资源保障。充分利用这些资源，科研人员可以及时了解和掌握国内外社会科学研究的最新动态，并根据掌握的信息，分析、研究和确定自己从事的研究是否处于学科前沿，有没有研究价值，为领导提供决策信息有没有理论价值和实用价值。此外，图书馆各类学科信息的使用与挖掘，可以节省科研人员收集资料的时间，缩短科研周期，节约科研经费。因此，学科建设离不开图书馆工作，图书馆是学科建设的重要基础。

### 2.3　社科图书馆是学科创新的加油站

学科建设与发展需要理论创新，创新是能否站在学科前沿的标志。而任何创新都必须继承和借鉴前人的优秀成果，经过消化、吸收和研究之后，才能有所发现和创造。学科理论创新必须依托大量的实际材料，而图书馆收藏了人类社会发展的优秀成果，为学科建设提供了取之不尽、用之不竭的文献信息资源，并根据学科建设的需要，制定文献信息收藏计划，确定学科文献收藏范围，通过工作人员的努力，逐步打造学科信息体系，为学科建设提供资源保障，真正成为了学科建设的加油站。

## 3　社科图书馆围绕学科建设开展创新服务对策

### 3.1　围绕学科建设，创新服务理念

图书馆工作的最终目的就是能够最大限度地满足读者需求，社科图书馆服务学科建设就是要实现从"藏"到"用"的转变，要摒弃重藏轻用的思想。藏的目的就是为了用，就是为了使文献信息价值得到最大体现；要摒弃坐等读者上门的传统服务理念，走出去，请进来，真正树立起一切为了读者的思想，变被动服务为主动服务，服务的视野要更加开阔、服务的理念要更加超前；读者服务要从为读者提供本馆馆藏文献拓展到馆外文献，从为读者提供现有馆藏拓展到虚拟馆藏，从为读者提供印刷型文献拓展到电子出版物。

### 3.2　围绕学科建设，创新管理模式

随着时代的发展，社科图书馆原有的管理模式已经不能适应学科建设发展和图书馆自身发展的需要，图书馆要生存与发展，就必须对传统的管理理念和方法进行扬弃和取舍。在工作实践中，利用先进的图书馆理论方法，不断寻找出适合自身发展的着力点和突破口，实行民主化、科学化决策和开放式管理。以制度约束人，以制度促进工作的发展，在管理模式创新中找到与学科建设的结合点，为搞好学科建设打好管理基础。

### 3.3　围绕学科建设，创新服务方式

大部分社科图书馆基本实现了馆藏文献开架借阅或半开架借阅，使科

研人员能够自由地在书海中徜徉，查找到自己所需的文献资料，这种开放式的藏阅借服务模式，拉近了科研人员与图书的距离，极大地方便了科研用户。在网络环境下，图书馆还可通过网络远程服务和虚拟服务，实现网上预约、网上阅读和全文信息传输服务等，使个性化的服务跨越时间、空间和地点，成为馆内服务的一种补充、延伸和拓展。

### 3.4　围绕学科建设，完善信息资源体系

文献信息资源建设是社科图书馆为科研工作提供服务的物质基础，学科建设要求图书馆为其提供丰富的文献信息资源，特别是与本院重点学科相匹配的专业文献。因此，社科图书馆文献信息资源建设要紧紧围绕本院重点学科建设来确定收藏重点和范围，要确保专业文献在整个馆藏文献中所占的比例，在围绕重点、兼顾一般的原则下，对重点学科、优势学科文献的收藏要具有全面性、系统性、学术性、创新性和完整性，尽量满足学科建设和学术研究的需要。

### 3.5　围绕学科建设，加大经费投入力度

学科建设需要资源保障，需要各类社科信息的支持，但没有足够的经费，学科建设将寸步难行。大部分图书馆现有的图书购置经费只能低标准地满足图书的采购需求，与学科建设的需要相差甚远。与此同时，随着网络技术的应用和发展，图书馆依赖网络技术的程度越来越高，各种数据库的购入和硬件设施的添置，需要大量的经费投入。单纯依靠政府投入的传统模式只能解决图书馆的一时之困，图书馆应采取两条腿走路的方针。一方面依靠政府投入，另一方面要调动一切有利因素积极创收，加强与科研部门的合作，在提供优质服务的同时，争取得到科研部门的支持。这样既有利于图书馆的发展，也能为学科建设提供强有力的资源保障。

### 3.6　围绕学科建设，建设社科专家数据库

社科专家数据库是指将本省社会科学研究机构的国家级或省部级学科专家的著作、论文、研究报告、会议讲稿等科研成果电子化和网络化，形成具有地方特色和学术优势的数据库。社科图书馆要投入一定的人力和物力，组织专门技术人员通过对本馆数字资源、专家提供或其他途径获取的相关资料进行归纳、整理并数字化，有计划、有步骤地建设重点学科专家数据库，使数据库建设系统化和常态化，保证各项数据的不断更新，方便科研人员及时掌握自己研究领域的国内外最新动态，使科研工作少走弯路。与此同时，社科专家数据库建设，要在充分考虑学科建设需要的同

时，以反映地方特色的数据库建设为主，有目的、有计划和分步骤予以实施。数据库设计标准要规范，努力解决好接口和共享以及知识产权等问题，最大限度地节省资源和经费。

### 3.7 围绕学科建设，深化学科馆员制度

1998 年清华大学率先实行了学科馆员制度。经过十几年的发展，一些研究型的图书馆和一些高校图书馆也相继建立了学科馆员制度，对学科化服务以及科研工作的顺利开展起到了积极的推动作用。但针对社科系统图书馆而言，实行学科馆员制度的步伐相对滞后，工作力度和推进深度参差不齐，有的图书馆甚至至今还没有真正建立学科馆员制度，这对学科建设无疑是一种很大的损失。因此，完善和深化学科馆员制度，是学科建设的需要，是图书馆发展的需要，学科馆员只有在打破传统的服务模式的基础上，不断开拓创新，为科研工作和学科建设提供科学化、个性化和知识化的服务，才能体现其真正价值，实现图书馆与学科建设的同步发展。

### 3.8 围绕学科建设，深入开展调查研究

社科图书馆要针对科研人员的信息需求深入开展调查研究，及时了解科研人员对学科文献类型、信息源类型和文献信息服务方式等方面的需求情况，据此使本馆专业文献的配置比例更加合理；要主动地对本院优势学科和重点学科国内外发展情况进行调研，了解学科建设是否处于国际前沿和国内领先水平，为社科理论研究提供前瞻性的信息支持；要及时掌握科研人员的基本信息和科研进展情况，对不同层次的科研人员和不同课题开展分层次的和有针对性的服务。

### 3.9 围绕学科建设，构建资源共享平台

社科图书馆要积极参与、组织本院各所之间协调合作模式，逐步实现局域网内图书馆与各服务对象以及科研部门之间的资源共享，同时要规范数据库建设，为资源共享创造条件，要积极参与社科系统图书馆之间的合作，在中国社会科学院图书馆的带领下，共建社科系统图书馆资源共享平台，使图书馆在网络环境下有更大的服务空间，更强的展示平台，更专业的信息服务，为学科建设打造资源共享航母，全面提升服务能力，更好地开展创新服务。

### 参考文献

［1］黄长著．对学科和事业发展的几点思考［J］．情报资料工作，2008

（6）.

［2］李名洋，鄢小燕．面向科研的图书馆服务创新研究［J］．国家图书馆学刊，2010（1）.

［3］赵功群，王芙蓉，潘 江．高校重点学科建设与图书馆创新服务研究［J］．农业图书情报学刊，2010（10）.

［4］杨敏．高校院系资料室服务学科建设途径探析［J］．新西部，2012（2—3）.

［5］刘丽娟．浅论高校图书馆与学科建设的关系［J］．长沙铁道学院学报（社会科学版），2008（2）.

# "光源自光"
## ——网络互动问答平台在
## 军校图书馆中的应用构想

刘琰明[*]

（国防大学图书馆　北京　100091）

**摘　要**　笔者通过参观展于上海图书馆和国家图书馆的"光源自光"艺术展览得到启发，结合互联网中以爱问知识人为代表的网络互动问答平台，阐述了在顺应总部规划的背景下其对于军校图书馆的借鉴意义，提出了在军校图书馆构建学术性网络互动问答平台的构想。

**关键词**　军校图书馆　爱问知识人　互动问答平台

"光源自光"是上海图书馆和国家图书馆曾经展出的一组艺术作品的名称。这组作品中有许多是由图书馆用户设计的包括阅览座椅等在内的图书馆空间构想的各种细节。由此启发，笔者认为，提供给用户的知识就像一束光，而这束光不仅仅可以由图书馆工作人员来以馆内现有资源提供，也可以源自享用光束的用户，以图书馆和用户的知识之光共同为大家提供服务，充分利用用户的知识资源，形成图书馆与用户之间知识的共享。早在 2005 年就诞生并取得巨大成功的爱问知识人社区正是这种知识共享平台的典型模式。近年美国七大图书情报机构考察调研报告中很重要的一点，就是突出以用户为中心的服务理念与服务模式。从用户实际出发创新军校图书馆服务手段，应该说是顺应发展的必然趋势。而这与总部为院校图书馆提出的信息化发展要求也相吻合。我们可以在军队院校数字图书馆中借鉴新浪爱问知识人的模式，在发展严谨成熟的学术资源服务的同时，打造出轻松互动的学术共享平台，拓宽军校图书馆信息服务职能。

---

[*]　刘琰明，女，国防大学图书馆，馆员。

## 1 爱问知识人问答平台简介

爱问知识人是新浪旗下的互动问答平台。它采用智慧型搜索技术，以独有的互动式问答平台弥补了传统搜索技术的不足。知识人让网民参与提问和回答，广泛汇集专家和网民智慧，为用户使用信息提供了便利的平台。新浪最早在国内推出这种互动问答形式，借助该平台，用户可以使用自然语言提问的方式获得自己满意的答案，也可以以自己所知回答他人提问。目前，新浪的注册用户已经超过千万，平均每小时就有近60%的问题得到解答，而用户满意率更是超过78%，成为数据质量最好的问答平台之一。

知识人平台共分为问题分类、问题排行榜、知识人团队、用户榜、专家团、共享资料、开放词典以及搜索和个人中心等九大模块。知识人的分类体系主要从方便用户检索方式出发，对问题设置以集中解决人们日常讨论较多和感兴趣的话题。问题排行榜分为最新问题、最新投票、零回答问题、新手问题、高分问题、已解决问题以及热点问题推荐，便于不同需求和级别的用户选择适合自己的问题进行浏览或回答。知识人团队是基于爱问知识人的网友基础上形成的小团体。每个知识人团队都擅长某一方面的问题，他们会利用集体的力量来在爱问知识人上发挥更大的作用，回答的问题更多更好。用户榜则是根据用户在网站的活跃程度和回答问题的采纳率等按照总得分和一周得分排名列出用户，并列举出被举报违规用户。爱

问知识人专家目前分两个类别："特邀专家"和"推荐用户"。"特邀专家"称号给予各个行业的专业人士；"推荐用户"专门表彰上一周在爱问知识人里表现最出色和最活跃的网友，每周会有20名推荐用户入选网友专家团，同时会有1位推荐用户当选为"荣誉知识人"，在爱问知识人首页进行公开表扬。在共享资料区，用户可以自由搜索所需资料，还可以向网友求助提出信息需求，或者到共享资料问答区为其他用户提供资料。开放词典则是类似于维基百科的可创建并发布、补充和搜索词条的平台。用户的个人中心里，主要可以进行关注某类或某个问题、查看问答记录以及与其他网友进行公开留言或短信交流等操作。

## 2 构建军校图书馆网络互动问答平台是图书馆发展的新契机

军校图书馆在提供成熟的和严谨的信息服务的同时，也可以通过这样一个平台以用户之手进一步挖掘、利用并推荐本馆及其他信息资源，增进图书馆与用户的交流，拓宽信息服务职能。

### 2.1 与总部政策目标相吻合

目前在紧锣密鼓进行的院校教育信息化为图书馆建设这样一个平台提供了良好的环境和机遇。总部领导在2011年底举办的馆长集训班上就明确指示，图书馆作为院校信息化建设的重要基地，必须紧紧把握院校教育信息化建设的有利时机，搞好图书馆信息化基础设施建设，积极运用先进信息技术，改善图书馆服务环境，拓展虚拟信息空间，提升图书馆数字化建设、网络化服务和自动化管理的水平，在院校教育信息化中发挥生力军的作用。这为在军校图书馆构建这样一个网络互动问答平台提供了良好的政策支持。有了这样一个有利的背景环境，创新开发图书馆网络服务手段就更底气十足。

### 2.2 填补了现有军事学术交流平台的空缺

在军训网中，以国防大学图书馆为例，目前已经拥有大量丰富的和有特色的信息资源，也拥有较为成熟的集成化搜索引擎。用户对数字图书馆的使用反响都非常好。但是这一平台还是更重视向用户传播知识，用户为被动接受知识，而不是重点在以用户需求为主解决其实际问题，因此需要一个互动平台来协助图书馆了解用户，同时也更好地揭示信息资源。同时，作为需要不断学术争鸣的院校科研人员也需要这样一个能够互相交流的平台。在互联网上，各类知识交流和学术交流平台已经发展的较为成熟，其中也不乏专门的军事专栏。大家已经形成习惯有问题或资源需求就利用各类搜索引擎和问答平台解决。但对于专门从事和研究军事学术领域的教学科研人员来说，这些无论从信息资源的广度还是深度上都仍有欠缺，并且许多军事信息不可能在互联网上出现。图书馆通过作为信息资源组织者和揭示者，积极构建网络互动问答空间，可以弥补军训网和互联网上的上述空缺，为军校科研人员提供较为理想的军事学术交流平台。

## 2.3　充分体现以用户为中心的思想

美国各图书馆将以用户为中心的服务作为图书馆存在的意义和价值。军校图书馆整体规划要求的出发点也是要以用户为中心，以为用户服务为中心。交互式问答平台充分发挥用户的主导性，关注用户体验，正是体现了以用户为中心的理念。用户既是知识的使用者，也是知识的创造者。这一平台提供开放式的问答途径。用户直接根据现实需求提出问题，同时也可以利用自己的知识回答他人问题，也可以对他人的提问和回答进行评价。在这一过程中，不但有积分和等级的激励，还有通过采纳答案使得用户对自我价值的肯定，能够强烈地激发用户的讨论欲望，使其自然参与到图书馆信息服务的队伍中。而信息的需求和传递的过程都是以用户为主导，不但充分实现了用户为中心，更能使用户得到愉悦的感受而关注数字图书馆这个平台。在这一平台，每个人都有机会成为自己所熟悉领域的知识专家，能够调动用户的积极性，使他们获得成就感和认同感，同时也为其他用户解疑答惑。

## 2.4　进一步强化图书馆参考咨询能力

可以说即便是全馆所有参考咨询人员都具备很高的素质，但在其时间、精力和知识面上始终存在着限制，互动问答平台可以弥补这些方面的不足，对图书馆参考咨询服务起到很好的补充作用。一是延长了数字参考咨询的服务时间。图书馆开馆时间的长短从一定程度上也影响着图书馆的服务质量，目前军校图书馆服务时间大多集中在8：00－21：00，而且仅有部分院校中午也正常开馆，加上院校的各类假期，可以说服务时间比较有限。但在互动问答平台中，用户能够随时随地通过网络访问页面，可以及时发现并回复自己熟知和感兴趣的问题。二是拓宽了参考咨询服务的知识范围。众人拾柴火焰高。在这一平台中，图书馆员和广大用户共同回答问题，知识面更广。目前，拥有各院校学科背景的馆员很少，日益作为主力的大量文职人员虽熟悉馆藏资源，但对于军事专业的了解仍然十分有限，面对用户提出的学科问题回答能力欠缺。广大军校用户，包括专家学者的参与，可以使得回答问题更为全面，更好地保障参考咨询服务的水平。三是可以增强问题解答的实效性和灵活性。以数字资源较为丰富的国防大学为例，其拥有军事科学数字图书馆和百望军事文库等多种网络知识服务产品，但无论是哪一种，都是先有资料，后有问题和需求。但在这一平台中，先有问题和需求，之后可以有针对性地为其提供资料。并且，大家以自然语言提出问题，系统会进行智能检索推荐出类似问题。这种方式更有针对性，也更为灵活，也大大提高了问题处理效率。虽然答案的质量难以保证，但是仍可以第一时间为提问者答疑解惑，并且通过用户之间的不断交流补充，逐渐形成比较可靠的参考答案。

### 2.5　增强图书馆与用户之间的沟通了解

亚马逊前首席科学家韦思岸曾说，人们在 Web 1.0 时代感受到的是人机之间的对话，而在 Web 2.0 时代人们感受到的是人与人之间的对话。网络互动问答平台的应用，一是利于图书馆了解用户。目前，军校图书馆在开展的各类信息服务中，以图书馆现有资源为中心展开的一系列主动服务，仍是以提供信息为主，对于用户的真实信息需求的掌握仍然较弱。在互动问答平台中，用户的需求和偏好可以通过所提问题和关注问题明显地反应出来。馆员能够及时了解用户的需求，分析用户的关注话题和疑问热点，并将其作为资源建设和采访计划的参考。二是利于用户了解图书馆资源。馆员不但作为管理员管理平台，也要作为用户参与对话。他们可以利用自己对资源的了解为他人提供资料或者直接解答问题，并且可以推荐本馆资源，这在一定程度上起到了进一步挖掘军训网资源的作用。三是增进了用户之间的沟通了解。用户可以在这里与他人探讨问题和交流心得，也可以找到与自己一样关心学科知识的人，还可以通过加入某一团队答题，可以通过合作的方式共同获得团队荣誉。

## 3　在军校图书馆应用学术性互动问答平台的初步构想

爱问知识人是面向大众的知识交流平台，将其应用到军校图书馆必须从实际出发，注重其与军队院校学术性的融合，借鉴这一模式打造适合军校特色的学术交流平台。

### 3.1　指导理念

一是体现军事学科特色。军校图书馆搭建这一平台的目的是为了其更好地进行知识服务，增强馆读之间和读者之间的学术交流，因此必须要强调其军事学术性。再者，还应注意敏感话题的处理和军事信息的保密措施。二是体现开放性。首先，它应当是对任何人或者是尽量宽泛范围的军训网使用者开放，尽可能使更多的人参与其中，这样才可以最大限度的利用用户掌握的知识和资源。再者，要对用户最大限度授权，使其能够上传、下载和浏览资料，提出、回答或者讨论问题。三是要实现共享和融合。用户提供知识，也应当能够获得知识，实现资源的共享才能使知识得到有效传播和利用，体现知识的价值。同时，在进行搜索这些知识时也要注意与其他资源平台的融合。例如，目前新浪采取了与其他机构合作的方式，实现了数据平台的互通，实现了资源共享共建。

## 3.2　基本运行框架

一是搭建网络运行平台。网站是互动问答平台的载体。网站的运行与维护主要由图书馆员负责。其所面向的对象可以是所有军训网用户，也可以是由构建者自定义的一定范围的人群，如某一院校或某一地区。该平台可以与其他信息资源关联或融合，形成一站式集成搜索。因此，在建设技术上要尽量采用能够通用的技术。二是构造学科分类框架。军校图书馆构建这一平台主要是为提供很好的学术交流平台，因此应当在学科分类框架上以军校学科框架为主。可以参考军分法的分类，同时也应当将自然语言和一些口语化的分类与其融合，从而保证同类问题推荐时的检全率。要构建一个较为合理的分类导航体系，在用户提出问题时进行智能分类推荐，同时可在主页显示全部大类的问题分类，便于用户寻找感兴趣的话题。三是使用开放问答模式。借鉴爱问知识人的网络开放问答模式构造类似的学科开放问答系统，让用户的隐性知识转化为显性知识。四是实现数据存储、检索和统计功能。该平台要记录下每一条问答信息和共享资源，并将其分类存储，以便于检索。这样可以使得已有知识更好地发挥作用。同时，要学习使用目前爱问知识人平台的智能检索技术，对于专家认可和大家推荐的问答还应能够提供更优先的排序。五是自定义用户中心。用户在这个界面可以管理自己的账户，自由定制感兴趣的话题，并方便对自己以往的提问和回答进行管理，也可以与他人通过短信和留言沟通交流，以满足用户的个性化要求。

## 3.3　运行机制

一是前期宣传推广。任何一个好产品的上线，都应有合适的宣传推广。对于军校图书馆的信息服务产品尤其如此。首先要使馆员对这一平台有足够的了解和认识。再者就是通过特色鲜明的网站标识和宣传语以及各类活动对外宣传这一产品，如果是作为全军通用的平台更要通过总部自上而下的推广，从而得到最为广泛用户的关注和使用。二是责任机制。馆员要担负起运行维护这一平台的职责，同时学科馆员也应参与到问答和资料共享的过程中，将其作为日常工作的一部分。可与学科馆员、信息联络员以及特聘专家制度相结合，让他们成为中坚力量，这样也可以保证信息较好的可信度。三是激励机制。即便是回答问题被采纳以及与志同道合者交流可以引发用户的使用热情，但仍需要有良好的激励机制来激励用户的积极参与。对于广大用户而言，回答问题者可以得到相应积分，问题被采纳可以得到提问者的悬赏分，或者每日登陆可以获得基础积分，从而累积积分得到一定的等级和奖励。也可以获得知识之星等称号，并在主页进行推荐。对于有不良表现的用户，则要有扣除积分等惩罚措施。参与其中的工作人员，可以根据解决问题、提供资源等贡献作为绩效适度奖励。四是审核机制。完全开放的互动问答平台不可避免地会遇到信息控制的问题。因此需要建立一套审核机制，对于一些敏感话题和过激言论进行处理。

## 4 结语

互动式问答平台的形式有助于但不能取代传统信息服务。军校图书馆资源建设的发展日益成熟，以爱问知识人为参考模板进一步创新手段也为图书馆提出了技术、用户控制、问答质量控制以及资金等多方面的要求。无论是采取院校合作共建的方式解决，还是独立开展的方法，都应当经过充分的认证调查展开这项服务。而一旦展开了，就应该坚持完善下去，边摸索边实践，使军队院校图书馆事业迈向新的高度，使得图书馆成为教研人员乃至所有用户必不可少的良师益友，使得图书馆与读者的知识之光相互辉映，进一步增强军校图书馆知识服务的能力！

**参考文献**

[1] 国防大学. 军队院校图书馆信息服务研究 [M].

[2] 邓胜利. 国内外交互问答平台的研究进展与特色分析 [J]. 情报资料工作，2009 (3).

[3] 新浪爱问知识人平台. www. iask. com.

[4] 刘敏，邓益成. 论爱问知识人及其对图书馆虚拟参考咨询服务的启

示. 江西图书馆学刊［J］. 2009（1）.

［5］左美云，姜熙. 中文知识问答分享平台激励机制比较分析［J］. 中国信息界，2010（11）.

［6］王艳莲. 试论博客在军校图书馆数字参考咨询服务中的应用［J］. 海军后勤学报，2011（1）.

［7］赵丽红. 互动式知识问答分享平台对虚拟参考咨询服务的启示［J］. 图书馆建设，2009（5）.

# 泛在知识环境与图书馆
# 嵌入式学科服务

施燕斌\* 谢 萱\*\* 李泽红\*\*\*

（湖南长沙国防科技大学图书馆　湖南　410073）

**摘 要** 文章分析了泛在知识环境下图书馆服务的特点，从嵌入式咨询、嵌入式教学和嵌入式科研三个方面，对泛在知识环境背景下，图书馆嵌入式学科服务创新模式进行了探讨。

**关键词** 泛在知识环境　泛在图书馆　嵌入式学科服务　图书馆服务

数字资源以几何级数迅速增长，新型学术交流模式不断涌现，图书馆用户的信息环境正在发生巨大的变化，泛在知识环境与泛在图书馆是信息技术和网络技术飞速发展的必然产物，图书馆的服务内容和服务手段也必然会随之而改变。嵌入式学科服务是图书馆应对泛在知识环境下读者需求内容越来越广泛和需求方式越来越个性化的一种有效服务方式。

## 1　泛在知识环境的概念

"泛在知识环境"（Ubiquitous Knowledge Environment）概念最早出现在2003年美国密歇根州立大学向美国国家自然基金会（简称 NSF）提交的报告中。随后，NSF 对泛在知识环境给出了更为明确的定义，即"这种环境是无所不在的、更加普遍的、全面的数字环境，能够根据数据、信息、设备和工具形成交互的、功能完备的研究社区，并具备空前的计算、存储和数据传输能力"。泛在知识环境是指由人、硬件、软件、网络设施、信息资源等有机组成的新一代科技知识基础结构，突破了现有实体图书馆与数字图书馆在时间和空间上的局限，真正使读者可以在任何时间、任何地点采用任何设备，实时连接并使用图书馆的服务。

---

\*　施燕斌，女，1973 年生，湖南长沙国防科技大学图书馆，副研究馆员。

\*\*　谢萱，女，1962 年生，湖南长沙国防科技大学图书馆，副馆长、研究馆员。

\*\*\*　李泽红，女，1972 年生，湖南长沙国防科技大学图书馆，馆员。

## 2　泛在知识环境下图书馆服务的特点

泛在知识环境的提出，对图书馆的网络环境、资源构成和服务能力等都提出了新的要求。图书馆的服务必须具备以下几个特点，才能在泛在知识环境下真正成为用户的助手。

### 2.1　图书馆服务实现泛在化

泛在知识环境的"无所不在"，体现在网络的泛在化，即用户在哪里，网络就在哪里。对于图书馆来说，网络的泛在化也体现在图书馆的服务必须全天候和全方位。借助于人工智能和泛在移动通讯环境，用户不必限制在电脑桌前，可以自由自在和随时随地获取所需的信息服务或知识服务，不必考虑时间和空间因素。泛在技术的发展极大地提高了图书馆的信息服务能力，使图书馆的服务范围和时间不断扩大，直至实现 $7 \times 24$ 小时的信息服务目标。

### 2.2　知识的交流共享更为便捷

泛在知识环境是一个人人参与的信息共享环境，从作者到读者之间的线性知识链转变成一个非常复杂的网状结构的信息网络。图书馆丰富的信息资源和方便的获取手段是泛在知识环境的基础。"交互的、功能完备的研究社区"反映了知识的共享性，即图书馆不应只是数字资源的堆积和学术资源的导航门户，更应成为知识的交流中心。读者在图书馆获取知识的同时，通过彼此之间信息的交流与共享，使图书馆成为读者关心的知识社区，成为共享知识和信息的交流场所，提供更加个性化的信息交流模式。

### 2.3　图书馆服务更加智能化

泛在知识环境具备空前的计算、存储和数据传输能力，图书馆员可及时通过各种泛在计算设备了解用户的检索需要，用户的信息检索能力以及用户急待解决的问题等，针对每个用户的具体情况，制定出最佳解决策略，给出及时的技术支持服务，实现真正意义上的实时参考咨询服务。另一方面，智能服务系统降低了用户利用和获取信息的门槛，用户无需了解具体检索过程和检索方法，智能化的检索系统就会主动把用户所需的检索结果反馈回来，用户还可以通过智能分析系统对检索结果实施分析，并将检索结果保存起来。

# 3　嵌入式学科服务：图书馆服务创新的新高地

在泛在知识环境这一大背景下，图书馆学科服务不应局限于与用户的沟通联络、学科资源建设、参考咨询和用户培训等传统服务上。近年来，嵌入式学科服务因其将信息服务辐射渗透到用户的日常学习、工作和生活空间，充分反映出图书馆服务泛在化、智能化和便捷性等特点，而越来越受到图书馆的重视。嵌入式学科服务是以用户为中心，通过现代的网络技术手段，建立资源共享平台，从而使学科馆员融入用户物理空间或虚拟空间，提供与用户教学、科研和生活密切相关的一切资源、信息和知识。根据嵌入式学科服务的内容，一般将其划分为嵌入式咨询服务、嵌入式教学服务和嵌入式科研服务。

## 3.1　嵌入式咨询服务

嵌入式咨询服务通过网络即时通讯工具、新一代网络技术和图书馆2.0技术等，与用户建立密切互动的服务关系。在遇到问题时，用户足不出户就能得到及时、专业的帮助。嵌入式咨询服务改变了传统图书馆等待读者到馆咨询的被动模式，直接嵌入用户的虚拟空间，主动提供咨询服务，实现真正意义上的实时参考咨询，体现泛在知识环境与泛在图书馆的真正作用。同时，嵌入式咨询服务也是图书馆共享知识空间中的重要环节之一，读者在信息交流过程中，有了学科馆员的参与和指导，可以激发出更大的创造性。

## 3.2　嵌入式教学服务

嵌入式教学服务即在教学过程中，学科馆员作为教学助手嵌入到课堂或者网络教学平台中，有机地将信息素养培养与专业课程教学结合起来。嵌入到课堂教学时，学科馆员可将图书馆有关该专业的资源情况、数据库使用和咨询服务等在课堂上宣讲，帮助教师进行相关课程的文献检索教学，通过嵌入式教学让学生了解所学课程及相关专业学科文献的基础知识。嵌入到网络教学平台时，学科馆员可将相关专业文献放置在网络教学平台中供学生使用，并协助专业老师对学生作业中文献资源的利用情况，以及学生利用老师提供的书目情况等进行信息素养评估。

## 3.3　嵌入式科研服务

嵌入式科研服务采用现代的网络技术，建立资源共享平台，通过学科馆员本身的知识服务，将各种资源、信息和知识共享在科研团队周围，从而使学科馆员融入到科研人员的整个科研过程中。学科馆员通过以课题参与者的身份嵌入科研活动，可以及时清楚地了解科研人员潜在的和真实的信息需求，以便提供更为准确的文献资料，帮助用户了解发展趋势和分析研究现状，对选题立项、论文发表、课题查新、成果鉴定和成果转化等各领域提供全方位的服务。

## 4  结语

泛在知识环境对于图书馆来说既是一种挑战，但同时也为图书馆开展嵌入用户物理环境和虚拟环境，提供全方位和全天候服务提供了有利条件。如果缺乏真正的嵌入用户教学、科研及生活各个领域的信息服务，泛在知识环境与泛在图书馆只能沦为一种概念。因此，嵌入式学科服务既是泛在知识环境下图书馆服务的一种创新，同时也是泛在知识环境得以深化落地的重要推动力。随着科技的进步和人员素质的不断提高，图书馆嵌入式学科服务将真正在用户群中发挥作用，成为用户能"首先想到你，广泛地知道你，方便地找到你，有效地利用你，良好地评价你"的学习、科研及生活中的良师益友。

**参考文献**

[1] 尹中艳，黄丽霞．泛在知识环境下数字图书馆服务模式研究［J］．现代情报，2012（2）：156—166．

[2] 陈维军，李亚坤．泛在知识环境下的图书馆［J］．图书馆杂志，2006（9）：3—6．

[3] 陈彩红．基于用户需求的泛在知识环境下数字图书馆价值实现研究［J］．图书馆学研究，2010（1）：55—57．

[4] 何建芳．关于图书馆学科化服务——嵌入式馆员 服务模式的思考［J］．图书馆理论与实践，2010（11）：4—6．

[5] 曹静仁．基于VRE影响下的图书馆嵌入式学科服务［J］．农业图书情报学刊，2011（6）：183—185．

[6] 杨蔚琪．嵌入式学科服务——研究型大学图书馆转型发展的新思路［J］．情报资料工作，2012（2）：88—92．

# 公共图书馆开展文化旅游信息服务的策略思考
## ——以贵州公共图书馆为例

何　松[*]

（贵州省社会科学院图书信息中心　贵阳　550002）

**摘　要**　旅游业的发展离不开信息资源的支撑与保障。尤其是公共图书馆，应从自身的文化服务功能出发，积极创新服务模式，全面提升文化旅游信息服务的基础发展能力、自我发展能力和可持续发展能力。这既是公共图书馆自身存在和发展的主观要求，同时也是图书馆通过自身职能的发挥，担当社会责任的客观需要。

**关键词**　公共图书馆　信息服务　文化旅游发展创新区

国发 2 号文件《关于进一步促进贵州经济社会又好又快发展的若干意见》中明确提出"文化旅游发展创新区"的战略定位，从国家层面首次把旅游业纳入全省发展战略，这对于促进贵州旅游业跨越式发展具有重要的里程碑意义。省第十一次党代会和第七届贵州旅游产业发展大会又进一步明确了加快建设"文化旅游发展创新区"和建设旅游大省、强省的目标任务，强化了对加快建立覆盖全省的旅游公共信息服务体系的重要性和紧迫性认识。图书馆与文化旅游产业有着密切的关系，这一关系的基础源于两者都具有的文化同构性。这种同构性表现在图书馆和文化旅游其实质都是以"文化产品"为读者或旅游者提供服务。[①]贵州公共图书馆应从自身的文化和服务功能出发，创新服务模式，打造全新的服务流程，并以图书馆事业发展的内外部良好环境和体制机制为平台，全面推进新型文化传播体系建设，努力为贵州"文化旅游发展创新区"建设提供更好的信息保障服务。

---

\*　何松，男，1979 年生，贵州省社会科学院图书信息中心，馆员。

# 1 大力推进特色信息源基地建设，整体提升公共图书馆旅游信息服务的基础发展能力

## 1.1 构建特色鲜明的馆藏资源体系

特色化的馆藏资源体现了图书馆存在的价值和意义，体现了人类的思想和智慧，反映和记载当地民族风情、民族风俗和民族文化的地方特色文献，是构成特色馆藏的关键。贵州旅游景点或景区的自然条件、民情风俗、民间传说和诗文典故等方面的知识信息是充实旅游文化内涵，使旅游产品更好地吸引顾客和提升旅游产品影响力的重要因素。地方特色文献在很大程度上有助于满足旅游者深入了解本地区文化的愿望和要求，有利于激发旅游者的游览兴致和激情。同时，加大地方特色馆藏建设，既能为各个景点景区的自身建设和发展提供参考知识信息，也能为旅游科学研究提供信息保障。如贵州省图书馆目前建有 6 个特色馆藏，下一步可有针对性地建立文化旅游方面的特色馆藏。其他各个市（州）公共图书馆也可结合本地区文化旅游发展实际，充分发挥地方特色文献收藏丰富的优势，建立具有区域服务特色的馆藏资源。

## 1.2 提升文化旅游资源开发水平

馆藏资源建设是公共图书馆发展的基础，而提升文化旅游资源开发水平则构成了公共图书馆开展特色服务的重要内容。公共图书馆在开发特色文化旅游资源时，必须着眼旅游资源的特质，突出地方文化旅游的原生性特征，注重自然资源信息和人文资源信息的结合、信息的主题性与综合性的结合、信息制作的大众化与专业化的结合以及信息的经济效益与社会效益的结合。要搞好二、三次文献资源的深度开发工作，及时、全面和准确地搜集整理相关的文化旅游信息。对于地处经典旅游景区和经典旅游线路的公共图书馆来说，应广泛收集本地区的地方文献，为开发地方文化旅游提供文献资源保障，以满足用户对特色旅游文献的需求。同时，加强对周边地区地方文献的收集，拓宽地方文献的征集渠道，扩大地方文献的收集范围，确保地方特色文献入藏量的完整性、科学性和系统性。

## 1.3 推进文化旅游数据库集成体系建设

随着贵州纵深推进文化与旅游产业深度融合和谋求旅游创新跨越发展的步伐不断加快，对文化旅游信息服务工作提出了新的更高的要求。建设

旅游信息数据库，并利用网络为旅游信息创造现代化的管理与服务平台，可为用户提供更便捷、更完备和多角度的检索与利用系统，从而提高信息利用率，并为远程利用打下基础，实现资源共享。贵州公共图书馆应着眼"国家公园省多彩贵州风"的整体形象，突出自然景观中洞、林、山、水的特点和民族文化原生性特点，以旅游品牌影响力较大的精品项目、文化项目和遗产项目为重点，推进文化旅游信息资源数据库建设和文化旅游学科特色数据库建设，并及时将文化旅游信息资源和学科专业信息资源向公众发布，真正让公共图书馆成为推动文化旅游发展的重要信息源基地和文化交流中心。

例如，针对"爽爽贵阳"、"梵天净土"、"水墨金州"和"凉都六盘水"等一批旅游休闲度假胜地，建设旅游休闲度假胜地专题数据库；针对黄果树、荔波、梵净山、西江、赤水和百里杜鹃等精品景区，建设精品景区专题数据库；针对贵州红色旅游资源的特点和红色文化发展的基本特质，建设以遵义会议纪念体系为重点的红色文化旅游数据库。另外，还可以从原生态民族风情文化、民族戏曲文化，民族工艺文化、民族艺术文化、民族医药文化以及贵州名优白酒、茶叶和特色农产品等方面建立相应的专题数据库。

## 2　充分发挥中心城市公共图书馆的文化传播功能，增强文化旅游信息服务的自我发展能力

### 2.1　加快文化旅游信息服务体系建设

集群化管理是当下公共图书馆管理发展的科学模式。目前，贵州公共图书馆集群化发展的基础和条件正在逐步形成，以市（州）、县（区）为基础，向社区和乡镇延伸的公共服务基本格局逐步完善，但许多基层公共图书馆的基础工作和服务管理还未完全实现了电子化和网络化，有效开展文化旅游信息服务还面临诸多困难。因此，必须加快建立以省馆为中心、市（州）馆为次中心和县（区）馆为节点的全省性的服务网络，根据各公共馆的优势，对全省旅游文献资源建设的目标进行准确清晰定位，着力建设文化旅游信息资源门户网站，整合图书馆自建的地方旅游文献信息资源，并将地方旅游文献信息资源嵌入用户使用环境。

大力开展文化旅游服务平台建设与应用示范、文化旅游电子商务服务技术研发与应用示范，链接国内、省内重要旅游网站的相关内容，并不断进行动态更新。围绕数字社区服务、移动生活服务、数字交流学习、数字

休闲娱乐和数字旅游服务等，加快建立全面融入全省文化旅游公共信息服务体系的机制和平台，将著名景点、重点景区、历史遗迹、名人故居、特色产品等，通过移动终端为广大用户提供随时、随身、个性化和三网无缝链接的数字图书馆服务。例如，作为西南地区首家开通的省级移动图书馆"掌上贵图"自 2011 年 10 月份开通以后，只要能上网的手机和手提电脑均可随时随地查阅多种报纸、期刊和热门图书，使数字图书馆成为真正的"没有围墙的图书馆"和"每个人的图书馆"。

## 2.2　积极参与文化旅游资源宣传

公共图书馆对挖掘贵州旅游资源文化内涵、弘扬贵州时代精神、倡导和引领旅游新型业态发展具有不容忽视的作用。要充分发挥贵州数字图书馆的辐射引领作用，全面推进新型文化旅游传播体系建设。贵州数字图书馆借助网络便捷服务的优势和一系列服务制度的建立和完善，不断克服现代信息技术引发的新的社会排斥，充分发挥了作为中心公共馆的文化旅游信息传播功能，从根本上满足广大读者的各种文化旅游信息需求，进一步拓宽了开展数字化服务的广度和深度。贵州数字图书馆自 2009 年 9 月 28 日开通以来，至 2011 年 12 月 30 日止，累计访问量已突破 2000 万人次，各种数字资源的使用率在全国公共图书馆中名列第一，数字资源总量达到了 70TB（万亿字节），相当于 1350 万册图书。这些都为推进贵州文化旅游创新区建设提供了重要的信息服务支撑平台，并通过职能的发挥彰显了传播文化旅游资源所具有的独特优势。

## 2.3　努力实现文化旅游资源共知共享

文化旅游信息资源共享的前提是具有特色馆藏和特色服务，如果不具备特色馆藏优势，就不能在真正意义上实现资源的共知共享。而实现文化信息资源共知共享的重要途径，就是必须要加强贵州公共图书馆信息资源的整合，以形成强大的力量，从而有效推动公共图书馆服务文化旅游的整体进程。尤其是作为中心城市公共图书馆的数字化建设，更"应当注重技术发展的主引擎，用技术创新带动城市图书馆的业务流程重组，用技术方法实现城乡和地区的文化信息资源的共建共享并建立起快捷新颖的文化传播体系，用技术手段丰富内容建设并藉以提高市民的图书馆利用率和满意度，用技术平台实现国内外城市图书馆的合作联盟。"目前，贵州数字图书馆正是借助贵州省图书馆作为中心城市图书馆形成的"四大优势"，即管理、资源、技术和人才优势，实现了"三大整合"。即整合现有数据资源、应用管理系统以及资金和技术资源，进而搭建起公益性文献信息资源共享平台，最大限度地承担起信息交流和资源共享的责任，真正达到"所有知识为所有人服务"的目的。

在新的历史时期，贵州文化旅游将不断开启新的征程，对信息的依赖和需求将比任何时候更为迫切。因此，应尽快设立政府主导下的高度协作的知识服务体系，建立健全地方文献连锁服务体系，切实转变传统工作方式，加强与旅游部门、科研机构和旅游企业的合作交流，打破地域和部门限制，不断完善文化旅游信息咨询服务平台，为读者提供"一站式"资源检索和文献服务，随时解答读者提出的问题，让信息资源走近用户，切实帮助用户高效使用丰富的文化旅游资源。

### 2.4 拓展公共图书馆自身旅游休闲功能

贵州各级公共图书馆应当借助文化旅游发展带来的社会需求所产生的发展动力，紧密结合多彩民族风情和原生态民族文化，定期或不定期举办形式多样和内容丰富的文化活动，在拓展公共图书馆自身旅游休闲功能的同时，不断吸引广大读者积极参与文化旅游宣传。如"苗族飞歌"、"侗族大歌"和"八音坐唱"等都是贵州民族文化的象征。各级公共图书馆要充分发挥传承文化的重要功能，积极为地方职能部门和宣传部门提供最新的旅游动态以及最有创意的旅游文化信息资源，并利用互联网上的旅游信息和自身馆藏文献资源，整合各种资源优势，认真分析特色旅游资源和旅游路线、特色旅游产品实现共享的可能性与互利程度，分析潜在旅游资源内在的开发价值，积极为地方特色的旅游资源价值的提升和旅游品牌影响力的扩大，担负起公共图书馆传承民族文化的社会重任。

## 3 以用户多元化的知识信息需求为导向，增强公共图书馆旅游信息服务的可持续发展能力

### 3.1 打造亲情化的服务窗口

始终面向读者基本需求，始终以读者满意为目标的服务精神，构成了现代图书馆服务所特有的一种文化内涵。公共图书馆应本着一切为用户着想，全力为用户服务，打造精品服务品牌的理念，创新窗口服务方式。一是建立"友情服务"窗口，树立"人人都是窗口"的服务理念，建立文化旅游信息提示服务制度；二是建立"热情服务"窗口，准确和及时答复旅游信息需求用户咨询的各种问题，服务程序便捷简练，服务话语清晰明了；三是建立"温情服务"窗口，为对文化旅游知识信息有

需求的各类人员提供平等服务，尤其要注重给弱势群体以平等对待和人道主义关怀。例如，贵州省数字图书馆的"热情服务"窗口就建设得比较好，读者提出的信息咨询，在很短的时间内都会得到明确答复。

### 3.2　完善个性化的服务体系

旅游者文化旅游动机的形成一般来自内外两个因素的影响和制约。外在因素主要是目的地的异质文化结构特质及其景观配套设施情况，内在因素则主要源自旅游者在日常生活中对文化和旅游知识信息的积累和认知。个性化服务是数字图书馆技术化与人文化相融合的产物，在新时期呈现服务内容个性化、用户个性化识别、个性化电子图书、服务系统的互操作以及从以资源为中心向以关系为中心的服务方式转变等特征。因此，开展旅游信息个性化服务，必须构建用户与资源双向交流、用户群体积极参与、普遍均等以及开放的服务模式，将文献类型多样、来源途径广泛和服务对象分散的各种地方特色旅游文献信息资源进行揭示、类聚和融合，适时在网上推出适合用户的各类文化旅游专题文献，为有效推动文化旅游向纵深方向发展提供服务保障。

### 3.3　提升专业化的服务水平

公共图书馆具有丰富的信息资源、科学的整理加工方法、完善的服务体系、公益性的服务机制和合理的人才结构，在旅游信息服务中具有其他服务部门无法比拟的优势。[⑥]公共图书馆针对专业的研究者，应建立研究性的服务模式，把创建旅游特色文库和开展特色服务作为业务发展的重点，将服务的目标集中到用户专业知识要求的层面上，通过专业化的优势提高文化旅游信息服务的深度和广度，积极引导旅游者或旅游研究人员的专业兴趣和思维习惯向高效地利用网络信息资源的方向发展，优化服务机制，提升服务质量，充分发挥公共图书馆对文化旅游研究开发和知识创新的保障功能。同时，深化旅游信息资源的开发利用层次，开发生产各种形式的旅游信息产品和文化知识产品，通过整合提供更深层次的服务，使公共图书馆旅游信息服务呈现多层次、多样化和网络化的服务体系，以更好地服务文化旅游发展。

### 3.4　构建制度化的管理体制机制

图书馆制度文化建设成为实现全民知识信息公平的关键要素之一，构建有利于公共图书馆发展的制度保障体系，就是要以提高公共图书馆服务质量和服务效益为目的，通过制度文化建设，形成公共图书馆发展的良好秩序。要不断完善公共图书馆事业发展的政策法规，建立公共图书馆投入增长的保障机制和资源配置的平衡机制，促进公共图书馆资源供给多元化。研究和探索公共图书馆制度文化的持久性、稳定性、创新性和动态性对人的自觉约束作用和自律规范机理，建立有利于科学管理、服务创新和人文关怀的制度保障体系。针对当前公共图书馆不合理、不和谐的某些发展现状，制定公共图书馆可持续发展的管理制度和发展规划，逐步完善各项规章制度，凸显科学管理和制度建设在各级公共图书馆发展中的基础性作用，努力实现公共图书馆在科学与人文相统一的大环境中和谐发展，进而更好地服务贵州文化旅游发展创新区建设的各项工作。

## 参考文献

[1] 杨炳辉，左培远. 构建图书馆文化旅游产业平台的理念探索 [J]. 图书馆学刊，2012 (4)：80—83.

[2] 黄卫东. 图书馆开发旅游信息资源的策略分析 [J]. 图书情报知识，2001 (1)：28—30.

[3] 刘援军. 西部贫困地区图书馆旅游信息服务与旅游扶贫 [J]. 农业图书情报学刊，2008 (4)：130—133.

[4] 杨小凤. 图书馆地方旅游文献信息资源的现状调查与分析 [J]. 图书馆工作与研究，2012.01：69—71.

[5] 王世伟. 城市中心图书馆的现在与未来 [J]. 图书情报工作，2009 (1)：9.

[6] 陈丽. 伊犁州各基层图书馆为旅游产业提供信息服务的思考 [J]. 攀枝花学院学报，2011 (10)：83—86.

# 关于加强天津市公共图书馆
# 服务体系建设的思考

郗沐平[*]

（泰达图书馆　天津　300457）

**摘　要**　在分析天津市公共图书馆服务体系现状及其特点的基础上，通过借鉴上海和深圳图书馆界的经验，提出了有助于加强该体系的新目标和功能，认为在天津市图书馆界应实行"总分馆制"和"图书馆流动服务制"体系建设，并就如何实现该体系的目标，提出了相关建议。

**关键词**　公共图书馆　图书馆服务体系　公共文化服务体系

公共图书馆是纯公益性文化服务，是支撑一个城市发展和市民素质提高的智力库，是知识传播的集散地，是实现市民文化权力和平等阅读的重要载体，是公共文化服务的主要任务。就本市而言，公共图书馆服务体系是指以政府为主导、以传播中国特色社会主义核心价值观的先进文化为主旨、以保障公众平等获取知识信息为目的，集合遍布城乡的全市公共图书馆的所有功能、开展公益性文化服务的机构及其服务之总和。它是一个面向全社会提供公共文化产品和服务、保障公众享受基本的文化权益而设置的文献信息服务体系。

## 1　现状分析

目前，天津市公共图书馆之间的合作与交流，仅仅局限于市馆对各区、县馆的业务辅导以及各区、县馆之间自发的业务交流，全市整个公共图书馆系统的整体目标和业务协作尚缺乏，体系整体功能非常薄弱。究其原因，本市这种体系既是历史积淀所成，也是顶层规划不足和自然发展的结果。该体系除了存在各自相对独立操作和比较松散的问题外，还存在着不少问题，主要体现在：

---

\*　郗沐平，男，1960年生，天津经济技术开发区泰达图书馆，研究馆员。

## 1.1　公共图书馆设施总量不足，分布不尽合理

公共图书馆是保障公众基本文献信息需求的主要阵地，为了确保其馆藏能够支持公共图书馆发挥其最基本的服务功能，国际图联（国际图书馆协会与机构联合会，International Federation of Library Associations and Institutions，IFLA）于 1986 年发布的"公共图书馆服务指南"中要求公共图书馆人均藏书量应在 1.5—2.5 册；此前，国际图联在 20 世纪 70 年代还颁布了"公共图书馆标准"：每 5 万人应有一所公共图书馆；一座图书馆服务辐射半径通行标准为 4 公里。20 世纪 80 年代至 90 年代初，欧洲各城市就基本达到平均每 10 万人拥有图书馆 15 座的水平。而本市公共图书馆的设置仅仅与行政区划有关，根本就没有顾及人口密度、地域特点、服务半径以及公众需求特点等公共图书馆设置的相关要素和指标要求。

纵观全市公共图书馆的布局，虽然 18 个区、县均设置了公共图书馆，但是其馆舍面积、硬件设施以及馆藏资源等均不尽相同；有的馆舍设置在中心城区，有的馆舍设置在交通不便的城乡结合部；由于各区、县领导对公共图书馆的认识不同以及经济实力的差异，故投入的财力也不尽相同，造成各区、县公共图书馆之间馆藏资源和硬件设施差距甚大；有的馆舍条件甚差的图书馆一直呼吁筹建新馆多年但始终未能如愿，就连市图书馆由于设置在偏远且交通不便的地理位置中，无奈又在市中心建设了一个新的市馆，这种无奈之举充分暴露了本市公共图书馆建设缺乏通盘的整体考虑。至于在什么地方建图书馆，建多大的图书馆，每个图书馆应该有什么样的文献以及购置量是多少，基本上都是各个区、县的行政管理部门作决定；追求馆舍外观漂亮和文献资源力求大而全是各个区、县馆的共性，根本没有考虑其所属行政区内所建图书馆与全市公共图书馆的整体布局和服务体系的关系，大都是根据其财力和对图书馆的认识，各行其事。无论是从天津中心城区的两个市馆来看，还是就一个区、县的小型区域而言，天津市公共图书馆空间布局都普遍存在着数量不够均衡的现象，包括空间区域布局和人口数量对应不够均衡。

在乡镇、村和城区的街道、社区图书馆的发展中，近两年来随着农家书屋、乡镇综合文化站和文化信息共享工程等全国重点文化工程建设的顺利实施，全市基层图书馆的建设状况有了很大的改善。但就全市公共图书馆服务体系而言，其基层图书馆的建设也同样存在着平衡缺失和整体质量偏差的现象。硬件条件好的图书馆，水平接近区级馆，而大都则可能不能称其为图书馆，不是缺少经费，就是专业人员奇缺，有的馆舍简陋到了难

以保存甚少的文献资源，也就根本谈不上图书馆的功能与服务了，使得居住于不同区域的公众难以得到普遍均等的公共图书馆服务。

此外，对诸如进城务工人员这样的流动群体和智障人员等特殊群体，本市公共图书馆在进行空间布局和城乡布局时也均未有过专门的考虑。

### 1.2　公共图书馆服务资金投入不足

主要表现在：一是农家书屋、乡镇综合文化站和文化信息共享工程等重点文化工程建设中，都是以政府一次性投入为主，由于没有年度运行经费的后续配套资金的支撑，农家书屋新书的购置和共享工程的继续推进都受到严重阻碍；二是大部分乡镇、村的综合文化站和街道、社区的图书馆（图书室）的办公经费以及活动经费，由于没有被列入政府财政预算中，每次开展活动都要向政府部门申请专项经费，困难重重，制约了基层图书馆的生存和作用的发挥；三是由于缺少政策和财政的保障机制，市馆、各区、县馆与乡镇、村和街道、社区的基层图书馆之间提供的服务差距在逐步加大，导致公众舍近求远拥向文献资源相对较丰富的市馆或区县馆，致使本市公共图书馆服务体系中各层级图书馆的服务发生了错位。

### 1.3　体制性障碍严重困扰着公共图书馆服务体系的建设

与其他省市公共图书馆管理相似，天津市公共图书馆服务体系中的各层级图书馆，分别隶属于各区、县文广局管理，市文广局既分管市馆，也领导着各区、县馆，乡镇、街道等基层图书馆则分别隶属于其相应的乡镇、街道管理。由于各层级的图书馆由各自行政区的文广局领导，图书馆经费又由各区、县财政局拨款；加之，全市公共图书馆服务体系建设至今也没有相应的地方法规政策和统一的业务规范，从而导致了各区、县各自为战，行政壁垒造成的后果也就可想而知了。

## 2　体系目标

针对天津市各层级图书馆的发展现状，结合世界各国城市图书馆发展的普遍规律，建议创新公共文化服务方式，在天津市图书馆界实行"总分馆制"和"图书馆流动服务制"体系建设。

所谓"总分馆制"，就是市图书馆为各区、县图书馆的总馆，各区、县图书馆为市图书馆的分馆；各区、县图书馆是各所属乡镇、街道图书馆的总馆，各所属乡镇、街道图书馆为其区、县图书馆的分馆。在这种"总分馆制"体系中，要充分发挥区县层级图书馆承上启下的枢纽作用，逐步形成一个紧密型的公共图书馆联盟，进行纵向统筹的全市一体化的城市总分馆制管理模式。它的基本特征是在不改变各分馆的行政隶属、人事和财政关系下，实行书刊流通、采访编目、服务标准和物流配送等统一化的管理，达到资源共建共享，成为不断提升服务水平和服务能力的联合体。

"流动图书馆服务制"是相对于"总分馆制"而言，其要旨是弥补"全设置"的不足，实现真正的"全覆盖"。即，不仅为市馆，还要为各区、县图书馆配备流动服务车等流动服务设备设施，建立起"流动书库"，使固定服务网点与流动服务有机地结合起来，形成星罗棋布和布局合理的服务网点，达到进一步完善本市公共图书馆服务体系之目的。这将有助于农村基层、进城务工人员以及特殊群体的服务，从而推动公共图书馆进一步向基层、社区和偏远地区延伸，实现将图书馆办到公众身边、使公众能够方便地获得普遍均等的图书馆服务之理想目标。

## 3　对策建议

为确保天津市公共图书馆服务体系建设目标的实现，特提出如下建议：

### 3.1　键全领导工作机制，加强公共图书馆服务体系建设的规划和政策法规建设

本市各级党委和政府要把公共图书馆服务体系建设作为提高党的执政能力和建设服务型政府的重要任务，切实担负起领导责任。要尽快设立天津市公共图书馆服务体系，建设联席会议制度，由市主要领导牵头负责，形成党委领导、政府部署和市各层级公共图书馆领导积极参与的工作机制。此外，市人大要尽快立法制定《天津市图书馆条例》；要把公共图书馆服务体系建设纳入到本市经济社会发展规划和文化发展规划中，纳入到财政预算中，并作为评价各区、县发展水平、衡量发展质量以及创建文化先进区县的重要内容。

### 3.2　完善公共财政投入机制

公共财政对图书馆服务的投入不足和社会力量的参与不够，是公共图书馆服务体系建设最主要的制约因素。因此，除了要健全公共财政体制，加大对图书馆事业的扶持力度外，各级财政要确保每年的公共财政对公共图书馆服务体系建设的投入增幅要高于同级财政经常性收入的增幅；要制定书刊以及电子资源的长期收藏和购置计划，以专项资金的形式，确定各

级财政每年投入的经费额度，政府报人大批准后，要采取一定多年的形式，确保此类专项目投入的长期性、稳定性和连续性。此外，在完善公共财政投入机制的同时，要积极鼓励社会各界以赞助、捐赠和合作等方式支持和促进公共图书馆服务体系建设。只有积极吸纳社会民间资金，进一步拓宽公共图书馆服务体系投资渠道，才能实现公共图书馆服务体系建设投资主体的多元化发展。

### 3.3　加强专业队伍建设

人才是图书馆事业发展的保证，也关联到本市公共图书馆服务体系运行的水平质量。为此，要用待遇、事业和感情留住人才，并创造出有利于人才辈出的良好发展环境吸引人才。与此同时，要加大培训力度，认真制定计划，加强人才的定向培养，重点解决各区、县、乡镇、街道等基层图书馆人才紧缺问题。只有这样，本市才会形成一支扎根图书馆事业、服务广大人民群众的专业人才队伍。

### 3.4　强化公共图书馆服务的绩效管理

只有建立起科学的评估系统和绩效考评机制，才能对公共图书馆服务体系建设的决策与执行情况进行全面有效的评价；进而对服务的手段、内容、方式方法等进行全面的总结与改进。而绩效管理是考察公共图书馆服务社会效果的有力方式与方法。因此，要采取多种形式，直接或间接、正式或非正式地评估图书馆服务的绩效；要允许个人、团体、新闻媒介以及中介机构，通过一定的途径和程序，对图书馆服务进行绩效评估。在实施评估中，要明确主体，规定一定的时限（一般以一年为限），制定相应的责任追究办法，对大到资金使用情况、小到书刊借阅率，以及年度目标完成情况进行全方位的评估，并将评估内容及其结果向社会公开，接受公众的监督，以促进本市公共图书馆服务体系建设的健康发展。

## 4　结语

作为公共文化服务体系建设中的重要组成部分，图书馆公共文化服务体系的构建承载着重要的历史使命，它在坚持社会主义先进文化前进方向、提高天津文化软实力、陶冶人们的情操、充实人们的精神生活、促进本市文化的大发展与大繁荣等方面具有无可替代的地位和作用。我们坚信，随着"总分馆制"和"图书馆流动服务制"的实施，必将提升天津公共图书馆服务的总体品质和服务能级。既然历史给文化的大发展与大繁荣提供了难得的机遇，那么天津公共图书馆服务体系也必将在文化的大发展与大繁荣中发挥重要的作用，成为天津文化大发展与大繁荣中重要的一环。

## 参考文献

［1］陈威．公共文化服务体系研究［M］．深圳：深圳报业集团出版社，2006：143．

［2］国际图联，联合国教科文组织．公共图书馆服务指南［M］．上海：上海科学技术文献出版社，2002：63．

［3］郝沐平．滨海新区公共文化信息服务中所面临的问题与对策［C］//中国社会科学情报学会．图书馆、情报与文献学研究的新视野（4），上海，2010：237—244．

# 关于军队院校图书馆打造知识服务精品的若干思考

楼　钧*

（国防大学图书馆　北京　100091）

**摘　要**　军队院校图书馆打造知识服务精品是深化图书馆信息服务的重要举措，具有一定的现实意义和价值。本文结合当前院校改革的背景，从构建军队院校文化精品战略角度，强调了打造知识服务精品的迫切性。联系实际，分析了在打造精品的过程中可能面临的挑战，并阐释了如何以教学模式转型为牵引，完善精品为军队院校学科建设服务的举措。

**关键词**　军队院校图书馆　图书馆信息服务　知识服务　精品战略

服务是图书馆的基本宗旨。信息服务是贯穿图书馆发展的主线，体现了其核心价值观。图书馆现代发展的最终目的就是提供更好的服务，其提供信息服务的目的就是满足用户的信息需求。而面对信息化高速发展的社会，传统的图书馆信息服务已不能满足人们的需要。如何继续挖掘图书馆，特别是军队院校图书馆信息服务的潜能，提供最优化的知识服务，打造知识服务精品，是值得探究的课题。

## 1　军队院校图书馆打造知识服务精品的战略性意义和作用

"知识服务精品"，是指所提供的信息资源产品能满足用户的个性化需求，具有一定的针对性。随着信息技术日益广泛的应用和军事训练网的逐步完善，军队院校图书馆的信息服务范围得到了极大地拓展。知识服务作为信息服务的延伸，服务的质量直接关系到图书馆建设的核心，其优劣与否更反映了图书馆建设的发展动态。

---

*　楼钧，女，国防大学图书馆，馆员。

## 1.1　打造知识服务精品是推进海量信息凝练精益求精的迫切之需

自社会步入网络时代起，人们对信息资源的需求也随之发展。网络信息资源犹如潮水铺天盖地，人们可以通过各种网络渠道迅速、便捷地获取自己所需要的资源。但其大都为基本的、简单的甚至粗糙的原始信息，缺乏一定的提炼，价值性并不高。军事训练网的广泛应用，融汇了全军大量网络资源，拓宽了信息交流渠道，加强了部队及院校间的联系，为信息资源共享构建了统一的平台。当前军网上丰富的信息资源浩如烟海，尽管分类详细，却是层层堆叠，浏览大量的资源需要耗费一定的时间，如果没有一个明确的思路，用户极易陷入"云深不知处"的迷茫中，因无法准确地获取最需要的信息而不知所措。作为此类信息不可或缺的管理终端之一，图书馆义不容辞地肩负着凝练海量信息，细化服务精度等责任。

## 1.2　打造知识服务精品是构建军队院校文化精品战略的价值体现

1998 年，中国高等教育保障系统（CALIS）建设项目启动，推进了具有军队特色的图书馆网络系统（Milins，NM2000，Milnets）和数字图书馆应用技术系统（MDLS）的研发与应用。应运而生的图书馆数字图书平台，已成为科技新兴时代的重要知识载体，并代表了 21 世纪图书馆发展的方向。但纯粹的聚合各种网络资源以及馆藏书目信息，或将其区分为图书、期刊、论文、报纸、专题、外文和多媒体等几大类的整合数据库的数字图书平台，仅是一个功能全面和包罗万象的搜索引擎，一个纯粹的搜索工具，无法为用户提供更高层次的战略性参考咨询服务。而知识服务精品一定是包含了资源的基本信息，并在此基础上进行了进一步产品加工，具备战略性参考或情报参考的价值。好的知识服务精品不仅能够反映一个图书馆乃至整个学校信息资源建设的现状，而且还能折射出该校的教学水平，高层次的信息服务精品还代表了院校图书馆图书情报的发展态势和学校学科建设的情况。

## 1.3　打造知识服务精品是适应当前军队院校改革的与时俱进之举

网络的发展和普及，使图书馆不仅面临着用户流失的巨大压力，还面临着图书馆贬值的威胁。针对目前军队院校以任职教育培训为主体，兼顾学历教育的发展形势，加强图书馆建设，提高信息服务质量，是当务之急和必须关注的重点。当前我们在认真学习贯彻党的第十七届六中全会和军委扩大会议精神同时，还要深入贯彻第十六次全军院校会议精神，紧紧围绕提高联合作战指挥人才培养质量，大力推进教学改革。打造知识服务精品正是图书馆在以院校改革为契机的条件下，提高信息服务质量的重要举措。由于任职教育的培训周期短，课程安排比较紧凑，许多来自基层部队或者边远地区的学员和部分高层次培训班的学员，因为在原工作岗位使用图书资源有限，对日新月异的图书馆使用甚是陌生，无法立即在短时间内熟练运用图书馆相关系统查找获取自己所需要的资料。除了展开以推送（Push）技术为基础的服务，图书馆还应联系实际情况，迎合学员的不同需求，打造出具有本校特色的知识服务精品。这也是贴合院校改革的与时俱进之策。

## 2　军队院校图书馆打造知识服务精品面临的挑战

鉴于部队的特殊性，军队院校图书馆的信息服务仍在不断发展的道路上曲折前进。打造具有本院校特色的图书馆知识服务精品，虽然势在必行，但是其过程中也必然存在诸多挑战。只有认清打造知识服务精品工作中的挑战，才能找准工作创新的着力点。

### 2.1　开展精品打造的工作能否打得开

工作能否打得开，关键取决于馆员的素质。要打造具有本院校特色的图书馆知识服务精品，首先要有能堪当重任的人才队伍。当前我军文职干部和文职人员并存。其中，文职干部主要以专业技术类为主，文职人员主要以管理保障类为主。但根据未来军队院校改革发展趋势来看，文职人员将逐渐成为相关岗位上的主力军。这就意味着文职人员不仅要具备一定的军事素质并掌握一定军事知识，甚至在所从事的工作领域中达到专家的水平。尤其对于培养高级指挥员干部的军事学府，其教学建设对教研和教辅人员的军事素质要求更高。由于前来学习培训的学员均为部队中高级干部和指挥员，该类院校的图书馆作为提供教研服务的主要窗口之一，所生产加工的知识精品直接面向他们。近些年才日趋成熟发展起来的非现役文职人员队伍是否能够独挑大梁，打造出具备军队院校品牌效应且有较高战略参考价值的知识服务精品，是亟待解决的现实问题。

### 2.2　开展精品打造的工作能否站得住

工作一旦可以开展，接踵而至的问题就是如何"站稳脚"。这取决于工作的环境和条件。环境指的是社会网络环境。当前，社会网络可谓是异军突起，发展速度势不可挡。所谓的社会网络环境，是指影响社会网络生存与发展的外部社会环境因素，包括政策、法律、经济、人文和科技等的总和。这些因素影响着社会网络的内部结构和信息交流方式。在互联网出现以后，特别是 Web 技术出现以后，社会网络发展越发迅速，在线交流成了人们相互沟通的重要方式，各种社会互动技术、软件、工具和网站相继出现，并得到了快速应用与推广，其中具有代表性的有：Blog，Wiki，RSS，Myspace 和 Facebook 等。根据美国市场研究机构尼尔森（Nielsen）于 2011年 12 月 28 日发布的数据显示，Facebook 当年以 1.376 亿人次的访问量位列社交网络排名的榜首。社会网络的应用不仅改变着人们的学习和工作方式，还不断改变着人们的生活和社交方式，同时也影响着图书馆信息服务建设。图书馆 Web2.0 系统已不能满足人们的信息交流需要了。借助日趋流行的高端电子设备产品，人们开始越来越多地受到主观色彩浓郁的信息产品的吸引，这给传统的信息服务产品造成了绝对的挑战。在这种背景下，打造的知识服务精品能否脱颖而出和站稳脚跟，是值得研究的技术问题。

## 2.3　开展精品打造的工作能否做得久

精品打造工作能否持之以恒，不仅要看是否具备了一套成熟完善的机制，最主要的还是在于图书馆打造的知识服务精品能否"以人为本"，不断创新。以国防大学为例。当前国防大学推出的信息服务产品主要有《教学研究资料》、《因特网信息摘要》、《期刊导读》（外文港澳台版）、《新书通报》和《新书介绍》五种。《教学研究资料》是以军事和政治理论科学为主要研究对象的情报资料性内部月刊，主要吸纳军事理论和政治理论研究综述方面的文章，刊登观点新颖、容易引起学术界重视和争鸣的文章，注重资料的权威性、学术性、前瞻性和创新性，旨在为国防大学提供教学科研参考信息。《因特网信息摘要》是以互联网信息资源为主要研究对象的动态性信息摘要周刊。该刊以中国特色社会主义理论体系为指导，紧扣信息时代的脉搏，充分利用网络工具搜集有关国内外政治经济、军事和外交等领域内的重大热点问题动态及其相关评论，旨在为校首长和全校人员了解国内外重大问题提供信息参考。《期刊导读》（外文港澳台版）是图书馆以开发馆藏外文期刊文献资源为主的信息服务产品，属内部编译类文摘刊物。该刊精选当年英语、俄语、日语、法语、汉语（港澳台）5 个语种200 多种期刊中的相关文章，并对其进行编译，力求为军事战略、战役、指挥、军兵种、后勤与装备等学科的教学与研究提供信息服务。《新书通报》是图书馆向我校教研人员、学员和有关单位宣传、报道和推荐馆藏新书的信息服务产品。每月至少编印一期，及时通报入藏新书情况。《新书介绍》是图书馆向我校教研人员、学员和有关单位推介馆藏新书的信息服务产品。全年出版 5 期。每期精选 28 部重点图书进行推介，方便读者及时了解当前出版动向和在社会上有较大影响且与我校教学科研工作相关的重点新书。以上这些信息服务产品最先开始推出，在当时都堪称知识服务精品。然而随着用户对资源水涨船高的需求，这些产品总会变为历史。如何对这些产品的特色进行保鲜，不断发扬其优势，拓展其内涵，使之成为具备国防大学特色的精品资源和品牌代表，是必须思考的问题。

## 3　军队院校图书馆打造知识服务精品的举措

信息服务是图书馆发展的主线，是图书馆建设发展的最根本反映。军队院校作为国防教育的重要组成部分和基地，其图书馆在信息服务的发展方面更应不断探索，努力创新。在打造知识服务精品时，应以教学模式转型为牵引，完善精品为学科建设服务的有力保障为指导思想，争取树立品牌，优化数字图书平台功能，加强人才队伍建设。这既是基于军队信息化建设和未来基于信息系统的体系作战人才培养的需要，也是谋求军队院校图书馆信息服务乃至图书馆事业可持续发展的必然选择。

### 3.1　重点保障学科建设，争创具有军队院校特色的精品品牌

学科是院校存在和发展的基础，是学校建设的门面工程和中心工作，亦是各项工作的聚焦点。只有积极探索学科建设规律，才能在深化学科特色的基础上，有针对性地开展人才培养工作。它决定并影响着院校人才培养的类型和质量，是衡量院校办学水平的标志之一。"没有一流的学科就没有一流的院校"，有代表性的军队院校，如果没有重点学科来支撑，也将失去其影响力。军队院校要培养名师，要出名著，就要从学科建设抓起，从基础抓起。把握住这一关键，才能打造出具有品牌特色的知识服务精品。

如何落实好为学科建设服务的工作，首先，要紧扣学校的工作重心。即贯彻胡主席"一个牢牢把握、三个加大力度"重要指示，围绕推动国防和军队建设科学发展主题、加快转变战斗力生成模式主线，解放思想，改革创新，锤炼作风，扎实工作。图书馆的服务理念只有紧跟学校的发展战略，围绕学校的中心任务，伴随教学模式的转变而转变，所打造的精品才

有现实意义。第二，信息服务必须要围绕学科建设情况展开。对于旨在培养高素质联合作战指挥人才的院校，其学科建设应优先发展与军事斗争准备密切相关、军队建设急需和军事特色鲜明的各类学科，并努力开创新兴学科。在提供信息服务时，必须深入教学科研第一线，跟踪重点学科和重点研究课题全过程，把握信息需求，实施信息的定期推送和全程保障。从一两个学科或科研课题突破，摸索经验，逐步展开，准确把握教研人员在各个教学和科研阶段需要什么样的信息，以服务系统作支撑，帮助他们在知识海洋里精选出所需要的知识和解决问题的方案，做到服务精心、精细和精确。以国防大学图书馆推出的《教学研究资料》为例，可以在其原先的基础上，开辟针对重点学科的专栏，约请该领域的资深专家教授对相关的热点和焦点问题进行权威性的时事性解读和评述；或者就某一重大课题进行相关理论资源汇集，从整合资源中遴选出具有一定代表性的学术性文章和参考资料构建学术论坛型栏目。

### 3.2　借力于联席会作用，促使数字图书平台功能达到最大化

根据"十二五"发展规划纲要要求，军队院校为更好地配合教学科研改革工作，促进院校学科建设和发展，改进数字图书馆信息服务模式，提升知识服务水平，实现军事理论科学数字图书馆"信息丰富、技术领先、功能强大、使用便捷"的目标，由联席会牵头，各院校图书馆纷纷开发了具有各自特色的"数字图书馆平台"。该平台通过深层次整合图书馆海量数字资源，以实现知识服务、精确检索、融入服务、学科服务和资源监控服务等功能；通过实时信息采集器和富有本院校特色的栏目整合了军网资源，实现"一站式"信息检索服务和热点情报分析服务等功能。其中，部分院校图书馆在研发过程中还同时引进并采集了大量的中外文信息资源。

如何更好地发挥数字图书平台的功能，使其利用率最大化，首先，应深化数字平台相互链接内容。基于军训网发展迅速的基础，通过任意一所院校的门户网站都能链接到各个图书馆的数字图书平台。但是仅靠一家力量推进数字图书平台建设，其发展速度也许远不能满足用户对信息资源的需求。此处的需求，并不单纯指信息量，更多的是指深层次和高品质的知识服务精品。因此需要各个数字图书平台结合本校办学特色，打造特色数据链接单元。项目不在多，但一定都是凝结本校特色的精品学科。例如，对于国防大学图书馆，在搞好《教学研究资料》和《因特网信息摘要》等知识服务产品的基础上，还应把其特有的民国库、古籍和原生文献等资源尽快运用到数字平台中来。这里面有许多未开发的信息知识宝藏，不应将

其束之高阁，而是要本着对历史文献负责的态度，本着对教学转型高度负责的态度，以崇高的使命感和责任心，有计划、有目的地把这些信息产品开发出来，为用户提供高层次情报信息服务新产品。

其次，推广社会网络的应用。社会网络的应用已经十分普及，美国大学图书馆遵从读者第一的服务理念，从实际出发，采用各种技术部署社会网络，用于服务学校的学科建设、优化图书馆的资源配置和提升图书馆的服务水平，同时，也扩大了学生们的社会交往。中国最先开始推广应用社会网络的是台湾大学和重庆大学。他们依托数字图书平台，引进社会网络共建模式，将用户的个人书架和收藏库窗口放至平台，使用户之间通过平台相互交流，参考借鉴。军队院校图书馆目前由于身份的特殊性，对社会网络使用还处于启蒙阶段，但鉴于现在越发广泛的网络使用，人们对社会网络的需求必然会兴起，对移动数字图书平台的需求也会应运而生。而对平台资源的开发利用进行引导和协调都离不开全军院校图书馆联席会。尤其是联席会牵头单位，要充分发挥其桥梁、纽带和参谋咨询作用，除了帮助查找存在的问题，总结推广先进经验，还要组织对数字图书馆应用技术系统升级论证和开发，协助南京政治学院上海分院做好文职人员专业技术培训筹划工作，协助总部机关组织原生文献资源和机要阅览室建设情况检（抽）查，组织图书馆信息素质教育课程观摩比赛，等等。在此过程中，加强对各个院校图书馆的联系沟通，建立协商共同进取的良性机制，便于馆际间开展经验交流，这都将有助于完善图书馆数字平台建设，使之功能达到最大化。

### 3.3　加强馆员素质培养，塑造能堪负重任的专业性人才队伍

科学发展观的核心是以人为本，图书馆贯彻科学发展观，就是以读者为本，以教研人员尤其是以学员为本。而打造知识服务精品是贯彻科学发展观的具体实践。打造精品首先要了解用户的信息和知识需求的特点。对于指挥类军事院校，要能预见信息化战争的发展趋势，熟悉信息化战争的组织指挥，具有驾驭和打赢信息化战争的能力，其配套的信息和知识需求必须具有很强的时事性。对于综合性军事院校，军事、政治、经济、外交、法律、科学技术和武器装备方面的基本理论和基本知识都要了解，这就决定了信息和知识需求具有很强的系统性。读者的需求就是图书馆建设和服务的方向，就是贯彻以人为本的出发点和落脚点。

如何加强精品生产者即馆员的素质培养，首先，要健全人才管理模式。图书馆要依据不同的岗位制定相应的标准，坚持用科学的评价标准，

对人才进行评估，以此合理开发和使用人才资源，引导每一名馆员结合自身专长，制定相关的个人发展目标，争取让每个人都能发挥所长，各司其职，各显其能。在基于《文职干部条例》、《文职人员条例》和《院校图书馆工作条例》之上，结合本馆实际，利用激励手段，充分调动馆员队伍的工作积极性和创新热情。在打造精品的过程中，科学统筹规划，建立起一支"年龄结构合理、知识结构互补、职称结构比例适当、军地人员结合的动态发展的信息服务队伍"。并且发扬"传帮带"精神，由资深馆员帮带辅导年轻馆员开展对军事理论的学习。

第二，要强化馆员的专业素质培养。馆员的专业素质除了图书情报专业知识和信息研究分析能力，以及现代信息技术应用能力外，还有与本校学科专业相关的教学科研知识。对于文职人员尤其是非现役文职来说，军事理论和作战指挥等相关军事知识是贯穿信息服务始终的重点。跟踪学科建设，打造复合型学科馆员将是未来很长一段时期内，图书馆信息服务人才建设的主要方向。要想给专家教授和中高级指挥员提供军事信息服务产品，文职人员必须要加强自身学习，不仅要了解军事相关知识的点点滴滴，还要精通某一学科领域，并有相关的研究探索。做到自觉收听和收看有关军事动态前沿的重大热点问题的新闻报道，尝试撰写军事论文，阐述理论观点，锻炼军事逻辑思维分析能力。只有这样，在为用户提供信息参考时，才能达到"难不了"和"问不倒"。

第三，为文职人员提供实践机会。只有紧贴一线教学科研需求，才能为用户提供周到和精准的信息服务。学校教务部门在制定相关课程计划，如实施现地教学计划时，就可以将文职人员纳入到教学实践当中，馆员通过利用诸如此类的学习机会，也可以深入到社会和基层，切实体验教学一线的动态，掌握实际情况。在实践的过程中真正了解学员需求，同时贴紧教学需求，为未来打造图书馆知识服务精品注入新鲜思想，提供不竭动力。

## 参考文献

[1] 葛敏. 军队院校图书馆创新散论 [J]. 信息管理，2011 (4).

[2] 于厚海. 军校图书馆信息服务队伍的建设与管理 [J]. 政工学刊，2009 (11).

[3] 卢志国，马国栋，任树怀. 社会网络在美国大学图书馆的应用分析 [J]. 图书馆工作与研究，2009 (1).

［4］李焕荣. 有关实施科技期刊精品战略若干问题的思考［J］. 中国科技期刊研究，2009（3）.

［5］于朔，甄晓伟. 信息现代化建设中参考咨询服务的变化及举措［J］. 长空，2011（3）.

# 基层图书馆如何为
# 地方党委决策服务
## ——兼论南充市公共图书馆服务创新

陈玉兰*

（中共南充市委党校　南充市　637000）

**摘　要**　决策是地方党委最重要的职能，充分掌握和正确运用决策信息是实现科学决策的重要前提。为地方党委提供及时、准确和实用的决策信息便成为基层图书馆为地方党委决策服务的中心环节。

**关键词**　基层图书馆　决策信息　服务

决策是地方党委最重要的职能，充分掌握和正确运用决策信息是实现科学决策的重要前提。为地方党委提供及时、准确和实用的决策信息便成为基层图书馆为地方党委决策服务的中心环节。本文中的基层图书馆特指市县两级公共图书馆。本文系作者围绕南充市 2011 年社科规划课题《学习型社会的构建与南充市图书情报事业发展研究》，对南充市（县、区）公共图书馆进行深入调研基础上形成的阶段性成果，即为南充市（县、区）党委决策服务应成为南充市公共图书馆服务创新的重要举措。

## 1　为地方党委决策服务是基层图书馆的重要职责

基层图书馆是我国公共图书情报事业的重要组织部分，为广大市民提供精神食粮是基层图书馆的基本职能。随着我国经济的发展和现代高新技术在图书馆的广泛应用，图书馆业务正朝着网络化方向发展，而图书馆也正成为社会信息网的重要组成部分。基层图书馆可以利用在图书情报系统中的独特优势，围绕经济社会发展的新情况和新问题，特别是地方党委政府关注的重大现实问题，开展情报收集和信息研究，为地方党委决策提供信息咨询服务，便成为基层图书馆的崭新职能，这种职能的充分发挥将使

---

＊　陈玉兰，中共南充市委党校，副研究馆员。

得基层图书馆获得政府的格外关注和大力支持，而实现发展的新跨越。

在经济全球化、经济转轨、社会网络化和政府职能转变的新时代，如何实现科学决策和民主管理便成为地方党委政府面临的中心课题。地方党委正在致力建立完善集思广益的决策体制以实现决策科学化，地方政府也在努力实现构建阳光政府和透明政府的目标，这就为基层图书馆参与党委决策和政府民主管理的咨询活动提供了日益完善的制度基础；基层图书馆要充分发挥作用，提升社会地位，必须抓住机遇，紧紧围绕地方党委的中心工作，在注重为广大市民提供丰富的精神食粮的基础上，要更加重视调查研究，发挥自身的图书信息情报优势，对地方党委关注的热点难点问题，深入调查研究，提供决策咨询，彰显基层图书馆在调查研究方面的独特优势。

## 2　提供决策信息是基层图书馆为地方党委决策服务的中心环节

决策是地方党委最重要的职能，充分掌握和正确运用决策信息是提高决策准确性和决策效率的重要前提。基层图书馆为地方党委决策服务主要有两个基本途径：一是利用自身在情报信息系统的独特优势地位，将自身所掌握的图书情报信息进行分类处理，直接为地方党委政府决策提供丰富而快捷的信息咨询服务；二是基层图书馆利用自身的信息优势，围绕地方党委的中心工作进行深入调研，形成有充分科学依据和地方针对性的调研报告，成为地方党委决策时的重要参考。如何实现为地方党委决策服务，本文认为基层图书馆必须做好以下工作：

### 2.1　馆藏建设突出 "地方性"，为地方党委决策提供全面、及时和准确反应本地实际的决策信息

地方党委决策就是在国家宏观政策与本地实际需要之间作出符合市场经济规律的选择，以期最好地推进地方经济社会发展。全面、及时和准确撑握本地经济社会发展方面的信息是地方党委实现科学决策的重要基础。要为地方党委决策提供全方位的决策信息，就必须在馆藏建设上突出"地方性"，加强对地方文献的全面搜集。地方文献是对地方经济社会发展的历史进程、历史事件、历史成就和经验教训的客观反映，是对本地人民和历届政府推进地方经济社会发展的智慧和经验的科学总结。因此，地方文献对地方党委政府和政府部门制定未来经济社会发展决策起着重要的和不可或缺的作用。

地方文献和地方社科机构的研究成果、地方党政部门的种种政策以及地方经济社会发展的成果资料等的收藏，应成为馆藏建设"地方性"的主要内容。这是为地方党委决策服务的基础性工作，这些信息既可以直接传递给地方党委，成为其进行决策的重要依据。

基层图书馆受地方经济社会发展水平的制约，其图书馆藏、人员队伍和信息收集加工处理能力等与信息化时代的要求存在巨大差距，特别是像南充市这样的后发展地区，任何一个基层图书馆都难以满足地方党委政府决策对全方位信息的需要。因此，走"馆际合作、资源共享"之路应成为基层图书馆实现馆藏建设"地方性"的科学路径。"馆际合作、信息资源共享"打破了传统图书馆自我封闭的局面，可以突破计划经济条件下形成的图书馆情报信息系统多中心、多系统和多层次对信息资源利用上的制约，通过现代信息网络技术把各个独立的基层图书馆联结起来，每个图书馆的馆藏都成为其他图书馆馆藏的一部分，每个图书馆又可以充分利用其他图书馆的馆藏资源。这样，不仅克服了基层图书馆馆藏建设的资金制约，也极大地丰富了基层图书馆的馆藏资源，基层图书馆为地方党委政府决策服务的能力将得到明显的提升。

## 2.2　围绕地方党委的中心工作，有针对性地为地方党委决策提供信息服务

基层图书馆为地方党委决策提供信息服务，就是要针对地方党委政府决策的信息需要，及时和全方位地将其收集加工处理好的信息资源准确地传递给地方党委政府，以帮助地方党委政府最大限度地克服在决策过程中经常遇到的信息不全面、信息不充分和信息缺失的困惑，充分解决地方党委政府决策对信息需求的广泛性与特定性之间的尖锐矛盾，确保地方党委政府决策信息交流的通畅性和有效性，充分发挥信息资源在决策中的最佳效能。

从决策信息讲，地方党委决策既需要地方经济社会发展方面的信息，更需要宏观经济信息、市场经济理论和市场经济规律等方面的信息。

### 2.2.1　高度关注地方党委的中心工作

地方党委作为地方经济社会建设的领导者和宏观调控者，在每一个时期都有工作重心，以解决当期经济社会发展中的关键问题。地方党委的中心工作既与国家和上级政府当期的中心工作高度相关，也与本地在当期所要解决的主要问题高度相关。地方党委的中心工作一般通过地方党的代表大会决议和地方政府发展规划向社会公布。

### 2.2.2  围绕中心工作，利用多种信息工具，为地方党委决策提供信息服务

网络是现代信息存在的主要平台，也是实施信息收集、加工、管理与服务的环境基础。利用现代数据获取与收集技术、数据仓库技术和数据分析处理技术来获取隐藏于大量显性信息中的隐性知识，从而得到与地方党委决策相关的知识化和专业化的信息资源。如宏观经济信息、市场经济信息、区域经济发展信息和经济结构演变规律等信息资源都是地方党委决策必不可少的信息资源。

进行文献开发，激活馆藏资源。基层图书馆所拥有的丰富馆藏是一笔巨大的财富。在网络环境下，基层图书馆信息服务的增值点就在于对这些信息资源有针对性地进行二次开发，建立起专门服务于地方党委中心工作和地方党委决策的信息数据库。如有关市场经济理论、国际分工理论、产业转移理论、区域经济发展理论、外地区域经济发展的成功经验和跨国公司发展战略等信息，对地方党委决策和地方党委的中心工作具有理论指导意义，基层图书馆为地方党委提供这些信息资源，其实质就是为地方党委决策提供理论指导。

深入调查研究，及时反馈地方党委决策实施全过程。在经济全球化条件下，地方党委的决策不是一次性行为，而是一个决策——实施——再决策（调整）——再实施的不断循环过程。基层图书馆要利用自身的优势，广泛收集决策实施过程的各种信息，将党委决策实施结果全面、客观、准确和及时地反馈到决策中心，为地方党委的决策调整和完善提供及时准确的实践依据。

## 2.3  积极为地方政府社科课题规划提供信息服务

政府社科规划课题一般都是地方党委政府当期关注的重大课题或是未来几年所要解决的重大课题，也是政府动用社会科学界的力量为党委政府决策提供理论依据和实践依据的重要举措。基层图书馆为政府社科课题规划提供信息服务是为党委决策服务的重要途径。

基层图书馆要充分利用自身在信息情报方面的优势，为政府社科课题规划提供多方位的信息咨询。如国家宏观经济政策及其走势，特别是国家产业政策、区域经济政策、对外经济政策等信息情报；国内外理论界对经济全球化、国际分工与产业转移和新技术革命可能带来的新兴产业发展等研究方面所取得的成果信息；当地区域经济发展状况、制约因素、演进趋势和突破方向等方面的研究成果；上级政府以及国家未来经济社会发展规

划方面的信息；上级政府社科规划课题方面的信息。通过对上述信息的加工研究，可以得出地方党委未来所要解决的重大课题，从而增强社科规划课题的针对性，使社科规划课题更好地与党委政府关注的问题相结合，更好地为地方经济社会发展服务。通过参与政府社科规划并为社科规划提供信息服务的方式，可以提升基层图书馆在党委决策中的影响力。

## 2.4　为地方政府规划课题的研究提供信息服务，提高课题研究水平和研究效率，让研究成果迅速转化为现实生产力

课题研究从开始到结束，一般都要经历选题与立项、课题研究、课题成果的鉴定和课题成果的转化这样一个循环过程。

### 2.4.1　为课题选题与立项提供信息服务

科研选题与立项是科研工作的逻辑起点。作为一个科研工作者，如果是自主进行科学研究，科研选题是其逻辑起点，如果根据政府科研课题规划直接服务于政府决策的服务型科学研究，科研选题与立项是其逻辑起点。科研选题直接决定着科研成果的理论价值和社会实践价值，只有那些最符合政府决策需要，并且又是政府科研课题规划范围内的科研课题才能得到政府的科研资助项。科研是对未来和未知的真理进行探索，具有艰巨性、复杂性、曲折性和不确定性，这就决定了科研工作存在一定的重复性。科研工作者选择科研课题、政府进行科研课题规划以及科研课题实行立项资助制度，其重要目的之一就是最大限度避免重复立项、重复研究特别是低水平上的重复。避免重复研究最有效的办法就是研究者必须占有丰富的科研信息资源，全面把握该研究领域的现有高度和深度。图书馆作为从事图书情报信息收集加工处理的专业机构，可以充分利用自身的优势，在深入研究政府科研课题规划和全方位收集国内外研究最新成果的基础上，根据政府科研规划课题的研究方向、技术路线和技术方案提前开展文献情报信息调研，为课题选题与立项提供充分的信息服务，并对立项课题的新颖性作出科学评估。

### 2.4.2　为课题研究提供信息服务

课题研究是科研工作的关键环节，也是整个课题规划管理的核心，课题研究的广度、深度以及与地方经济社会发展的结合度，直接决定着课题研究成果的理论价值和社会实践价值。基层图书馆为课题研究提供信息服务可以大有作为。其基本服务路径有二：一是间接的信息服务。即基层图书馆利用自身在图书情报信息资源上的优势地位，围绕政府科研课题规划的主要内容，分门别类地收集、加工和处理国内外同类课题的研究经验、

研究技术路线、研究方法、研究手段、研究流程和研究成果，并及时地提供给相关的课题研究机构和研究者，这样可以对研究机构和研究者提供借鉴和启示，从而为研究工作的有效推进提供最前沿的信息服务，将有利于课题研究形成有创意的研究方案，有利于课题研究取得突破性的研究成果。二是直接的信息服务。基层图书馆的情报研究人员直接参与课题的研究，直接承担有关的研究工作，全面介入课题研究过程，实现图书情报信息资源的最充分和有效的利用。

### 2.4.3　为课题成果鉴定提供信息服务

课题成果鉴定是课题规划管理的重要内容之一。成果鉴定有自我鉴定和非自我鉴定两类。自我鉴定是课题研究机构对课题研究成果进行的自我评价。非自我鉴定一般指课题规划立项机构，组织相关的专家学者对该课题成果进行科学评价。不论是哪种鉴定，都是对课题的创造性、科学性和实践应用性进行客观、公正和科学的评价。为了避免课题成果鉴定的失准、确保课题成果鉴定的科学性，促进课题规划管理的科学化和规范化，基层图书馆可以充分利用自身的情报资源优势，经过严谨科学的查新咨询系统，围绕鉴定成果，将检索出的相关文献、国内外相关研究成果信息、相关的课题研究技术内容、方法和数据指标进行分析比较，从而为成果鉴定专家和课题规划管理部门提供准确、可靠和翔实的鉴定依据。

### 2.4.4　为成果转化提供信息服务

研究成果的转化应用并最终变成现实生产力是课题研究的根本目的。基层图书馆可以利用自身的信息网络优势，利用自身对地方经济建设中所面临的问题，对解决这些问题所需要的文献信息的全面掌握，扮演研究人员与成果应用单位相联结的桥梁角色，建立起直接为地方经济建设服务的有效通道。在成果转化信息咨询中，要围绕经济社会发展需求深入调研，把地方经济社会发展中的重大问题传递给研究单位和研究者，围绕研究成果的转化做文章，把研究成果送到经济社会实践中去。

## 3　强化自身建设是基层图书馆为地方党委决策服务的基本保障

基层图书馆的自身建设包括硬件建设和软件建设两个方面，硬件建设就是数字图书馆建设，软件建设就是制度建设和人才培养。

## 3.1　加强基层图书馆信息化建设，努力构建为地方党委决策服务的信息通道

为地方党委决策服务必须有高效的现代信息交换平台。信息电子化和

信息传递网络化是其基本内容，数字图书馆和现代网络建设是其基本手段。只有完成数字图书馆和现代网络两大建设，基层图书馆为地方党委决策服务的信息通道才能变得高效快捷。

### 3.2　加强图书馆制度建设，为建设现代图书馆提供人才保障

建设现代图书馆，关键在人。人的积极性、创造性及其潜能的发挥，决定了一个图书馆自我更新和自我发展的能力。只有建设一批高素质人才队伍，基层图书馆才能为地方党委决策提供高效优质的信息服务。理论和实践证明：先进的人事制度和分配制度，科学合理的岗位责任制、业务工作规范和职业道德规范，与时俱进的馆员培训制度，公正严明的奖惩和考核评价制度是造就高素质人才队伍的制度保障。

## 参考文献

［1］樊亚非．论我国图书馆管理创新［D］．湘潭大学，2002．

［2］杨文祥．图书馆功能的理论思辨［J］．重庆国情研究，2008（3）．

［3］王红辉等．构建阅读社会中图书馆的职责与对策研究［J］．绿色科技，2011（5）．

［4］吴凤媛．公共图书馆图书资源信息共享问题研究［J］．科技致富向导，2012（2）．

# 军校图书馆围绕研究生教育的情报服务产品研究

修士博* 任 妮** 史 飞***

（南京陆军指挥学院图书馆 南京 210045）

**摘 要** 研究生学员是军校图书馆情报服务产品的主要用户之一。笔者通过问卷调查的研究方法，以南京陆军指挥学院全体研究生学员为样本，调查并分析了研究生学员的情报服务产品的需求现状，提出了军校图书馆应有针对性地对研究生学员的教学、毕业论文以及信息素养的培养提供相应的情报服务产品，最后阐述了提供情报服务产品过程中的相关注意事项。

**关键词** 军校图书馆 研究生教育 情报服务产品

　　研究生教育是精英教育的重要组成部分，是为国家输送高级专门人才的高阶段的教育环节，而由于信息化进程的推进，图书馆的情报服务产品，在研究生教育当中越来越起到极为重要的作用。同样，在军校研究生教育中，图书馆的情报服务对于军校研究生学员的教学和科研至关重要。近几年，在信息化改革的推动下，军队院校图书馆的资源和服务发生了重大变化，情报服务产品的深度和广度也在不断加大。由于部队的整体学历层次在逐步提升，研究生学员已经逐渐成为一线部队指挥员和学术成果创造者中的重要组成力量。因此，围绕军校研究生教育的情报服务产品的研究有着很强的现实意义。

　　情报服务活动，即信息服务活动，是通过研究用户、组织用户和组织服务，将有价值的信息传递给用户，最终帮助用户解决问题。从这一意义上看，信息服务实际上是传播信息和交流信息，实现信息增值的一项活动。情报服务产品则是以满足人们信息情报需求的服务性产品。在研究生

* 修士博，男，1987年生，南京陆军指挥学院图书馆，助理馆员。
** 任妮，女，1983年生，南京陆军指挥学院图书馆，助理馆员。
*** 史飞，女，1987年生，南京陆军指挥学院图书馆，助理馆员。

教育的学生用户群中，图书馆提供的情报服务产品则是最为主要的。

笔者通过南京陆军指挥学院研究生学员的情报服务产品需求现状调研分析入手，探讨了针对研究生学员教学、科研等方面提供相应情报服务产品的主要内容和开展过程中的注意事项。

# 1　研究生学员的情报服务产品需求现状分析

## 1.1　问卷调查方法及分析处理概要

为了得到真实准确的研究生学员对图书馆情报服务产品的需求数据，笔者根据军校图书馆的现有情况，通过问卷调查的统计方法，从现有资源的利用和服务产品的需求两个方面对南京陆军指挥学院的研究生学员开展了问卷调查，以下统计结果（包括表格和图片）均由此调研得出。调查对象分为硕士研究生学员和博士研究生学员两种，在83份有效问卷中，硕士研究生学员59人，占总数71.1%；博士研究生学员23人，占总数27.7%；未填写年级身份1人。

调研所得的数据，主要分为排序型数据（如对某项服务的需求性大小排序）和比例型数据（如资源利用率）。前者笔者主要采取赋值并计算加权平均值的方法比较，将排序最后的选项赋值为1，每项加1，最前的选项赋最高值；后者则直接计算其结果占总样本的百分比计算比较。

## 1.2　研究生学员的情报服务产品的需求特点

（1）对传统服务产品的需求率远远高于特色服务

研究生学员对图书馆利用较高的资源服务主要集中在借还书、阅览图书、网站以及密级资料上，利用率都超过80%，部分利用率高达99%，这些基本上都属于传统图书服务和网络服务的范畴。期刊目录导读、网上参考咨询等服务利用率都在50%—80%之间。他们对于原文传递、查收查引和科技查新等图书馆的特色服务利用较少，利用率还不到20%，而由于这些特色服务可以大大减少学员查找资料和进行学术研究的所需时间，所以这也就大大制约了研究生学员的科研水平和学术成果的含金量。

造成这种现象的原因主要有以下三点：第一，图书馆对特色服务产品的宣传不到位。研究生学员是图书馆资源和服务的主要利用者之一，也是创造学术成果的生力军。尽管学校图书馆不是盈利性单位，没有大力宣传其服务的义务，但是作为学员的第二课堂和知识资源的集中地，让每一位教员和学员了解服务十分重要。只有知之，方能用之。而这一点在教员身上一般不会发生，因为他们多年从事教学科研工作，寻找资料肯定不会丢弃图书馆这个捷径。因此，宣传服务产品的价值就主要体现在研究生学员身上。第二，研究生学员的信息能力还存在较大缺陷。由于研究生当中，大部分是硕士研究生，刚开始跟着导师做项目和写文章，再加上没有接受过信息素质的专业训练，所以他们对图书馆资源和服务的理解还停留在传统的图书服务和网络服务上，即使对特色服务产品有初步的了解，也无法充分利用。第三，图书馆提供特色服务的能力与学员预期相比还存在差距，这些服务的质量依赖馆员自身的信息能力素质，服务较为主观，可能会影响研究生学员的利用。

（2）研究生学员需要特色服务产品

在问卷调查中，笔者将每项服务的需求分为五个层次"没有需求、需求较小、需求一般、需求较大、需求非常大"，统计时将其依次赋值为1—5，最后计算总的加权平均值得到图1，0—2.6为没有需求和需求较小，2.6—3.6是需求一般，3.6—5是需求较大和非常大。

根据图1可以看出，尽管大部分学员对特色服务产品并不是十分了解，但是经过介绍而初步了解之后，这些服务产品的需求性还是很大，如专题定题、原文传递、期刊编译、热点新闻和投稿指南等服务的需求都较大，这充分说明了研究生学员还是比较需要图书馆主动的推送服务和信息资源，其学术研究和平时的学习进步对图书馆资源和服务的依赖性比较大。

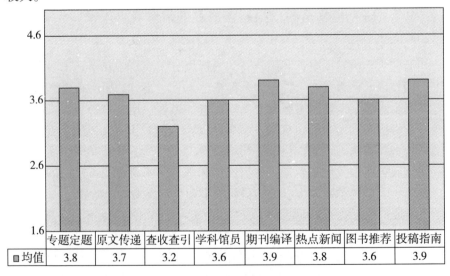

| | 专题定题 | 原文传递 | 查收查引 | 学科馆员 | 期刊编译 | 热点新闻 | 图书推荐 | 投稿指南 |
|---|---|---|---|---|---|---|---|---|
| ■均值 | 3.8 | 3.7 | 3.2 | 3.6 | 3.9 | 3.8 | 3.6 | 3.9 |

图1　图书馆开展服务需求情况统计

## 2　军校图书馆针对研究生学员提供相应情报服务产品的主要内容

### 2.1　针对教学保障提供情报服务产品

对于研究生学员，无论硕士研究生还是博士研究生，学习和科研是其在学院深造期间的主要任务，而在学习期间，图书馆在一定程度上成了他们的第二课堂。从表1可知研究生学员在学习和从事学术的过程当中获取信息资源的渠道主要是图书馆的信息资源，包括电子资源、纸质资源以及网络服务。因此，为研究生学员提供优良的教学保障就成了图书馆情报服务的一项重要内容。

表1　获取学习和学术信息资源的渠道情况统计表

| 有效 81 份 | 图书馆借阅纸质资源 | 图书馆网站电子资源 | 军网其他资源 | 互联网资源 | 自行购买 | 其他 |
|---|---|---|---|---|---|---|
| 总　量 | 340 | 403 | 325 | 239 | 168 | 86 |
| 平均值 | 4.2 | 5.0 | 4.0 | 3.0 | 2.1 | 1.1 |
| 排　名 | 2 | 1 | 3 | 4 | 5 | 6 |

图书馆为研究生学员的教学保障工作提供的情报服务产品可以分为两种：

首先是被动地为其提供咨询服务产品，如原文传递服务等，主要是为学员收集整理好资料供其阅读，并为教学提供参考书籍、资料和试题，帮助他们增长学科相关知识和开拓视野，使其不仅能掌握好知识，还能充分加以利用，为他们日后的科研或军事指挥工作打好基础。

其次是主动向他们推送服务产品，如热点新闻和图书推荐等服务，主要是根据学员的需求（统计整理获得），主动向他们推荐好的电子或纸质资源。表2调查结果显示调查样本中，需要的图书主要集中在军事、历史、文学和党政上。因此，图书馆就可以就这四种类型的相关资源提供相应的情报产品，推送相应的情报服务，从而更有效地为研究生教学工作提供优良的保障。

**表 2　研究生学员关注的图书类型统计表**

| 有效 82 | 军事 | 党政 | 法律 | 经济 | 科技 | 文学 | 语言 | 历史 | 励志 |
|---|---|---|---|---|---|---|---|---|---|
| 数量 | 75 | 28 | 12 | 20 | 24 | 35 | 14 | 60 | 16 |
| 百分比 | 91.5% | 34.1% | 14.6% | 24.4% | 29.3% | 42.7% | 17.1% | 73.2% | 19.5% |
| 排名 | 1 | 4 | 9 | 6 | 5 | 3 | 8 | 2 | 7 |

## 2.2　针对毕业论文提供情报服务产品

毕业论文是毕业生提交的有一定学术价值和水平的文章，由于研究生毕业论文的写作时间长，又有在本领域内已经作出一定贡献的教授指导，在一定程度上，研究生毕业论文的学术价值要较其他期刊文献的学术论文高。而无论博士研究生还是硕士研究生，尽管每个学院规定的毕业门槛不同，最后的论文答辩都是成功毕业和获得学位重要环节，所以毕业论文对于每个研究生学员都有很强的重要性。

**表 3　研究生学员获取毕业论文信息的主要途径统计表**

| 有效 82 | 自己搜集整理资料 | 找图书馆寻求帮助 | 找专门机构寻求帮助 | 其他途径 |
|---|---|---|---|---|
| 数量 | 40 | 46 | 5 | 1 |
| 百分比 | 48.8% | 56.1% | 6.1% | 1.2% |

如表 3. 所示，研究生学员毕业论文主要信息来源一半以上是直接找图书馆寻求帮助，并且在选项"自己搜集整理资料"中，大部分搜集来的资料也是从各个图书馆中获得的。也就是说，研究生学员毕业论文信息来源绝大多数都直接或间接来自图书馆，因此针对研究生学员毕业论文提供情报服务产品尤其重要。

图书馆针对毕业论文提供的情报服务产品应根据论文写作的进展而变化。

首先，选题和定题阶段。在这个阶段，一方面学员与导师交流，以获得选题的范围；另一方面，学员在图书馆查阅大量文献情报资源，利用原文传递服务获得准确和广泛的情报信息，为定题打下基础。

其次，开题报告阶段。这也是写作毕业论文中十分重要的阶段。利用专题定题服务，根据学员对选题的认识和需求，图书馆为学员不断地提供所需资料，并帮助其挖掘信息，深入认识，理清思路，为正式写作做好准备。

第三，写作阶段。学员在写作的过程中，通过原文传递服务，资料随时根据需要更新，以满足写作需求。

最后，查收查引。毕业论文的原创性十分重要，由于图书馆拥有大量的数据库资源，在写作初稿完成后，便可以利用查收查引服务来避免送审时重复率过高而导致无法通过的现象发生。

### 2.3　针对研究生学员信息素养的培养提供情报服务产品

信息化时代赋予了军队院校图书馆新的使命和任务，对研究生学员信息素质的培养也成为其情报服务工作中十分重要的内容。作为产出学术成果的生力军，研究生学员获得、处理和利用信息资源的能力决定了其成果的学术水平和学术创新能力。同时，信息素养伴随着信息化战争而出现，对现代战争的重要性不可比拟。由于部队普遍学历的提高，研究生指挥员也不断出现在一线部队当中，这样信息素养就成了打赢信息化战争的关键因素。

作为信息集中整理和服务的中心，军校图书馆在培养学员信息素养上具有得天独厚的优势。首先，学员的信息诉求基本投向图书馆，获得的情报信息又基本上应用于解决实际问题（包括学术创新和指挥应用），这就大大增强了图书馆为学员解决实际问题的指导意义。其次，在情报服务（如原文传递服务等）中，情报服务人员可以与学员进行深入交流，更加了解他们自身的信息能力，从而以实际问题为支点，逐步引导其增强信息素养。

培养研究生学员信息素养的方法以及提供的产品是多方面的。第一，在资源的建设上，应加强电子资源的投入，完善检索功能，这样可以充分引导学员利用信息化手段解决实际问题。其次，应该就信息获取、识别与筛选、运用、防护与保密这四个方面能力逐步提高学员的综合信息能力，在资源和服务当中渗透和引导。第三，不仅是在资源和服务中引导学员培养信息素养，图书馆还可以申请开设相关的信息课程以及举办一系列专题讲座，统一系统地增加研究生学员对信息的认识，提高他们的信息能力，培养他们的信息素养。

## 3　针对研究生学员提供情报服务产品过程中的注意事项

### 3.1　以学员需求为落脚点，充分扩大馆藏资源建设

馆藏资源，无论是纸质资源还是电子资源都是图书馆工作和服务开展的基础。尽管学员利用的是服务产品，但其目的是获得他们需要的文献或相关资

料。图书馆发展的根本是扩大馆藏资源，同样，情报服务发展的根本也是扩大馆藏资源。

馆藏资源要根据学院学科特点和学员自身需求来加以扩大。

首先是根据本学院学科特点来扩大馆藏资源。例如，笔者本次调查的样本是南京陆军指挥学院，院系主要倾向军事和政工，所以馆藏除了通用资源如文学和工业技术等以外，应着重扩大军事、政工、哲学和政治等方面的资源。

表格4　研究生学员对数字资源建设的重点关注情况统计表

| 有效80份 | 资源量大，涉及面广 | 资源的学科针对性强 | 资源的权威性高 | 资源检索功能强大 | 资源分类导航清晰 | 资源推送和介绍等服务周到 |
|---|---|---|---|---|---|---|
| 总　量 | 388 | 308 | 258 | 312 | 237 | 148 |
| 平均值 | 4.9 | 3.9 | 3.2 | 3.9 | 3.0 | 1.9 |
| 排　名 | 1 | 2 | 4 | 2 | 5 | 6 |

其次应根据学员的需求扩大馆藏资源。如表格5所示，研究生学员主要关注的图书馆资源建设主要是资源范围、学科针对性以及检索功能。因此，图书馆就应该根据需要增加有学科针对性的资源，扩充馆藏，这样才能既满足学员的需要，又充分利用了馆藏资源。

## 3.2　加大人才投入，培养一批能力过硬的馆员队伍

信息化条件下，图书馆已经由知识信息的收集整理者，向挖掘创造者转变，馆员在信息的利用当中扮演着至关重要的作用。同时，由于情报服务产品的服务方式也从传统的被动咨询转向主动推送，这就更加突出了图书馆员的主要性。

尽管图书馆员的作用十分重要，但现在的馆员整体能力素质还有待提高。如表格5所示，近一半的被调查的研究生学员对图书馆提供信息服务的能力有所质疑，这就进一步说明了大力培养一批能力过硬的馆员队伍的迫切性。

表格5　研究生学员不选择图书馆提供信息服务的原因统计表

| 有效62份 | 不愿透露教学和科研等信息 | 对图书馆提供该服务的能力有质疑 | 已有固定的途径满足该需求 | 其他（不知晓有该服务） |
|---|---|---|---|---|
| 数量 | 3 | 28 | 17 | 13 |
| 百分比 | 4.8% | 45.2% | 27.4% | 21.0% |

提高馆员能力可以从以下两个方面加以实现：

首先，提升馆员自身的信息素质。馆员的信息素质是情报服务的根本，其信息素质包括信息分析、信息检索和信息处理等，对于馆员的要求应该是具有一定信息管理等相关专业的教育背景，对馆员的考察也应该围绕信息素质展开。

其次，提升馆员的相关学科的专业素质。图书馆的情报服务面对的军队研究生都是相关专业的优秀人才，因此，要为他们提供完善的情报服务产品，馆员就应该涉猎相关的专业知识。在情报服务的过程中，学科专业知识甚至可能比信息能力更为重要，馆员只有掌握了扎实的相关专业知识，才能对各类信息进行深入的分析，为学员提供深层次的情报服务产品。

### 3.3　加大软硬件资源的建设，提高技术保障能力

软硬件资源建设也在一定程度上制约着情报服务产品的发展、网站的检索能力、数据库的更新和维护、图书馆的网络条件以及计算机的性能等。情报服务产品只有在完善的信息化条件下，才能发挥有效的作用。因此，加大软硬件的投入，提高技术保障能力也是图书馆建设中不可小觑的内容。

首先，财力投入是软硬件建设的先决因素。图书馆是军校知识的集中地，离不开计算机、打印复印机和扫描仪等一大批先进的设备，这些设备的性能好坏影响着图书馆的情报服务能力。与此同时，大型数据库系统以及一系列信息服务系统的性能也决定着情报服务能力的高低。充足的财力投入是保障这些软硬件性能的根本要素。

其次，人力投入是软硬件建设的决定因素。即使有了先进的设备和系统，缺乏相关的技术人员，也无法发挥软硬件良好的性能。人才决定了软硬件的性能发挥，因此，在馆员当中应当培养一批技术过硬的人员，从而在技术上保障情报服务，发挥情报服务产品的最大作用。

## 4　结语

随着军队信息化进程的加快，军队研究生教育的比重越来越大。与此同时，图书馆在军校教学和科研中的作用越来越突出，情报服务产品在图书馆资源利用和服务中扮演着至关重要的角色。研究围绕研究生教育的情报服务产品重点是认清研究生学员的自身特点和情报需求。在此基础上，

分析其针对的学科特点，采取有针对性的服务方式，就能推送行之有效的情报服务产品，提升未来军队科研人员的学术水平和未来指挥员指挥作战力。

## 参考文献

［1］百度百科. 情报服务［EB/OL］.［2012 – 07 – 12］. http://baike. baidu. com/view/188053. htm.

［2］韩磊，王丽. 培养军校研究生信息素养的思考［J］. 国防大学学报，2010（4）.

# 军队院校图书馆服务创新论

葛　敏[*]

（南京政治学院军事信息管理系　上海　200433）

**摘　要**　本文阐述了图书馆服务创新的实质内涵是为用户提供新的价值和满足。并从延伸服务空间、推行服务营销、扩展服务内容、创建服务品牌和提升服务标准等角度探索了军队院校图书馆服务创新的思路。

**关键词**　军队院校图书馆　服务　创新

信息技术在图书馆的广泛应用，军事训练信息网络的逐步优化，极大地拓展了军队院校图书馆服务的时空范围，强化了图书馆服务的能力。与此同时，军队信息化建设和未来基于信息系统的体系作战人才培养的需要，院校教学转型所致培训对象、培养目标和教学方式的转变为院校图书馆的服务营造了全新的环境，提出了更高的需求。面对环境的变革和需求的更新，军队院校图书馆突破传统服务模式，拓展服务空间，创新服务理念，提升服务水平是时代的要求，也是谋求军队院校图书馆事业持续发展的必然选择。

## 1　认识创新内涵，准确把握服务创新

众所周知，创新就是将一种新的生产要素和生产条件的"新结合"引入生产体系，包括采用新的产品、采用新的方法、开辟新的市场、控制新的材料来源以及实现新的产业结构。而服务创新则是一种可能单独发生在服务理念、与顾客相互交往的渠道、技术理念和服务传递等方面，也可能同时发生在它们的多个组合之中的有意义的新变化。据此，服务创新的内涵有三个关键要素：首先是这种创新涉及服务的理念、用户、渠道和技术诸多方面；其次是在这些领域中产生新的变化；其三就是这样的变化必须是有意义的，于图书馆而言就是必须对用户有利。

由此可见，创新不是单纯的技术问题，衡量创新的标准不是看它在技

---

\*　葛敏，男，1956 年生，南京政治学院军事信息管理系，教授、研究生导师。

术上取得了多少突破，而是看能否帮助用户从图书馆的服务中获取更多和更好的效用，看能否为图书馆带来更高的效率和更大的发展空间。当代管理大师彼得·德鲁克认为，"尤其说'创新'是科技的术语，不如说是经济或社会术语"，创新是"改变资源给予消费者的价值和满足"。也就是说，创新意味着为消费者创造新的价值与满足，创新的价值不是以其科学与技术的重要性，而是以它们对市场与消费者的贡献来进行衡量的。

当代图书馆的创新，越来越需要计算机、网络通信和数字化信息等新技术的运用。信息技术上的创新，应用新技术为用户提供新型的服务，是图书馆创新的重要组成部分。但必须清醒地认识到，新技术的运用决不是图书馆创新的全部，更不是图书馆创新的实质。如德鲁克所言，创新的实质是为用户提供新的价值与满足，技术只是手段，而不是目的。以这个标准来衡量，通过网络将图书馆的咨询服务延伸到用户办公室和宿舍住宅，无疑是创新；而设立还书箱，简化读者还书方式，或者制作简易的流动图书板车，将书刊送到学员宿舍和饭堂门口，便于学员借阅等，也同样是创新，同样代表着图书馆服务创新的方向。

因此，图书馆信息服务的创新必须坚持用户导向，而不是技术导向。用户导向就是唯用户的需求为我们设计服务项目和服务方式的依据。我们必须树立这样一个观念，就是只要是用户需要的，就是我们应该提供的，而不管这种服务我们熟悉与否，也不管这种服务是所谓"高档"的还是"低档"的。现代图书馆不仅要为用户提供更加准确及时的专业和科研信息，而且也需要提供日常工作、学习、娱乐和生活的有关信息，满足人们获取多方信息的需要；既要努力建设现代化的服务设施，建设数字图书馆和虚拟图书馆为用户提供更高层次和更加便捷的信息服务，也要利用现有的条件，及时地和便捷地帮助解决用户现时工作学习中迫切需要解决，哪怕是些基本的甚至是琐碎的问题。满足这些用户需求都是我们的责任，满足了用户这些需要，同样是我们工作的成绩，同样值得称道。

## 2　调整服务格局，开放延伸服务空间

开放服务就是突破传统图书馆封闭式的服务格局，拓展延伸服务空间，向读者提供文献信息的开放存取，以更便捷的方式，在更大范围实现资源共享的服务方式。其内在理念就是藏以致用，服务至上。就是要破除阻碍用户利用的时空障碍。这样的开放服务表现在多个层面。

一是调整图书馆服务布局，消除用户与文献之间的间隔，消除不同类型文献之间的空间距离和逻辑距离，向读者提供一站式的信息获取环境。

经过几年来的努力，军队院校图书馆已经基本上实现了这一层次的开放，绝大多图书馆的绝大多数文献实行了开架借阅。还有许多图书馆通过内部调整，或利用新建扩建的馆舍，突破原有服务布局，推行藏阅一体和借阅一体的全开放服务模式。更有一些图书馆积极探索，推广运用"信息共享空间"服务模式，取得了良好的示范效应。

二是将信息服务送上校园网，突破空间和时间上的限制，走出馆舍，延伸到教室、办公室、实验室和宿舍，实行 24 小时全天候的开放服务。目前，军队院校图书馆的信息资源和用户对信息资源的利用越来越多地向数字空间转移，显示了图书馆服务网络化的趋势。但是严格讲起来，我们现在网上主要提供的还只是信息资源，较多地停留在信息传递的职能上，而缺乏更加主动的信息推送、更加深入的用户咨询解答，以及更加个性化的网上阅读辅导等丰富多样的信息服务。

三是在信息公开和信息自由的原则下，突破院校的范围，实现图书馆之间的共享服务。军队院校图书馆必须破除传统封闭的狭隘理念，以"全军院校一个馆"的理念，拓展服务范围，走联合保障的发展道路。如空军指挥学院图书馆建设的《中国军事图书总库》等系列数字资源提供全军院校图书馆共享，不但为大家提供了高质量的信息资源，而且在全军院校产生了很好的示范效应，树立了良好的形象。

四是将图书馆的信息资源和信息服务延伸到部队和机关，为部队广大官兵服务。一方面军队院校图书馆的信息资源建设初具规模，形成了具有鲜明军事特色，切合广大官兵需要的数字信息资源；另一方面军事训练信息网的建设构筑起了一个连接院校与部队的虚拟空间，为军队院校图书馆信息服务的延伸开辟了迅捷的渠道，排除了空间障碍。借助这样的信息资源和网络空间，军队院校图书馆可以通过数字资源上网、源文献网络传递、出版网络版专题资料编辑、网络信息资源重组和导航、虚拟参考咨询、远程信息素质培训教育等远程服务项目，为全军部队提供全方位的信息服务。近年来，不少院校图书馆在这方面做了有益的尝试，取得了良好的效果。如国防大学和空军指挥学院等一大批图书馆被指定为"总部综合信息服务平台信息源单位"，直接为军委办公厅和总参办公厅提供信息服务。各飞行学院图书馆针对飞行员培养训练的特点，将信息资源建设向飞行团倾斜，采取各种方式为团图书室配送信息资源、配备设备设施和培训管理人员，将服务延伸到飞行团乃至飞行大队，拓展到教学训练一线，取得了良好的效应。

## 3　增强服务意识，积极推行服务营销

服务营销就是改变原先坐等读者上门的阵地式服务，主动出击，向现实的和潜在的用户推销图书馆的服务，创造条件吸引更多的用户利用图书馆。随着网络的发展和普及，图书馆面临着用户流失的巨大压力，面临着图书馆贬值的威胁。特别是任职教育中，不少来自基层部队或者边远地区的学员在原工作岗位利用图书资料和情报信息的条件较差，经历较少，又由于培训周期短，对图书馆不甚了解，利用图书馆的意识和主动性较弱；也有部分高层次培训班的首长学员，由于年龄和平时工作学习的习惯，使得他们不太惯于到图书馆公众场合来读书、查资料。对此，图书馆必须走出大门，积极主动地推送和宣传自己的服务，确立自己的形象，吸引用户，赢得生存的空间。

服务营销，首先是主动地将服务推送给用户。针对学员学习的专题知识，挑选相关的文献信息资料，以书目形式介绍给学员，或者直接上门提供文献信息服务。也可以利用校园网将图书馆的信息和服务送到教室和宿舍，形成"图书馆—网络—用户"三位一体的信息服务空间，如石家庄机械化步兵学院图书馆创设了"前出伴随服务"模式，购置了送书专用车，建成"流动图书馆"，前出到训练场、学员队和食堂门前开展了图书借阅、预约送书、图书代购、信息咨询和资源宣传等服务项目，流动图书馆业务的开展增加了16%的图书借阅量。

更可以应用 RSS 等先进网络技术，主动地为用户推送信息服务。这样既为学员节省了时间，又使他们了解图书馆的功能，提高其利用图书馆的自觉性，为进一步发挥图书馆文献信息资料的作用提供了帮助。同时，图书馆还应针对任职培训授课教员的需求，主动与教研室或相关教员联系，围绕教学任务推荐提供针对性强、与教学内容息息相关的文献信息和书刊资料，为教职人员的教学活动提供主动的针对性服务。

营销服务还需要图书馆主动宣传、推销图书馆的信息和服务。一是要宣传图书馆的资源，特别是丰富的数字资源；二是要宣传图书馆的服务项目；三是要宣传利用图书馆的方法和技术。让用户了解图书馆的现状，看到图书馆的变化，知晓图书馆的服务，体会到图书馆服务的能力和善意。从而改变用户对图书馆的传统认识，树立图书馆的现代化新形象，吸引用户。

近年来，军队院校图书馆逐渐认识和加强了对用户的宣传，但从总体上看，宣传的途径方法还比较单一，效果不太理想，许多用户对图书馆的

认识还是停留在传统观念上，或者停留在口头上，不了解图书馆拥有的资源，不相信图书馆的服务能力。我们必须在优化服务的同时，优化我们的宣传，借鉴营销理论，配合服务的创新，采取深入细致、人性化和个性化的宣传，传播图书馆的新形象，如为各专业系配备联络员，有针对性地传播图书馆的信息，充分利用图书馆主页，传播图书馆信息，引导用户利用等。

## 4　扩展服务内容，提供多元化信息服务

多元化信息服务是指图书馆开展的包括文献传递服务在内的形式多样、内容丰富的各种文化、教育和信息服务活动。除了开展文献信息的借阅查询外，还应开拓信息咨询、网络导航、信息重组和知识挖掘等信息开发服务；还可以开展文化展示、专题报告、学术研讨、培训辅导和文化娱乐休闲等多种积极、向上、健康的文化教育服务活动等。

参考咨询是阅览服务的深入和发展，是开发馆藏信息资源，为用户提供个性化服务，帮助用户解决疑难问题的重要手段，也是近年来军队院校图书馆丰富服务项目，提升服务层次的重要体现。但是目前许多图书馆的参考咨询服务还处于初始阶段，服务水平尚停留于回答非学术性简单问题的较低层次上，咨询服务的能力尚未取得用户的信任。需要图书馆努力开发咨询服务能力，根据用户的需求和自身服务的条件，从基础做起，主动挖掘咨询课题。如与院校机关部门协作，开展学术论文被收录被引用的查证服务、学术不端的检测服务和学位论文的查新服务等，既在服务中锻炼馆员的咨询服务能力，又通过服务效果增强用户对图书馆服务的信任感，培养用户对图书馆的依赖感，为图书馆参考咨询开辟市场。

出于信息安全的考虑，军队院校对互联网的利用保持着一种相对谨慎的态度，严格的保密措施客观上对互联网利用形成了一定的限制。在此背景下，与互联网物理隔断的军事训练信息网成为了我军内部教育训练信息保障的重要网络空间。当前军网上的信息资源逐渐丰富，在院校教学训练和科研中发挥了越来越明显的信息保障作用。然而日趋丰富和复杂的信息资源，也逐渐给用户查找获取信息增加了难度，信息导航成为有效利用军网信息的迫切需求。根据院校教学科研的方向和图书馆信息服务的特色，选择特定学科和专题，搜集、组合军网上的信息，建立富有专业特色的信息导航，已成为军队院校图书馆义不容辞的职责和亟待开发的服务项目。

图书馆的文化服务以往为我们所忽视，好像那是小儿科，甚至被认为是非正经的服务。其实，为读者提供健康向上的阅读书刊、轻松愉悦的休

闲活动以及温馨活泼的文化氛围，同样是服务育人、营造军营文化和促进人才成长所必不可少的环节。所以我们应理直气壮地宣扬和发挥图书馆的文化功能。近年来，军队院校图书馆在开拓文化服务上进行了积极地探索，不少图书馆根据自身的特点和条件，开发了许多富有特色的新型服务，如大多数图书馆承担了信息素质教育课程的教学，许多图书馆通过设置休闲书吧、学术沙龙、特色文化区，组织演讲比赛以及学生书画展，开展各有特色的读书文化节和文化艺术节等，丰富了图书馆的功能，扩大了图书馆的影响，特别是得到了广大学员的热烈欢迎和踊跃参与。

事实证明，只有丰富多元的信息服务，才能避免网络普及后图书馆"门可罗雀"现象的发生，避免图书馆沦为"无人图书馆"的尴尬境地。随着人们文化、教育和信息观念的更新，21世纪的军队院校图书馆应该成为校园的文化、教育和信息中心，成为用户的"第二课堂"和"文化娱乐中心"。

## 5　提升服务质量，创建服务品牌

受观念和条件所限，以往军队院校图书馆的服务方式、服务环境相对地停留在比较简约的层次上。而如今用户获取信息的途径越来越多，对信息获取渠道和信息服务机构有了更多的选择和挑剔，对服务质量和层次的期望和需求越来越高，传统的简约化服务越来越难以吸引用户。需要图书馆提升服务质量，优化服务环境，创建服务品牌，以品牌的声望凸显图书馆的形象，吸纳用户的利用。

一是服务特色的强化。"如果一个图书馆能够通过自己的某种独特性：或一定的规模和馆藏，或某一信息产品，或某一特色服务，在同一行业中形成差别优势，那么，这种优势就是品牌"。从这个意义上来讲，图书馆的品牌服务实质上就是一种个性化的特色服务，以切合用户需求的特色资源和特色服务，为用户提供在别处难以获得的体验和满足。这种独特的品牌效应不但能够吸引本院校的用户，而且可以"扬名"全军，吸引更广泛的用户慕名而来，扩大图书馆的服务空间，提高图书馆品牌的知名度。如空军指挥学院图书馆的《中国军事图书总库》，以其资源的完整性和快速的更新增长率和广泛的共享服务，在军网上确立了其军事图书资料的权威。上网服务三年来，全网总下载量高达3300万册次，赢得了广泛的赞誉。

二是服务质量的提升。质量是品牌的基础，图书馆服务质量就是对读者需求满足程度的度量。这种满足包括用户在图书馆所获取的信息与其需求的吻合程度，也包括用户在需求满足过程中所感知到的服务效果水平与期望的服务效果水平的匹配程度。提高服务质量，需要图书馆对用户的需求作出敏捷的反应，提供切合用户需求且快速便捷的服务；还要求图书馆能够设身处地为用户着想，以亲和友善的服务态度、追求完美的服务精神和精准高超的服务能力，为用户提供高品质的服务，获得用户对服务品牌的认可和信任。这种质量不仅表现在大型的服务项目和高层次的服务产品上，也体现在日常服务中的每一个细小环节中。如一个简单的新书通报，是随意地将编目数据打印出来，往墙上一贴了事，还是将书目进行适当的类分、编排和美化，以简洁清晰的界面提供给用户，或者根据用户的定制，有选择地推送到用户的邮箱中，就能反映出不同的服务质量。

三是服务环境的优化。一方面当然需要硬件的投入，建新馆，买新设备，如我们看到的近年来军队院校新建的一些现代化馆舍，引进的自动化设施，无疑极大地改善了图书馆服务的环境，增强了图书馆的魅力。但另一方面更需要我们对环境的精心设计，根本的不是馆舍的雄伟、阅览室的宽敞以及 LED 屏幕的靓丽，而是更需要营造一种氛围，给用户营造一种温馨、轻松和自在的环境，一种文化的感染。事实证明，真正受用户欢迎，能给读者留下深刻印象的图书馆环境并不一定靠硬件设施堆出来的，相反只要站在用户的角度精心设计，就能构建出良好的图书馆环境，如理工大学气象学院图书馆因为馆舍面积不够，扩建的屋顶休闲书吧，闻名全军院校；航空大学图书馆利用既定馆舍格局，设计布置了"励志导读区"、"军机鉴赏区"、"馆志区"和书画摄影角，将原来单调沉闷的走廊变成了文化展示区，既美化了环境，又传播了文化。

## 6　提高服务标准，帮助用户成功

满足用户的需求，让用户满意而归历来是图书馆服务的标准和追求的目标，也是图书馆管理的基本理念。然而，从知识管理的角度来看，用户满意的标准仅是满足了用户当前的需求和显性的需求。用户提出什么需求，图书馆就为其提供什么服务，至于用户获得了图书馆提供的信息，是否对其最有用，能否最大程度地帮助其工作学习获得成功，用户的成功还需要什么样的信息和服务，就难以顾及了。由于受用户对信息资源了解的程度、对图书馆员工作能力的信任程度以及对自身真实需求的表达能力等因素的影响，用户在将自己内在的和隐形的信息需求转化为显性的需求表述时可能会发生一定的偏差，图书馆根据其显性需求所提供的信息，不一定是其真正需要的、对其最有用的以及能够最大程度帮助其成功的信息。

另外，当用户获得图书馆提供的原始信息后，在使用信息的过程，由于语言、环境和操作等原因，可能会产生一定的困难或失误，影响其对信息的利用并获得成功。因此，让用户满意的标准和要求也许并不是图书馆信息服务的最高境界，真正能够提高服务质量，实现服务的价值，还需要图书馆确立"助用户成功"的服务标准。助用户成功的标准则是重视用户隐含的真实需求和利用信息的过程，用图书馆员的专业知识帮助用户利用信息获得成功。需要图书馆员深入了解用户的信息需求，甚至参与用户的信息组织和信息运用，提供个性化的服务。未来图书馆的发展需要依赖于这方面潜在的需求和未开发的市场。

## 参考文献

［1］熊彼特．经济发展理论［M］．北京：商务印书馆，1990：73.

［2］杨广等．基于不同视角的服务创新研究述评［J］．外国经济与管理，2009（7）：9.

［3］程亚男．图书馆服务新论［J］．图书馆，2000（3）：5.

［4］空军指挥学院图书馆．全军通用军事文献信息资源建设情况介绍［J］．空军院校图书馆创新服务保障模式研讨会论文集，2011：21.

［5］冯琼．影响图书馆服务质量评价的若干因素［J］．现代情报，2010（2）：123.

# 略论信息作战情报支援保障

梅宪华*

（南京政治学院上海校区军事信息管理系　上海　200433）

**摘　要**　信息作战较之其他作战样式更加需要有效的情报支援与保障，情报支持信息作战的各个方面，对于支援信息作战具有重要作用。本文在依据《联合信息作战条令》相关论述基础上，阐明信息作战对于情报的要求以及情报支援保障的实施。

**关键词**　信息作战　情报支援　情报保障

伴随信息技术在军事领域广泛而深入的应用，一种全新的作战样式——信息作战正在形成与发展。情报对于支援信息作战具有重要作用。美军 2006 年颁布的修订版《联合信息作战条令》中专门增加一章"信息作战行动中的情报支援"，表明了美军对于信息作战中情报支援的高度重视，也充分说明了情报对于信息作战具有的作用。本文在依据《联合信息作战条令》相关论述基础上，阐明信息作战对于情报的要求以及情报支援保障的实施。

## 1　信息作战的特点

所谓信息作战，按照美军较新的解释，是指"综合利用电子战、计算机网络战、心理战、军事欺骗和作战保密等核心能力，在特定的支援和相关能力配合下，影响、破坏、扰乱和剥夺敌方人工和自动决策能力，同时保护己方的决策能力。"美国防部认为，信息作战是一种新的作战样式，现代高技术战争正朝着以争夺制信息权为主的方向发展，它"通过更加有效地利用各种资源"，为"造就一支信息占有量更丰富、作战更富致命性与精确性的部队提供服务"，即以最佳的情报系统所创造的良好的组织协调条件，去满足美军快速反应、纵深打击、精确打击和部队高度机动等作战行动所提出的非常严格的信息要求，保证以最小的伤亡去赢得战争的胜

---

＊　梅宪华，中国解放军南京政治学院上海校区军事信息管理系，教授。

利。美国防部认为，信息战的特点在于设法利用、瘫痪和破坏敌方的信息系统，同时保证己方信息系统的完好，免遭敌方利用、瘫痪和破坏，以取得信息优势。有学者总结美军对信息作战的认识提出，信息作战的特点在于："一是信息作战目标具有特殊性。信息作战是以信息和信息系统作为攻防作战的目标，通过最终攻击敌方认识和信念来达成战争目的，这是传统的、现代的其它作战样式所没有的。二是信息作战空间具有多维性。信息作战不仅在陆、海、空、天、电多维空间领域展开，而且在政治、经济、军事、外交多个社会领域展开。三是信息作战行动具有持久性。信息作战贯穿于军事行动的全过程，它包括战争时期的军事行动、亚战争时期的军事行动和非战争时期的军事行动。"

总体而言，信息作战具有以下特点。

## 1.1　信息作战以信息技术为支撑

作为一种新的作战样式，信息战的实质是充分利用现代信息技术，通过夺取信息优势来达到自己的军事目的。支持信息战的是庞大的综合技术群，主要包括微电子、光电子、计算机、探测及目标控制等多类技术。信息战就是在大量使用信息技术和信息武器的基础上，构成信息网络化的战场，进行全时空的信息较量。核心是争夺战场信息的控制权，夺取"信息优势"，并以此影响和决定战争的胜负。因此，信息技术是信息作战的关键，是取得"信息优势"的保证。美军在着手信息作战的准备中，就十分注重发展信息技术。其加速建设的"全球信息网"和信息对抗系统，集中体现了最先进的信息技术成果。"全球信息网"是一个全球互联的、信息系统端对端连接的、有相关程序和管理人员的网络，它能根据需要向士兵、决策者和支援人员提供信息，从而有效地提高联合作战整体作战能力。"全球信息网"从功能上分为侦察探测系统、通信系统、指挥控制系统、信息存储与仿真系统和信息化兵器。信息对抗系统主要有三类：一是反信息火力摧毁系统；二是信息干扰系统；三是反计算机系统。伴随时代不断发展，信息作战与信息技术的联系日益密切，对信息技术的依赖越来越大，日新月异的信息技术不断为信息战所利用。

## 1.2　信息作战以信息或信息系统为目标

美军参谋长联席会议 1998 年 10 月颁布的《联合信息战条令》中指出："信息战就是在保护己方的信息和信息系统的同时，采取行动影响敌方的信息和信息系统。信息战可以用于作战行动的所有阶段、不同层次的军事行动的全过程。"在这一概念支持下,美军提出的信息作战具体样式,包括进攻性信息战与防御性信息战,都是围绕信息系统攻击与防御而展开,其进攻性信息战包括:

(1)电子战进攻:使用电磁能干扰敌方的各种信息系统以及干扰或控制敌方的武器系统等。

(2)计算机网络进攻:利用计算机、通信和网络及软件等手段,扰乱敌方的计算机网络,施放各种计算机病毒,使敌方的信息系统恶化或瘫痪。

(3)军事欺骗:调动布署兵力佯攻或诱敌;向敌方信息系统、计算机网络或其他媒体发出假情报、假数据、假目标和假信号等,使敌方作出错误决断。

(4)进攻性心理战:利用各种新闻传播媒体(报刊、广播、影视、传单等)向敌方宣传,影响敌方士气,降低敌方战斗力,影响敌方决策或停止抵抗等。

(5)物理摧毁:用精密制导武器或其他火力,摧毁敌方的信息系统或其要害部位;用强电磁能、定向能、辐射能或电子生物等破坏敌方信息系统的电路;破坏敌方信息系统的电力供应等保障系统。

防御性信息战包括:

(1)电子战防卫:在实施电子战时,防卫己方的各种信息系统,增强抗干扰能力,以保证各种信息系统正常发挥功能。

(2)计算机、通信和网络安全防护:隔离(防火墙)和探测非法入侵,提高操作系统和应用软件抗病毒免疫力。

(3)反情报:信息加密,应用低截获概率技术,加强情报保密的认证、批准的管理,严格信息分发程序以及技术封锁等。

(4)防御性的军事欺骗与反欺骗:对信息系统重要部位和武器系统部署假设施。

(5)防御性心理战:采取多种方式,平时加强思想宣传教育工作,及时揭露敌方宣传企图,保持旺盛战斗力,作出正确决策。

(6)防物理摧毁:对己方信息系统进行系统加固、设备加固和电路加固等;对己方信息重要部位和武器系统进行伪装或隐身;在可能条件下建造备用、机动或地下信息系统;干扰敌方来袭的精确制导武器(巡航导弹和制导炸弹等);建设自主式信息系统应急供电等保障设施;提高信息系统的重组能力。

可以看出,上述各种形式的信息战主要都是围绕攻击与防御信息系统展开。

## 1.3 信息作战以夺取"信息优势"为目的

"信息优势"首先在 1996 年由美军参谋长联席会议颁布的《2010 年联合构想》中提出，指"能够搜集、处理和分发连续不断的信息流，同时利用或阻止敌人采取这种行动的能力。"信息优势是作战人员的经验、知识、训练水平和判断能力共同转化而成的，其主要作用是通过改善决策过程，提高打击精度来提高作战水平。继《2010 年联合构想》后，美国国防部在 2002 财年《国防报告》中，进一步提出了"信息优势战略"的概念。美军认为，在信息时代拥有全面战略信息优势的国家，既能主导世界和地区战略形势的发展走向，也能顺利地实现国家安全和军事战略目标，更能在己方伤亡很小的情况下打赢各种强度的战争。获取信息优势是信息作战的目的，也是实施一切联合作战行动的前提，是夺取全面军事优势的根本保证。

## 1.4 信息作战具有全时域特征

美军认为，信息作战包括平时和战时，贯穿于战争时期、亚战争时期和和平时期军事行动的各个阶段和层次。自 20 世纪 90 年代至今，美国先后发动了四场较大规模的涉外战争，即海湾战争、科索沃战争、阿富汗战争和伊拉克战争。在这几场高技术局部战争中，信息作战贯穿与战争全过程。1991 年的海湾战争中，以美国为首的多国部队首先发动代号为"白雪"的信息作战行动，致使伊拉克军队的雷达迷盲、通信中断、武器失控和指挥失灵。整个海湾战争期间，美军以夺取"制信息权"为目的，运用信息化武器装备，同时实施了包括军事欺骗和心理战等信息作战样式，迅速摧毁了伊军防御能力。时隔 8 年，1999 年的科索沃战争中，以美国为首的北约部队对南联盟发动空袭的同时，为保持信息优势和争夺制信息权，也利用信息战技术破坏无线电传输、电话设施和雷达传输系统等。在这场战争中，以美国为首的北约部队实施了包括心理战、电子战、网络战和情报战等多种形式的信息作战。2001 年美国发动的阿富汗战争中，美军同样实施了包括心理战、电子战、情报战和指挥控制战等信息作战样式，并且在进行进攻性信息作战的同时，加强信息防护。2003 年的伊拉克战争同样运用了信息作战，且应用的范围更广，对战争产生的影响更大。美英联军通过一系列特殊形式的信息攻势，达到了造"势"、造"假"、造"谣"和煽"情"的目的，将战役的主动权牢牢掌握在己方手里。

美军信息作战不仅运用于战争中，而且也运用于亚战争。美军在解决海地冲突中，为使海地临时政府交权，在进行了一周左右外交斡旋未能奏效的情况下，美国当局立即采取信息威慑等战法，通过各种信息传播媒介，把攻击信息反映到海地军政领导人塞德拉斯的电视荧光屏上，使其看到美军编队的飞机凶猛扑来，列队的战舰迅速向海地包抄的情景，迫使对方被慑服而同意交权，一场即将发生的军事冲突，遂以信息威慑的成功而结束。美利冲突中，美军于攻击前 6 分钟，对利比亚正面 200 公里和纵深 300 公里范围的主要电子设备实施了全面的干扰压制，为航空兵突防打开了安全通道。

信息作战不仅运用于战时，而且也运用于和平时期。例如，曾在 2000 年春节期间针对美国网站进行的服务拒绝攻击，使得雅虎公司和美国有线新闻网等著名网站瘫痪，不得不关闭数小时。在 2010 年引起广泛关注的"震网"病毒则是通过对计算机系统植入病毒而侵入伊朗的核设施，造成了伊朗核设施故障，阻止了伊朗的核实验。另外，早在 2005 年 4 月，美国战略司令部司令卡特赖特就宣布，美国战略"黑客"部队业已成军。在和平时期，"黑客"特种部队的任务是保护美国信息网络系统的安全，防止敌国"黑客"对其实施渗透和攻击。美国军方透露，美军在保障网络安全方面花费颇大，每年要阻止近 7.5 万次的网络攻击。

信息作战的上述特点，对情报支援提出了特定要求，构成了情报支援保障的主要基础和着眼点。

## 2　信息作战的情报需求

信息作战以信息技术为支撑，通过攻击敌方信息系统，同时保护我方信息系统从而夺取信息优势。因此，较之其他作战样式，信息作战不仅更加需要有效的情报支援与保障，而且其本身就是一种情报行动特别密集的作战样式。

### 2.1　信息作战情报需求的本质

美军作战条令指出，信息作战情报需求的本质就是指挥与参谋人员对于信息环境的充分了解和掌握。所谓信息环境，就是负责搜集、处理、分发和使用信息的个体、组织和系统的总和，是人和机器进行观察、调整、决策和行动的场所，同时也是进行指挥决策的主要环境，涵盖物理、认知和信息本身等多个既相对独立又相互关联的领域，包括物理特性、信息特性和认知特性等。信息环境的物理特性包括人员、地点、事件、信息基础设施的能力以及敌方的信息能力。信息环境的信息特性包括产生、加工、处理、传输和共享信息的系统与网络，以及与收集、传输、加工、存储和显示信息相关的特性。这些特性可能是电子特性，也可能是人与人之间的特性，或者兼而有之；描述的对象包括正式和非正式的通信基础设施和网络系统，人们之间的血缘与亲属关系，合法或非正当的商业往来，以及社会背景与社会关系等，综合构成了在行动地域和目标受众中产生、加工、处理、传输和共享的信息内容。信息环境的认知特性是指影响决策制定、信息流程和信息分析的国家或组织的任一阶层中的团体，甚至个人的心理、文化和行为等人文因素。

从上述对信息环境特性的分析可以看出，信息作战情报需求多种多样，包罗万象。而收集关于特定目标的物理、信息和认知特性的情报，必须依靠多种情报来源和多种手段相结合，对各种特性进行综合分析，才能有效支援信息作战行动计划的制定。

### 2.2　信息作战情报需求的要点

信息作战情报支援活动主要包括以下几个方面：

（1）查明与敌方决策相关的特定信息的数量、使用、流程和脆弱性；

（2）查明与特定敌军或其他参与决策者有关的个人系统与设备情况；

（3）确定适合个人系统或目标设备的预期效果；

（4）预测计划行动的后果（非目的相关结果）；

（5）与计划制定人员进行协调，确定情报需求的优先次序；

（6）在计划阶段，协助制定信息作战的评估标准；在行动实施阶段，协助监督和评估信息作战（该活动可能贯穿常规作战行动的始终）；

（7）为特定行动选择适当的评估与反馈方式；

（8）对信息作战行动或任务的结果进行评定；

（9）依照联合部队指挥官的目的和任务提供信息作战行动评估。

## 3　信息作战情报支援保障的实施

情报支持信息作战的各个方面。信息作战的根本目标是造成己方（友方）和敌方决策过程之间的相对不等性，并将这种优势转变成军事力量。在这个信息基本方程式的两边，情报扮演着关键的作用：在己方（友方）一侧，减少不确定性并缩短了指挥官的决策过程；在敌方一侧，发展和实施有效的指挥控制战，削弱或扭曲敌人决策过程同时保护己方指挥控制。

### 3.1　信息作战情报收集

情报作为信息作战的组成，向指挥官提供对军事信息环境和威胁局势的准确理解。情报的首要目的是保障减少不确定性，以形成基于准确理解局势的和信息充足的作战决策。信息作战中的情报，包括获取、使用和管理等，其来自所有可能信源以产生作战画面。为使通用态势明晰精确和及时，情报工作始终连续不断。情报采集范围从国家级到公开级（如新闻媒介、商业交往和本地国民）的所有可能信源，特别是在非战斗行动中，人力情报、公开源和其他政府机构及时提供部队情报收集人员职责以外的信息。

信息技术的发展为情报工作提供了获得和传送海量数据的能力。情报工作的本质是采集、分析、筛选和递交适于特定决策需要的信息给指挥官。信息技术扩大了指挥官的兴趣范围，从其部队边界延伸到整个军事信息环境。情报通过筛出那些与决策过程无关的信息来减少不确定性，指挥官将情报集中在支持作战和决策过程的特殊需求上。

与常规战斗有所区别，信息作战情报收集的目标，一是评估己方（友方）信息作战能力的脆弱性。保护信息作战的能力首先要求识别对信息作战能力的威胁。军事信息环境的流动和渗透性使得保护军事信息系统免受一切可能的攻击是不现实的。因此，情报向指挥官提供风险评估和风险管理选择，以防护重要的部分和能力。风险评估基于对威胁力量的特殊威胁能力、技术能力、条令和历史情况等因素的识别。它是一个经常被更新以反映作战环境、技术和所受威胁的持续过程。指挥官和参谋人员要检查对本土信息系统的威胁。威胁的范围从敌人直接公开的和隐蔽的威胁，到试图利用军事信息系统的个人和组织以及自然现象。

二是了解敌人的信息系统。在战争的各个级别上，情报都是一个识别、评估和利用敌方信息的作战工具。敌方收集什么信息、以何种方式收集、对各种信源信赖程度以及如何估价数据，这些数据是必需的。情报还必须能够描述敌方的决策过程、如何向下级发出指示以及指示的内容。下级如何执行决策最终构成了完整的画面。为了决定在哪儿和怎样有效地影响敌方行动，了解敌方使用信息的细节是必要的。与获取其知识的工具和技术相结合，这种了解越深刻，就越能有效地利用潜在的敌方。

### 3.2　信息作战的战场情报准备

信息作战的战场情报准备是用于开发对敌人信息系统详细知晓的持续

过程。这一过程建立在标准战场的情报准备之上，但还需要：

（1）了解敌人的决策过程和领导方式；

（2）对众多信息系统之技术需求的知晓；

（3）政治、社会和文化影响在军事信息环境中的作用；

（4）高技术处理制作指挥控制战行动方针模板的能力。

在信息作战的战场情报准备过程中，第一步是构造敌人决策过程的模板。信息系统战场的情报准备的这一环节是对敌方重要决策者的权威和个性的了解。它可以反映出他们如何利用信息进行决策，如何组织部门进行决策以及如何实施这些决策。这一步与信息作战的最终目标有直接联系，即在敌人决策过程中，寻找对策以赢得军事上的相对优势，或使军事行动按我方意志结束。

信息系统战场的情报准备第二步是了解敌人的信息基础设施，它描述了信息在部队、组织和结构内是如何流动的。这个分析不限于技术领域，人员接触也是一种信息分配的有效形式。指挥官还要了解来自于部队、组织或结构之外的信息是如何流动的。这包括了解本地、地区和全球的信息环境。

情报官分析决策模板和基础设施模板以确定脆弱性。脆弱性分析在两个级别上产生。第一级识别系统脆弱性，即哪些能利用来对决策过程施加所需的效果。识别目标脆弱性分析的第二级是确定合适的攻击机制和特定的入口点（如建筑物、楼层、通风井或计算机、集成电路板和芯片）。脆弱性分析延伸到包括指挥控制战行动在作战环境中可能引起的附带损失。例如，攻击敌人指挥控制能力的行动可能会摧毁敌人的电力基础设施。但是，摧毁这种能力的战略（如政治的或后勤的）代价可能超出战术获益。全球信息环境的影响之一是行动及其影响不仅要在战场上检验，而且要在整个军事信息环境上检验。

决策制定模板和基础设施模板组合后形成攻击行动过程模板。其后开发和分析各种行动过程模板，以决定使用信息作战来影响、支持或完成任务的最佳途径。

## 3.3　战斗效果评估

战斗效果评估服务于确认或否定和更新战场的情报准备。情报系统不断评估信息作战的有效性。战斗效果评估允许指挥官调整力量以将效果最大化。评估的一个重要方面是及时分析确定敌人的指挥控制结构中何时产生可利用的脆弱性。与常规战斗效果评估报告程序相比较，在信息作战中的战斗效果评估没那么明显。信息作战的战斗效果评估并不总是根据目标遭到的硬破坏来报告。信息作战的战斗效果评估所面临的挑战是要在没有实物可供认证的情况下，评估我方所做努力的影响。这些影响可能反应在未来敌人作战的动向、活动与方式上。这种影响可能简单地表现为敌人的活动在指挥与控制网络上消失，而其它地方信息通信量增多，也就是说，敌人的高频和超高频通信减少，而地面观察和地面通信活动却增加。评估还对指挥与控制战行动可能对非军事系统和指挥官在军事信息环境中的能力所造成的附带破坏进行检查。

## 4 结语

信息作战作为通过夺取信息优势达到军事目的的一种新的作战样式，其特点决定了情报支援保障不同于与常规战斗情报支援保障，包括信息作战更加需要有效的情报支援与保障；信息作战情报需求多种多样，必须依靠多种情报来源和多种手段相结合；信息作战情报收集的目标以评估己方（友方）信息作战能力的脆弱性，以及了解敌方的信息系统为核心；信息作战的战场情报准备是用于开发对敌人信息系统详细知晓的持续过程，其需要了解敌人的决策过程和领导方式，对众多信息系统之技术需求的知晓，政治、社会和文化影响在军事信息环境中的作用，以及高技术处理制作指挥控制战行动方针模板的能力等；信息作战战斗效果评估主要并非评估目标遭到的硬破坏，而是及时分析确定敌人的指挥控制结构中何时产生可利用的脆弱性。

### 参考文献

[1] 美军联合出版物 JP3－13 联合信息作战条令 ［M］. 北京：军事科学出版社，2006，6.

[2] 杨凯，周家波. 美军信息作战的情报支援刍议 ［J］. 雷达与电子战，2007（1）.

[3] 刘丽巧，朱渊超，徐长战. 美军联合信息作战情报支援流程探要 ［J］. 石家庄机械化步兵学院学报，2008（4）.

[4] 刘亚莉. 美军联合军事行动信息作战情报支援保障浅析 ［J］. 东南军事学术，2006（2）.

# 努力拓展国防大学第三文化服务空间

王黎珩*

（国防大学图书馆　北京　100091）

**摘　要**　本文在提出拓展国防大学第三文化服务空间的意义的基础上，提出了拓展第三文化服务空间的内容和措施。

**关键词**　国防大学　图书馆　第三文化服务空间

2009 年，国际图书馆界提出了一个命题："作为第三空间的图书馆"。"第三空间"这个新概念是美国社会学家雷·奥登伯格（Ray Oldenburg）在《绝好的地方》提出来的，他认为，第一空间是家庭居所，第二空间是工作单位；两者以外的公共空间如咖啡馆，图书馆和公园等都是第三空间。在第三空间里，人们的关系更加自由平等，能够抛开功利目的，出于共同的兴趣爱好畅快交流。图书馆有其本身的文化特性和服务特点，日益凸显文化服务的功能，成为不同于一般第三空间的"第三文化服务空间"。正如国际图联图书馆建筑委员会前主席舒茨先生说过："图书馆不仅用来收藏印刷品资料，而且可供人们开展文化娱乐活动。图书馆不只是藏书的地方，更是一个社会和文化的中心。"随着时代的变迁和网络技术的发展，军队院校图书馆也已经不仅仅是读书看报的地方，用户对其文化服务也有了更高层次的需求，图书馆也日渐成为军校校园文化重要的知识支撑点和智力成长点。国防大学作为全军最高学府，肩负着培养高中级联合作战指挥人才的重任。营造具有国防大学特有的校园文化，用品牌文化来引导、培育和塑造信息时代共和国的高级将领，是其教学创新的重要内容。图书馆是校园文化的重要组成部分，也是院校开展信息文化素质教育的主要阵地，拓展文化育人的功能，营造良好的文化环境，充分发挥先进军事文化传播的主渠道作用。

---

*　王黎珩，女，国防大学图书馆，助理馆员。

# 1　拓展我校第三文化服务空间的意义

## 1.1　拓展我校第三文化服务空间是贯彻落实党中央和中央军委加强文化建设的需要

2011 年 10 月，党的十七届六中全会提出推动文化大发展大繁荣，为广大人民群众提供越来越多的公共文化服务。今年年初，中央军委下发了《关于大力发展先进军事文化的意见》，提出坚持把培育当代革命军人核心价值观作为发展先进军事文化的根本任务，坚持弘扬主旋律创作生产更好更多精神文化产品，紧贴部队使命任务和官兵精神文化需求加强军营文化建设，努力建设高素质军事文化人才队伍。军校校园文化建设作为军营文化建设的重要组成部分，肩负着培养在新的历史条件下适应现代化战争需要的高素质复合型军事人才的重要历史使命，同时还担负着弘扬先进军事文化和传播先进军事文化、创造先进军事文化的重任。图书馆是校园文化建设的重要力量，担负着"以正确的舆论引导人"和"以优秀的作品鼓舞人"的神圣使命，在校园文化建设中发挥着文化育人的作用。国防大学图书馆拥有丰富的军事学科馆藏资源，收藏了古代、近代军事图书资料和国民党时期的军事资料，我军各个历史时期的战史资料、党史政工资料和宋朝以后的各个历史阶段的资料等。比如，原国民党中央陆军大学编印的大部分教材、教范、操典以及训练大纲和计划，我各野战军、兵团、军、师各个历史时期的作战电文、兵要地志和作战地图，刘伯承元帅生前赠送军政大学的部分珍贵图书资料，以及《四库全书》影印本。这为国防大学提供了深厚的军事文化氛围，能够进一步发挥珍贵馆藏资源在先进军事文化建设和校园文化建设中的效用，在校教员学员通过接触大量历史文化价值较高的军事文献，有助于深入了解爱国先驱为了中华民族的解放事业而可歌可泣的感人事迹，增进爱国效军的情怀，从而有助于启迪智慧，产生新思想和新文化，创造出更好更多的精神文化产品。

## 1.2　拓展我校第三文化服务空间是适应军队院校教育改革的必然要求

第十六次全军院校会议提出了完善新型院校体系，创新教学环境和构建信息化保障条件等改革内容。未来十年教育改革发展规划提出了"基本实现院校教育信息化"的重要发展目标。为此，国防大学积极加紧构建新型教学体系，深入推进教学改革发展，加大教学内容创新力度，推动教学模式转变深入发展，大力开展研究式、实践式和开放式教学。教学更加强调学员的主观能动性和创新性，教员的引导性和启发性。教员和学员都需要在网络环境下获取更多的信息资源，了解更多前沿的未形成普遍认识的非主流学术观点。图书馆是学校信息化建设的重要基地，以上这些特点决定了图书馆需要为他们创建了一个更为便捷的网络信息资源环境，提供功能强大、资源丰富和分类精细的信息检索系统，建设容纳百家争鸣和百花齐放的学术观点的知识服务系统，为他们提供良好的信息文化素质教育。从这个意义上来讲，拓展我校第三文化服务空间，能够更好地为教学改革提供强大支撑。

### 1.3　拓展我校第三文化服务空间是实现图书馆全面升级转型的本质要求

随着信息技术的迅猛发展，互联网和电子产品极大地冲击了人们的物质生活和精神生活。信息环境下，人们的阅读习惯和获取知识的方式发生了巨大的变化，人们获取信息的途径越来越多，越来越便捷，越来越高效。军队院校图书馆也面临着一些强劲的竞争对手，如谷歌、百度以及情报研究所等。军队院校的用户群体对图书馆的依赖日益减少，彻底打破了以往图书馆对信息资源的垄断。面对用户需求不断发展变化，军队院校图书馆必须适应这一变化需求，不断改革创新，实现全面的升级转型和价值回归，拓展服务空间。社会科学文献出版社社长谢寿光认为，图书馆在数字环境下面临着全面的升级转型和价值回归，图书馆是什么？不仅仅是给人提供看书的地方，它是一个社会的公共空间，其功能不能因为纸质图书的减少就消亡了，反而是全方位的转变，回归到它的价值本位——就是社会的公共空间。国防大学图书馆的主要服务对象是师以上干部。他们层次高，善于从战略上认识问题和分析问题；知识面宽，军事、政治、经济、外交和法律等方面的基本理论和基本知识都要了解。这些特点决定了他们对文化生活的心理需求更加多元化。读者的需求变化发展是图书馆建设和服务的方向。因此，为了满足读者用户日益增长的娱乐、审美和求知的心理需求，图书馆应该开展多层次的文化服务活动，加强环境文化建设，提升馆员自身素质，为图书馆全面转型升级奠定基础。

## 2　拓展我校第三文化服务空间的内容

每所军校的创建都有特定的历史背景，办学宗旨和发展脉络，校园文化要从历史积淀中挖掘文化内涵，从历史发展中形成文化精髓，从弘扬传统中构筑文化特色。特色校园文化是先进军事文化的重要组成部分。品牌就是特色，特色就是生命力。"品牌"文化不仅是学校的文化符号和形象标志，更是一种精神力量和不竭动力，有利于引导军校学员具有健康向上的价值观念，有利于培养其坚实的理想信念、厚实的人文素养和过硬的战斗精神。如今，很多军队院校已经形成了自己独具特色的"品牌"文化。比如，防化指挥工程学院的"石鹰文化"、二炮工程学院的"铸剑文化"和空军雷达学院的"雪莲文化"等。

国防大学作为全国最高军事学府，承担着培养具有坚定政治信仰、世界眼光和战略思维、复合型知识结构、领导建设信息化军队和指挥信息化战争的新型高级指挥人才、高级参谋人才和高级理论研究人才的任务，其品牌文化要彰显不同于其他初级指挥院校的文化特点。国防大学的前身最早是在抗战时期创办的抗日军政大学，期间培养出了大批优秀的高级将领，艰苦奋斗、英勇顽强、勇于牺牲，以天下兴亡为己任的院校精神融入了他们的肌体，内化为他们的灵魂，支持并引领他们投身拯救中华民族的伟大事业，并为之奋斗终身。国防大学建校80多年以来，一直将这种精神文化传承下来并发扬光大，在新时期新阶段并为之赋予新的文化内涵，努力打造在工作事业上的高追求、道德情操上的高格调以及精神生活上的高品位的"三高人才"，培养学员的战略谋划能力和指挥打赢能力。近年来国防大学提出了很多具有重要理论价值和实践影响的"国防大学说"，充分发挥了军委总部的战略参谋作用。我校图书馆应当紧紧围绕校园文化的精髓，开展与之相应的文化服务工作。

## 2.1　传播先进军事文化

国防大学的前身最早是在抗战时期创办的抗日军政大学，期间培养出了大批优秀的高级将领，他们为中华民族的解放和社会主义国防建设付出了毕生的心血。为了纪念老一辈革命家，大力弘扬老一辈革命家精神，图书馆可以采取多种渠道，收集整理这些高级将领的生平事迹和图书资料，建成我校"老一辈革命家图书专架"。图书馆可以根据学校的办学特点和培养目标，积极建设具有国防大学特质的馆藏资源，努力挖掘民国时期和抗战时期的军事史料，按照类别形成专题资源；拓展我校特色学科的馆藏资源，重点收集战略、战役和军事思想等学科的原生文献，向读者用户展示我校的优秀文化成果，推进军事文化理论创新。图书馆为适应学校教学模式转型，进一步拓展其在推进学校教学科研工作改革和校园先进军事文化建设中的服务保障内容，每月向校首长、机关干部、教员和学员在数字图书馆网站上推荐最新的电子图书。

## 2.2　开展高端文化娱乐活动

杭州图书馆创办了"文澜大讲堂，我来做主讲"的文化活动，每个月都会在数字图书馆主页上征集术业有专攻的讲师。这些讲师中不乏有名家大师，也有普通的老百姓。我校图书馆也可以借鉴这一形式，充分利用本校高层次受训对象这一宝贵资源，充分发挥学术讲坛作用，拓展文化育人功能。积极与国防研究系和基本系加强联系和沟通，每月选择一到两个学术专题，邀请在某一学术领域内理论研究功底深厚或者实践经验丰富（如参加过联合国维和任务）的学员在图书馆内举办讲座。我校的防务学院是专门培养外国军事干部的基地，图书馆可以利用这一优势，在条件允许的情况下，邀请相关人员到图书馆就近期国内外发生的军事热点问题与我校的教员学员开展对话，在思想碰撞中得到沟通，在文化交流中增进彼此了解。我校有很多离退休高级领导干部，他们都有自己的"拿手活"，如擅长书画者、爱好音乐者和精通某门外语者等，适当的时候可以邀请他们来图书馆开设文化讲座，举办艺术展览，使学员得到多方面的文化艺术熏陶。

## 2.3　加强网络文化建设

图书馆网络文化建设的基本原则首先是始终坚持正确的政治方向，为在校广大用户群体提供健康向上的精神食粮和文化产品，能够充实学员的精神生活，提供正确的价值取向和道德观念。图书馆应当建立适合院校教学和科研需要的网络信息资源，建设文化生活丰富的网络信息资源。我校图书馆要为培养中高级联合作战指挥人才拓展网络文化领域。我校图书馆为了进一步贴近教学科研，丰富信息资源，满足读者文化需求，在数字图书馆平台上推出了《在线读报》栏目。该栏目有中央和地方各类报纸200余种，《人民日报》、《文汇报》和《解放军报》等重要报纸等包含在内。此外，笔者建议，图书馆可以约请本校每个教研部的学术带头人在校园网上推荐本领域内近期出版的新书，并对新书进行简要点评，以方便在校学员及时了解自己所学专业的前沿动态。在数字图书馆主页上，开设"军事视角"视频栏目，充分利用我校各领域专家教授的丰富资源，邀请他们对近期发生的军事热点问题进行点评，以他们独特的视野解读问题，揭示事件背后的实质。

## 3　拓展我校第三文化服务空间的措施

### 3.1　加强组织协调，形成建设合力

图书馆拓展"第三文化服务空间"，需要得到学校各级部门的重视和支持。要把图书馆文化建设工作纳入院校文化建设的整体规划中，统筹安排基础设施、文献资源和技术设备建设项目。图书馆要主动作为，积极争取机关各部门的支持和配合，通过舆论宣传和座谈交流，积极搭建与教员学员的互动平台，共同解决实际困难，为文化建设工作打好坚实的物质和人力基础。

### 3.2　提升馆员的文化素养

在美国图书馆界存在这样一种理论，图书馆服务所发挥的作用，5%来自图书馆的建筑，20%来自信息资料，75%来自图书馆员的素质。印度图书馆学家阮冈纳赞也说过："图书馆成败的关键在于图书馆工作者。"因此，图书馆员是图书馆的主体，也是图书馆文化服务的载体。培养具有文化修养的图书馆员是图书馆文化服务的关键。

高尚的思想品德和优良的职业道德是提升馆员文化素养的基础。图书馆员要具有全心全意为读者服务的坚定信念，默默无闻和甘于奉献的崇高精神，勤勤恳恳和任劳任怨的工作态度，细致入微和一丝不苟的职业精神。要以张琪玉、陈云昌和刘家坤等一批老教授和老专家为榜样，在军队院校图书馆事业起步、转折和发展的关键时期，充分发挥了他们的领军作用和技术优长，呕心沥血，无私奉献，为图书馆的建设与发展奠定了坚实的基础。渊博的知识和高雅的气质是提升馆员文化素养的关键。图书馆员只有自己首先爱读书，读好书，才能"腹有诗书气自华"，赢得读者的尊重和信赖，才能学以致用，为读者提供更优质的服务。正如我国著名的目录学家王重民先生所说的那样："图书馆员不能只管保存文献，而不研究文献，人不知书，影响服务。自己学有成就，才能更好地帮助来馆读者利用图书，使他们有更大的成就！"

### 3.3　营造良好的图书馆环境文化

著名的教育学家陶行知先生讲过："一种生机勃勃、稳定和谐、健康向上的环境氛围，本身就具有广泛的教育功能。"军校图书馆是在校师生的精神家园，营造良好的环境文化，不仅能体现出军校图书馆特有的文化气息和院校精髓，也能使读者得到愉悦感和人文关怀。环境文化一般包括

外部景观设计和内部氛围营造两个方面。外部景观设计主要是指图书馆建筑设计和馆内景观构造等，内部氛围营造主要包括馆内悬挂的名人肖像、名言警句以及温馨的标识和提示等。我校图书馆可以在走廊上悬挂我校发展脉络的历史照片。从治国、治军、选将和用谋等方面精选出合适的中国兵法古训，悬挂在军事学科阅览室和专题研究室里。在文化活动室里可以陈列在校书画业余爱好者的书法和绘画作品。

## 参考文献

［1］朱建业，郑庆，姚尊恩．关于加强军队院校文化建设的思考［J］．军事交通学院学报，2011（8）：44—47．

［2］周建．军校校园文化建设要把握共性突出特色［J］．中国军事教育，2010（5）：45—47．

［3］李芳芳．图书馆与文化建设［J］．科技情报开发与经济，2010（4）：70—72．

［4］薛利平，郑伟．图书馆文化品位与馆员文化品位［J］．新世纪图书馆，2011（2）：79—82．

［5］蒋萍，王思．从图书馆到"第三文化空间"［N］．文汇报，2012-01-03．

［6］和颖．数字化浪潮下馆配市场如何转型［N］．中国新闻出版报，2012-01-30．

［7］中央军委下发《关于大力发展先进军事文化的意见》［N］．解放军报，2012-01-29．

［8］杭州数字图书馆文澜在线网页：http://www.hzlib.net.

# 企业竞争情报服务对高校
# 图书馆情报服务的启示

乔姗姗[*]　李　源[**]

（国防科技大学图书馆　长沙　410073）

**摘　要**　受到企业竞争情报服务的影响和启示，本文描述了企业竞争情报服务的现状和发展状况，对高校图书馆情报服务的竞争态势分析（SWOT分析），得出高校图书馆开展情报服务的必要性、对策和内容。本文写作目的是通过已有企业情报服务的启示，开拓图书馆信息服务的新领域，提升图书馆信息服务的水平，使得高校图书馆能够更好地为广大科研工作者提供优质服务。

**关键词**　情报服务　高校图书馆　企业竞争情报服务　启示

## 1　前言

近年来，企业竞争情报服务在企业界得到了高度和广泛地重视，且在实际工作经营中取得令人瞩目的战绩，因此企业竞争情报服务工作被视为企业提升核心竞争力的有效手段。随之，竞争情报服务也成为各级院校图书馆工作研究的焦点和热点。本文意在通过企业竞争情报服务的启示，说明高校图书馆开展情报服务的重要性和必要性。

## 2　企业竞争情报服务的现状

竞争情报服务是国际上20世纪80年代兴起的一项新型的企业咨询服务（也面向政府机构和社会公益机构），其一经出现就很快在西方发达国家传开。这是一项很有效和有前途的服务。我国于20世纪90年代初期由上海科技情报所等科技信息机构引进竞争情报理论，并且成立了一个作为中国科技情报学会的二级学会。

[*]　乔姗姗，女，1984年生，国防科技大学图书馆，馆员。

随着市场竞争的不断加剧，企业要想在竞争中求生存和求发展，就必须及时掌握环境变化，高度重视竞争情报工作，利用有价值的情报信息来调整经营战略和发展规划，及时有效地避规风险，并制定合理可靠的发展战略和竞争策略。因此企业的信息情报工作必须及时、准确和全面，但在未来社会发展中，面对更加激烈的竞争和网络飞速发展，企业竞争情报需求具备其新特点，如要求更快捷方便的信息获取、要求更高的时效性以及要求更深层次的情报内容。

可见，情报工作已成为企业发展的必需工作，成为新时代企业生存的重中之重。同样，高校图书馆也应将情报服务工作列入重点工作，服务校内各个机构和科研院所。

## 3 高校图书馆情报服务的 SWOT 分析（面临的机遇与挑战，存在的优势与不足）

高校图书馆情报服务可以理解为，高校图书馆利用自己特有的信息资源，运用科学有效的方法对其整理和分析，形成针对性比较强的情报产品，从而深层次地满足校内各个科研院所的需求，为教学科研提供理论依据。我们可以用 SWOT 分析法来分析高校图书馆情报服务的生存态势，如表 1。

**表 1　高校图书馆情报服务 SWOT 分析因素图**

| | 优势 S | 劣势 W |
|---|---|---|
| 内部条件 | 1. 信息资源丰富。高校图书馆文献信息资源内容丰富、形式多样，拥有各种各样的纸质和电子资源，具备明显的资源优势。<br>2. 技术设备先进。高校图书馆具备先进的技术设备，无论在硬件还是软件方面都是完备无缺的，增加了情报服务的力量，为情报服务提供基本保障 [1]。<br>3. 专业人员队伍优势。高校图书馆的人员队伍结构完善合理，拥有情报学专业馆员、信息管理人员、计算机与网络专业人员以及外语专业馆员等。<br>4. 开发能力强。高校图书馆在信息服务的方式方法和信息利用的深度强度方面具有很丰富的经验，为信息情报服务的开展提供了强有力的技术保证。 | 1. 情报意识不强。高校图书馆对情报服务科研工作的重视不够。科研人员对情报工作认识不够、需求不足。<br>2. 馆员信息分析能力不够高。<br>3. 馆员沟通能力欠佳。提供情报服务要求馆员与科研人员建 |

| | 优势 S | 劣势 W |
|---|---|---|
| 内部条件 | 5. 固定和针对性强的服务对象。图书馆可以为高校管理人员提供决策性、系统性和咨询性的情报服务；为教学科研人员提供关于基金申报、科研课题和项目选择到科研成果转化等方面的情报服务 [3]。 | 立很好的人际关系网，但是长期封闭和被动的工作方式造成沟通阻碍。 |
| 外部环境 | 机会 O<br>1. 信息时代的飞速发展给图书馆情报服务提供理论机会。<br>2. 信息技术设备不断更新给图书馆情报服务提供技术支持。<br>3. 信息情报人才不断增多给图书馆情报服务提供智力支持。<br>4. 科研人员逐渐依赖情报服务，给图书馆情报服务提供环境支持。 | 威胁 T<br>1. 知识大爆炸给图书馆情报服务带来了一定的阻力。<br>2. 用户对图书馆情报服务信任危机。 |

通过对高校图书馆情报服务的竞争态势分析，可以得出以下几点对策：

（1）充分利用先进信息技术和设备，及时为用户提供精致、个性和系统的情报服务。

（2）培养专业人员信息综合分析能力和沟通能力。这需要大量的实践经验和长期的工作环境来逐步提高馆员的专业素质和能力。

（3）通过宣传提高用户对图书馆情报服务的认识和重视程度。一个新事物被接受需要加大力度宣传，逐步争取科研院所对图书馆情报服务的信任。

总之，高校图书馆要通过培养专业的情报人员，利用合理的情报分析工具和方法，主动地服务各科研院所，不断开拓信息服务的新领域。

## 4　高校图书馆情报服务的必要性

首先，高校图书馆开展情报服务是提升图书馆服务水平和服务质量的重要途径。"以人为本"的服务理念要求图书馆能够提供更全面和系统的情报服务，图书馆密切关注学科动态和科研发展状况等变化情况，及时、深入地服务各个科研院所和科研领域，从而进一步扩大服务范围，提升服务水平和质量。

其次，高校图书馆开展情报服务是树立图书馆美好服务形象的重要方面。图书馆以"读者第一、服务至上"为基本服务思想，如何满足广大科研人员的科研需求成为各高校图书馆存在的一个迫在眉睫的问题，图书馆情报服务可以帮助学校教学科研人员在科研立项、课题评估和成果转化等方面获取有效的情报。

最后，高校图书馆开展情报服务是培育科研人员情报意识的有效途径。在知识大爆炸的时代，学术压力使得各科研院所的学生和老师必须具备很高的信息素质，因此如何培养他们的情报意识来有效获取信息成为图书馆必须考虑的问题。图书馆可以通过各种方式的情报服务培训来解决这一问题。

总之，高校图书馆要想稳定地可持续发展，必须紧紧围绕学校的各个专业和学科进行深入的情报服务和探索研究，向图书馆情报服务的新领域挺进。高校图书馆情报服务是面向高校各类读者用户和各学科教研科研人员提升教研水平进行科学服务，不仅为学校的学科核心竞争力优化建设和可持续发展提供可供决策参考的情报产品，也可以促进图书馆内部各业务工作的全面可持续发展，并且进一步提升图书馆的学术地位和社会价值。

## 5　高校图书馆情报服务的内容

从服务的外部特性分析，高校图书馆情报服务包括以下三方面内容：

第一，建立高校情报服务系统。高校情报系统就是为高校和各个科研院所制定关键战略决策提供智力支持的系统。它是以人的智能为主导、网络为手段、人机结合的咨询及决策支持系统。它是一个管理系统、信息系统、人机系统、开放系统和战略系统。

第二，培养合格的情报人员。情报服务的主体就是人，培养合格的情报人员是高校情报服务的基础。高校图书馆可以通过各种方式，包括培训、讲座和考核等方式，培养情报人员的情报意识、敏锐的洞察力及情报分析能力，组建优质情报服务团队。

第三，形成针对性强的情报产品。情报产品是情报服务增值功能的重要体现形式。提供给用户的情报产品可以分为三大类：初级产品、中级产品和高级产品。初级产品是指简单加工过的针对若干专题而设计的一种定期资料简报，中级产品是指较深度加工过的围绕特定热点问题进行分析而形成的一种产品，高级产品是指利用各种分析方法深层次加工的针对某一学科问题进行信息分析，从而产生具有决策参考价值的情报产品。

从服务的内部角度分析，高校图书馆情报服务包括以下三方面内容：

第一，从科研成果的产出角度看，可以围绕某一重点学科进行科研竞争力的研究。情报人员可以通过统计分析某学科或某领域科研论文情况来进行科研竞争力的研究。同时，这也是提高高校图书馆馆藏资源利用率的有效途径。这类研究对加强高校的科学研究，提升高校的科研竞争力，活跃学术竞争气氛，提高学校的学术地位有积极的意义。

第二，从用户的行为角度来看，针对不同学科用户群体，开展信息行为研究。不同学科专业所包含的情报内容各异，不同学科专业所拥有的用户群也具有各自不同的科研环境、研究习惯及知识结构，这就决定了他们在利用图书馆信息资源过程中的行为方式也各不相同。开展各用户群信息行为研究，跟踪分析其不同的信息需求，了解不同学科专业用户群体在信息收集、整理、分析及利用等方面的特点和规律，从而建立主动服务不同学科用户的情报服务模式。

第三，从图书馆信息素质教育的角度，研究不同学科的信息素养教育。图书馆开设信息检索课来培养学生的信息素养，但实际上不同学科研究，其信息需求内容和形式是不相同的，信息获取的途径和信息检索的技术都有差异。对于不同的专业来说，及时了解本学科领域的国内外研究发展动态非常重要。因此，要提高高校图书馆的信息素养教育水平，根据不同的专业进行情报分析服务，研究不同学科的信息素养教育模式。

## 6　小结

综上所述，高校图书馆在为教学和科研服务的同时，更应该着眼于如何拓宽服务领域，让情报服务工作为整个教育大系统服务，逐步形成多元化、多角度、多方位的服务格局，不断提升图书馆信息服务的水平，使得高校图书馆能够更好地为广大科研工作者提供优质服务。

## 参考文献

[1] 黄慧琦. 高校图书馆对企业竞争情报服务的策略 [J]. 长春师范学院学报, 2010 (29)：152—156.

[2] 陈文，彭晓东. 高校图书馆基于学科的情报研究探索 [J]. 现代情报, 2009 (29)：21—22.

[3] 代金晶，郭华庚. 高校图书馆竞争情报服务浅析 [J]. 高校图书情报论坛, 2009 (8)：38—41.

# 浅析 MyLibrary 个性化服务系统的功能设计

马雪梅\* 吕 东\*\*

（国防科学技术大学图书馆 长沙 410073）

**摘 要** 本文介绍了当前图书馆最富有代表性的个性化服务模式 MyLibrary 系统在我国发展的现状，并分析了构建 MyLibrary 个性化服务系统的关键问题所在，进而基于 MyLibrary 系统的自身特点和高校图书馆的用户需求，设计出一个高校 MyLibrary 系统的服务功能体系。

**关键词** MyLibrary 关键问题分析 个性化服务

## 1 引言

随着现代信息技术的日新月异，传统的图书馆服务模式已不能满足用户个性化和专业化的需要。因此，以满足用户个性化服务为中心的数字图书馆建设成为各大高校图书馆深化服务的重要内容，其中 MyLibrary 个性化服务模式是目前为止最富代表性和最成功的个性化图书馆实现方案。MyLibrary 个性化服务系统提供具有更强的人工参与和指导的深层次服务，让用户与其所需信息资源紧密地联系在一起，从而大大提升用户满意度，为图书馆增添个性化魅力。因此，研究和实践 MyLibray 个性化信息服务对图书馆的发展有着重要的现实意义。

## 2 目前我国 MyLibrary 个性化服务系统发展的现状

20 世纪 90 年代末，我们迎来了电子商务发展的第一次高峰。当时的 MyYhaoo、MyAmazon 等商业站点的个性化服务的建设节节拔高，而个人数字图书馆就是在那股潮流中产生的。MyLibrary 服务系统是高校图书馆实现

---

\* 马雪梅，女，1981 年生，国防科技大学图书馆，馆员。

\*\* 吕东，女，1966 年生，国防科技大学图书馆，副研究员。

个性化服务的典型实现解决方案，是高校图书馆个性化服务时代需求的产物，为个人信息管理带来质的跨越。

目前在我国许多大学图书馆都在进行个人数字图书馆研究，比较有代表性的系统有中国科学院文献信息情报中心的个性化服务项目和浙江大学图书馆 MyLibrary 系统。

## 2.1　中国科学院文献信息情报中心的个性化服务项目

中科院文献情报中心的 MyLibrary 系统是基于北卡罗莱纳州立大 MyLibrary@ NCState 系统，在 GNU 协议许可下发布的开放源代码软件的基础上改进的一个个性化定制与集成系统。它支持用户依据自己的需要选择信息资源，创建个人图书馆信息系统，实现对个人信息资源的有效管理，具有如下栏目：（1）学科消息。该栏目嵌入了 CSDL 参考咨询台。栏目提供了10 位学科馆员的名字和电子邮件地址基于用户在填写个人资料时选择的学科，该学科的图书馆员的名字会在用户的个人图书馆专家项中列出。（2）快速搜索。提供了 263、网易、新浪、Yahoo 中国等公共搜索引擎和 ChemCenter 等化学专业搜索引擎以及相关的学科门户图书馆目录的链接。（3）图书馆链接。提供了国内外大学图书馆、一些国家图书馆及公共图书馆的链接。（4）我的教育和研究资源。可以直接访问一部分教育机构与研究机构的主页。（5）我的链接。允许用户个人添加一些 MyLibrary 未提供的网络资源，如个人所搜集资源的名称和资源的 URL。（6）我的参考书架。主要是参考工具资源，如百科全书、字典、辞典、专业用表、手册和索引等，只需点击一条资源项，就链接到其页面。（7）我的数据库用户。可以对列出的电子数据库资源进行选择定制。（8）电子期刊和电子文档。（9）最新资源通报。利用列出的表单搜索最新资源通报或选择页面的"定制"链接修改表单或者资源通报的其他部分。

## 2.2　浙江大学图书馆 MyLibrary 系统

浙江大学图书馆 MyLibrary 系统是国内开发得较早的个性化服务系统。主要功能包括：书签功能，该功能类似于浏览器提供的 bookmark。MyLibrary 书签的好处是其内容可以让用户在任何机器上访问。此外还具有定制图书馆数字资源、最新信息通报、搜索引擎链接、更多图书馆链接、定制网页页面样式以及用户密码加密等功能。

总体来说，MyLibrary 个性化服务系统对于满足用户个性化需求起到了积极的作用，如北京大学在图书馆的主页上可以很方便地查询到图书馆的相关信息和资源情况；西安交通大学图书馆计划用 3 年时间建立网络呼叫中心，使网络呼叫中心成为该馆和 WWW 服务系统之后又一个多元化服务系统。但相比较而言，这些仅仅表现出图书馆个性化服务的发展趋势，还没有成型的 MyLibrary 服务机制。在我国大学现有的 MyLibrary 系统中普遍存在个性化服务功能相对较少且不完善的问题，面向用户个人提供的服务基本上只限于书目查询、检索、预约、E-mail 通知和馆际互借等简单功能。这些功能零散地分布在图书馆的主页之中而没有整合在一个 Web 页面之内，没有用户模型分析以及在这个基础上建立的个性化服务体系。

## 3　构建 MyLibrary 个性化服务系统的关键问题分析

### 3.1　提高系统的利用率

所有 MyLibrary 系统的核心部分都是基于用户的个人文档来给用户推送信息资源。通常，能够增加或删除信息资源并且可以定制最初的文档模板。目前，全世界的高校图书馆已有一些提供了 MyLibrary 系统服务。尽管如此，真正肯花时间定制 MyLibrary 系统服务的用户却很少。美国密歇根大学在 2005 年 6 月已迫不得已停止了 MyLibrary 系统的服务，仅用了一个功能简化很多的 MY SEARCH TOOLS 取而代之。造成低使用率的原因有以下几个：首先就是系统要求学生花时间注册为系统用户，然后还要建立一个基于学科的文档。注册成功后，学生每次访问图书馆网站还要输入用户名和密码登录。如果学生意识不到自己能从 MyLibrary 系统中受益多少，他们就不会再次使用该系统。图书馆的资源系统需要有向用户推送信息的能力，而不是被动地等用户来参与。另一个原因是系统提供的资源是专门针对某一主题或学科的，对于一般总是查找某一学科资源的教授们和研究生来说，尽管他们有一个自己的专业，但他们的课程却要涉及很多学科。MyLibrary 提供的服务就不可能满足这一群体的需要。解决这一问题的方法主要有以下两点：首先是转变用户的观念，让用户自己将从 MyLibrary 系统中受益匪浅；最关键的还是系统真正能迎合用户的信息需求，为他们带来切实的利益。

### 3.2　用户兴趣和行为的获取与分析

现有的个性化系统多是通过用户显示方式获取用户兴趣，缺乏主动学习、提取用户行为和个性特征的能力。用显示描述方式获取的用户兴趣是静态的、粗略的，而用户兴趣是多方面的。是动态变化的，如何跟踪、学习和表达用户的兴趣是一个最基本也是最重要的问题。用户建模是一种面向算法的、具有特定数据结构的和形式化的用户描述，是从有关用户兴趣和行为的信息中归纳出可计算的用户模型的过程。它是 MyLibrary 的基础和核心。用户建模技术可以分为用户手工定制建模（如 MyYahoo 和 WebWatcher）、示例用户建模（如 Syskll&Webert）和自动用户建模（如卡内基·梅隆大学的 Personal WebWatcher、德国国家研究中心的 ELFI 和麻省理工学院的 Letizia 等）。自动用户建模通过用户的行为推测用户对页面的兴趣，无需用户提供信息，因而不会造成对用户的干扰，有利于提高个性化服务系统的易用性，促进个性化服务的发展。

### 3.3　个性化信息推荐

个性化推荐技术可以分为基于规则的推荐、基于内容的推荐、合作推荐和混合推荐。基于规则的推荐多应用于商务网站，基于内容的推荐是通过比较资源与用户模型的相似程度向用户推荐信息的方式。基于内容的推荐是目前个性化推荐的主流。典型系统包括斯坦福大学的 LIRA、麻省理工学院的 Letizia 和加州大学的 Syskll&Webert。合作推荐是通过用户之间的相似性来推荐信息。混合推荐（如清华大学的 Open book）是指通过比较资源与各个用户模型的相似度进行内容的推荐，又通过相近兴趣的用户群进行合作推荐的一种推荐方式，它发挥了前两种推荐方式的优点，抵消了两种方式的缺点，因而具有很好的推荐性。

### 3.4　个人隐私和系统安全的保护

为了更好地开展个性化服务，用户的个人信息是不可缺少的。这就涉及用户的隐私问题。图书馆的个性化服务应该是用户相信其个人信息不会被滥用，要鼓励用户积极提供其个人信息，形成良性循环。为此，图书馆可以综合多方意见，制订出较为完善的用户隐私保护策略，提供隐私策略公示，并提供设计用户隐私公开程度的工具和运用先进的保护技术等。系统安全的保护包括用户使用管理和系统安全管理，其中的身份认证和使用授权，保证只有合法用户本人才能处理定制信息合伙的相应的个性化服务。

### 3.5　用户友好

用户在进入 MyLibrary 服务模块后，注册前应有一个默认的主页方便其观察和决定。如果用户决定创建自己的资源主页，应以一种最方便的理解方式让其明白如何创建一个 Mypage，这样才能达到与其效果。还可以让用户设定主页显示风格，并自定义网页颜色、板块的排版、添加一些天气预报、登录次数以及音乐播放等比较美观且实用的小插件等，这样可以增强用户的使用兴趣，让用户感觉自己是在设计一个实用美观且有很大学术价值的系统框架。

### 3.6　服务反馈

如同商品的售后服务一样，个性化服务的信息反馈问题也是至关重要的，这不仅仅反映用户的满意度，更是后继如何进一步开展个性化信息服务工作的重要依据。这其中包括用户信息、访问频次和反馈信息等内容。通过统计和分析，评价服务效果，总结和分析服务中存在的问题，进一步提高服务质量。

## 4　高校图书馆 MyLibrary 个性化服务系统的功能框架设计

基于 MyLibrary 系统的自身特点和高校图书馆的用户需求，我们设计出 MyLibrary 个性化服务系统的功能框架结构，但该框架结构只涉及系统所提供的功能。根据各个功能项的特点，分为基本功能项和补充功能项。基本功能项是每个 MyLibrary 个性化服务系统都必须具有的服务功能，补充功能项是每个图书馆可以根据自己的特点选择一些符合需要以及有特色的功能。

| | 功能项 | 说明 |
|---|---|---|
| 基本功能项 | 图书馆链接 | 提供常用的国内外图书馆网站的链接供用户定制，系统会定期检测 |
| | 搜索引擎链接 | 提供常用的中英文搜索引擎网址供用户定制，系统会定期检测 |
| | 我的链接 | 用户可以根据自己的喜好和用途来添加一些 URL 地址 |
| | 我的参考书架 | 提供参考工具资源 |
| | 电子期刊和文档 | 提供常用的电子期刊文档资源供用户定制 |
| | 数据库 | 用户根据提供电子数据库资源进行选择定制 |
| | 最新信息通告 | 搜索最新资源通报 |
| | 书目查询 | 链接到 OPAC 检索入口 |
| | 借阅记录 | 供用户查看节约记录 |
| | 资料更新 | 定期提供新书、期刊和其他加到图书馆目录中的媒体的通告 |
| | 参考咨询台 | 提供参考咨询服务 |
| | 定制页面样式 | 提供多种模板，供用户选择或自定义 |

| | 功能项 | 说明 |
|---|---|---|
| 补充功能项 | 新书推荐 | 根据用户行为向用户推荐一些新书 |
| | 联合目录 | 提供联合目录的馆藏可以提供该项服务 |
| | 馆际互借 | 提供馆际互借服务功能 |
| | 购买建议 | 对于数据库或图书提供购买价格和购买方法 |
| | 我的收件箱 | 用户可以创建自己的邮箱 |
| | 教务网络管理系统 | 可以自动登录到学生或教师的教务管理系统 |
| | 我的讨论区 | 供用户交流讨论 |

各图书馆可以根据自己的实际情况，对一些服务功能进行扩充。如参考咨询台，有条件的图书馆可以嵌入实时虚拟参考咨询服务。定制页面样式服务功能是可扩充的，各馆可以根据自身条件选择扩充的程度，让用户设定主页显示风格，并自定义网页颜色、板块的排版、添加一些天气预报、登录次数以及音乐播放等比较美观且实用的小插件等，这样可以增强用户的使用兴趣。联合目录以及馆际互借服务，有能力提供该项服务的图书馆可以将这两项功能潜入 MyLibrary 系统中。新书推荐功能不只是提供馆藏的新书，还要进一步根据用户的行为，即用户借阅、检索、浏览和专业背景等来推荐书目。购买建议这一功能项，是国外图书馆提供的服务，特别是一些商业图书馆，如果高校图书馆对校外人员不开放的话，就不要添加该项功能。总之，各馆在设计 MyLibrary 个性化服务系统时，要根据自身条件和馆藏能力，极大限度的满足各类用户的信息需求。

## 5　结束语

MyLibrary 个性化信息服务是网络环境下提高图书馆服务质量和信息资源使用效益的重要手段，是对复杂的数字资源与用户界面挑战的有效途径以及用户组织资源的理想方法和得力助手，为图书馆界开展个性化服务提供了契机。跟踪、关注国外图书馆用户服务动态和前沿问题，及时开发和应用个性化定制服务功能，信息技术的发展为在图书馆提供自动化的个性化服务创造了条件。MyLibrary 系统在国外先进的图书馆尚在实验阶段，技术与服务方式上还是小规模，但是已经受到用户关注，将成为今后图书馆主动信息服务的重要方式，同时也是摆在图书馆界面前的重要任务。

## 参考文献

［1］http：//mylibrary. csdl. ac. cn/mylibrary/2006 – 4

［2］http：//libweb. zju. edu. cn/2006 – 4.

［3］韩楠. 高校图书馆个性化服务［J］. 科技情报开发与经济，2005（12）：1.

［4］杨晓湘，孙坦. 中美图书馆 MyLibrary 个性化服务系统的比较研究［J］. 现代报，2005（10）：218—221.

［5］郑惠伶. Cornell 大学图书馆个性化服务方式——MyLibrary［J］. 图书馆学学刊，2003（5）：60.

［6］郑晓东. 网络环境下的馆藏与个性化服务［J］. 湘潭师范大学学报，2005（11）：174.

［7］郑婷. 从理念角度辨析 MyLibrary 相关概念［J］. 图书馆论坛，2005（10）：241.

# 浅析基层党校图书馆数字
# 参考咨询服务的创新

陈 丽*

（新疆伊犁州党校图书馆 伊犁 835000）

**摘 要** 数字参考咨询服务是当前党校图书馆工作的重要任务之一。本文通过对基层党校图书馆数字参考咨询服务中存在的问题进行分析和研究，从而提出新形势下数字参考咨询服务创新的思路。

**关键词** 党校图书馆 参考咨询 服务 创新

20 世纪 90 年代，信息技术在全球范围内迅速发展，图书馆的信息参考咨询服务向着数字化、网络化和智能化纵深发展。《全国党校系统图书馆数字资源建设规划（2006—2010）》提出为党校的四个方面的工作做好信息咨询服务：为党校的教学科研服务，为网上干部和党员教育服务，为领导决策服务，为建立网上马克思主义舆论阵地服务。因此，积极探索和推进基层党校图书馆的数字参考咨询服务工作势在必行。

## 1 基层党校图书馆在开展数字参考咨询服务工作中的重要性

### 1.1 图书馆数字参考咨询服务的发展概况

数字参考咨询服务是建立在数字资源建设基础上，针对网络用户的提问，由具备一定专业知识的专家通过电子邮件、网络表单、聊天、视频、网上用户呼叫中心软件、网络语音协议等手段，给网络用户提供方便快捷的现代知识服务。1984 年，美国马里兰大学健康服务图书馆首先推出电子参考咨询服务，是世界上第一个网络环境下的图书馆信息参考咨询服务。我国图书馆的网络信息咨询服务起步于 20 世纪 90 年代后期，1999 年清华大学图书馆类似 FA 的"图书馆百问"服务，是国内起步最早的数字参考

---

* 陈丽，女，1971 年生，新疆伊犁州党校图书馆，馆员。

咨询服务，为读者提供与本馆资源和服务利用有关的各种问题解答。近年来，我国图书馆的网络信息咨询服务已步入快速发展时期，建立有网络的各类型图书馆已超过1013所，涵盖了全国所有省、市、自治区，其中约占总数78%的图书馆已开展了网络参考咨询服务。

## 1.2　基层党校图书馆数字参考咨询服务的重要性

党校图书馆围绕着党校的教学科研和党政领导干部培养的需要，集中收集了马列主义、毛泽东思想、邓小平理论、党史党建、领导科学、经济和社会发展以及法学等众多的信息源。那么，基层党校图书馆从规模上看，属于小型图书馆的范畴，但其开办时间较长、馆藏图书资源领域集中且特色鲜明，不仅是当地党政干部培训和继续教育体系的一种宝贵的信息储备资源，而且各基层党校图书馆的地方文献资源也能为地方经济社会研究提供丰富的参考资料，并为各级党政机关决策提供信息服务。基层党校图书馆的数字化经过几年的发展和建设，取得了长足发展，尤其是以省委党校图书馆为中心建立的党校系统信息资源共享系统及其网络系统，为各基层党校图书馆服务转型升级，提供了强大的数字信息资源库和便捷的信息服务平台，使各基层党校图书馆开展多种形式的数字参考咨询服务不但成为可能，而且也为各基层党校图书馆在如何创新开展数字参考咨询服务方面提出了新的要求。

# 2　基层党校图书馆数字参考咨询服务存在的缺陷

## 2.1　基层党校图书馆数字参考咨询服务经费投入不足，导致数字参考咨询服务发展不平衡，服务手段落后

基层党校图书馆开展数字咨询服务并不普遍，甚至一些欠发达地区的基层党校图书馆的数字参考咨询服务还是空白的。目前，公共图书馆经费来源除了政府财政的划拨经费外，没有其他经费，而基层党校经费来源一般是在同级财政安排给党校的办公经费中节约出部分资金用于图书馆建设，只能应付图书馆日常业务支出，没有能力扩展到对数字咨询服务必需设备的投入和系统维护等工作的开展。由于经费投入的程度有所不同，那么就会造成发达地区和欠达地区存在着明显的地区发展不平衡，从而导致服务手段落后，故此削弱了欠发达地区基层党校图书馆的整体服务功能。

## 2.2　基层党校图书馆开展数字参考咨询服务中普遍存在问题

（1）由于受时间、空间以及用户对馆藏资源缺乏了解所限，印刷型实

体文献利用率低。(2) 网上信息分散，加工深度不够，使一些毫无价值的信息充斥服务平台，网上信息污染严重，使网上信息只有一小部分能满足用户的需要。(3) 信息资源难以共享，如为数不少的网络被设置成内网而无法打开，有些甚至已成死网。(4) 联合参考咨询总量少且比率低。由于上述的原因导致数字信息资源利用率低。

## 2.3　基层党校图书馆数字信息参考咨询主动服务意识淡漠

传统参考咨询服务是坐等用户到馆，而数字参考咨询服务是可以在任何有网络连接的地方回答用户提问的全新服务模式。基层党校图书馆由于受种种主客观因素的影响，主观上缺少深层次和高质量的服务意识，不能以积极的态度响应读者潜在的咨询要求，致使包括基层党校图书馆在内的小型图书馆至今还停留在提供资料、收收藏藏和借借还还的被动式服务层面上。又由于党校的体制等原因，沿袭传统的做法较多，一直处于自我封闭的运作状态之中，服务对象主要局限于学员和校内教职工，没有更好途径主动地为社会上的其他读者服务。信息咨询服务实际上就是一项个性化的服务模式，但目前各基层党校图书馆受各种因素的制约，个性化服务少，日常工作也只是满足于目前的借借还还的思维定势，更不会去努力满足读者对于"个性化服务"的需求。

## 2.4　基层党校图书馆在少数民族地区尚未开展少数民族语言的数字参考咨询服务

相当一部分基层党校是处于少数民族地区，各少数民族在漫长的历史发展中创造了自己的语言和文字，并用这些文字记录了大量的民族文献。这些优秀的文献资源也是民族地区基层党校的重要特色。但这部分以民族文字为载体、以民族语言文字存在的反映本地地情的文献信息，能够翻译成汉文的只是其中的少数，能够通过民族语言软件开发等渠道，将少数民族语言文献资源转换成数字资源的就更少，大部分少数民族语言文献资源不能为更多读者共享。因此，基层党校图书馆的少数民族语言的数字参考咨询服务还处于空白阶段，尚未开展。

## 2.5　基层党校图书馆在数字信息参考咨询服务工作中，缺乏数字技术和技能的人才

网络环境下，图书馆的数字参考咨询服务也要以全新的模式来适应这一形式。要满足读者越来越"个性化"的信息需求，需要一批有责任心、有专业技能和有信息敏感度的人才。就基层党校图书馆而言，学图书馆专

业的人员较少，多为中途改行者，整体素质普遍偏低，队伍结构不尽合理，计算机和外语知识贫乏，知识结构普遍老化，缺乏对现代信息技能培训，很难适应现代图书馆数字参考咨询服务的要求。另一方面，由于党校图书馆待遇较低，职称评聘受限，无法吸引从事计算机方面的专业人才。因此，基层党校图书馆在数字参考咨询服务和设备维护等方面极缺乏专业技术人才。

## 3 基层党校图书馆数字咨询服务创新的思路

### 3.1 数字咨询服务方式的创新

各基层党校领导应重视图书馆建设，通过各种渠道为图书馆的现代化建设注入资金，确保数字咨询服务的必备设备的投入和系统维护的资金。在此基础上，基层党校图书馆尽可能在参考咨询中创新服务方式。一是创新用 web 表单咨询，不受任何时空限制，读者可以 24 小时以表单方式进行咨询或对图书馆的服务提出建议和意见。咨询馆员根据提出的问题，进行信息检索或向专家咨询，将问题和解答通过邮件第一时间反馈给用户。二是创新用 E-mail 咨询。用户与咨询馆员之间通过 E-mail 提出问题进行信息沟通。图书馆的主页上一般都设有"网上咨询台"或"咨询馆员信箱"等的链接。咨询馆员在收到咨询问题后查询参考源或求助于专家，给出详细的解答再传递给用户。除此之外，QQ 或 MSN 等即时聊天软件也经常用于实时咨询。有共同兴趣爱好的人可以组成一个群，参与讨论。三是创新用 BBS 论坛。BBS 是数字参考咨询服务十分流行的实时与非实时咨询方式。图书馆在建立主页的同时也可以开设自己的 BBS 系统。用户可以通过社区通信、聊天讨论和张贴讨论等形式与咨询馆员进行实时或非实时的交流。咨询馆员与用户的交流是公开的，咨询信息可以共享，从而提高信息的使用率。BBS 上的咨询馆员可以是本馆的馆员，也可以是邀请社会上的资深专家。四是创新用参考博客。在国内外图书馆领域应用博客开展图书馆信息服务的创新实践日益受到学者的关注。博客不仅是一种交流平台，而且是各领域各学科专家学者对自己专业的某些问题发表学术见解，或致力于搜集本学科领域各种有价值的信息资源而建立的"知识博客"，与此同时也是数字信息参考咨询非常重要的参考源。五是创新开发数字信息产品。图书馆大规模的推广网络技术，增强自我开发数字信息产品已势在必行。六是创新整合文献信息资源。通过对馆藏纸质文献资源和虚拟文献资源的整合，使各种文献信息资源成为一个有机的整体。七是创新建立知识导航机制。根据读者的需求和本馆的实际，建立文献信息搜索的重点和范围，在知识的海洋中让咨询馆员成为出色的领航员。

## 3.2　数字参考源建设的创新

目前，数字参考源已经成为党校教学科研活动中的主要信息来源之一，而以传统方式存在的图书资源的被利用率相对减少。因此，基层党校图书馆一定要有计划、有步骤地加大电子文献和电子期刊的采购比例，提高本校本地区的文献保障率。不仅如此，还要积极开发网络信息资源，与政府机构、学术团体、图书馆、出版社、网络公司以及各种商业性电子文献传递中心、联机检索中心、电子杂志中心和 Internet 等各级网络加强联系，形成本馆"虚拟馆藏"。最后要走特色化建设之路，逐步建立地情和区情数据库以及重点学科专题数据库等，配合基层党校学科建设和科研发展的需要，认真做好重点学科和重点专业的特色收藏，整合基层党校校内的信息资源，还可将重点学科专业有价值的讲义、课件、讲座和课题论文收集起来，形成特色数据库，另外还要有目的和有计划地下载有学术价值、能反映一定学术前沿发展水平和发展动态的网上信息资源，进行有序整理和深加工，组建专业特色数据库，开展网上信息导航，定期对数据库内容进行更新，并与自建专题数据库融为一体，形成网上特色馆藏资源库，真正实现信息资源共建共享。

## 3.3　数字参考咨询的服务意识创新

网络环境下的数字参考咨询服务，应从围绕着传统咨询台参考咨询转变为围绕着用户的参考咨询，实现从被动服务到主动服务的转变。数字参考咨询应树立用户至上的思想，尊重用户和满足用户的需求，为用户提供高层次和高质量的服务。应将服务主动地推送到用户的桌面，让用户平等地和随时随地地享用到图书馆所提供的资源和服务，最大限度地满足用户的需要，提高馆藏文献和信息资源的效益。

## 3.4　数字参考咨询馆员的知识创新

基层党校图书馆要提高数字参考咨询服务质量，关键在于要培养一大批具有知识创新能力的人才。一方面，越来越多的参考源电子化，如网络联机数据库、网络搜索引擎、光盘数据库、数字图书馆、电子期刊、电子报纸、电子字词典、网络版百科全书和各种参考源的超级链接等。另一方面，咨询问题种类繁多、覆盖面广，加之用户咨询问题的深度逐步加深，甚至是一些涉及深度的专业知识，这对网络咨询馆员提出了更高的要求。

这不仅要求参考馆员具有传统参考咨询服务的所有技能、外语和党校学科的知识，而且还要求咨询馆员善于运用文字与用户交流，准确而恰当地表述检索策略和检索结果，并具有对信息进行加工处理的能力。因此，基层党校图书馆应完善用人机制，一方面引进高层次的专业技术人员改变本馆的人才结构；另一方面加强本馆人员的业务培训，提高馆员整体索质，增强服务能力和服务意识。通过继续教育、参观、考察以及学术交流等多种方式促进馆员改善知识结构，提高计算机技能、数据库管理和信息检索等方面的能力，培养出能熟练地使用计算机、掌握网络服务技能、熟悉各种文献数据库、具备信息处理、网上资源共享与咨询技能的馆员。

### 3.5　少数民族语言数字参考咨询服务手段的创新

各民族的民风、民俗和宗教信仰都有着不同特点，各民族在漫长的历史发展过程中有着自己独特的深刻认识和理解，从中总结出了丰富的经验，并用本民族传统的习惯方式将其记载积累和传递，因此，少数民族文献资料也是基层党校图书馆的重要特色。为更好地开展少数民族语言数字咨询服务，笔者认为应采取以下三个方面的措施：一是有计划、有步骤地启动图书馆少数民族语言文献的回溯建库工作。主要目的在于对原少数民族语言文献的清点盘库，并建立少数民族语言文献的数据库，通过现代化技术管理少数民族文字的纸质文献。二是根据各少数民族地区实际，创建符合本地和本馆实际的特色咨询服务。三是在以上基础上，先开展简单的数字咨询服务，如电子邮件、论坛及留言版等方式。

### 参考文献

［1］唐军．网络环境下的图书馆信息参考咨询服务［J］．情报理论与实践，2009（5）．

［2］严琼芳．市州党校图书馆数字参考咨询服务探讨［J］．中共乐山市委党校学报．2009（5）．

［3］翁畅平．图书馆参考咨询工作的范式演变及挑战［J］．图书馆学情报学．2009（5）．

# 浅议运用商业竞争理念引领军队院校图书馆个性化服务

许 嘉*

（国防大学图书馆 北京 100091）

**摘 要** 本文在认同图书馆营销的基础上，探讨如何将商业营销的竞争理念也带入军队院校图书馆，并阐述了商业竞争理念在非盈利的服务行业运作的必要性与可能性，强调了需要注意和把握的原则，并从营销学的角度出发，结合国内外图书馆的营销实践，从四个方面分析了如何将商业竞争理念带入无偿的图书馆服务的基本理念。

**关键词** 图书馆 个性化服务 商业竞争理念 探索

## 1 引言

信息时代环境下，传统图书馆的服务方式面临巨大挑战，读者对于信息的需求度不断扩大，但是对于图书馆的利用率却日益降低。为此，图书馆积极谋求新的突破，通过服务功能的转变来提升图书馆的生命力和活动力，开展个性化学科服务是其中一项已被普遍接受的改革举措。个性化学科服务是图书馆针对不同的学科用户提出的各类服务需求提供区别化和个性化的服务，这是图书馆发展到信息和网络时代的必然形式，是图书馆服务工作的发展方向。

而对图书馆生存发展同样具有重要意义的"图书馆营销"，对于国内大多数的图书馆人来说，也不再是一个全新的领域。

其实，早在20世纪70年代，市场营销理论的影响力开始由传统的企业市场扩展到非盈利组织，图书馆作为信息传播和文化传递的核心设施，图书馆营销的概念已逐渐成为欧美国家营销学者和图书馆界的研究热点。

商业营销的行为归根结底是为了吸引消费者的购买行为并维护消费者

---

\* 许嘉，国防大学图书馆。

的忠诚度，以此来实现利益最大化的最终目标，因此，这股源源不竭的动力能激发商家想尽一切方法和手段来不断满足消费者需求和提升服务质量。而在图书馆营销的概念中，所针对的消费者即是广大的读者和用户，用户信息需求是一切信息服务行业和机构发展信息服务业务的内在动力，对图书馆这样的服务机构来说也不例外。尤其在军队院校图书馆，针对广大教员和学员紧跟学科发展方向的个性化服务尤为重要，因此，需要军队院校的图书馆人付出更多的努力来不断优化拓展个性化服务的内容和形式，那么，仅仅以满足读者信息需求的意愿作为动力，真的足够了吗？

## 2　以商业竞争理念引领军校图书馆个性化服务的必要性和可行性

### 2.1　以商业竞争理念引领军校图书馆个性化服务的必要性

纵观商业领域，在残酷激烈的竞争中，争取到消费者的青睐就等于争取到了生存下去的机会，如果在服务上停滞不前，或满足不了消费者日益增长和变化的需求，很快就会体现在消费者的大量流失上，而留不住消费者忠诚的企业，就会迅速地被市场大潮所吞没淘汰。因此，能否不断满足用户需求、开展特色的营销服务以及有效的宣传，将会直接影响到企业的生存与发展。

在信息大潮的引领下，很多军队院校图书馆也具备了一定的营销意识，他们知道通过宣传与推广图书馆的资源和服务，扩大图书馆的影响力和重要性，并且也采取了各种措施宣传图书馆，但这种营销意识还处于较浅的层次上，真正获得读者和用户的认可，取得良好效果的也并不多，缺乏积极主动的营销意识可能是一个重要的原因。军队院校图书馆营销管理呈现出非系统性、非自觉性、非组织性和非专业性等特点。有的需要硬件的完善或更新；有的需要各类专业知识；有的虽然满足了用户对于个性化的要求，但是在服务方面缺乏主动性；有的方法对用户提出了比较高的要求，尤其体现在文献检索的方式方法等。然而，由于军队院校教育教学的特殊性，图书馆的服务质量并不会过多地影响读者数量及其使用图书馆的需求。

由此可见，军队院校图书馆仅仅是谋求安逸的现状和有限的发展是远远不够的，我们需要引入逆水行舟的竞争理念，在良性竞争的前提下不断开发自身学科知识服务的能力，才能做到为用户提供全方位和多层次的优质高效的服务。

## 2.2 以商业竞争理念引领军校图书馆个性化服务的可行性

谈到商业竞争，就要说说商家之间斗法的利器——营销。开展特色服务、扩大消费者群体和宣传正面的企业形象，都要通过营销得以实现。对于很多图书馆来说，营销也已不再是一个新鲜陌生的词汇，它甚至已成为图书馆的普遍行为以及图书馆服务的时髦用语。它包含了多层意思，而且常常与推广、公共关系和宣传这些术语替换使用。营销可以被阐释为确定和满足人类与社会需求的一个过程，这些需求需要通过为客户创造价值、传播价值和实现价值来满足。对于图书馆来说，营销可以被解读为销售或者推广服务，读者就是我们的服务工作的重心。

服务营销是以顾客需求为导向，以提供满足顾客需要的产品或服务为责任和义务，以顾客满意为经营目的，服务营销的核心理念是顾客的满意和忠诚。市场营销的目的是使商品得到最广泛的接收，图书馆的职能是知识组织与知识服务，最终目的是使知识信息得到最广泛的传播与认知。图书馆导入营销的目的就是要充分研究读者的现实需求和潜在需求。图书馆界提出一切工作都应以满足读者需求为宗旨，围绕读者至上的理念所开展的工作，实质上也是服务营销活动。从这一点上来说，图书馆服务与市场营销有着相通之处，引入服务营销学理念对图书馆服务进行研究是完全可行的。

# 3 以商业竞争理引领军校图书馆个性化服务需把握的原则

## 3.1 非盈利

营销的目的，就是通过准确地了解用户的需求，与用户建立良好的关系，迅速有效地向用户传递符合要求的信息，最大限度地满足用户需求，这个过程可以被视为军队院校图书馆提供优质个性化学科服务的手段，本文提到的将商业竞争理念引入军队院校图书馆，绝非将图书馆的服务转化为盈利行为，而是要学习商家将谋利作为动力和最终目标而不断开拓创新的模式，将更好更全面地保障军队院校教学科研作为提升个性化学科服务最大的动力和目标。

## 3.2 继续加强馆际协作和交流

与商业竞争不同的是，图书馆并不是为了垄断和拼杀，将竞争理念引入提升和发展读者服务并不会与之相冲突，其最终的目的是为了资源共享，以更全面的信息服务去满足更广泛的读者群体，尤其是在军队院校，每个图书馆中的特色资源，都不应仅仅是各馆的"镇馆之宝"，更应该通过协调与合作，促进全军信息化建设的发展和飞跃。

军队院校图书馆的竞争理念要区别于商业战场的硝烟弥漫，继续加强各个院校图书馆之间的交流与合作，在良性竞争的前提下共同提高和进步，反而能激发出更强大的能量去服务我们的读者。

军队院校图书情报协作联席会的开展有利地促进了馆际之间的交流和互助，集众馆之力，走合作之路，将各馆各阶段信息资源建设的信息收集起来，再根据具体情况统一安排筹划，尽力解决各馆在建设中可能遇到的情况，引导全军院校图书馆信息资源的共建共享走上持续发展的轨道，向着"全军一个馆"的目标不断迈进。

### 3.3  要以更好地服务教学科研为目标

在商业战场激烈的竞争中，为争取到有特定需求的消费者群体，很多商家可能会有剑走偏锋的营销行为或特殊的风险投资，而作为为教学科研服务的非盈利机构，我们将商业竞争的理念引入，仅仅是为了给提升教学科研保障服务能力注入更大的动力，这是军队院校图书馆开展特色学科服务的出发点和落脚点，决不能因为急功近利的心理而盲目开展一些与军队院校教育教学无关的业务或服务。

## 4  以商业竞争理念引领军校图书馆个性化服务要树立的基本理念

### 4.1  落后就要挨打

如前文所说，在相通的营销推广理念下，非盈利的服务行业与商业最大的区别就在于动力与环境。军队院校图书馆以服务和保障教学科研，为读者提供文献资源为责任和目标，并凭借着意愿和热情为之努力，图书馆人希望能用努力换来的仅是读者一句称赞，甚至可能只是希望不会出现让读者不满意或失望的地方。如果图书馆将工作重心放在其他环节而并未在个性化学科服务方面投入过多的精力，读者的满意度可能会下降，但绝不会因此而流失，这也是图书馆区别于企业的一个重要因素。

而商业战场上的目标简单而直接，那就是利益。利益驱使企业想尽方法和手段吸纳消费者，满足他们的需求，争得他们更高的好感度，以此来抢夺和划分市场份额，他们为消费者作出的努力能够带来的是丰厚的收益和回报，反之，如果因为服务质量环节上投入的努力不够，很快就会体现在消费者大量流失并转向竞争对手，蝴蝶效应会引发接二连三的惨重损失，甚至就此一蹶不振。

不难想象，若在军队院校图书馆营销行为中引入一个假想敌的竞争对手，一个能够抢夺读者、比拼资源甚至将自己占领取代的对手，那么试想，我们所作出的努力程度是否还会是与现在一样的。

## 4.2　顾客就是上帝

尽管对于很多消费者而言，"顾客就是上帝"这句话在他们心目中就是商家的一句空话，而实则不然，商家为了实现利益最大化的目标，愿意为追求消费者的满意度而付出一切努力，只是这些努力往往体现在商品和服务的种类和形式上，以及一些消费者常常使用却容易忽略的细节上，甚至，他们还潜移默化地开发了消费者自己都未意识到的潜在需求，并加以满足和实现。

在军队院校图书馆，读者的满意度自然也是最为重要的目标之一，但目前广大图书馆的服务行为都仅限于让读者满意和尽可满足读者的所有需求，然而，真正能做到像优秀企业一般，为消费者创造需求，为消费者挖掘他们自己意识不到的需求的，寥寥无几。就拿知名的苹果系列手机为例，乔布斯的成功，在于他成功地启发了消费者在过去从未意识到的消费需求，创造出了让消费者产生强烈需求意识的服务，从被动地满足需求，变成为消费者创造需求，就像很多苹果电子产品用户的体验：使用之前，从未想过自己需要这些功能，而用过之后，就离不开了。如果图书馆的服务能够做到刺激和启发读者需求，甚至某些功能被读者所依赖，那么服务能力定将有质的提高和跃升。

满足读者需求的前提首先是要适应用户的各种需求。对军队院校图书馆而言，军事科研的需求就是无声的命令，不断满足和服务军事科研的需求就是图书馆人追寻的最终目标。除了紧密围绕教学和科研的主题，逐步拓宽服务范围，扩展和优化服务功能，还要将发展的重点放在教学和科研对信息知识个性化需求的满足上，如紧跟教学改革和学科信息发展的融入式的教学服务，主动推送信息的功能等，军队院校图书馆应该加大对学科信息资源的整合，从传统的"藏书楼"变为信息情报网络的枢纽，为教学和科研提供信息导航，努力完成从"要我服务"变为"我要服务"的转型。

### 4.3　酒香也怕巷子深

所谓"促销"，即通过一系列的主动宣传，挖掘用户的潜在需求，从而达到说服用户采纳服务的活动。相信每个人都或多或少地参与过商家各类的促销和宣传活动，有很多消费者正式参与到促销活动中，才更加了解了商品和服务的模式，甚至会产生归属感，大大提升对该品牌购买行为的忠诚度。

笔者曾在午饭时偶遇一位军队院校教员，得知笔者就职于院内图书馆后说："我已经十年没有去过图书馆了，因为我当初要找的一份文献在你们的资料库里找不到。"而实际上，该资料在馆收藏已多年，读者在使用时没有找到自己所需要的资源，只是因为我们对自身的资源平台推广和使用宣传的力度不够强，导致了一些很好的资源却无法很好地为读者检索和利用。俗话说酒香不怕巷子深，而在如今信息化的时代，科技产品更新换代层出不穷，学科服务的模式也日益新颖，军队院校图书馆要结合自身情况，开展不同模式的宣传推广活动，加强与读者之间的沟通和交流，才能将我们的个性化学科服务发展得更为完善。

要向读者宣传图书馆的自身形象，传递有关情报产品和服务的信息，还可借助相关的文化活动，使更多的用户了解和认识图书馆相关的学科服务项目和产品，提高图书馆的信誉和知名度，激发用户需求欲望。例如，图书馆借助每年的"4·23"全国读书日举办的系列活动，虽然活动内容未必与学科服务直接相关，但是同样可以使用户增加对图书馆的感性认知，达到较好的效果。

### 4.4　我的特色我做主

商业战场可谓百花齐放，如何能够从激烈的竞争中脱颖而出，关键之一就是创新和特色，拥有独特的服务内容将吸引和满足特定消费群体的需求，而在军队院校，也有很多这样的"消费者"渴望能得到更多稀缺或特色的信息资源服务。针对于这些特殊的文献需求，特色文献收藏和特色数据库的建设有着越来越重大的意义。

军校特色数据库，是指军队院校广大教学和科研人员在长期的教学及科学研究实践中，通过积累、考察、试验和计算等多种途径产生的大量的具有重要科学价值和实用意义的和独特的文献资料和科学数据。例如各院校学报、自编教材、图书馆的专业图书、报刊、声像以及缩微资料等，军事特色鲜明，对教学科研具有较高的使用价值。

　　特色数字资源是每一所院校数字图书馆的重要特征，其意义可以比作商业领域的特色营销和品牌战略，想要这一战打得漂亮，就需要找准市场定位，针对特殊消费者群体的需求特点，从内容、形式和功能等各个方面入手，开展特色服务。军校图书馆特色资源信息建设的内容，应包括军队特色、军兵种特色、学科特色、校内特色和馆内特色等。

　　在军校图书馆中进行特色数字资源的建设具有十分重要的意义。为适应院校教育改革的不断发展，还可以建立内容新颖丰富且功能性强的军事政治图片、文献和视频等特色的数据库，为教员和学院的教学科研工作提供更快捷和更便利的信息支持。

## 5　结语

　　个性化服务是紧随时代发展潮流所应有的变化和革新，图书馆的个性化服务更进一步的发展，取决于我们服务读者的决心和努力。将商业竞争理念带入军队院校图书馆，将读者看作能带来利益的消费者，用商业竞争的理念来带动服务的发展，在把握原则的前提下，一定能为军队院校图书馆个性化学科服务的发展开辟出更广阔的空间。

## 参考文献

[1] 孔德利.服务营销与图书馆基础服务［J］.图书馆工作与研究，2006（6）：89—90.

[2] 冯丽云，程化光.服务营销［M］.北京：经济管理出版社，2002：26.

[3] ［美］休·鲁格.信息经纪人手册［M］.费怡平，译.北京：中信出版社，2000：391.

# 如何以行业报告发布来促进企业经营

周　勇[*]

（中国社会科学院数量经济与技术经济研究所　北京　100732）

**摘　要**　行业报告在我国的发布和出版规模不断扩大，频次逐年增加。行业报告具有与其他行业研究不一样的显著特征，如时效性、周期性、综合性、概括性、应用性、主题性和影响力。行业报告能够对企业经营和行业发展发挥独特的功能，如媒介功能、评价功能、预测功能、咨询功能、信息功能，政策影响功能。应通过政府、行业协会、研究单位、咨询机构、其他非政府组织和各类企业的多方协作，共同提高我国行业报告的发布水平，以服务于我国宏观调控、产业经营和企业发展。

**关键词**　行业报告　产业发展　企业经营

行业报告作为一种经济论文写作形式，其文体属性在语文教材中已有介绍。但迄今为止，还很少见到对行业报告经济属性的研究。行业报告在当前经济类研究活动和出版物中所占份量越来越大，在我国每年从中央到地方，从官方到民间，从非盈利组织到盈利组织，从现代网络平台到传统纸质媒介，要发布或者出版大量的行业报告。且出版规模不断扩大，发布频次日益繁多。按照发布机构的属性差异，行业报告分为公益性行业报告和赢利性行业报告。前者服务于社会各界和政府决策，后者服务于出资方，主要是企业和地方政府。行业报告在国家经济系统中扮演着一种什么角色，对微观经济系统运行特别是企业经营有什么意义是本文的分析目标。

## 1　中国行业报告发布现状

了解行业是企业经营所必需，是大学和科研机构研究之基础，更是政

---

* 周勇，男，1970年生，管理科学与工程博士，应用经济学博士后，中国社会科学院数量经济与技术经济研究所，副研究员。

府宏观决策的中观和微观基础，因而开展行业研究，发布和出版行业报告有着巨大的市场需求。无论是非盈利性组织，还是盈利性组织，均十分重视行业报告的发布。随着在我国发布和出版的规模不断扩大，行业报告近期更演变成一项重大的事业或者一个重要的经营项目。前者如国家智囊团中国社科院、相关政府部门和行业协会发布皮书系列。后者如国内著名民营盈利性咨询机构新华信，每年应客户要求提供大量各行业报告。目前中国不少行业协会开始发布行业发展报告，如中国家用电器协会、中国润滑油行业协会、中国装饰纸行业协会等每年发布行业发展报告。中国人民银行每季度发布行业报告。中国社会科学院依托于其丰厚的学术出版和专家学者两大资源，坚持"创社科经典，出传世文献"的出版理念和"权威、前沿、原创"的产品定位，走学术产品的系列化、规模化、数字化和市场化经营道路，旗下的社会科学文献出版社策划出版了著名的图书品牌和学术品牌"皮书"系列。全面解析中国和世界经济社会发展的现状，为学术研究和资政决策做最重要的参考。皮书数据库内容全面涵盖人文社会科学的各个学科。目前已有140多个主题，涵盖中国和世界经济、社会、政治和文化教育等各个领域，"皮书"系列中相当大一部分为行业报告。

　　新华信也将自己定位为行业报告的服务专家，旨在通过提供深度专业行业报告为企业服务。新华信早已看到行业报告对于企业发展的应用价值，企业需要判断行业市场规模及进行增长预测；了解行业价值链，进行准确行业定位；评估行业投资价值和风险，制定正确的行业进入策略；掌握行业内重要企业发展情况，发现营销机会和商机。由此，新华信依托其多年积累的庞大的行业数据库，通过深访、座谈会和电话调研等方式获得大量行业一手资料，帮助企业全方位掌握行业深度信息。其研究内容包括：（1）行业概况。如市场规模、增长率、利润水平、行业发展历程和细分行业结构等。（2）外部环境分析。如政策环境分析、经济环境分析、社会环境分析、技术环境分析、行业关键促进和阻碍因素分析。（3）行业评估及前景预测。如市场潜力预测、行业价值链分析、产品价格预测、技术发展趋势、行业吸引力判断、行业投资机会分析和行业生命周期分析。（4）行业企业扫描。如行业内目标企业筛选标准、目标企业名单、目标企业基本信息、注册信息、股东信息和主要财务数字。据新华信内部网站报道，通过18年的积累，其已发展成为拥有覆盖1000多个行业的数据库。以北京、上海和广州为中心，建立了覆盖31省/直辖市、355个地级以上城市和所有县级以上城市的全国性调研网络，能够为1000多个行业提供行业报告发布服务。

## 2 行业报告的特点

行业报告有广义和狭义之分。狭义的行业报告是指一定时期内有关某行业经营和发展的综合报告。广义的行业报告不仅包括狭义的行业报告，还包括产业报告、专业报告、专门报告、学科报告和某领域报告等。行业报告有非盈利服务机构发布的公共服务行业报告和盈利性机构针对付费单位如公司发布的私人服务行业报告。私人服务行业报告大多数服务于企业竞争和区域竞争，报告内容主要是商业信息和竞争情报，具有很强的时效性和针对性。一般通过应用政府机构和专业市调组织的一些最新统计数据和调研数据，根据合作机构专业的研究模型和特定的分析方法，经过行业资深人士的分析和研究，作出的对当前行业和市场的研究、分析和预测。本文的研究对象包括两类行业报告。行业报告不同于其他经济类研究，具体而言有如下特点：

### 2.1 时效性

行业报告关注行业现实发展情况，为行业内的企业、政府和其他非政府服务组织提供行业运行环境的一手资料，以改进企业微观经营、产业中观运营和国家宏观调控。及时反映行业现实情况，及时发现行业现实问题，及时提出行业发展政策建议是行业报告的一个显著特点。

### 2.2 周期性

行业报告一般定时出台，前后形成完整的系列，以便于行业发展历史脉络的把握。当前许多行业报告已经实现了定期发布，一般一年一次或者两次，有的甚至每季一次。如中国社会科学院数量经济与技术经济研究所《中国循环经济发展报告》每年发布一次，《中国经济形势分析与预测》每年发布两次。中国人民银行的银行业报告每季度发布一次。

### 2.3 综合性

行业报告是行业资料的综合汇编，是一定时期行业具体运营成果，如产值、利润、企业数等具体情况和思维理论成果，如研究论文、企业报表、政府文书和其他行业材料的整合。可以说行业报告是行业发展各类书面材料的集大成，是行业发展的全面体现。

### 2.4 概括性

行业报告不是大量具体现象的描述，它既有典型事实，但更是典型事实的概括，因而需要具有一定理论高度，能够反映共性问题，总结行业发展规律，找出阻碍行业发展的根本症结，并提出切实有效的政策建议。行业报告来源于行业具体实践，更是具体实践的归纳总结，是升华，因而从事行业报告研究应有一定理论素养，有大问题意识，而不是仅仅看到、表面现象和片面情况，一些局部问题。

## 2.5　应用性

行业报告虽然不倾向于抽象的理论，不是理论经济学的范畴，但要求具有一定的理论性，是抽象理论在行业的具体应用。没有抽象理论，不可能获得对行业发展的深刻认识，更不可能找到行业发展的改进路径。但如果空有理论，不能与行业发展的具体情况结合，理论还是发挥不了作用。运用理论解决行业问题是行业报告的难点，也是重点。

## 2.6　主题性

行业报告不是包罗万象的大杂陈，往往针对一定时期内的敏感现象和重大问题展开研究。每个报告的侧重点不同，许多行业报告每年分主题进行研究。如中国社会科学院财贸所发布的服务业蓝皮书《中国服务业发展报告》就体现了这一特点，目前已出 10 个报告，每个报告均围绕不同主题，其中 2011 年度报告的主题是"面向'十二五'的中国服务业"。

## 2.7　发布机构具有一定背景和影响力

这种背景分为理论背景、官方背景和行业背景。行业报告一般由有政府背景的咨询机构，行业协会，或者在本领域活跃多年且有一定影响力的大学、研究机构、民间组织或者咨询公司发布。具有一定理论基础、声望、公信力、行业号召力和历史积淀，拥有专家队伍是这类发布机构的共同特点。伴随行业报告的出台，报告方一般都会隆重举行首发仪式，以引起社会及公众的注意。

## 3　行业报告的企业服务功能

行业报告不仅能为行业内全体企业提供整体的情况分析，帮助企业把握行业发展脉络和趋势。同时，行业的发展由单个企业的运营来支撑，行业报告虽然是有关行业的总体情况发布，但为了具体表述，往往涉及具体的单个企业。甚至还会专门辟出章节，进行典型案例分析。因而，行业报告通过表现所有企业的公共和一般信息，及表现单个企业的个别和特殊信息，为企业服务。具体而言，行业报告有如下企业服务功能。

### 3.1　彰显功能

相关企业的总和形成行业。行业报告一般是对行业内典型企业一段时期内多方面的综合总结，如要素投入、生产运营和技术进步等，因而必定涉及相关企业。只有企业表现好，行业才会表现好，于是在总结行业的发展成就时，单个企业的成就往往得到彰显。标杆企业的成功经验许多行业同行渴望了解，政府机构出台扶持政策时也需要参考，因而近年产业报告中相关案例所占篇幅加大，从而彰显了企业的经营成就和成功经验。

### 3.2　媒介功能

行业报告无形中宣传了这些企业。特别是对于成就卓著、取得较好经营业绩的企业，行业报告是其业绩宣传的较好平台。这种宣传有别于企业广告式的自卖自夸，它是第三方（报告的出台方一般为非盈利组织和专家）对企业的客观表述。非盈利组织和专家的公信力保证了这种传播信息的较大可信度，因而通过行业报告体现自己是企业形象塑造和产品宣传的理想手段。

### 3.3　评价功能

行业报告涉及一段时期内行业运行情况评价，是专家、政府组织和公众对行业发展的现状评估和价值判断。在进行行业发展评价时往往深入到具体企业的发展评价。有的报告甚至列出行业内主要企业按某个评价指标的排序。同行企业和社会公众通过参考发布的行业评级，能够更多了解相关企业的信用和声誉。对于拥有良好信誉的企业而言，行业报告能够帮助它们将自己与坏名声企业区别开，从而获得更多的竞争优势。

### 3.4　预测功能

行业报告不仅关注现状表述，更强调行业的未来趋势预测，为行业发展提供指南。经济研究除了解释已有经济现象，还有一个重要目的是能够预测未来，为计划提供参考。科学的预测由此具有很高的市场价值，市场需求大。有的机构甚至还将预测专门列成一类行业报告，如中国社科院经济社会综合集成与预测中心自上世纪 90 年代以来，每年专门分春秋两季发布《中国经济形势分析与预测》，在国内拥有较大影响力。

### 3.5　咨询功能

行业报告一般为对策性研究，时效性和针对性强，关注短期内的政策措施制定和企业的发展对策，因而会对行业发展和企业进步有较大咨询意义，尤其是宏观和中观方面的咨询意义。宏观咨询是引导企业的运营适应国家宏观发展的需要，中观咨询是引导企业从行业整体看问题，实现行业有序发展。行业报告甚至还涉及单个企业的微观咨询。如在案例分析中，通过解剖某个企业，为该企业和行业的发展提供改进思路。

### 3.6　信息功能

行业报告无疑是有关某行业某个时间段内各类重要信息的综合集成，是行业内各类材料，如理论分析、政府工作总结和企业报表等各类文献资料的全面总结。其信息集成是专业机构长期努力的结果，是关注日常经营企业所难以完成的。借助行业发展报告，单个企业不再只是更多地看到自己和同一区域的几个企业的运行情况，而是看到其他区域和世界其他地方同行的运行情况。不仅知道单个或者几个企业的信息，还能知道所有企业的信息。不仅知道企业的信息，还能知道消费者和政府有关本行业的信息。比如，许多行业报告还提供行业年鉴数据资料。

### 3.7　学习功能

行业报告一般由相关智库或者研究机构编撰，集成了一段时期内有关本行业发展的学术思想和应用理论成就，体现了一定理论高度。它来源于企业的现实运作，但同时高于企业的日常运营经验，承载了相当的理论知识。能帮助企业开阔视野，活跃思路，提高认识。行业报告紧扣行业特点，关注行业发展现实问题，又是抽象理论在行业的具体运用，因而也是企业较为重要的行业发展学习参考书。

### 3.8　社会交往功能

广义的行业不仅包括企业，还包括为企业服务的官方组织、非政府组织、大学和研究机构等其他相关部门。行业报告的形成过程体现了多主体合作，行业报告是各类企业、行业协会、研究机构、其他非政府组织和政府多方协作的结果。报告的出台要经过不断调研，不断论证，不断征求各方意见，因而在此过程中形成了一个多方对话平台，促进了各类行业主体彼此的交往。借助行业报告这个平台，许多企业认识了其他同行，实现了与政府的沟通，与理论界的交流，与海外的合作。

### 3.9　政策影响功能

行业报告是企业情况的反映，也是企业意见的反映。在撰写过程中，相关机构通过调研企业，获得有关国情、省情和地情的一手资料，对于中央和地方政府决策具有较好的参考意义。有许多行业报告课题直接由政府立项，可见政府对行业报告的重视程度。行业报告出台后，也往往成为政府官员和职能部门的咨询手册，对政策制定或者修订具有较大的参考意义和影响力。企业通过参与行业报告的调研和撰写过程，也能够主动对政府政策施加影响。

## 4 结语

行业报告对企业具有很好的服务功能，是企业提高自身经营水平，改善外部运营环境，获得国家宏观政策支持的重要平台。行业报告更多由具有官方背景的咨询机构、智库、智囊团和大学发布，行业报告的课题立项也是我国政府了解社情民意和经济情况，广大企业界沟通政府的一项重要制度安排。需要切实利用好这一平台和制度安排，促进各类行业健康有序发展。

### 4.1 企业应更多参与到行业报告的调研和撰写过程

目前，许多企业把上级机构或者第三方组织的调研看作是一种负担，其接待工作更多是陪吃陪喝，应付差事。企业应变被动地应付调研，为积极地参与调研。通过和专家学者座谈，不仅发现自己的问题，同时通过参考其他同行的情况，更多地发现自己的标杆。变招待费用支出为智力投资，向专家学习，向同行学习。同时积极提出自己的意见，争取获得更加宽松的发展环境，取得政府的更多理解和支持。

### 4.2 企业应积极利用行业报告进行经营决策

每年国家会以多种形式发布行业报告。对于企业所经营的产业而言，许多都涉及多个行业。这些行业报告是国家的知识资本，是全体企业可以共享的财富。企业要学会利用科学的研究成果，掌握更加全面的信息。避免拍脑袋决策，陷入盲目发展的误区。当前我国产业发展中大量存在的重复建设、产能过剩、落后产能、恶性价格竞争和市场价格剧烈波动，都与企业没有能够科学把握好行业发展大势有关。

### 4.3 企业应学会通过第三方机构以行业报告的形式咨询

当前我国已有一些企业在进行业务规划和管理决策时，开始利用咨询公司等外脑获得行业发展知识，这从新华信等盈利性咨询机构在行业发展报告咨询中的业务量不断增长可以看出。但还有大量企业没有看到专业性咨询公司的重要性，换言之，还没有看到专业化的知识和信息在提高企业决策质量中的重要性。近两年来在东莞，很多投资者在针表和鞋业等行业蒙受亏损，其实国家关于外贸前景预测的行业报告早已发布，但投资者因为没有充分采用这一预警机制，过分相信短期的盈利，最终在国际订单萎缩时举步维艰。

## 4.4　行业协会应将行业报告发布作为一项重点工作内容

行业报告质量的好坏体现行业协会联系会员的紧密程度，对行业情况跟踪的紧密程度，对政府参谋的可靠程度。行业协会在行业报告发布方面具有专门的优势，假如说单个企业的情况企业自身最熟悉，但对于行业中的全体企业来说，只有企业的娘家——行业协会才最熟悉。但当前行业协会对企业的联系工作却做得远远不够，不少行业协会在发布行业报告时，仅仅根据企业报来的几个数据做一些简单分析，很少深入企业做一定密度的调研，对成员企业了解甚少。行业报告是公众了解行业状况，政府实施行业调控，外部投资者提高投资效率的重要参考，也是国家信用系统建设的一项重要内容，对行业报告的出台，行业协会责任重大。

## 4.5　咨询机构和专家应更多深入企业调研

好的行业报告能够对国家政策形成影响力，对产业调控和企业经营发挥重要作用。当前不少企业之所以不大信任，或者不重视公开途径发布的行业报告，就是因为一些报告的信息含量低，理论水平不高，许多报告甚至是一些网上资料的生拼硬凑。不少行业报告的撰写者既没有所在行业的从业经历，也很少去调研。也由此不了解行业的实际情况，把握不住行业发展的主要问题，所言之处都是人人亦云之语，无新意。厚厚的一本书，参考意义却不大，对企业经营和国家宏观产业调控起不到作用。当前一些机构正采取积极举措提高行业报告的发布质量。2011 年 2 月 19 日，中国社会科学院主办的全国皮书研讨会在北京召开，发布了《皮书主编工作条例》和《皮书编辑出版工作条例》。针对某一个领域、某一个区域甚至出过好几本皮书；某一个编撰单位同时做几本皮书，大量内容内部之间出现交叉和重复的现象。今后，中国社科院将定期开展皮书的内容评价和媒体报道监测，建立皮书的准入和淘汰机制，实行严格的皮书编辑资格认证，并引入"学术文献不端监测系统"，严把皮书准入关，并将严格实施退出机制，建立更加完善的硬性指标，保证皮书的权威性和高质量。

### 4.6　政府应更多资助行业报告的课题立项

为了提高政策的行业实用性和地区差别性，需要加强我国宏观决策的中观和微观基础。当前我国行业报告发布的质量不高也与调研、编撰和出版的经费不够有关。许多科研人员既要实现行业报告的定期发布，又要面对经费没有保障，或者捉襟见肘的窘境。很多时候为了赶任务，勉强维持发布，只好省掉大量调查和研究环节，依靠电脑键盘敲出行业报告。行业运行情况把握不足、不清，上下级信息不通畅将极大地影响我国宏观经济决策的质量。政策的制定和实施需要把握恰当的时机，当情况很晚才了解和错过时机时，政策制定和实施的难度往往加大。特别是当不利情况发展到不容易挽回时，经济发展的大局可能因此耽误。我国的许多政策出台后之所以政策效果差，在各地和基层难实行，就在于对企业层面、行业层面和区域层面的情况了解不够，应切实通过立项提高行业报告对政府决策的支撑能力。

## 参考文献

［1］社科文献出版社．皮书系列简介．中国社科网 http：//www. cssn. cn/．

［2］新华信．行业调研服务．http：//www. bizteller. cn/html/introduce/in-dex1. jsp？flag＝2&bdclkid＝－_ K_ 5jcs4bzbpSZdkEAvatcrP_ K0gscE_ ApxxDd-HcP.

［3］王国成，周勇．制度和经济增长课题报告．中国社科院 2010－2011年国情调研项目．

［4］常红．中国社科院皮书研讨会召开，将建皮书准入淘汰机制． http：//news. ifeng. com/gundong/detail_ 2011_ 02/20/4760207_ 0. shtml.

# 试论军队院校图书馆的学科化服务

曹子珏*

（国防大学图书馆　北京　100091）

**摘　要**　开展学科化服务是军队院校图书馆信息服务的方向。本文概述了学科化服务的内容和必要性，对开展面向学科建设和面向教学研究的学科化服务的形式进行了探讨，并提出了学科化服务的基本构想。

**关键词**　军队院校图书馆　学科化服务　信息服务　知识服务

服务是图书馆工作的永恒主题。书香倍增战斗力，追求卓越服务，最大限度的彰显图书馆的核心价值，是全军院校图书馆人肩负的光荣职责和历史使命。随着世界科学技术的发展、军事变革的推进和军事理论的创新，特别是军队院校教学科研改革的不断深化，以教员、学员和干部为主体的读者不再满足一般意义上的文献信息，而是希望大量获得相关学科前沿信息，甚至是知识解决方案。为了使图书馆的信息服务能够直接面向全校教学与科研的全过程提供服务，更好地与教学和科研活动相融合，帮助教研人员解决教学和科研中遇到的实际问题，更好地促进教学科研质量的提升，积极开展针对各学科的"学科化服务"，是军队院校图书馆信息服务未来发展的基本方向。

## 1　学科化服务的内涵

学科化服务这一名称，最早是中国科学院国家科学图书馆率先提出的。进入21世纪后，我国关于学科化服务的研究和研究人员逐渐多了起来。现阶段，国内对学科化服务研究比较深入的学者是国家科学图书馆学科咨询部主任初景利教授。他在有关论述中对学科化服务的内容和特点等进行了系统的阐述，并提出了"用户在哪里，服务就在哪里"的观点。在国内目前开展学科化服务的图书馆约有数十家，但能够提供军事类学科服务的图书馆还寥寥无几。国外虽然对学科化服务没有明确的提法和定义，

---

*　曹子珏，女，国防大学图书馆，副研究馆员。

但实际上学科化服务在发达国家图书馆行业中已经存在很久，通过学科馆员为读者提供事实上的学科化服务，是发达国家大型图书馆的普遍做法。

目前学术界普遍认可国家科学图书馆对学科化服务的定义："学科化服务是一种新的服务模式和新的服务机制。它以用户为中心，以学科馆员服务为基本模式，背靠国家文献平台，依托院公共平台，面向科技创新基地、研究所、研究室、课题组和个人，建立基于研究所的、院所协同的、面向一线的服务机制"。

从这个定义可以看出，学科化服务的实质是以个性化、学科化、知识化和迅捷化的服务为手段，为研究人员提供针对性强、更深入、更准确和更有效的信息服务。学科化服务强调的是负责各学科的馆员深入和全程参与的信息服务，而不同与以往那种《我摆放，你来找》的这样一种单向的信息提供。学科化服务按照学科和专业的分类开展工作，而不是按照传统意义上的文献工作流程组织工作。学科化服务具有服务方式学科化、服务内容专业化、服务方法研讨化和服务时间全程化的特点，它以教研干部和学员为服务中心，将资源采集、加工、重组、分类、开发和利用等一系列工作融于教研干部和学员所需要的学科专业要求中。同时通过这种集合，使图书馆传统的服务工作向学科化管理、集约化管理和专业化管理转型，从而推动图书馆信息服务工作的创新与发展。

在军队院校图书馆开展学科化服务，就是通过图书馆员对于实体馆藏资源、数字图书馆资源和互联网资源等学科资料的搜集、整理和归纳，主动为教学科研人员提供与其教学和科研课题相关的学科前沿信息，甚至是知识解决方案，或者按学科分类向相关人员定期提供相关专题信息资源的推送服务，以满足教研人员相关学科信息的需求，提高图书馆的学科信息保障水平。同时，开展学科化服务对于馆员的能力素质提出更高要求，要求相关馆员必须准确了解和把握教研干部和学员的专业需求，不间断地提供符合教研干部和学员对专业信息要求的针对性服务，为教学科研的自主创新提供有力的信息保障。

## 2 开展学科化服务的必要性

开展学科化服务，是推进军队院校图书馆事业发展，服务军事科学理论的创新发展，服务院校教学模式转变的必然要求。

### 2.1 推进图书馆事业发展的需要

在这个大发展和大变革的时代，军队院校图书馆事业面临着发展的新机遇，要求我们必须及时创新，勇于创新，时刻紧紧追赶和争取未来超过发达国家图书馆事业发展的脚步。目前，欧美发达国家，正式开展学科馆员的服务制度已经有半个多世纪的历史。国内也已有百余所高校图书馆创建了学科馆员制度，开展了学科化服务，取得了许多有益的经验，在教学、科研和培育人才等方面都取得了不俗的成效。然而在军事类院校，目前我军还没有一个图书馆开展类似服务，这不能不引起我们的关注。

## 2.2　服务军事科学理论创新发展的需要

胡锦涛主席曾强调指出，推进国防和军队现代化，必须把握信息化这一时代内涵。当前，人类社会正发生着自工业革命以来最为深刻和最为激烈的变革，信息在生产力的要素构成中处于关键性地位，在生产和生活过程中发挥着支配性作用。认识信息化和驾驭信息化、应用信息化，以信息化谋发展，以信息化谋出路，成为信息化时代我们必须关注和回答的重大课题。军队院校大力推进的适应信息化战争的军事科学理论创新，也对图书馆的服务保障能力提出了更高的要求。如果说，军事科学理论扮演着"战争设计师"的角色，具有越来越突出的先导作用，那么，我们图书馆人就是"战争设计师"的"信息服务师"。面对创新军事科学理论的时代要求，我们在提供信息服务时，必须善于从浩瀚的信息海洋中，最大限度地检索出适合我国军事科学理论体系发展的信息。当前，国内外有关联合作战、指挥、武器装备、后勤和装备保障的各种新知识、新理论和新战法等层出不穷，各种信息更是呈爆炸式增长。过去曾有一段时间，科研工作者苦于信息太少，而现在却出现了因信息太多而难以及时找到合适的信息的状况。面对海量的信息，如何从中迅速找出自己所需要的专业信息，日益成为困扰教研干部和学员的难题。图书馆员作为到馆信息的第一经手人，如果能够对各种学科信息及时归纳和分类，提供学科化服务，可以大大提高教研干部和学员科研效率，为军队院校教研干部和学员创新军事科学理论提供坚强的支撑。

## 2.3　服务军队院校教学模式转型的需要

近年来，我军院校积极推进教学模式转型，创建了研讨式、辨析式和案例式等新型互动的教学模式，以满足专业知识需求为立足点，实现了教学方式由"静态"向"动态"的转变。在未来数年，院校教育是完善以能力培养为导向、以问题研究为中心、以信息手段为支撑、以搭建研讨平台为途径、突出教员主导作用和学员主体地位、以自主创新学习为特色的高级军事任职教育教学体系为发展目标的教学模式转变。这种转变对图书馆教学服务保障工作提出了更高要求。如果我们图书馆工作人员仍是坐等读者上门，仍是局限于传统的服务模式，不但会引起读者的不满，未来还会面临着被边缘化，甚至被淘汰的危险。为适应军队院校以学科专业为依托的教学模式的转型，必然要求我们采取学科化服务。我们图书馆人只有以全新的理念和主动的方式为教学科研提供学科化服务，才能跟上时代的步伐和教学科研发展的需求，才能满足教研干部教学科研和学员学习与科研的需要。

## 3  开展学科化服务的基本构想

军队院校的中心工作是教学科研，是培养高素质的联合作战指挥人才和高级理论研究人才，学科化服务必须要服从和服务于教学科研和培养人才这个中心工作。为开展好学科化服务，我们应着重做好以下几个方面工作。

### 3.1  注重与教学科研管理部门协调，及时把握学校教学科研方向

通过与院校负责教学科研有关部门的协调与沟通，了解教员和学员一段时间内的教学、科研和学习的重点，整体把握教和学两支队伍的学术动态和进展情况，为图书馆开展有目标的学科化服务确定方向。通过院校内部的沟通平台，随时了解各有关部门的变化与调整，以此为基础，制定针对整个教学科研体系的服务策略和目标。

### 3.2  加强与各学科教研骨干沟通，及时掌握其对学科信息资源的内在需求

为实现学科化服务，我们必须直接与各学科的教研干部主动进行沟通，了解他们对知识的需求。我们深知，分析如何满足各学科教研干部的教学科研需要是做好学科化工作的基础。初步设想，一方面，通过走访、座谈和问卷调查等，直接询问了解相关学科教研人员教学科研需求；另一方面，利用听课值班制度，旁听理论大课、参加学员的研讨和作业等方式，进一步掌握军队院校当前一个时期在学科专业上的需求。以此为依据，确定在不同阶段，如何提供相应的信息和知识服务满足读者的不同时期的需要。这种沟通方式效果最为直接有效，因为不用通过中间环节，所获得的信息是准确和简洁的，可以很好地满足个体读者的需要。

### 3.3　主动参与重大教学科研活动，加强对读者的培训

担负学科化服务的有关人员，应积极主动与重点学科教研单位建立联络，尽可能参与到重大教学科研课题的研究中，及时了解课题研究过程中的需求，并展开针对性的学科化服务。另一方面，虽然学科化服务在许多图书馆已经开展了一段时间，但是许多读者仍不了解学科化服务的情况，有时虽有需求，但囿于传统思维和对图书馆的认识，不知如何利用学科化服务。因此，加强在这一方面对读者的培训和宣传，是搞好学科化服务的一个重要方面。要不间断地深入教研部和学员队，主动向读者介绍学科化服务，介绍图书馆提供学科化服务的途径和方法，培训读者学会使用图书馆各种信息资源的技巧。利用网络信息技术，长期提供相关信息，使读者能够随时了解和学习如何有效使用各种类型的文献资源，以及如何更有效地与图书馆专业工作人员进行沟通和交流。

### 3.4　定期收集读者反馈信息，建立健全学科化服务工作机制

在为读者提供学科化服务的过程中，及时听取和收集读者的各种反馈意见和建议，随时调整和补充不足之处。设立专门的读者意见和建议反馈的收集和分析机制。对读者的意见和建议，进行系统的整理和分析，不断调整和改正存在的问题，提高学科化服务的质量和效益。视情搭建学科化服务的内部交互智能平台，实现教研干部、学员与图书馆学科服务人员之间的互联互通，如可定向地与某个教研部设立 QQ，有信息需求时，可通过 QQ 发来，图书馆及时为其提供信息和知识服务。此举既可激发两者之间思想的火花，也可把图书馆的学科化服务推向新的境界。

### 3.5　科学整合相关资源，建立完善学科专业数据库

要抓好信息资源的开发整合，瞄准教学需要，拓展完善数字化图书馆功能，加强学科专业数据库建设，不断提高教学信息服务水平。建立专业数据库时，要根据读者所处不同学科和专业的特点，把传统文献资源和新型信息资源结合到一起，把分散的知识点联系到一起，建立规范的主题，进行分类。专业数据库要能够把各个类别内最具权威性的学术著作等各种资料，集中到一起，能够代表当前和未来一段时期内该学术领域的发展趋势，满足读者不断变化和提升的科研需要。今年来，学校要求在继续抓好学科教材和课程教材建设的同时，如果我们的学科数据库能够按军队院校学科较好地进行分类，就有利于学校课题教材建设的开展。

### 3.6 适应学科化服务要求，不断提高图书馆人才队伍能力素质

学科化服务是主动式服务，是面向教学科研的服务，是知识增值的服务。优质的学科化服务要求图书馆工作人员要改变过去传统式坐等读者上门的坐堂式服务，调整找书、借书、上架和下架的工作方式，能够主动深入教研一线，了解教员和学员的需要，按照不同领域、学科和专业等分类组织图书馆所拥有的各种信息资源，使其利用程度能够得到最大化。一个能够提供学科化服务的合格的图书馆工作人员需在以下几个方面承担起自己的职责：主动出击的联系人；专业学科知识和信息的服务员；图情专业的研究员；各类文献资源的建设者；能够为读者提供有深度、有广度的重点服务和个性化服务的提供者。对照这个标准，军队院校已经拥有了一支综合素质相对较高的图书馆服务队伍，但与开展优质的学科化服务要求仍有一定差距。这就需要我们进一步加大人才培养力度，不断提高军队院校图书馆人员的能力素质，才能确保学科化服务的顺利实施。

## 参考文献

[1] 初景利，张冬荣．第二代学科馆员与学科化服务．图书情报工作，2008（2）：6—10，68．

[2] 王海燕．国家科学图书馆总馆与研究所图书馆学科馆员在学科化服务中的关系研究。图书馆理论与实践，2009（3）：88—90．

[3] 姜爱蓉．清华大学图书馆"学科馆员"制度的建立．图书馆杂志，1999（6）：30—31．

[4] 吴文花．试论高校图书馆学科化服务的可持续发展．情报资料工作，2009（4）：96—98．

[5] 李春旺．学科馆员制度范式演变及其挑战．中国图书馆学报，2005（3）：51—54．

[6] 屈兴豫．关于高校图书馆"学科馆员"制度建设的思考：以我校图书馆"学科馆员"制度试行现状为例．内蒙古农业大学学报（社会科学版），2009（3）：230—232．

[7] 郭依群，邵敏．网络环境下大学图书馆学科馆员职责的扩展：清华大学图书馆案例研究．大学图书馆学报，2004（5）：51—55．

[8] 郭锁英，欧超静．合并重组高校图书馆学科馆员制度的建设规划．图书馆学刊，2011（1）：29—31．

# 试论微博及其在国内图书馆的应用

魏　进*

（中国社会科学院图书馆　北京　100732）

**摘　要**　在"人人都是麦克风"的互联网时代，微博凭借传统媒体和其他网络媒体不可比拟的优势异军突起。国内一些图书馆为适应信息时代的要求，积极试水微博。本文以新浪微博国内图书馆实名机构用户为研究对象，进行了研究分析。本文论述了微博的异军突起及其主要特点。从新浪微博目前的图书馆微博用户数量、用户类型、地域分布、粉丝数量、发布内容等方面分析了微博在国内图书馆的应用现状，归纳了微博在国内图书馆的应用中的突出问题，并提出了几点思考意见。

**关键词**　微博　图书馆　应用

## 1　微博的异军突起及其主要特点

### 1.1　互联网的快速发展及微博的异军突起

自 20 世纪 70 年代起，互联网在全球范围内兴起和发展。据 2012 年 5 月最新公布的全球互联网用户数据报告显示，截至 2011 年 12 月 31 日，全球互联网用户规模达到 22 亿。中国互联网起步于 20 世纪 90 年代，在经历了二十多年的发展后，当前中国用户规模已突破 5 亿，超过了世界上其他任何一个国家，居世界首位。进入互联网时代以来，除互联网用户规模不断增加外，互联网的应用方式在不断扩展，各种网络媒介推陈出新，BBS、论坛、博客和即时通讯工具等相继兴起和发展，成为了人们生活中必不可少的内容。2006 年，世界上第一个微博客——推特（Twitter）在美国诞生。继推特出现之后，美国还建立了identi. ca、Jaiku、Qaiku、MySay 和 Emotionr 等本土网站。此外，像新加坡、巴西、英国、美国、法国、加拿大和澳大利亚、印度等也在发展本土化的微博网站。微博的诞生和发展为人类社会信息传播开辟了一个崭新的天地，将网络媒

---

*　魏进，女，1981 年生，中国社会科学院图书馆，助理研究员。

介的发展推向了一个新的巅峰。

何谓微博？微博即微博客（MicroBlog，国内也称 *Weibo*）的简称，是一个网络用户进行信息分享、传播以及获取平台，网络用户可以通过 WEB、WAP 以及各种客户端组建个人社区，以 140 字左右的文字更新信息，实现文字、图片、视频、音频和链接等形式的即时分享。微博的本质是节点共享的及时信息网络，将网络媒介推向了更深和更广的发展。

乘着互联网技术迅猛发展之势，微博之风也刮至中国。2007 年饭否、嘀咕、做啥、叽歪等网站探路微博，成为了国内第一批微博网站。在上述微博网站的拓荒基础上，2009 年以来新浪、网易、搜狐和腾讯等商业网站及新华网和人民网等中央重点新闻网站大力推出了微博服务。2010 年中国迎来微博元年。在 2010 年至 2011 年短暂的两年时间内，国内微博用户及手机微博用户数量呈现了较快增长地增长态势（见图 1）。据《第 27 次中国互联网络发展状况统计报告》显示，截至 2010 年 12 月 31 日，中国网民

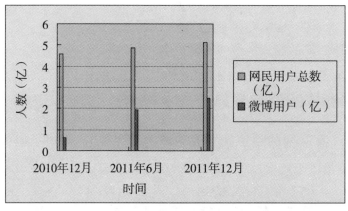

**图 1　2010—2011 年中国微博用户数量变化情况**

规模达到 4.57 亿人，微博用户数量初具一定规模，约为 6311 万，占当年网民总数的 13.8%，手机微博用户的使用率达 15.5%。从《第 28 次中国互联网络发展状况统计报告》可以看出，截至 2011 年 6 月底，我国网民总数达到 4.85 亿，微博用户数量为 1.95 亿，占网民总数的 40.2%，手机微博用户比例上升至 34%。《第 29 次中国互联网络发展状况统计报告》显示，截至 2011 年 12 月底，中国网民总数达到 5.13 亿。微博用户规模 2.4988 亿，占网民总数比例的 48.7%，手机微博用户上升到 38.2%。从微博的发展趋势看，在一定时期内微博数量还会持续增长。

### 1.2 微博的主要特点

加拿大的著名传播学者麦克·卢汉曾说，媒体是人体的延伸。在"人人都是麦克风"的互联网时代，微博凭借传统媒体和其他网络媒体不可比拟的优势异军突起。中国人民大学学者喻国明认为，如果说传统媒体的发展，解放的是人的眼睛和耳朵，使人们的知情权有了每时每刻"千里眼"和"顺风耳"式的保障的话，建立在现代数字技术基础上的互联网解放的则是人们的嘴巴，它消饵了传统意义上传播者与受众之间不可逾越的鸿沟，让人人都拥有了自由表达的传播平台。它粉碎了传统媒介时代"一对多"的传播霸权，使传播的生产和传播不再划分为界限分明的生产者和消费者两大阵营。这种"多对多"的传播形式正是以网络媒体最核心、最精髓的价值体现。微博作为顺应网络媒体发展大势的产物之一，可谓是WEB2.0时代现阶段的集大成者。它的社会融合度和渗透度极高，广泛融合了社会各方力量，为社会各阶层人士提供了围观和发声的平台，给社会带来了全面而深刻的影响。微博的特点表现在以下几个方面的特点：

从传播主体看，微博自媒体特性突出。按照微博使用主体进行分类，微博包含个人微博和机构微博。个人微博主要是指网民用户代表本人使用微博，而一些机构微博则包含了政务微博、媒体微博和企业微博等。微博的自媒体特性将人们带进了"人人都是麦克风"的虚拟环境。如果说传统媒体的传播者和受众有着清晰的界定，网络媒体使得这种界定变模糊，那么微博彻底消除了传受之间的限制。在微博用户之间的沟通过程中，微博用户既是信息的发布者，也是信息的传递者，还是信息的接收者。

从传播内容看，兼具多元化和碎片化的主要特点。如果说报纸只有文字和图片，广播只有声音，电视只有声音和图像，微博则超越了以往的传统媒体，汇聚文字、图片、声音和视频四者，形成了多元化的传播内容。但是微博受140字左右的信息发布限制，其息碎片化的传播又是不可避免的。微博多元化和碎片化的信息内容，吸引了网友的注意力，为部分公众提供了通过网络"围观"和"发声"的机会。

从传播模式看，微博节点式传播模式带来信息裂变式传播。在网络化的地球村里，人人都有机会通过互联网的连接进行非直接的和文字化的交往。不同于传统媒体线性的传播方式和网络媒体网络化的传播方式，微博采用的是节点信息的传播模式。信息通过核心节点、桥节点和长尾节点进行传播，最终实现人与人之间的人际传播。微博用户的节点角色不会一成不变，而是会随着信息内容的变化而转换角色。微博中任何两个节点都可以通过桥节点相连，因此实现了像病毒一样的裂变式的传播。

从传播速度看，微博突出的实时性特点实现了"秒互动"。媒体的实时性指用户借助媒介在极短时间内收集和解释新信息并对其作出反应的能力。微博作为实时性媒介的代表，其信息发布快，传播快，更新快，被重复转发的频率高。微博用户在互联网世界通过微博可以"随时随地分享身边的新鲜事儿"，甚至实现信息的"秒互动"。如果说网络媒介打破了传统媒介的时空界限，那么微博则打破了网络媒介的盲区，使无间隙的传播成为可能。

从传播载体看，多元方式使得人们可以随时随地登陆使用。人们既可以通过一台电脑和一根网线登陆微博网站，也可以利用手机上网等方式进行信息的发布和更新。据帝元信数据显示，只使用电脑上网的用户达69.1%，只使用手机上网的用户达7.6%，两者都用的达23.4%。微博将互联网和手机这两种发展最快的媒介结合，使得微博用户可以在任何时间和任何地点发布任何内容。

## 2 从新浪微博看国内图书馆微博的应用现状

微博作为现阶段发展迅速的新型网络媒介，为一些机构和个人引入各行各业，广为利用。随着图书馆的发展以及新技术的应用，微博这一崭新的网络媒介也引入到图书馆中来。目前，一些图书馆已经率先实名注册微博用户，通过微博平台与广大读者及公众进行信息的沟通与交流。面对微博等新型网络环境带来的机遇与挑战，图书馆需要重视"小"微博的"大"影响，认清微博在图书馆的应用现状。

新浪微博是门户中创立微博的第一家，由新浪网推出，是目前国内最有影响力和最受瞩目的微博运营商。截至 2012 年 3 月，其注册用户数已经达 3.1 亿，成为了中国微博用户量最大的本土微博网站。新浪微博走名人路线，以名人为主导言论，邀请了知名文体明星、企业高管、媒体人士、专家学者和重要新闻事件的当事人等开设微博，进行名人认证。此外，还为一些有影响力的企业机构等提供了企业认证，设立了企业的交流沟通的平台。新浪微博用户平均每天发布微博数近 8600 万条。海量信息在新浪微博平台上不断聚集和扩散，可见其影响力不同寻常。笔者以新浪微博国内图书馆实名机构为研究对象，数据截至 2012 年 7 月 17日下午 16 时，从图书馆微博用户数量、用户类型、地域分布、粉丝数量和发布内容等几个方面进行了统计分析，对于国内图书馆微博的发展，可见一斑。

　　从新浪微博国内图书馆用户的数量看，新浪微博国内图书馆实名机构用户总数较少。经笔者统计，截至 2012 年 7 月 17 日下午 16 时，在新浪微博进行实名注册的图书馆机构共有 220 个，其中国内各类图书馆 217 个，国外各类图书馆 3 个。与近 2.5 亿的微博用户总数相比，这些数字显得不足称道。2009 年 11 月国内第一个图书馆微博开通。2010 年 8 月新浪微博开通了 13 个图书馆微博。2011 年 8 月至 2012 年 7 月近一年时间里，新浪微博公共图书馆由 41 个增长至 84 个，高校图书馆由 30 个增长至 102 个，两者分别增长了 2 倍和 3.4 倍（见图 2）。当前我国约有 2791 家公共图书馆，而 2012 年新浪微博中的公共图书馆用户占全国公共图书馆的比例为 3%。这也从侧面表明，我国约 97% 的公共图书馆在微博领域的发展还是一块空白。

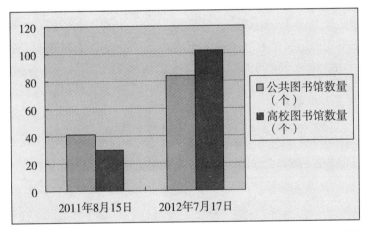

**图 2　新浪微博公共图书馆和高校图书馆 2011 年与 2012 年的数量比较**

　　从新浪微博国内图书馆用户的类型看，国内图书馆新浪微博用户主要分为高校图书馆、公共图书馆、少儿图书馆、企业图书馆、公益图书馆、专业图书馆和中学图书馆七大类。根据表 1 显示，高校图书馆以 102 家占据榜首，公共图书馆凭借 84 家位居其次，这两类图书馆的总数占据国内新浪微博用户图书馆实名用户总数的 85.7%，占据新浪微博用户图书馆实名用户总数的 84.5%，可谓是分别占据了两个不同总数的绝对主体。少儿图书馆和企业图书馆均以 9 家数量并列第三位，公益图书馆为 8 家，专业图书馆仅为 4 家，中学图书馆仅只有 1 家。这表明图书馆微博用户类型尽管多元，但是各类型的差异悬殊。

表1　新浪微博国内图书馆实名用户基本情况

| 序号 | 国内主要图书馆类型 | 数量（个） | 百分比（%） |
|---|---|---|---|
| 1 | 高校图书馆 | 102 | 47.00% |
| 2 | 公共图书馆 | 84 | 38.71% |
| 3 | 少儿图书馆 | 9 | 4.15% |
| 4 | 企业图书馆 | 9 | 4.15% |
| 5 | 公益图书馆 | 8 | 3.68% |
| 6 | 专业图书馆 | 4 | 1.84% |
| 7 | 中学图书馆 | 1 | 0.47% |

从新浪微博国内图书馆用户的分布地域看，我国大部分省份及直辖市的图书馆已经开通了新浪微博，数量为27个。从表2可以看出，数量超过10%的图书馆微博，依次集中在北京、广东、浙江和上海等四个省份及直辖市。而数量超过5%的图书馆微博中，仅增加了江苏一个省份。可见，经济发达的地区特别是沿海地区，开通图书馆微博的意识较强烈。其余的22个省份及直辖市的图书馆微博数量低于5%。特别是河北、甘肃、宁夏、吉林、西安和贵州等地的图书馆微博数量微乎其微，低于1%。

表2　新浪微博国内实名注册图书馆用户区域分布情况

| 序　号 | 地　区 | 微博数量（个） | 百分比（%） |
|---|---|---|---|
| 1 | 上海 | 25 | 11.50% |
| 2 | 山东 | 6 | 2.77% |
| 3 | 山西 | 5 | 2.30% |
| 4 | 广东 | 29 | 13.37% |
| 5 | 云南 | 3 | 1.38% |
| 6 | 天津 | 3 | 1.38% |
| 7 | 北京 | 38 | 17.51% |
| 8 | 四川 | 3 | 1.38% |
| 9 | 宁夏 | 1 | 0.46% |
| 10 | 甘肃 | 2 | 0.92% |

| 序　号 | 地　区 | 微博数量（个） | 百分比（%） |
|---|---|---|---|
| 11 | 辽宁 | 5 | 2.30% |
| 12 | 吉林 | 1 | 0.46% |
| 13 | 安徽 | 4 | 1.85% |
| 14 | 江苏 | 18 | 8.30% |
| 15 | 西安 | 1 | 0.46% |
| 16 | 河北 | 2 | 0.92% |
| 17 | 河南 | 4 | 1.85% |
| 18 | 陕西 | 4 | 1.85% |
| 19 | 贵州 | 1 | 0.46% |
| 20 | 重庆 | 6 | 2.77% |
| 21 | 浙江 | 26 | 11.98% |
| 22 | 海南 | 3 | 1.38% |
| 23 | 湖北 | 7 | 3.22% |
| 24 | 湖南 | 3 | 1.38% |
| 25 | 黑龙江 | 4 | 1.85% |
| 26 | 新疆 | 7 | 3.23% |
| 27 | 福建 | 6 | 2.77% |

注：按照省份及直辖市笔画排序。

从新浪微博国内图书馆用户的粉丝数量来看，截至 2012 年 7 月 17 日下午 16 时，具有公益性质的"民间流动图书馆"拥有的粉丝数量最多，为 201 106 人，位居榜首。具有企业性质的"超星官方网"拥有粉丝 57 832 人，名列第二。作为公共图书馆微博代表的"北京市东城区图书馆"凭借 27 746 人粉丝，位居总量的第三，位居公共图书馆的首位。在所有新浪国内图书馆微博中，粉丝数超过 10 万的微博仅有一个，即"民间流动图书馆"。微博粉丝数超过 1 万人的，有 11 个微博。微博粉丝数超 1000 人的有 117 个。微博粉丝数超过 100 人的有 211 个。而微博粉丝数低于 100 人的微博仅有 9 个，其中"明复图书馆"的粉丝数最少，仅为 42 人。

从新浪微博国内图书馆用户发布的微博数量看，截至 2012 年 7 月 17

日下午 16 时，"杭州图书馆"发布的微博数量达 5921 条，是唯一一个微博数量超过 5000 条的图书馆。整体上看，发布微博数量超过 1000 条的图书馆微博有 28 个，约占总数的 12.9%。发布微博数量超过 500 条的图书馆微博有 81 个，约占总数的 37.3%。微博数量低于 100 条的有 56 个，约占总数的 25%。微博数量低于 10 条的有 3 个，占总数的 1.4%，其中"海口图书馆"仅发布 1 条微博信息。

从新浪微博国内图书馆用户发布的微博内容上看，图书馆微博的内容主要包含基本服务和延伸服务，以基本服务为主。基本服务包含信息的传播、转发与评论，如资源推介、讲座预告、宣传报道活动和收集读者反馈等。延伸服务体现在文化传播、休闲娱乐和情感交流等。目前，国内图书馆微博应用处于起步阶段，通过丰富的微博内容积极开展基本服务，提高了图书馆的号召力和影响力。如 2011 年首都图书馆开展"图书交换大集"活动期间，利用首都图书馆新浪官方微博平台进行宣传报道，采用文字、图像和视频等多元形式，向粉丝直播活动。仅在活动期间，首都图书馆微博粉丝的人数由不足 1000 人迅速飙升到了 2000 多人。

## 3  微博在国内图书馆的应用中存在的主要问题

作为人类宝贵的文化遗产和精神财富，图书馆推动了人类物质文明和精神文明的发展。在现代社会，图书馆的文献资源充沛，技术手段先进，有必要顺应时代潮流，汲取知识的养分，推广新技术的应用，从而为广大读者进行服务。然而，图书馆微博的实际应用情况，着实令人吃惊。通过对新浪微博的研究，显示出微博在图书馆的应用中主要表现存在以下几方面的突出问题：

### 3.1  图书馆微博应用潜力未充分挖掘

在信息社会中，微博逐渐成为了一些机构的推广平台，由于一些图书馆对微博这种新的网络媒介认识不清，只有一部分图书馆率先试水微博。据笔者对新浪微博图书馆机构用户的研究发现，图书馆微博数量比重极低。在近 2.5 亿的微博用户中图书馆机构用户只有 220 个，与之相比如九牛一毛。国内公共图书馆微博仅为 84 个，仅占全国公共图书馆的 3%。这表明，绝大部分图书馆未重视和利用微博这一新兴网络媒介。当然从另一个角度看，这也展示出了图书馆微博潜藏着巨大的发展空间。

### 3.2  图书馆微博的地域发展极不平衡

从笔者对新浪微博相关数据的分析看，我国大部分的省份和直辖市等开辟了新浪图书馆微博，图书馆微博发展与地区的经济紧密相连，沿海一些省份及直辖市的图书馆微博发展较快，数量较多，影响力较大。然而，我国的部分省份和自治区因思想较封闭，缺乏接受新鲜事物的意识等原因，连一个图书馆微博都没有建立，出现了微博盲区，丧失了在微博平台上的话语权。

### 3.3　图书馆微博功能定位不清

微博作为近几年互联网涌现出的崭新的网络媒介之一，具有信息传播、议程设置、舆论引导、心理疏导和形象塑造等基本功能。如何在微博的基本功能基础上定位各图书馆的功能，对其今后的发展十分重要。从实际情况看，国内大部分的图书馆微博仍呈现新书推介和活动宣传等静态信息单向传播的浅层次功能，对微博应用的深度挖掘不够，缺乏与读者粉丝双向互动和注重反馈等深层次的功能拓展。

### 3.4　图书馆微博的影响力微不足道

有网友这样评价微博，微博粉丝超过 100 人，是一本内刊；超过 1000 人，是一个布告栏；超过 1 万人，是一本杂志；超过 10 万人，是一份都市报；超过 100 万人，是一份全国性报纸；超过 1000 万人，是一座知名电视台；超过 1 亿人，则是 CCTV。经笔者统计，新浪图书馆微博粉丝数量最多的"民间流动图书馆"，其影响力仅相当于一份都市报。公共图书馆粉丝数最多的"北京市东城区图书馆"，其影响力也仅是一本杂志。而近五成的图书馆微博的影响力也只相当于公告栏。尽管一些图书馆已试水微博，但是不及时更新内容，如"海口图书馆"新浪微博开通后至今仅发布一条微博信息。这样的微博，其影响力无从谈起。

## 4　关于微博在国内图书馆的应用的几点思考

### 4.1　要树立利用新媒体创新社会管理的理念

尽管微博只为部分网友所使用，只能代表部分公众的"声音"，但面对微博等网络力量日益凸显的强大生命和影响力，中国政府鼓励进行社会管理创新，加强对微博的管理和建设。中宣部副部长王晨于 2011 年 10 月在积极运用微博客服务社会经验交流会上代表官方表态，他强调要深入贯彻落实中央关于互联网建设发展和管理的一系列指示精神，坚持"积极利用、科学发展、依法管理、确保安全"的方针，充分发挥微博客服务社会的积极作用，切实加强建设和管理，共同维护健康有序的网络传播秩序，为党和国家工作大局服务，为广大人民群众服务。在此背景下，国内一部分图书馆率先开通微博，积极顺应信息社会发展潮流，创新社会管理方式，探索尝试应用微博平台，积极开展图书馆业务工作。当前，我国图书馆微博发展空间还很广大，一些地区的图书馆有必要抛弃保守思想，树立利用新媒体创新社会管理的理念。从图书馆微博目前发展的态势可以预见，未来一定时期内会有更多的图书馆机构开通微博，探索微博在图书馆的应用。

## 4.2　要善于应用微博拓展图书馆服务方式及内容

回首以往的每一次技术的革新及其在图书馆的应用，都拓展了图书馆的服务方式。像 24 小时图书馆、个人图书馆和手机图书馆等新技术在图书馆的不断应用，改变着人们对图书馆传统借阅服务方式的看法。近几年来微博异军突起，其低廉的成本和进入门槛吸引了国内近 2.5 亿的人群。微博节点式的传播模式打破了信息线性传播方式，人们可以不受时间空间的界限，在网络畅通的环境下很容易地进行信息的发布、接受和传播，任何一名微博粉丝都有可能成为图书馆的读者粉丝，提出读者个性化的需求，接受图书馆提供的信息和服务。此外，在图书馆微博近两年的应用中，不仅向粉丝提供了新书推介、读者沙龙和咨询服务等基本服务外，而且还重视传播历史文化，提供生活服务，进行思想交流，开展休闲娱乐等延伸服务。可见，图书馆微博不仅需要作为根基的基本服务，而且也需要锦上添花的延伸服务。

## 4.3　要厘清图书馆微博的功能与定位

在现代社会，图书馆以传统的重藏轻用逐渐转向以人为本的应用为主，为读者提供多样化和深层次的信息服务，一些科研力量强的图书馆还发挥政策咨询的作用，针对一些重大问题和热点问题及时向中央、省部等部门提供对策建议。微博的诞生及迅速发展，为图书馆发展拓展了新的信息收集和分享信息的交流平台。当前，开设图书馆微博已不是问题，但是如何厘清微博功能和定位，值得思考。当前图书馆分为公共图书馆、高校图书馆和专业图书馆等各种类型，基于不同类型和不同特色的图书馆发展要求，定位应有所侧重。比如，是重视信息的单向传播宣传，还是注重提供读者个性化需求的咨询服务，还是倾向与读者间深层次的互动交流，等等。另外，图书馆开通后微博的管理、维护和发展问题也不容忽视，可能会遇到针对微博粉丝多元化和个性化的需求，图书馆该如何配备人力资源、如何做到 24 小时的"秒互动"等问题。

### 4.4　要善于提升微博的社会影响力

尽管图书馆微博的数量和粉丝有限，但在一些事件中却是"小"微博"大"影响。一些事件经微博的发酵，很容易对社会热点问题形成强大的舆论影响，成为社会热点事件甚至是危机事件。2011 年年初发生的杭州图书馆微博事件让人记忆犹新。名为"贺兰泰"的新浪微博网友转载了杭州图书馆不拒绝乞丐拾荒者入内读书，引来了其他读者投诉，馆长褚树青作出"我无权拒绝他们入内读书，但您有权利选择离开"的答复。杭州图书馆的乞丐事件揭示了微博影响力产生的一般轨迹，即微博首报事件或微博发酵事件，传统媒体及其他网络媒体追踪报道，引发社会广泛关注，甚至最终提上政府政策制定议程。为提高图书馆微博的社会影响力和社会价值，图书馆微博要遵循微博影响力产生的基本规律，使社会热点事件尤其是危机事件朝着趋利避害的方向发展，提升微博的社会影响力。

## 5　结论

在互联网生态环境里，微博是互联网技术现阶段的最新产物之一，它对信息传播有着深刻的影响。图书馆作为社会信息流动链的上重要一环，将迅猛发展的信息技术应用到图书馆刻不容缓。国内一些图书馆积极试水微博，走在了尝试微博在图书馆应用的前列。自 2009 年 11 月至今，图书馆微博用户从无到有、从小到大地成长发展，微博在图书馆的应用也在不断拓展。笔者通过对国内目前规模最大和影响力最大的新浪微博分析认为，微博这种新兴网络媒介有助于社会信息的流动，有助于提高图书馆的信息服务能力，有助于图书馆社会价值及其影响力的实现。尽管图书馆微博有一定发展，但研究显示图书馆微博的整体发展水平不高，存在图书馆微博应用潜力未充分挖掘、图书馆微博的地域发展极不平衡、图书馆微博功能定位不清以及图书馆微博的影响力微不足道等突出问题。笔者对此进行了思考分析，提出了要树立利用新媒体创新社会管理的理念，要善于应用微博拓展图书馆服务方式及内容，要厘清图书馆微博的功能与定位，要善于提升微博的社会影响力等几点看法。诚然，一些想法还有待于未来开展深入研究。

### 参考文献

[1]　中国互联网信息中心（CNNIC）. 第 27 次中国互联网络发展状况统计

报告 [EB/OL]. http://www.cnnic.cn/.

[2] 中国互联网信息中心 (CNNIC). 第 28 次中国互联网络发展状况统计报告 [EB/OL]. http://www.cnnic.cn/.

[3] 谢耕耘. 新媒体与社会 (第一辑) [M]. 上海: 上海交通大学出版社, 2011.

[4] 缔元信 (万瑞数据) 微博媒体特性及用户使用状况研究报告 [EB/OL]. http://www.dratio.com/2010/0816/103613.html.

[5] 佚名. 新浪发布三季度财报 用户日发微博 8600 万条 [Z]. http://soft.ccw.com.cn/news/htm2011/20111109_952429.shtml.

[6] 包平, 黄江娓. 我国当代公共图书馆事业发展规模研究. 图书馆杂志, 2009 (10).

[7] 国家互联网信息办召开积极运用微博客服务社会经验交流会 [Z]. http://news.xinhuanet.com/politics/2011-10/13/c_122155033.htm.

[8] 授权发布: 中央关于深化文化体制改革若干重大问题的决定 [Z]. http://news.xinhuanet.com/politics/2011-10/25/c_122197737.htm.

[9] 孔森. 国内图书馆微博服务现状研究——以新浪微博为例. 农业图书情报学刊, 2011 (12): 204—208.

[10] 张莹. 国内图书馆官方微博使用状况分析. 沈阳航空航天大学学报. 2011 (6): 73—76.

# 试析网络环境下军队院校图书馆知识服务的发展趋势 *

杜福增 **

（国防大学图书馆　北京　100091）

**摘　要**　本文通过研究网络环境下国内外和军内外图书馆知识服务的理论与实践，分析了军队院校图书馆知识服务的发展趋势，即知识服务理念向融入式、个性化和精确化方向发展，知识服务内容向特色化、系统化和动态化方向发展，知识服务手段向虚拟化、遍在化和智能化方向发展，知识服务机制向联合化、联盟化和全球化方向发展。

**关键词**　网络环境　军队院校图书馆　知识服务　发展趋势

第十六次院校会议后，院校教育改革和高素质新型军事人才培养，对军队院校图书馆知识服务提出了新的任务和要求。同时，网络环境下，知识服务行业竞争加剧、知识服务难度加大以及信息技术变革加快，使图书馆的知识服务面临着新情况和新问题。在这种背景下，军队院校图书馆知识服务究竟如何适应时代发展和军队院校教育改革的新要求？又究竟向什么方向发展？成为当前及今后军队院校图书馆界需要关注的一个重大现实问题，需要我们高度关注并加以认真研究和探讨。

## 1　知识服务理念向融入式、个性化和精确化方向发展

理念是行动的先导，只有先进的知识服务理念，才能正确地指导知识服务实践。纵观当今国内外图书馆在应对新情况和新问题的过程中，提出了许多创新性知识服务理念，如主动式服务理念、社会化服务理念、自助式服务理念、一站式服务理念、信息共享空间服务理念，等等。但有些服务理念已成为"过去时"或"现在时"，能够代表"未来时"的主要有以

---

\* 本文系国家社会科学基金"十二五"规划国家一般课题《信息技术促进区域教育均衡发展的实证研究》之子课题的成果之一，项目编号：BCA110020。

\*\*　杜福增，男，国防大学图书馆，副研究馆员。

下服务理念：

## 1.1  向融入式方向发展

这种服务理念亦称嵌入式知识服务理念，其核心是图书馆为教学科研提供最直接和更深入的知识服务。它强调的是融入，而不再是简单参与；强调的是全程性服务，而不是阶段性服务；强调的是解决用户面临的问题，而不仅是提供信息。通过全程融入，从始至终掌握用户对信息的需求，不间断地提供符合用户满意的知识服务。为了提高融入服务的质量和效益，国外无论是地方图书馆还是军队院校图书馆大都在国际互联网上申请了"户口"，建立了自己的门户网站；国内地方大学图书馆也纷纷借助于国际和社会知识服务管理平台，针对本校教学科研开展融入式服务。军队院校图书馆虽然也提出了融入式服务理念，鉴于军队院校的特殊性，尽管在融入教学和科研方面做了大量工作，但尚未依托互联网和社会网络融入教学科研开展知识服务，服务的质量和效益受到相应限制。如何将军网嵌入互联网和社会网络，以进一步拓展融入式知识服务的时空范围并提高质量效益，是当前和今后军队院校图书馆需要研究和实践的领域。

## 1.2  向个性化方向发展

个性化服务理念并非新生事物，伴随着网络的出现这一提法便应运而生，同时也提出了"个性化定制"、"个性化推送"和"我的图书馆"等一系列个性化服务的具体措施。但迄今为止，在军队院校图书馆这一服务理念的实现程度并不高，存在着"有名无实"的现象。究其原委，最根本的原因还是个性化需求多样且各有差异。无论从技术手段上还是从管理手段上看，别说满足个性化需求，就是满足特定群体信息需求也难以完全实现。但我们应该看到，世界上没有"两片完全相同的树叶"，更没两个信息需求完全相同的人。实现个性化服务的目标，是知识服务的理想状态和发展方向。因此，军队院校图书馆如何紧紧围绕用户的个性需求，创新知识服务方式；如何密切跟踪信息技术发展动态，丰富知识服务手段；如何按照用户的心理特点、使用习惯和知识结构，为其组织和装配不同的资源和服务，仍是今后知识服务的发展重要方向之一。

## 1.3  向精确化方向发展

精确化服务理念是指为用户提供全、准、精的知识服务产品，其核心是为用户筛选信息、海中捞针和沙里淘金，以节省用户时间，提高用户的满意度。这一服务理念主要基于"信息爆炸"而提出的。众所周知，信息时代不是信息匮乏和"巧妇难做无米之炊"的时代，而是"信息爆炸"让用户感到无所适从的时代。面对"知识爆炸"、"信息超载"和检准率不高等现实问题，用户最关心的是信息资源的精准度。为此，国内外知识服务行业在检索技术手段上不断进行突破创新，如谷哥、百度等公司不断推出新的搜索引擎，为用户实现精、准、全的信息检索不断提供新的技术手段。军队院校图书馆也在资源整合与检索方面做了大量的工作，部分实现了按照时间、题名、主题词、作者和内容等相对精准的检索功能。但从目前看，距离用户的精确化知识服务需求尚有较大差距。要么检索的信息资源非常多，要么非常少，且信息的匹配程度相对较低，检索方法也相对单一。如何按照不同用户的需要，精准控制信息的规模、数量和质量，是军队院校图书馆知识服务的又一发展方向。

## 2　知识服务内容向特色化、系统化和动态化方向发展

知识服务内容是指图书馆开展一系列服务活动项目的总和，其核心是提供优质的信息资源。军队院校图书馆究竟采集、整合和提供什么样的信息资源，主要取决于用户的信息需求。不同的用户群体对信息的需求不同，同一用户群体在不同阶段对信息的需求也各有差异。未来一个时期，我军要重点培养联合作战指挥人才、信息化建设管理人才、信息技术专业人才、新装备操作和维护人才等四类高素质新型军事人才，其信息需求决定了军队院校图书馆知识服务应该向特色化、系统化和动态化方向发展。

### 2.1　向特色化方向发展

特色是一切事物的生命，没有特色就没有发展，也就没有生命，知识服务也不例外。任何一所图书馆如果不能开展特色化知识服务，将失去生存和发展的生机。军队院校图书馆如何聚焦高素质新型军事人才培养需求，适应学科专业建设需要，强化特色文献信息资源的建设和服务，是当务之急。特别是如何加强原生文献资源建设力度，建立健全原生文献资源提交制度，提高收集的完整性、加工的规范性和管理的安全性，确保特色文献的安全利用，是当前和今后需要军队院校图书馆经常思考的重大问题。同时，军队院校图书馆如何根据用户需求，构建特色阅览服务环境，精心打造特色技术管理服务平台，在信息素质教育、知识服务咨询、多媒体服务、导读服务、新书介绍、情报服务和宣传服务等方面，走出一条适应本院校教职员工特点的知识服务发展之路，也是我们必须重点加以关注的问题。

## 2.2　向系统化方向发展

系统性知识服务是指为适应教学科研和高素质新型军事人才培养岗位需要而展开的全方位知识服务活动。系统化知识服务既包括服务的全面性，又包括服务的层次性。全面性，是指军队院校图书馆的知识服务要为"四类人才"的培养，提供包含与联合作战指挥、信息化建设管理、信息技术、新装备操作和维护相关学科的所有文献知识服务。以联合作战指挥人才为例，要为其提供包括军事思想及军事历史、战略学、战役学、战术学、军队指挥学、军事信息学、军事训练学、军制学、军队政治工作学、军队后勤学、军事装备学、军事科技、马克思主义理论、哲学、经学和政治学等学科的信息文献资源。同时，要提供包括图书、期刊、论文、报纸、外文和多媒体等类型载体知识服务。层次性，是指对于不同的培训对象来说，又需要提供不同层次的知识服务。第十六次院校会议将我军院校大体划分为四个层面：初级院校、兵种院校、合同院校和联合院校。每一层次的院校培养对象的职务、学历和阅历不同，即使同一层次院校的培养目标和发展方向也不相同，由此决定了知识服务层次自然不同，需要军队院校图书馆对此分门别类地开展认真研究，体现知识服务的层次性。

## 2.3　向动态化方向发展

动态化知识服务是指不断为教学科研和人才培养提供权威性、前沿性和实用性的信息内容。权威性信息是指那些来源可靠、真实可信、有说服力或具有法规性效力的信息。由于现代社会信源众多、信息泛滥和传播迅速，信息质量良莠不齐，用户不得不把大量的时间花费在信息的甄别上。军队院校图书馆在文献信息采集、组织和管理过程中应严格筛选，屏蔽虚假信息和低质信息，去伪存真，精中选精，为用户提供权威性和高价值的信息。前沿性信息是指本学科和相关领域学术前沿的动态信息，以及最新科学成就和重大现实问题的研究成果。如何为用户提供其迫切需要的中央、军委和总部新的指示精神，以及国内外政治、经济、科技、文化和生态各领域的新动向信息，特别是世界军事大国和我国周边国家军事变革的前沿性信息，以便其更好地引领和把握国防和军队建设的发展方向，是图书馆应该考虑的一个重要方面。实用性信息指应用性和可操作性较强，有利于解决制约国防和军队建设和发展各种现实问题的信息。随着军队院校教育改革的不断深入，无论是任职教育还是学历教育，培训对象的岗位指向性越来越清晰，他们迫切需要与部队实际工作关系紧密、应用性较强的信息资源，以解决未来岗位任职中遇到的各种现实问题。军队院校图书馆如何根据这一需求，不断提供紧贴国防和军队建设，以及部队作战、训练和管理等方面的实用性信息，也是需要图书馆考虑的又一问题。

## 3　知识服务手段向虚拟化、遍在化和智能化方向发展

知识服务手段是图书馆开展知识服务的具体方法。随着以信息技术为核心的高技术群体广泛应用于军队院校图书馆知识服务各领域，在文献检索、借阅和传递等传统知识服务手段继续发挥作用的同时，高科技知识服务手段层出不穷，总体上在向虚拟化、遍在化和智能化方向发展。

### 3.1　向虚拟化方向发展

虚拟化服务手段主要是指依托网络和数字图书馆知识服务平台而开展的"不见面"服务。在互联网出现以后，社会网络发展迅速。军队主要走的是独立建网和自我发展完善的道路，先后建成了军队院校数字图书馆网、军事训练信息网和军队综合信息网、军队政工信息网等局域网，并逐步实现了互联互通。由此，军队院校图书馆不断围绕用户的需求变化，在网上开展借阅服务、多媒体服务、参考咨询服务、文献检索服务、导读服务、情报服务、学科导航服务、查新服务和文献传递服务等，收到了良好的服务效果。但是目前这些服务手段还不够完善，尚处于初级阶段。随着Web技术的不断发展，图书馆界已经提出了图书馆2.0、图书馆3.0等新的服务手段，其中在线交流成为了图书馆员与用户、用户与用户，以及不同地域图书馆员与用户之间相互沟通的重要方式。各种社会互动技术、软件、工具和网站的相继出现，并得到了快速应用与推广，其中具有代表性的有 Blog、Wiki、RSS、Myspace、Facebook 等。根据美国市场研究机构尼尔森（Nielsen）2011 年 12 月 28 日发布的数据显示，Facebook 当年以1.376 亿人次的访问量位列其社交网络排名的榜首。军队院校图书馆如何适应这种发展潮流，研究适合军队院校教学科研和部队广大官兵特点的互动软件、工具和网站，以此改变部队官兵的学习、生活、社交和工作方式，拓展图书馆与用户之间交流和服务方式，从而将知识服务重点转向虚拟化方向，是当前和今后不容回避的重要问题。

### 3.2　向遍在化方向发展

遍在知识服务手段是指利用固定或移动终端而开展的无所不在的知识服务。利用这种知识服务手段可以使用户"全天候"无缝隙地访问图书

馆。用户不管所处世界地理任何位置，属于什么样的机构，有什么样的信息终端，都能够从图书馆及时获取所需要的信息，等于是用户随身携带"一个数字图书馆"。这些终端主要包括手机、电视、Web 终端、掌上电脑和流动服务终端等。目前，国内外图书馆界都在推广并运用这一新的服务手段。韩国 LG Sangnam 图书馆创建了一种遍在服务模式，用户可以通过互联网、手机或电话等有线或无线网络，在任何地方获取任何所需资料。新西兰北帕默斯顿市图书馆则致力于打造"城市起居室"（Living Room of the City），让用户把"数字图书馆"搬回家。国内重庆大学图书馆则利用"手机图书馆"开展知识服务，延伸图书馆服务时空，从而增加与读者互动，是图书馆扩大外延服务和创新知识服务手段新的尝试。军队院校图书馆如何借鉴这一新的服务手段，研发军队特制的移动知识服务终端，开展图书到期通知、续借、预约和查询服务，并拓展知识服务检索、下载、传递和在线交流等系列手段，为军队院校教职员工和部队广大官兵提供无所不在的知识服务，是今后需要考虑的一个问题。此外，类似于机场自动售货柜和银行的自动取款机一样的自助式图书和期刊借还服务系统已经运用于图书馆服务领域，也为院校内用户提供了一定程度上的遍在服务，这种服务手段同样可资军队院校图书馆借鉴。

### 3.3　向智能化方向发展

这种服务手段是指利用先进的智能技术、个性化技术、数据挖掘技术、语义技术、物联网技术和人机对话技术等高新技术手段，想用户之所想、急用户之所急，所建立的专家库知识服务系统。用户利用此知识服务系统获取信息，如同我们在家用自来水、燃气和电一样，想用多少就用多少，各取所需。美国加州大学的虚拟图书馆 NFOMINE 的智能搜索技术可以为广大师生和研究人员高效地在已编目的 1300 个学术图书馆网站搜索信息。国立爱尔兰大学数字企业研究所（Digital Enterprise Research Institute，简称 DERI）等单位开发的基于语义 Web 技术和社会网络技术的语义数字图书馆系统，也是一个比较典型的案例。其中"语义 Web"，指的是使 Web 上的信息具有语义，能被计算机所理解，从而为用户提供其想要的信息。谷歌下一步的发展计划，旨在搜索"人的大脑"，看用户究竟在想什么，从而为提供高价值的知识服务。国内探索尝试运用这种知识服务手段并走在前列的有北京大学、重庆大学等，尤其以重庆大学的构建自己的"SNS 知识社区"为典范，其在 2011 年推出了"弘深学术搜索"。在此基础上，开展校友服务，研发具有知识服务、语义网功能的科研协同系统等。但从目前看，智能化知识服务技术还远未成熟，无论是国外还是国内都处于初步探索阶段。军队院校图书馆如何紧跟这一新的发展动态，研发具有军队特色的智能化知识服务系统，应被提上重要议事日程。

## 4　知识服务机制向联合化、联盟化和全球化方向发展

随着社会网络的日新发展，为了改变图书馆单打独斗、难以在信息行业形成整体竞争优势的不利局面，无论是国内外图书馆还是军内外图书馆，都不约而同的走上了联建共享的发展道路。随着联建共享机制的不断完善，知识服务机制日益向联合化、联盟化和全球化的宽领域、大纵深方向发展。

### 4.1　向联合化方向发展

联合化知识服务机制主要是指在军队和地方各自行业内建立的图书馆联建共享服务机制。国内图书馆早在 1998 年，启动了中国高等教育保障系统（CALIS）建设项目，开始逐步走向联建共享发展之路。它在教育部高等学校图书馆情报工作指导委员会指导下，以资源共享理念为指导，以先进的信息技术为手段，整合各类图书馆和信息机构拥有的学术信息资源，促进用户对资源的共享利用。目前，CALIS 已有高校成员馆 1300 余家，已正式启动第三期建设规划，其目标是为全国 1800 个高校成员馆提供标准化、低成本和可扩展的数字图书馆统一服务和集成平台，从而构成全国高校数字图书馆三级（全国、地域和省级）共建和共享服务以及多馆服务协作的联合体系，共同为高校师生提供全方位的文献服务、咨询服务、电子商务和个性化服务。同一时期，军队院校图书馆则在总部机关和联席会的组织协调下，开发了图书馆信息网络系统（Milins、NM2000 和 Milnets）和数字图书馆应用技术系统（MDLS），部分实现了信息资源的联建共享，在数字图书馆建设和院校教学科研中较好地发挥了作用。随着信息技术的发展和院校转型以及人才培养需求的变化，军队院校图书馆正在研究创建新一代军队院校图书馆文献信息联合保障系统，使军队院校数字图书馆建设从分散走向联合，从以资源建设为重点转变为以知识服务为中心，整合现有资源和应用系统，推进资源和技术平台的联合开发建设，构建军事特色鲜明、信息资源丰富、标准规范统一、服务功能强大、使用方便快捷、管理安全可靠和国内一流的军队院校图书馆信息管理和服务系统，快速提高全军院校图书馆的联合服务能力，为院校教学科研、部队教育训练和机关决策咨询提供高效率、全方位的文献保障和知识服务，在新的网络环境下

真正实现"全军院校一个数字图书馆"的目标。可以说，联合化是知识服务机制发展的必然趋势。

## 4.2 向联盟化方向过渡

联盟化知识服务机制主要是指在军队和地方等不同行业内建立的图书馆联建共享服务机制。当前，无论是地方还是军队的联建共享服务机制主要是在同行业内部建立的，如都是地方高校图书馆或军队院校图书馆，往往利用同行业的隶属关系优势来加以协调组织。随着联建共享程度的日益加深和共享范围的不断扩展，军队和地方等不同行业间的联建共享日益成为图书馆学术界的共识，并在实践方面进行了初步探索。2010 年 4 月 15 日，26 个图书馆的代表发起成立联盟，联盟秘书处设在北京大学图书馆，旨在加强团结合作开展引进数字资源的采购工作，规范引进资源集团采购行为，通过联盟的努力为成员馆引进数字学术资源，谋求最优价格和最佳服务。教育部、社会科学院与军队也建立了多层次和跨领域的学术交流机制，开始探讨军地之间知识服务机制。截至 2010 年底，CALIS 联机合作编目中心先后四批次向军事院校联合目录系统提供书目数据共享约 145 万条。当然，这只是寻求建立联盟化知识服务机制的萌芽时期。如果说，联合化知识服务机制的建立是以行政干预为主和以协议为辅的话，那么联盟化知识服务机制的建立则以协议为主，以国家行政干预为辅。由于这些单位隶属于不同部门，使知识服务机制建立的难度非常大。但我们应该看到，军队和地方不同部门和行业之间，无论是在知识服务理念、内容还是方式手段上，均有着很强的互补性和相似性。相信在不远的未来，军地联建共享的知识服务机制一定能够建立。届时，通过这种知识服务机制，不仅可以满足军队院教学科研和高素质新型人才培养对信息的多样化、个性化和实用化等方面的需求，也可以满足社会民众对军事信息资源的迫切需要，从而迎来一个互利互惠双赢的局面，这也是图书馆知识服务领域适应军民融合发展趋势的必然选择。

## 4.3 向全球化方向演进

全球化知识服务机制主要是指在全球范围内建立的图书馆联建共享服务机制。在社会网络环境下，全球正变为一个小小的"村落"，人类社会在各领域的联系不断加强，图书馆知识服务领域也不例外，互联网就是加强这种联系的巨大平台。在国外已有这方面的案例，由美、英、澳等国的35 个军事图书馆联合建设的、由美国国防大学图书馆负责维护的"军事教育研究图书馆网",就是一个国际性的知识服务联合保障机构,它致力于国际军事教育,成员馆包括国防大学图书馆、五角大楼图书馆、马歇尔中心研究图书馆、海军战争学院图书馆和陆军战争学院图书馆、联合部队参谋学院图书馆等。该网资源丰富且链接互联网,对所有人开放。美国陆军实施的"数字陆军图书馆服务(DALS)"涉及美、德、意、韩、日等国的250个成员图书馆和信息中心,目标是推行战略知识管理及利用、支持陆军任务和转型、支持陆军士兵、文职人员和家属的教育、研究、训练、自我发展和终生学习。在国内,高校数字资源采购联盟已经与日本国立情报学研究所(National Institute of Informatics,简称 NII)、韩国教育学术情报院(Korea Education & Research Knowledge Service,简称 KERIS)、香港中文大学图书馆、香港浸会大学图书馆、澳门科技大学图书馆和哈佛大学哈佛燕京图书馆等开展了书目数据的共享合作方面的国际合作。CALIS 与韩国 KERIS 在馆际互借服务方面的合作从 2009 年起就已经展开,并不断扩大国际合作范围和深度。当前,CALIS 研发规范数据的共建与共享合作项目中,有一项就是"中文名称规范联合数据库检索系统",使得协调委员会各成员单位间无障碍共享中文名称规范数据成为可能。可以预见,随着联建共享程度的不断加深,依托国际互联网加强不同国家间的知识服务交流与协作,将成为今后一个发展的必然趋势,军队院校图书馆如何在全球化知识服务的浪潮中,寻找自己的定位并融入其中,让用户享受这场全球化"信息盛宴",是当前和今后我们不得探讨和实践的重大问题。

## 参考文献

[1] 李广建. 图书馆建设的若干理念与实践.
[2] 杨新涯. 图书馆 2.0 理念与服务创新.
[3] 朱强. 中国高等教育保障系统(CALIS).
[4] 姜爱蓉. 现代信息技术在数字图书馆的应用.
[5] 孙坦. 数字知识环境与知识服务.
[6] 军队院校图书情报协作联席会. 军队院校图书馆信息管理系统(MALIS).

注:以上为 2011 年 12 月在重庆举办的全军院校图书馆馆长集训材料。

# 图书馆弱势群体信息素养教育研究[*]

洪伟达[**]

（中共黑龙江省委党校 哈尔滨 150080）

**摘 要** 公民的信息素养教育对国家和社会的文化、经济和民主的繁荣发展至关重要，图书馆有责任为公众特别是弱势群体开展信息素养教育。图书馆应根据各类弱势群体的特点与信息需求，提供具有针对性的信息素养教育。

**关键词** 图书馆 弱势群体 信息素养教育

信息素质是信息社会中人的整体素质的重要组成部分，对促进社会发展和提升国民素质具有重要作用。信息社会中，社会弱势群体中的大多数人属于信息弱势群体，因获取信息途径与信息技能差距而处于劣势。图书馆（本文主要指公共图书馆，下同）作为社会公益性公共文化服务机构，对保障弱势群体信息权益和提升弱势群体信息素养教育具有重要意义。

## 1 信息素养教育的概念阐释及理论论证

### 1.1 信息素养教育的内涵

信息素养（Information Literacy）一词最早由美国信息产业协会主席保罗·泽考斯基于 1974 年提出，他把信息素养定义为："利用大量的信息工具及主要信息源使问题得到解答的技术和技能。" 1989 年，美国图书馆协会（ALA）下属的"信息素养总统委员会"将信息素养定义为："要成为一个有信息素养的人，他必须能够确定何时需要信息，并且他具有检索、评价和有效使用所需信息的能力。" 2003 年颁布的《布拉格宣言：走向具

* 本文系国家社科基金项目"图书馆保障弱势群体公共信息获取权益的对策研究"
　（12CTQ013）的研究成果之一。
** 洪伟达，男，1982 年生，中共黑龙江省委党校。

有信息素质的社会》将信息素质定义为："一种能够确定、查找、评估、组织和有效地生产、使用和交流信息并解决面临的问题的能力。"由此可见，信息素养是公民个人素质的重要组成部分，是信息获取能力、信息敏感度、信息理解力、信息辨别力、信息消化吸收能力和信息加工生产能力的有机组成，包括信息意识、信息道德、信息觉悟、信息观念、信息知识、信息技能等几个维度。

## 1.2 开展信息素养教育的必要性

随着信息和通信技术的飞速发展，不同阶层之间的数字鸿沟加大，如何使社会公众尤其是弱势群体从网络时代信息资源及信息技术中受益，成为信息社会面临的重要问题。在信息社会的构建过程中，信息逐渐成为社会重要的战略性资源。对于全社会而言，信息素养是信息社会的一项基本人权，是终身学习的基础和核心，是公民有效参与和融入信息社会的先决条件之一。开展信息素养教育有利于促进个人、组织和社会目标的实现，推动公众政治民主参与，推进经济繁荣，促进社会包容。对于公民个人而言，信息素养教育助于公民意识的培养，能够对公民的信息生活起到潜移默化的影响，最终对公民社会的建设起到积极的推动作用。随着我国公共文化服务全覆盖的实施及免费服务的深入推行，公民信息素养提高不仅关系到其对图书馆的利用能力与效率，而且关系到公民的工作、学习与生活质量——提高公民享受文化生活的能力，还关系到社会公民文化权益的保障问题和国家文化软实力的提高。由此可见，图书馆应致力于培养国民的信息素养，将提高公民信息素养作为其重要的工作和基本职能。

# 2 图书馆开展弱势群体信息素养教育的意义

## 2.1 保障弱势群体的信息权利，维护社会公平

图书馆作为一种典型的公共物品，是国家为保障公民平等、自由地获取知识和信息的权利而设置的制度安排，是社会通过对信息资源的公正分配和均衡配置实现信息公平的机构。图书馆需要占用公共资源，不以营利为目的，属于非营利性公共组织。图书馆不仅具有一般文化属性，同时作为重要的文化教育机构为社会公民提供终身教育，保障公众信息权利。《公共图书馆宣言》中曾明确规定，"公共图书馆是开展教育、传播文化和提供信息的有力工具，也是在人民的思想中树立和平观念和丰富人民大众的精神生活的重要工具……公共图书馆应不分年龄、种族、性别、宗教、

国籍、语言或社会地位，向所有的人提供平等的服务，还必须向由于种种原因不能利用其正常的服务和资料的人，如语言上处于少数的人、残疾人或住院病人及在押犯人等提供特殊的服务和资料。"可见，向所有公众提供平等的信息服务是图书馆的基本职能与使命。对于弱势群体来说，享受免费的图书馆服务是他们能够负担得起的获得信息和知识、接触网络、接受社会教育和参与培训的主要渠道，是保障他们信息权利、文化福利和受教育权的重要（对某些人来说甚至是唯一的）手段，因此图书馆可被认为是保障弱势群体信息权利、维护信息公平、消除社会"数字鸿沟"的重要组织和机构。在现实中，图书馆也的确是这样做的，它们通过公平地配置信息资源和教育资源，提高普通社会成员，特别是弱势群体的竞争能力，矫正各种社会不平等（主要是教育和信息的资源和权利不平等）的基础条件和重要制度安排，这也是提高普通社会成员特别是弱势群体竞争能力的关键。例如，澳大利亚的《公共图书馆服务声明》中就宣称了公民平等地获取图书馆和信息服务的权利，强调了公共图书馆在民主社会发展中的重要作用，要求公共图书馆成为公民获取信息和知识的第一场所。

## 2.2　承担社会责任的方式

二战以后，伴随凯恩斯主义出现的是行政权的大举扩张和福利国家的产生。对此，马歇尔等认为，为维护社会公平，国家应当对公民的福利承担某种责任，并通过就业、教育和文化机会的平等削弱阶级之间的冲突，将资源的再分配与公民享有幸福的社会权利结合起来，使福利国家成为一种扩大公民权范围的手段。图书馆作为公共文化服务体系的重要组成部分，同样担负着为公民创造福祉和提供机会平等之重要责任。图书馆应为所有公众提供平等的服务，对以任何原因（包括种族、性别、生理、经济情况、宗教信仰以及政治原因）将一部分人排斥在外而造成的"数字鸿沟"扩大的影响负责。这些替国家（政府）承担的社会责任具有必需性，因此图书馆应积极采取措施消除这些负面影响或使其降到最低。从某种意义上说，国家（政府）应该承担那些没有人承担主要责任，或者是人们不能或不愿意履行主要责任的次要责任，如保护无家可归的老年人、无父母抚养的儿童、无人照看的患者等弱势群体。由于这些次要责任是社会作为整体的道德责任，所以应该由某些社会组织或成员（如图书馆）代表社会来履行。此外，由于图书馆的经费主要来源于国家财政拨款——公众税收，因此图书馆有义务替国家（政府）分担社会整体的道德责任，如为公众（尤其是弱势群体）提供终身教育和免费获取信息的场所，提高其信息素养；同时，还应在其他方面承担一些"次要的"社会责任，以追求社会公共利益和人民幸福最大化、增进社会融合以及促进人类发展和社会进步为目的，为弱势群体提供价值选择的知识援助。因此，图书馆在提供公共信息素养教育的过程中，不应将弱势群体排斥在外。为促进社会和谐发展和体现社会包容理念，图书馆应本着知识自由原则，无障碍地向所有公民提供公平的信息服务，通过开展馆内外服务等形式，积极履行为弱势群体提供公共信息服务的社会责任。

## 2.3　体现社会包容理念

图书馆作为开展社会教育主要场所，能够培养公民理性能力，使公民更多地参与公共领域，增强公共理性。受教育权是一种兼具自由权和社会权双重性质的特别权利，是现代社会公民的基本人权。教育平等能够改善人的生存状态，增进社会平等，因而被视为实现社会平等"最伟大的工具"。有调查显示，教育与收入水平的回归关系中表现出高度的正相关性，教育是弱势群体摆脱贫困状况的最有效的手段。在我国，文化和信息资源的拥有量决定着公民个体的社会阶层位置。从社会公正论角度来说，通过图书馆对信息、文化和教育资源进行公平配置能够改变弱势群体的命运；同样，弱势群体通过图书馆获取良好的信息素养教育是其有机会进入主流社会的重要条件之一。图书馆为弱势群体提供信息获取途径、丰富弱势群体所需的信息资源内容、提高弱势群体的信息获取能力以及保障弱势群体的信息获取权益，恰恰体现了现代图书馆的社会包容理念、消除社会排斥和促进社会和谐的使命。弱势群体通过图书馆开展的信息素养教育，参与对多元文化的获取，享用无差别和无歧视的图书馆服务，有助于其感受社会的关注与温暖，增强政治参与能力，增加弱势群体的话语权。这一方面是保障弱势群体权益的必然要求，另一方面，体现了图书馆对于缩小数字鸿沟和促进弱势群体融入和谐社会的积极作为。正如自 20 世纪 90 年英国政府对公共图书馆的教育的高度评价："公共图书馆作为'街角大学'，对于促进教育和社会包容起着关键作用。"因此，图书馆开展弱势群体信息素养教育势在必行，这不仅是对于其知识自由、信息公平、社会正义等核心价值的实践，而且是时代赋予其的崇高社会责任与推进社会包容的特殊使命。

## 3　图书馆开展弱势群体信息素养教育的途径

目前图书馆界对于信息素养教育的研究范围较窄，研究对象主要针对科研人员和在校学生，针对公众和弱势群体的研究相对较少，缺少具有可操作性的建议。对此，笔者认为，图书馆应针对不同群体的特征有针对性地开展信息素养教育，增强信息素养理论研究的实践价值。

## 3.1　针对老年人的信息素养教育

老年人获取信息存在身体障碍、知识障碍、观念障碍和情境障碍。身体障碍是指随着年龄的增加，老年人的身体机能下降，获取信息时存在视觉、听觉或行动不便等障碍。知识障碍是指网络等外界环境的变化，一些新词汇、新思想和新事物使老年人应接不暇，信息的快速变化对其原有的知识结构提出挑战，使他们觉得获取与利用信息更加困难。观念障碍是指老年人的心态趋于保守和顽固，对新知识和新思想容易敌对和排斥，尤其是文化程度较低的老年人，缺乏参与信息活动的信心。情境障碍是指受家庭环境与信息内容的限制，老年人可获取的信息有限，利用信息的能力较低。对此，图书馆应从老年人信息需求出发，提供更为便利的设施和设备，提供文化娱乐休闲方面的信息资源，并发挥图书馆文化娱乐中心的职能，让老年人老有所学、老有所为、老有所乐，从而安慰其心灵，体现社会对他们的关怀。例如，国内一些图书馆针对老年人使用计算机获取信息有障碍问题，开设"老年人电脑培训班"，教授老年人如何上网、如何利用电脑检索图书馆的资源等，获得了老年群体的认可与社会的赞誉。

## 3.2　针对青少年的信息素养教育

虽然信息时代的青少年接触计算机和网络较早，而且使用较为熟悉，但是青少年由于缺少社会经验，缺乏信息筛选和判断能力，无法对信息内容的真伪性、信息质量等进行甄别。尤其是面对海量的网络信息，青少年漫游其中，往往手足无措，处于信息社会的劣势。图书馆是青少年获取知识的乐园，开展素质教育的阵地。虽然国际图书馆界对于是否对青少年利用信息进行过滤等问题一直存在争论，但是出于图书馆的社会使命与社会责任，图书馆应对青少年开展信息素养教育，提高其信息获取、信息捕捉、信息识别与筛选能力。因此，图书馆应为青少年设置专门的信息获取绿色通道，将健康和有益于其成长的信息直接呈现给他们，同时辅导青少年检索与利用图书馆的电子资源，提高其信息识别思维与能力。例如，黑龙江省图书馆开设了绿荫青少年网，为青少年提供了图书馆汇集的新闻资讯、图书资料和大量的音视频资源；开设青少年电子阅览室，对青少年进行电子资源使用培训，为青少年提供健康良好的信息环境。

### 3.3　针对残障人士的信息素养教育

残障人士包括视力残疾、听力残疾、言语残疾、肢体残疾、智力残疾、精神残疾、多重残疾和其他残疾的人。因受身体条件的影响，残障人士在社会上成为一个特殊困难的弱势群体。目前我国有各类残障人士8300多万，涉及人群2.6亿。对于这个特殊的弱势群体而言，如何获取信息和知识、提高自身素质、平等地参与社会生活，既是生存问题又是发展问题。他们经常由于无助而陷入一种焦虑的心理状态，甚至可能以非理性的方式表达自己的诉求，做出超越常规的行为，易成为社会发展中不稳定的因素。图书馆不论是基于知识自由和平等服务的使命，还是出于社会包容和促进社会和谐的责任，都应满足残障人士的信息诉求，保障其信息权益。对于残障人士，图书馆可以在馆内在建筑、设施和设备等方面给予一定的关注（如为残障人士提供便利无障碍的设施、适合盲人阅读的设备等），同时将重点放在使其更便利地获取图书馆服务方面（如为残障人士开通电话服务、网络服务、上门服务等）。残障人士信息素养的提升有助于其融入社会和参与社会生活。例如，由国家图书馆联合中国残联信息中心等单位共同建设的"中国残疾人数字图书馆"日前通过文化部验收，这个特殊图书馆让残障读者享受到了无差别的文化服务。

### 3.4　针对农民工的信息素养教育

随着城市建设的加快和城乡人口流动的加大，农村剩余劳动力潮水般涌入城市务工就业。由于农民工的流动性大、生活不安定、社会地位低等原因，其信息获取与利用存在较大障碍。目前，农民工群体的信息需求与知识援助问题成为社会关注的热点。图书馆作为社会文化教育机构和城市的公共空间，可以为农民工在城市的工作和生活提供精神动力和智力支持，提供检索、咨询、指导、培训等信息服务，使农民工能够以较低费用（或者免费）即可获取知识和信息，享受现代文明成果的知识服务。因此，对于农民工群体，图书馆应将重点放在提高他们的文化素质、职业技能和信息意识，提供就业信息等方面。例如，黑龙江省图书馆定期将"漂流"的书刊送至哈尔滨市区的一些工地，为农民工送去知识与温暖，使其在闲暇时间充分享受阅读的快乐。再如，2012年初我国火车票实行网上购票，陕西图书馆、重庆图书馆和新疆图书馆积极行动，为农民工利用网络购票提供设备和相关培训。我国的一些公共图书馆甚至开始关注农民工子女的教育问题，呼吁社区图书馆充分发挥其延伸服务功能，为开展农民工信息素养教育提供支持。

### 3.5　针对城市低收入者的信息素养教育

城市低收入者是指在城市经济发展和社会财富不断增加的过程中，由于社会和个人等多方面的原因，不能获得必要的收入来维持正常的生活标准而持续处于生活困难状态的特殊人群。作为城市的边缘人群，低收入者常被社会忽略，但是其对社会的和谐发展有着重要的影响。城市低收入者有其特殊的信息需求，但由于各种因素的影响，他们的日常生活信息行为有其独特之处，如他们关注休闲信息和与日常生活相关的民生信息，获取信息的途径主要是电视，很少利用网络获取信息，认为医疗医保、住房等社会福利信息或疾病、法律等较专业的信息获取较难。对于城市低收入人群，图书馆的信息素养教育应将重点放在降低其信息获取成本、增强其政治参与能力等方面。图书馆首先要了解低收入人群日常生活信息获取的行为特征，充分考虑其获取信息的能力与限制，有针对性地提供信息服务；尽量走近城市低收入者的身边，减少其利用图书馆的时间或金钱成本，从而提高城市低收入者的信息获取效率。例如，图书馆为城市低收入人群提供免费网卡，拓宽其信息获取渠道；厦门市图书馆将策划为低收入者提供免押金办借书证的"温暖阅读行动"、"乘着动车去漂流"主题活动等，降低信息服务门槛。

### 3.6　针对农村用户的信息素养教育

在我国信息化发展过程中，信息发展的不平衡不利于农业现代化和农业产业结构调整，农村用户的信息状况（包括信息需求满足情况和信息素养情况、信息基础设施和资源建设情况等）不容乐观。农村信息基础设施建设不完善、信息资源建设相对滞后制约了其信息获取与利用能力，农村用户文化程度偏低等原因导致了其信息意识淡薄、信息素养较差，这些都致使农村用户生活在信息社会的边缘地带，贫者愈贫。对此，图书馆应了解农村用户的信息需求，延伸信息服务，为农村用户等弱势群体提供知识援助，使所有公众都能够享受这种"文化福祉"。图书馆可借助全国文化信息资源共享工程和"农家书屋"在乡镇开展活动之机，组织信息和文化下乡服务，举办电脑技能与网络应用培训，为农民提供实用的农业种植养殖信息服务；同时，普遍开设农村图书室和农家书屋，设置流动分馆，提升信息服务水平。

**参考文献**

［1］马海群．论信息素质教育［J］．中国图书馆学报，1997（2）：84—87，95.

［2］American Library Association：Presidential Committee on Information Literacy［EB/OL］．［2012 - 06 - 16］．http：//www. ala. org/acrl/nili/ilitlst. html.

［3］ThePrague Declaration"Towards an Information Literate Society"［EB/OL］．［2012 - 05 - 16］．http：//portal. unesco. org/ci/en/file _ download. php/0fee090d5195b370999e02f7b2f5d52bPragueDeclaration. pdf.

［4］洪伟达．图书馆责任：法律与道德的对立统一［J］．图书馆建设，2010（7）：10—13.

［5］ALIA Public Libraries Advisory Committee. Statement on public library services［EB/OL］．［2012 - 05 - 15］．http：//www. alia. org. au/policies/public. library. services. html.

［6］公共图书馆宣言［EB/OL］．［2012 - 05 - 15］．http：//www. chnlib. com/Tsgdt/311. html.

［7］余少祥．弱者的权利——社会弱势群体保护的法理研究［M］．北京：社会科文献学出版社，2008：345.

［8］古丁．保护弱势：社会责任的再分析［M］．李茂森，译．北京：中国人民大学出版社，2008：176.

［9］洪伟达．包容弱势群体：图书馆应当承担的社会责任［J］．图书馆建设，2012（6）：1—4.

［10］Lister D. Six Councils Warned Their Libraries Are Substandard［J］．The Independent，1999（2）：8.

［11］陈银娥．社会福利［M］．北京：中国人民大学出版社，2009：259 - 260.

# 网络环境下图书馆的参考咨询服务模式探析

胡知腾* 何 梅**

（国防科技大学图书馆 长沙 410073）

**摘 要** 参考咨询工作是图书馆工作的核心。网络环境下，参考咨询的模式发生了很大的变化，它的主要模式分为传统参考咨询服务模式和因网络而发展起来的数字参考咨询服务模式这两大块。另外，网络合作式参考咨询服务模式和网络共享式参考咨询服务模式体现了网络环境下的开放、合作和共享的思想，应成为网络环境下图书馆参考咨询服务的主流模式。

**关键词** 网络环境 参考咨询 服务模式 图书馆

在网络普及的今天，全球信息化和网络化的特征十分明显。在网络环境下，参考咨询的信息源不仅包括了传统的馆藏中的印刷型文献、视频音频资源和缩微平片资源等，而且还包括了互联网上面的丰富的资源。这些资源包括电子出版物、专题数据库、网络资源指南、网络检索工具、图书馆联机公用目录、联机数据库等。可以说，网上电子化的信息资源将会成为咨询服务最重要的信息资源之一。

这些新出现的新型的信息资源、新的信息传输媒介、新的参考服务技术和新的需求环境以其强大的力量冲击着参考咨询的原有模式，影响着参考咨询工作。探析网络环境下参考咨询服务模式，对于提高参考咨询服务质量，提升读者的满意度，更好地发挥图书馆情报职能、更好开发文献资源和传播知识，加强我国图书馆在当今知识经济社会知识服务中的地位具有十分重要的意义。

---

* 胡知腾，男，湖南国防科学技术大学图书馆，助理馆员。
** 何梅，女，湖南国防科学技术大学图书馆，馆员。

# 1　传统参考咨询服务模式

传统意义上的参考服务是指与提供对用户的亲身帮助有关的各种活动，包括选书、联络活动、书目教育以及电子产品的使用。这种模式在网络环境下仍然以自己的方式服务着用户。它主要分为面对面模式和电话模式。

## 1.1　面对面模式

面对面咨询是参考咨询馆员与读者面对面的直接交流的方式，它包括被动服务模式和主动服务模式。

### 1.1.1　被动服务模式

被动的面对面服务模式实际上就是我们通常所说的到图书馆找馆员当面的咨询。即读者到馆内的咨询台提出问题，参考馆员即时回答或留档回答，整个过程在图书馆内完成，服务方式是一对一的模式。它是参考咨询工作服务模式中最原始的一种，也是图书馆日常工作中必不可少的部分。

### 1.1.2　主动服务模式

所谓主动服务，就是指图书馆应该专门派一批有活力、敢吃苦和有经验的咨询馆员成立一个咨询流动站，每个时期到特定的地方去，给那里的人们提供知识，解决问题。这种模式由于是图书馆主动向读者提供服务，不是坐在图书馆被动等待，而读者在这个过程中是处于一个相对被动的状态，因此是一种主动服务的模式。尽管在实际的实施中会遇到种种困难，但是这种模式理应受到图书馆的重视，因为散播知识就是散播生命，这是图书馆应永远推崇的。

## 1.2　电话模式

电话模式也是传统咨询服务模式的一种。它是在图书馆的工作时间内，通过电话直接向馆员咨询的一种方式，这样可以不到图书馆便获得直接的答案，克服了面对面的空间限制。电话咨询模式的及时性也是很高的，能和读者反复沟通达到完全了解读者的需求，针对性地解决问题。不用到馆的便利也节省了读者的时间。不用奔波到图书馆、不用排长长的队伍等待，动动手指拨个电话就能轻轻松松得到答案，因此受到读者的青睐。当然，这种模式对咨询馆员的要求是比较高的。它要求咨询馆员有较高的业务素质，要有很强的理解力和语言表达能力，心理素质要高，解答要更快。如果馆员的业务素质达不到要求，就可能影响读者不能及时得到解答，使读者得到的与预期的不符，降低读者对图书馆服务的满意度。可以说，电话模式是很有挑战性的。

## 2　数字参考咨询服务模式

数字参考咨询服务（Digital Reference Services，简称 DRS）是指在图书馆传统参考咨询服务的基础上，运用网络和计算机技术，用户通过网络提问，信息专家给予直接回答或以数字化信息回答的方式实现的一种知识服务体系。总体来讲，图书馆的数字资源以指数增长，覆盖的知识要比纸质的馆藏丰富得多，这也要求图书馆必须提供相应的数字咨询服务。数字参考咨询服务就是网络环境下应运而生的一种模式。在网络环境下，这种服务模式由于其自身强大的优点，必将越来越受到重视，它将发展得越来越完善，应用越来越广泛，必将成为图书馆的最重要的服务项目之一。它分为网络自助式和网络互动式两大类。

### 2.1　网络自助式参考咨询模式

自助式的参考咨询是图书馆馆员主动提供服务的一种方式。馆员先通过总结、分析等预先将读者需要的信息进行筛选，上传至主页，读者再根据自身需求自主在主页寻求信息的过程。它通常有以下的模式：

#### 2.1.1　常见问题解答（FAQ）模式

网络环境下，咨询馆员对于读者提出的出现频次较高的问题进行收集、整理、分析和总结，形成一系列清晰和方便寻找的问答式内容，然后上传至馆员与读者的交互平台，供读者自主查询。读者只要输入关键字，便可以通过数据链接找到想要的答案。应该说，FAQ 模式是最简单、有效、快捷的服务方式。

#### 2.1.2　基于专家系统的智能化模式

这种模式是一种较为高级的参考咨询服务。专家咨询系统，分为简单和复杂两种：前者和 FAQ 模式相似，对于后者，读者提出问题，咨询专家根据读者的问题充分利用自身的专业知识和经验给出答案。此外，还要负责咨询数据库或咨询案例库的扩充维护，知识库可以调用数据库，也可以将部分内容转化后存入数据库。咨询专家和咨询馆员建立密切的关系，共同会战特殊的疑难问题。这种模式的优点是效率高，咨询服务的质量有保证。但是，缺点是要求比较高的技术，开发难，成本高，维护也难。

#### 2.1.3　基于专题库与特色库服务模式

这种服务模式是基于当前热点问题和本馆馆藏特色，尽最大能力搜集整理与此相关的信息资源，并且将它建成数据库向读者提供各种服务。这种模式可以向读者提供比较全面系统的解答。它的缺点是需要大量的人力物力支持，并且对读者的能力有一定的要求。

## 2.2　网络互动式参考咨询模式

顾名思义，这种服务模式是指咨询馆员和读者利用各种工具进行互动交流来解决问题的方式。这种模式由于可操作性强，交流方便，因此它在网络环境下占据着主体地位。它包括以下几种：

### 2.2.1　基于电子邮件的参考咨询模式

这种服务模式由于方便简单，易于操作，已经成为网络环境下应用非常广泛的一种数字参考咨询模式。它包括以下两种：

（1）普通的电子邮件咨询

电子邮件这种通信方式只需一台联网的电脑，不受时间空间的限制，读者可以根据需要随时随地的应用，因此它的应用非常广泛。首先图书馆设置相关字样的链接，如"在线咨询"、"参考咨询"等。读者通过点击弹出电子邮件，然后把自己想要解决的问题写好，以邮件的方式发送给图书馆，而图书馆则在收到邮件后，对这些邮件进行收集整理，并对邮件的问题归类分配给最适合解决此问题的咨询馆员，咨询馆员就在最快时间内把答案回复给读者。

（2）Web 表单咨询模式

Web 表单方式中，图书馆页面上的 DRS 链接直接指向一个表单入口，这个表单包含关于提问人和问题的一些基本信息，例如读者姓名、电子邮件地址、问题的主题、具体内容等。读者按要求填写表单，具体表达自己的问题和信息需求。然后，通过点击表单上"发送"或"呈交"按钮即可将咨询问题发送给图书馆相应的咨询馆员，由咨询馆员根据表单提供的信息来为读者解答问题。

### 2.2.2　基于实时交互的参考咨询模式

由于基于电子邮件的参考咨询模式的及时性，互动性非常缺乏，因此基于实时交互的参考咨询模式因运而生，它不仅保留了基于电子邮件的参考咨询模式的能克服地域限制的优点，而且可以实时交互，读者能够非常及时地得到想要的答案。它是一种新型参考咨询。它主要包括以下几种模式：

（1）基于文本交谈的咨询模式

这种模式是读者和咨询馆员把问题和答案以对话的形式进行交流的。

由于的计算机技术和互联网技术的发展，当前一些实时交互的信息软件发展得非常好，应用的人也非常多，比如 QQ、MSN 等。而基于文本交谈的咨询模式就是利用了这种信息软件来和读者进行对话交流。由于 QQ、MSN等信息软件应用非常普及，因此基于文本交谈的咨询模式对读者来说操作简单易用。它的实效性强，能在短时间内进行在线提问和解答。并且这些谈话的内容是有记录的，一时间忘记，还可以反过来进行查找。这种咨询模式的缺点是受制于打字和上网速度的影响。

（2）基于同步浏览的咨询模式

这种服务模式在参考咨询服务中无论是对馆员还是读者的计算机要求都比较高，是一种很有发展潜力和发展特色的模式。它利用 Co-browsing 技术，咨询馆员和读者都能够同步同时查看浏览器。当一方的内容改变后，另一方的内容也随之改变，并且主动方和被动方的角色可以互换。在这种模式中，咨询馆员必须能熟练地应用这种功能强大的软件，花更多的时间挂在网上，对读者的浏览器进行观察和控制，像读者的朋友一样与读者一起上网浏览网页。这种方式立体生动，富有亲和力，能克服地域限制，能和读者建立起良好的关系。并且，在这个过程中，不仅可以体验乐趣，而且还相当于一个虚拟的网络课堂，教会用户检索的方法，起到用户培训的功效。这种共同浏览对于指导检索网络数据库、电子期刊或类似的资源非常有用。

（3）基于网络会议和网络视频的咨询模式

基于网络会议和网络视频的咨询模式是指利用现在发达的计算机网络技术，以网络会议、网络视频为媒介帮助读者和咨询馆员克服地域空间的限制，进行全面的交流，读者和咨询馆员之间只隔着一个屏幕，双方之间的动作和表情可以一目了然，就像对方就在你身边一样。这种模式形象生动，不受地域空间的限制，易于理解对方表达的意思，有利于问题解答的正确性和时效性，节约了时间，提高了准确度。但是，这一模式无论是对于计算机成套设备，还是馆员和读者的素质要求都很高。

## 3　网络环境下参考咨询服务模式发展新趋势

### 3.1　网络合作式参考咨询服务模式

网络合作式参考咨询，服务是由多个成员机构联合起来形成一个网络化的虚拟数字参考服务系统，按照一定的标准和协议，面向更大范围（甚至是全球网络范围）的网络用户提供数字参考咨询服务。

　　网络合作式的数字参考咨询首先要建立一个统一的交流平台，各成员馆将充分调动各自资源和人才优势，密切合作，合理协调。由于图书馆的大小实力不同，资源优势不同，资源侧重点不同，信息资源量不同，开放时间和咨询馆员的优势经验不同，读者要想得到最好的答案有一定的困难。而网络合作式数字参考咨询可以很好地解决这一问题。当读者进行提问时，平台会自动进行智能分析，然后将读者的问题转交给最好的和最合适的咨询馆员来进行解答，这样读者的问题可以得到最妥善的解决，这样即可以在最短的时间给读者最满意的答案，也提高了图书馆的效率。

　　网络环境下，随着社会进步和科技发展，读者的需求将会越来越多和越来越细，单一的图书馆很难满足所有读者的需求，因此网络合作式参考咨询服务模式的发展就成为必需。它能拥有更加准确、详细和专业的答案，能让读者获得更大的满意，所以图书馆在未来的发展中必须一步步建立起网络合作式数字参考咨询服务，这是一种趋势和必然。它具有很大的优势：①真正做到不限时间，不限地域，不限人，不限问题，能最大程度地满足读者的需求。②这个统一的交流平台能让各个图书馆和信息机构之间的信息资源和人力资源更加合理的分配，达到资源的合理分配，扩大了图书馆的影响，节约了成本。③各成员馆在不同学科和不同专业领域形成优势互补，最大程度地满足读者信息需求。此外，整个合作的过程中，各成员馆还可共享的资源和交流经验，既可以完善自身馆藏，还可以让咨询馆员在工作中学习，提高了他们的专业技能和经验，为图书馆培养更多的人才。④在网络合作式参考咨询服务模式中设立了一些服务协议和服务质量标准，各个图书馆和信息机构必须遵守这些规则。在这种要求下，图书馆和信息机构必须努力主动地提高和发展自己来达到要求，这样整个图书馆界的服务水平都提高了，同时也推动了整个图书馆界的发展，扩大了它的影响和形象。

　　但是，要实现合作式数字参考咨询需要较高的技术实现要求，同时也受到硬件环境的影响，实现起来会有些困难。但总之，随着社会的进步和科技的发展，相信会解决这些难题，使它成为最有活力的参考咨询模式。

## 3.2　网络共享式参考咨询服务模式

　　随着计算机网络技术的发展和成熟，Web 2.0 甚至 Web 3.0 技术发展也将更加完善，它们的开放性、交互性和共享性特点更加重要，网络共享式参考咨询模式就是充分运用它们的技术和特点来建立的一种信息高度共享的咨询平台，它是一种新型的参考咨询模式。在网络共享式参考咨询模式环境下，咨询馆员和读者的身份和立场是没有严格确立的，他们的角色是可以随时互换的，每个人都可以是咨询馆员，也可以是读者，大家在这个模式中可以自由提问，可以发表自己的观点和意见，读者可以选择自己认可的最佳答案。这种相互参与咨询的提问和解答的模式可以让大家都参与进来，提高了大家的积极性，使读者和咨询馆员之间建立了一种和谐的关系。这种模式主要利用当前流行的微博、微信、博客（Blog）、维基（Wiki）、Rss、BBS、新闻组（News Group）等方式来实现。这个平台和模式像一张巨大的白纸，它完全开放，完全共享，完全互动，任何人都可以在上面自由涂写，自由提问，自由发表意见和建议，自由给出答案，自由获取信息，没有约束。读者在这种模式中能感到图书馆和咨询馆员就在自己身边，并且感到自己也在参与图书馆的管理和建设，大家都是一种平等的地位，这样读者的积极性和参与性就大大的提高了。这种模式的平等性、开放性和互动性决定它在图书馆参考咨询中应该拥有一席之位，也决定了它的发展潜力是巨大的，是不可代替的。另外，这种共享的模式，其实有个长尾效应。长尾理论的基本原理是：只要存储和流通的渠道足够大，需求不旺或销售不佳的产品所共同占据的市场份额可以和那些少数热销产品所占据的市场份额相匹敌，甚至更大。同样的，图书馆的参考咨询服务也可以利用长尾的力量来提高咨询服务水平。每个人都可以参与到咨询的提问和解答的过程中，在贡献自己的知识的同时，获取更多的知识，无形中就形成了一个庞大的资源共享学习网，方便了读者，更方便了馆员。但是网络共享式的咨询模式的实现也会带来一些问题，如对读者问题的筛选、恶意发帖、恶意攻击等，还对网络运行的软件和硬件环境提出更高的要求，这也就对咨询馆员的自身素质提出更高要求。

## 参考文献

[1] 刘鸿. 网络环境下参考咨询的服务模式［J］. 图书馆，2002（5）：63—64.

[2] 初景利，孟连生. 数字化参考咨询服务的发展与问题［J］. 中国图书馆学报，2003（2）：14—17.

[3] [4] 何燕. 我国参考咨询服务模式综述［J］. 图书馆学刊，2006（5）：77—79.

[5] 罗岗生. 图书馆数字参考咨询服务模式初探［J］. 河池学院学报，2006（2）：119—121.

［6］文庭孝．论图书馆网络信息咨询模式［J］．大学图书馆学报，2002（3）：55—57．

［7］姜敏．图书馆虚拟参考咨询服务探索［J］．科技情报开发与经济，2005（6）．

［8］王红．图书馆数字参考咨询研究［M］．武汉出版社，2006（8），63．

［9］杨淑萍．国内外图书馆数字化参考咨询服务模式研究［J］．江西图书馆学刊，2008（3）：86—88．

［10］钱智勇．美国图书馆合作数字参考咨询服务［J］．图书馆，2003（5）：39—42．

［11］江树青．基于Web2.0的竞争情报信息搜索工作研究［J］．大学图书情报学刊，2008（4）：62—64．

# 西部社科院图书馆服务方式转变探析

郭建平*

（甘肃省社会科学院　兰州　730070）

**摘　要**　本文针对西部社科院图书馆的现状，提出理性发展和转变服务方式是社科院图书馆今后面临的问题。文章提出在转变服务方式中应坚持的几个指导性方向，探讨促进服务方式转变的策略和途径。

**关键词**　社科院图书馆　服务方式　策略

西部社科院图书馆的由来缘于地理纬度和其所属省份经济发展水平，以及图书馆自身发展规模、理念程度、服务层次等，大体涵盖有西部十二省区。统观西部社科院图书馆在各系统图书馆大集群中，归为科研或专业图书馆，而实际所处行业地位和自身服务效果差强人意，无论所拥有资源、人力、技术、资金和场所，甚或是精神面貌、工作态度和敬业精神。信息时代，社科院图书馆综合实力下降，特色特有资源不再一家独大，相反却变成观念落后，资源短缺，服务方式陈旧，技术设备落伍。事实上，这与全国社科院系统内部分立，单打独干有一定的关系。

微观上，社科院图书馆的信息服务在社会科学工作繁荣、发展及社会科学成果问世中也曾起着至关重要的作用。社科院图书馆在发挥其为科研服务的作用中成绩显著，且拥有一批有特色的资源和较为合理稳定的图书馆人员队伍，业务熟练，精明强干。

实际上，在面临现代信息技术情况下，图书馆发展有着其自身的规律和发展特点，那就是如何更好地发挥图书馆信息传播、存贮和利用功能，吸引和扩大读者群体。尤其是西部社科院图书馆在自身实力下降的情况下，如何应对网络环境下科研工作者的需求，提供有效信息，或者开辟出更有别于其他类型图书馆的服务工作模式，扬长避短，在网络信息环境

---

*　郭建平，男，1972年生，甘肃省社会科学院，馆员。

中，及时转变服务方式，是西部社科院图书馆当前和今后都要面临的问题。

# 1　转变服务方式中应坚持的几个指导性问题

## 1.1　以社会科学研究服务为中心工作

寻求突破及理性地发展社科院图书馆及其服务方式，是当前西部社科院图书馆人一直孜孜以求的奋斗目标和不竭的工作动力。面对当前大信息化时代下的紧迫感，上级部门及科研工作者的殷切期望，出自图书馆人的使命感和强烈的责任感，以奋发不懈的精神追求图书馆工作的发展来满足科研需求。无论何时，图书馆追求的始终是如何更好地服务和发展于全院总体工作思路，始终以坚持服务社会科学繁荣为自身转变工作方式的不二之选。

## 1.2　以开放式专业图书馆姿态为新思路

封闭式专业图书馆是西部社科院图书馆普遍存在的一种状态，是因其上下体制归属的因素、条块分割的现实以及只为本单位提供专业社会科学研究服务的职责造成的。这种封闭的现实形成了与全国社科院系统内部不相联，与其他系统图书馆不相关的独立封闭的小孤岛状态，与当前大信息环境下信息资源交流共享格格不入。其次，作为图书馆就其本身性质和功能层面来讲，也不应是一个仅缩于单位内部一隅的图书馆，而应是充分扩大发挥图书馆功能角色的社会图书馆中的一员。从封闭式专业图书馆向开放式专业图书馆转变，必将是社科院图书馆拓展其发展空间的选择。

## 1.3　以科研环境变迁下的服务方式不断创新为手段

信息技术条件下的科学研究环境不断发生着新的变化，表现在科研手段、科研方法、资源的获取、数据处理、协作和交流、成果发表、时间、空间、载体等各方面。借助于信息技术及网络平台，时刻关注科研动态和科研信息需求，以不断提高满足科研工作需要为出发点，推陈出新，运用新方法和新技术，变更服务方式，提供及时有效的服务，是今后科研环境变迁下图书馆始终须坚持和关注，改变和提升服务层次和质量的工作态度。

## 1.4　以全国社科院系统资源共建共享大格局为目标

目前，西部社科院图书馆在工作思路、资源建设和技术方法方面，最有可能成行的便是全国社科院系统内部共建共享的大联合，以及在中国社科院图书馆人才优势和技术优势帮助下的大发展大作为。各具特色的资源共享共建，社科资源形成整体实力，其前景令人振奋。各地图书馆都将要在今后工作中向社科系统联盟方向靠拢，在基础工作和技术方法中向着统一和规范化发展。

## 2　促进服务方式转变的策略和途径

### 2.1　再审社科院图书馆小而全的设置和人员，建立合理的考核绩效制

社科院图书馆因其规模不大、人数不多和服务方式较传统，因此在转变服务方式这一大前提下，在具体部门设置中具有一定优势，拥有较高的灵活性，部门设置和人员调配更具有针对性。传统借阅和现代信息技术条件支撑下的新服务模式有着本质的区别，在保留部分原有部门设置及功能服务中，应区别出新型服务方式的基本人员配备和部门设置，为图书馆新型服务方式转变建立合理的人员、机构及平台，并方便科研人员有的放矢地寻求图书馆帮助。

对保留原有功能服务的部门和新成立部门，在图书馆年终考核中应有一套科学合理的绩效考核办法，鼓励和鞭策图书馆人员在新型服务方式转变中思维观念的统一及合理发挥各自优势功能。

### 2.2　重建信息资源的专精特色性，支援重点学科和优长学科

西部社科院图书馆要有重建自己信息资源专精特色的勇气和决心。由于所处地域的特性，各社科院都有自己擅长的研究内容和优势，并形成自己的重点学科和优长学科。对重点和优长学科的信息服务，是地方社科院图书馆信息服务工作的重中之重。打造专精特色资源，是图书馆义不容辞的责任，对更好地发挥地域资源优势，服务科研服务社会，确立自身地位都有着极大的现实意义。可对一些善本古籍文献、独具民间地域特色的地方文献、民族文献、历史文献等进行整理加工，使之专业化、精品化和数字化。

重点和优长学科与图书馆专精特色资源相辅相成，互为促动。以学科带动信息资源建设，以优势资源保障学科发展。创建有为有位、上下齐心和协调发展的局面。

### 2.3　建立以参考咨询为主要服务功能的图书馆服务模式

基于信息技术的发展，原有传统借阅模式及服务方式在某种程度上已

经处于严重落伍状态。鉴于科研人员科研手段及方式的提升，在已有纸质资源和数字资源并存的状态下，根据科研人员需求和部分纸质资源阅读习惯，保留部分科研服务方式，将资源结构按合理方法架构，将工作重心调整为以参考咨询为主要服务模式对科研人员运作。最大限度的利用时间性和空间性，保障科研人员的信息需求。

## 2.4　建立省级社科信息中心服务平台，形成全国社科系统图书馆联盟

为全省社会经济发展出谋划策，是各地方社科院科研服务的目的和宗旨。支撑社会科学研究进程所需的信息资源也得益于图书馆。我们清楚社会科学学科门类较多，能为社会科学研究提供信息服务的图书馆需要较强的资源体系。在此同时，我们也不否认在研究工作中科研人员也从别的系统图书馆或其他渠道获取各样的信息。那么以此构建一个全省范围内的社科信息中心服务平台，也是有其物质基础和影响力的。关键在于如何整合全省各系统图书馆社科信息资源，以一种共同遵守的合约和责任来实现这个目标。

全国社科系统图书馆联盟的目的也与省级社科信息中心一样，只是将省级的社科信息资源扩展到全国范围。目的只有一个实现社科资源的共建共享，全国一盘棋。更好地利用有限资金，最大限度地发挥技术资源，为文献资源的充分利用实现组织保障。

## 2.5　扩展为地方经济社会发展问题直接提供服务

### 2.5.1　扩大服务范围，确立服务社会的思想

不仅仅是为社科院中心工作服务的思想，同时以图书馆行业职责服务社会。服务方式的转变应有大观念，不以狭隘部门服务观为限，以发挥信息资源优势，锻炼队伍，转变合理服务方法，获取最新社会需求信息，提升主动能动性服务为主要目的。

### 2.5.2　采用挂靠模式，以图书馆为主体确定社科信息服务中心地位。

目前各地方社科院都存在背靠社科院，以各专业研究所为主体，必要时合全院之力协同工作的各种研究中心，不占指标，不拨经费，自寻项目。图书馆也完全可以照此模式成立信息中心，利用优势资源和专题服务优势，为社会经济发展、企业和个人提供相关需求报告，寻求图书馆工作变新中的一个突破。

### 2.6　以图书馆科学研究活动促图书馆发展、促图书馆服务变新。

图书馆学涉及计算机科学、管理学以及图书情报等多个学科领域，而图书馆学专业领域的理论发现与创新，均来源于图书馆管理和信息服务。因此，为科研工作提供文献信息支持的同时，科研人员的信息需求和有效利用反馈将大大推动图书馆服务水平的全方位提升，而服务水平的提升又必将推动图书馆建设和理论认知水平的跃进。科研实践对于图书馆不仅仅是管理实践的提升，也将成为理论发现与创新的原动力。科研人员的信息需求和有效利用反馈将有利于图书馆文献信息服务的总体建设方向，完善文献信息服务机制，弥补图书馆专业服务团队的经验不足，进而有利于发现提升文献信息利用率的有效途径，并从整体上推动图书馆管理和图书文献信息利用。

## 参考文献

[1]　刘宏. 高校图书馆发展与科研互动建设 [J]. 图书馆学刊，2012 (2)：
　　　88—89.

# 信息知识蕴涵的深加工和再开发服务
## ——创新和发展知识服务的突破口

万蔚萍*

（浙江省委党校哲学教研部　杭州　311121）

**摘　要**　信息知识蕴涵深加工和再开发服务，以高技术集成和宽平台集成以及两者整合和创新重组的全系统集成，从信息知识原生态外在直接表现出发，深入知识信息再生态内在深层蕴涵，不仅介入信息知识蕴涵的边际状态及其现时静态显性和隐性层面，而且介入信息知识蕴涵的系统状态及其潜在动态隐性和全息层面，提示和显示信息知识蕴涵在当代新的历史条件下对人来说的新意义、新价值和新效用。既主导和引领信息搜集和检索集成化服务，又推动和促进知识整合和创新。传统粗放型信息服务向现代集约型知识服务转变的突破口，正是信息知识蕴涵深加工和再开发服务。

**关键词**　信息服务　知识服务　知识蕴涵　深加工　再开发　系统集成

在 21 世纪新的历史条件下，信息经济已成燎原强势，知识经济全面扩张渗透。取代传统粗放型信息服务的现代集约型知识服务，应运崛起并且方兴未艾。当前，一个十分值得研究和探讨的问题，就是以信息内在知识蕴涵的深加工和再开发服务为突破口，创新和发展知识服务。

## 1　知识蕴涵与信息服务、知识服务

什么是信息？什么是知识？什么是知识蕴涵？什么是信息服务？什么是知识服务？什么是知识蕴涵的深加工和再开发服务？对于这些问题，至今众说纷纭，莫衷一是，争论尤为激烈。重要和必要的是，把这些问题放

---

\* 万蔚萍，女，1963 年生，浙江省委党校哲学教研部，馆员。

在人、信息和知识的交互关系中研究和探讨。

## 1.1　信息和知识都是对人来说的

信息服务所说的信息，知识服务所说的知识，都是对人来说的，都是人、信息和知识交互关系中的信息和知识。马克思早就指出，关系是对人来说的。动物是本能的存在，没有任何关系可言。人是能动的存在，本质上是社会实践的关系存在，所以才有关系可言，才有对关系的能动的知识的认识。无论信息、知识和知识蕴涵，还是信息服务、知识服务和知识蕴涵的深加工和再开发服务，归根到底都是对人来说的，一种以社会实践为基础的属人和为人的关系。

对人来说，信息是包括人、自然、社会等一切事物及其固有属性、相互关系和运动规律的外在直接表现，而知识是一切事物及其固有属性、相互关系和运动规律为人凭依信息能动认识的内在深层蕴涵。换句话说，信息与人的关系，实质上是一切事物及其固有属性、相互关系和运动规律与人之间，直接表现的外在关系。知识与人的关系，实质上是一切事物及其固有属性、相互关系、运动规律与人之间，深层蕴涵的内在关系。

## 1.2　信息、知识与知识蕴涵的关系

信息和知识都是属人和为人的关系。信息是知识的信息，知识是信息的知识。两者相互联系，决不可截然割裂；两者相互区别，决不可混为一谈。没有信息，离开人与信息的关系，人就无从获悉一切事物及其固有属性、相互关系和运动规律的外在直接表现，更不可能凭依信息能动认识一切事物及其固有属性、相互关系和运动规律的内在深层蕴涵。没有知识，离开人与知识的关系，人就无以能动认识一切事物及其固有属性、相互关系和运动规律的内在深层蕴涵，更不可能能动认识信息内在知识蕴涵属人和为人的意义、价值和效用。

对于知识来说，信息是未经能动认识的原生态信息知识，是知识的来源、原料和资源；对于信息来说，知识是经过能动认识的再生态知识信息，是信息的产品、成果和资产。信息是知识原生态的外在直接表现，而知识是信息再生态的内在深层蕴涵。知识蕴涵内在于信息，是信息的内在深层蕴涵。

## 1.3　知识蕴涵与信息的知识服务

信息服务由来已久，一直以信息搜集和检索服务为主。虽然注意到信息的一次、二次加工和开发，注重的只是信息未经能动认识的原生态信息

知识层面，即一切事物及其固有属性、相互关系和运动规律的外在直接表现。信息加工和开发服务，不是信息内在知识蕴涵的深度质变的加工开发，而是信息外在直接表现的原初量变的加工开发。信息搜集、加工、开发、检索及其整个服务过程，始终滞留于信息外在直接表现的原生态信息知识层面，始终滞留于信息数量和范围扩张的原初量变阶段，归根到底仍然是传统粗放型信息服务。

知识服务从信息服务出发更超越信息服务，以信息深加工和再开发服务为主，是信息的知识服务和知识的信息服务。与传统信息服务本质不同，知识服务不仅全方位深入而且紧紧围绕一切事物及其固有属性、相互关系和运动规律的内在深层蕴涵。着力并且着重信息知识蕴涵的深加工和再开发，既主导和引领信息搜集和检索，又推动和促进知识整合和创新。不是信息外在直接表现的原初量变的加工开发，而是信息内在知识蕴涵的深度质变的加工开发。信息搜集、加工、开发、检索及其整个服务过程，始终向信息知识蕴涵的广度、深度和高度进军，始终强化、深化和优化信息知识蕴涵从量级扩张到品级提升、从原初量变到深度质变的突破和转变，归根到底转变为现代集约型知识服务。

## 2　信息深加工和再开发的知识服务

诚然，信息及其获取都很重要。但是，信息不加利用、发挥功能和创造效益，哪怕量级再大和品级再高的信息，也没有对人来说实际的意义、价值和效用。充分发挥信息的功能和效用，不断增扩信息的产出效益和溢出效益，在根本上取决于信息的加工和开发服务，特别是信息知识蕴涵的深加工和再开发服务。

### 2.1　知识蕴涵的深加工服务

信息知识蕴涵的深加工服务，是现代集约型知识服务及其整个过程的核心要务。把知识蕴涵深加工服务放在突出和优先的位置，是现代集约型知识服务与传统粗放型信息服务的一个根本区别。

信息加工通常分为一次加工、二次加工和深加工。一次加工主要是信息的核定和编录。依据信息本来的领域、种类、出处、标题等外在形式要素，核实判定，整理分类，编排目录，收储入库等。二次加工主要是信息的筛选和提取。依凭信息内容的判别和分析，编制单一或组合的选录、辑录、萃录，编写相关或综合的题要、概要和摘要，编撰分类或细分的简述、综述和评述，以及信息提示、检索指南等。深加工主要是信息的研究和探讨。依托信息的提取并且进一步提萃、提炼和提升，特别是专业或学科的鉴别、评估和预测并且进一步研究和探讨，编撰和论述重组乃至创新的主题报告、趋势报告、推荐报告、专论报告、导航报告等。

　　信息深加工本质上有别于信息一次、二次加工。信息一次加工和二次加工，都是从信息的外在直接表现出发并且基于信息的外在直接表现。即使触及信息的知识蕴涵，只是触及了知识蕴涵的现时静态显性层面，原生态信息知识的外在直接表现。没有也不可能凭依信息能动认识知识蕴涵的潜在动态隐性层面，再生态知识信息的内在深层蕴涵。所以，信息一次、二次加工本质上仍然是被动复制性的量变加工。信息深加工依托信息一次、二次加工，又突破和超越了一次、二次加工。不仅基于信息知识蕴涵的原生态信息知识外在直接表现，而且全面深入特别是能动认识再生态知识信息的内在深层蕴涵。信息深加工，"深"就深在知识蕴涵的全面提取、提萃、提炼和提升，并且致力和着重知识蕴涵的持续披露、显现、递延和伸展。这就把原生态信息知识的外在直接表现特别是再生态知识信息的内在深层蕴涵，在当代新的历史条件下与过去不可同日而语的新意义、新价值和新效用，明晰和充分地提示、揭示、开示和显示出来。所以，信息深加工在本质上已经是能动创造性的质变加工。

　　值得注意的是，当前信息知识蕴涵的深加工完全不同于以往知识蕴涵的简单深加工。不仅深入知识蕴涵的现时静态显性层面，并且进一步介入知识蕴涵的边际状态及其现时静态显性和隐性层面，从而更进一步介入知识蕴涵的系统状态及其潜在动态隐性和全息层面。这正是为什么信息知识蕴涵深加工服务，把知识蕴涵在当代新的历史条件下的新意义、新价值和新效用提示、揭示、开示和显示出来。

## 2.2　知识蕴涵的再开发服务

　　信息知识蕴涵的再开发服务，是现代集约型知识服务及其整个过程的第一要务。把知识蕴涵再开发服务放在战略和领先的位置，是现代集约型知识服务与传统粗放型信息服务的又一根本区别。

　　信息的加工过程，实际上也是信息的同步开发过程，而信息的开发过程，实际上也是信息的同步加工过程。一次加工，就是一次开发；一次开发，就是一次加工。二次加工，就是二次开发；二次开发，就是二次加工。深度加工就是深度开发；深度开发就是深度加工。那么，什么是信息再开发？再开发与深度开发有什么区别？再开发与深加工是什么关系？信息再开发也是深度开发，然而又与深度开发毕竟有所本质的不同。信息再开发特指信息知识蕴涵的全方位、多层次和过程化的再开发。外延上，包括了信息知识蕴涵不同领域、层次、层面加工及其产品的再开发；内涵上，集中于知识从原生态到再生态，从外在直接表现到内在深层蕴涵，从边际状态及其现时静态显性和隐性层面到系统状态及其潜在动态隐性和全息层面的再开发。信息再开发，"再"指信息知识蕴涵一次加工和开发的再开发，二次加工和开发的再开发，深度加工和开发的再开发。实质上，是基于又超越信息知识蕴涵的外在直接表现，在知识蕴涵系统状态及其潜在动态隐性全息层面，对知识蕴涵不同领域、层次、层面的加工和开发，全方位、多层次和过程化的再开发。不仅主导和引领信息知识蕴涵的加工和开发特别是深度加工和开发，而且推动和促进知识的重组、整合、创新和应用。所以，信息知识蕴涵的再开发，是知识蕴涵深加工的顶层战略设计，而知识蕴涵的深加工，是知识蕴涵再开发的系统运作工程。知识蕴涵的再开发和深加工，相互联动、相互渗透、相互转化、相互贯通而融为一体。在当代新的历史条件下，高新科学技术革命，特别是知识整合和创新的进程在曲折中不断加快，信息经济拉动和推进知识经济，知识经济支撑和拓展信息经济，信息经济和知识经济的发展日益一体化、同步化和实时化。信息知识蕴涵的再开发牵动和引导深加工，势在必然，别无选择。

值得注意的是，当前信息知识蕴涵的再开发聚焦在以下三个主要方面：一是致力信息知识蕴涵边际状态及其现时静态显性和隐性层面的再开发；二是着重信息知识蕴涵系统状态及其潜在动态隐性和全息层面的再开发；三是重中之重不同领域、层次、层面信息知识蕴涵的关联交互关系及其交互贯通机理和集成重组创新及其溢出增扩效益的再开发。从而构建、完善和提升高度知识化、数字化、网络化和个性化的信息再开发和深加工的知识服务框架。研究发现，信息知识蕴涵再开发和深加工的一体化、同步化和实时化，有赖于信息的系统集成也就是知识的系统集成。信息知识蕴涵再开发的系统集成，不仅是各种信息和知识系统集成的整合和创新，而且是不同量级和品级信息知识蕴涵系统集成的整合和创新。关键在于信息知识蕴涵现时静态显性的边际状态和潜在动态隐性的系统状态，关联交互并且交互贯通全息化系统集成的整合和创新。信息知识蕴涵再开发服务之所以是知识蕴涵全方位、多层次和过程化的再开发，根本原因就在这里。

## 3　信息搜集和检索的集成化服务

信息知识蕴涵的搜集和检索集成化服务，是现代集约型知识服务及其整个过程的基本要务。以信息知识蕴涵深加工和再开发服务，主导和引领搜集和检索集成化服务，建设和优化知识服务从搜集、加工、开发到检索的无缝对接链和全价值链，是现代集约型知识服务与传统粗放型信息服务的另一根本区别。

## 3.1　信息知识蕴涵的搜集和检索服务

巧媳妇难为无米之炊。没有信息，没有大量级和高品级富含知识蕴涵的信息，难为信息知识蕴涵的深加工和再开发。知识整合和创新的知识服务，也只是一句空话而已。所以，信息搜集和检索特别是信息知识蕴涵搜集和检索服务，不仅是知识服务及其整个过程不可或缺的重要组成部分，而且是知识蕴涵深加工和再开发服务的必要前提条件。

信息搜集通常主要包括两个方面，一是信息的搜求，二是信息的集聚。信息检索通常主要也有两个方面，一是信息的检别，二是信息的索取。长期以来，信息的搜求、集聚、检别、索取等整个服务过程，重在自有库存公开或内部报刊、图书、资料、文献及其一次、二次加工产品等文本和电子信息的搜求、集聚、检别和索取。因循单一地着力和着意信息知识蕴涵原生态外在直接表现，无意或有意地忽视乃至无视信息知识蕴涵再生态内在深层蕴涵。几乎仅是信息知识原生态外在直接表现的单向线性和机械循环的收发中转。实质上，仍然是传统粗放型的信息搜集和检索服务。

信息知识蕴涵搜求、集聚、检别、索取等整个服务过程根本不同了。外延上，重在信息或知识库际联盟无缝对接链，不同领域、层次和层面公开或内部文本、电子信息的搜求、集聚、检别和索取；内涵上，重在信息知识蕴涵产出和溢出效益全价值链，知识信息从原生态外在直接表现到再生态内在深层蕴涵，从边际状态及其现时静态显性和隐性层面到系统状态及其潜在动态隐性和全息层面，全方位、多层次和过程化的搜求、集聚、检别和索取。在信息知识蕴涵检别和索取方面，适应和顺应信息知识蕴涵用户需要，提供高对应、高精准、高时效和高便捷的个性化一对一服务。诸如信息知识蕴涵的导航服务、咨询服务和定制服务，乃至介入或植入知识整合和创新交互过程的嵌入式服务、学科化服务、跟踪分析研究服务等，从而极大地增扩和提升信息知识蕴涵搜集和检索服务的产出效益和溢出效益。

## 3.2　知识蕴涵搜集和检索的集成化

值得注意的是，当前信息知识蕴涵搜集和检索服务，不断地加大和加快了集成化的步伐。这集中地表现在以下两个主要方面：一是信息知识蕴涵搜集和检索服务及其整个过程的集成化；二是现代集约型知识服务及其整个过程的集成化。就前一方面来说，构建、完善和提升信息知识蕴涵搜求、集聚、检别、索取服务及其整个过程，知识化、数字化、网络化和个性化的技术集成、平台集成和系统集成。不仅包括不同来源、种类、层面、层次以及未经、已经加工开发等信息知识蕴涵，搜求和集聚的技术集成、平台集成和系统集成，而且包括不同量级、品级、状态、意义、价值、效用、趋势、前沿等信息知识蕴涵，检别和索取的技术集成、平台集成和系统集成。高新信息技术和知识技术为主整合和创新重组的技术集成，是知识蕴涵搜集和检索服务集成化的技术性支撑和保障。信息知识自有和他有库际交互合作、服务主体和客体交互合作为主整合和创新重组的平台集成，是知识蕴涵搜集和检索服务集成化的平台性基石和组织。高技术集成和宽平台集成为主整合和创新重组的系统集成，是知识蕴涵搜集和检索服务集成化的系统性中心和枢纽。就后一个方面来说，构建、完善和提升信息知识蕴涵搜集、加工、开发、检索服务及其整个过程，知识化、数字化、网络化和个性化的技术集成、平台集成和系统集成。似乎是信息知识蕴涵搜集和检索服务集成化，与深加工和再开发服务集成化，两者联动互通的集成化。实质上，更是两者联动互通全覆盖技术集成、平台集成、系统集成整合和创新重组的再集成，构建、完善和提升信息知识蕴涵全方位、多层次和过程化服务的全覆盖高技术集成、宽平台集成和全系统集成，也就是信息知识蕴涵搜集、加工、开发、索取等服务及其整个过程的无缝对接链和全价值链的技术集成、平台集成和系统集成，也就是知识服务的各个方面和环节以及整个过程一体化、同步化和实时化的技术集成、平台集成和系统集成。这就把高度知识化、数字化、网络化和个性化的知识服务及其整个过程，落到全覆盖技术集成、平台集成和系统集成的实处，落到技术支撑和保障、平台基石和组织、系统中心和枢纽一体化、同步化和实时化的实处。

### 3.3　与知识蕴涵深加工和再开发的关系

信息知识蕴涵搜集和检索集成化服务，是信息搜集和检索服务从传统粗放型向现代集约型脱胎换骨的突破和转变。研究发现，信息知识服务的崛起，是从知识蕴涵深加工和再开发启动的，而知识蕴涵搜集和检索的转变，又是从知识蕴涵深加工和再开发启动的。不言而喻，知识蕴涵深加工和再开发服务主导和引领了知识蕴涵搜集和索取服务。一是主导和引领信息搜集和索取服务，服从和服务于信息知识蕴涵深加工和再开发，从而推动和促进知识整合和创新。二是主导和引领信息搜集和索取服务，从信息知识的外在直接表现层面转向和深入内在深层蕴涵层面，同知识蕴涵深加工和再开发服务相衔接、相配套和相交织，从而不仅介入知识蕴涵深加工和再开发过程，而且介入知识整合和创新服务整个过程。三是主导和引领信息搜集和检索服务，内部整合创新重组，对外全面合作开放，从而以高技术集成、宽平台集成和全系统集成，建设和优化知识服务从搜集、加工、开发到检索的无缝对接链和全价值链，全方位、多层次和过程化增扩产出效益和溢出效益。

当前，创新和发展知识服务的突破口，无疑正是信息内在知识蕴涵的深加工和再开发服务。不仅主导和引领信息搜集和检索集成化服务，而且推动和促进知识整合和创新集成化服务。

## 参考文献

［1］赵茹林．现代图书馆信息管理［M］．科学出版社，2008．

［2］朝乐门．知识技术的综合集成视角研究［J］．图书情报工作，2008（10）：37—40．

［3］周晓英．知识网络、知识链接和知识服务研究［J］．情报资料工作，2010（2）：5—10．

［4］范炜、李桂华．图书馆知识服务流程再造及其制度优化对策［J］．情报资料工作，2011（5）：76—79．

［5］潘教峰．发展知识服务　推动全面转型［J］．图书情报工作，2012（1）：13—17．

# 舆情信息服务：社科信息为决策服务的新路径
## ——地方社科院图书馆开展舆情信息服务的思考

白 云*

（安徽省社科院图书馆 合肥 230053）

**摘 要** 文章阐明了舆情信息工作对于正确决策的重要意义，分析并论证地方社科院图书馆开展面向决策的舆情信息服务的必要性和可行性，从当前工作的着力点及完善各类保障措施等方面，就地方社科院图书馆开展舆情信息服务的相关策略进行研究与论述。

**关键词** 地方社科院图书馆 舆情信息服务 思路 策略

我国目前正处于经济转轨和社会转型的关键时期，经济高速发展，综合国力显著增强，人民生活水平不断提高。与此同时，不同利益群体的利益分化却在加剧，各种社会矛盾复杂凸显，群体性事件时有发生，严重威胁到社会的和谐与稳定。舆情在一定意义上成为反映社会矛盾与冲突的风向标。自党的十六大报告提出要"深入了解民情，充分反映民意，广泛集中民智，切实珍惜民力"以来，党的十六届四中全会又作出《中共中央关于加强党的执政能力建设的决定》，明确提出："建立社会舆情汇集和分析机制，畅通社情民意反映渠道。"党的十七大也强调，要"发挥好舆论监督作用"，"增强监督合力和实效"。由此表明，我们党已经把舆论监督和舆情分析摆在了一个非常重要的地位。各级党委和政府决策机构对舆情信息工作都高度重视，将它作为了解社情民意、为人民办实事的重要渠道和重要依据。迫切期望通过高效而科学的舆情收集与分析机制，提高工作的预见性和主动性，避免陷入"遭遇战"的被动局面。

---

* 白云，女，1967年生，安徽省社会科学院图书馆，副馆长、副研究馆员。

# 1 舆情信息服务是地方社科院图书馆履行"社科信息为决策服务"既定职责的新路径

从广义上说，"舆情"即社情民意，公众的政治态度是其核心内容；"舆情信息"是对舆情的一种描述和反映，包括反映舆情的资讯、消息、音信、情报、指令、数据和信号；"舆情信息服务"是信息服务机构通过各种手段对舆情信息主动进行收集、分析和报送，真实客观地反映社情民意，以帮助领导及决策机构实现决策的科学化与民主化。

目前，国内的舆情信息服务主体，除了一些专职的舆情信息收集与分析机构外，正逐渐向外部延伸，图书馆作为传统的信息服务部门，必然成为这种延伸的主要方向。少数较早认识到舆情工作重要性的高校图书馆和公共图书馆已经开展此项工作，并取得了良好的社会反响。例如，广州大学图书馆与广州市委宣办合作开发媒体信息服务项目，于2003年开始依托自建的"媒体眼中的广州"数据库，为领导决策提供舆情分析服务。现已开发出《广州舆情分析》等系列信息产品。上海市图书馆近年来在原有剪报业务的基础上，尝试了一些为决策机关提供舆情信息收集与分析业务。

地方社科院图书馆是隶属于各地方社科院的社会科学专业图书馆，在全国共有40多家，分布于30个省会城市和14个中心城市，是我国图书馆事业的重要组成部分。自成立以来，它们一直担负着为本院科研及地方党委和政府决策提供文献信息保障的重要职责。"社科信息为决策服务"是这类社会科学专业图书馆的既定职责之一。近年来，中国社科院图书馆（文献信息中心）依照中国社科院领导的指示，根据有关政府部门要求，逐步加强了面向政府的社科信息服务，这从社科院系统高层反应出新形势下社科信息服务的新动向，应当引起各地方社科院图书馆的注意。随着形势的发展，强化面向政府的信息服务已经成为社科院图书馆必须着力应对的现实课题。舆情信息服务的重点是舆情收集与分析，其最终目的是服务于决策。因此，开展舆情信息服务，开发面向决策的舆情信息产品，符合"社科信息为决策服务"的业务方向，是地方社科院图书馆顺应形势发展，创新服务产品，履行决策信息服务功能的新路径。

# 2 地方社科院图书馆开展舆情信息服务的必要性与可行性

## 2.1 科学决策需要地方社科院图书馆开展舆情信息服务

地方社科院是各地最重要的决策咨询机构，图书馆为决策提供信息服务开展得也较早，有一定的工作基础与工作经验。虽然目前信息服务领域的传统结构已经被打破，地方社科院图书馆面向政府的信息服务受到冲击，所提供信息在政府决策中的影响力受到挑战。但是，这并不能说明地方社科院图书馆在服务政府和服务决策方面就没有希望了。

从整个社会大环境来看，随着我国经济社会的不断发展，社会上的新情况和新问题不断涌现，特别是面对传统舆论格局的改变以及多元化的传媒环境，科学决策的难度越来越大，各级政府部门迫切需要更多及时、专业和有价值的情报信息，这种需求仅仅依靠政府部门内部的力量根本无法满足，对外部信息服务的需求随之增强，而与其他各种各类信息服务机构相比，无论是在专业化还是权威性方面，社科院信息服务部门的优势显而易见。因此，领导和决策部门对于来自社科院的专业化信息服务仍然寄予期望。近年来，各级党委及政府部门委托于社科院的各种课题、项目以及特定信息需求逐年加大，正是这一需求与期望的明确表示。

挑战伴随着机遇，舆情信息服务方兴日盛，为维护社会稳定，推动社会发展，满足科学决策的信息需求，地方社科院图书馆有必要尽快开展舆情信息服务。

## 2.2　分析现状，地方社科院图书馆有能力尽快开展舆情信息服务

经过多年发展，地方社科院图书馆鲜明的专业化特色已基本形成，在社科信息资源收集与整理方面，有着自己独特的专业优势。图书馆的文献收集、整理和典藏都是紧紧围绕社会科学各学科和专业展开，强调入藏文献的完整性和系统性，无论是专业文献及报刊的采编还是在二、三次文献的开发与利用方面都有着十分悠久的传统。注重采集国外及港澳台地区社会科学及新闻类重点报刊，对那些能够成为情报源的文献资料特别重视，入藏量也较大。近年来，随着社会科学事业的发展与繁荣，地方财政也加大了对社科信息部门的投入，图书馆数字化建设取得了长足进步，宽带网络四通八达，加之目前越来越多的地方社科院与国外相关学术机构建立起交流与协作关系，图书馆的信息集散网络也随之延伸到国外。所有这些都为地方社科院图书馆收集和整理情报信息，开展舆情信息服务准备了必要的环境、资源与技术条件。

舆情信息是关于舆情的信息，舆情信息工作离不开对舆情自身变动规律的认识和诠释。这个认识与诠释的过程需要社会学、政治学、心理学、信息学、传播学以及互联网研究等多门学科的交叉渗透及理论支持。而社

科院正是哲学和社会科学门类最为集中的单位，尤其在"舆情"理论研究领域，地方社科院更是走在前面，始建于 1999 年的天津市社会科学院舆情研究所，在很长时间里一直是国内唯一一家以"舆情研究"为名称的研究机构。在国内相关领域研究中始终处于领先地位。今天，关于"舆情"问题的研究已被更多地方社科院纳入理论研究与学科建设的重点。中国社科院"社会形势分析与预测"课题组在详细占有上一年度的各项指标和数据以及社会发展状况的基础之上，组织编纂年度社会蓝皮书，深入分析社会形势和热点问题，每一年度都将上一年的《中国互联网舆情分析报告》作为其中的一个重要章节，其相关结论与数据成为党和政府关注网络舆情的重要参考，也是当前舆情信息工作的指导用书。成功的实践离不开先进理论的指导。毫无疑问，社科院图书馆从事舆情信息服务有着得天独厚的理论沃土。无比优越的理论与专家环境也为图书馆舆情信息专业人才的培养提供了极大便利。保驾护航的同时，更加有力地夯实了图书馆开展舆情信息服务的可行性基础。

## 3　地方社科院图书馆开展舆情信息服务的相关策略

### 3.1　开展舆情信息服务的几个重要着力点

#### 3.1.1　增强信息的解渴力度，在实用性上下功夫

领导重视和信息解渴，是决定信息服务效能的两个重要因素。由于地方社科院图书馆身处决策层之外，缺少与领导及决策部门直接联系与沟通的渠道，致使以往的信息服务缺乏针对性和实用性，影响了其作用发挥。当前，地方社科院图书馆开展舆情信息服务，在抢抓热点的同时，更要明确舆情信息收集不是为了收集而收集，不是充门面和搞"花架子"，其目的是要为舆情分析奠定基础，并最终为科学决策服务。对于来自于各种渠道的舆情信息要经过认真加工和筛选，去伪存真、去粗取精，在实用性上下功夫，提高报送信息的可用度。

#### 3.1.2　深入挖掘信息内涵，在专业化上下功夫

社科院信息服务部门以往提供的决策服务信息大多为文摘型和浓缩型的二次文献，社科信息服务的专业性特点和优势少有体现，影响了报送信息的质量。地方社科院图书馆开展舆情信息服务既要讲究原汁原味，更要在专业性上下功夫。要设法争取院里及专家支持，在占有大量可靠信息的基础上进行认真分析和研究，透过现象看本质，深入挖掘信息内涵，多方拓展信息外延，力求多报送有情况、有分析和有建议的深层次信息，分析

思考越深入，领导对情况和问题的把握就越深刻，作出的决策部署就更为合理和科学，舆情工作的作用与价值才能充分体现。

### 3.1.3　培养信息追踪能力，在连续性上下功夫

社科院系统目前主要通过办刊办报的形式向领导及决策部门报送信息，除少数根据领导意图立项，进行专题调研并分析上报之外，更多的还是根据经验综合选题，收集信息，整理分析并上报，多为一题一结。这样的方法不仅过于零散，且缺乏系统性与连续性。因此，图书馆开展舆情信息服务有必要加强信息追踪能力，确立专题，动态跟踪，在连续性上下功夫。特别是对于一些事关国家和社会长远发展的问题，要注意进行连续不断的信息挖掘与报送，紧随问题的发展变化，及时发现新情况和找到新规律，帮助领导不断深化认识，正确决策。

### 3.1.4　关注新媒体发展态势，高度重视网络舆情信息的收集与分析

2012 年 1 月 16 日，中国互联网络信息中心（CNNIC）在北京发布《第 29 次中国互联网络发展状况统计报告》："截至 2011 年底，中国网民达到 5.13 亿。全年新增网民 5580 万。互联网普及率较上年底提升 4 个百分点，达到 38.3%。"持续高于世界水平。"2011 年网络舆论力度骤然增强，上网'发声'的阶层更为广泛，网民自觉、持续地关注着中国现实社会的各种热点事件。"

网络已经成为名符其实的大众媒介，成为社会舆论的重要发源地及其赖以生存的主要信息源。某个突发性事件刚一曝光在网上，即可迅速引爆全国舆论。"网络已改变了我国社会舆论的生态环境，并形成了崭新的网络舆论场。"网络舆情的科学应对，已成为摆在领导与决策机构面前的紧迫任务。2008 年 6 月 1 日，胡锦涛总书记在人民日报社强调："互联网已经成为思想文化信息的集散地和社会舆论的放大器，我们要充分认识以互联网为代表的新兴媒体的社会影响力。"

地方社科院图书馆从事舆情信息服务要在认真把握传统信息源的同时，密切关注新媒体的发展态势，高度重视网络舆情的收集与分析。针对网络舆情的特点和运动规律，依照敏锐发现、正确筛选、动态跟踪、科学研判等工作步骤和工作原则将网络舆情及时传递、准确报送予领导和决策机关。特别是针对网上信息传播快和更新快的特点，建立网上舆情信息快速反应机制，帮助决策部门尽快找到"活血化瘀"的办法与良方，最大限度减少舆论危机的出现。

## 3.2 完善各类保障措施，确保舆情信息服务健康长效

### 3.2.1 加强制度建设

制度是一切工作得以健康长效的重要保障。就舆情信息服务的专业性而言，要实现科学有序运转，制度建设需要强化。

制定舆情信息工作制度，除强调注意事项、工作纪律等一般性要求外，更着重强调工作标准化和流水线化。特别是当前舆情信息学科建设尚处于草创阶段，图书馆几乎还找不出接受过系统理论学习和实践训练的人才。也就是说，成熟专业人才稀缺。要尽快开展工作，只能让原先在其他岗位或其他专业出身的人员到舆情岗位工作。若要"来之能战，战之能胜"，则期望通过科学而合理的制度将这项本来与个人能力密切相关的智力活动适当转化成为"工厂操作"，依靠制度手段保障舆情收集与分析机制正常运转。假如个人水平高，信息质量和水平自然也高，如果因个人水平不够高，经验不足或有其他不利因素，依靠较完备的内部制度，也可以保证整体工作水准不会下降。强化制度建设的根本目的就是要通过制定必要的秩序和规范，最终保证舆情信息工作正常运转并长期、稳定和健康发展。

### 3.2.2 加速人员培养和队伍建设

"人才资源是第一资源。"人才是决定我们事业成败的关键因素。地方社科院图书馆不乏图情专业人才，甚至专家，但在处理舆情方面却没有人才储备。开展舆情信息服务，当务之急是要加速人员培养，抓好队伍建设。图书馆要制定并实施舆情信息队伍培训的中长期规划，将舆情信息员培训纳入馆员培训总体规划。让他们了解和掌握图书馆舆情信息服务的目的、方法和原则，还要重点培养他们树立强烈的事业心、责任心以及较高的政策法规水平、较强的调研能力、敏锐的洞察判断能力、综合分析研判能力和熟练的文字驾驭能力。

在着力打造专门人才的同时，还要充分发挥社科院的理论及科研专家优势，抓好舆情信息工作兼职队伍建设。通过聘请一些富有理论经验和实际分析能力强的专家及不同层次科研人员，充实到舆情工作兼职队伍中，担任舆情研究员和舆情信息员，满足当前急需，保证舆情信息工作快速和高品质发展的需要。

### 3.2.3 充分利用先进技术与设备

随着计算机及网络技术的飞速发展，现代高科技已经成为舆情发展的助推器，图书馆要做好舆情信息服务同样离不开现代化技术与设备的充分

利用。

（1）建设舆情信息数据库：将收集到的来自各种媒体的舆情内容录入数据库系统进行加工、分析和标引，数据库拥有格式转换、数据清洗、数据统计、自动分类、信息重组、信息综合以及热点话题、敏感话题和负面报道的即时提醒等功能，并提供尽可能多的信息检索途径，工作人员在数据库平台上完成信息综合，信息分析并形成意见、生成统计报表。最后产生的舆情信息产品可以包括专题类、综合类以及研究报告等多种形式。图书馆充分利用数据库较好的信息检索、统计、分析、输出等功能，满足各种决策需求。

（2）择选先进的网络舆情监测预警系统：在网络舆情的监测环节，目前的一些专业公司推出的专门系统和平台，在技术上已经较为成熟。例如，谷尼国际的Goonie互联网舆情监控系统能够根据相关参数，识别给定时间段内的热门话题和敏感话题，通过智能聚类分类、主题检测、专题聚焦和统计分析，实现各单位对自己相关网络舆情监督管理的需要。

由于网络舆情形成的速度快和来势猛，预警环节难度较大。目前也有一些这方面的研发尝试。如长江证券公司用机器抓取主要财经媒体的市场观点，跟踪市场走势，通过智能识别提取相关信息并对其进行观点判定和观点分类，最终汇总统计出市场整体的多空倾向。

## 4　结语

纵观全局，我国舆情信息工作还处于起步阶段，图书馆进入这一领域的时间则更短，范围也极其有限。地方社科院图书馆开展面向决策的舆情信息服务，在抢抓机遇的同时，更要精心筹谋，认真制定实施方案，只要我们认真把握舆情发生和发展的特点和规律，在社会科学专业化上下功夫，在如何发挥优势上动脑筋，并积极争取各级领导的支持，地方社科院图书馆一定能够在舆情信息服务领域作出贡献、彰显风采，切实发挥新时期"社科信息为决策服务"的作用与功效。

**参考文献**

[1] 王宏伟. 舆情信息工作策略与方法 [M]. 北京. 中国人事出版社，2011：23.

[2] 陈喆. 面向决策的报纸舆情信息收集与分析——以上海图书馆的实践为例 [J]. 情报杂志，2004（4）：181—184.

［3］ 蒙少东. 社会科学专业图书馆的核心价值探析［J］. 情报资料工作，2011（1）：38—40.

［4］ 中国互联网络信息中心. 第29次中国互联网络发展状况统计报告［EB/OL］. http：//www. cnnic. cn/research/bgxz/tjbg/201201/t20120116_23668. html.

［5］ 汝　信，陆学艺，李培林. 2012年中国社会形势分析与预测［M］//祝华新，单学刚，胡江春. 2011年中国互联网舆情分析报告［M］. 北京：社会科学文献出版社，2012年：194.

［6］ 付银生. 网络舆情挑战官员智慧［EB/OL］.［2010－8－2］. http：www. news. cn.

［7］ 江泽民. 江泽民文选·第三卷［C］. 北京：人民出版社，2006：319.

［8］ 李　彪. 舆情：山雨欲来——网络热点事件传播的空间结构和时间结构［M］. 北京：中国人事出版社，2011：178.

# 第五部分

## 人才建设

# 基于价值网的我国情报学公务员
# 人才培养模式研究

容金凤*

（华南师范大学经济与管理学院　广州　510006）

**摘　要**　调查情报学对口国家公务员岗位需求、技能要求及录用成绩等内容，分析情报学对口公务员岗位人才录用的现状，探讨情报学公务员人才培养存在的问题，提出我国情报学公务员人才培养的价值网，构建基于价值网的情报学公务员人才培养模式，最后从高校、学生和社会组织三个角度分别提出情报学公务员人才培养的建议。

**关键词**　价值网　情报学　人才培养　公务员

## 1　研究现状

我国情报学人才培养起源于科技情报、科技信息领域。1958 年中国科学技术情报研究所招收科技情报专业学生，培养方向主要局限于科技情报领域。随着信息社会的发展，情报学人才的培养方向已经多元化。关于情报学教育和人才培养的问题，学界与业界进行了大量的研究与探讨。前人的研究主要是从情报学的学科演进过程来探讨情报学人才培养的问题。然而，从社会需求探讨情报学人才培养的文章相对较少。公务员日趋职业化，学界也开始从公务员招聘角度探讨情报学人才培养。为了培养满足公务员岗位需求的情报学人才，实现情报学人才与公务员岗位的无缝对接，本文调查公务员岗位对情报学人才需求的情况，构架基于价值网的情报学公务员人才培养模式，冀望为我国情报学教育与人才培养起到借鉴作用。

---

\*　容金凤，女，1989 年生，华南师范大学经济与管理学院，研究生。

# 2 我国公务员岗位对情报学人才需求的调查分析

## 2.1 情报学公务员人才的概念

情报学公务员人才指符合公务员招录岗位需求的情报学专业人才。这个概念包含两层意思：①存在情报学专业对口的公务员岗位；②培养的情报学人才满足公务员岗位的需求。

## 2.2 情报学公务员人才需求的调查分析

### 2.2.1 人才需求岗位相对集中

从 2006 年《中华人民共和国公务员法》施行以来，截至 2012 年，国家公务员考试已举行七次。公务员职业化趋势导致"公务员热"，2012 年国家公务员报考人数创历史新高，达 117.4 万人，参加公务员考试的群体主要是学生。在此基础上，笔者通过检索国家公务员考试职位信息库，以"专业＝情报学"为检索条件，对历年情报学对口的公务员岗位需求进行检索统计，数据整理如表 1。情报学专业对口的公务员单位有：出入境边防检查总站、出入境检验检疫局、海关、公安局、民用航空局、国家知识产权局（含专利局、专利复审委员会）等，招考单位主要集中在出入境边防检查总站和海关，这两个单位的岗位需求量占所有对口岗位数量的比例超过一半，为 54.5%，招考人数占所有对口岗位招考人数的 63.3%。

### 表 1　情报学对口的公务员岗位

| 年　份 | 招考单位 | 岗位需求量 | 招考人数 |
|---|---|---|---|
| 2006 | 公安局 | 1 | 1 |
| 2007 | 国家知识产权总局 | 2 | 2 |
| 2008 | 海关 | 1 | 5 |
| | 出入境检验检疫局 | 2 | 2 |
| | 国家知识产权总局 | 1 | 1 |
| 2009 | 公安局 | 1 | 4 |
| | 出入境检验检疫局 | 1 | 1 |
| | 出入境边防检查总站 | 1 | 25 |

| 年　份 | 招考单位 | 岗位需求量 | 招考人数 |
|---|---|---|---|
| 2010 | 民用航空局 | 3 | 5 |
| | 出入境检验检疫局 | 1 | 1 |
| | 出入境边防检查总站 | 1 | 15 |
| | 海关 | 2 | 5 |
| 2011 | 出入境边防检查总站 | 5 | 27 |
| | 海关 | 5 | 38 |
| | 国家知识产权总局 | 2 | 2 |
| 2012 | 出入境边防检查总站 | 1 | 23 |
| | 海关 | 8 | 20 |
| | 公安局 | 6 | 30 |

### 2.2.2　人才供给与需求不平衡

据中国研究生招生信息网2013年硕士研究生专业目录显示，目前我国有71所高校授予情报学学位点，每年为社会输送的情报学人才约500人。随着公务员日趋职业化，国家公务员招考岗位逐年增多，人数逐年上升，但公务员对人才急迫的需求并没有体现在情报学人才上。尽管情报学对口的公务员岗位数量和招考人数有所增加，2012年招考人数甚至达到107人。然而，总体上情报学对口的公务员岗位需求数量非常有限，每年平均的岗位需求量不足7个，招考人数年均约35人，2006年招考人数比例为0.0097%，如表2所示。曼昆《经济学原理》指出一个简单的辩证关系问题——需求与供给的关系。高校每年平均为社会输送500名情报学人才，而公务员岗位对情报学人才的需求每年约35人，反映情报学人才供给与公务员岗位对情报学人才需求的严重不平衡。

**表2　情报学对口公务员岗位数量及招考人数统计**

| 年份 | 招考岗位总数 | 招考人数总数 | 对口岗位数量 | 相应的招考人数 | 对口岗位占总体比例 | 招考人数占总体比例 |
|---|---|---|---|---|---|---|
| 2006 | 5338 | 10 281 | 1 | 1 | 0.02% | 0.0097% |
| 2007 | 5532 | 12 725 | 2 | 2 | 0.036% | 0.0157% |

| 年份 | 招考岗位总数 | 招考人数总数 | 对口岗位数量 | 相应的招考人数 | 对口岗位占总体比例 | 招考人数占总体比例 |
|------|------------|------------|------------|--------------|----------------|----------------|
| 2008 | 6504 | 13 278 | 4 | 8 | 0.062% | 0.0602% |
| 2009 | 7555 | 13 566 | 3 | 30 | 0.066% | 0.2211% |
| 2010 | 9275 | 15 526 | 7 | 26 | 0.075% | 0.1674% |
| 2011 | 9758 | 16 205 | 12 | 73 | 0.123% | 0.4505% |
| 2012 | 10 486 | 17 941 | 15 | 107 | 0.143% | 0.596% |

### 2.2.3　岗位有明确的技能要求

分析表3情报学对口公务员岗位人才技能要求，无论出入境边防检查总站、出入境检验检疫局、海关、公安局和民用航空局，还是国家知识产权局（含专利局和专利复审委员会），招考单位对情报学公务员人才有明确的技能要求。招考的技能要求包括专业学历要求、情报搜集能力、情报调查分析能力、情报传播能力以及情报评估能力等技能要求。

### 表3　情报学对口公务员岗位人才技能要求

| 招考单位 | 职位简介任务描述 | 技能要求 |
|---------|----------------|---------|
| 出入境边防检查总站 | 依法承担着对从口岸出、入境人员及其行李物品、交通运输工具及其载运的货物实施边防检查，对出、入境交通运输工具进行监护，对口岸限定区域进行警戒，维护出、入境秩序，执行主管机关赋予的和其他法律法规定的任务等职责；24 小时倒班，夜间户外执勤较多，较适合男性 | 1. 法学、文件检验、情报学、行政管理专业，研究生（硕士）及以上学历；<br>2. 熟悉海港出入境边防检查、监护、巡查等工作；<br>3. 具备情报分析和调查能力 |
| 海关 | 主要负责对所管辖的关区走私犯罪案件依法进行侦查、拘留、执行逮捕和预审；对走私行政案件，违规案件以及法律，行政法规规定由海关管辖的案件依法进行调查，审理和执行；受理所办理的走私犯罪案 | 1. 信息安全、应用数学、情报学专业；<br>2. 取得英语六级证书或者达到425 分；<br>3. 情报分析、案件侦查和调查 |

| 招考单位 | 职位简介任务描述 | 技能要求 |
|---|---|---|
| 海关 | 件和走私、违规等行政处罚案件的申诉和行政赔偿工作；管理关区知识产权海关保护工作；对涉嫌侵权案件进行调查、审理和处罚，协调和指导侵权货物的处置 | |
| 公安局 | 主要岗位包括铁路公安处线路警务区民警、铁路公安处民警、铁路公安处法医、铁路公安局警犬基地民警、铁路公安处车站派出所民警等 | 1. 利用科学技术手段，对案件勘验和检查；<br>2. 熟悉犯罪情报的搜集；<br>3. 开展与犯罪有关的场所、商品、人身、尸体等的加工分析 |
| 出入境检验检疫局 | 科技资料管理工作 | 1. 情报学、图书馆学、信息管理专业硕士<br>2. 对科技资料进行评估，形成分析报告 |
| 民用航空局 | 情报资料、系统和安全管理；情报政策、制度和技术研究 | 1. 情报学及相关专业研究生（硕士）及以上；<br>2. 要求对情报资料加工分析；<br>3. 利用科技技术传播情报信息 |
| 国家知识产权局（含专利局和专利复审委员会） | 专利信息传播工作组织及管理；专利数字图书馆管理与维护 | 1. 信息管理、情报学或图书馆学专业研究生（硕士）及以上；<br>2. 熟悉数字图书馆建设维护与管理，熟悉计算机操作 |

### 2.2.4　岗位录取的素质要求高

国家公务员采取"笔试＋面试"二轮考录。笔试考查的是公共科目，包括行政职业能力测验和申论两科；面试有结构化面试、情景模拟测验、无小组讨论和文件筐作业等形式。公共科目是全面测试应试者是否具备与职位相匹配的基础知识、专业能力和心理素质，这明确要求考生要具备高层次的综合素质。面试由命题组、理论科研组和面试组三组专家队伍成，以国家政策的动态为面试切入点，考核应试者的宏观统筹能力和思维应对能力。情报学学生报考公务员既要具备国家行政机关工作人员的基本知识、过硬的专业背景知识和强大的心理素质，又要熟知党和国家工作部署的新动态。

情报学对口的公务员岗位属于行政机关，通过对2008—2012年五次国家公务员行政机关岗位面试分数的调查，分数统计情况如表4所示。由表4可知，2012年有532个行政机关单位发出面试通知，面试提档线最高为130分，最低提档线为57分，平均分数为93.5分；2012年情报学对口的15个岗位的面试最高提档线为121.2分，最低提档线为104.5分，平均分数为112.85分。情报学对口的公务员岗位，面试最低分高于其他行政机关的最低分，反映公务员岗位对情报学人才有更高的素质要求。类似的，在2011年、2010年、2009年和2008年的国家公务员面试中，情报学公务员人才的最低分数远远高于行政机关最低提档分数，且情报学对口公务员岗位的提档线平均分与行政机关总体提档线平均分的分差不断拉开。由此可知，情报学公务员人才的素质要求普遍高于总体国家公务员水平，相应的情报学对口公务员岗位考录的难度更大。

**表4　行政机关面试分数与情报学对口公务员岗位面试分数比较统计表**

| 年份<br>项目 | 2008 | 2009 | 2010 | 2011 | 2012 |
|---|---|---|---|---|---|
| 行政机关最高提档线/情报学对口岗位最高提档线 | 135.2/<br>121.9 | 132.3/<br>117.4 | 126.1/<br>113 | 131.5/<br>120 | 130/<br>121.2 |
| 行政机关最低提档档线/情报学对口岗位最低提档线 | 89.7/<br>116.2 | 90/<br>110.7 | 58.13/<br>107 | 56.65/<br>105.1 | 57/<br>104.5 |
| 行政机关平均分/情报学对口岗位平均分 | 114.6/<br>118.4 | 108.68/<br>114.05 | 101.62/<br>109.63 | 93.88/<br>112.55 | 93.5/<br>112.85 |
| 情报学对口岗平均分与行政机关平均分分差 | 3.8 | 5.73 | 8.01 | 18.67 | 19.35 |

## 3　我国情报学公务员人才培养的问题分析

### 3.1　社会对情报学人才的认可度不高

国家公务员为情报学人才提供的岗位数量很少，不足1%。在调查中发现，部分岗位对应考者的要求与情报学培养的人才相接近，却不招录情报学专业人才，只招录与情报学相关的认可度高的专业，如新闻学和计算机专业。情报学人才认可度不高的原因，很大程度是人们对情报概念的模糊认知。情报对应于"Information"还是"Intelligence"，是学界不同学派的基本分歧，情报定义的分歧致使人才培养定位的不明确。学界无法向社会明确情报学人才的内涵，致使社会对情报学人才认可度不高，情报学对口公务员岗位只能集中在几个单位岗位上，这导致情报学公务员人才需求与供给不平衡，造成情报学对口公务员岗位报考的日趋激烈。

### 3.2　情报学人才核心竞争力的培养缺乏系统化

在表3公务员职位简介一栏，明确要求应考者具备情报学核心技能，如情报搜集能力、情报调查分析能力、情报传播能力以及情报评估能力。这些技能形成情报活动流程，成为情报学的核心竞争力，反映公务员岗位对情报学人才核心竞争力有迫切需求。然而庞海燕和于宁通过分析情报学人才培养课程设置，认为高校没有系统地培养情报学学生的专业核心竞争力。

### 3.3　情报学公务员岗位考录难度大

结合国家公务员考试职位信息库，通过对表4的数据分析可以发现，情报学对口的公务员岗位很少，招考岗位又侧重于公安情报学专业，非公安情报学能选择的岗位更少，导致情报学面试最低分数远远高出其他行政机关，致使情报学专业对口公务员岗位的录取素质更高。在公务员考录过程中，这要求情报学专业应考者比其他岗位的应考者在应变能力、思维方式、处理问题和统筹兼顾等方面必须有所创新，更具有创新精神，熟练掌握国家公务员岗位的基本知识，拥有更成熟的社会实践能力和更强大的心理素质，才能脱颖而出。

## 4　基于价值网的我国情报学公务员人才培养模式

### 4.1　从价值链到价值网

价值网理论由价值链理论演化而来，Peppard和Rylander甚至认为价值网是价值链发展的最后一个阶段。波特的价值链将企业经营活动划分为基础活动与辅助活动，并指出企业间价值链差异是企业竞争优势的关键来源。学界已有学者从价值链角度研究人才培养，他们认为高校想培养更具有价值的人才，必须如企业分析内部条件一样分析人才培养活动，找到"核心环节"从而培养出满足社会需求的具有竞争优势的人才。然而，随着数字网络技术的突飞猛进和信息经济的发展，专家学者认为价值链理论僵硬的链状结构导致分析视角过于狭窄，其焦点是单个企业内部运作的分析，极少考虑上下游合作伙伴的关系，这导致基于价值链分析的人才培养研究视角局限于高校内部，高校人才培养活动的单一线性，也不利于调动其他拥有教育资源的组织，系统地培养满足社会需求的优秀人才。

情报学公务员人才培养的效率和效能很大程度受到高校、学生和社会组织的约束，因此利用价值网理论研究人才培养能弥补价值链理论的缺陷，系统地培养出满足公务员需求的情报学人才。在 David Bovet 和 Adrian Slywotzky 关于价值网概念的基础上，本文定义价值网为：价值网是围绕处于核心位置的情报学对口公务员岗位的人才需求，运用数字化方式将人才需求传递给具有核心教育资源的组织（高校、学生和社会组织），情报学人才培养组织间通过快速响应和敏捷分工，采用不同特色的人才培养方式，培养满足公务员岗位的情报学人才，从而形成互相共存的价值增值的网络关系。与基于价值链理论的人才培养比较，基于价值网的人才培养具有的重要特征，具体比较如表 5 所示。

表5　基于价值链理论与基于价值网理论的人才培养比较

| 理论<br>要素 | 价值链 | 价值网 |
|---|---|---|
| 人才培养的焦点 | 学校 | 用人单位 |
| 人才培养的结构 | 线性结构 | 网状结构 |
| 人才培养的流程 | 模拟式 | 数字式 |
| 人才培养的边界 | 边界固定 | 边界灵活多变 |
| 人才培养的需求反应 | 僵硬、缓慢 | 快速响应 |

## 4.2　我国情报学公务员人才培养的价值网分析

从经营的角度审视情报学公务员人才培养价值网涉及的主体，学校本质上是"加工生产"人才的"工厂"，优秀的人才是学校的"产品"，"学校的科研、服务、管理等工作无不围绕人才培养这一基本职能运转"。学生是人才培养的对象，"生产的原材料"，对象自身的素质及个人修养是人才培养的决定性因素。社会组织包括公务员教育培训单位、企业、科研院所等机构。它们为情报学人才提供个性化指导和特色培训，通过实践训练的模式和平台培养情报学公务员人才。根据价值网的定义，学校、学生和社会组织形成交互共存和敏捷分工的价值增值网络关系。在 Bovet 和 Martha 关于价值网结构研究的基础上，形成情报学公务员人才培养价值网，由目标层、关键层和辅助层三层构成，如图 1 所示。

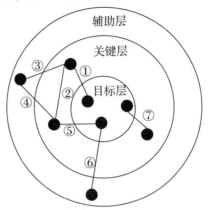

**图1　情报学公务员人才培养价值网**

　　目标层对应情报学公务员人才需求，关键层由学校与情报学学生组成，辅助层代表社会组织。具体的结构关系如下：

　　①表示学校通过网络界面或其他数字化通讯方式了解到情报学对口的公务员岗位人才需求；②学校通过内部网络把人才需求信息及时传递给情报学学生，并且实施相配套的人才培养方案；③利用外部网络把人才需求信息，分拆后传递给拥有独立资源和具有核心竞争力的社会组织；④表示社会组织收到人才需求信息后，为学生提供社会实践锻炼的平台和公务员笔试的特色培训课程；⑤在公务员岗位人才需求支配下，学生参加社会实践活动和完成公务员考录培训课程后，参加公务员考试；⑥表示顺利通过公务员笔试的情报学学生，参加公务员教育培训单位开设的面试特色培训课程；⑦表示学生成功考录公务员的反馈系统，反馈系统将人才培养的学校、学生和社会组织联系起来，在满足情报学公务员人才需求的前提下，实现价值网所有参与者的价值增值。

### 4.3　基于价值网的我国情报学公务员人才培养模式构建

情报学对口公务员岗位人才需求的调查发现，情报学公务员人才需求岗位相对集中、人才供给与需求不平衡、岗位有明确的技能要求、岗位录取的素质要求高等现象，在此基础上探讨我国情报学公务员人才培养存在的问题，提出情报学公务员人才价值网。下文分析基于价值网的我国情报学公务员人才培养的构建过程。

#### 4.3.1　我国情报学公务员人才培养的价值网构建分析

我国情报学公务员人才培养过程分为价值定位、影响因子、培养手段、培养转化和价值实现等五个过程，如图2所示。情报学公务员人才培养的"价值定位"是培养满足情报学对口公务员岗位的人才。在情报学公务员人才价值网中，人才培养涉及的对象有高校、学生和社会组织，即"影响因子"。"培养手段"是情报学公务员人才培养的具体方法。有了培养手段，"培养转化"是将传授的知识转化为学生的素质和能力，并通过学生参加公务员考试进行检验。"价值实现"最终通过"影响因子"检验人才培养过程是否实现情报学公务员人才培养的目的。整个过程从人才培养价值定位开始，通过层层的推进，高校实现人才培养目标，学生被培养为情报学公务员人才，社会组织通过提供公务员教育特色培训课程获得利润，从而实现整个价值网的价值增值，并形成一个循环的网络结构。这反映价值网为我国情报学人才培养提供一种培养模式。

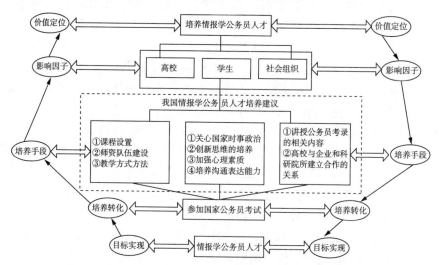

**图2　基于价值网的情报学公务员人才培养模式构建**

### 4.3.2　我国情报学公务员人才培养建议

（1）高校加强"三大领域"的建设

针对社会对情报学人才认可度不高和情报学人才核心竞争力的培养缺乏系统化的问题，高校从课程设置、师资队伍建设和教学方式三个方面入手，加强"三大领域"的建设。

①形成"基础课程"和"专业课程"的课程设置。"基础课程"主要让学生掌握各个学科的基础知识、原理和方法，扩充学生行政能力测试的基本知识，为公务员录用考试打好基础；"专业课程"主要是让学生掌握情报学专业知识，从而拥有过硬的专业背景知识。

②在师资队伍建设方面，情报学对应的学院要充分利用学校的各种教育资源，鼓励学生跨学院交叉选课，推动情报学与其他学科的合作，扩大情报学的影响力，提高社会对情报学的认可度。

③为了系统化地培养情报学人才的核心竞争力，高校必须改革情报学的教学方式，采用案例分析、课堂演讲和小组讨论的方式，加深情报学学生对情报学核心竞争力的认识，形成系统的情报学专业核心竞争力。

（2）学生提高自身能力素质

从国家公务员考录出题的角度来看，无论是行政能力测试、申论还是面试，都对情报学专业学生的能力素质提出多方面的要求，既要熟知党和国家的根本指导思想，宏观把握国家工作部署，微观了解政策时效性，又要具备统筹兼顾能力、应变能力、强大的心理素质等能力。这迫切需要情报学学生加强自身能力素质的培养。情报学学生可以从以下几方面培养：

①关心国家时事政治。通过关心时事政治，情报学学生将自己与国际形势和国内环境联系起来，培养政治敏感度，站在宏观的高度观察和思考问题。通过日常的时事积累，运用国际眼光和综合眼光应答公务员考录。

②创新思维的培养。情报学学生养成创新思维思考问题的习惯，即使与团队协作科研项目情况下，也要运用创新的方法获取情报知识、完成情报收集加工和形成情报传播报告。

③加强心理素质。学生积极参加情报工作，在给定的工作环境下，承担不同的角色任务，通过在具体限定的时间内完成给定的紧急任务，强化自身心理素质的锻炼。

④培养沟通表达能力。学生要积极参加学生社团工作和社会实践活动，系统培养口头能力、书面表达能力以及协调沟通能力。只有加强沟通表达能力的培养，才能使情报学学生在公务员面试中施展技能。

（3）社会组织提供培训平台

针对岗位人才录取素质要求高的问题，充分利用公务员教育培训单位、企业、科研院所等机构，通过实践操作加强培养公务员岗位的人才需求技能，从而使情报学学生在公务员考录中脱颖而出。

①讲授公务员考录的相关内容。公务员教育培训单位为情报学学生讲述公务员考录制度的有关规定，为学生开设公务员录用考试的课程，辅导学生行政职业能力测验和申论的考试，训练公务员模拟面试的应答技能。

②与企业和科研院所建立合作的关系，高校定期派学生到单位实习，通过实践活动提高学生对情报学活动流程的认知，培养公务员岗位对情报学人才情报需求分析、情报搜集、情报加工分析、情报传播利用和情报评估等技能，在实践中系统加深学生对情报学核心竞争力的掌握，使情报学专业学生成为国家公务员招录单位青睐的专项人才。

## 5　结语

情报学公务员人才培养对于培养优秀情报学人才、提高情报学专业认可度、扩大高校就业率、满足国家公务员对情报学人才需求和推动公务员培训行业发展具有重要意义。本文的主要创新点是对情报学对口国家公务员岗位需求、技能要求和录用成绩等方面的调查，发现我国情报学公务员人才培养存在几个问题：①社会对情报学人才认可度不高；②情报学人才核心竞争力的培养缺乏系统化；③情报学公务员岗位考录难度大。针对以上问题，提出我国情报学公务员人才培养的价值网，构建基于价值网的我国情报学公务员人才培养模式，提出高校加强"三大领域"的建设、学生提高自身能力素质、社会组织提供培训平台等人才培养建议，冀望能为我国情报学人才培养起到借鉴作用。

### 参考文献

[1] 谢晓专. 竞争情报人才的需求与培养研究 ［A］. 见：张左之. 竞争之道 情报先行 ［C］. 上海：上海科学技术文献出版社，2008：20—31.

[2] 李艳，蒋贵凰，宋维翔. 以情报分析人才培养为核心重塑我国情报学专业教育 ［J］. 情报理论与实践，2011（7）：13－16.

[3] 王知津，徐芳，严贝妮. 情报学研究生教育进展研究 ［M］//情报学进展（2008—2009 年度评论）. 北京：国防工业出版社，2010.

［4］夏义堃. 我国图书情报类毕业生的职业选择与职业发展状况分析 ［J］. 图书馆理论与实践, 2009 (1)：32—36.

［5］褚峻. 从学科发展中的若干问题看情报学教育的选择 ［J］. 图书与情报, 2001 (1)：54—57.

［6］赵需要, 周庆山. 我国情报学教育研究取向分析——基于我国情报学硕士点研究方向的统计 ［J］. 情报理论与实践, 2006 (4)：393—400.

［7］王知津, 孙立立. 我国情报学硕士研究生教育走势分析 ［J］. 情报理论与实践, 2005 (5)：449—455.

［8］王知津, 孙立立. 我国情报学博士研究生教育走势分析 ［J］. 情报资料工作, 2006 (1)：96—98.

［9］赖茂生, 邢博. 从公务员招聘看我国情报学人才培养 ［J］. 情报学报, 2010 (10)：1464—1468.

［10］2012 年国考公务员适度放开专业限制 ［N/OL］. ［2011 - 10 - 13］. http://zc. china-b. com.

［11］2012 年国家公务员考试职位分析指南 ［N/OL］. ［2011 - 10 - 14］. http://edu. sina. com. cn/official/2011-10-14/1001315348. shtml.

［12］国家公务员招考职位匹配查询 ［EB/OL］. ［2012 - 5 - 12］. http://zw. offcn. com/？ action = list&id = 139.

［13］中国研究生招生信息网 ［EB/OL］. ［2012 - 5 - 12］. http://yz. chsi. com. cn/.

［14］N. Gregory Mankiw. Principles of Economics3th ［M］. British：South-Western College Pub, 2003：34—46.

［15］刘洪. 从公务员考录工作的科学性谈高校创新型人才培养 ［J］. 连云港职业技术学院学报, 2010 (4)：58—60.

［16］叶榕. 浅议大学生就业能力培养与和谐社会构建——以培训药学专业学生报考公务员为例 ［J］. 福建医科大学学报 (社会科学版), 2007 (1)：49—51, 61.

［17］方堃, 白亭义. 契合与升华：探寻公务员职业化取向下的 MPA 教育新模式——"中国公共管理硕士 (MPA) 专业学位教育与公务员职业化建设"研讨会综述 ［J］. 中国行政管理, 2009 (4)：126—127.

［18］成颖, 孙建军, 柯青. 情报学研究反思——从信息与情报的概念视角思考 ［J］. 情报学报, 2011 (8)：1147—1153.

［19］张晓翊, 张玉峰. 竞争情报的核心价值、基本原则及其流程 ［J］.

情报科学，2008（26）：1774—1777.

[20] 庞海燕，于宁. 我国情报学专业硕士研究生培养调查研究 [J]. 图书馆学研究，2009（7）：7—10.

[21] Peppard Jand Rylander A. From value chain to value net-work：Insights for mobile operators [J]. European Management Journal，2006（24）：128—141.

[22] 迈克尔·波特. 竞争优势 [M]. 陈小悦，译. 北京：华夏出版社，2005：65—83.

[23] 张海龙，王占礼. 高等学校人才培养价值链分析与对策 [J]. 黑龙江教育（高教研究与评估），2007（4）：34—36.

[24] 黄小欧，董定超. 基于价值链理论的高校人才培养探析 [J]. 华南热带农业大学学报，2007（4）：107—110.

[25] Hines, P. and Rich, N.（1997），"The seven value stream mapping tools"，International Journal of Operations & Production Management，Vol. 17 No. 1，pp. 46—64.

[26] Kothandaraman, P. and Wilson, D. T.（2001），"The future of competition：value-creating networks"，Industrial Marketing Management，Vol. 30 No. 4，pp. 379—89.

[27] Huemer, L.（2006），"Supply management：value creation, coordination and positioning in supply relationships"，Long Range Planning，Vol. 39 No. 2，pp. 133—53.

[28] Anni-Kaisa Kähkönen .（2012），"Value net—a model for the food industry"，British Food Journal Vol. 114 No. 5，pp. 681—701pp. 681—701.

[29] David Bovet, Joseph Martha, R·Kirk Kramer. 价值网 [M]. 仲伟俊，等译. 北京：人民邮电出版社，2001：6—8.

[30] Adrian J. Slywotzky, David J. Morrison, Bob Andelman. 发现利润区 [M]. 凌晓东，等译. 北京：中信出版社，2007：25—30.

[31] 刘敏榕. 基于创新创业型竞争情报人才培养模式的研究 [J]. 情报学报，2008（11）：1647—1652.

[32] Bovet, D. and Martha, J.（2000b），"Value nets：reinventing the rusty supply chain for competitive advantage"，Strategy & Leadership，Vol. 28 No. 4，pp. 21—6.

# 两岸公共图书馆专业人员制度之比较

程 光*

（福建社会科学院文献信息中心 福州 350001）

**摘 要** 专业人员制度是现代图书馆管理的一个重要组成部分。两岸公共图书馆发展道路不同，专业人员制度也有很大的差异，但都存在着一些问题。完善现行的专业人员制度，是信息时代图书馆保存发展动力的关键。

**关键词** 图书馆专业人员 任职要求 职称制度 资格认证 大陆 台湾

图书馆专业人员制度是图书馆管理的一个重要组成部分。两岸图书馆发展道路不同，在专业人员的任用制度方面也有较大差异。本文拟就两岸公共图书馆的专业人员制度作一比较。

## 1 两岸图书馆工作人员的构成和任职要求

### 1.1 大陆图书馆工作人员的构成

我国大陆地区从 1981 年 3 月设立图书资料系列职称开始，经过 1986 年的职称改革到现在，图书资料系列职称评定工作已步入正常化和规范化阶段，并已成为各级各类型图书馆专业人员职称聘任的标准和依据。大陆图书馆工作人员组成如下：图书馆专业技术人员（指评聘为图书资料系列职称的专业人员）；图书馆专业技术工人（工人编制，参加图书馆专业技术工作职称考试并获得相应技术级别的工人）；其他专业技术人员（计算机系列和高教系列）；临时工作人员（如高校学生馆员等）

在大陆图书馆专业人员构成中，图书馆专业技术人员占主体。

---

* 程光，福建社会科学院文献信息中心。

## 1.2　大陆图书馆专业人员的任职要求

管理员：中等专业或大学专科学校毕业，见习一年期满合格，初步掌握图书、资料业务的基础知识和工作方法和技能。

助理馆员：基本掌握图书馆学和情报学的基础理论和专业技能；有一定的实践经验，能胜任一般图书资料专业工作的岗位，解答读者一般咨询，并取得一定的工作业绩；能对专业工作实践作一般性的理论总结；具有良好的职业道德和敬业精神。

馆员：图书资料专业馆员须具有一定的科学文化知识，掌握图书馆学和情报学基础理论和专业技能，了解国内外图书资料专业的发展趋势；具有一定的工作经验和较强的独立工作能力，能参与科研课题研究和独立完成一定难度的专业工作，取得较好的业绩，能对自己的业务成果进行理论论述，公开发表、出版本专业具有一定水平的论文和著作，具有指导初级专门人员的能力，较熟练运用外语获取信息和进行学术交流；具有良好的职业道德和敬业精神。

副研究馆员：图书资料专业副研究馆员须具有较广搏的科学文化知识，系统掌握图书馆学和情报学基础理论和专业技能，掌握国内外图书资料专业的发展动态；具有较强的科研能力和较丰富的专业工作经验，能运用新技术传播和开发文献信息，在业务建设的理论与实践上有创见，完成较高难度的科研课题或工作项目，业绩显著；公开发表、出版本专业较高水平的论文和著作，具有培养专门人才和指导中级以上专业人员的能力，能熟练运用外语获取信息和进行学术交流；具有良好的职业道德和敬业精神。

研究馆员：图书资料专业研究馆员须具有广搏的科学文化知识，精通图书馆学和情报学基础理论和专业技能，及时跟踪国内外图书资料专业的发展动态；具有很强的科研能力和丰富的专业工作经验，能运用新技术传播和开发文献信息，在重大业务建设的理论与实践上有创见，主持完成高难度的科研课题或工作项目，业绩显著；公开发表、出版本专业高水平的论文和著作，具有培养专门人才和指导中级以上专业人员的能力，是图书馆学及图书馆工作某一领域的学术、技术带头人；熟练运用外语获取信息和进行学术交流；具有良好的职业道德和敬业精神。

## 1.3　台湾图书馆工作人员的构成

2001年1月，台湾公布实施"图书馆法"，该法明文规定，公立图书馆需由专业人员经营管理。该法公布后，台湾图书馆界对"专业人员"展开了热烈的讨论，但并未得出一致的意见。

台湾图书馆工作人员包括正式编制人员和非正式编制人员。在正式编制人员中有专业人员、行政人员和技术人员。非正式编制人员有临时人员、约聘人员、工读生、志工等。

### 1.4　台湾公共图书馆专业人员的任职要求

由于2001年公布的"图书馆法"并没有对台湾图书馆专业人员相关制度进行明确的规定，此后台湾"教育部"颁布了《公共图书馆设立及营运基准》，其中的第十点将图书馆工作人员分为专业人员、行政人员及技术人员三类，但亦未明确规定专业人员的职称分级。

根据台湾"教育部"2002年10月28日颁布了"公共图书馆设立及劳动基准"，对公共图书馆专业馆员的任职有以下几点要求：

（1）"国家公务人员"高等考试暨普通考试图书信息管理类科及格；或相当高等考试暨普通考试之图书信息管理类科特考及格，并取得任用资格者。

（2）国内外大学校院图书信息学系本科系、所或相关学系、所毕业者。

（3）国内外大学毕业，并曾修习经图书馆各级主管机关核准或委托之图书馆、大学校院、图书馆专业团体办理之图书信息学科目课程20学分或320小时以上者。

（4）国内外大学毕业，并有图书馆专门学科论著经公开出版者，或三年以上图书馆专业工作经验者。

在公共图书馆专业馆员配备方面，第十二点则规定公共图书馆专业馆员以不少于全馆总员额三分之一为原则。

## 2　两岸公共图书馆专业人员制度存在的主要问题

### 2.1　大陆公共图书馆专业人员制度存在的主要问题

（1）职称终身制

在大陆实行职称制度以来，职称终身制在各系列专业技术职务聘用中普遍存在。专业技术人员一旦获聘职称，终身受益。这种只上不下的制度使得公共图书馆专业技术人员在未评聘为理想职称前，还能以要评定的职称条件为目标，在专业业务和科研方面进行努力。一旦评上理想职称，便可高枕无忧，也就失去先前为之奋斗的动力，躺在"功劳簿"上混日子。

（2）高级职称比例对图书馆专业人员晋级的影响

随着我国事业单位改革的加速，公共图书馆高级职称比例的矛盾将更加突出。大型公共图书馆虽然高级职称数量相对较多，但竞争者众，僧多粥少的现象不可避免。而中小型公共馆的高级职称人数有限，特别是大部分的县级公共图书馆在事业单位改革后根本没有高级职称指标。高级职称比例的受限使得公共图书馆在实施职称制度时普遍存在论资排辈现象，影响了年青人的工作积极性，一些高素质的人才由于无上升空间而无奈离去。

（3）职称标准不一

公共图书馆的各级职称拥有者先通过了相当级别的职称评定后才可获聘。1986 年文化部制定了图书资料系列职称评审条例后，按理说全国已经有了相对统一的职称评审标准，但许多省市和自治区出于各自的考虑相继出炉了地方版的职称评审条例，并以此作为各地图书资料业务人员职称评定的标准。这些"地方粮票"由于制订者不同，相关细则的内容也不一样，从而导致了各地区同一职称评定标准宽严不一，量化不足，且更改频繁，这与职称制度的本质要求明显相悖。职称制度在体现图书馆专业技术人员学识水平、技术能力等方面的公平性和公正性方面饱受质疑。

## 2.2　台湾公共图书馆专业人员制度存在的主要问题

（1）对专业人员缺乏详细的任职要求

在 2001 年台湾"图书馆法"颁布之前，台湾的公立图书馆人员任用制度无法可依，较为混乱。在"图书馆法"公布之后，虽然该法对公共图书馆的人员任用制度作了规定，但对于图书馆的"专业人员"并无详细解释，其认定标准也无施行细则可供参考。

（2）专业人员录用制度不够完善

台湾公共图书馆专业人员的任用有四种类型：考试任用制、聘任制、派用及约聘雇或临时馆员四种。

考试任用制是由"考试院"每年举办公务人员考试，针对各机关的职缺分别举办相当职等的考试。由于许多图书馆常常遇缺不补，并未依规定呈报职缺，从而导致每年经过考试录用到图书馆的录取人员名额很少，就职于公立图书馆更是寥寥无几。

聘任制则由社教机构首长依据教育人员任用条例规定的条件聘任专业人员，其职级比照大学教授、副教授、助理教授及讲师，馆员若要升等则需等馆内有职缺，经馆内人评会通过，且其本身有相当层级水平的著作送"教育部"学审会通过方可升迁。

约聘雇制是以聘用人员聘用条例聘用及行政院暨所属机关约雇人员雇用办法雇用之人员。台湾图书馆还有一种职称为"临时人员"但却服务几十年的专业人员。

综观台湾公共图书馆专业人员的各种任用制度，基本上都是以"考试及格"为任用的先决条件，虽公平但也使学无专精者充斥于图书馆中，而公共图书馆馆员职务列等的高低，与图书馆隶属机关的层级高低成正比，导致专业馆员因欠缺良好升迁途径而流失。特别是基层小型公共图书馆，由于经费、升迁等问题的影响，普遍存在着编制不足、任用方式不当、职等过低、待遇偏低等问题，致使专业人员缺乏，服务水平长期无法提升。

（3）编制问题导致专业人才缺乏

台湾图书馆专业人员制度存在的另一个问题是编制问题一直未能得到妥善解决。早在1996年，岛内对台湾地区公共图书馆经营管理情况调查研究即指出，有近一半的基层公共图书馆没有正式编制，只能聘请约雇或临时人员，台湾公共图书馆专业人才之缺乏可见一斑。台湾公共图书馆大多属于公立机构，必须晋用通过"国家公务员"考试及格的公务人员，除非有特别法令规定，非考试及格不得任用，阻碍了其他没有通过考试却有专业背景与服务热诚的人士为公共图书馆任用。

## 3　两岸公共图书馆专业人员制度的改进建议

### 3.1　建立图书馆专业人员职业考核和认证制度

职称终身制是大陆公共图书馆专业人员制度存在的最大弊病之一。当专业人员聘上职称后，工作动力和科研热情陡降。一些在职称晋升上已达到顶峰的图书馆员对工作和科研丧失热情，安心享用职称带来的实惠，导致自身素质下降。以图书馆科研工作为例，图书馆专业技术人员进行图书馆学信息学专业研究的一个重要原因是职称评定的需要，而当工作人员评上高级职称后，为评定职称而写论文的动力就不复存在。有人曾就职称对图书馆科研的影响做过调查，调查结果显示，在晋升研究员职称后仍然继续从事图书馆学信息学专业科研的，在图书馆专业技术人员中仅占很小的比例。而相当部分晋升副高职称的专业技术人员也在晋升之后的三四年内几乎不涉足科研，只有在晋职年限临近时才又为了评职称而继续写作。另一部分副高职称的专业技术人员因为不准备继续晋职而完全放弃撰写论文。由此可见职称制度终身制对图书馆专业人员的影响。只有废除职称终身制，建立职称考核制度，对相应职称级别的专业技术人员定期进行考核，对考核不及格者缓聘或延聘，才能保证专业人员队伍的活力和动力，并使职称制度制订的初衷得以实现。

台湾图书馆界人士也建议公共图书馆聘任的专业人员在业务和科研方面每年都要进行考核，不合格者予以淘汰。

针对两岸图书馆专业人员制度存在的问题，实施定期考核和职业资格认证制度，有利于优胜劣汰，保持图书馆的活力。专业人员首次通过职业资格认证后，设定相应的有效期，有效期满进行重新考核。专业人员在此期间没有造诣和业绩，便不能在原资格层次上维系。如伊利诺伊州立大学芝加哥图书馆规定，对专业馆员除平时考察外，每三年进行一次全面考核，对考核不及格者提出警告，无改观者取消专业馆员资格。

### 3.2　统一专业人员的任职标准

如上文所述，大陆各省的图书资料系列职称评定条例中存在标准不一现象。为解决这一问题，建议由文化部、各省市自治区的主管部门和有关专家进行商讨，制订出相对公平、科学并切实可行的职称评审条例，强制各省市自治区相关部门执行，对同一职称的专业技术人员实行全国统一的标准，避免由于地方条例不同造成的职称评定标准严重不一现象，为图书资料人才队伍发展营造公平公正的竞争环境。

台湾虽然制订了"图书馆法"及相关条例，使公共图书馆工作有法可依，但由于对专业人员的任职标准缺乏详细的规定，且因聘任方式多种造成人事制度混乱。岛内图书馆界人士建议图书馆专业馆员未来应以考试任用制度及聘任制度为主，至于约聘雇及派用制度应逐渐取消，因为一馆多种人事制度易造成混乱局面，且增加许多人事费用。未来公共图书馆专业馆员应致力于知识性、决策性与设计性的发展工作，至于较为机械性或简易的工作（如图书上架）则可考虑外包或征求志工来协助，如此一来不仅可使图书馆节省更多经费，又能促进公共图书馆的专业发展。

### 3.3　职称职等适度向基层图书馆倾斜

针对大陆事业单位系统在职称比例方面限定过严的现象，建议在职称比例限定中增加一定的灵活性，如破格晋升的专业人员不占用职称名额等，以使在基层无高级职称比例的公共图书馆工作的有真才实学的专业人员有机会评聘为高级职称，激发工作人员的工作和科研积极性，提升服务质量，稳定图书馆专业人才队伍。

　　台湾的大部分公共图书馆，特别是基层图书馆普遍存在着人员少、职等低、工作繁杂、待遇低以及缺乏升迁及进修等渠道，若能从提升基层图书馆从业人员之职等及待遇，将能延揽更多的专业馆员。

## 参考文献

［1］文化部．图书、资料专业职务试行条例．中央职称改革工作领导小组 1986 年 4 月 2 日发，职改字〔1986〕第 43 号.

［2］图书馆法〔z〕．华总一义字第 90 以冶的 320 号．2001 年 1 月 17 日生效.

［3］"教育部"台（91）社（三）字第 91156118 号令.

［4］程光．从论著条件谈图书资料系列职称标准［J］．图书馆建设，2012（4）：87—88.

［5］黄国正．公共图书馆专业馆员任用制度之比较研究.

［6］廖又生主持．台湾地区公共图书馆经营管理现况调查研究（二）［ ］．"国立中央图书馆"台湾分馆，1997 年 6 月：98—101.

［7］程光．地方社科院图书馆科研现状分析［J］．情报资料工作，2009（6）：88—91.

［8］王凌．从职称制度的弊端论职业资格认证制度的实施［J］．图书与情报，2009（6）：123—126.

［9］孙世华．中美图书馆员素质比较研究［J］．情报科学，2001（7）：776—779.

# 高校图书馆馆员能力探析

谢 婧*

（安徽大学图书馆 合肥 230029）

**摘 要** 高校图书馆馆员的能力，直接影响到图书馆的建设和发展、藏书的质量、创新服务和用户信息需求的满足程度，因而，越来越受到国内外专家的重视。本文着重从高校图书馆馆员的专业能力、信息服务能力、创新能力和迎接新挑战能力等方面加以分析阐述，提出重视高校图书馆馆员能力培养的重要性。

**关键词** 高校图书馆 馆员 能力

随着信息环境的变革，用户需求的变化以及信息服务的挑战，图书馆馆员的能力问题也越来越受到行业专家的重视，对其能力的要求也越来越高。国内外专家对此研究已有十年之久，对馆员能力的要求提出了数十条。图书馆馆员能力是指能够顺利从事本馆工作，所必须具备的相应专业实践活动的能力。馆员的能力，关系到图书馆藏书建设、信息传递和服务质量，关系到校内教师、科研人员及学生对信息需求的满意程度和社会读者获取信息的效率。现在我国阅读时代已经到来，社会对知识价值的认识提高了，对信息的关注度增加了，民众对信息获知的需求逐渐扩增，高校图书馆正在逐步对社会读者开放。所以，高校图书馆馆员不断提升自身综合素质和加强馆员能力的提升是一个值得重视的问题。

## 1 高校图书馆馆员能力提升的重要性

### 1.1 高校图书馆馆员能力提升的重要性是由高校图书馆的特点决定的

高校图书馆收藏的是特定领域和范围内的信息，服务的对象是本校具有较高专业水平的教师、科研人员、研究生和大学生，这些群体都有着系

---

\* 谢婧，女，1981年生，安徽大学图书馆，馆员。

统的专业基础理论，知识较为渊博，且经常需要的是能够解决问题的一次、二次信息情报。特定的服务背景和服务对象要求馆员必须具备较强的专业知识背景、创新服务能力、信息获取和传递能力以及迎接新挑战的能力。馆员能力的提升将加强图书的流通，增加图书的利用价值，对高校的教学和科研工作有着举足轻重的意义。

## 1.2 高校图书馆是高校教学科研不可或缺的一个重要部门，与高校活动一并存在，它在校园的地位决定了馆员能力的重要性

图书馆收集和保存了大量的信息资源，馆员利用这些信息源进行传递，为教学和科研人员提供所需信息服务。其能力直接影响到教学科研工作的开展，影响到校园安静和谐的学习氛围的建立，影响到所在图书馆的建设。在对一所大学办学质量进行评估时，图书馆是个硬件条件，因此对馆员专业能力和业务胜任情况，对现代数据库的使用、服务态度、外语水平和创新能力等方面的要求也越来越高。

## 1.3 随着信息社会的快速发展，读者信息需求在不断加大

高校图书馆逐步推出对社会民众的免费开放已成为现实。2012 年 3 月，北京有包括高校在内的各系统图书馆 110 余家成立了"首都图书馆联盟"，现将向社会读者开放。这种开放形式，无疑考验着图书馆馆员的综合服务能力。其中涉及到文献数量的增加和种类的配置，馆员对馆藏的熟悉程度，协调读者与图书馆、读者与馆员、读者与读者之间的关系，解决信息传递过程中遇到的疑难问题，切实为读者服务等。因此，图书馆行业内外人士都愈加关心高校图书馆馆员能力的提升。

## 2 高校图书馆馆员能力的要求

## 2.1 要有专业知识能力。 图书馆所承载的人文精神和公共精神所需要的知识理解，只有具备一定综合能力的图书馆馆员才能胜任。

高校图书馆在信息采集时针对性强、专业指数高，针对本校的学科、专业设置、学术研究的项目及相关专题等，收集本馆用户所需要的专著、教材、参考资料、期刊等学术性较强的信息，同时也涉及到相关学科、分支学科、边缘学科、和各专业相关的知识信息。例如，采编馆员必须了解学术发展的动态，掌握文献出版发行的情况，熟悉本校专业的各个学科领域，只有具备广博的文化知识和掌握精深的专业理论知识，才能在现代科

学技术快速发展、新知识不断涌现以及各种交叉学科知识不断产生的今天，掌握读者的需求动态，对专业上提出的新要求迅速应变。

图书馆工作在相当程度上依赖学科专业知识的支撑，馆员只有具备了较深的文化知识水平和专业理论，才有能力正确评定所接触到的信息资源的价值。一所综合大学的图书馆，学科领域涉及面广，哲学、社会科学、自然科学、文学、传播学、历史学……上至天文地理，下至社会人文，中外书刊，无所不包。馆员不可能把所有的信息都收集起来，必须有能力在纷繁如海的信息中，通过实物文献或网络，尽快地浏览各种资料，精挑细选，进行正确地搜集、加工和整理，有选择和有目的地针对本馆用户需求，对关系紧密的学科信息进行收集，才能及时有效地为本馆读者提供所需要的信息。如果见出版物就购，见信息就收，其结果会出现相当大的盲目性，信息收藏量大，但内容杂乱，利用率不高。只有具备一定的专业知识和学术上的敏感，深入了解各专业学科发展动态，才能准确地实现本馆信息资源的高质量收藏。

### 2.2　要有信息情报工作的业务能力，掌握信息情报学知识

将大量的信息收集起来后，要根据不同的学科进行分析和加工。首先最重要的莫过于对这些信息"加以正确的区分和归类"（列宁文稿第 9 卷，第 292 页）。馆员在对信息进行整理时，必须熟悉图书分类法，对照有关条例进行验收、归类、著录、编目和输入数据库，按索书号排架等一系列工作程序。这里需要提及的是，近几年来图书分类工作已改由出版社来完成，但部分图书的分类号有时在高校图书馆实践工作中必须加以修订，这是视用户对资源的使用习惯以及查找方便而进行的。例如，《创造力的培养》一书，根据《中国图书馆分类法》，分类号是 G305，归于文化类目下，笔者认为按照用户的查阅习惯，分在心理学类目下更为合适；《管理心理学》一书，归入管理类目下，也可归入心理学类目下，或者使用复分号加以区分，做到馆以所藏，藏以所用。所以掌握专业知识和图书馆学基础理论知识，是 21 世纪高校图书馆馆员所必须具备的能力之一。

### 2.3　要有信息服务能力。情报信息是社会三大资源之一，在现代社会发挥的作用日趋重要

知识分布不再遵循"二八理论"，反而很分散，这种知识结构对图书馆工作的挑战性非常大，信息服务首当其冲，是图书馆价值的核心。图书馆馆员获取了信息，便要投身于社会服务；要善于将收集来的信息传递给

用户，要有较强的敏感度，把握信息的时效性，及时掌握新问题、新学说、新观点和新动态，编制书目索引，实现网上编目、网上查询、网上预约、网际互借等多种服务形式，及时准确地将信息渠道传达给用户，指引用户去获取信息，促进读者的满意度。

## 2.4　要有学术研究能力

新时期高校图书馆馆员的研究能力包括两个方面，自身的学术研究和指导用户开展学术研究能力。馆员可以根据自己的专业知识，参与学校重大科研项目研究，要学会自己研究的领域内发现问题、调查问题、分析问题和解决问题，找出自己研究的方向，发展图书馆工作的理论，并指导实践。同时，开展参考咨询活动，对用户的需求开展调查研究和跟踪服务，了解本馆用户的信息需求，辅助用户学术科研活动。文献检索和课题查新是高校研究人员经常性的需求，对具体的信息需求要有所掌握，为用户推荐和提供大量的相关的有价值的信息，引导用户深入，向用户介绍专业重点著作和概说学科专业研究状况的著作，指导和帮助其查询和使用数据库，为用户查找信息，解决用户难题，节约用户时间。这种参与和跟踪研究能力在高校图书馆馆员的工作中尤为重要。

## 2.5　要有创新能力

创新是可持续发展的动力，高校图书馆馆员必须具备创新能力。首先，观念创新。拥有创新思维，解放思想，利用信息优势，创立服务平台，改变旧有的传统观念，树立现代图书馆的管理意识和用户服务意识，改进服务方式，优化服务内容，改被动服务为主动服务，从"以藏书为中心"转到"以读者为中心"。其次，服务创新。图书馆学是服务科学。资源环境和服务内容更加复杂，图书馆馆员不仅仅需要面向图书，进行资源选择、分类、管理和参考工作，而且需要面向具体的服务领域，促进服务的达成。第三，内容创新。不断增长的图书馆信息收藏总量，形成其馆内特有的藏书体系，在信息种类和载体等级配置方面加以改进，为面向社会读者开放做好准备。第四，推进馆内制度创新和环境创新。拥有较完善的制度是实现信息资源管理和人力资源管理合理化的前提。优化图书馆环境，良好的馆内环境更是与读者密切相关，它显示为读者提供一个安静舒适的阅读场所和便捷的查询条件。第五，技术创新。馆员将从不同的技术领域和相关传媒获取到的信息，通过合理地组织编排，将分散无序的信息转变为有序的和可直接利用的信息，以便于读者使用。因此，高校图书馆馆员提高自己的创新能力，是新时期、新信息、新技术、新发展和新阅读大潮到来的要求。

## 2.6 要有计算机应用能力和外语能力

随着社会和科学的发展，中外文化技术的交流愈发密切，国外大量情报信息源源不断地涌入国内，其中包括许多值得借鉴的先进的科学技术和管理方式。高校图书馆馆员必须具备优秀的外语水平，才可以收集、整理中外学术著作、论文集、会议纪录等，并且归纳、更新和存储，为教学科研人员、研究生和大学生提供全面充分的信息，更好地开展用户服务工作。由于学科之间是相互联系的，为了解某一学科领域的内容需要大量参考其他学科的知识，尤其在处理外文资料时，馆员如果不具备一定的外语水平，是无法圆满完成这一工作的。

计算机应用能力也是高校图书馆馆员必备的能力之一。图书馆的发展受技术驱动，IT技术和通信技术的发展使人与人之间的沟通非常便利，信息流通更加迅速，图书馆的工作模式逐渐突破"书籍"的范畴，读者服务工作获得更广阔的实践空间。在网络条件和知识环境中，馆员除要掌握信息输入、编辑等基本操作之外，还必须了解常用软件、设备的使用，指导用户查询信息，利用数据库为读者服务，网上导航、网上检索、联机检索等技术在图书馆日常工作中使用也越来越多，逐渐成为馆员信息服务工作的核心工具。

## 2.7 馆员要有组织和协调能力

《国家在"十二五"时期文化改革发展规划纲要》（以下简称《规划纲要》）中指出，必须"提升中华文明展示水平和传播能力"。首先，高校图书馆对社会读者展示馆藏、传布信息，实现对所有公民免费开放，平等获取信息，平等借阅，我们面对的入馆人员不仅是原来的教师、学生、科研人员，而是文化水平不等、文献信息需求各不相同、层次差距较大的各类读者群，会出现信息咨询较多，小众服务对象受关注。我们能否准确快速、有效的将文献信息传递到读者手上，就需要我们熟悉本馆藏书结构、分类和排架规则。其次，高校图书馆对社会读者开放，读者多了，如果馆内场地显得拥挤了，环境不够清净，馆员要想方设法营造一个良好的、安静的读书环境，建立良好的学习氛围。如墙上挂一幅画，引导读者找到一个安静舒适的座位等。读者满意快乐了，我们的工作才能更顺利地开展。第三，利用有限的信息资源，处处为读者着想，让教师、科研人员和学生以及社会读者都享受同等借阅，既不影响校内读者的教学、科研、学习，也要满足社会读者的需求。资源充足是满足读者信息需求的保证，但有时会遇到信息时效性较强，比较重要而复本较少的信息，读者阅读频繁、需求量大的情况。作为馆员，要即时查找此资源的归处、何人在借阅、时间多长、阅读的目的，是教学、研究、学习，还是休闲，即时通知读者，将此书调回馆内，以便于多数读者借阅。但往往又会遇到原读者不肯放手，而现读者又急需用信息，这时就要发挥馆员的协调能力了。第四，有协调处置突发事件的能力，与读者沟通。假如读者是一个流浪者，天很晚了，他还停留在馆内，劝说他也不愿走，这时馆员和他沟通最重要，我们可以面对面、心连心地交谈，了解他们的想法，理解他人，也让他理解我们，信任我们，他也就自然离开了。第五，随着阅读时代的到来，到馆内阅读的人增加了，馆员的服务量、工作量也随之加大，但并未得到有关领导的认可，这就考验馆员的心理承受能力。这种情况下，我们仍必须面带笑容、毫无怨言地为读者服务，才能提高读者的满意度。

由此得出，高校图书馆馆员从事本职工作，必须加强培训，做好迎接新时期挑战的充分思想准备，提高自己的综合能力，只有在即将到来的暴风雨之前，我们不断提升专业、知识、服务等方面的能力，才能适应新的阅读环境下的高校图书馆工作。

## 3　高校图书馆馆员能力的培养

建立一支具有较强能力的高校图书馆馆员队伍，是图书馆建设的关键，是提高学校教学和科研工作的关键。近些年来，美国等许多国家非常重视图书馆馆员的能力培养问题。国外在图书馆工作的馆员，通常从普通大学毕业以后，再到专门的图书馆学院学习一至两年，获得学士学位后再参加工作。在日本、俄罗斯等国家，对图书馆工作的资料人员也都进行专门的培训，要求具备图书馆理论知识，这样才能将大量无序的信息分门别类地管理起来。当前西方多个国家都越来越注重对图书馆馆员能力的培训，尤其是专业能力的培训，并且按照要求制定了一系列规则，发布文件，对馆员的能力、专长和技能提出了较高的要求。1996 年美国专业图书馆协会（SLA）就曾发布《专业图书馆员能力》文件。2001 年，美国国会图书馆协会（ALA）出版了《员工发展实用指南》（第三版），阐明了图书馆馆员的能力要求。在我国，图书馆工作人员在数量上不断更替增长，质量上也有了很大的提高，各界也越来越重视图书馆馆员的业务水平和个人素质的培养。《规划纲要》明确指出："发挥人民团体的作用，加强文化人才政治素养和道德素质教育，开展任职培训，业务培训，技能培训。"尤其是高校图书馆，主管部门制定了馆员能力培养计划。地方教育部门及高校图书馆工作委员会对馆员都实行了每年至少两次以上的业务培训，办各类培训班、进修班、继续教育，给馆员提高业务能力创造了条件。

### 3.1 高校图书馆馆员的工作胜任能力及完成的出色与否，已经受到行业内各级领导的重视

他们在选调工作人员时优先考虑其专业文化知识、工作能力、身体健康状况、创新意识等。近些年来，选调进图书馆工作的人员大多具有大学以上学历或参加各类培训班学习的人士。如本人所在的图书馆，近10年来都始终注意人才的选拔和培养，现馆内工作人员大专以上学历占94%，其中本科以上学历占75%，硕士以上学历占34%，过去那些只把图书馆当作"保障部门"的习气已经缔去。

### 3.2 培养有能力的高校图书馆馆员，要依赖于社会实践和锻炼

馆员是一份强调经验积累的职业，要充分发挥自己的主观能动性，通过积极地参加社会实践活动来获取。实践是知识获取的重要途径。"知识来源于实践。""能力来源于实践。"近年来，高校图书馆馆员也普遍认识到能力的重要性，开始注重自身的学习，参加不同类型的业务培训。在实践中边学边做，从不会到会，从会到专业，不断地积累知识和经验，在工作中加以锻炼。刚到馆内工作人员轮岗培训，是提高和胜任工作所必需的经验、知识和技能。

总之，高校图书馆馆员必须树立强烈的职业认同感和不懈努力的职业精神，勇于实践，在实践中学习，在实践中创新，不断提高自己知识获取能力、创新能力、信息传递和协调能力，在新时期、新的信息环境下，建立新的思维模式，更好地为读者服务，促进高校教学和科研工作，推进高校图书馆的快速发展。

**参考文献**

[1] 扬永生、初景利. 国外对图书馆馆员能力与核心的研究评述 [J]. 国外社会科学, 2008 (3).

[2] 王晓明. 我们需要怎样的图书馆员 [J]. 情报资料工作, 2012 (3).

[3] 石聿根. 图书馆核心能力及其培养 [J]. 大学图书情报学刊, 2012 (2).

# 深化军事理论科学数字图书馆对馆员业务能力提出的新要求

王京英*

（国防大学图书馆　北京　100091）

**摘　要**　深化军事理论科学数字图书馆知识组织，对图书馆员的业务能力提出了一系列新的要求，需要图书馆员具有通观全局的战略筹划能力、扎实的军事科学基本专业素质、数字资源重组能力和技术创新能力等。本文通过揭示对图书馆员业务能力提出的新要求，旨在为培养和聘用合格称职的图书馆员提供借鉴与参考。

**关键词**　军事理论　数字图书馆　知识组织　图书馆员　业务能力

不同时代对图书馆员的业务能力具有不同的要求，同一时代不同发展阶段对图书馆员的业务能力的要求也各有不同。军事理论科学数字图书馆经过几年的建设，数字资源已经具备一定的规模，数据总量达 30TB，而且数据量还在以每年几个 TB 的速度增长。当数字资源量的积累达到一定程度以后，如何对数字资源内部知识加以重组，以达到对知识客体进一步整理、加工、引导、揭示和控制的目的，已经成为我们当前及今后一项重要的任务。这项工作对图书馆员的业务能力提出了一系列新的要求。当然，政治思想觉悟高、作风扎实、爱岗敬业等仍然是对图书馆员永恒不变的要求，也是图书馆员深化军事理论数字图书馆知识组织工作所必备的最基本的素质。下面仅就深化军事理论科学数字图书馆知识组织工作所需要的图书馆员的专业素质提出几点粗浅的看法，以期对加强图书馆员的培养和非现役文职人员的聘用与选拔具有一定的参考价值。

## 1　图书馆员需要具备通观全局的战略筹划能力

传统图书馆的建设对图书馆员的全局筹划能力也具有一定的要求，但

---

*　王京英，女，1964 年生，国防大学图书馆，副研究馆员。

这项要求并不十分强烈。因为这时各业务室分工比较明细，工作方式如机械化工业生产流水线一般，采访室根据院校教学科研和读者需求购进相应的图书、期刊，编目室对其加以编目上架，阅览室和借阅室则直接面向读者服务，并及时反馈用户信息给采访室，整个工作在馆领导下有条不紊地循环进行。这时对图书馆员的全局意识要求主要体现在立足当前，着眼长远做好各业务室的工作。与传统图书馆的建设相比，军事理论科学数字图书馆建设对图书馆员的全局筹划能力的要求已经有所提高，无论是自建特色数据库还是合建、引进数字资源，不仅需要考虑与本馆原有数字资源"合理兼容"的问题，而且要考虑与传统纸质文献形成互补的问题，还要考虑其长远建设的问题，等等。可以说这些问题都是全局性问题，考虑不好会影响数字图书馆建设的速度和质量。但相比之下，深化军事理论科学数字图书馆的知识组织工作，要求图书馆员应具有更高水准的通观全局的战略筹划能力。

深化军事理论科学数字图书馆知识组织虽然从形式看仍然是对数字资源进行整理、加工、引导、揭示、控制，但是这项工作一旦展开之后，是一项多头并绪、交叉进行、业务联系非常紧密的复杂性工作。完成这样的工作如果按照"摸着石头过河"的思路去做，将永远做不好这项工作。必须在这项工程启动之前，将中间的各项工作环节考虑仔细，设计出概略的"宏伟蓝图"。其中最重要的工作是事先制定好知识组织的标准、实现途径、人员分工和所要实现的目标等具体事宜。在此过程中，不仅需要图书馆员考虑军事理论科学数字图书馆全局与局部、当前与长远、内部与外部的关系，而且还要考虑技术的可行性、知识组织内部的科学性、工作的衔接性等一系列事宜。从工作方式上看，这项工作是在网络环境下展开的，工作性质本身也具有网络化性质，工作上的横向与纵向联系增多，因而对从事每项具体工作的图书馆员通观全局的战略筹划能力提出了新要求。那种"只顾自扫门前雪，不管他人瓦上霜"的图书馆员，无论自身的业务能力有多强，也不能适应这项工作。古人云：不谋万世者，不足谋一时；不谋全局者，不足谋一域。这句话对于深化军事理论科学数字图书馆知识组织具有更加特殊的现实意义，只有那些"眼观六路，耳听八方"，能够站在数字图书馆知识组织全局的人，才有可能做好这项工作。

## 2　图书馆员需要具有扎实的军事科学基本专业素质

无论是传统文献的知识组织形式，还是军事理论科学数字图书馆这种知识组织形式，也都需要图书馆员掌握一定的军事科学的基本知识，这样在进行图书编目和数字资源组织时更能得心应手。特别是军事理论科学数字图书馆是以统一的标准规范为准则，以技术应用系统为平台，以设备设施系统为支撑，以安全管理系统为保障，以文献信息资源、学科信息资源和教学信息资源组成的各种数字化信息为基础，以多种检索技术为手段的知识服务系统。其最重要也是最基本的特征在于其军事性。这种军事性特征主要体现在已有的信息资源是以军事科学为核心和重点，以相关的政治、经济、文化为"外围"的知识服务平台。但是，这种知识组织形式相对比较低级，对图书馆员掌握军事科学基本专业知识的要求也相对较低。图书馆员只要掌握军事分类法、主题词法和叙词表，就基本上能胜任这项工作。

　　深化军事理论科学数字图书馆知识组织，不仅需要图书馆员具有图书分类、编目等专业知识，而且还需要掌握军事科学基本的专业知识。图书馆员对军事科学基本的专业知识掌握的越娴熟，越有利于做好这项工作。因为这项工作需要图书馆员深入到军事数字资源内部去，对每一篇文献的"知识因子"、"知识单元"、"知识库群"等进行逐一分析和揭示，并从中找出其内在和外在的必然联系，进而以一定的技术手段实现其横向和纵向的关联，从而实现对知识控制和排除过剩信息的目的，以便于用户在最短的时间内查找到有效的信息。这样，图书馆员如果不掌握军事科学的基本专业知识，将无法对客观知识加以揭示并构建科学合理的内外逻辑关系，由此也不能实现对军事科学核心知识的有效控制。图书馆员只有熟悉和掌握军事科学基本的专业知识，了解某一学科领域的基本概念、地位、作用、发展历史及趋势，才具备对该学科领域内数字资源进行揭示与控制的能力。以军队政治工作专业知识为例，什么样的文章属于该专业领域的文章，其中又有哪些政治工作术语需要与内外建立联系，这样的文章又与哪些文章、图片、声像、表格、电子书目等数字化文献联系最为紧密，等等，都需要图书馆员进行逐一分析，并找出相应的逻辑关系。不然的话，完成军事理论科学数字图书馆的知识组织这项工作将成为一句空话。即使从形式上勉强对数字资源内部知识加以关联，实质上是一种胡乱的关联，不仅对这项工作无益，反而有害，只能浪费用户更多的时间与精力，与我们的工作初衷背道而驰。只有掌握扎实的军事科学基本专业知识的图书馆员才有可能做好这项工作，这种要求在以往是不曾有过的，但是现在对于要从事这项工作的图书馆员必须具备这种素质。

## 3　图书馆员需要具有很强的数字资源重组能力

　　军事理论科学数字图书馆本身就是利用知识组织原理和技术，对不同渠道、不同类型、不同学科、不同形式的知识加以整合的结果。但是，仅仅依靠这种能力和素质对于深化军事理论科学数字图书馆知识组织是远远不够的。深化军事科学理论数字图书馆知识组织不是对军事理论科学数字图书馆中的数字资源进行简单的修修补补，而是对其内部结构进行"脱胎换骨"的改造。当前尤其要将工作重点放在对原有的数字资源进行重组上，即打乱原有的数字资源组织结构，将原来"树状"结构的知识服务体系变成"网状"结构的知识服务体系。因此，要求图书馆员必须具有按照新标准、新结构、新要求对原有数字资源进行重组的能力。这是一项工作量非常繁重的工作，需要图书馆员对原有的 30TB 的各种形式的声像、图片、表格、文字等数字资源加以重新整合，这对图书馆员的数字资源重组能力提出了新要求。

这种整合不是简单重新分类、聚合和链接，而是强调系统化地处理和利用信息和数据，发掘知识内涵，建立不同学科领域之间的具有内在关联的信息链和知识链，形成一个效能更好、效率更高的新的知识资源库和知识网络系统。为此，图书馆员最起码应具备以下几种能力：一是对客观知识的标识能力，即按统一的标准对客观知识的内容、产权和外形加以描述，给予某一客观知识以明确的"身份"和"地址"。其目的是对数字化的知识组分进行格式化描述，以便使计算机或人能对其进行识别和处理。二是对客观知识的简化能力。图书馆员应根据知识受众最省力原则的要求，对内容量较大的知识组分（主要是文献单元）进行压缩、提炼，形成文摘、提要等。三是对客体知识进行整序的能力，使之成为一个"树形"的有序化结构。常用的整序方法主要包括知识分类和知识聚合。知识分类工具仍然是各种文献分类法，包括自动分类技术；知识聚合常用的基本工具为标题法、单元词法、叙词法、关键词法等，这种方法能深入到数字文献的"果肉"中提取单元词、关键词、主题词，并用参照系统来表示知识关联，所以这种方法更适用于知识单元的组织。四是对客体知识内容链接的能力。人们常用的组织方法为语义网络，这是模仿人类联想记忆的一种图式组织方法。它由节点和链组成一个网状结构。节点表示知识单元；链则表达知识关联，如单项链、双项链、多项链等。目前超文本、超媒体信息组织方法就是一种典型的语义网络组织法。超文本中的"链"定义了超文本的非线性网络结构，提供了以联想方式浏览、查询节点的功能。因此，"链"是超文本的灵魂。有了语义网络组织法，文献单元、知识单元就可以组织成超文本、超媒体数据库；知识单元就能按布鲁克斯所说的"知识地图"联结在一起，供人们"按图索骥"。

## 4　图书馆员需要具备不断更新的技术创新能力

军事理论科学数字图书馆本身就是一个技术含量很高的知识服务系统，主要涉及多学科领域关键技术30余项，主要包括军事理论科学知识服务体系平台技术，网上信息系统异构整合技术，网络资源的集成技术，简单的信息定制和信息推送服务技术，以及信息转换、压缩、储存、保护等网络资源的初级知识组织技术。应该说，上述技术对于满足军事理论科学数字图书馆的构建与发展起了关键作用。但是，要想在此基础上对该知识服务系统加以全面改造，形成更高级的知识组织形式，仅仅依靠上述技术是远远不够的，迫切需要增强图书馆员的技术创新能力。

从深化军事理论科学数字图书馆知识组织工作上看，新型知识组织形式需要的技术包括两大技术群体：一是图书馆员对信息资源的自动采集、存贮、揭示、控制技术；二是面向用户服务的智能化技术，主要包括信息定制、自动推送和高效的搜索技术。以搜索技术为例，目前正在向搜索引擎的集成化、服务区域的全军化、服务领域综合化与专业化、检索语言的一体化、检索功能的多样化、检索内容的深入化、系统维护的动态化、检索技术的智能化、用户界面的友好化等方向发展。三是网络安全技术。深化军事理论科学数字图书馆知识组织工作，主要是在网络环境中进行的，文献信息资源开发与共享主要是以机读的形式传递的，从而使资源变得易于被复制、修改和删除，并难以区分原件和复制件，难以区分原创作者、出版者、收藏者和提供者。因此，对于完成此项工作来说，网络安全技术至关重要。目前相对比较成熟的网络信息知识产权保护和信息安全技术主要有安全电子交易技术、虚拟保密网络技术、数字认证技术、安全通道层技术、公共钥匙基础结构技术、安全超文本传输协议、安全交易技术协议、安全电子邮件管理协议等。而基于公共钥匙基础结构技术的数字证书技术用得最广，它不仅可以验证网络上用户的身份，而且还可以对网络上文献信息资源通过加密和签名等手段实施知识产权保护，这样就保证了资源共享中信息传输的安全性、真实性、完整性和利益性，从而保证文献信息资源开发与共享的正常进行。此外，计算机病毒也以不断的花样翻新，对军事理论科学数字图书馆安全建设与使用构成极大威胁，迫切需要图书馆员特别是技术人员不断研究新情况，并从技术角度及时解决网络安全问题。图书馆员特别是技术人员如果对上述技术不能及时更新，军事理论科学数字图书馆知识组织工作可能会事倍功半。

## 5 结束语

总之，技术创新是深化军事理论科学数字图书馆知识组织的重要条件，不具备技术创新能力的图书馆员在知识组织过程中将不能胜任工作。我们还必须看到，信息时代技术创新的周期日益缩短，周期之间的界限日趋模糊。因此，就更加需要图书馆员要进一步更新观念，具有不断开发和利用新技术的能力，不断实现技术创新。

**参考文献**

［1］张淼．近十来国内外知识组织研究综述［J］．西藏民族学院学报（哲学社会科学版），2006（3）．

［2］韩喜运．图书馆知识组织问题［J］．情报学报，2002（2）．

# 图书情报人才队伍建设思考

于淑娥*

（青岛市社会科学院　青岛　266071）

**摘　要**　人才是图书馆事业成败的关键。特别是随着图书馆数字化、网络化和智能化的不断发展，在传统图书馆向数字化图书馆的转变过程中，对图书馆的服务提出更高要求，一个结构合理和基本稳定的人才队伍十分重要。本文基于现代图书馆发展对人才要求，对图书情报发展中培养和造就新型的和高素质的图书馆人才队伍加以探讨。

**关键词**　现代图书馆　人才队伍　培养

随着知识经济时代的到来，网络化和数字化已走进人们的生活。图书馆的功能也在不断拓展，现代图书馆已打破传统图书馆发展模式，图书管理人员如何适应新的要求，怎样培养和引进高素质的图书管理人员，以适应现代图书馆的需求，是摆在我们面前的一个重要任务。面对 21 世纪图书馆的发展和深刻变革，必须把握图书馆的发展方向，认清图书馆管理队伍的现状和存在的差距，有计划、有步骤地建设一支高素质的图书管理队伍，才能适应现代图书馆的发展需要。

## 1　我国图书馆人员素质现状及原因分析

建国以来特别是改革开放以来，我国图书馆人才培养渠道逐步扩大，全国从原有的武汉大学和北京大学两个图书馆学系，已发展到目前 50 多个正式开办图书馆学、情报学和信息管理学专业教育的院系，每年培养出大批硕士研究生、本科生和专科生。但随着高科技在图书馆的应用，新的信息媒介和新的传播方式，也突破了图书情报系统原有的传统服务模式。

### 1.1　我国图书馆人员构成不能满足广大读者的需要

有关资料显示，我国当前图书馆服务人员主要由以下几方面构成：

---

\*　于淑娥，女，1963 年生，青岛市社会科学院图书情报中心，主任、研究员。

①全日制大中专院校培养的专业人员，这类人员所占比例较小。有关数据显示。有的大型图书馆中具有大学本科学历的不足 1/4，硕士生和博士生更是寥寥无几。②参加工作后继续教育培养的专业人员。③受各种原因在图书馆系统就业的无学历人员，这部分人在图书馆中占有相当的比重。这部分人员不论对传统的图书馆专业，还是现代图书馆学科，都知之甚少。对新技术和新知识的接受程度也较低，远远不能满足现代图书馆发展需要，不能满足知识经济时代广大读者对图书馆服务的要求。

以上现状表明，许多图书馆特别是小型图书馆由于人员素质不高，只能从事简单的文献登记和借阅服务，对图书馆学、情报学及其服务做深入研究基本处于空白，对新技术应用于图书馆领域无能为力。造成这种状况的原因主要有：①由于我国处于社会主义初级阶段，虽然改革开放使人们对知识的渴望程度有了很大提高，但是对通过图书馆学习的氛围远远不够。②图书馆发展没有得到应有的重视。表现在大学院系设置和课程设置方面，开设的院系少且课程疏松，进而毕业生也就满足不了图书馆发展的需要；同时，许多学生在报考时也尽量避开图书馆学及情报学专业，同样造成高素质生源进不了有关专业，从而形成高素质毕业生不足的局面。③有关部门对图书馆发展的重视程度不足。有的图书馆成了"养老院"，把其他工作胜任不了的人员或者年龄偏大的人员调进图书馆工作，这部分人员由于缺乏专业知识，无法胜任新时期对图书馆人员素质的要求；经费方面也是如此，多数单位都是在满足其他经费开支的前提下才考虑图书馆经费。④对图书馆人员使用上定位不准，不能很好地挖掘他们的潜能，调动其积极性，发挥其应有的作用。

## 1.2 图书馆员培养体制机制不适应数字化图书馆发展需要

相关高校图书馆学课程设置不适应图书馆发展需要。表现为：课程设置滞后，教学内容与实际需要有一定距离。尽管今年以来这种情况有所缓解，但没有从根本上解决教学与实际相脱离的局面。

图书情报文凭教育起点与发达国家相比存在不小差距。我国图书馆学、情报学以本科教育为主，而美国等发达国家图书情报教育以硕士以上层次为主。资料显示，1998 年美国招收的硕士生人数是中国同期的 61 倍，博士生及博士后人数是中国同期的 22 倍。

图书馆员培养渠道单一，继续教育力度不够。

## 2　未来图书管理人员应具备的基本素质

随着图书馆服务模式和手段不断向数字化、网络化和智能化转变，传统图书馆向现代化图书馆的转变过程中，对图书馆的服务提出更高要求，进而对图书馆员的知识结构提出新的更高的要求，图书馆员正面临着前所未有的挑战。

图书馆现代化建设中对图书馆员素质的要求主要包括以下方面：

### 2.1　开拓精神、全局观念和效益意识

图书馆员必须树立全心全意为读者服务的思想，增强责任感，有良好的甘为人梯的奉献精神。同时，图书馆工作任务的完成建立在劳动分工协作的基础上，它是馆员劳动和创造的凝聚。因此，树立全局观念，共创集体荣誉尤为重要。

### 2.2　良好的职业道德

图书馆员必须具有高度认真负责的工作态度、严谨细致的工作作风和埋头苦干的工作干劲，服务态度和蔼周到、主动热情，全心全意为读者服务。馆员的良好职业道德表现在语言规范、举止得当和服务热情。

### 2.3　熟练的专业技能

现代化图书馆与传统图书馆相比，无论在文献信息存储还是服务手段方面都有了飞速发展，标准化的和多媒体的方便快捷的文献信息服务就成为读者最基本的要求。要完成这种服务的转化，要求图书馆服务人员在服务的研究设计与开发方面，不仅要具备传统图书馆专业的基本知识和专业技能，熟悉传统图书馆图书加工方法和服务模式。更要懂得情报、信息、网络技术、计算机技术等多方面知识，还要具备对新的信息资源的特征、结构和规律的认知以及收集、组织、保存、利用知识和信息的管理能力，这些是图书馆服务人员必备的。

## 3　提高图书馆员素质，为现代化图书馆建设打造人才队伍

### 3.1　创新服务理念

在全球化、网络化和数字化的背景下，对图书馆管理人员而言，不仅是业务知识的更新，更重要的是思维方法和思维方式的更新和转变。图书

馆管理人员的思维方法和服务理念直接影响图书馆的发展进程，这就要求图书管理人员必须具有超前眼光，必须具有发展的、开放的、战略的、多样化和创新的观念和视角，解放思想、与时俱进、开拓创新。要具备"蜡烛精神"和"人梯精神"，为他人索取知识而铺路架桥。图书馆员必须对自己所从事的工作有雄心大志，自觉主动地勤奋学习，刻苦钻研业务知识。必须具有严谨细致、一丝不苟的工作态度，奉公守法和纪律严明的工作作风，团结友爱和助人为乐的精神风貌，礼貌待人和文明办馆的良好职业道德。只有这样，才能使自己始终处于时代的主导地位，从而实现图书馆作为信息中心的价值。

## 3.2　多措并举，培养和引进高素质人才

### 3.2.1　引进复合型人才

由于文献资源的多学科性及现代化技术性，所以图书馆工作人员知识结构的好坏，直接影响其任务的完成和服务的质量。近年来不少学者提出了"馆员学者化"、"馆员专家化"的观点，要求馆员的知识要"专"，即除了精通图书馆的业务知识外，还要对基本学科知识有相当程度的了解；同时，现代图书馆里"馆员要博才"，这样才能迅速而准确地从浩瀚的文献中选择出读者所需要的知识信息，才能适应业务工作中所出现问题的多样性和复杂性。因此，各级各类图书馆要大量引进复合型人才，改变原有单一图书馆学科的职工队伍结构，以增强图书馆数字化信息服务能力。

### 3.2.2　推进高校教育改革，为图书馆输送适应发展需要的合格人才

目前，中国图书馆学、情报学学位教育多集中于本科教育，办学层次明显偏低，其结果是这种教育体制无法适应未来数字化图书馆发展的需要。因此，为图书馆培养输送人才的高校应提高办学层次，扩大研究生招生规模。在教学内容和课程设置上注重在前沿科技、实际应用、深度广度上下功夫，紧紧把握图书馆未来发展的脉络，尽快培养出一大批图书情报学精英。

## 3.3　以继续教育方式不断更新和调整现有人员知识结构

英国技术预测专家詹姆斯·马丁测算，人类知识在19世纪是每50年增加一倍，20世纪初是每10年增加一倍，70年代是每5年增加一倍，而近10年则是每3年增加一倍。如此快速的知识更新，要求图书馆服务人员必须随时学习，不断补充新的知识和技能，才能跟上知识的进步，才能很好地做好服务工作。继续教育要贯彻实用性原则，也就是所学知识要与馆

员工作紧密结合，按照其工作岗位选择所需培训的内容和方法。教育形式可以采取馆外进修、远程教育和馆内培训等方式，以尽快随时学习和补充最先进的技术和知识，适应图书馆不断发展的需要。继续教育作为成人教育的一种重要形式，对专业人员知识技能的补充、提高、更新有着重要的作用。教育应采取如下原则：因人施教，因岗施教，注重实效的原则。根据图书馆整体发展需要来设计和安排职工培训和学习，学有所用、理论联系实际。二是注重质量，注重实际能力的培养，缺啥补啥。三是，可持续性原则，即坚持不懈、连续教育。

## 参考文献

［1］ 彭斐章编著.彭斐章文集［C］.湖北：武汉大学出版社，2005 年 09 月第 1 版.

［2］ 王知津，李彤，严贝妮，谢瑶.中美图书情报学研究生教育与培养比较研究：硕士研究方向实例分析.情报资料工作［J］2009（4）：99—103.

［3］ 刘佑.终身教育制度与远程开放教育.青海教育［J］2000（21）.

［4］ 潘兵.现代技术与图书馆人员素质培养.中国图书馆学会编.21 世纪中国图书馆建设与发展（第一至四册）［C］北京：北京图书馆出版社，2002 年 12 月第 1 版.

# 文化产业发展中图书馆员信息能力的提升

李燕英*

（云南省委党校图书馆　昆明　650111）

**摘　要**　文化产业发展对图书馆工作提出了更高的要求，图书馆员应具有较强的信息服务理念、精深的业务知识、精湛的服务技能和敏锐的信息意识。要适应时代发展的需要，必须通过岗位设置专门化、职业规划理性化、自主学习常态化、业务培训规范化等途径不断提升图书馆员业务素质与信息能力。

**关键词**　文化产业　图书馆员　信息能力

人类社会正步入信息时代，信息已成为国民经济发展的重要战略资源。各种新技术的综合使用，变更了信息的组织方式、管理方式、传递方式和利用方式，从而带来思想观念、知识层次、服务方式和技术能力的更新换代。文化产业的发展对图书馆工作提出了全方位和高品质的要求，也使图书馆员的能力建设问题变得更为突出和重要。

## 1　文化产业发展对图书馆员的影响

印度著名图书馆学者阮冈·纳赞曾断言：一个图书馆成败的关键在于图书馆工作者。文化产业发展中图书馆的服务手段、服务质量、服务能力等得到了极大的拓展，这既为图书馆工作带来了极大的便利，也对图书馆员的素质也提出了更新和更高的要求。

### 1.1　用户需求的多样化对图书馆员提出了更高的标准

随着文化产业的发展，人们的信息意识不断增强，各行各业都深刻认识到了信息的重要性，对信息的需求也日益迫切。从需求主体来看，社会各领域和各阶层的人员都成为知识和信息的需求对象，信息用户群空前膨

---

＊　李燕英，云南省委党校图书馆，数字资源管理部主任、副研究馆员。

胀；从需求内容来看，用户需求的信息不但涉及面越来越广，而且由原始文献需求逐渐转向二、三次文献等深层次信息需求；从需求方式来看，获取信息的方式由传统印刷型载体逐步转向多媒体文献信息为主，而且对文献提供的时效性要求也越来越高。显然前期那种"我有什么，你就用什么"的服务模式已经无法满足用户的多样化需求，图书馆员只有不断提升自身素质，提供全方位、多渠道和个性化的服务，才能使图书馆服务具有更丰富的展现形式。

## 1.2　信息技术的发展对图书馆员提出了更严的要求

信息技术是影响图书馆工作最重要的环境因素，高密度的信息存储技术和高速度的信息传递技术、高效率的信息查询技术等，使文图书馆工作的机制、结构以及手段、方式等都发生了巨大的变化。图书馆文献信息服务从传统手工操作模式发展为基于信息社会的运作模式，如文献提供由最初的邮政、传真等传统方式发展为形式多样的网络形式。在信息技术不断变化和发展的过程中，不同信息技术对图书馆服务可能有不同的影响，这就要求图书馆员及时适应图书馆发展的需要，全面掌握最新信息技术，大力提升信息运作能力，最大限度地实现最新技术与文献传递的有效结合，不断提高服务效率，更快、更好、更全面地为用户提供文献信息服务。

## 1.3　信息资源的多中心化对图书馆员提出了更大的挑战

信息技术的发展为图书馆提供了可依托的网络信息环境和可利用的现代化技术手段，给图书馆的变革和发展带来了新的契机。然而互联网构成的巨大信息网络也在不知不觉中逐渐取代了图书馆的部分功能，图书馆作为信息首要提供者的传统地位受到了前所未有的挑战。随着谷歌等强大的网络搜索引擎的出现，人们使用图书馆的总频率开始下降，图书馆对于信息用户已经不再是首要的或唯一的选择。顺应网络时代的需求，图书馆的文献信息服务要具有更强的竞争力，就必然要求图书馆员提高专业能力，快速高效地完成文献检索与传递、提供，凸显图书馆的整体资源与整体服务优势及专业优势，为读者提供方便、快捷和高品质的服务。

## 2　文化产业发展中图书馆员应具备的信息能力

作为图书馆服务中最重要的主体资源，图书馆员的素质高低直接影响到整个图书馆系统文献传递的质量与水平。要适应文化产业的发展，图书馆员必须具备以下能力条件：

### 2.1 较强的信息服务理念

网络环境打破了图书馆服务的时空局限，图书馆员也应当从服务理念上进行根本转变，逐步从有限的馆内服务转变为无限的馆际服务，从传统的被动服务转变为主动服务，从根本上改变坐等读者上门和仅限于馆藏文献进行服务的被动局面。通过读者提交的信息申请，准确判断其信息需求，有针对性地提供文献信息服务，着力增强文献提供的全面性和准确性，有效节省读者查找文献信息的时间和精力，充分满足读者的信息需求。面对网络环境对图书馆传统的冲击，图书馆员必须增强服务，在日常的工作中勤于思考，积极开拓适应用户需求的服务方式，不断提升服务水平。

### 2.2 精深的业务知识

美国图书馆学家谢拉指出："最精锐最有实力的图书馆员，是那些带着广博知识或某一门专业知识背景而进入图书馆行业的人。"图书馆员除了要具备图书情报专业知识以完成文献信息的采集、加工等业务工作之外，更重要的是具有扎实的专业学科知识。而且相对于广博的知识体系而言，精深的学科知识在图书馆员的素质要求中显得尤为重要。学科知识是图书馆员理解和分析用户信息需求的基础，只有图书馆员较好地掌握了某一学科知识，具备了进行学术研究的能力，才能从大量的专业信息资源中筛选出用户需要的文献，满足用户更具针对性和更深层次的信息需求。

### 2.3 精湛的服务技能

知识必须通过技能来实现其价值，图书馆员的角色和优势更要通过其服务技能来体现。信息社会中图书馆工作越来越多地依赖于计算机和网络技术的支持。因此，图书馆员必须熟练掌握计算机操作、网络检索、数据库技术、多媒体技术、网络信息导航等操作技能，为用户提供优质、高效和深层次的增值服务。另外，外语技能也日益成为图书馆员的必备条件。具有娴熟外语技能的图书馆员不仅有利于熟练掌握网络技术，而且有助于提高外文文献信息的查询和评价能力，为读者选择和提供更多有用的信息资源，在相当程度上也反映了图书馆文献信息资源开发利用的程度。

### 2.4 敏锐的信息意识

信息意识是指图书馆员在信息活动中敏锐的心理反应，包括对信息正确的认识和对信息需要的准确度把握。图书馆员只有具备强烈的信息意识，具有较强的信息应用能力及其评价鉴定能力，才能主动遵循信息传播和信息使用的有关法律和法规，自觉抵制各种有害信息，在庞杂的信息资源里分析、判断、识别和处理信息，并将其转化和整合为知识情报，为用户传递有用信息，转变图书馆员的"保管员"角色，真正成为信息的集散者、整合者与创新者，全面提高信息的有用效能。

## 3　文化产业发展中图书馆员信息能力的提升路径

面对信息时代的挑战和读者需求的多样化，只有不断提高图书馆员的信息素养和专业素质，建立一支高素质的人才队伍，才能适应时代发展的需要，更好地完成图书馆工作。

### 3.1　岗位设置专门化

科学合理的岗位设置是有效工作的前提，否则再优秀的人才也很难体现其价值。在不同时期、不同环境下图书馆有着不同的定位与功能，其工作性质和特点也有所不同。随着网络技术与信息技术的迅猛发展，图书馆的新岗位层出不穷，比如电子阅览室、数据库管理等。不同的岗位对工作人员的业务素质、职业技能有着不同的要求，因而图书馆也应该适时调整原有的组织结构，进一步拓展其服务功能。图书馆工作不能长期停留在兼职岗位上，只有专职化、专业化的信息岗位才是提供深层次文献信息服务的有力保障。实践中，图书馆应当致力于配备专门的图书馆员，完善相关岗位设置，充分调动工作人员的积极性和创造性。专业岗位的设置有利于图书馆员培养专业的价值理念、掌握科学的知识体系及有效的方法技巧，从而使图书馆工作具有更高的专业化水平和较好的品质。

### 3.2　职业规划理性化

职业规划是一个促进和帮助图书馆员不断的自我认识、自我反思、自我调整、自我总结、自我更新的过程。职业规划中有远大的理想固然是好的，它可以推动图书馆员通过自我努力、自我提高来实现理想，但规划的可实施性也是一个不得不考虑的重要问题，因为任何一个阶段的职业目标都应有一定的物质、知识、技能及环境的基础作保证。图书馆作为一个组织，不可避免地要承担起对图书馆员的职业规划进行协调和引导的职责和任务。一个组织可以通过对工作者生涯的管理和指导实现其自身的更新、转变和在新方向上的成长。帮助图书馆员弄清自己想干什么、能干什么、如何去干，从而尽力去找能发挥优势的工作机会，充分发挥其才能，并能长期地保持高效率地工作。作为个人，图书馆员应该在既定的工作环境下进行准确实际的个人定位，充分考虑自身所处的职业不同发展阶段，有目的、有步骤、有计划地调整和安排各个不同阶段的职业规划，最大限度地挖掘个人潜能。

### 3.3　自主学习常态化

学习是人类生存和发展的重要手段，终身学习是自身发展和适应职业的必由之路。无论是信息技术的发展，还是图书馆工作的转型都无一例外地要求图书馆员不断学习，更新知识，依靠自身努力来提升个人素质。美国心理学家罗杰斯认为："人的学习应以自主学习的潜能发挥为基础。"文化产业发展中自主学习能力的高低对图书馆员的信息素质提升起着越来越重要的作用。首先要转变传统的学习观念，培养自主学习、终身学习的意识，把自发的、主动的、持续的学习过程贯穿于整个职业过程，乃至整个人生；其次，根据自己的知识水平、学习风格、个性特征等准确找到学习的起点，选择适合自己的学习工具、学习方式和学习途径。以当前工作和个人发展的需要为基础，对学习过程、学习内容等进行详细计划。在学习的过程中不断总结经验，根据实际情况进行适时调整，积极探索适合自己的、最佳的自主学习模式。通过自主学习，时刻掌握行业动态，不断更新自己的知识结构，提高自己的综合能力和素质，担当好知识和信息导航员的角色。

### 3.4　业务培训规范化

图书馆员的信息素质要全面、持久地发展，一方面需要在工作中刻苦钻研和深入探索，另一方面还需要有计划、有组织的规范化培训。目前，图书馆员的岗位培训大多集中在临时性实务培训，或分散到部门由资深馆员进行简单的言传身教。长远来看，这种缺乏针对性、连续性的岗位培训难以有效提升图书馆员的业务素质。每个图书馆员的具体情况各不相同，图书馆要根据受训者的专业、学历、年龄、兴趣、技能、发展方向等量身定做培训计划，真正做到因人施教。培训方式可以灵活多样，有馆外培训、馆内培训、在职培训、脱产培训等；培训内容视个人情况，可以有信息技术、外语、专业学科或相关操作技能实务培训等；如果有可能，还应鼓励专业技术骨干进行硕士、博士研究生学历进修，提高文献提供的人才层次。通过岗位培训，既提高了图书馆员的整体业务素质，又切实考虑了图书馆员个人的职业发展需求，有利于图书馆人力资源的开发。

### 参考文献

［1］徐洁．图书馆的人力资源管理．图书馆论坛［J］，2003（2）.

［2］候志瑾，伍新春等．职业生涯发展与规划［M］.北京：高等教育出版社，2005.

# 新形势下军队院校图书馆
# 人才结构优化探析*

李　莉**

（国防大学图书馆　北京　100091）

**摘　要**　本文着眼新形势下军队院校教育调整改革对图书馆建设发展需求，阐述了军队院校图书馆人才结构优化的重要性和紧迫性；在分析军队院校图书馆人才结构现状和需求特点的基础上，提出优化人才结构的目标和内容；并从更新人才理念、拓宽人才培养渠道、完善人才管理机制等方面提出优化图书馆人才结构的方法和途径。

**关键词**　军队院校图书馆　人才结构　优化

人才是所有资源中最宝贵的资源。对于图书馆事业来说，图书馆建设的每一环节都是以"人"为中心，人才已成为图书馆要素中最活跃、最重要的因素。日前，中央军委颁发的《2020 年前军队人才发展规划纲要》（以下简称《规划纲要》）具体提出了人才建设八大专项工程。由此可见，人才已成为军队院校图书馆建设发展的重要战略资源。

## 1　新形势下军队院校图书馆人才结构优化的重要性和紧迫性

近年来，社会信息服务行业的迅猛发展、军队内部体制编制的调整改革以及院校教育改革任务需求的不断深化，都对军队院校图书馆人才队伍建设带来严峻的挑战。

### 1.1　信息服务行业竞争加剧，对图书馆人才队伍稳定带来冲击

随着社会的发展、信息网络化的普及，用户获取信息的手段和渠道得

---

＊　本文系国家社会科学基金"十二五"规划国家一般课题《信息技术促进区域教育均衡发展的实证研究》之子课题的成果之一，项目编号：BCA110020。

＊＊　李莉，女，1963 年生，国防大学图书馆，资源建设室主任、副研究馆员。

到极大的拓宽。以 google、baidu、sohu 为代表的搜索引擎，使用户可以直接在网络上任意游走、自主搜索，动态地构造即时、虚拟的以自己为中心的信息资源与服务体系。与此同时，越来越多的诸如"中国知网"、"超星数字图书馆"等网站、媒体机构、数据库供应商、情报和咨询机构等，也提供着和图书馆相同或相似的信息产品及服务。由此，图书馆员在信息服务领域的传统地位受到了较大冲击。有的馆员出于对专业的执着或对地方公司高薪的追求，出现跳槽现象，人才流失不可避免。因此，如何稳定图书馆人才队伍，根据图书馆任务的变化进行人才结构的重组优化，提高图书馆整体功能，这是提高图书馆竞争能力，从而在激烈的行业竞争中立于不败之地的客观要求。

## 1.2　军队院校体制编制调整，对图书馆人才队伍结构产生影响

2003 年第十五次全军院校会议以来，军队院校经过精简整编和编制体制调整，军队院校图书馆人才队伍结构发生重大变化，从之前的以文职干部为主体、职员职工为辅助、临时工作人员为补充，变为以文职干部为骨干、文职人员为主体、职员职工为辅助的现状。长远来看，这一变化符合我军新军事变革的发展方向，有利于拓展人力资源建设空间，有利于人才队伍结构的优化，有利于人才管理模式的创新。但从目前军队院校图书馆人员整体情况来看，文职干部的大量削减和文职人员的经验不足，对迅速提升图书馆信息服务质量产生了一定影响；加之短期内制度的不健全导致很多单位一时难以充分吸收到合格的人才；文职干部和文职人员的待遇反差，导致了部分文职人员心态不稳；受制度与经费的制约，职员职工数量正逐步减少，所有这些都对人才队伍产生了一定的负面影响。因此，如何适应院校体制编制调整，探索人才整体结构优化的新模式，是实现军队院校图书馆可持续发展的必然选择。

## 1.3　军队院校教育改革不断深化，对图书馆人才队伍能力素质提出更高要求

2011 年，随着第十六次全军院校会议的召开，标志着以突出任职教育、能力培养、质量管理、开放办学为主要内容的军队院校教育改革正在向纵深发展。特别是创新教学环境、构建信息化保障条件等调整改革任务的提出，更是对军队院校图书馆人才队伍能力素质提出的新挑战。从目前军队院校图书馆人才队伍整体情况来看，高素质复合型人才的缺乏仍然是制约图书馆信息服务向"高、深、精、专"方向发展的瓶颈之一。因此，

如何更好地解决多样化岗位任职教育信息需求与图书馆人才队伍保障能力不相适应的突出矛盾和问题，是我们需要探讨和解决的紧迫任务。

## 2　军队院校图书馆人才结构优化的目标和主要内容

系统论认为，结构决定功能。图书馆人才结构决定了人才队伍的质量和图书馆功能效益的发挥。当前，军队院校图书馆人才队伍建设正处于转型的关键期，面临诸多新情况、存在的新问题，建立具有时代性、科学性、合理性的人才结构势在必行。

### 2.1　优化人才队伍结构

合理的人才队伍结构是一个综合性的优化问题。《中国人民解放军院校图书馆工作条例》明确规定：图书馆是院校的文献信息中心，是为教学和科学研究服务的学术性机构。从学术性讲，它要求图书馆人才结构优化必须考虑到学历结构和学科专业结构；从服务性讲，它要求图书馆人才结构优化还要考虑到年龄结构，以及能够满足不同服务层次要求的职称结构。同时，由于军队院校图书馆服务对象及服务人员成份具有明显的军事性，这就要求图书馆人才首先必须具备优良的军政素质。

国防科技大学针对军队院校图书馆人才结构状况，着眼现实需求与未来发展，提出了理想的人才队伍结构模型，值得人们思考。如图1所示。

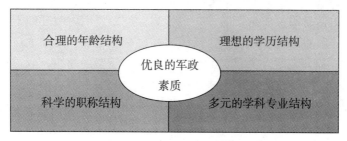

**图1　人才队伍结构模型**

#### 2.1.1　优良的军政素质

军队院校图书馆是为院校教学科研和部队教育训练提供信息服务的机构，因此优良的军政素质对于图书馆人才队伍建设来说最为重要。优良的军政素质表现为：具备坚定的政治信念、良好的思想作风和昂扬的精神状态。热爱祖国，热爱军队、热爱图书情报事业。

#### 2.1.2　合理的年龄结构

图书馆是一个不断生长的有机体，不管任何时候都是在老中青更新、交替和不断发展的动态平衡之中发展的。目前，军队院校图书馆人才队伍普遍存在"青黄不接"、中间断层的问题，亟需调整优化。合理的年龄结构为：30 岁以下占 30%，31—40 岁阶段占 30%，41—50 岁阶段占 25%，50 岁以上占 15%。

### 2.1.3  理想的学历结构

据统计，目前军队院校图书馆人才队伍的学历基本上都达到本科以上，但是硕士、博士比例还不太理想，在一定程度上制约了图书馆深层次信息服务和学术研究的开展。理想的学历结构为：以本科学历为起点，具有硕士以上学位的占到整个人才队伍的 40% 左右，并具有一定数量的博士学位的人才。

### 2.1.4  科学的职称结构

据统计，目前在军队院校图书馆中，具有初级职称的人员占一半以上，高级职称人员比例相对较少。由于文职人员都是近几年引进的，故初级所占比例较大。这样一个职称比例目前还不能有效地满足人才梯队建设要求。职称结构的不合理，服务科研上不去，无疑会对学校的教学科研产生一定的影响。因此，图书馆的职称结构要与学校总体职称结构协调发展。科学的职称结构为：初级职称占 25%，中级职称占 50%，高级职称占 25%。

### 2.1.5  多元的学科专业结构

随着军队院校教育改革的不断深化，军队院校的培训任务、培训对象及其信息需求呈多元化发展，这就要求图书馆人才队伍结构必须向着多元的学科专业结构方向发展。从统计的情况看，军队院校图书馆的人才队伍虽然在学历结构方面整体素质在逐步较高，但学科专业结构明显不足。多元的学科专业结构表现为：图书情报专业人才占 35%，计算机专业人才占 25%，本校主流学科专业人才占 20%，外语专业人才占 10%，其他专业人才占 10%。

## 2.2  优化人才知识结构

新时代的图书馆工作不再是简单的借借还还，而是要实现知识的有序组织和广泛传播。信息服务的效果如何，关键在于图书馆员的知识水平和能力素质。从目前军队院校图书馆人才知识结构整体情况看，普遍存在的问题是馆员的知识结构相对陈旧，专业水平差距较大。为了更好地解决目前军队院校图书馆人才知识结构不合理的成分，应积极探索建立合理的人才知识结构模型。以下是笔者提出的人才知识结构模型。如图 2 所示。

### 2.2.1　信息管理知识

作为军队院校图书馆信息服务人员来说，强烈的信息意识与扎实的信息管理知识是人才知识结构的核心。目前军队院校图书馆人员中，普遍缺少具备敏锐的信息意识、信息管理知识与应用能力，能够把握图书馆学发展前景的战略人才。为了改变这一状况，应积极引进，并下大力气培养具有信息管理理论研究能力，同时又能跟上时代发展、主动更新自身知识结构的人才。

### 2.2.2　外语知识

当今社会，国际化程度已经成为军队院校建设水平的重要标志和衡量尺度。目前军队院校图书馆中极缺具有国际化的语言、文化、知识和视野方面的高级人才，导致图书馆花费大量资金购置的外文文献资源难于开发利用。因此，为了更好地服务于开放办学，图书馆员必须努力提高外语水平和应用能力。

### 2.2.3　计算机及网络知识

数字时代，图书馆员的知识结构不仅包含传统意义上的图书情报等信息管理知识，还要有能够胜任基于网络信息服务所需具备的知识和技能。目前，由于军队院校图书馆中普遍缺乏掌握高新技术和应用新技术能力的人才，在数字图书馆建设中许多图书馆只能依赖于地方公司人员研发，导致由于开发商的不同造成的数据资源格式不统一、系统平台不统一的问题普遍存在，直接影响到了全军院校图书馆信息资源的整合与共享。因此，军队院校数字图书馆建设与发展亟需大批高精尖技术人才。

### 2.2.4　军事学及相关学科知识

围绕院校的重点学科、优势学科，开展融入式的学科化服务是院校教学模式转变对图书馆提出的基本要求。这就要求图书馆员必须要了解与掌握与本单位用户信息需求相适应的学科专业知识。文职人员作为图书馆人才队伍的主体及信息服务的主力军，更应加强军事学基础知识的学习，这是做好主动式信息服务的前提。

## 2.3　优化人才非智力素质结构

非智力，一般包括气质、性格、动机、信念、意志、兴趣、情绪等要素。实践探索表明，智力因素与非智力因素、智力素质与非智力素质、智力发展与非智力发展密不可分，其中非智力塑造式培养对军队院校图书馆人才建设有着重要的影响和提升作用。

基于对军队院校图书馆人才总体状况的分析评估，着眼于军队院校图书馆人才的培养目标定位及其特点规律，笔者认为应着力加强以下非智力素质的培养。如图3所示。

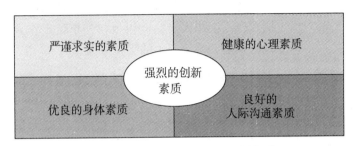

**图3　人才非智力素质结构模型**

### 2.3.1　强烈的创新素质

创造性是人才的核心，也是人才最根本的特征，人才与非人才的区别就在于能否进行创造性劳动。基于这样对人才的理解，高素质新型军事信息管理人才，就是既具有学习能力、又具有实践能力和创新能力的人才。强烈的创新素质，就是要求图书馆员必须学会勤于思索联想，敢于质疑超越，勇于攻克难关，挑战创新性工作。

### 2.3.2　严谨求实的素质

严谨求实的素质，包括严谨的工作作风及学风，这是军队院校图书馆员，特别是年轻的文职人员立足岗位成才不可或缺的重要保证。它要求信息服务人员在工作和学习中要保持肯于吃苦、严谨治学、扎实工作，不为名利，不浮不躁，努力维护军校以严著称的良好形象。

### 2.3.3　健康的心理素质

稳定的心理情绪，具有很强的黏合作用、催化作用、调节作用，并对人的认知和行为产生重要影响。随着军队院校图书馆用户服务需求的多样化，图书馆员的工作任务和压力越来越大。因此，图书馆员必须学会认识自身心理特点，提高处理繁杂的信息资源时所必需具备的心理承受、抗压、缓解的能力，保持理性平和的心态心境，保持坚定执着、乐观向上、沉稳自信的工作状态。

### 2.3.4　优良的身体素质

强健的身体素质，是军队战斗力的重要保障。它要求军队院校图书馆员必须树立现代健康理念，达到"一减"（体重）、"三降"（高血压、高血糖、高血脂），保持正常的生理机能，增强自我保健能力，养成良好生活习惯，不断增强自身体能。

### 2.3.5 良好的人际沟通素质

图书馆工作是面向用户的服务性工作，要想做好此项工作，图书馆员必须具备良好的人际沟通能力。良好的人际关系，不仅包括馆员与用户建立良好的关系，也包括本部门工作人员之间以及与外单位工作人员之间建立良好的关系，营造轻松和谐、健康向上的工作氛围。

## 3 军队院校图书馆人才结构优化的实现途径

人才结构优化是一个系统工程，既有科学合理地配置人才问题，也有人才培养与激励机制问题。从现实和长远建设发展来看，军队院校图书馆要实现人才结构的优化，必须要在更新人才理念、拓宽人才培训渠道、完善人才管理机制上下功夫。

### 3.1 确立先进的人才理念

人才结构的优化，首先要观念的优化。作为图书馆的管理者必须更新观念，以更宽的视野、更高的境界、更大的气魄树立新的人才观。

#### 3.1.1 树立"人人皆可成才"的理念

最近，胡主席在"七一"讲话中强调，要"牢固树立人人皆可成才的观念"。这是图书馆建设一体化、整体性特征所要求的。军队院校图书馆信息服务是一个系统工程，对从事这一岗位的每一位馆员来说，都在体系中，每个人都可能是也必须是体系中的优秀分子。因此，管理者要充分认识到"人人都很重要，人人都要成才"。优化人才结构既要注重人的个性，也要注重群体性、整体性；既要注重冒尖人才的选拔，也要鼓励每个馆员，并为他们创造条件，使每一个人都能立足岗位成长，充分发挥人才群体的整体作用。

#### 3.1.2 树立"人才就在身边"的理念

人才从不缺，缺少的是发现人才的眼光。作为管理者要善于发现优秀人才，同时也要善于根据图书馆工作和服务发展的特点，对各岗位进行认真细致的调查研究，根据工作的业务流程、所需技能、工作量、人员素质等信息来建立合理的岗位结构，使各类人才各展其长、各得其所。

#### 3.1.3 树立"人才就在当下"的理念

人才就在当下，这是要求我们必须确立"超前培养"的理念。当前，军队院校教育调整改革刻不容缓，图书馆信息服务必须紧贴院校改革步伐，必须把人才建设摆上位、摆到位，摆到"第一"的位置上，确立人才优先发展战略布局，坚持人才资源优先开发、人才结构优先调整、人才投资优先保证、人才制度优先创新。

## 3.2　拓宽人才培养渠道

从长远发展来看，优化人才结构重在人才培养。图书馆人才培养的关键是要建立并运用好人才培训机制，以此不断输送与图书馆发展目标相适应的人力资源，解决图书馆人才瓶颈问题，确保图书馆得以可持续发展。

### 3.2.1　依托军队院校培养

南京政治学院上海分院军事信息管理系担负着全军军事信息资源管理人才培养的重任。2001 年以来，该系加大教学改革的力度，形成了适应军事信息资源管理专业任职教育的培训体系，举办了多期馆长培训班、各种技术骨干培训班。近年来，又针对文职人员的大量引进，先后举办了 14 期全军院校图书馆文职人员轮训班。同时，还面向文职人员开办了图书馆学在职研究生进修班，进一步优化了文职人员学历结构与能力素质，有的已经成为各业务口的骨干。

### 3.2.2　走国民教育、部队联合培养之路

人才培养仅靠军队院校教育是有限的，必须贯彻胡主席提出的"寓军于民，军民融合"的战略思想。依托国民教育培养人才主要形式有：一是加强与地方院校合作，将有发展前途的专业技术干部及文职人员送地方院校培养；二是邀请地方院校图书馆的专家、教授讲授信息资源管理理论与高新技术课程，使馆员及时了解新动态、新进展，从而开阔视野，启迪思维；三是与地方院校或相关部门共同进行课题研究与项目开发，在合作中学习地方的先进技术与经验，为充分应用于军队院校图书馆建设打下良好的基础。此外，依托部队培养军事信息管理人才也是一条值得探索的新途径。近年来，部分院校组织了一批信息管理专业技术干部下部队挂职锻炼。实践证明，通过下部队挂职锻炼，既可以提高专业技术干部军事素养，也可以使干部充分了解部队信息化建设的现状及信息需求，拓展延伸信息服务；同时还可以通过发挥干部自身专业优势，为部队信息化建设排忧解难，一举多得。

### 3.2.3　自我学习，自我完善

终身学习是图书馆人才教育的必经之路。图书馆员要结合自己的知识结构、知识水平的实际状况，不断地学习，持之以恒地学下去，就可成为图书馆领域的有用之才。当今世界，现代信息技术的智能化、媒体化和网络化，为教育环境搭建了很好的平台，人们获得继续教育的手段和机会越来越多，图书馆员只有抓住机遇，自我施压、自我完善，改造和发展自己

的专业知识体系和能力结构，才能使自己跟得上形势不断前进，不被时代所淘汰。

### 3.3　完善人才管理机制

人才结构优化需要制度、政策作为基础。只有完善人才管理机制，才能保证选好人、用好人，充分调动人才的积极性、主动性和创造性。针对目前军队院校图书馆人才管理中不合理的成分，人才管理机制改革首当其冲。

#### 3.3.1　建立科学的选人用人机制

选人用人对人才结构优化起着主导作用。根据党的十七大提出"必须让权力在阳光下运行"的要求，在当前推进军队院校图书馆人才结构优化中，应积极倡导学校职能部门与图书馆相互沟通，共同探索阳光选人、科学用人的工作机制。积极推行文职人员公开招聘、竞聘上岗、合同管理机制；积极推行专业技术干部任职资格制度，建立高级专业技术职务人员能上能下的动态管理制度。用制度选人，用制度激励人才成长发展。

#### 3.3.2　构建有利于发挥才能的激励机制

人的潜能是巨大的，通过恰当的激励，人的潜能可能发挥出 80%—90%。因此，管理者应当研究并充分运用各种激励手段，对馆员实行有效激励。同时，在管理中必须做到有奖有惩、赏罚分明。此外，管理者还要努力营造有利于专业技术人员发展的先进文化，以此提高团队的凝聚力和工作人员的向心力。

#### 3.3.3　建立全面规范的管理制度

在军队院校图书馆中，虽然各类专业技术人员的身份不同、职位不同、待遇不同、分工不同，但所从事的都是服务性工作。因此，无论是穿军装的文职干部，还是不穿军装的文职人员，都应按照相关条例从严管理。同时，管理者也要对文职人员这支年轻的队伍，在政治待遇、经济生活条件等方面多加关心，贯彻落实好文职人员各项政策制度，积极创造拴心留人的环境，真正管好、用好这支队伍。

## 4　结语

军队院校图书馆是一个不断发展的有机体，合理的人才结构不能一蹴而就，也不是一成不变的。面对新形势、新任务和新要求，军队院校图书馆要抓住机遇与挑战，不断挖掘自身潜力，在发展中寻求人才结构优化的最佳模式，进一步提高人才队伍建设水平，为更好地适应军队院校教育调整改革，推进图书馆信息服务保障能力提升，提供高素质人才保证。

## 参考文献

[1] 国防科学技术大学训练部．军队院校图书馆人才队伍建设研究［M］．长沙：国防科学技术大学训练部，2009．

[2] 薛彦绪，于学肆．军事学研究生非智力素质培养研究［M］．北京：国防大学出版社，2010．

[3] 夏建刚，邹海燕．人才概念内涵探析［J］．中国人才，2003（4）：22

[4] 胡锦涛．在庆祝中国共产党成立90周年大会上的讲话［M］．北京：人民出版社，2011．

[5] 李博平．以胡主席"七一"讲话精神为指导抓紧培养高素质新型军事人才［J］．北京：国防大学，2011．

[6] 李朝云．图书馆人力资源管理探微［M］．合肥：安徽大学出版社，2011．

# 信息时代编目馆员的继续教育

吴 雷*

（济南大学图书馆 济南 250022）

**摘 要** 编目馆员在信息技术新环境下分担的责任不断增加，迫切需要不断地接受继续教育。论述编目馆员接受继续教育的重要性和必要性，提出编目馆员的继续教育策略。

**关键词** 编目 编目馆员 继续教育

## 1 引言

馆员的素质是直接影响图书馆运作最为重要的因素，若缺乏素质不断提升的馆员，仅有良好的图书馆馆藏与建筑设备，也无法提供更优质的图书馆服务。而馆藏资料的分类编目是图书馆各项服务的基础，因而编目馆员的素质大大影响着图书馆服务的绩效。信息时代的来临，信息技术的迅猛发展，媒体形式的不断增加，读者需求的多样与差异，编目馆员的工作内容因而产生很大的变化，其角色也随着图书馆内外环境的改变而趋于多样性，为承接相继而来的工作职责，提升工作质量与效能，只有不断接受继续教育，提升专业素养，加强对自我角色的正确认识，才能克服随之而来的种种困难，也才能克尽新时代的新角色职责。

## 2 信息技术新环境下编目馆员的继续教育需求

编目馆员的工作内容在转变，所分担的责任不断增加，从技术服务扩展到读者服务、系统信息服务与行政管理的范畴。编目馆员在信息技术的影响下，由书目控制为基础向外延伸，角色的扮演更多元，所对应的知识与技能也必然增加，但这些因环境需求而产生的新知识技能，是编目馆员之前所未曾学习或仅粗浅涉猎，亟待继续教育的养成。

继续教育，即现职馆员接受可增进专业知识技能、对其工作有所帮助

---

\* 吴雷，济南大学图书馆，副教授。

的任何学习活动，包括参加图书馆馆内外所举办与图书信息学或与实际工作内容职责相关的正式与非正式的学习活动。例如，进修学位、正式课程选修、旁听课程、参加研讨会、聆听相关演讲、参加远程教学、阅读相关书刊、参加相关学会团体、参与相关研究计划、参与相关论坛、发表著作等各种学习活动。

继续教育的目的在于更新专业人员的专业知识，充实利用新技术的能力，弥补专业理论与实务推动上的落差，讨论各专业理论所面临的最新议题与解决之道，是持续对专业知识与技能温故知新的方法。继续教育对个人与组织双方面具有正向双赢的成效。对于个人方面，不仅可促使其专业成长，更可强化其适应社会与工作环境变迁的能力，激励其不断自我超越；在组织方面，可协助机构的稳定发展，并使人力优质化、卓越化。此外，继续教育更可帮助工作人员建立正确的角色认知与工作态度，使其处于不断变迁的环境中，能以更宽广的视野审视环境，理性思索工作的本质与意义，坚定努力的方向，因此继续教育一直是各行各业加强人力资源管理以提升工作效能的作法，更是改善其工作人员素质，不断提升其服务质量的途径，对图书馆而言更是如此。

编目馆员在求学时，学校所给予的图书情报学教育势必无法完全满足个人日后的实际工作所需。不仅是编目馆员，任何人即使在学校求学时接受充实的养成教育，但在知识进展快速的形势之下，随时学习新知、更新相关学识技能是绝对必要的。近些年来，国内外图书情报学教育中的编目课程在信息环境急速变迁下，不但授课时数没有增加反而缩减，在此情况下编目馆员要在工作环境变动中求得工作的胜任，力求工作质量的持续提升，唯有在工作的同时不断地接受相关的继续教育，才能拥有应变求变、持续更新的工作能力，维持良好的专业素质。

新信息技术应用不断影响着用户，产生许多新的用户需求，并改变着用户的使用行为；编目馆员必须不断追求更多的计算机信息技能，并与知识组织的专业技能相结合，以具备更符合用户需求的应对能力。图书情报学各方面改变速度之快是众人皆知的，昨日为提供某服务而需培育的能力，在今日可能已变得不再如此重要，或者需要加以改进，甚至必须重新学习全新的技能，而对编目工作而言亦是如此。技术与经济因素，大大影响编目工作，而技术更是影响编目专业技能的发展。愈来愈复杂的在线目录和共享系统，让编目馆员渐渐脱离冗长繁复的人工方式，取而代之是他们对更高层次的书目控制和检索有更精深的理解，对系统的设计、输入和维护更具专业性。此外，诸如对环境的适应能力和解决问题的能力，在未来技术更加发展与经济条件限制之下，已是不可或缺的能力。

出版物的激增，让书目关系趋于错综复杂，亟需编目馆员详尽地描述其外延与内涵，以便于分类聚集。而在线公用目录突破以往卡片目录的限制，扩大了读者对目录的期待，编目馆员在信息技术的帮助下，实现可以在书目中提供目次、摘要、内容简介、评论等有助于辨识信息的相关内容，同时编目馆员也应在人工智能、类神经网络、模糊概念、内容分析和相关软件配合，能编制更高质量的书目纪录与目录。急速成长的电子资源对编目馆员而言，俨然是前所未有的考验。编目馆员需要不同于先前组织传统馆藏的技巧与能力来组织这些虚拟馆藏；而编目馆员也经常需要处理无法抄编的独特资料，需要独创性的组织架构去满足资料的特性和馆内特殊需求，以代替已有的架构，应该致力的是整体目录，而非仅是个别的书目纪录。然而这样的需求与挑战，必须靠编目馆员自身不断地学习新的能力来加以适应。

信息时代编目馆员诸多迫切需要不断地接受继续教育的原因中，除信息技术影响下编目馆员角色转变所对应的需求外，编目质量问题也包含其中。编目的质量，最重要的是其所记载信息的正确性与延伸性；编目的质量在于能掌握目录对读者的实用性与价值。图书馆目录建构的目的在于帮助读者找寻、辨认、选择与获得所需信息，同时也是管理信息的工具，倘若图书馆目录的书目纪录内容错误或记载不完整，不仅严重影响读者的检索效果，也将导致信息检索与管理的失败。编目馆员是图书馆目录的编制者，其素质大大影响编目工作的成效，攸关图书馆目录质量的良莠，也间接影响图书馆整体服务绩效与形象。此外，为消除各编目机构编目实践的差异，实现书目信息资源共享，在合作编目以及电子资源日益增加的情况下，编目馆员的素养问题更是影响广泛而深远。

## 3 编目馆员继续教育策略

图情教育应提倡继续教育、终身教育、自我学习、团队学习和多媒体学习五种教育观。编目馆员进行继续教育的方式很多，如学历教育、各种专业培训、自学、参加专家讲座、加入专业学会、参与专业会议、阅读专业文献与利用编目相关工具。而利用编目相关工具指的是编目规则、分类表、标题表等，主要用以增进并更新基础的工作能力。此外，参观访问与进行研究，虽可能较受经费限制，但也是继续教育的可行方式。

### 3.1　强化编目馆员分类编目核心能力

尽管编目馆员的工作内容有扩大趋势，角色在逐渐转变中，但是分类编目工作仍是其最主要的工作，而编目馆员对于分类编目的专业知识技能也确实具有高度的需求。在信息时代，技术快速进步的带动下，任何知识的成长将以倍速方式不断成长扩散，任何技能的改变也将以倍速方式更迭。而在诸多亟需学习的知识技能中，不论是图书馆着眼于编目馆员的素质提升，或编目馆员对专业工作胜任的自我要求，应积极接受分类编目工作相关知识与技能的继续教育机会，不断地温故知新，持续强化工作的核心能力。

### 3.2　积极参与科学研究

在数字化的环境下，图书馆员需要担任新的角色，要求图书馆员参与到科研团体的研究过程中，深化图书馆服务，与研究团体一起承担科学研究项目。图书馆和未来的图书馆员虽然作为独立的个体仍然需要深入了解读者和团体的需求，并且要积极的参与到个人和团体的研究当中。

### 3.3　出版分类编目专业期刊

在对继续教育方式需求调查项目中，自行阅读相关书籍或期刊的需求排名靠前，可见专业书刊对编目馆员的重要性，而国内发行分类编目的专业期刊也实有其必要性。国外有分类编目或技术服务专业期刊发行，目前国内有关分类编目的相关文献，分散在各图书情报学相关期刊，同时也未有大量国外相关文章的译文，建议应由相关单位或院校发行专业性期刊，不论是学术论文发表，译文和工作心得分享，或者任何相关信息刊登，都可利用此专业性期刊来供编目馆员研读与交流之用，藉以促进国内分类编目事业的研究与发展，提升编目馆员的专业地位与形象。

### 3.4　鼓励编目馆员多元化学习

确实有部分的编目馆员仍然单纯地负责分类编目工作，但是大多数编目馆员工作内涵实已跨越分类编目的范畴，参与多项图书馆其他工作，而其对各种继续教育内容与方式，有着高度的认同与需求。面对信息时代来临带来工作上的诸多冲击影响，应加强继续教育，除加强分类编目核心能力外，更应培养编目馆员多元化的专业能力，以适应并胜任更多样性的工作内涵，减轻其对工作所产生的压力与焦虑感。对于继续教育的实行，就图书馆而言，应考虑编目馆员工作上相关知识技能广度与深度的需求以及个人的差异性，并在平衡图书馆事业整体发展趋势与组织目标前提下来计划实施；而对于学习意愿较为低落的编目馆员，应设法予以激励。而在编目馆员方面，也应配合图书馆的发展方向与工作所需，积极争取与参与相关继续教育机会。此外，图书馆除应确立继续教育政策，鼓励编目馆员平时即接受各种相关知识技能的继续教育外，更应明确其接受继续教育的权利与义务，以作为实质的激励与规范；而编目馆员本身也应有所自觉与警惕，勇于接受挑战、勤于学习，加强专业素养，培养更多元化的工作能力，以适应信息时代所带来工作上的诸多变革。

### 3.5  开展馆际交流

馆际交流，可使各馆间的交流与合作由以往的馆长这一层面扩展和深入到馆员层面，由管理层面扩展和深入到具体业务层面，使馆际间的交流与合作的内涵得到极大丰富。在馆员继续教育方面都不同程度地存在着重形式轻内容、重学历轻能力、重理论轻实践等方面的问题，严重影响了图书馆工作质量的提高，而广泛深入地开展馆员馆际间的工作交流，已被实践证明是解决上述诸类问题的行之有效的方法。通过广泛深入地开展编目馆员的馆际间工作交流，可使其冲破本地馆多年来形成的编目工作模式的束缚，了解、学习和借鉴他馆的先进经验，吸收和采用其适合本馆的合理部分，从而提升自己的理论水平和工作能力，达到改进本地馆编目工作的目的。

### 3.6  提供各种方式进行编目馆员继续教育

整体而言，编目馆员对各项继续教育方式实有颇高的意愿。然而编目馆员本身可能因个人或环境等因素，有着不同程度的需求与期待，而年龄愈高，对于新兴技术与多样性的工作内容接受度则相对较低。因此，在图书馆单位本身、图书信息相关学会和院系等方面，应考虑编目馆员个性差异，因势利导地来推广适宜的继续教育，同时也应加强辅导，协助其克服学习上的困难，且尽其可能地提供编目馆员各种学习途径，供其多方选择与接受继续教育的机会；而在编目馆员本身方面，也应当认清形势，认识到所处信息时代里，凡事皆在快速变化中，接受各种不同的继续教育方式，延伸广泛吸取专业知能的触角，是自我充实与能力提升的最佳方式。至于各种继续教育的消息，宜应透过各种公开发布的渠道，迅速地传达给编目馆员，特别是各馆应该有专人负责，提供专门渠道，集中提供给自己的馆员，并且融入本馆的指导性政策，使其能及时完整地掌握各项继续教育信息，有选择地积极接受各种适合自己的继续教育方式。

### 3.7　持续进行与评价编目馆员的继续教育

继续教育是因应工作所需而持续性进行的技能学习与专业素养提升的活动，其执行绝非仅限于某一时期或某特定条件对象，而必须是经常性与全面性的实行。编目馆员尽管性别不同、教育程度不同或在图书馆的工作年资不同，其对继续教育持有高度的认同态度与需求程度，因此各图书馆、相关学会、组织等，在考虑图书馆事业发展趋向与各馆组织目标下，应持续调查与评估编目馆员工作内涵与需求的改变情况，以及接受继续教育的学习成效，来作为持续提供继续教育时改进的参考，以便进行更切合需求的继续教育内容与方式。

## 4　结语

图书馆应制定继续教育政策，明确接受继续教育的权利与义务，以给予编目馆员实质的激励与规范。编目馆员必须尽可能让自己接受多种形式的继续教育，如参与专业会议、研讨会、训练课程、视讯会议及网络教学，或阅读各种工作手册、专业书刊与电子论坛。时代的演变及技术的影响，促使编目馆员角色的转变，而编目工作与编目馆员职业的未来走向与信息技术的发展息息相关，然而与其不断追问未来将会如何，不如去思索编目馆员如何去面对新的环境，如何在既有的知识基础之上加强专业素养，以求专业知识与相关技能的增长与提高，来扩展专业角色的扮演能力。编目馆员应该认识到环境的变迁既是危机同时也是机遇，在急速变动中持续学习、精益求精，对书目的控制与检索持续贡献力量，以扩大工作范畴，才能有所创新，拥有自己持续存在的新价值。

### 参考文献

[1] 吴雷.《中国文献编目规则》与《资源描述与检索》编修机制比较研究 [J]. 图书馆建设，2010 (7)：72.

# 中英图书情报学研究生教育比较研究

郭　婷* 常　静**

（国防科大图书馆　长沙　410003）

**摘　要**　英国作为目前世界上图书情报学教育经验丰富的国家，其改革发展经历无疑对中国的图书情报学教育有重大的启示。本文从培养目标、课程设置、培养方式和管理制度四个方面对中英图书情报学研究生教育进行了比较，分析了两国在研究生教育上各自的特色和相互差异，并就如何进一步改革我国图书情报学研究生教育提出了一些建议。

**关键词**　图书馆学　情报学　研究生教育

## 1　图书情报学和研究生教育的含义

图书馆学就是图书馆业务学科，是研究图书馆事业的发展、组织管理以及图书馆工作规律的科学。

情报学（information science）是情报信息学科，它的概念源于欧美国家，是研究情报的产生、传递、利用规律和用现代化信息技术与手段使情报流通过程、情报系统保持最佳效能状态的一门科学。

"研究生教育"在英语中对应的概念是"post-graduate education"（美国称"graduate education"），其泛指"大学本科毕业后"的教育。它是学生本科毕业之后继续进行深造和学习的一种教育形式，又可分为硕士研究生教育和博士研究生教育。

---

\*　郭婷，女，1980 年生，国防科大图书馆，助理馆员。

\*\*　常静，女，1983 年生，国防科大图书馆，助理馆员。

## 2　中英图书情报学研究生教育的比较

### 2.1　培养目标的比较

英国图书情报专业研究生培养目标主要有以下两个特点：首先，是以社会需求为导向，突出学生实践能力的培养。几乎每个学校的培养目标里都明确指出，要培养具有较强实践能力和专业技能，并能为各种类型的图书馆、信息中心及信息产业中的其他机构而工作的专业人才。其次，英国图书情报专业研究生的培养也按照相应的梯度逐步推进。首先是培养学生与专业相关的技术和技能，这使他们将来具备从事专业职位和高级相关管理职位的能力；同时会更加宽泛相关人才的从业面，引导学生学习相关技能和使学生自己摸索感兴趣的领域；在此基础上加强能力和素质的培养，使学生毕业后能够扮演好自己在社会中的文化传播者和教育者的角色；还要重视学生沟通技能和领导才能的培养。环环相扣，步步推进，不仅培养信息服务人员，而且培养信息机构的决策者和管理者。

相比之下，我国图书情报学专业人才培养的层面相对模糊狭窄，没有明确的角色定位，也没有针对不同学位类型的人才制定专门的培养目标。譬如，我国高校对培养学生沟通技能和领导才能方面还没有表现出重视，更倾向于文化传播者和教育者的角色，而且有的高校在确立图书情报学专业的培养目标时，没有硕士培养目标和博士培养目标的明显区别。

### 2.2　课程设置的比较

英国的图书情报学研究生课程开展模块化教育，采取"核心模块课程＋选修模块课程"的方式。所谓模块化的课程结构，是指依据一定的标准规定几个教学单元，每一个单元由不同的小专题和课题组成，一个单元即一个模块，学生可以根据自己的需要选择不同的模块组合。而且无论核心模块课程还是选修模块课程，都按照课程的难易程度分层设置不同的科目，学生可以根据自身的能力和需要选择不同模块中的不同课程，具有很强灵活性。但这种自由的选择方式并不会导致以次充好现象的发生。因为学生在不同模块间选课首先有个百分比的限制，这些百分比的总和就是学生所学模块的总百分比，这就决定了学生不可能一味地在一个模块中选课。同时，在给定百分比的模块中选课，课程难易程度的差别决定了学分数的差别，学分的差别直接关系学生所获学历层次的差别。譬如，目前英国城市大学情报学系开设的研究生课程，在设置上也是按照必修核心模块加选修模块的形式。必修核心模块设置注重图书馆的技术应用和信息传播，尤其重视课程的系统性和连续性。而选修模块又包括了横向维度和纵向维度，维度中又涵盖了多个领域。这体现出模块内部单元之间，模块与模块之间严密的逻辑性和系统性，保证了学生课程学习中的承接性和完整性。

而我国图书情报学课程设计最初源于苏联模式，研究生课程设置是沿用其他学科的框架进行的。我国该专业研究生教育也实行学分制，课程分为选修课和必修课两部分。客观地说，近几年的改革也进行了一些有意义的探索，但是并没有取得实质性的突破，只是在仿效西方和日本等国的形式上徘徊。在研究生教育的具体操作中，一方面课程体系设置结构相对单一，而且不同学校相同学科设置大致一样，重复性大，课程设置偏重研究方向，选修课程设置数量少，不能跨学科、跨系、跨年级、跨专业选修。而且，主干课程课程比较强调位于信息生命周期的中部，如信息组织、描述、存储、检索等，实际上还应关注信息生命周期的前部和后部，前部譬如有知识创造和信息筛选，后部有信息分析、传播、集成管理等。当前课程设置方便进行教学质量和学生素质的综合评估和监督，但在一定程度上限制了学生选课的自主性，沟通交流和管理技能等方面训练不足，不利于学生综合质量的提高。

## 2.3　培养方式的比较

第一，英国图书情报学院系研究生的培养方式比较灵活。譬如，英国拉夫堡大学信息科学系在硕士研究生教育形式非常灵活。有 by research 和 by course 两种形式。第一种形式与国内完全不同，在此形式下培养学生，学生没有上课的要求，也没有考试的规定，为期两年的研究生的培养过程，实质上就是在从事一个课题研究，这一课题通常与导师从事的研究有很强的相关性，也可能是对导师以往课题的继续研究，学生在导师指导下要根据自己研究和调查的结果写一篇硕士论文，若文章通过严格的评审，并且通过论文答辩，那么学生将被授予硕士学位。第二种形式与国内相似，基本遵循以下流程，即"课堂学习——通过考试——撰写论文——通过答辩——授予学位"。但是，这两种方式研究生教育所获得的硕士学位名称不同，前者叫 Mphil（Master of philosophy），后者叫 MA（Master of Arts）或 MS（Master of science）。此外，是否采纳 by research 形式的培养方式，要根据本系教师承担的科研项目情况是否具备培养研究生的条件，其次学生自身的能力水平也是关键的因素，若学生的能力水平不能达到相应的独立研究能力，也不能通过此种方式培养。因此，这种形式的培养方式一般只招收少量研究生，目前还不是该专业英国培养研究生的主要形式。

第二，英国图书情报学院系研究生实施便捷的远程教育方式。英国是世界上最早开展远程教育的国家之一，随着近年来网络技术的日益成熟和普及，情报学研究生远程教育的开展也得到了迅速的发展。远程教育的发展给不同国家、不同区域、不同职业、不同年龄、不同需求的人提供了更均等、更便捷的教育机会，很好地推动了图书情报专业人才的培养。如，在英国图书情报院系中，实施远程研究生教育最为成功的是阿伯瑞特威斯大学的信息研究系。它实施远程教育的时间已有 20 多年，长期的实践工作积累了丰富的教育经验。随着信息化的发展，研究生教育远程教育的设置也不断调整，近年来提供了信息管理、图书情报管理、信息服务、档案管理、图书馆管理等多个专业的课程。英国曼彻斯特城市大学信息与传播系也提供了大量的网上资源，包括课程、制度、管理等，涵盖了整个学习培养过程，为那些想获得图书情报管理文学硕士或信息管理学硕士学位的学生提供信息服务。

在我国高等教育大众化的今天，图书情报专业研究生人数也不断增加，出于知识结构、学科领域和时间精力等的限制，学生见不到导师，导师在科研任务和学生指导中分身乏力，学生无法得到足够、及时和有效的指导，数量和质量间的矛盾越来越突出。现在也有少数大学实行指导委员会制的培养方式，但在实际工作中，多流于形式。同时在学生培养过程，学生很难根据自己的学习情况调整培养过程和培养时间，进行的是良币和劣币都一起出炉的流水线生产方式。而就该专业硕士研究生远程教育方式的尝试上还处于初级阶段，很不完善。

## 2.4　教学管理制度的比较

首先，在英国大部分开设图书情报的院系中，硕士的学制是基于高学分的弹性学制；大部分学校均有全日制和在职学习两种形式。都针对不同性质学生的不同，设置年限不同的学制。全日制研究生的学制是 1 年，一般在职学生的学制通常比全日制学生长 1—2 年。此外，英国大部分学校对图书情报学硕士生的学分要求较高，最多高达 180 个学分，其中学位论文的比重最大可达 60 学分。全日制的课程可以使学生的专业技能在短时间内得到提高，同时较大的弹性学制也更好地满足了在职学生的需求，吸引了更多的学生选择接受图书情报学的在职教育。而且，更为科学的是英国本科和硕士的学分可以互认和转化，有专门的认证机构可以提供证明，这样为学生积累了更多的时间去了解更为广阔的知识。而我国目前高校的学分制多流于形式，既规定学分又规定学制。在学分的规定上，对该专业硕士研究生的要求一般为 33 个学分，学制一般为 3 年。在学分上在没有承接性，没有互认和转化制度。因此，从学制和学分的设置情况可以看出，英国大学对该专业硕士生的培养较为严格而不失灵活。

其次，严谨多样的毕业考核方式。在英国，研究生毕业层次分为三个等级，即证书（certificate）、毕业文凭（diploma）和学位（degree）。证书或文凭阶段的课程设置与硕士学位课程相同，学生只需要修满规定的学分就可以拿到研究生证书或文凭。但是，硕士学位课程的学生，除了规定的学分，还需完成一篇合格的硕士论文，而且论文的要求一定是要以解决实际问题为导向。而在我国，图书情报学研究生的考核严格按照选修科目、必修科目、实践活动、毕业论文的形式，形式固定，比较僵硬，不具灵活性。研究生毕业也有肄业证和毕业证的区别，但基本上都可以拿到硕士学位证书，是典型的"严进宽出"。

# 3　中国图书情报学研究生教育的改革之路

## 3.1　明确学科的培养目标

图书情报学教育所依赖的信息环境发生改变，必然促动图书情报学教育的改革。因此，也应根据社会信息技术发展的需要，调整研究生的培养目标。院校要根据自身的定位，以图书情报学学科发展的特点和社会需求为前提，采用积极的培养策略重新考虑该专业研究生培养目标。必须把培养学生的问题意识、研究能力和实际操作能力结合起来，把不同学科之间的内容有机融合起来，把培养信息服务人才与信息机构决策、管理人才结合起来。硕士研究生教育应该强调其实践趋向，按宽口径培养应用型人才，博士研究生应按学术型培养。

## 3.2　建立科学合理的课程体系

科学合理的课程体系从根本上来说，既要重视反映社会发展对该专业所培养人才的需要，又要重视教育者自身发展的要求，还要重视文化知识体系在课程结构中的作用。

第一，与时俱进，调整课程内容结构，促进学科间相互渗透、交叉和有机融合。我国图书情报学专业的课程设置虽有不断调整，但仍没有实质进展，改革过程中也有偏颇，要不就是信息技术课程不够，要不就是感觉变成了计算机班。因此，尺度的把握非常重要。情报学作为一门应用性很强的学科，其高层次人才培养必须注重现代信息技术的教学，包括计算机信息处理技术、通讯技术与网络技术等，适应变化的信息环境和信息需求。另一方面也亟需了解前沿图书情报机构的战略性思考和前瞻性布局，需增加信息技术学科的比重，鼓励学科交叉，尝试与其他学科交流，加强与其他学科的融合，实现从"学科中心"转向"综合化"课程体系，以适应不断发展的社会知识结构的变化。

第二，整合优化教育资源，调整可供研究生选择的课程的种类、数量和比重。整合优化教育资源包括多个方面。譬如，打破校际限制，鼓励相互选课，形成强大的教育团队；提供给研究生足够多的、内容广泛的选修课程，满足不同个体需求和个体在兴趣爱好上的差异。我国图书情报学专业的课程体系中选修课所占比重小，数量也少，学分中所占比例不高，而且大多数选修课的内容也局限于本学科、本专业的范围，不利于该专业研究生的培养。

与实践相结合本来是图书馆教育的突出特色，但现在却成了学科发展中最薄弱的环节，已经成为阻碍造就高层次人才培养的瓶颈。目前，我国高校在研究生的培养上最大特点是工作、教育和科研紧密结合。目前的模式是指导教师都不脱离实际业务岗位，边工作边带研究生。若想突破此瓶颈，必须走出院系的小圈子，依托图书馆、企业、科研院所，整合教育资源，实现优势互补、共同发展。譬如，2003 年东北师范大学信息传播与管理学院和学校图书馆合作创办"图书馆管理集成系统实验室"就是很好的例子。

### 3.3　选择和实施现代的教学制度

学分制是以学生取得的学分作为衡量其学业完成情况的基本依据。目前我国图书情报学研究生教育过程中，既实行学分制，又规定严格的毕业年限，这种矛盾现象的存在说明我国实行的学分制不是真正意义上的学分制。因此，在图书情报学研究生的教育中，要建立真正意义上的学分制。不仅开放性更大，选择性更强，而且校内与校际、国内与国外、以及不同教育阶段都可以实现学分互认和转化，发挥学分制的真正优势。

弹性学制。目前我国在图书情报学研究生教育中，弹性学制很难落到实处。往往设定了弹性学制，又规定了"基本学制"。究其原因，它涉及研究生培养的方方面面。譬如，课程设置、必修课和选修课比例、学术研究、导师制度、论文写作答辩以及学校的的管理制度等，不仅仅是缩短时间和减少学分那么简单。因在研究生具体学习过程中，个人和周围情况不同，完成学习任务的时间也就不同，因此在学制上要求采取灵活措施，并要将学分制真正落到实处。

### 3.4 开展远程教育和创设联合培养机制

开展远程教育，运用远程教学手段的灵活性，突破了传统教学上时间和空间的局限性。远程教育可以使学生在家中同步或异步学习。通过互联网应用及时交流平台或邮件与老师和其他同学交流问题，发表自己的观点，可以在线及时交流，也可以留言交流，可以及时收录资料，也可以事后浏览讲义及其他资源进行自主学习。学生可以灵活掌握工作时间和生活节奏，兼顾工作和学业，满足了更多想要参加图书情报学专业学习的人群的需要。

拓宽渠道，校企联合、校政联合，实现优势互补、共同发展。校企联合、校政联合的培养方式，在图书情报学专业研究生教育中已收到成效的单位还比较少。如武汉大学信息管理学院经国家信息化推进办公室批准，已建立国家信息资源管理武汉基地、中国电子商务研究与发展中心以及联合国教科文组织信息软件推广培训中心；南京大学经信息产业部批准，已建立国家信息资源南京研究基地。由于校企联合和校政联合等的培养方式对扩大教育影响、优化教育资源、改善办学条件，实现优势互补等方面都非常有利，因此这是一条越走越宽的路子，是图书情报学研究生教育中可以想方设法开垦的"肥沃土地"。

21世纪是科技信息技术日新月异的时代，是我国图书情报学研究生教育发展的关键时期。认真总结、梳理、研究和借鉴英国图书情报学研究生教育经验，结合我国政治、经济、科技、文化和教育的发展状况，探索适合我国当前和长远的研究生教育模式，以更好地促进我国图书情报学研究生教育的发展。

## 参考文献

[1] 张晓林. 与时俱进，让学科之树常青 [J]. 图书情报工作，2003（3）：17—19.

[2] 付立宏. 美、英、加、日、韩、俄等国图书情报教育的特色及其给我们的启示 [J]. 专业教育，2004（9）：47—50.

[3] 王知津. 英美图书情报学硕士培养目标、模式及课程设置实例研究

[J]. 图书馆建设，2009（2）：76—79.

[4] 陈志新. 关于我国图书情报学教育若干问题的思考 [J]. 图书馆理论与实践，2009（7）：29—31.

[5] 张学军. 英国拉夫堡技术大学信息与图书馆研究系的研究生教育 [J]. 苏图书馆学报，1996（6）：36—39.

[6] 李咏梅. 迈向二十一世纪的图书情报学高等教育课程改革 [J]. 学图书馆学报，2009（5）：32—38.

[7] 徐跃权. 关于我国图书馆学研究生教育改革的几点思考 [J]. 专业教育，2003（12）：66—69.

[8] 刘　鸿. 对我国研究生培养模式的思 [J]. 长沙铁道学院学报，2004（6）：26—28.

[9] 初景利. 国外图书馆学情报学教育新发展与新特点 [J]. 图书馆论坛，2007（6）：16—21.

图书在版编目（CIP）数据

图书馆、情报与文献学研究的新视野.6，中国社会科学
情报学会 2012 年学术年会论文集／中国社会科学情报
学会编. — 北京：中国书籍出版社，2013.7
ISBN 978 - 7 - 5068 - 3374 - 5

Ⅰ.①图… Ⅱ.①中… Ⅲ.①图书馆学—文集 ②情报
学—文集 ③文献学—文集 Ⅳ.①G250 - 53 ②G350 - 53

中国版本图书馆 CIP 数据核字（2013）第 046028 号

**图书馆、情报与文献学研究的新视野（6）**

中国社会科学情报学会 编

| | |
|---|---|
| **策划编辑** | 李建红　周小雅 |
| **责任编辑** | 周小雅 |
| **责任印制** | 孙马飞　张智勇 |
| **封面设计** | 3A 设计艺术工作室 |
| **出版发行** | 中国书籍出版社 |
| **地　　址** | 北京市丰台区三路居路 97 号（邮编：100073） |
| **电　　话** | （010）52257143（总编室）　　　（010）52257153（发行部） |
| **电子邮箱** | chinabp@ vip. sina. com |
| **经　　销** | 全国新华书店 |
| **印　　刷** | 河北省三河市国源印刷有限公司 |
| **开　　本** | 710 毫米 ×1000 毫米　1/16 |
| **印　　张** | 55.25 |
| **字　　数** | 952 千字 |
| **版　　次** | 2013 年 6 月第 1 版　2013 年 10 月第 1 次印刷 |
| **书　　号** | ISBN 978 - 7 - 5068 - 3374 - 5 |
| **定　　价** | 190.00 元 |

版权所有　翻印必究